国家出版基金项目
NATIONAL PUBLICATION FOUNDATION

國家出版基金項目

教育部哲學社會科學研究重大課題攻關項目

「十一五」「十二五」「十三五」
國家重點圖書出版規劃項目・重大工程出版規劃

「十四五」
國家重點出版物出版专項規劃項目・古籍出版規劃

國家社會科學基金重大項目

北京大學「九八五工程」重點項目

儒藏

精華編五三冊上

經部禮類

儒藏

精華編

北京大學《儒藏》編纂與研究中心

《儒藏》精華編第五三册

首席總編纂　季羡林

項目首席專家　湯一介

總　編　纂　湯一介　龐　樸　孫欽善　安平秋（按年齡排序）

本册主編　毛遠明

《儒藏》精華編凡例

一、中國傳統文化以儒家思想爲中心。《儒藏》爲儒家經典和反映儒家思想、體現儒家經世做人原則的典籍的叢編。收書時限自先秦至清代結束。

二、《儒藏》精華編爲《儒藏》的一部分，選收《儒藏》中的精要書籍。

三、《儒藏》精華編所收書籍，包括傳世文獻和出土文獻。傳世文獻按《四庫全書總目》經史子集四部分類法分類，大類、小類基本參照《中國叢書綜録》和《中國古籍善本書目》，於個别處略作調整。凡單書已收入入選的個人叢書或全集者，僅存目録，並注明互見。出土文獻單列爲一個部類，原件以古文字書寫者一律收其釋文文本。韓國、日本、越南儒學者用漢文寫作的儒學著作，編爲海外文獻部類。

四、所收書籍的篇目卷次，一仍底本原貌，不選編，不改編，保持原書的完整性和獨立性。

五、對入選書籍進行簡要校勘。以對校爲主，確定内容完足、精確率高的版本爲底本，精選有校勘價值的版本爲校本。出校堅持少而精，以校正誤爲主，酌校異同。校記力求規範、精煉。

六、根據現行標點符號用法，結合古籍標點通例，進行規範化標點。專名號除書名號用角號（《》）外，其他一律省略。

七、對較長的篇章，根據文字内容，適當劃分段落。正文原已分段者，不作改動。千字以内的短文一般不分段。

八、各書卷端由整理者撰寫《校點説明》，簡要介紹作者生平、該書成書背景、主要内容及影響，以及整理時所確定的底本、校本（舉全稱後括注簡稱）及其他有關情況。重複出現的作者，其生平事蹟按出現順序前詳後略。

九、本書用繁體漢字豎排，小注一律排爲單行。

《儒藏》精華編第五三册

經部禮類

禮記之屬

上册

下册

#《儒藏》精華編第五三册

經部禮類

禮記之屬

上册

禮記集說卷第五十六

「故聖人參於天地，並於鬼神，以治政也。處其所存，禮之序也；玩其所樂，民之治也。故天生時而地生財，人其父生而師教之，四者君以正用之，故君者立於無過之地也。

鄭氏曰：並，并也，謂比方之也。存，察也。治，所以樂其事居也。君順時以養財，尊師以教民，而以治政，❶則無過差矣。《易》曰：「何以守位，曰仁；何以聚人，曰財。」

孔氏曰：此一節結上文。參於天地者，政是聖人藏身之固。所以參擬於天地，則法于天地是也；比方於鬼神，則比方祖廟、山川、五祀而爲事也。此皆所以脩治政教也。天有運移寒暑，地有五土生殖，廟有祖禰仁義，皆是人所觀察。言聖王能處其人所觀察之事以爲政，則禮得次序也。興作器物、宫室制度，皆是人之所樂，聖人能愛玩民之所樂以教民，則民所治理，各樂其事業居處也。人君順天時以養財，尊師傅以教民，因自然之性，其功易成，故得立於無過之地也。

長樂陳氏曰：夫知天地鬼神之稟則有所存，明天地鬼神之用則有所樂。處其所存，乃禮之先後之序；玩其所樂，此民之所以治也。《易》曰：「所居而安者，《易》之序也。所樂而玩者，爻之辭也。」是亦

❶「以」字，原無，據通志堂本、四庫本並參《禮記正義》卷二十二引鄭注補。

以所處者爲體，❶所玩者爲用耳。

嚴陵方氏曰：天地、祖廟、山川、五祀，皆禮之妙理所存者。聖人則因其所存，而處之以定體，且不遺其先後焉，故曰「處其所存，禮之序也」。道德、仁義、興作、制度，皆民之良心所樂者，聖人則因其所樂而玩之，且不紊其條理，故曰「玩其所樂，民之治也」。時以氣運，故天生時；財以形成，故地生財；父以傳類，故人其父生；師以傳道，故師教之。爲之君者，位天地之中，居父師之上，夫何爲哉？以正用之而已。

馬氏曰：處其所存，以其在上者言之也。玩其所樂，以其在下者言之也。蓋在上者識其禮之所起，故處其所存，得其處存之要，則禮之序在其中矣。在下者知禮之所行，故玩其所樂，得其玩樂之道，則民之治在其中矣。變通莫大於四時，而有天以生之；聚人莫若財，而有地以生之；后非民無以辟四方，而有父以生之；人非教則無以別於禽獸，而有師以教之。四者皆出於自然，而無俟於君可也，而曰「正用之」，何也？蓋天雖生於時，而茂對育物者，非君不能育也。地雖生乎財，而理財正辭者，非君明其義則不能理也。人生雖自乎父，而非君則罔克胥匡以生。教雖自乎師，而非君則不能安其教。正用之者，順其自然之理而不敢逆，然後立於無過之地也。夫有天以生時，有地以生財，有父以生之，有師以教之，則富庶教之具備，可以參天地之化育，而成位乎其中矣。

❶「亦」，通志堂本、四庫本作「易」。

山陰陸氏曰：聖人以禮之序處其所存，以民之治玩其所樂。以正用之，猶所謂王中心無爲也，以守至正。

延平周氏曰：處其天地鬼神之所存者，禮之序也；玩其天地鬼神之所樂者，民之治也。生時雖天也，而有非天者也；生財雖地也，而有非地者也。揚子曰：「天地之得斯民也，斯民之得一人也，一人之得心也。」果上之人不能誠心以及民，由民以及天地，則時有所乖，而財有所傷也。民雖父生，然觀於時，方天下之喪亂則雖君子不能恤其後，及天下之和平則婦人亦莫不樂有子也。教之雖師也，然大宰八統之教，皆行於上而馭於下也。是以知天雖生時，地雖生財，人雖父生而師教，然皆有待於君。君或不以正而用之，則不得爲無過，故曰「以正用」。故君人者立於無過之地也。

《講義》曰：聖人中天下而立，定四海之民。其爲政也，非作聰明、矜智慮、私好惡也。凡以明參於天地之理，幽並於鬼神之故，以治政也。所謂政者，正己以正人者也。處其所存，如君臣、父子、尊卑、貴賤，凡處其所，必加察焉，則不紊亂而得其所矣，所以爲禮之序也。《易》曰：「有天地然後有萬物，有萬物然後有男女，有男女然後有夫婦，有夫婦然後有父子，有父子然後有君臣，有君臣然後有上下，有上下然後禮義有所錯。」又曰：「天尊地卑，乾坤定矣。卑高以陳，貴賤位矣。」凡此者皆處其所存之謂，要在察之，各得其所，此乃禮之序焉。夫人之生，好安而惡危，好逸而惡勞，好善而惡惡，好吉而惡凶，此人情之大可見者，所樂在此而已。君人者玩人之所樂而樂之，所以爲民之治也。如所玩習者非其所樂，民得而治之乎？故曰「玩其所樂，民之治也」。

四明沈氏曰：「參天地，並鬼神」，此心何所用其機巧？「處其所存，玩其所樂」，❶斯民何所事其機變？非盛德至治之世不能也。士農工商各安其業，君臣父子各適其宜，而無有覬覦争奪之風，此之謂「處其所存」。耕田鑿井，日用飲食，而無有歎息愁苦之聲，此之謂「玩其所樂」。非聖人參天地之自然，並鬼神之自然，民亦安能無所不用其自然乎？人君以有心擾天下，天下必以多事累。聖人行其所無事，而我何與焉，❷此之謂「正用」。

蔣氏曰：聖人道同乎天地，故其身能與天地而爲三；知通乎鬼神，故其身足與鬼神而並立。夫既與天地而爲三矣，又與鬼神而並立矣，則其闡知來藏往之機、興神物而前民用者，如之何而不極其至哉？所謂「處其所存」者，自其降命以出政，推而至於事事物物，莫不各當其所處，莫非存其所當存也。義以制君臣，而君臣之道存矣；恩以處父子，而父子之道存矣。是之謂「禮之序」。所謂「玩其所樂」者，自夫政布而民從，推而至於使斯民相安而不自知者，莫非樂其所可樂也。宗廟有常事，而民樂於報本矣；山川有常職，而民樂於興事矣。是之爲「民之治」。夫上文固言政之出於天也，今也指「禮之序」，言「民之治」，始言政而終言

❶ 上二「其」字，原無，據通志堂本、四庫本及上經文補。

❷ 「何」，通志堂本、四庫本作「無」。

禮者，何哉？禮者政之所自出也，政者禮之所以行也。政，天也；禮，亦天也。存者，存其天也；樂者，亦樂其天也。《易》曰：「先天而天弗違，後天而奉天時。天且弗違，而況於人乎？」此之謂也。吾於此知古者君臣上下相安於其天。又曰：人主之職業，自有天地人物，而理已與之俱矣。曰「裁成其道」，曰「輔相其宜」，曰「左右其民」，非有俟乎深求力索以有爲於天下也，是故謂之「無爲」，謂之「民無能名」，又謂之「無有作好」。蓋其因自然之理，立自然之政。凡以天地人物不能自全者皆於我乎賴，而吾固順而成之。天有時也，則必因時以興事；地有財也，則必因財以致用。人本乎父生，則爲之正性命之原；成於師訓，而爲之敷典常之道。此堯舜三代之君，體道御時，據三才之位，同此一心，以爲維持主張者也。命羲和，欽曆象，平水土，令貢賦，徽五典，修人紀，冠昏、夫婦、庠序、學校之設，靡有不備。是豈求加於天地人物之所不容有者以强天下哉？必如是而後爲以正用之。古治既衰，❶君人者反是不思，於是率情以生事，徇意以起功。自其役民非時，取財無藝，恣苛刻而失愛卹，逞暴殄而隳德化。舉天地人物之所具存者，非徒無益，而又害之，如之何而能立於無過之地也？噫，出私意者過之所由生，因正理者治之所由立。後之儒者而爲之説，曰「因者，君之綱」，彼固有得於聖賢之遺論也夫！

「故君者，所明也，非明人者也；君者，所養

❶「古治」，原作「治古」，據通志堂本、四庫本改。

也，非養人者也；君者，所事也，非事人者也。故君明人則有過，養人則不足，事人則失位。故百姓則君以自治也，養君以自安也，事君以自顯也。故禮達而分定，故人皆愛其死而患其生。

鄭氏曰：明，猶尊也。則當爲「明」。❶人之道，身治、居安、名顯，則不苟生也。不義而死，舍義而生，是不愛死患生也。

孔氏曰：此一節論政之大體，皆下之事上，非上之事下。上下分定，人皆以死事上也。君者所明，謂在下百姓尊奉君，使之光顯。非明人，謂非是遣君尊明在下之人。以下並與此義同。❷以所明與所養、所事，文同相類，故鄭以明爲尊也。以下之事上，於禮當然，人皆知之，是禮之曉達也。尊者居上，卑者處下，是分定也。愛謂貪愛，患謂恥患。人皆知禮，上下分定，君有危難，人皆貪愛以義而死，競欲致死救之，恥患其不義而生也。

黄氏曰：夫君所自明者，禮也。君四海，有天下，所明四海之禮；君一國，明天子所出一國之禮。夫禮者何？蓋分土列爵，九命四民，國家、宫室、車旗、衣服、禮儀、尊卑、升降之定節，斯乃天子所明之禮也。非明人者，若禮樂征伐不自天子出也。❸下文又以禮達分定成之，故知君明者禮也。君者所養也者，謂君之所贍，乃畿内千里及諸侯貢賦，爲君所養也，非養於人。若周末失政，而天子私求，故譏曰「天子不求私財，諸侯不貢車服」之謂

❶「則」字下、「明」字下，原各有一「君」字，據《禮記正義》卷二十二删。

❷「與此義同」，通志堂本、四庫本作「同此義」。

❸「樂」，原作「記」，據通志堂本、四庫本改。

也。君所事唯天地、宗廟、嶽瀆，非事於人，謂四海一人之尊也。君明人，謂禮樂自諸侯出，則有過患矣。養人，謂君失政而私求財，則不足矣。事於人，謂失事天地、宗廟而欲下事於人，則失位者也。下文「百姓則君以自治」，謂百官四民則禮以自治也。註文誤認其理，故以則字爲明字，以應上文也。養君以自安，是天下貢賦，王廷不敢失職，求自安也。事君以自顯，謂天下皆願事君爲榮顯也。

横渠張氏曰：「禮達而分定，故人皆愛其死而患其生」，蓋以上下之分皆定，各得其道，故樂其生而愛其死。「其生也榮，其死也哀」是也。樂其生，即愛其死；惡不義，故患其生。正爲禮達分定，故以不義而得生爲患，無求生以害仁也。如堯舜之世，在上者覆露含育如此，則其苟生也，是足患於其時爲不善，不知何所容其身。致民若是，治道可愛。

長樂陳氏曰：君之德，人所明辨而觀法之，而非明人者也。君之尊，人所出財以養之，而非養人者也。君之貴，人所出力以事之，而非事人者也。然而有所謂明在於稽衆，有所謂養在於養賢，有所謂事在於得師，惟其要之以上下尊卑之分，則明之所以爲有過，養之所以爲不足，事之所以爲失位也。至於百姓則君以自治，而善有以遷；養君以自安，而分有以處；事君以自顯，而忠有以盡。如是則禮達於上下之間，而分定於尊卑之際。故人於其義之可死，則不苟避；於其不義之生，則不苟存。此所謂脩禮以達義而不愛其情也。

嚴陵方氏曰：君人在上，則人當拭目以

觀化。故「君者人所明，非明人者也」。人當樂業以殖財，故「君者人所養，非養人者也」。人當竭力以効功，故「君者人所事，非事人者也」。夫上之所爲，下之所取正也，故君明人則爲過。以天下而贍一人則有餘，以一人而贍天下則不足，故君養人則爲不足。上者宜無爲而逸，下者宜有爲而勞，故君事人則失位。禮達而分定，則人莫不知分焉。與其犯分而生，不若安分而死爾，故人皆愛其死而患其生也。夫人之所愛莫如生，所惡莫如死，而其言乃如此者，則《孟子》所謂「所欲有甚於生，所惡有甚於死」是也。

廬陵胡氏曰：明，猶視也，言下之所察視。達，猶行也，禮行分定，人皆見危致命，愛死節而恥偷生。

山陰陸氏曰：指人之失謂之明人，故曰「君明人則有過」。夫覆人臯而治之者，尚大宰之事也。君可以明人乎？故「黈纊塞聰，前旒蔽明」。

蔣氏曰：上章論君人之道，至此別君臣之體。夫「勞心者治人，勞力者治於人。治於人者食人，治人者食於人」，孟軻以爲天下之通義也久矣。民治立，則君道顯，人君不可與民爭能以處也，是足以見所明非明人之理。身愈逸，而責愈重，人君不可與民並耕而食也，是足以見所養非養人之說。民甚卑，而君甚尊，人君不可與民無分以居也，是足以見所事非事人之義。天下之勢，固莫患乎上下無以相別，而分守無以相安也。古之聖人常使其心無負於天下，而不容使其身一日不足以自異於天下。在《易》卑高以陳，而貴賤以位，故曰「有君臣，然後有上下；有上下，然後禮義有所錯」。蓋禮義之錯，生於君臣、上下之有辨也。然使在我不盡其所以無負天下之實，固不足以居自異天下之名；不有以立其自異於天下之勢，則亦不足以行其無負天下之心。此固「明人則有過，養人則不足，事人則失位」，聖賢惓惓焉而爲之戒辭也。若夫主勢一定，而君德既孚，天下之民方且遵名守教，相從於畏愛則象之中，甘心於服役事養之際，求爲自安、自適之不暇，❶安有欺背僭陵之事哉？故曰「禮達而分定」，則「人皆愛其死而患其生」。好生惡死，人心之所同。然聖人有禮以率天下，能使所欲有甚於生，所惡有甚於死，則其功用固不容以小言也。

新安朱氏曰：禮達而分定，達謂達於下。

「故用人之知，去其詐；用人之勇，去其怒；用人之仁，去其貪。故國有患，君死社稷，謂之義；大夫死宗廟，謂之變。

鄭氏曰：用知者之謀，勇者之斷，仁者之施，足以成治矣。詐者害民信，怒者害民命，貪者害民財，三者亂之原。變當爲辯，聲之誤也。辯，猶正也。君守社稷，臣衛君宗廟者。患，謂見圍入。

孔氏曰：上既禮達分定，患其不義而生，因上生下，故云故也。此論去不義之事。知，謂謀計曉達，詐者不敢爲之，故去其詐。勇，謂果敢決斷，能除凶暴，怒者不敢爲之，故云「去其怒」。仁者好施，不苟求財，貪者見之，心慚止息，故云「去其貪」。然據鄭註意，則云選用人知者、勇者、仁者，退去其奸詐者、忿怒者、貪財

❶ 「求」字下，通志堂本、四庫本有「其」字。

者。先師既爲前解，故備載之。案《孝經》云「守其宗廟」，謂大夫家之宗廟，此則爲君之宗廟。

横渠張氏曰：用人者，言在上也。去其私者，人於禮達分定，不敢存其私意也，人不愛其情是也。仁、知、勇之士，皆盡誠於上，而不過其分。用知，而知者去其詐；用勇，而勇者去其怒；用仁，而仁者去其貪。怒如子胥、郤克，以公戰報私怨也。貪如田氏，好施以掠美於己也。

馬氏曰：智者不惑而用人之智，則可以去其詐；勇者不懼而用人之勇，則可以去其怒；仁者無欲而用人之仁，則可以去其貪。去其詐、去其怒、去其貪，非有意於去也，而用人之智、用人之勇、用人之仁，則詐、怒、貪之三者自然而去也。與夫「舜有天下，選於衆，舉皋陶，不仁者遠矣；湯有天下，選於衆，舉伊尹，不仁者遠矣」之類是也。

山陰陸氏曰：若荆軻、聶政、侯嬴、田光之徒雖知愛死患生，然死非禮義，則以無聖人在上去其詐、去其怒、去其貪故也。

新安朱氏曰：人之性易得偏。人既仁，如何貪？蓋仁善底人，便有好便宜底意思，今之廉介便多是那剛硬底人。

江陵項氏曰：此經曰「用人之仁，去其貪」。《表記》曰「儉近仁」，貪儉之與仁，宜不相似，古人以同類處之者，則以其皆出於愛也。愛則儉，儉則貪矣。項羽涕泣，分飲食，亦仁人一節也。至戰勝而不與人功，得地而不與人利，則儉與貪見也。儉者約於己，故猶爲近仁；貪則加於人，故不可不去。《孟子》曰「儉者不奪人，奪人烏得爲儉」，則當時之君固有儉而貪者矣。魏人儉嗇褊急，而有《伐檀》、《碩鼠》之刺，亦此類歟？

長樂陳氏曰：用人之智，去其詐，則人尚真而不僞。用人之勇，去其怒，則人循理而不亂。用人之仁，去其貪，則人樂施而不奪。諸侯死社稷，天子之社稷也；大夫死宗廟，己之宗廟也。死乎天子之社稷，則義而正；死乎己之宗廟，則非義而變。然則大夫之義而正者如之何？亦曰死衆而已矣。

延平周氏曰：智者多詐，而詐者不必智。有智者則詐足以別，故用人之智，則足以去其詐。勇者多怒，而怒者不必勇。有勇者則怒足以別，❶故用人之勇，則足以去其怒。仁者樂於予，貪者樂於取。有仁者則貪足以別，故用人之仁，則足以去其貪。孔子言道之序，則仁先之，知次之，勇又次之。言爲道，則知先之，仁次之，勇又次之。今以勇間於智與仁者，蓋智、仁以勇爲主，故間之。猶三德以敏爲主，故亦間之也。

嚴陵方氏曰：詐者巧言，似知而非知；怒者敢爲，似勇而非勇；貪者多愛，似仁而非仁。則人君所去，其可以不察此哉？諸侯爲守土之臣，故死於社稷則爲義，義之爲言宜也。大夫有可去之道，故死於宗廟則爲變，變之爲言權也。君去其國，止之曰「奈何去社稷」，則以義望之也；大夫曰「奈何去宗廟」，則以變責之也。

蔣氏曰：君子道者三，❷知、仁、勇是也。然世之人，或狃於性質之所趨，而不知反

❶「則」字，原無，據通志堂本、四庫本補。
❷「三」字，原無，據通志堂本、四庫本補。

於義理之所制，則其善端之所形見，未有不爲終身之累者也。此章言用人之道，而繼之於禮達分定之後，其説蓋有所主。夫知固可尚也，而不能行其所無事，則將變詐以壞禮。聖人本禮以用知，則止邪於未形而詐去矣。勇固可尚也，而不能以禮爲主，則將肆怒以爲亂。聖人本禮以用勇，則動容貌，遠暴慢，而怒去矣。至於仁之爲道，尤宜致辨於設心之初。《中庸》曰「力行近乎仁」，《表記》曰「知者利仁」，蓋仁主於有己，自其盡己而至於盡物者，仁之推也。《語》曰「己欲立而立人，己欲達而達人」。貪心一形，則博施濟衆之事，誰其廣之？聖人本禮以用仁，而曰「去其貪」者，無他，蓋將使人老老以及人之老，幼幼以及人之幼，辨親親之殺，明尊賢之等，仁有所廣，而道有所推也。龜山論舜、跖利善之分，其義近之。蓋利己者狹，推己者大。所謂貪者，蓋不必貨財是殖，❶然後爲貪也。又曰：禮之功用，其大矣哉！知本之以去詐，勇本之以去怒，仁本之以去貪。若是則君臣上下之間，祖廟宗祧之事，惟理是循，惟當是貴。可生而生，宜死而死，豈有紊其所處而失其所守者哉？故曰「君死社稷，謂之義；大夫死宗廟，謂之變」。

「故聖人耐以天下爲一家，以中國爲一人者，非意之也，必知其情，辟於其義，明於其利，達於其患，然後能爲之。

鄭氏曰：耐，古能字。傳書世異，古字時有存者。意，心所思慮也。辟，開也。

❶「蓋」字下，通志堂本、四庫本有「亦」字。

孔氏曰：此亦因上生下。《樂記》云「人不耐無樂」，是古字時有存者。孔子説聖人，非是以意測度謀慮而已。知民之七情，開闢其義以教之，顯明利事以安之，曉達其禍患而防護之，然後能使天下和合爲一家，中國爲一人，皆感義懷德而歸之也。情義利患，則下文所言是也。

長樂陳氏曰：風俗同，故天下爲一家；心德同，故中國爲一人。其能至於如此者，非吾之意有以結之，必先知乎其情而治之，❶辟於其義而教之，明於其利而興之，達於其患而去之。

馬氏曰：言天下，則兼於四海也；言中國，則異乎夷狄也。蓋聖人治近者詳，治遠者略。以中國比天下，則天下爲遠，而中國爲近；以一人比一家，則一人爲寡，一家爲衆。略於遠而能使之如一家者，言其俗不殊，而若父子之親，上下有以相使也。詳於近而能使之如一人者，言其道之同，而若手足之用，左右有以相衛也。凡此者非用智之鑿，而以私情巧結之也。皆順其性命之理而明利達患而已矣。然則天下風俗之宜異，中國貴賤之勢殊，而能使「天下如一家，中國如一人」，何也？蓋風俗雖異，而其趨鄉則一也；貴賤雖殊勢，❷而趨於善則同也。凡此自非順性命之理而明利達患者不能爲也。

延平周氏曰：天下非一家而能以爲一家，中國非一人而能以爲一人者，非特在吾身者有以結之，必先知人情，而無喜其

❶「治」，通志堂本、四庫本作「致」。
❷「勢」字，通志堂本、四庫本無。

所怒，無欲其所惡。然後開於人義，使之知父子、君臣之大倫；❶明於人利，使之講信脩睦；達於人患，使之無争奪以相賊。如此則天下所以爲一家，中國所以爲一人也。

建安潘氏曰：天下一家，中國一人，聖時之盛也。論者每以車書混同無異區爲天下一家，億兆欣戴無異俗爲中國一人。是知聖治之成效，而不見聖人之能事也。聖人非有他術，特洞照本原，知天下同歸而殊塗，一致而百慮。夫塗殊於所由，不殊於所歸。同歸則宗一室，吾見天下本一家也。慮百於所思，不百於無思，無思則均一體，吾見中國本一人也。衆人徇私而自蔽，見有用則彼己不通，不見、不用而會歸則一。每每自徇，則雖父子猶有爲豺狼，兄弟猶有爲參商，況他舍外人乎？聖人深探本原，灼見要歸，故均以一體待之。休戚一焉，是謂踐形。由是樂民之樂，而民亦樂其樂；憂民之憂，而民亦憂其憂。不以一己外天下，而以一體視天下，此天下所以一家，中國所以一人也。植。❷

蔣氏曰：自古安危理亂之機，非有深遠而難見者，蓋天下大本在於人情離合，而衆寡遠近不與焉。方有道之世，上下相親，小大相安，六合同風，九州共貫。迨其衰也，貴賤相逼，强弱相乘，則不免人自爲政，家自爲俗。無它，情之所離，則措天下之異而歸於同；情之所合，則天下之勢不可得而强一矣。今夫天下一

❶「大」，通志堂本、四庫本作「之」。

❷「植」字，通志堂本、四庫本無。

家，中國一人，此豈臆度料想，姑爲是言哉？古之聖人，揔攝人心，維持世故，所以起天下聯絡親比之義，而革其乖戾違背之習者，蓋亦灼見是理而爲之。紂有臣億萬，惟億萬心；武王有臣三千，惟一心。商之天下，則周之天下也，其民則亦周之民也。紂惟不知天下之情，是以狎侮五常，作威殺戮，屏棄典刑，囚奴正士，至於失天下之義，背利縱患，而人心離也。武王惟知天下之情，是以重民五教，篤信明義，崇德報功，天下之大義開闢充塞，興利銷患，而人心一也。噫！人情之係於天下如此哉！漢之興也，以其知秦民之情；唐之興也，以其知隋民之情。漢、唐而下，中智之主開國成務，裂天下之大勢，就一時之小康，區宇不一，軌轍有間，蓋未識古聖人所以爲天下之大意也。

「何謂人情？喜、怒、哀、懼、愛、惡、欲，七者弗學而能。何謂人義？父慈、子孝、兄良、弟弟、夫義、婦聽、長惠、幼順、君仁、臣忠，十者謂之人義。講信脩睦，謂之人利；爭奪相殺，謂之人患。故聖人之所以治人七情、脩十義、講信脩睦、尚辭讓、去爭奪，舍禮何以治之？

鄭氏曰：舍禮何以治之，唯禮可耳。

孔氏曰：自此至「何以哉」，覆釋上經情義利患必須禮以治之，又明人之欲惡在心難知，舍禮無由可化。昭二十五年《左傳》云：人有六情，喜、怒、哀、樂；好、惡。此云欲，則彼云樂；此云愛，則彼云好也。六情之外，增一懼，爲七。人義從親者爲始，以漸至疏，故長幼在後，君臣處末。

臨川王氏曰：喜、怒、哀、懼、愛、惡、欲，此謂之七情。❶《中庸》止言喜、怒、哀、樂，喜、樂一也，何以所言不同？曰：皆情也。喜可以兼愛、欲，怒可以兼惡、懼。《中庸》言中和，則兼性言之，故止言喜、怒、哀、樂；此言七情之實，故詳言之。

長樂陳氏曰：喜、愛、欲者，陽之情；怒、哀、懼、惡者，陰之情。凡此皆出於天然，故言「弗學而能」也。父慈、子孝、兄良、弟弟、夫義、婦聽者，閨門之義。長惠、幼順者，鄉黨之義。君仁、臣忠者，朝廷之義。凡此皆出於人爲。信則無所欺罔，睦則有所顧省，此皆足以和義，故謂之人利。争而後奪，奪而後相殺，此皆足以召禍，故謂之人患也。

山陰陸氏曰：兄良，能克家者也，即言友，友施於弟而已。

蔣氏曰：人之生也，七情之真具於賦形之初。聖人整世，故而立人極大要在於不奪其天而已。然義利之辨不明，向背之情遂異，此聖賢所深憂也。夫子對兵食之問，孟子陳利國之説，源委可觀，取舍明甚。彼固知人生而静，天之性也；感物而動，情遂形焉。方其動與義俱，天理日見，聚廬相依，報施相使，上下翕然，識居處之道，而歸於性命之常。至於徇利而行，人欲日長，貪嗜無厭，淫湎無耻，上下紛然，失交際之道，呑齧搏噬之患所由作也。由是言之，生天地之間者，皆人耳。耳目之於聲色，口鼻之於臭味，肢體之於安佚，隨所感動，而有喜、怒、愛、惡，是不可得而泯遏者也，故歸之弗學而能，

❶「謂之」，通志堂本、四庫本作「之謂」。

而謂之人情。父子兄弟之聚，夫婦男女之合，君臣上下之交，報施酬酢，各有攸當，人道所不得而踰越者也，故謂之人義。此義既形，此情遂定，於是講信脩睦而人利興。此義不立，此情日亂，於是争奪相殺而人患起。然人豈本有是患哉？情，我所固有也；義，我所固有也。惟其本義以制情，是以因義以成利；惟其舍義而言利，是以因利而生患。君子論人道之大，揭此情此義於利害之間，區别而備言之，復究制情、立義、興利、去患之説，欲納天下於相安相養之域，則自禮之外無餘説也。

「飲食男女，人之大欲存焉；死亡貧苦，人之大惡存焉。故欲、惡者，心之大端也。人藏其心，不可測度也。美、惡皆在其心，不見其色也。欲一以窮之，舍禮何以哉？

鄭氏曰：言人情之難知，明禮之重。

孔氏曰：端，謂頭緒。人深心厚貌，❶內外乖違，包藏欲、惡之心，不可測知，故外邊不見其色。人君欲專一窮盡人美、惡之情，若舍去其禮，更將何事以知之？禮之所以知人心者，有事於心，貌見於外。若七情美善，十義流行，則舉動無不合禮；若七情違僻，十義虧損，則動作皆失其法。故云「舍禮何以哉」。

馬氏曰：莫非欲也，而飲食、男女，欲之甚也，故曰「大欲」。莫非惡也，而死亡、貧苦，惡之甚也，故曰「大惡」。喜、怒、哀、懼、愛、惡、欲，皆所謂情，而情之所本，尤在於欲、惡，故曰「心之大端」也。夫心隱於內而不可見，色形於外而可以

❶「人」字上，通志堂本、四庫本有「言」字。

察。蓋心者色之蘊，由色以觀之，則心可以測度也。《孟子》曰：「仁、義、禮、智根於心，其生色也，睟然見於面，盎於背。」雖作於其心而不見於其色，則人之深情厚貌有時而不知也，故「色厲而内荏」、「色取仁而行違」者有之矣。然則色固不可以得心乎？《詩》曰：「他人有心，予忖度之。」人之可以忖度者，以其有道也。所謂道者，禮而已。唯其有禮以節之，則美惡不能藏於心也，故曰「欲一以窮之，舍禮何以哉」。

嚴陵方氏曰：欲、惡，心之大端，雖各有端以藏其心，不可測度也。欲其所可欲，惡其所可惡，則爲美；非所欲而欲，非所惡而惡，則爲惡。然皆由心生者，一也。故曰「皆在其心」。心無形，無形則無色，故曰「不見其色」。上言不可測度，❶以不見其色故也。《禮器》曰「欲察物而不由禮，弗之得矣」，正謂是也。

延平周氏曰：大欲、大惡藏於心，而不可測者也。果欲其可欲，惡其可惡，則爲美；欲非其可欲，惡非其可惡，則爲惡。又皆在其心而不見其色，有欲一以窮之者，禮而已。蓋先王制禮，其大倫大要，莫非沿人心以爲之防。苟唯以禮，則心焉廋哉？

長樂劉氏曰：❷禮出於人之情，以情度情，則情無不顯，此所謂「有節於内，而觀物察矣」。❸孟子知齊王之大欲，而齊王以謂「夫子言之，於我心有戚戚焉」者，

❶「上」字下，通志堂本、四庫本有「文」字。
❷「劉」，原作「陳」，據通志堂本、四庫本改。
❸「物」，通志堂本、四庫本作「無不」。

以此。

山陰陸氏曰：「欲一以窮之，舍禮何以哉」，言揆之以禮，無所不察。

長樂陳氏曰：凡民耳目接於外物，則七情生焉。聖人不能使之無情也，用禮以治其情，使之接物。雖動其情，外有禮制，則莫敢踰之也；内明性理，則莫敢悖之也。故情雖内萌，而外中禮節，考其迹也，與中無異。是故出其心而爲禮節者謂之中，考其迹而中禮節者謂之和。然則治天下者，舍禮何以哉？

蔣氏曰：人各有心，自夫命於天而謂之性，感於物而謂之情，制於理而謂之義。因其所適，而後利害之名立。原其治人之要，必先有以正欲惡之大端。粤自文籍既生，典謨訓誥之作，所以講切是理者，首見於舜、禹相傳之際。方其天君湛然，外物未接，道心惟微，未易驟形也。有如欲惡相長，事物益至，❶人心惟危，豈易禦哉？惟其精一執中之功，致力於此心危微之際，能固其所以爲道心者，則此心始合而不離矣。《記禮》論心何以異此，❷飲食、男女，誰獨無之？死亡、貧苦，誰願爲之？藏其心於不可測度之際，亦甚危矣。❸吾將即心以求真，因色以知變。運是禮於可觀可覩之際，驗其功於内外不分之初。飲食，我所欲也，觴酒豆肉，遜而受惡。男女我所欲也，無媒不交，無幣不見。死亡、貧苦，我所惡也，而國君死社稷，大夫死宗廟，君子仕而不

❶「益」，原作「益」，據通志堂本、四庫本改。
❷「記禮」，通志堂本、四庫本作「禮記」。
❸「亦」，通志堂本、四庫本作「宜」。

稼、田而不漁、食時不力珍。凡以使其内之所存，不爲外之所奪，一隱顯而見定形也。故曰「欲一以窮之，舍禮何以哉」。究觀聖人以禮治情之意，然後知舜、禹精一執中之論，至於伯夷降典，而後治心之要乎于天下，此上下之所當講明者也。

「故人者，其天地之德，陰陽之交，鬼神之會，五行之秀氣也。」

孔氏曰：此以下言人感天地鬼神而生，聖王還因天地鬼神作其法則以化人，所以人情萬物可知也。❶天以覆爲德，地以載爲德，人感而生，是天地之德也。獨陽不生，獨陰不成，❷二氣相交乃生，故云「陰陽之交」也。鬼謂形體，神謂精靈。《祭義》云：「氣也者，神之盛。魄也者，鬼之盛也。」氣與魄相會，然後物生，故云「鬼神之會」。秀，謂秀異，言人感五行秀異之氣，故有仁、義、禮、智、信。

横渠張氏曰：天地之德，謂人之德性也。所造深，則所見厚。又如天地之性，人爲貴，亦是德也，禀五行之氣以生，最靈於萬物，是其秀也。神之言申也，鬼之言歸也。凡生即神也，❸要終即歸也。神之盛極於氣，故曰「氣也者，神之盛也」。鬼之盛極於魄，故曰「魄也者，鬼之盛也」。一體兼此終始，此鬼神之會也。陰陽之交，鬼神之會，五行之氣，物生皆然，而人爲備焉。

長樂劉氏曰：德言其性，謂元亨利貞也。

❶「萬物」二字，原無，據通志堂本、四庫本並參《禮記正義》補。

❷「成」，原作「生」，據通志堂本、四庫本並參《禮記正義》改。

❸「神」，通志堂本、四庫本作「申」。

交言其混，謂純粹不雜也。會言其要，謂聰明正直也。秀言其粹，謂傑特品彙也。天地之氣，陰陽也。陰陽消長，迭相出入，而成四時。四時終始，更相變也，❶而成五行。五行者，四時之氣凝結而成也。大之爲山嶽河海，小之爲動植羽毛。其於人也，内之爲五臟，外之爲五事，性之爲五常，類之爲五品。其作於教化也，則與天地合其德，與陰陽合其序，與鬼神合其吉凶，能使五行不失其性。然非七情之所能致也，不曰中和之至德哉？禮之爲用，其如是夫。

馬氏曰：鬼者，魄也；神者，魂也。魂魄合，然後謂之人，故曰「鬼神之會」也。凡盈於天地之間者，莫不稟五常之氣也。人之所以異於物，以其得氣之秀，而最靈者也。然則記者之言及此，何也？蓋將以明其制作之本也。故聖人作則，必以天地爲本，而人者天地之德也；必以陰陽爲端，而人者陰陽之交也；必以鬼神爲徒，而人者鬼神之會也；必以五行爲質，而人者五行之秀氣也。凡此者亦所以明其制作之本意也。

山陰陸氏曰：言人之備道全美如此，奈何舍禮而欲備天地之德，稱神明之容哉？

四明沈氏曰：人者，其天地之德，言人與天地無間。《易》説「與天地合其德」，又説「與天地相似」，《中庸》説「博厚」、「高明」配天地，又説溥博淵泉如天淵，人與天地猶爲二物，不若此言「人者，天地之德」，更不須合配。如，相似也。

❶「也」，通志堂本、四庫本作「化」。

北溪陳氏曰：人者陰陽之交，鬼神之會，説得亦親切。此真聖賢之遺言，非漢儒所能道也。蓋人受陰陽二氣而生，此身莫非陰陽。如氣陽血陰，脉陽體陰，頭陽足陰，上體爲陽，下體爲陰，至於口之語默，目之寤寐，鼻息之呼吸，皆有陰陽分屬。不特人如此，凡萬物皆然。《中庸》所謂「體物而不遺」者，言陰陽二氣爲物之體，而無不在耳。天地間無一物不是陰陽，則無一物不具鬼神。又曰：鬼神只是陰陽二氣之屈伸往來，自二氣言之，神是陽之靈，鬼是陰之靈。靈云者，只是自然屈伸往來，恁地活耳。自一氣言之，則氣之方伸而來者，屬陽爲神；氣之已屈而往者，屬陰爲鬼。其實二氣亦只是一氣耳。又曰：大概陰陽二氣，會在吾身之中，爲鬼神。以寤寐言，則寤屬陽，寐屬陰；以語默言，則語屬陽，默屬陰。及動静、進退、行止，皆有陰陽。凡屬陽者，皆爲魂、爲神，凡屬陰者，皆爲魄，爲鬼。

王氏曰：聖人欲使天下知其生之所宜尊，故必曉以生之所從受。人之有是生也，蓋有重之於其初，而非苟然而得之者也。天下之人惟不能明其所從受，徒以其身爲苟然而得之，而自棄之心生。自棄之心生，而吾之所宜尊者，始舉而褻之矣。聖人憂焉，故告之以其端，而動其自尊之心。曰人之所以爲人者，蓋天地、陰陽、鬼神、五行，交相參而與我以是生也，則人之爲人，不既尊矣乎？其生也有其形，則必求其形之所自生。其賦形也有其質，則必求其質之所自得。何謂形之所自生？天以覆物爲德，地以載物爲德，人生於覆載中，則其形之所自生，固天地之大德也。獨陰不生，獨陽不成，人因其交會而生始具，則其形所自生者，固陰陽之交也。氣者神之盛，魄者鬼之盛，氣與魄聚則生，散則死，人因其會聚而生始全，則其形所自生者，固鬼神之會也。何謂質之所自得？夫天地、陰陽、鬼神既成之以其形矣，而形之生也，又有所謂質與之俱生焉。五行之氣散布以命萬物，而所謂氣之秀者，人獨得之以爲其性之質，則其質之所自得者，固五行之秀氣也。夫既有是形，則可以共立斯世矣。既有是質，則天下衆善無不具矣。人知衆善無不具，所以自待者不敢輕，自期者不敢卑。廣而充之，自可欲之善，至於充實之美，大而化之之聖，不可知之神，則吾之一身固自有聖神之地，天下之人何爲而不知生之所宜尊耶？人之不敢慢天地陰陽，而褻鬼神五行，此天下所共知也。然則移其不敢慢且褻者於吾身，雖至於聖賢可也。學者可不謹諸？

蔣氏曰：人與天地並立而爲三，所賦者不薄，所用者甚大也。世之人梏於形體，是以囿於範圍之内，而不立於萬物之表。且天地本與吾同德也，物有萬殊，理本一致。此一既生，天得之以清，地得之以寧，人得之以靈。其所以靈者，非謂清且寧者，其可乎？是爲天地之德。陰陽與吾同體也，體雖兩立，用不獨行。有男女，然後有夫婦。受形既若此矣，而況喜怒其慘舒也，❶出入其消長也，主一廢一，不可也，是爲陰陽之交。鬼神與吾同類

❶「慘舒」，通志堂本、四庫本作「舒慘」。

也，氣盛而神，魄盛而鬼，人之氣魄合而不離，而後靈於萬物，是爲鬼神之會。物有常性，形於五行；人有常性，形於五事。蓋其生生而不窮者，鍾於人之靈，而後視聽言貌思可以作肅、作乂、作哲、作謀，而至於作聖也，安得不謂之五行秀氣哉？人之爲人，若是之不苟然也。汎觀兩間榛榛狉狉，役於一而不知其二，局於近而莫通其遠者，物而已矣。均是人而狹用之，不能充其所賦而大其所用，至於物之與儔，是可悲也。

「故天秉陽，垂日星；地秉陰，竅於山川。播五行於四時，和而后月生也。是以三五而盈，三五而闕。

鄭氏曰：秉，猶持也。竅，孔也。地持陰氣，出内於山川，以舒五行於四時。此氣和，乃后月生而上配日。一盈一闕，屈伸之義也。必三五者，播五行於四時也。一曰水，二曰火，三曰木，四曰金，五曰土，合爲十五之成數也。

孔氏曰：自此至「質也」一節，以上經言人稟天地、陰陽、五行、鬼神而生，❶此又述明天地之德及五行之氣也。以陰陽、鬼神是天地中物，故不重陳也。天秉持陽氣，垂懸日星以施生，照臨於下。地秉持陰氣，爲孔於山川，以出納其氣。氣有陰陽，皆出於地。地體是陰，故總謂之陰也。凡月體之生，稟於日光。若氣不和，日月行度差錯，失於次序，則月生不依其時。若其五行氣和，則月依其時而生，是以三五十五日而得盈滿，又三五十五日

❶「五行鬼神」，通志堂本、四庫本作及《禮記正義》作「鬼神五行」。

而虧闕也。月有虧盈，故備言之。天則直言「垂日星」而已。鄭註「一盈一闕，屈伸之義」者，盈謂其伸，闕謂其屈也。

長樂劉氏曰：天也者，陽氣之所積，故曰「秉陽」焉。地也者，陰氣之所積，故曰「秉陰」焉。陰氣合陽於天上，則爲日星，是以其光下垂焉。陽氣合陰於地下，則爲山川，是以其竅上通焉。山川者，五行之本也，故天之氣出入於地中，則升爲四時；地之氣凝結於天上，則降爲五行。合於四時，和平協順而后月生焉。月雖陰氣所結，不得天陽，無以成其明也。日雖陽氣所結，不得地陰，無以成其耀也。故陽中有陰，則陽功成而能久其照；陰中有陽，則陰德盛而能常其明。萬物各正其性命，以保形質之始終者，未始不由陰陽之交混也。日行遲，君之道也；月行疾，臣之道也。君逸臣勞，天地自然之理也。月之盈，十有五日復在地下，而日在天上，故闕而不見也。月之闕，十有五日而與日相望於旦，故盈焉。然則月之所以能明而盈盛者，假日之光也。去日有遠近，是以盈縮弦望隨之。

長樂陳氏曰：天以清秉陽，在天者成象，則日星是也。地以濁秉陰，在地者成形，則山川是也。天地既位於上下，則播五行於其中，故天一生水而播於冬，天三生木而播於春，地二生火而播於夏，地四生金而播於秋，天五生土而播於四時之間。自天一至于天五，則爲十五之數。十五之數成，其所播者既和，然後月生而如其數。蓋三五者數之所變，故數之至於三五，則爲五行生數之極，而月所以盈。又積之至於三五，則爲五行成數之極，而月所以闕也。然而陰陽之義配日月，此特言月而不言日，何也？蓋月有盈闕之常，而又多薄蝕之變，得其常則四時和，及其變則四時乖，故觀月之生而已矣。

嚴陵方氏曰：陰陽合而爲道，道則天地共由之而已。陰陽離而爲德，德則天地各有所秉焉。幽顯者，天地之道也；上下者，天地之位也。天地既位於上下，則五行播於其中。播者，分布之稱也。自天一至於天五，奇偶合而成十五，則可否相濟而和矣。乖則塞而生暗，和則通而生明，故月如其數而生焉。自朔而進，進極而盈爲望；既望而虧，虧極而闕爲晦。朔後則明生而魄死，望後則明死而魄生，以麗於數故也。是以「三五而盈，三五而闕」。言月而不言日者，蓋月受日而明，遡日而行，言月如此，則日之長短出没，豈能逃是數哉？

馬氏曰：日星麗乎天，亦陽之屬也，故言「天秉陽」，而繼之以「垂日星」，垂日星者，所以昭其日星之明也。山川麗乎地，亦陰之屬，故言「地秉陰」，而繼之以「竅於山川」，竅於山川者，所以通山澤之氣也。天之所以命萬物，而往來不窮於其間者，五行也。五行之動，必有所終，故曰「迭相竭」，迭者終而有始之意也。

山陰陸氏曰：垂陽也，竅陰也，播陰陽也。《老子》曰：「道生一，一生二，二生三。」三，陰陽冲氣也，五行是矣。三然後有中，五然後有中。和，中之所生也，「和而后月生也」，是以「三五而盈，三五而闕」。此言陰陽和而爲五行，五行播而爲四時，四時和而十有二月生焉。月以盈闕爲節，故皆以三五。

龍泉葉氏曰：天，陽也，天必能秉陽，而後日星垂於下，以效其經緯。地，陰也，地必能秉陰，而後山川竅於上，以效其流止。天地陰陽交爲貫通，而播五行之氣，運於四時。五行不忒，四時不差，而後月能望，日晝夜相代，以成歲功，生死不愆，而盈闕不紊，其勤勞至矣。天地之道，至誠而不息；五行之氣，至和而不乖。此王則彼衰，彼息則此生，迭相爲竭而未嘗竭也。五行歲月，始此終彼，相爲本末，不可窮盡，此天地所以久存而不廢也。其在人也，❶發於聲音，則律吕之變不可窮；發於飲食，則滋味之變不可窮；發於衣服，則色章之變不可窮。凡天地五行陰陽運動之勤勞，皆發於萬物，而資於人，以與之並爲長久也。天地之情性，非人則不能體而參之；天地之功用，非人則不能察而法之。天地之所以不息者，由人道而後見之，此人所以爲天地之心，五行之端，食味、别聲、被色，以生養於覆載之内，而獨有厚於萬物焉。蓋研括天地、陰陽、五行之運動，而聚見於人，則人之爲可貴也大矣。及其累於形，偏於氣，專己而忘物，卑志而尊欲。故雖爲天地之心，而其心非天地也；雖爲五行之端，而其端非五行也；雖食味、别聲、被色，而味、聲、色之所自出者不知也。冥然於日用飲食之間，私吝之念形，❷夸奪之事起，其所以感傷天地，陵犯陰陽，毁敗五行者，人固爲之，而萬物不與也。是必有先知先覺者焉，察其本原，要其性命，而

❶「人」，原作「物」，據通志堂本、四庫本改。
❷「私吝」，通志堂本、四庫本作「并吞」。

流通焉。❶故舉物睹情，藝事勸功，端本於天地陰陽，紀法於日月星辰，淪幽出明，歷粗入微，一皆順其常理，非出私智、任私意而自爲也。皇極則建，常性則若，設官則有治焉，立師則有教焉，此人之所以能不失其貴而卒於參天地以立，天地萬物卒賴於人以長且久也。雖然，昔之言治者，兢兢於天道，業業於人事，謹小而畏獨，未嘗敢極其論也。故以人情合人理，則《詩》是也；以人事求天命，則《書》是也。著天地、陰陽、五行之失常，以考人理之不當，而聳懼之於善惡，則《春秋》是也。惟《易》則深遠矣。然而吉凶禍福必驗之以事，觀爻賾象而人身之變動舉積此焉。未有擅天地、陰陽、五行之理於一身以爲貴，範天地、陰陽、五行之理於天下以出治，其意若此之大，其用若此之妙，其論若此之盡者也。豈堯、舜、周、孔固有遺言，而後之得之者遂從而推廣極論之歟？雖然，使人能知其所以自貴，而通於天地、陰陽、五行之故，則必去其滯吝，消其鄙詐，而無一舉動之非禮也。使人君能知人之所以貴，而還以天地、陰陽、五行之所賴者治之教之，則必懲勸不以賞罰，制馭不以權勢，本仁立義而無一政事之非禮也，則庶幾可也。

蔣氏曰：上章論人，而繼及於天地陰陽日月星辰象數之間，何哉？三才之道，固未有不麗於陰陽之二氣者，而其一抑一揚，蓋本天下之正理，❷少失其制，則患生焉。在《易》乾坤之卦，四德具於乾也，

❶「焉」，原作「其」，據通志堂本、四庫本改。

❷「下」，通志堂本、四庫本作「地」。

而坤則「利牝馬之正」。首庶物者，乾也，而坤則「承天而時行」。以成德爲行者，乾也，而坤則取乎「無成而有終」，猶以爲未也。❶上六又發「龍戰于野」之義，「爲其嫌於無陽也」。然則「地道也，妻道也，臣道也」，而可與陽亢位乎？故秉陽者天也，日星之象自然而昭垂。秉陰者地也，月之象則有待而后顯。使山川不爲之通氣，五行不爲之播時，則陰不和於陽，而失其所以資之者矣，月何自而能生？故在天成象，而日星以陽言。月從陰類爲之月者，疾行乎周天之度，而受明於日也。「三五而盈，三五而闕」，蓋有分量而弗敢成也。然則陽有專制之功，陰必資陽之用。先儒發之，其義明甚。

王氏曰：❷和而後月生也，政和則人和，人和則氣和，氣和則充乎天地之間而與之俱和矣。夫是以禍患不作，和氣流通，密移於造化之妙，則月之所以由和而生也。且天一生水，播和氣而爲冬，則月會日於析木、星紀、玄枵之次。地二生火，播和氣而爲夏，則月會日於實沈、鶉首、鶉火之次。天三之木，❸播之於春，二氣致和，月之會日又見於諏訾、降婁、大梁之辰矣。❹地四之金，播之於秋，二氣致和，月之會日又見於鶉尾、壽星、大火之辰矣。乃若中央之土播於四時，則分旺四季，四序協紀，五行不相陵而和，又可見矣。若然，則載魄於西，終魄於東，晦朔弦望無毫釐之差，絲忽之繆者，實由聖

❶「猶以爲未」，通志堂本、四庫本作「獨以歸坤」。
❷「王」字，原爲墨丁，據通志堂本補。
❸「之」，通志堂本、四庫本作「生」，疑是。
❹「諏訾」，原作「訾諏」，據通志堂本、四庫本改。

人脩胸中之誠，應乎天地，則所以播於五行者，已極其和。而五行所以播於四時者，又極其和，此其效所以致然也。《易》曰「天地以順動，則日月不過，而四時不忒」者，蓋謂是歟？

江陵項氏曰：按下文五行、四時，以配五聲六律、五色六章、五味六和，則此所謂「播五行於四時，而月生」者，正謂布五干於六支，爲三十日，而晦朔一周也。故曰「是以三五而盈，三五而闕」。明言五六三十，無可疑矣。五陽干加六陽支爲三十日，五陽干加六陰支亦爲三十日。陰陽各當三十，故不言十與十二，但言五六。凡五聲六律、五色六章、五味六和皆然。干言五行者，甲乙屬木，丙丁屬火，戊己屬土，庚辛屬金，壬癸屬水也。支言四時者，寅卯辰屬春，巳午未屬夏，申酉戌屬秋，亥子丑屬冬。下文曰「五行之動，迭相竭也」，注曰「竭謂相負戴」，正謂支干相加也。又曰「五行四時十二月，還相爲本也」，正謂十干周旋於十二支以成六十日也。

禮記集說卷第五十六

禮記集説卷第五十七

「五行之動，迭相竭也。五行、四時、十二月，還相爲本也。五聲、六律、十二管，還相爲宮也。五味、六和、十二食，還相爲質也。五色、六章、十二衣，還相爲質也。

鄭氏曰：竭，猶負戴也。言五行運轉，更相爲始也。五聲，宮、商、角、徵、羽也。其管，陽曰律，陰曰呂，布十二辰，始於黄鍾，管長九寸，下生者三分去一，上生者三分益一，終於南呂，更相爲宮，凡六十也。五味，酸、苦、辛、鹹、甘也。和之者，春多酸，夏多苦，秋多辛，冬多鹹，皆有滑、甘，是謂六和。五色、六章，畫繢事也。❶《周禮·考工記》曰：「土以黄，其象方，天時變，火以圜，山以章，水以龍，鳥獸蛇，雜四時五色之位以章之，謂之巧也。」

孔氏曰：前既論天地，故此更論五行之動。動，謂運轉。物之在人上謂之負戴，氣之過去在上者，其在下者亦負戴也。春爲木王，負戴於水，後更相爲始，負戴前氣也。孟春則以建寅之月爲諸月之本，仲春則以建卯之月爲諸月之本，是還迴迭相爲本也。六律，謂陽律也。舉陽律，則陰呂從之可知，故十二管也。鄭註「其管陽曰律」至「三分益一」，❷皆《律曆志》文。十二管更相爲宮，以黄鍾爲始。當其爲宮，備有五聲。言黄鍾下生林鍾，

❶「事」，原作「是」，據通志堂本、四庫本並參《禮記正義》卷二十二引鄭注改。

❷「管陽」，原作「陽管」，據通志堂本、四庫本並參《禮記正義》卷二十二乙正。

林鍾上生大蔟，大蔟下生南吕，南吕上生姑洗，姑洗下生應鍾，應鍾上生蕤賓，蕤賓上生大吕，大吕下生夷則，夷則上生夾鍾，夾鍾下生無射，無射上生中吕，此則相生之次也。隨其相生之次，每辰各自爲宫，各有五聲。十二管相生之次，至中吕而匝。黄鍾爲第一宫，下生林鍾爲徵，上生大蔟爲商，下生南吕爲羽，上生姑洗爲角。林鍾爲第二宫，上生大蔟爲徵，下生南吕爲商，上生姑洗爲羽，下生應鍾爲角。大蔟爲第三宫，下生南吕爲徵，上生姑洗爲商，下生應鍾爲羽，上生蕤賓爲角。南吕爲第四宫，上生姑洗爲徵，下生應鍾爲商，上生蕤賓爲羽，上生大吕爲角。姑洗爲第五宫，下生應鍾爲徵，上生蕤賓爲商，上生大吕爲羽，下生夷則爲角。應鍾爲第六宫，上生蕤賓爲徵，上生大吕爲商，下生夷則爲羽，上生夾鍾爲角。蕤賓爲第七宫，上生大吕爲徵，下生夷則爲商，上生夾鍾爲羽，下生無射爲角。大吕爲第八宫，下生夷則爲徵，上生夾鍾爲商，下生無射爲羽，上生中吕爲角。夷則爲第九宫，上生夾鍾爲徵，下生無射爲商，上生中吕爲羽，上生黄鍾爲角。夾鍾爲第十宫，下生無射爲徵，上生中吕爲商，上生黄鍾爲羽，下生林鍾爲角。無射爲第十一宫，上生中吕爲徵，上生黄鍾爲商，下生林鍾爲羽，上生大蔟爲角。中吕爲第十二宫，上生黄鍾爲徵，下生林鍾爲商，上生大蔟爲羽，下生南吕爲角。❶是十二宫各有五聲，凡六十聲。南

❶「吕」，原作「宫」，據通志堂本、四庫本並參《禮記正義》卷二十二改。

吕最處於末，故云「終於南吕」。是還迴迭相爲宫也。每月之食，❶各以其物爲質，是十二月之食還相爲質也。鄭註「六和」，《周禮·食醫》之文也。四時四味，皆有滑有甘，益之爲六也。五色，謂青、赤、黄、白、黑，據五方也。六章者，兼天玄也。以玄、黑爲同色，則五，中通玄纘次對五方，❷則爲六色，是六章也。爲十二月之衣，則各以色爲質，故云「還相爲質」也。其十二管，每月各一，故得還相爲宫。其食與衣，唯有四時之異，故《周禮》春多酸，《月令》食麥與羊，春衣青，是春三月，其食與衣皆同也。夏、秋、冬亦然，無月别之異。此云十二食、十二衣者，似月各别衣食也。熊氏謂異代之法，或則每時三月衣食雖同，❸大總言之，一歲之中，有十二月之異，故總云「十二」也。

新安朱氏曰：按五聲相生，至於角位，隔八下生當得宫前一位，以爲變宫。五聲之正，至此而窮。又自變宫隔八上生當得徵前一位，以爲變徵。餘分不可損益，而其數又窮，故立均之法，至於是而終焉。孔氏以本文但云五聲、十二管，故不及二變，而止爲六十聲。增入二變二十四聲，合爲八十四聲。自唐以來，法皆如此云。

長樂劉氏曰：冬水盛也，而生木；春木盛也，而生火；夏火盛也，而生土；長夏土盛也，而生金；秋金盛也，而生水。五行

❶「食」，通志堂本、四庫本作「首」。

❷「次」，通志堂本、四庫本作「以」。

❸「則」，原作「别」，據通志堂本並參《禮記正義》改。按四庫本作「得」。

相生，終而又始，天地之常理也。金克木，木克土，土克水，水克火，火克金，五行相克以成其性，以竭其才。故静則相生，天之道也；動則相竭，地之道也。五行、四時、十二月，還相爲本者，本，根也，君也，言其相生皆以氣之盛者爲本。雖然，盛過于中，則陰陽之氣不和，是以相克之義生焉。然後還相不失其和，而日、月、五星、四時、五行、山川、萬物罔不順其序，而遂其性也。故「五聲、六律、十二管，還相爲宮」，此以聲測陰陽之和否也。「五味、六和、十二食，還相爲質」，此以味調陰陽之逆順也。「五色、六章、十二衣，還相爲質」，此以服配陰陽之盛衰也。長樂陳氏曰：五行之動，迭相竭者，言竭，猶所謂休也。休則有王，故竭則有盈也。五行、四時，言十二月還相爲本者，一行直於一時之月，則四者皆爲末也。五味、五聲，言其氣之所在，故言本。五色，言其形之所尚，故言質而已。又《禮書》曰：先王因天地陰陽之氣，而辨十有二辰，因十有二辰而生十有二律，統之以三。故黄鍾統天，林鍾統地，大蔟統人，所以象三才。生之以八，故黄鍾生林鍾，林鍾生大蔟，大蔟生南吕之類，所以象八風。律左旋而生吕，則爲同位，所以象夫婦。吕右轉而生律，則爲異位，所以象子母。六上，所以象天之六氣；五下，所以象地之五行。其長短有度，其多寡有數，其輕重有權，其損益有宜，始於黄鍾，終於中吕。黄鍾、大蔟、姑洗損陽以生陰，林鍾、南吕、應鍾益陰以生陽，蕤賓、夷則、無射又益陽以生陰，大吕、夾鍾、中吕又損陰以生陽，何則？黄鍾至大蔟，陽之陽也；林鍾至應鍾，陰之陰也。陽之陽，陰之陰，則陽息陰消之時，故陽常下生而有餘，陰常上生而不足。蕤賓至無射，則陰之陽也；大吕至仲吕，則陽之陰也。陰之陽，陽之陰，則陽消陰息之時，故陽常上生而不足，陰常下生而有餘。然則自子午以左皆上生，子午以右皆下生矣。鄭康成以黄鍾三律爲下生，以蕤賓三律爲上生，其説是也。班固則類以律爲下生，吕爲上生，誤矣。《書》曰「聲依永，律和聲」，則律非五聲不能辨，聲非十二聲不能和。❶五聲非變則不能盡。故一律之中莫不具五聲，五聲之外有所謂二變。黄鍾爲宫，則林鍾爲徵，大蔟爲商，南吕爲羽，姑洗爲角，應鍾爲變宫，蕤賓爲變徵。林鍾爲宫，大蔟爲徵，南吕爲商，姑洗爲羽，應鍾爲角，蕤賓爲變宫，黄鍾爲變徵。以至十律之爲宫，餘律之爲商、角、徵、羽，爲二變。旋之爲十二宫，析之爲八十四聲，類皆五位爲五音，第之至六爲變宫，又第之至七爲變徵，及八然後宫復旋矣。此六律之大致也。京房之徒推而蔓之，至於三百六十以直三百六十日，不可考也。然陽盡變以造始，故每律異名；陰體常以效法，故止於三鍾、三吕而已。則鍾者物所聚也，吕者物所正也，夾鍾亦謂之圜鍾，函鍾亦謂之林鍾，南吕亦謂之南事，中吕亦謂之小吕。不特此也，六律亦謂之六始；六吕亦謂之六間，亦謂之六同。蓋圜鍾以春主規言之也，林鍾以夏茈物言之也。

❶ 下「聲」字，通志堂本、四庫本作「律」。按四庫本《禮書》卷一百十七作「聲」。

南事則陰之所成者事而已，小呂則陰之所萌者小而已。律所以述陰陽也，始所以始六陰也。呂其體也，間其位也，同其情也。然皆述陰陽而已，故皆謂之十二律也。又《禮書》曰：大司樂所以序圜鍾爲宫，黄鍾爲角，大蔟爲徵，姑洗爲羽，此律之相次者也；函鍾爲宫，大蔟爲角，姑洗爲徵，南吕爲羽，此律之相生者也；黄鍾爲宫，大吕爲角，大蔟爲徵，應鍾爲羽，此律之相合者也。先儒謂夾鍾生於房、心之氣，房、心，天帝之明堂，故爲天宫；林鍾生於未之氣，未，坤之位，故爲地宫；黄鍾生於虚、危之氣，虚、危爲宗廟，故爲人宫。此説是也。蓋天帝之明堂，❶東南方也，帝與萬物相見，於是出焉；坤之位，西南方也，物於是致養焉；宗廟，北方也，物於是藏焉。其爲三宫宜矣。然言天宫不用中吕、林鍾、南吕、無射，人宫避林鍾、南吕、姑洗、蕤賓。不用者，卑之也；避之者，尊之也。以謂天宫不用地宫之律，人宫避天宫之律。然則人宫用黄鍾，孰謂避天宫之律耶？又《樂書》曰：《周官》凡樂圜鍾爲宫，黄鍾爲角，大蔟爲徵，姑洗爲羽；凡樂函鍾爲宫，大蔟爲角，姑洗爲徵，南吕爲羽；凡樂黄鍾爲宫，大吕爲角，大蔟爲徵，應鍾爲羽。蓋天五地六，天地之中合也。故律不過六，而聲亦不過五。其旋相爲宫，又不過三，以備中聲而已。樂以中聲爲本，而倡和清濁迭相爲經。故以仲春之管爲天宫，仲冬之管爲人宫，中央長夏之管爲地宫。《國語》有四宫之説，不亦妄

❶ 「帝」，原作「神」，據通志堂本、四庫本改。

乎？今夫旋宫之樂，十二律以主之，五聲以文之。故圜鍾爲宫而無射爲之合，黄鍾爲角而大吕爲之合，大蔟爲徵而應鍾爲之合，姑洗爲羽而南吕爲之合，凡此宫之旋而在天者也。函鍾爲宫，大蔟爲角，姑洗爲徵，南吕爲羽，而交相合焉。凡此宫之旋而在地者也，故其合降而爲三。黄鍾爲宫，大吕爲角，大蔟爲徵，應鍾爲羽，而兩兩合焉，凡此宫之旋而在人者也，故其合又降而爲二。在《易》上經言天地之道，下經言人道，而元、亨、利、貞之德，乾别爲四，坤降爲二，咸又降爲一，亦此意也。蓋一陰一陽之謂道，天法道，其數參而奇，雖主乎一陽，未嘗不以一陰成之，故其律先陰而後陽。地法天，其數兩而偶，雖主乎二陰，未嘗不以二陽配之。故其律或上同於天，而以陰先陽；或下同於人，而以陽先陰。人法地，則以同而異，此其律所以一於陽，先乎陰歟？大抵旋宫之制，與蓍卦六爻之數，常相爲表裏。蓍之數分而爲二，以象兩儀；掛一，以象三才；揲之以四，以象四時；歸奇於扐，以象閏。而六爻之用，抑又「分陰、分陽，迭用柔剛」，則知陰陽之律分而爲二，亦象兩儀之意也。其宫則三，亦象三才之意也。其聲則四，亦象四時之意也。餘律歸奇，亦象閏之意也。分樂之序，則奏律歌吕，亦分陰、分陽之意也。三宫之用，則三才迭旋，亦迭用柔剛之意也。十有二律之管，禮天神，以圜鍾爲首；禮地示，以函鍾爲首；禮人鬼，以黄鍾爲首。三者旋相爲宫，而商、角、徵、羽之管亦隨而運焉，則尊卑有常而不亂。猶十二辰之位，取三統、三正之義，亦不過子、丑、寅而止耳。《禮運》曰「五聲、六律、十二管，旋相爲宮」，如此而已。先儒以十有二律均旋爲宮，又附益之以變宮、變徵而爲六十律之準，不亦失聖人取中聲，寓尊卑之意邪？

秦溪楊氏曰：陳氏《禮書》所謂天宮取律之相次者。圜鍾爲宮。圜鍾爲陰聲之第五，陰將極而陽生矣。故取黄鍾爲角，黄鍾陽聲之首也；大蔟爲徵，大蔟陽聲之第二也；姑洗爲羽，姑洗陽聲之第三也。此律之相次也。地宮取律之相生者，函鍾爲宮，函鍾上生大蔟，故大蔟爲角；大蔟下生南吕，南吕上生姑洗，故南吕爲徵，姑洗爲羽。此律之相生也。人宮取律之相合者。黄鍾子，大吕丑，故黄鍾爲宮，大吕爲角，子與丑合也；大蔟寅，應鍾亥，故大蔟爲徵，應鍾爲羽，寅與亥合也。此律之相合也。天道有自然之秩序，故取律之相次者以爲音。地道資生而不窮，故取律之相生者以爲音。人道相合而相親，故取律之相合者以爲義。以此觀之，則鄭氏謂天宮不用中吕、林鍾、南吕、無射，人宮避林鍾、南吕、姑洗、蕤賓，其説鑿矣。

嚴陵方氏曰：交相爲用，故曰「迭相竭」。言相竭如此，則相生相克亦若是而已。以至所别之聲、所食之味、所被之色皆出於此，故繼言五聲、五味、五色焉。五行播而爲四時，四時合而爲十二月，積陽成暑，積陰成寒，陽生於子，陰生於午，各以所生之氣爲本，故曰「還相爲本」。五聲比而爲六律，六律偶而爲十二管，陽旋而左，陰旋而右，益陰生律，損陽生同，各以所生之音爲宮，故曰「還相爲宮」。五味調而爲六和，衍而爲十二食，十二食則六穀、六牲是也。若牛宜稌、羊宜黍、豕宜粱之類，❶則各以所宜者爲質故也。十二衣，則六冕、六服是也。若祀昊天上帝服裘冕，饗先王服衮冕之類，則各以所服者爲質，故曰「還相爲質」。質，猶射之有質，而以取正爲義。五味、五色各有正也，故以「質」言之。《莊子》曰「四者孰知正味」，又曰「四者孰知正色」，則味、色各有正也。凡此皆周而復始，故以「還」言之，獨於五行之動言「迭」者，主動而言故也。

馬氏曰：四時者，五行之運；十二月者，四時之積。故還相爲本。還相爲本者，若盛德在木，以木爲主；盛德在金，以金爲主。此所謂「相爲本」也。律者，所以律宣陽氣也。吕者，所以吕宣陰氣也。十二月之食，若春食麥、羊，則以麥、羊爲質；夏食菽、雞，則以菽、雞爲質。此所謂「相爲質」也。六章者，言粲然有文章也，故「還相爲質」。若春衣青，則以青爲質；夏衣赤，則以赤爲質也。

延平周氏曰：「五行之動，迭相竭也」者，如木竭則火盈，火竭則金盈也。「五行、四時、十二月，還相爲本也」者，如木行爲本，於春之月則水、火、土、金皆爲木也。「五聲、六律、十二管，還相爲宫也」者，十二律各具五聲，而還相爲宫也。五行者，四時、十二月之所自出；五聲者，六律、十二管之所自出。五味之於六和、十二食，五色之於六章、十二衣，亦若是而已矣。四時者，間於十二月者也。六律者，

❶「粱」，原作「梁」，據通志堂本、四庫本改。

間於十二管者也。六和之於十二食，六章之於十二衣，亦若是而已矣。十二食，即《周官》所謂「鼎十有二」。十二衣，即舜之十二章。

山陰陸氏曰：竭，盡也。水王則金竭，木王則水竭。王文公曰：「此立而彼竭也。」六和，五味中六和也；六章，五色中六章也。言五味、五色矣，又言六和、六章，蓋文章經緯之體。《春秋傳》曰：「爲六畜、五牲、三犧以奉五味。」於六畜中又數五牲，五牲中又數三犧，蓋亦如此。

蔣氏曰：五行，造化之樞要也，迭相窮盡，變通無極，而後三才之道立焉。鯀因洪水而汩陳之，彝倫攸斁，天乃興禹，錫以皇極九疇，而後得其叙也。由今觀《洪範》之書，五行居其首，而後五政、八事、三德、庶徵、六極之類，❶次第而舉矣。是則有五行而後有五聲、五味與五色，有四時、十二月而後有六律、十二管，六和、十二食與六章、十二衣，天人相因，其用無盡。方天一生水，地六成之，是時之爲冬者然也，而金爲之本矣。地二生火，天七成之，是時之爲夏者然也，而木爲之本矣。五聲之本生於黄鍾，三分去一，下生林鍾，是律中林鍾之管也，而黄鍾爲之宫矣。林鍾三分益一，上生大蔟，是律中大蔟之管也，而林鍾爲之宫矣。五味各有所尚，而調以滑、甘，因謂六和。五色各有所主，而天玄地黄，因謂六章。質之《月令》，稽之《内則》，訂

❶「徵」，原作「證」，據通志堂本、四庫本改。按「證」乃避諱改字也。

之《考工》，❶若是其有成數也。而食齊視春時，羹齊視夏時，略以見飲食還相爲質之道。居青陽而衣青衣，乘朱路而服赤玉，亦足以知服色變通之宜。蓋物以固而滯，禮以運而久。造化自然之數，麗於奇耦之定形；天人不窮之機，本於運用之迭出。静不極則動不著，損不極則益不生。厭故而取新，處積而能化。古先聖人順陰陽消長之變，制衣服居處之義，其意蓋若此而已。

龍泉葉氏説見前。

「故人者，天地之心也，五行之端也，食味、别聲、被色而生者也。

鄭氏曰：此言兼氣性之效。

孔氏曰：自此至「不失」一節，以上經論人稟天地五行氣性而生，此以下論稟氣性之有效驗也。人生天地之中，動静應天地。天地有人，如人有心，故云「天地之心」也。端，猶首也。萬物悉由五行而生，而人最得其妙，明仁、義、禮、智、信，爲五行之首也。五行各有味、有聲、有色，三者最爲彰著，而人皆稟之以生，故爲五行之端也。言食、言别、言被，隨義而言也。此並是五行彰著之事，而人氣性有之，故鄭云「兼氣性之效」也。王氏曰：❷人於天地之間，如五藏之有心矣。人乃有生之最靈，其心五藏之最聖也。

五峯胡氏曰：人者，天地之精也，故行乎其中而莫禦。五行，萬物之秀氣也，故物

❶「工」，原作「功」，據通志堂本、四庫本改。按「工」與「功」同源通用，但作爲篇名，仍以作「工」爲優。

❷「王氏」，通志堂本作「王氏肅」，四庫本作「王肅」。

爲之用而莫違。

江陵項氏曰：何謂天地之心？曰：仁而已矣。天地之至仁，寓之於人，纔有人形，即有仁心，故曰「仁者，人也」，又曰「仁，人心也」，又曰「人者，天地之心也」。《復》所以能見天地之心者，以其有生意也。凡果實之心，皆名曰人，字亦作「仁」，故天地之心亦名曰「人」。人之名蓋出於此。

長樂陳氏曰：物之體常在外，而心常在內。❶天地者，人之體，故「人者，天地之心也」。人非五行不因，而五行非人不成，故人者，五行之端始也。所食者五味，所別者五聲，所被者五色，此人之所以生也。上言聲與色，自然之序，故先聲而後味，味而後色，以明有氣而後有形也。此言人之所用聲、味與色之序，故食，味而後別聲，別聲而後被色，以明由內以及外也。

馬氏曰：天高地下，而人位乎兩間以生也，故曰「人者，天地之心」。萬物散殊而在天地之間，莫不鍾五行之氣，而人則受其氣之秀者也，故曰「五行之端」。五行莫不有其味，先王因之以爲五味、六和、十二食，所以順其味。五行莫不有其聲，先王因之以爲五聲、六律、十二管，所以順其聲。五行莫不有其色，❷先王因之以爲五色、六章、十二衣，所以順其色。有曰「人者，天地之德，五行之秀氣」，有曰「人者，天地之心，五行之端」，何也？蓋言天地之德者，以其性之所受之中也；

❶「內」，通志堂本、四庫本作「中」。
❷「其」字，原無，據通志堂本、四庫本補。

言天地之心者，以其爲人所處之中也。秀者言其精而不粗，端者言其本而非末也。

長樂劉氏曰：五行者，天地之子，而人爲之長，故曰端焉。口所食者五味也，不食則病矣；耳所别者五聲也，不别則聾矣；身所被者五色也，不被則禽矣。仰此以爲生，凡人不教所自能也。而於聲色衣食，有得有失，七情生焉。聖人防其情之過中，而反爲身禍也，乃作禮法，制度其心，俾人人用足而不傷乎物之生也，事事有則而不汩其性也。

嚴陵方氏曰：天地散而爲五行，故仁之端則木之性所立也，義之端則金之性所立也。以至火之於禮，水之於知，土之於信，亦若是已，故曰「五行之端」也。五行滋而爲五味，人以養其口；感而爲五聲，人以養其耳；形而爲五色，人以養其目。然後人得而生焉。故曰「食味、别聲、被色而生者也」。食之於口，别之於耳，被之於身，莫不有所别焉，獨於聲言别者，則以微妙尤宜致其别故也。然其序，前以聲爲首，此以味爲首，蓋探其本則聲爲妙，要其用則味爲急。

四明沈氏曰：《易》言「裁成」、「輔相」，《中庸》言「知天地之化育」，「贊天地之化育」。究竟天地是大，❶人但可知贊、裁成、輔相爾。俱不若《禮運》言「人者，天地之心也」。耳目視聽若無心，何以運用？天地若無人，如何全得廣大？直是倚人爲心，豈特知贊、裁成、輔相而止耶？

❶「是」字下，通志堂本、四庫本有「天地」二字。

蔣氏曰：上章既言「人者，天地之德，五行之秀氣」，至此復言「人者，天地之心，五行之端」。蓋德言其自得，心言其能運，氣證其所自稟，端究其所從始。名雖不同，其實一也。至於食味、别聲、被色，則人所以爲萬物之靈者，昭然有可考之實矣。且鳥俛而啄，仰而四顧，味有所不辨也。五味、六和，惟人能辨而食之。瓠巴鼓琴，流魚出聽，物有萬一而然耳，聲有所不别也。五聲、六律，惟人能别而聽之。生而羽毛以禦寒暑，物莫不皆然耳，色不能自擇也。五色、六章，惟人能擇而被之。蓋囿形而供人者爲物，任智以役物者爲人。由是觀之，人具耳、目，備口、體，視明而聽聰，飲食有具而服用有適，蓋其得於天者，本如是而已。情欲一恣，性天梏亡。或至於養一指而失肩背，是自失其所以食味者也；好鄭聲而厭雅樂，是自失其所以别聲者也；忘正色而好奸色，是自失其所以被色者也。然則食味、别聲、被色，夫人同此生生之具，其或流而不知止，徇而不知反，聖人何以約而歸之於中？自「聖人作則，必以天地爲本」之或過。曰因天理之自然，制人情以下，無非立治人之要道，以制事物之命，使天下通性情之正者也。

龍泉葉氏説見前。

「故聖人作則，必以天地爲本，以陰陽爲端，以四時爲柄，以日星爲紀，月以爲量，鬼神以爲徒，五行以爲質，禮義以爲器，人情以爲田，四靈以爲畜。

鄭氏曰：天地以至五行，其制作所取象也。禮義人情，其政治也。四靈者，其徵報也。量，猶分也。鬼神謂山川也，山川助地通氣之象也。器所以操事。田，人所捊治也。

孔氏曰：則，法也。本，根本也。人既是天地之心，故聖人作法，必用天地爲根本。祭帝於郊、祭社於國是也。端，猶首也。用陰陽爲端首，賞以春、夏，刑以秋、冬是也。春生、夏長、秋收、❶冬藏，是法四時爲柄也。劒戟須柄而用之。紀，綱紀也。日行有次度，星有四方，列宿分部昏明，敬授民時，是法日星爲綱紀也。量，猶分限也。天之運行，每三十日爲一月，聖人制教，隨人之才分，是法月爲教之限量也。山川助地以通氣，爲地之徒屬，聖王象之，立群臣助己以施教，爲己徒屬也。質，體也。五行循迴，周而復始，聖人爲教亦然，是法五行爲體也。執禮義爲器用，以耕於人情。❷人情得禮義之耕，如田得耒耜之耕也。四靈以爲畜，則獲天地應以徵報。言四靈並至，❸聖人畜之，如人養牛馬爲畜也。

長樂陳氏曰：「以天地爲本」至於「五行以爲質」，以言其所法者也。「禮義以爲器，人情以爲田」，以言其所用者也。「四靈以爲畜」，以言其所致者也。聖人作則，必推其所法，以適其所用，然後有所致矣。

山陰陸氏曰：自「月以爲量」，變「以」在下，是月以爲量，非以月爲量也。蓋聖人作則，能「以天地爲本，以陰陽爲端，以四時爲柄，以日星爲紀」，於是月以我而後

❶ 「收」，通志堂本、四庫本及《禮記正義》作「斂」。

❷ 「以」，通志堂本、四庫本及《禮記正義》卷二十二作「可」。

❸ 「言」，通志堂本、四庫本作「也」，則應屬上句。

得爲量，鬼神以我而後得爲徒。他放此。

嚴陵方氏曰：操此而彼爲之用者，柄也。日星繫乎天之大，而各有常度焉，故以日星爲紀。大小之所容，多少之所概，有數而可量者，量也。月受明於日，而朔望盈虧以三五之數可推焉，故月以爲量。聖人作則，以天地爲之始，以人物爲之終，固其理也。其序所以如此。

廬陵胡氏曰：聖人父天母地，是本也。本，猶原也。端，始也。柄，所以斟酌，言以四時斟酌和氣也。紀，次序也。量，限也。月滿必虧，持滿者取法焉。鬼神天帝言與天爲徒也。質，實也。五行，萬物之所終始也。器，如農夫治田器也。人情有治亂，猶田之有荒墾也。四靈治則見，故可畜；亂則隱，豈可畜哉？

金華應氏曰：人之生也，儲造化之精，而不能自闡於造化；鍾禮義之粹，而不能自達於禮義；備萬物之全，而不能自用於萬物。聖人作則，因其所固有者，順導而曲成之。其法象則參諸造化，《堯典》所以欽若而歷象授時，《禹範》所以建極而協紀念徵也。其政治則取諸禮義，《商書》所以欲其建中而制事、制心，《周官》所以教之中和而防情、防僞也。其效驗，則集夫四靈，舜樂所以成於鳳儀，《周南》所以終於《麟趾》也。天地以全體言，大根大本之先立者也，道之大原出乎天也。陰陽以氣化言，闔端造始之可見者也，立天之道曰陰與陽也。四時以運化言，當權操柄之可握者也，大昊執規、炎帝執衡之屬是也。日星細運乎周天之度，驗其次舍以分時令，如綱有紀以分其目。一月遍匝乎周天之度，視其晦朔以課事功，如物有量以揆其平。鬼神布列於天地之間，造化之用也，以之爲徒，則闔闢變化常與之並行，猶曰「與之爲徒」也。五行變合於陰陽之内，造化之體也，以之爲質，則亭毒胚胎不昧其所主，❶五味、五色之所以爲質也。有其質而無其具，則善不能自遂，故因其自然固有之禮義以爲器，而品節防範之道無不周。有其器而無其地，則功無所可施，故因其可與爲善之人情以爲之田，而脩治墾除之功無不至。四靈，蓋物之變化而有神者，非罝網之所可循也。能盡致而爲之畜，則德之所感可知矣。

「以天地爲本，故物可舉也。以陰陽爲端，故情可睹也。以四時爲柄，故事可勸也。以日星爲紀，故事可列也。月以爲量，故功有藝也。鬼神以爲徒，故事有守也。五行以爲質，故事可復也。禮義以爲器，故事行有考也。人情以爲田，故人以爲奧也。四靈以爲畜，故飲食有由也。」

鄭氏曰：物，天地所養生也。情，以陰陽通也。事，以四時成也，事以日與星爲候，興作有次第也。藝，猶才也，十二月各有分，猶人之才各有所長也。藝或爲「倪」。山川守職不移，故云「有守」也。事下竟，復由上始，故云「可復」也。考，成也，器利則事成也。奧，猶主，❷田無主則荒也。❸由，用也，四靈與羞物爲群。

孔氏曰：此一節覆明前經諸事。若行諸

❶「胎」，原作「腪」，據通志堂本、四庫本並參《欽定禮記義疏》卷三十二引應鏞説改。

❷「主」字下，通志堂本、四庫本有「也」字。

❸「也」字，通志堂本、四庫本及《禮記正義》無。

事,治理皆應,則萬事得成也。❶天地生養萬物,今本而爲政教,故萬物可舉而興也。人情與陰陽通,今法陰陽爲教,故人情可見也。生長收藏,隨四時無失,故民不假督勵,而事自勸成也。「日中星鳥,敬授民時」,無失早晚,故民事有次第。列,猶次第也。月以爲量,❷隨人才而教之,則人竭其才之所長,故功有藝。山川鬼神,各有分職不移,今引鬼神爲徒屬,則事無失業,故云「有守」。五行相次,終而復始,凡所營爲之事,亦終而復始,故云「可復」。工欲善其事,必先利其器,若治國用禮義爲器,是器之利者,故所治之事行必有成也。上「人」是人民,❸下「人」是聖人。田無主則荒廢,故用人爲主。今以人情爲田,聖人以爲田主,則人情不荒廢也。靈是衆物之長,長既至,爲聖人所畜,則其屬並隨其長而至,是飲食有用也。

横渠張氏曰:「情可睹也」,情謂理,循是以窮其理。「鬼神以爲徒,故事有守也」,因其自然而任之役。鬼神之義,順其自然則人鬼協濟,人鬼協濟則豈非以爲徒歟?今山川百物生焉,養成其材,以時取之,得非協歟?先天而天弗違,五行之氣運,而爲四時。質,據也。順五行之氣,用五行之材,莫不以爲質也。至如東作西成,捨五行之序,何以成?❹五行相

❶「事」,原作「物」,據通志堂本、四庫本並參《禮記正義》改。
❷「月以」,原作「以月」,據通志堂本、四庫本並參經文改。
❸上「人」下,原有「情」字,據通志堂本、四庫本並參《禮記正義》卷二十二刪。
❹「成」,通志堂本、四庫本作「行」。

代不窮，故事可復也。四靈以爲畜，能擾四靈，則鳥獸之類，豢養不失其情。自「天地爲本」至「四靈爲畜」，一理也。特細別耳。事天治人，與夫接物，無所不用其極。能用其極，則其餘不足治矣。此數句必出於古語，亦非傳者所能道也。

嚴陵方氏曰：以天地爲本，則萬物皆末焉。本既得，則末斯從之，❶故物可舉也，舉言持之在我也。陰陽者，萬物之情。以陰陽爲端，則其情可探而見，故情可睹也。以四時爲柄，則人順時之後先，因時之動静，不敢辭焉，故事可勸也。以日星爲紀，則晝之所參，夜之所考，各得其序焉，故事可列也。月以爲量，則興事造業，各有數以致其能焉，故功有藝也。五行以爲質，則代廢代興，皆周而復始焉，故事可復也。四靈以爲畜，則人之日用者，皆易致焉，故飲食有由也。由，言人因之致用也。

馬氏曰：法象莫大乎天地，故以爲本。而陰陽、日月、鬼神皆天地之別也，聖人作則莫不取象於此。雖然，聖人作則，仰有法於天，俯有察於地，而近取於人情者，禮義也。禮義出於人情，先王因之以爲治情之具也。自「天地爲本」，推而至於「人情以爲田」，其爲法備，其爲治詳，宜有休徵以應之也，❷故終以四靈爲畜。然四靈以爲畜，聖人無意於是，蓋在己有以立之，在物者亦順之而不敢逆也。以天地爲本，而曰「物可舉」者，蓋萬物生於

❶「之」，通志堂本、四庫本作「焉」。

❷「徵」字，原無，據通志堂本、四庫本並參《欽定禮記義疏》卷三十二補。

天地之間，皆可舉而用之也。天地之大端在陰陽，而人情之大端亦在於陰陽。喜爲陽，怒爲陰，以陰陽爲端，則人之情可睹而見也。時者，當其可之謂也，敬授之而勿失，則事有所成，故以爲柄，則事可勸也。日星者，示其東作西成之候，而使民之興作，不失於先後之序也，❶故以爲紀。月者，三五而盈闕，其盈不至於有餘，其闕不至於不足，故以爲量。量者，言多寡之均，而無過不及之患。先王之制禮，必協於分藝，使賢者不敢過，不肖者不敢不及。藝者言各當其材也。鬼神在於幽，其類非一，而祖廟、山川、五祀各有守也。先王因以立官，設其參，傅其伍，使之各司其局而不敢失也。五行者，天地之間，往來不窮，終而復始，故以爲質，則事可復而不窮也。四靈者，猶爲聖人之見畜，❷則天地之間，飛潛陸走之類，莫不甚多，無非飲食之用也。

《講義》曰：夫萬物生息於天地之間，以天地爲本，則萬物雖多而無所逃，故物可舉也。陽推五福以類升，陰幽六極以類降。故凡爲善者，陽之類也；爲惡者，陰之類也。以陰陽爲端，則物情大見而可睹也。時以作事，事以厚生，無先時而起，無後時而縮，故先時者殺無赦，不及時者殺無赦。以四時爲柄而執守之，故天下之事可勸而成也。

山陰陸氏曰：陰陽爲端，若觀其所聚、觀其所感、觀其所恒而天地萬物之情可見矣，是也。四時爲柄，若春誦夏弦、春率

❶「於」，通志堂本、四庫本作「其」。
❷「之」，通志堂本、四庫本作「而」。

民耕作、秋率民收斂之類。日星爲紀，若日在北陸而藏冰、龍見而雩之類。月以爲量，成虧相備，故功有藝極也。人情得聖人以爲田，故人以聖人爲奥，無田則孰爲養也？無奥則孰與居焉？四靈以爲畜，聖人致治，以是爲終，及其亂也，亦以是爲終。若西狩獲麟，則是獸也，非畜也。且麟信而應禮，不妄出者也。《春秋》哀十四年，胡爲來哉！飲食有由，言四靈以爲畜，故聖人飲食有由也。如是而後享天下之大奉無愧矣，是之謂「有由」。

廬陵胡氏曰：功有藝也，藝，極也。《春秋傳》「貢賦無藝」。鬼神以爲徒，鬼神不欺。人以爲奥，人謂民，奥，主也，民以爲主也。《左氏》昭十三年傳云「國有奥主」。

龍泉葉氏曰：人性非所治，所治者其情也。聖人之治，以天地、陰陽、四時、五行爲之綱目，立心至公，❶周盡物則，故能深通人情之變，平而治之。凡人發於好惡利欲之私心，激於事勢逆順之偏重，著爲邪德、隱爲詖行，皆其情之所宜有也。雖其所以治之，要不越乎理義，而情之委曲，聖人不一施焉。有當直從者，有當曲遂者，有當明禁者，有當預防者。暢其不及，裁其過甚，扶其緩弱，通其壅蔽。其治之有時，其教之有機，膏潤成孰，而善道備、美俗一，是故聖人發政於天理，收功於人情。如良農之善稼也，五穀之報必厚矣。聽而弗治，長稂莠也；治而弗達，雜稊稗也。不本其情而責其成，廢田

❶「心」，通志堂本、四庫本作「之」。

者也。如是則人豈能心服於聖人，而恃之以爲奥主哉？

黄氏曰：飲食之禮達，則天下殺害有時，物無暴殄，庶人無故不食珍，士燕食不兼羹胾，上下咸以僭奢爲恥，是聖王治定無爲之徵驗也。故四靈以爲畜者，因飲食有由也。天下飲食從禮，故四靈爲瑞應，信及豚魚，禮化明備也。前儒不認「由」從於禮之義，而解「由」爲「用」，其義失矣。

「何謂四靈？麟、鳳、龜、龍謂之四靈。故龍以爲畜，故魚鮪不淰。鳳以爲畜，故鳥不獝。麟以爲畜，故獸不狘。龜以爲畜，故人情不失。

鄭氏曰：淰之言閃也。獝、狘，飛走之貌也。失，猶去也。龜，北方之靈，信則至矣。

孔氏曰：此一經更解四靈之事。謂之靈者，以此四者，皆有神靈，異於他物也。❶淰，水中驚走也。閃，是忽有忽無。魚從龍，鳥從鳳，獸從麟。龍、鳳、麟既來爲人之畜，則其屬見人自不驚而飛走也。龜知人情，既來應人，知人情善惡，故人各守其行、其情不失也。上三者，皆言其長來而族至。此應云「龜以爲畜，而甲族馴狎」，今獨云「感信而至」者，與上三族相互。此言感信，則上亦感仁、義、禮而至也。案《月令》冬云「其蟲介」，則龜爲水蟲，水主信，故信則至。水爲信，則土爲知。然水、土二行，俱有信、知。

嚴陵方氏曰：麟體信厚，鳳知治亂，龜兆

❶「他」，原作「化」，據通志堂本、四庫本並參《禮記正義》卷二十二改。

吉凶，龍能變化，故謂之四靈。淰，謂水動。不淰，以見魚之不驚躍也。文王有靈德，以及鳥獸昆蟲，故謂其囿曰靈囿，謂其沼曰靈沼。至於「麀鹿濯濯」、「白鳥翯翯」、「於牣魚躍」、「鼉鼓逢逢」，豈非能以之爲畜故然邪？

馬氏曰：於龜又言「人情不失」，何也？蓋龜者能逆知人之情狀，而善惡吉凶皆不能逃之也。

龍泉葉氏曰：四靈爲畜，上世載之詳矣。聖人盡人道之正，則彼動物之傑，不得翻然自遂其雄狡，而一將聽命於人。於是蟲魚鳥獸，無不順若，而人之飲食生養，亦未有苟爲温飽，而不自知其所由來者，故夔言「鳳凰來儀」，周公言「遺我大寶龜」，孔子曰「鳳鳥不至，河不出圖，吾已矣夫」，此言物之聽命於人也。後世先王之治不可復見，其所以爲治之説，儒者亦失其傳，反以異物之來爲善祥嘉瑞之應，不度其德之厚薄，而取必於異物之有無。故怪論日興，❶治象日隱，如漢所稱神爵、五鳳、黄龍，其君臣歆艷，皆以爲天之報貺而已。嗟夫！是人反聽命於物也。

長樂陳氏曰：魚鼈鳥獸至於不淰、不獝、不狘者，蓋亦不必實然，所以誘君人者脩德而已矣。

「故先王秉蓍龜，列祭祀，瘞繒，宣祝嘏辭説，設制度。故國有禮，官有御，事有職，禮有序。

鄭氏曰：皆卜筮所造置也。埋牲曰瘞，幣帛曰繒。宣，猶揚也。繒，或作贈。

孔氏曰：上既言龜知人情，故此一節言

❶「論」，通志堂本、四庫本作「異」。

卜筮所造置之事。先王，聖人，將有大事，必秉執蓍龜而問吉凶。言蓍者，凡卜皆先筮，故兼言之。陳列祭祀，謂郊廟以下，皆用卜筮也。瘞謂祀地埋牲也。《祭法》云：「瘞埋於泰折，祭地也。」繒之言贈也，謂埋告又贈神也。祝嘏有舊辭，更宣揚告神也。設制度，謂造宫室、城隍、車旗之屬。以上諸事，既並用卜筮，故國家必有其禮。國既有禮，❶故百官各御其事。官既有御，故百事各有職主。凡所行禮，皆有次序也。

長樂劉氏曰：先王措天下如此，而猶不敢以自任也。於是有猷有爲，則秉於蓍龜，求其明知於神也。列於祭祀，歸其功德於祖也。瘞繒宣祝，達其誠信於幽也。嘏辭説者，示其神靈之饗也。設制度者，辨上下，定民志也。故國無大小，皆有禮以稱之。故官有所御，事有所職，禮有所序，不相奪倫，而五禮之施、五品之實徧於斯民，一道德以同風俗，莫非五常之歸也。

延平周氏曰：蓍者，數也，數故爲筮。龜者，象也，象故爲卜。以先王之誠心敬德，固足以感天下。然猶秉於蓍龜，列於祭祀，蓋以爲吾之有爲、有行，莫非禀受於神明而無非事者。此國之所以有禮，官之所以有御，事之所以有職，而禮之所以有序者也。

嚴陵方氏曰：秉蓍龜，所以決禮之疑；列祭祀，所以致禮之敬；瘞繒，所以備禮之物；宣祝嘏辭説，所以通禮之情；設制

❶「國既有禮」四字，原無，據通志堂本、四庫本並參《禮記正義》卷二十二補。

度，所以脩禮之文。若是，則可謂有其禮矣。故繼言「國有禮」也。繒帛藏之於幽，故言「瘞」。辭説揚之於明，故言「宣」。建國必設官，設官必治事，治事所以行禮，故其序如此。然上言「國有禮」，❶則禮之體也；下言「禮有序」，則禮之用也。

山陰陸氏曰：幽言「瘞繒」，顯言「宣」，祝嘏辭説，不責不備也。鄭氏謂「埋牲曰瘞，幣帛曰繒」，失之矣。

「故先王患禮之不達於下也。故祭帝於郊，所以定天位也；祀社於國，所以列地利也；祖廟，所以本仁也；山川，所以儐鬼神也；五祀，所以本事也。故宗祝在廟，三公在朝，三老在學，王前巫而後史，卜筮瞽侑皆在左右。王中心無爲也，以守至正。

鄭氏曰：患禮不達，患下不信也。「祭帝於郊」以下，所以達禮於下也，教民尊神、慎居處也。宗，宗人也。瞽，樂人也。侑，四輔也。

孔氏曰：此一節爲上並用卜筮，民下猶未見信，先王患之，故更爲下諸事，使達下也。天子至尊而猶祭於郊，以行臣禮而事天，是欲使嚴上之禮達於下。天高在上，故云「定天位也」。至尊而猶自祀社，❷是欲使報恩之禮達於下。❸地出財，故云「列地利也」。王在宗廟，以子禮事尸，是欲使仁義之教達於下也。王自祭山川，是欲使儐敬鬼神之教達於下也。

❶「禮」，原作「體」，據通志堂本改。
❷「祀」，通志堂本、四庫本及《禮記正義》卷二十二作「祭」。
❸「使」字，原無，據通志堂本、四庫本並參《禮記正義》補。

王自祭五祀，是欲使本事之教達於下也。五祀是制度，故云「本事」也。此明因事鬼神，使禮達於下，鄭註「教民尊神」是也。「宗祝」以下，明因委於人，使禮達於下也。王在宗廟，則委於宗祝；在朝職事，則委任三公；在學乞言，則受之三老；君王弔臨，則前委於巫；動則左史書之，言則右史書之。既言「前巫」，故云「後史」也。卜筮主決疑。瞽是樂人，主和。侑是四輔，即左輔、右弼、前疑、後丞。皆侑勸人君爲善、❶典規諫者，示不自專，故並置左右。「宗祝」以下，鄭註「慎居處」是也。既祭祀尊神及委任得人，故「王中心無爲，以守至正」之道也。長樂劉氏曰：祭帝於郊也，天位由之而定，民不敢慢於其上矣。祀社於國也，生物享其報，而民不敢慢於其神矣。❷祖廟以本仁也，受祖有其德，❸而民不敢慢於其人矣。❹山川有祀也，報功有其秩，而民不敢僭於其禮矣。故宗祝在廟者，執祭祀之禮，雖鬼神之大，不可得以亂之也。三公在朝者，執上下之禮，雖君上之尊，不可得以踰之也。三老在學者，執人倫之禮，雖異數之隆，不可得以變之也。王前巫者，辟除其心之疑慮也。後史者，臨正其行之欹傾也。卜、筮、瞽、侑，皆在左右者，防其言動之有失也。夫如是也，

❶「君」字，原無，據通志堂本、四庫本並參《禮記正義》卷二十三補。

❷「神」，原作「親」，據通志堂本、四庫本並參《欽定禮記義疏》卷三十三引劉彝説改。

❸「以本仁也受」，通志堂本、四庫本作「有祀」，《欽定禮記義疏》卷三十三作「之祀」。

❹「人」，原作「仁」，據通志堂本、四庫本並參《欽定禮記義疏》卷三十三改。

何爲哉？欲王之中心無爲也。無爲矣，而曰「以守至正」者，何謂也？中心不爲於意慮，則寂然而不動，是人之正性也。長樂陳氏曰：先王以謂禮之行常在於人之所畏敬。而人之所畏敬者，在於天地鬼神。故於其所畏敬而寓之以法，則此禮所以達上下也。夫唯禮之達於上下，則君人有以安於上。故宗祝在廟，足以講禮正法；三公在朝，足以論道經邦；三老在學，足以乞言憲行；前巫所以却不祥；後史所以書言動；卜筮在左，所以決疑謀；瞽師在右，所以防非志。凡此皆人之倄輔王中心無爲以守至正而已矣。❶嚴陵方氏曰：禮之始也，則自天子出；禮之終也，則與民由之。與民由之，然後禮達而分定。故先王患禮之不達於下，則必有以爲之教者。然教必以祭祀爲主者，以神道設之，使民知畏敬故也。天則遠人而尊，故祭帝於郊；地則近人而親，故祀社於國。郊謂郊之南，南者陽之盛，故曰「所以定天位」。國謂國之右，右者陰之成，❷故曰「所以列地利」。定天位，則天下達於尊卑之禮矣；列地利，則天下達於施報之禮矣。且位以祭之所言也，利以祭之物言也。位欲其一，故言「定」；物欲其陳，故言「列」。天神曰「祀」，地示曰「祭」。而此於天曰「祭」者，郊所以明天道故也；於地曰「祀」者，社所以神地道故也。仁以立人道而人道本乎祖，故曰「祖廟，所以本仁也」。如是，則天下達於親疏之禮矣。我爲祭主於

❶「倄」，通志堂本、四庫本作「侑」。
❷「成」，通志堂本、四庫本作「盛」。

内，而山川之鬼神在外，固有賓道，故曰「所以儐鬼神也」。如是，則天下達於興作之禮矣。五祀出於五行，而五行各因時以用事焉，故曰「所以本事也」。如是，則天下達於制度之禮矣。然於帝、於社止言祭祀，則祖廟而下，皆主祭祀可知也。廟者神之所存，而宗祝所以事神，故在廟。朝者，政之所出，而三公所以共政，故在朝。學者，教之所寓，而三老所以奉教，❶故在學。不祥却於未然，故前巫。言行紀於已然，故後史。卜以知象，筮以知數，瞽以典樂，侑謂侑食。左右前後皆得其人，則王非特外之無爲也，中心亦守至正。❷夫天下之動正乎一而止，苟非以至正爲守，則天下之動莫之能正，雖欲無爲也，其可得乎？以《玉藻》考之，史有左右，而此乃言「後史」者，對「前巫」言之則爲後，而後自分左右故也。以《膳夫》考之，王日一舉，以樂侑食，則知此言「瞽侑」者，瞽言其人，侑言其事爾。

馬氏曰：天位乎上，而生時不窮，聖人祭天於圜丘，所以嚴上也，故曰「定天位」。地位乎下，而生財不一，❸聖人祭地於方丘，所以因下也，故曰「列地利」。祖廟遠則殺之，所以示其義；近則隆之，所以示其仁。離而言之則有仁義之别，合而言之皆所以親親，仁也，故祖廟所以本仁。《禮器》所謂「宗廟之祭，仁之至」者，其意同也。山者，地之高；川者，地之深。而皆有興作之功，有鬼神以助其幽，故所以

❶「而」字，原無，據通志堂本、四庫本補。
❷「守至」，通志堂本、四庫本作「至守」。
❸「一」，通志堂本、四庫本作「已」。

儐鬼神。五祀者，中霤、户、竈、門、行，制度所出，亦治天下之事也。自郊社推而至於五祀，皆所以達於下者也。以一人之身不能達於天下，必寄於群材，然後能如此，以至於無爲而治也。故繼之以宗祝在廟，三公在朝，三老在學。既曰「中心無爲」，又曰「以守至正」，何也？蓋人之情，安久則逸，逸久則亂，故中心無爲，而繼之守至正，然後能守其無爲之道也。龍泉葉氏曰：禮之理顯而事隱，禮之理可極而事難名。故先王非以禮之不備於其身爲憂，而以禮之不達於其下爲患也。夫禮者，聖人以爲因我之所設而後明耳。故天位未嘗不定也，必祭帝而後定。地利未嘗不列也，必祀社而後列。廟，吾之所爲祖，而曰「此仁之本」也。山川效地之俯仰而已，嚴而奉之，以儐於鬼神也。居處、器服切於人而已，本其事之所由起，尊而先之，曰有神之所爲也。廟有宗祝，朝有三公，學有三老，巫前史後，卜筮瞽侑皆在左右，濟濟然，秩秩然，森然凛然，有觀有聽，有效有法，而王不自見其所爲也。凡其爲此者，皆以達夫禮也。故百神受職，百貨可極，孝慈服，正法則，而禮誠達矣。義之脩，禮之藏，其器數名物，反復委曲不可窮盡也。不然，則夫薄禮者之論，以爲天本高，地本厚，日月本明，萬物與人未嘗不自然，而聖人者烏用是區區其間哉？況夫俗靡事敝，而拯救於敲朴趨走之不給，❶則先王之所以達禮於下之具，是誠有所不能識者矣。然則禮之所以本，所以分，所以轉變者，何從

❶「拯救」，通志堂本、四庫本作「極究」。

知之？徇今而忘禮，不可也。徒誦古之言禮者，樂而味之，而不考於今之何以合、何以不合，不可也。

江陵項氏曰：「王前巫而後史，卜筮瞽侑皆在左右」，古之聖王豈溺於淫瞽者哉？誠見夫顯微之無間，天人之合一，視聽言動之變，即風雨寒燠之源，故考驗占察如此其密也。《詩》曰「文王陟降，在帝左右」，此之謂也。又曰「昊天曰明，及爾出王。昊天曰旦，及爾游衍」，譏厲王之不察也。❶

延平周氏曰：瞽言其人，侑言其理。先言宗祝立於禮也，終言瞽侑成於樂也。

建安真氏曰：古之所以衆建忠賢，森列左右者，皆以正人君之心也。在朝則有三公焉，所謂道之教訓，傳之德義，保其身體者也。在學則有三老焉，所謂憲德乞言者也。巫掌祀，以鬼神之事告王。史掌書，以三皇五帝之事告王。掌卜筮者，以吉凶諫王。瞽矇之叟，以歌詩諫王。一人之身而左右前後挾而維之，以引以翼，有孝有德，雖欲斯須自放，得乎？故王中心它無所爲，惟守至正而已。後世人主，所親者褻御近習，❷所説者淫聲美色，狐媚蠱惑者千態萬貌，雖欲無邪其思，得乎？❸此君德所以不如古也。

蔣氏曰：聖人惟能定天下之禮，而後可以辨天下之職。天下之職既辨，則一己之職亦不勞而自舉，此王者所以惓惓於

❶「不」字下，通志堂本、四庫本有「能」字，明本有「得」字。

❷「褻」，通志堂本、四庫本作「暬」。

❸「思」，通志堂本、四庫本作「可」。

禮，以御斯世也。蓋禮有大有小，則職亦有尊與卑。❶方其祭帝於郊，就陽以定天位；祀社於國，答陰以列地利。祖廟崇報反之仁，山川儐遠近之職。五祀彰不一之事，大者不得以兼乎小，小者不得以干乎大。義有所由生，文有所由寓，此其在禮一定而不易者也。夫惟禮之大小一定不易，故設官崇卑，亦各有攸司，而不相亂。坐乎朝者，議不及乎末；尊乎學者，職不關乎細。宗祝在廟，儀文是掌，弗及乎大事也。巫史後前、❷卜瞽左右，彼特以問吉凶，職聰察，司辭説，而弗與乎大本也。夫是以上而揔化原者有其人，至於侍御僕從罔有弗正。故一人中心無爲於上，而治道以立。乃若官職廢闕，典禮隳壞，天下正人直士既不得尊於朝、禮於學，則下而宗祝工師之徒亦不得盡其才、效其藝。昔者孔門記晚周之時，「太師摯適齊」以下，傷魯之不用人也。若是則宗祝安得在廟？卜筮瞽侑安得在左右？或用人不當其位，如衛之賢者仕於伶官，無非可以承事王者之人，則「碩人俁俁，公庭萬舞」，如《簡兮》之刺，則三公安得在朝？三老安得在學？然則王者欲守至正以御天下，必如古聖人之定禮、分職，而復可以收無爲之治功。「故禮行於郊，而百神受職焉；禮行於社，而百貨可極焉；禮行於祖廟，而孝慈服焉；禮行於五祀，而正法則焉。故自郊社、祖廟、山川、五祀，義之脩而禮之藏也。

❶「與」，通志堂本、四庫本作「有」。
❷「後前」，通志堂本、四庫本作「前後」。

鄭氏曰：言信得其禮，❶則神物與人皆應之。百神，列宿也。百貨，金玉之屬。脩，猶飾也。藏，若其城郭然。

孔氏曰：此一節論上文禮既達於下，有功而見徵應。百神，天之群神也。王者郊天備禮，則星辰不忒，故云「受職」。祀社盡禮，則五穀豐稔，金玉露形，盡爲國家之用，故云「可極」。祭廟盡禮，而天下皆服行孝慈。祭五祀以禮，而天下法則各得其正。不言山川興作者，法則之事包之也。祭在上諸神，是義之脩飾，禮之府藏也。

長樂陳氏曰：禮行於郊而百神受職焉者，以其大報天，而百神莫不與之也。禮行於社而百貨可極焉者，以其五土之宜，百物資之以生也。禮行於祖廟而孝慈服焉者，以其有祝以告人之孝，而有嘏以告神之慈也。禮行於五祀而正法則焉者，以其有制以正法，有度以正則也。言郊社、祖廟、五祀，而不及山川者，以社言百貨可極，則兼之也。夫義則有宜，禮則有體，務其宜以歸其體，然後五者之教全矣。故曰「義之脩，禮之藏也」。

嚴陵方氏曰：受職，言各受其職而有守也。可極，言各盡其利而無遺也。正法則者，以制度之所在，故各得其法則之正也。其行於始也祭帝於郊而已，故終至於禮行於郊焉；其始也祀社於國而已，故終至於禮行於社焉，固其序也。推之於祖廟、五祀，其義亦若是爾。

廬陵胡氏曰：百神，如《詩》云「懷柔百

❶「信」字，原無，據通志堂本、四庫本並參《禮記正義》卷二十二補。

神」。鄭指星辰，大泥。禮藏於郊社天地之中。

四明沈氏曰：自「郊」至「五祀」，皆言禮行，正《孟子》「不誠，未有能動者也」，不是説行禮。我與神爲二，不可謂之行；無所往而不感通，此之謂行。聖人之誠，足以感神而無間，故無往而不得其所欲。

盧氏曰：義者，理也。禮者，文也。義者内也，禮者外也。人之於禮，始也見其禮而未知其所以爲義，謂之禮脩而義藏可也，故曰「其數可陳也，其義難知也」；及其終也，義著於外，人趨於義，故由禮而不自知。亦猶假筌以求魚，魚得而忘筌；因蹄以獲兔，兔得而忘蹄。故曰「義之脩，而禮之藏也」。

蔣氏曰：郊、社、祖廟、山川、五祀之義，《禮運》一篇蓋累累言之，大旨則同。至此則曰「百神受職」，曰「百貨可極」，曰「孝慈服」，曰「正法則」，備言聖人爲禮之效也。謂之義脩而禮藏，則聖人因義以起禮，因禮以辨義，禮義爲説，❶實相表裏。

禮記集説卷第五十七

❶「義」字下，通志堂本、四庫本有「之」字。

禮記集說卷第五十八

「是故夫禮，必本於大一，分而爲天地，轉而爲陰陽，變而爲四時，列而爲鬼神，其降曰命，其官於天也。

鄭氏曰：聖人象此，下之以爲教令。官，猶法也。此聖人所以法於天也。

孔氏曰：此一節論上言禮既藏於郊社天地之中，是故制禮必本於天以爲教也。大一者，謂天地未分，混沌之元氣也。極大曰大，未分曰一，禮之理既與大一齊，故制禮者用之以爲教本也。元氣既分，輕清爲天，重濁爲地，制禮者法之，以立尊卑之位，故曰「分而爲天地」也。天地既分，天之氣運轉爲陽，地之氣運轉爲陰，制禮者貴左以象陽，貴右以法陰，因陽時而行賞，因陰時而行罰，故曰「轉而爲陰陽」也。陽氣變爲春、夏，❶陰氣變爲秋、冬，制禮者吉禮則有四面之坐，凶禮則有恩理節權，❷是法四時也。四時變化，生成萬物，皆是鬼神之功。聖人制禮，則陳列鬼神之功以爲教也。「其降曰命」者，言聖人制禮，皆仰法大一以下之事，而下之以爲教命。❸「其官於天也」者，結之也。

横渠張氏曰：大虛，即禮之大一也。大者大之一也，極之謂也。禮非出於人，雖無人，禮固自然而有，何假於人？今天

❶「變」字下，通志堂本、四庫本有「而」字。下文「陰氣變」同。《禮記正義》無「而」字，兩「變」字上有「則」字。

❷「禮」字，原無，據通志堂本、四庫本及《禮記注疏》補。

❸「以」，原作「而」，據通志堂本、四庫本並參《禮記正義》卷二十二改。

之生萬物，其尊卑小大自有禮之象，人順之而已，此所以爲禮。或者專以禮出於人，而不知禮本天之自然。如告子專以義爲外，而不知所以行義由内也。當合内外之道，知禮之本於自然，人順而行之，則是知禮也。

長樂陳氏曰：以形之始而言之，謂之大始；以數之始而言之，謂之大一。大一之體，分而爲天地之氣，轉而爲陰陽之用，變而爲四時之序，列而爲鬼神之情，❶其降之於人曰命。凡此皆天造之禮，而主之於天，故曰「其官於天也」。

延平周氏曰：《老子》曰「道生一」，又曰「天法道，道法自然」。則一者，道之所生，而大一者，生道者也。生道者，其自然之謂乎？《易》曰「乾知大始」，蓋乾者萬物之所資始，而大始者又乾之所資始者也。《禮》之「大一」，其猶《易》之「大始」乎？然禮必本於大一者，大一，天地之始。凡有數者，莫不出於其間，故分而爲天地之位，轉而爲陰陽之道，變而爲四時之代謝，列而爲鬼神之魂魄，其降之於人則曰命也。然不能離乎數，故不能官天，而官於天也。

嚴陵方氏曰：陰極生陽，陽極生陰，陰陽之運，周而復始，故曰「轉而爲陰陽」。春生，夏長，秋斂，冬藏，唯其時也。然未始有常，故曰「變而爲四時」。天地則有上下之位，陰陽則有升降之宜，四時則有先後之序，鬼神則有變化之功，聖人體此以命物，而在下莫不聽，故曰「其降曰命」。亦未嘗不本之

❶「之情」二字，原無，據通志堂本、四庫本並參《欽定禮記義疏》卷三十三引陳祥道説補。

於自然，故曰「其官於天」。不曰「本」而曰「官」者，以夫禮之命物，各有所主故也。

慮氏曰：禮未離乎數，故官於天而未能官天也。若夫離乎數者道也，範圍天地而不過，官天而不官於天矣。官猶主也。若夫聖人以道制禮而極其妙，則又可以官天，❶故曰「禮樂明備，天地官矣」。

龍泉葉氏曰：古人究極禮之本末，貫徹上下，而著於功用，故大一其本也，天地其分也，陰陽其轉也，四時其變也，鬼神其列也，命其降也。其理微而難見，其説大而難該。是豈云君子之於禮也，遂欲舉天地萬物而强納之哉？彼蓋誠有以見之矣。天之所本，地之所動，事之所列，時之所變，分藝之所協，如自黍累而至斛斗，自毫忽而至尋丈，其散者皆可分，其總者皆可會也。天生人之常，知有養人而已。貨力、辭讓、飲食、冠昏、喪祭、射御、朝聘，此其養之昭然，見於日用者也。彼亦惡知其汗漫無統，而猶以爲之品節，爲之等序，以自附於禮，雖夷狄不廢焉。唯其操縱有所徇，予奪有所偏，不以情由禮，而以禮飾情，至於情之所已安與情之所不能禁，則決壞而雜施之，是以紛然而不合耳。聖人知禮之所由本，隨而察其轉變分列之際，而貫徹於陰陽上下之交，得其所以居斯人者，而後貨力、辭讓、飲食、冠昏、喪祭、射御、朝聘，品節之序以行乎其間。人情既正，人倫既順，❷人義既明，使人知其所以講信、所

❶「天」字，通志堂本、四庫本無。

❷「人情既正人倫既順」，通志堂本、四庫本作「人倫既正人情既順」。

以脩睦，而肌膚之會、筋骸之束不至於涣焉而不相從也，則豈不仰無愧、俯無怍，而怡然有以見天人之通、幽顯之辨、事理之融、内外之合也哉？論至於此，則三王之極盛，不以私智人力，而服制天下也明矣。後世受禮之地狹，用禮之時少，任禮之數拘，以爲禮者一事而已。大一、天地、陰陽、四時而無非禮也，則遠而誕。肌膚之會，筋骸之束，而無非禮也，則切而煩。遠而誕者易離，切而煩者難行，則其所爲舉是禮者，不過止於貨力、辭讓、飲食、冠昏、喪祭、射御、朝聘之間之事。而又古今不相沿，奢儉不相均，朝廷閭巷不相通，駮義異説不勝其多，宿儒老師交相非詆而不能一也。是其於禮幾何哉？故昔之於禮也以厚，後之於禮也以薄；昔之於禮也合天地鬼神而無間，後之於禮也薄德首亂而可以盡去之矣。❶嗚呼！不見其實而通之，不明其端而舉之，唯聖人而後知禮之不可以已乎？

蔣氏曰：自「禮必本於太一」至「其官於天」，所以言禮之不離乎天。自「禮必本於天」至「居人也曰養」，所以言禮之終歸於人。且本於太一者，天地未分之先也。高卑以分，天地立矣；二氣轉移，陰陽生矣。寒暑代謝，有四時之變；生死往來，有鬼神之形。莫非此禮發露於自然，聖人本其自然發露者，制禮以命天下，故曰「其降曰命」。既謂之「降曰命」矣，又終之以「其官於天」者，聖人懼天下言禮者，瀆於人而忘於天故爾。且謂之必本於天者，猶言本乎太一也。然動而之地，則太

❶ 「薄德」，通志堂本、四庫本作「瀆聽」。

一判而上下殊矣；列而之事，見於制度顯設之位；變而從時，推之於陰陽奇耦之象。莫非此禮，所以周流而不窮也。聖人因而順其分之所宜受，量其藝之所能爲，而使之行是禮，故曰「協於分藝」。必終之以「居人曰養」者，聖人懼天下之言禮者，惑於天而不體於人故爾。官者，有所主宰之義。養者，得所安全之稱。不官於天，吾不知自有人物以來，所以有是禮者，孰維持而主張之。不居人而曰養，吾不知生民交際之後，所以至今，上下相乘，貴賤相使，孰便利之，孰順適之。然妙於天以爲之本，體於人以求其用，而後此禮在天下行之，以飲食、冠昏、喪祭、射御、朝聘，而非僞爲也。《易》曰：「形而上者謂之道，形而下者謂之器，化而裁之謂之變，推而行之謂之通，舉而措之天下之民謂之事業。」方天地未立，《易》有太極，渾然而已。兩儀既生，於是循而至於四象、八卦、吉凶、大業，而莫知終窮也。然不反諸形而上者之妙，則莫原其始；不要其舉而措之之餘，則莫識其終。謂之道者，貫天人於一致。禮之爲禮，夫豈外此？

「夫禮必本於天，動而之地，列而之事，變而從時，協於分藝。其居人也曰養，其行之以貨力、辭讓、飲食、冠昏、喪祭、射御、朝聘。」

鄭氏曰：禮本於大一與天之義。後法地，後法五祀，所以本事也。後法四時。協，合也。言禮合於月之分，猶人之才也。養，當爲「義」。下之則爲教令，居人身爲義。《孝經説》曰：「義由人出。」貨，摯幣庭實也。力，筋骸强者也，不則偃罷。

孔氏曰：此一節論上本説禮從天地、四

時，五行而生，而教於人，故此以下論人用之以行刑罰、冠昏、朝聘之等，皆得其宜也。動而之地，祀社是也。事，即五祀。從時，即「四時以爲柄」。協於分藝，即「月以爲量」。養，宜也。制度諸事，居人中身，則人得其宜。諸禮皆須義行，故云「其行之」也。力，❶筋力拜伏也。辭讓，賓主三辭三讓。飲食，饗食之屬也。冠，二十成人而冠。昏，三十而取。射，五射。御，五馭。朝，五年朝及諸侯自相朝見之禮。聘，謂比年小聘，三年大聘。言人有義在身，則能行此諸禮也。　王氏曰：下云「穫而弗食，食而弗肥」，字宜曰養」。《家語》曰：「其居人曰養。」

江陵項氏曰：前言「禮必本於大一，分而爲天地」，此言「禮必本於天，動而之地」。蓋氣始於天，形生於地，天與地，即大一之所分也。古之人懼人之外天地而求大一也，❷故曰「本大一也」。分之則爲天地，見一之有兩也。又曰「本於天，動而之地」，見兩之本一也。動以形見言之，非「圓動方静」之「動」也。

長樂陳氏曰：列而之事者，禮之稱；變而從時者，禮之權。凡皆人爲之禮，而居之於人以養人也。

延平周氏曰：或曰「禮必本於大一」，或曰「禮必本於天」，何也？言禮之先乎天地者，則曰「必本於大一」；言禮之後乎天地者，則曰「必本於天」。本於天者，禮之象也。動而之地者，禮之法也。列而

❶「力」字，原無，據通志堂本、四庫本並參《禮記正義》卷二十二補。

❷上「之」字下，通志堂本、四庫本有「聖」字。

之事，事同則禮同也。變而從時，時異則禮異也。協於分者，禮之情也。協於藝者，禮之文也。居人也，莫非給人之求而養人之欲，故曰「養」。其行之以貨力、辭讓、飲食、冠昏、喪祭、射御、朝聘者，皆其在於度數之間者也。雖然，禮之所以顯者，舍度數何以哉？

嚴陵方氏曰：上言「禮本於大一」，則原禮之初而已。此又明禮之用焉。上言禮之初，故言「官於天」，以見其自然；此言禮之用，故言「居人」，以見其使然也。方其本乎天也，則静而已，未始或動；一而已，未始有列。及其降而在地，則離静而向動矣；散而在事，則出一而成列矣。以其有所之故也，故於地曰「動」，於事曰「列」，皆以「之」言之。時無常而不可逆也，故曰「變而從時」。分有多寡，藝有能否，各隨力而施之乃協也。❶自「貨力、辭讓」而下，則言所以存乎人者，故曰「其居人也曰養，❷其行之以貨力、辭讓、飲食、冠昏、喪祭、射御、朝聘」。言冠昏、喪祭、射御、朝聘，非貨力、辭讓、飲食，有不行也。夫欲行禮，貨力爲先，辭讓次之，飲食又次之，故曰「無財不可以爲悦」，非强有力者莫能行也。

山陰陸氏曰：❸《禮論》曰：「禮起於何也？曰：人生而有欲，欲而不得，則不能不争，争則亂。先王惡其亂也，使欲必

❶「乃協也」三字，原無，據《欽定禮記義疏》卷三十三引方慤説補。

❷「居人也」至「朝聘言」二十四字，原無，據通志堂本、四庫本補。

❸「山陰陸氏曰」一條注文，原誤置於「嚴陵方氏曰」段「居人也」前，據通志堂本、四庫本乙正。

不窮乎物，物必不屈於欲，兩者相持而長，是禮之所以起也。故禮者，養也。」「其降曰命，其官於天也」，言人之生於禮如此。「其居人也曰養，其行之以貨力、辭讓、飲食、冠昏、喪祭、射御、朝聘」，言人之養於禮如此。

慮氏曰：禮之妙體，根於太一未分之前；禮之成用，起於兩儀既判之後。唯其未分而渾淪，故曰「必本於大一」；唯其既判而定位，故曰「必本於天」。列而之事，事詳則禮詳也；變而從時，時異則禮異也。協於分，不强其所無也；協於藝，不强其所不能也。貧者不以貨財爲禮，其協於分乎？老者不以筋力爲禮，其協於藝乎？

廬陵胡氏曰：列而之事，萬物皆以禮行。變而從時，禮隨時變。

馬氏曰：「禮本於太一」至「其降曰命」，言禮之所由起也。「其官於天也，禮必本於天」至「其行之以貨力、辭讓、飲食、冠昏、喪祭、射御、朝聘」，禮之所由以成也，太一者，道之所生也。道不可得見，而見之於太一。太一者不可得見，而見之於天地。聖人制作，遠有以本於天，近將以殺於地。祭帝於郊，所以定天位也；祀社於國，所以列地利也。故曰「禮必本於天，動而之地」。然禮必本於天，而不及於地者，先尊後卑之意也。推而詳之，則降於祖廟、山川，皆事也，故曰「列而之事」。時者，當其所事之謂也。蓋無一定之理，變而通之，然後得其中，故曰「變而從時」。藝言其才也，蓋才有長短小大之不同，莫不當其分，有以協之，一歸於中而已，故曰「協於分藝」。「禮必本於天，動而之地」者，「聖人作則，必以天地爲本」是也。「列而之事，變而從時，協於分藝」者，「鬼神以爲徒，四時以爲柄，日星以爲紀，月以爲量」是也。至於居人則曰養，何也？禮者所以養人，非以害人者也。禮以養人爲本，故曰「養」。《荀子》曰：「恭敬辭讓之所以養安，禮義文理之所以養情。」通此則可以知其所養之之意也。蓋聖人之道，寓於度數之間，莫非順性命之理，而所以養人也。然其行之大者，在於「貨力、辭讓、飲食、冠昏、喪祭、射御、朝聘」而已，此亦非禮之盡，特言大畧而已。

龍泉葉氏、蔣氏説見前。

「故禮義也者，人之大端也。所以講信脩睦，而固人之肌膚之會、筋骸之束也。所以養生送死、事鬼神之大端也。所以達天道、順人情之大竇也。故唯聖人爲知禮之不可以已也。故壞國、喪家、亡人，必先去其禮。

鄭氏曰：竇，孔穴也。去其禮，言愚者之反聖人也。

孔氏曰：此一節論上文説禮爲治理之本，故今説禮不可去之事。《左傳》云「逃出自竇」，又「篳門圭竇」，是孔穴也。孔穴開通，人之出入，禮義者亦是人之所出入。

長樂劉氏曰：立人之道，此其大端也。「所以講信脩睦，而固人肌膚之會、筋骸之束」者，常人之情，貴則驕，富則傲，老則怠，❶安則逸，而惰慢淫亂由之生矣。故自天子至于大夫、士，非役于禮，則國敗家亡，不召而自至也。故天之神、地之祇、人之祖，非有至誠，不可得而致矣。

❶「老」，通志堂本、四庫本作「勞」。

由是而言禮也，豈止肌膚之會、筋骸之束而已哉？故曰「所以養生送死、事鬼神之大端，所以達天道、順人情之大竇也」。

慮氏曰：禮之端，始於辭讓，而未可謂之大端。義之端，始於羞惡，而未可謂之大端。唯合禮義之成體，而不倚於一偏，然後爲人之大端也。養生送死、事鬼神以禮而正，故曰大端。達天道，順人情，以禮而通，故曰大竇。

廬陵胡氏曰：《孟子》言「禮之端」、「義之端」，蓋生乎此。「肌膚之會，筋骸之束」，禮所以爲人之幹。云竇者，禮義人所由以出入。

延平周氏曰：禮所以節義，義所以濟禮，二者人道之大端也。所以達天道者禮義，人道而已，由人道然後達天道也。

馬氏曰：道德仁義，非禮不成。又曰：義者，藝之分，則知禮義者爲人道之大本。夫禮義出於性，而曰「固肌膚之會、筋骸之束」，何也？蓋有禮則莊敬日强，無禮則安肆日偷。君子知謹於禮義，則手足有所指，❶耳目有所加，進退揖讓有所制。此所以固人肌膚之會、筋骸之束也。然此特爲中才言之。若夫聖人，動容周旋中禮，肌膚不待禮而固，筋骸不待禮而束，縱心所欲而不踰矩也。養生送死、事鬼神，其道非一，而禮義者尤爲之大端也。養生，所以飾驩；送死，所以飾哀；事鬼神，所以飾敬。此禮義以節文之也。禮義出於天，先王因之以達天道；禮義出於人，先王因之以順人情。禮義出於天，而受中自於人。禮義雖出於人，而降

❶「指」，通志堂本、四庫本作「措」。

衷自於天。達者所以明之也，順者所以因之也。

長樂陳氏曰：或曰「禮義以爲紀」，或曰「禮義以爲器」，或曰「禮者人君之大柄」，或曰「禮義者，人情之大端」，何也？蓋紀以言其所張，器以言其所用，柄以言其所執，端以言其所始，其言之不同，各有所當也。講信脩睦，所以誠其心；固人肌膚之會、筋骸之束，所以莊其身。以至養生送死於其明，事鬼神於其幽。凡此皆人道而已。由其人道，所以達於天道，故能順人情之所通。大竇，以言其通也。

嚴陵方氏曰：禮義内可以治心，外可以脩身，故曰「所以講信脩睦，而固人肌膚之會、筋骸之束也」。聖人所以能保其國家與人民，知禮之不可以已爾。衆人反此，而禍患隨至。

蔣氏曰：禮以辨義，義以起禮。禮之與義，其理相因，而其用相成。所以爲萬善有爲之要，而人道待以有立也。自其有諸己而不違者，皆謂之信。是信也，非徒曰言而有信之謂也。自其施諸人者，皆謂之睦。是睦也，非徒曰因睦合族之謂也。人生乎天地間，惰慢邪僻之氣或設於身體，此信不講耳，故孔子以正顔色爲近信；乖争陵犯之風或見於接物，此睦不脩耳，故孔子謂立愛以教民睦。然則聖人設禮義以教天下，凡以使民踐履浹洽，一毫非僻之念，非禮之動，有所檢束而不敢自肆於平居暇日也。不然，則觴酒豆肉，誰肯受惡？衽席之上，誰肯在下？朝廷之位，誰肯受賤？凡於交際，血氣用事，攘臂動色，始莫知其所主矣。兹所以必俟講信脩睦，而固人肌膚之會、筋骸之束歟？然聖人爲禮非苟然也。惟能反其所謂在人者，而後還其所謂天者。然不本其所謂天者，亦不足以反其所謂在人者。彼生有養而死有葬，物本天而人本祖，別鬼神以爲位，有報與反以爲説，是人道之大端也。天也，吾固因之以爲常。孩提而知愛，既長而知敬。顙泚於親之不藏，父子有隱而無證，是人情之大竇也。天也吾固順之而不拂。本乎天者以爲常，❶則順之，則達之；關乎人者則講之，則脩之，又從而固之。記禮之旨，可謂明甚。天下國家興衰治亂，豈不自是而可必哉？

「故禮之於人也，猶酒之有蘖也。君子以厚，小人以薄。

鄭氏曰：皆得以爲美味，性善者醇耳。

孔氏曰：此一節論上云「禮不可去」，故明禮之在人，有厚薄之事。禮不可已，故在人，譬如釀酒，須因麴蘖則成。君子譬精米嘉器，小人譬麤米弊器。釀酒共用一麴。分半釀精米嘉器，則其味醇和；半釀麤米弊器，則其味醨薄。亦如禮一耳。君子性識純深，得禮而彌厚；小人智慮淺薄，得禮自虛薄也。

長樂陳氏曰：蘖之於酒，厚則醇，薄則醨，醇則久，醨則壞。禮之於人，厚則君子，薄則小人，君子則安，小人則危。善爲酒者戒其爲醨，而務其爲醇；善爲人者，戒其爲小人，務其爲君子也。❷

《講義》曰：禮非有厚薄也，人自爲厚薄而已。

❶「本」字上，通志堂本、四庫本有「夫」字。

❷「務」字上，通志堂本、四庫本有「而」字。

「故聖王脩義之柄、禮之序，以治人情。故人情者，聖王之田也，脩禮以耕之，陳義以種之，講學以耨之，本仁以聚之，播樂以安之。

鄭氏曰：治者，去瑕穢，養菁華也。脩禮以耕，和其剛柔也。陳義以種，樹以善道也。講學以耨，存是去非類也。本仁以聚，合其所盛也。播樂以安，謂感動使之堅固也。

孔氏曰：自此至「危也」一節，因上君子、小人厚薄不同，故此論聖人脩禮義，治人情以至大順也。柄，謂執持而用者。土地是農夫之田，人情是聖王之田。農夫用耒耜耕田，和其剛柔；聖人以禮耕人情，正其上下。農夫耕田既畢，以美善種子而種之；聖人以禮正人情既畢，用理義以教之也。農夫種苗，勤力耘耨，去草養苗，則苗善矣；聖王以義教民，又須講學以勸課之，存是去非，則善也。農夫苗稼成孰，當本仁愛以聚集所收，勿爲費散；聖王勸課行善，本此仁恩聚集善道，使不廢棄也。播，布也。農夫收穫既畢，布其歡樂之心，共相飲食，以安美之；聖王既勸民善，又説樂感動，❶使其勤行善道，保寧堅固也。

唐陸氏贄曰：「人情者聖王之田」，言理道所由生也。

長樂陳氏曰：脩禮以耕，所以開其心；陳義以種，所以納之正；講學以耨，所以去其非；本仁以聚，所以充其德；播樂以安，所以成其道也。

嚴陵方氏曰：義者所操有宜，而不可失，

❶「説」，原作「以」，據通志堂本、四庫本並參《禮記正義》卷二十二改。

故言「柄」；禮者所行有節，而不可亂，故言「序」。禮義雖本於人心，然有至於無禮無義者，心或動而情亂之也。故聖王脩其柄與其序，還以治人之情而已。此以義爲柄，而前經言「禮者，君之大柄」，又何也？以禮爲義之質，則義之柄亦禮而已，故皆謂之柄。然治人之道，莫急於禮。故謂之柄，則義之所同；謂之大柄，則禮之所獨也。人之有情，猶地之有田，不可不治也。治其田者，農夫之事也；治其情者，聖王之事也。故曰「人情者，聖王之田」。前經言「人情以爲田」，正謂是矣。故《詩》言「無田甫田，維莠驕驕」，齊人以之刺襄公焉。禮者事之治，猶耕之治荒蕪，故言「脩」。義者事之宜，猶種之因地宜，故言「陳」。學所以爲己，猶耨之去苗害，故言「講」。仁者，愛也，仁則聚之，猶穫，故言「仁以聚之」。樂者，樂也，樂則安之，猶食，故言「樂以安之」。禮惡其壞，故曰「脩」；義欲其明，故曰「陳」；學欲其辨，故曰「講」；仁以立人，道非本不立，故曰「本」；樂以和民，聲非播不和，故曰「播」。

廬陵胡氏曰：禮爲耒耜，義爲種子，學爲耘耔，仁爲倉廩，播樂以安之，使人樂善不倦。

延平周氏曰：禮然後至於義，仁然後至於樂，四者以講學爲主，故其序如此。

龍泉葉氏曰：得禮義之本要而後能通人情，能通人情而後能治人情。人情可治，則其性德全而道化成矣。儒者之言義道也，❶嚴於性而略於情，請因是論之。夫利欲

❶「儒」字上，通志堂本、四庫本有「以」字。

羞惡充滿殽亂，而趨向高下萬彙殊錯。一人之情，一情之變，反覆無窮，彼蓋自有不能知其所從來者。人情之共安，衆心之同願，異國俗、殊時世而好惡之指若出於一，❶雖聖人有不能易其所好，而進其所不欲者。天下之紛紜，事幾之繁多，彼唯朝令夕改，皆是情而已矣。自堯、舜以及文、武，其治道所以大被於天下者，蓋其脩仁義禮樂之實，而播諸事爲之間，必有中於人情之會，相與俯仰出入，動蕩流通。其情之異趨與群心同向者，皆得以旁皇周浹於其中。一人之放僻不專行，而天下之取舍得公是焉。是以不待刑罰禁約，而固已自治。故論禮者以人情爲聖王之田，而治是田者有良農之功。非如後世之論，以情爲不美，以禮爲强制，築千丈之防，遏奔放之流，使其噤默不得逞，而後從我而爲禮義也。情之所有，而禮或未之有，則起禮；情之所安，而義或未之安，則辨義。然後知捨禮義而用刑罰，不如一置刑罰而盡入禮義也。故古者仁義禮樂以官治之，而人得以自陶於善。後世仁義禮樂以師教之，而秀民傑士或不能成才。豈非古道通其情而合其趨，後世蔽其情而失其歸；古者得禮義之要而人情可知，後世守禮義之説而不能通乎？

蔣氏曰：此言禮以治情爲主，而以治田爲喻也。方其揭義以示之，而謂之柄；本禮以明分，而謂之序。禮義之名立矣。然其用之存乎人者，必有以也。凡人之情，應感起物，血氣用事，蓋必有梗

❶「指」，通志堂本、四庫本作「情」。

吾和平之化者，則脩禮以治之，而謂之耕。禮由義起，彼其初蓋本有淺深厚薄之宜，則陳義以治之，而謂之種。學足以辨其是非，而以爲耨。仁足以滋其盛大，而以爲聚。樂足以樂其成功，而以爲安。夫然後衆善皆會於禮，而即禮可以善天下之情。雖然，四端之在我者，學與樂不與焉。其意以爲人之一性，萬理會融，有是二者以辨明之，學樂之謂耳。然禮在天下，未嘗不以仁義爲主，故下文言之。

金華應氏曰：情者心之動也。養之不善，則荒穢不治，而可欲之善塞矣。然仁義禮智根於心，而善端本無窮也，養之有道，則勃然而發生矣。人情具爲善之資，猶田有生殖之利。人情有可治之地，而聖王加順治之功。故以百畝之不治爲己憂者，農夫也；以人情之不治爲己責者，聖王也。禮之有序，猶耕之有畔；義之有節，猶種之有列。曰脩、曰陳者，《書》所謂「若稽田，❶既勤敷菑，惟其陳脩」是也。學探千古群聖之奥，而思索問辨以求其正，猶耨之去草而耘治益精也。仁總百行萬善之全，而滋養培植以豐其成，猶穫之揫斂而收取以無遺也。樂具五音六律之節，而動盪發越以宣其和，猶既穫之餘，安坐以食，而熙熙自如也。播者，散布發越之謂。《書》「播時百穀」，《周官》曰「播之以八音」。

「故禮也者，義之實也。協諸義而協，則禮雖先王未之有，可以義起也。義者，藝之

❶「田」，原作「古」，據通志堂本、四庫本並參《尚書注疏》卷十三《梓材》原文改。

分，仁之節也。協於藝，講於仁，得之者强。仁者，義之本也，順之體也，得之者尊。

鄭氏曰：協，合也。藝，猶才也。有義，則人服之，故得之者强。有仁，則人仰之，故得之者尊。

孔氏曰：前既明禮耕義種仁聚，此廣明三者相須也。禮是實，義以脩飾爲禮之華，故曰「禮者，義之實」。諸，之也。起，作也。禮與義既相協會，❶若應行禮，先王未有舊制，臨事制宜而行之，是以義起作也，如將軍文氏之子是也。「義者，藝之分，仁之節」者，明仁須義也。義者，裁斷合宜也。人有才能仁施，用義裁斷乃得分節也。協於藝，是義能合藝也。講於仁，講，猶明也，是義能明於仁也。仁者義之本，謂仁能與義爲本。仁者施生，故爲「順之體」。

黄氏曰：「禮也者，義之實也」，因上文禮耕義種，謂禮者爲尊卑升降親疏之節，義者合宜當理指的之稱，名實相應，則爲正禮。倘有禮而不能合宜當理，是有名而無實。譬諸晉侯云：魯君自郊勞至贈賄無失爲知禮，女寬曰：「區區習儀，豈爲知禮？」故君臣父子之道，禮之實；周旋退讓之節，禮之儀。下文云「協諸義而協」，謂須合義則合禮也。又下云「禮雖先王未之有，❷可以義起」，亦謂有未立之禮，則取合宜之義而起作之，非爲禮脩飾之華明矣。

横渠張氏曰：人情所安即禮也，故禮所

❶ 「與」，原作「於」，據通志堂本、四庫本改。按《禮記正義》卷二十二載孔疏，此句原作「禮既與義合」，衛氏引述其大意耳。

❷ 「下」字下，通志堂本、四庫本有「文」字。

以由義起。藝，業也，謂事業也。

長樂陳氏曰：義以禮爲實，而禮以義爲文。合於義，則禮斯合矣，故曰「協諸義而協，則禮雖先王未之有，而後世可以義起也。」是故廟門非待弔者之所，而將軍文子行之於喪畢之時；説驂非爲賻之宜，而孔子行之於出涕之際。以至純儉可以從衆，則不必麻冕之泥；嫂溺可以手援，則不必嫌疑之拘。唯義所在而已。《荀子》曰：「禮以順人心爲本，凡非先王之禮而順人心者，皆禮也。」然則孟子以禮爲義之節文，而此以禮爲義之實，何也？蓋義出而爲禮，禮行而爲義，二者未嘗不相須。顧其所主，而迭爲文實也。《論語》曰「義以爲質，禮以行之」，此義之所出而爲禮也。《禮器》曰「義理，禮之文」，此禮之所行而爲義也。六藝非義，則雜；仁非義，則蕩。處藝以義，然後有所別；處仁以義，然後有所節。故曰「義者，藝之分，仁之節也」。以其爲藝之分，故能協於藝；以其爲仁之節，故能講於仁。夫事親，仁之實；從兄，義之實。仁之於父子，義之於君臣。有親，然後有兄弟；有父子，然後有君臣。此先仁後義之體也。仁，人之安宅；義，人之正路，由其宅然後至於路，此先仁後義之用也。故曰「仁者，義之本」。温良者，仁之本；敬慎者，仁之地；寬裕者，仁之作；孫接者，仁之能。故曰「順之體也」。仁必有義，義未必有仁。仁者天之尊爵，故得仁則尊，得義則止於强也。

嚴陵方氏曰：禮雖作乎外，而義則資之以成體。義雖由乎内，而禮則用之以制宜。唯其資之以成體，故此以禮爲義之實。唯其用之以制宜，故《禮器》以義爲禮之文也。禮義之相須如此，則人之所行果合於義矣，在禮豈有悖哉？故曰「協諸義而協」，「可以義起」。❶如《曲禮》曰「禮從宜」是矣。

延平周氏曰：實有成意，蓋草木至於實則成矣。義以生禮，禮以節義，故義爲禮之所自生，而禮乃爲義之所自成也。故曰「禮也者，義之實也」。義者，藝之所以別宜者也，故曰「藝之分」。以仁義而對禮，則禮爲仁義之節。以義對仁，則義爲仁之節，故曰「仁之節也」。義與禮協，而禮者六藝之大，故曰「協於藝」。義者，入於仁者也。入於仁者，講之而已，故曰「講於仁」。以事而言，則仁之於父子，義之於君臣，有父子然後有君臣。以理言之，德而後仁，仁而後義，有仁則有義，故曰「仁者，義之本」。未有仁而遺其親、犯其上者，故曰「順之體也」。仁必有義，義不必有仁，故得義者强而已，而得仁者必至於尊也。

馬氏曰：禮者義之實，義者禮之華。禮者所以體常，義者所以盡變。變者禮中之權也，常者義中之經也。蓋禮義一物耳。體其常則爲禮，盡其變則爲義。故三代之禮一，而或素或青者，❷皆所以變而從時也。要之，不違禮之經、義之權而已。藝者，言乎其材也。材出於性，非天之降爾殊也，成於人則有長短小大之異；而義者所以宜之，而分之各當其理也。四端均出於性，有所宜而成之者，尤

❶「可」字上，通志堂本、四庫本有「則禮」二字。
❷「青」，通志堂本、四庫本作「華」。

在於義也。故曰「義者，藝之分，仁之節也」。才出於性，而義者所以合之，而得其宜。仁在於内，而義者所以講之，而見於外。外有以講於仁，内有以合於藝，則義之道得矣。義得其道，則人望而畏之。故得之者强，强者有立我之意，故曰「自勝之謂强」。

山陰陸氏曰：藝以有義，故有分；仁以有義，故有節。如有義而已矣，不協於藝，於仁不講，❶將以爲厚也而適得薄焉，將以爲强也而適得弱焉。孔子曰：「依於仁，遊於藝。」

蔣氏曰：謂「禮者，義之實」矣，而又曰「義者，藝之分，仁之節」者，是禮之資於義者爲多也。既曰「藝之分，仁之節」矣，而又曰「義之本，順之體」者，是禮之資於仁者爲重也。禮出於義，則在我有自然之强。禮出於仁，則在我有自然之尊。惟强、惟尊，足以勝私情而還至理。❷昔季氏之臣逮闇而祭，雖强力之容皆至倦怠，此義之不講之故。故聘、射之禮，强有力者爲能行之，而以有義謂之勇敢。八佾舞於庭，三家以雍徹，卑得以抗乎尊，下得以僭乎上，此仁之不講之過。故孔子謂「人而不仁，如禮何」？孟子亦以仁爲天之尊爵，而謂人人有貴於己者弗思耳。然則是强也，用之於順治，推而至於戰勝無敵者，同此一義也；是尊也，本之於良貴，推而至於人之所貴者，同此一仁也。要之，論天下之理，至於義有可强，仁有可尊，而後聖人所以爲禮，始有定

❶「於仁不講」，通志堂本、四庫本作「不講於仁」。
❷「至」，通志堂本、四庫本作「天」。

論矣。鄭氏徒知本仁義以論尊强，而不知聖人蓋因禮而及仁義，吾固於此發之。

金華應氏曰：義者，事物之斷制裁節也，區别衆理，條分縷析，而各有攸當，得之者强，而舉無以勝之，故曰「天下之制」。仁者，義理之統宗會元也，包含萬象，圓融和會，而莫窺其際，得之者尊，而舉無以尚之，故曰「天下之表」。强則挺然不屈於物之下，猶有物我之對，人有畏心焉；尊則超然於物之上，不見物我之間，人有敬心焉。

「故治國不以禮，猶無耜而耕也。爲禮不本於義，猶耕而弗種也。爲義而不講之以學，猶種而弗耨也。講之以學而不合之以仁，猶耨而弗穫也。合之以仁而不安之以樂，猶穫而弗食也。安之以樂而不達於順，猶食而弗肥也。

鄭氏曰：無耜而耕，則無以入也。弗種，則嘉穀無由生。弗耨，則苗不殖，草不除。弗穫，則無以知收之豐荒也。弗食，則不知味之甘苦也。弗肥，功不見也。

孔氏曰：人君治人情若無禮，猶農夫耕而無耜。「安之以樂而不達於順」，謂奏樂而不使達至順之理。如人食五味，而調和温清不順，則雖食不肥也。前陳聖人「禮耕」以至「安樂」，今顯前譬其事相似，更譬以人身之肥。聖人爲教，反覆相明，正在此矣。

嚴陵方氏曰：耜者治田之具，禮則治國之具，故「治國不以禮，猶無耜而耕」。耕所以種禾而生之，義所以達禮而行之，❶

❶「義」，原作「禮」，據通志堂本、四庫本並參《欽定禮記義疏》卷三十三引方慤説改。

故「爲禮不本於義，猶耕而弗種也」。達嘉種而除其害者，耨之事；明大義以勝其非者，學之事。故「爲義而不講之以學，猶種而弗耨也」。耨之勤，將以有穫；學之勤，將以有聚。仁言聚也，穫言獲也。故「講之以學而不合之以仁，猶耨而弗穫也」。食有所養，而享其利焉；樂有所樂，而安其仁焉。故「合之以仁而不安之以樂，猶穫而弗食也」。食之養人，期於體之肥而已；樂之和人，期於理之順而已。故「安之以樂而不達於順，猶食而弗肥也」。然前言「陳義」，而此變言「本」者，凡種皆所以立本故也。前言「本仁」，而此變言「合」者，以人本仁也，合而言之道也。於順又言「達」者，自上趨下，❶無不達故也。

馬氏曰：上言「脩禮以耕之」至於「播樂以安之」，而於此又言「安之以樂而不達於順，猶食而弗肥」者，何也？蓋仁者，順之體也；樂者，順之成也。上言「播樂以安之」，則順在其中矣，猶不足以極其順之至，又言「安之以樂而不達於順，猶食而不肥也」。

廬陵胡氏曰：「爲禮不本於義，猶耕而弗種也」，不種不生。學以植善去惡，猶耨也，仁亦在夫孰之而已。「猶食而弗肥」者，五味調和不順，雖食不澤。

延平周氏曰：孔子曰「成於樂」，至於樂則成矣，豈有不達於順者哉？

蔣氏曰：因聖人治田之説，以求聖人治人之序。自禮而求義，自義而講學，自學

❶「自」，原作「首」，據通志堂本、四庫本並參《欽定禮記義疏》卷三十三改。

而本仁，自仁而播樂，似有次第而本無間斷，若有先後而實無彼此。極而至於安之以樂，則《孟子》所謂「樂則生，生則烏可已也」。安而不達於順，食而不至於肥，則寧有是理哉？噫！聖人爲禮以教天下，經而三百，曲而三千，事繁而文至縟，意詳而用無不周，將使天下之欲食者，如入太倉，陳陳相因，隨取輒得，又不惟得食而已。冠冕佩玉之盛，黼黻文綉之美，譬之左殽右胾，膾炙酒漿，又從而侑焉，使之充足饜飫而後已。此所以由古及今，斯人相安，❶相養於其中，而不自知。若服田足食之諭，其亦本於養人之意歟？

葉氏曰：聖人以禮善其國，亦惟深察乎人情之變，明其大本，詳其節目，盡此心以達之而已。蓋人性本善，情之既動，則善者或流而爲惡。若其情以養其善，亦或防閑其情以制其不善。明其大本焉，以立其經；詳其節目焉，以定其歸。夫然後人情治，人性明，而人道立矣。故聖人治人情之意則一，其次第而施則有五。先之禮以定民志，次之義以明民善。志定善存，大本立矣。然不立之學，無以講切其非而審其是；不本之仁，無以豐殖其善而一其心。由是而終之以樂，則優游饜飫，咏歎淫掖，❷仁聲四達，而大順致矣。五者於治國，猶農夫之於田，必耕焉、種焉、耨焉、穫焉，不可一廢。❸聖人於此，循其本，考其序，心求而身體之。

❶「斯」，通志堂本、四庫本作「使」。

❷「掖」，通志堂本、四庫本作「泆」。按，疑當從《禮記·樂記》作「液」。

❸「一廢」，通志堂本、四庫本作「廢一」。

其精神不流，思慮不越，造端不差，收功有藝。而吾之禮教始冲融周浹，動盪流通，窮高測深，磅礴於幽明上下之間。蓋耕之既深，而播之嘉種，則在田皆良穀；禮之既明，又本之以義理，則在民皆良心。日累月積，此周家之民皆一於仁，而頌聲起矣，《行葦》之詩是也。是固其大義明，而教化洽也。後世之君，豈誠知三代仁義禮樂可以化民？❶徒慕其美名，竊其近似者而施之，往往内不盡其心而外求多於民。民心未孚，則盻盻焉疑其難化而戾己。天下之民見其條目事爲，非其心智所習知、耳目所習見，亦不肯以其疑貳不信之心從其苟簡不明之教。夫吾之心猶未能盡孚於民，何以使民悉心委聽於其上？吾不意後世之君望其民，有不如農夫之望其田也。農事方始，其視有秋之獲，亦有茫昧而不可知者。然古之良農，器必利，種必良，耕焉必深，耨焉必易，終歲勤動，不越其思。雖未得收刈之利，而此心曉然知其勃焉秀、芃焉長，穰穰焉而盛，瞭然目中，若可朝種而暮收者。其用力遠者，收功可必；其心思切者，期望不差也。昔之聖人豈能必其治之達於大順，亦豈能必其無一民或戾乎己？然其爲民誠切，其慮民誠深，其修禮陳義皆以憯怛忠利之心發之，❷故上下交孚，情意周浹。其閭閻隱密，坦然無疑於廟堂之上，知其爲憯怛、爲忠利，莫敢乖離陵冒，以逆其指意所歸者，此大

❶「知」，通志堂本、四庫本作「治希」。
❷「利」，通志堂本、四庫本作「厚」。下文「爲忠利」之「利」亦作「厚」。

順所由致也。嗚呼！耕而種，種而耨，耨而穫，穫而食，食而肥。其應有期，其成有候，其端緒皆有由，其源委皆可見也。修之身，推之國，達之天下，則天下之肥，每病於難致焉。人君能以耕爲治，以身爲天下探端知緒，自源徂委，無一不盡其心，則天下之肥，昭昭乎可觀矣。明近而忽遠，切於身謀而踈於爲國，天下不復見大順之治，可勝嘆哉！

金華應氏曰：上既合田事始終而正言之，以明成效之大全；此復分析而反言之，以盡其節目之纖悉也。治田之始，先墾闢其榛蕪；治國之始，先開發其荒穢。無耜而欲耕，何以入土？無禮而欲治，何以入人？秉禮以明分，猶秉耒以施耜。禮舉而國正，猶耜舉而田治。耜可以入土而深耕，禮可以入人而深造。故君子之秉禮，猶農之秉耜。而治不以禮，耕不以耜，則俱無所執也。禮之和遜固易入，非以義而植其本，則何以堅明品節，❶而培擁其至善之本根？義之剛勁固可立，非以學而精其講，則何以辨析是非，而鋤剪其餘惡之枝葉？義講於學則精矣，而弗能貫通調合之以至大之仁，則是猶耨之雖勤而無以斂其成。學至於仁則孰矣，而不能發越動盪之以至和之樂，則是猶穫之徒豐而未能享其食也。至於樂則安矣，而弗能發達之於至順之地，❷則是猶食之雖多，而弗能肥於體也。「四體既正，膚革充盈，人之肥也。父子篤，兄弟睦，夫婦和，家之肥也。大臣法，小臣

❶「堅」，通志堂本、四庫本作「昭」。
❷「弗」，通志堂本、四庫本作「未」。

廉，官職相序，君臣相正，國之肥也。天子以德爲車、以樂爲御，諸侯以禮相與，大夫以法相序，士以信相考，百姓以睦相守，天下之肥也，是謂大順。大順者，所以養生、送死、事鬼神之常也。

鄭氏曰：常，謂皆有禮，用無匱乏也。車，或爲「居」。❶

孔氏曰：此一節明人及國家天下等皆悉肥盛，❷所以養生、送死、常事鬼神也。膚是革外之薄皮，革是膚内之厚皮。以德爲車，謂用孝弟以自載也。以樂爲御，謂用要道以行之。順理廣被，無所不在，一切生死、鬼神，無不用順爲常也。

黄氏曰：以德爲車者，謂天子有四海，以道德如車，以乘載天下。既諭車也，將由御焉。故謂執御者，總六轡，可左右遲速於長途；觀樂者，察四方，可移風易俗於政理。❸

横渠張氏曰：「以德爲車，以樂爲御」，以樂驅駕，行其德也。樂，和也。

臨川王氏曰：德無所不容，以樂章之車無所不載，以御行之。

長樂陳氏曰：四體以和順而正，然後膚革充，充而後盈，此人之肥也。父子以天性而篤，兄弟以同氣而睦，夫婦以異姓而和，此家之肥也。天子德教加於百姓，故以德爲可行之車，而以樂爲行車之御；諸侯制節、謹度，故以禮相守；大夫非法不言，非道不行，故以法相序；士則忠順

❶「居」，原作「君」，據通志堂本、四庫本並參《禮記正義》改。

❷「盛」，原作「順」，據通志堂本、四庫本並參《禮記正義》卷二十二改。

❸「理」，通志堂本、四庫本作「也」。

不失，故以信相考；庶人則謹身而已，故以睦相守。此天下之肥也。凡此是謂大順。大順者，非特明足以養生送死，而幽足以事鬼神也。成天下之大利，致天下之大順。和同天人之際而無間，則大順者和於天，同於人者也。自非聖人之存神索至，其能與此哉！❶　又《樂書》曰：德者性之端，樂者德之華。故古之人安德以樂，而聞樂知德，是德與樂未嘗不相須而成。蓋一器之成而工聚焉者，車也；疏數疾徐而有度數存焉者，御也。天子之於天下，所以安而行之者，在德不在車，然非車不足以諭德；所以行而樂之者，在樂不在御，然非御不足以喻樂。車者，器也。御者，人也。德者，實也。樂者，文也。車非御不運，德非樂不彰。以德爲車，則無運而非德也，法何與焉？以樂爲御，則無作而非樂也，禮何與焉？若大臣以法相序，❷諸侯以禮相與，去德不亦遠乎？❸

嚴陵方氏曰：四體，即四肢也。正，言各適其安佚之正也。父子以慈孝而相厚，故曰「篤」。兄弟以友恭而相親，故曰「睦」。夫婦以剛柔而相濟，故曰「和」。若是則家之肥也。大臣法，則不倍矣；小臣廉，則不竊矣。大臣非不廉也，以所任者大而廉不足以言之爾；小臣非不法也，以所守者小不足以撓法故也。設官以治職，❹分職以守官，相序而不亂，故曰「官職相守」。君以禮而使臣，臣以忠而

❶「索」，通志堂本、四庫本作「素」。
❷「大臣」，通志堂本、四庫本作「夫大夫」。
❸「去」字上，通志堂本、四庫本有「其」字。
❹「治」，通志堂本、四庫本作「效」。

事君，相正而不阿，故曰「君臣相正」。若是，則一國之肥也。物之運載存乎車，故以德爲車；車之行存乎御，故以樂爲御。蓋樂以德爲體，德以樂爲用，無體不立，無用不行故也。自諸侯而下，非無德也，然德以大爲貴，唯天子之德刑于四海，乃足以爲大；非無樂也，然樂以備爲美，唯天子之樂兼于四夷，乃足以爲備。此所以特言天子也。諸侯以制節爲事，而制節存乎禮；大夫以循道爲事，而循道存乎法；士以事人爲事，而事人存乎信；百姓以相親爲事，而相親存乎睦。禮惡其離也，故言「相與」；法惡其亂也，故言「相序」；信欲其有成而已，故言「相考」；睦欲其不失而已，故言「相守」。若是，則天下之肥也。夫自一人之微，達乎天下之大，以勢觀之則殊，以理推之則一而已，故皆可謂之肥焉。苟於理有所逆，以之肥一人爲不足，而況天下之大乎？❶苟於理有所順，以之肥天下爲有餘，而況一人之微乎？故至於天下之肥，乃言「是謂大順」也。

山陰陸氏曰：《孟子》曰「鄉田同井，出入相友，守望相助，疾病相扶持，則百姓親睦」，所謂「以睦相守」蓋如此。士則又進矣，以信相考。大夫又進矣，以法相序，所謂「法守」在是也。諸侯又進矣，以禮相與。天子則至矣，故以德載焉，以樂御之，所謂「道揆」在是也。養生、送死、事鬼神之常，夫所謂大順，如是而已。若天降膏露，地出醴泉，龜龍麟鳳，乃其餘事。

❶「況」字下，通志堂本、四庫本有「於」字。下句「況」字下亦有「於」字。

王氏曰：❶車者致遠之物。車能致遠，而不能以自致，必待御者而後致。德者，聖人所用以化民也。德能化民，而不能以自化，必待樂以彰之焉。《書》曰：「帝德廣運。」廣者德之體，運者德之用。以言其厚載，則足以容民蓄衆；以言其并包，則足以庇下承上。以德爲車有如此者。「鞗革冲冲，和鸞雝雝」，進退也，履乎繩墨；旋曲也，中乎規矩。然後取道致遠，車行無不至焉。樂之於德固有類此。五色成文，八風從律，回邪曲直各歸其分，唱和清濁迭相爲經。其德也，豈不恢恢乎有餘地哉？是故樂仁之實，則仁眇天下，❷而和聲無不入；樂義之實，則義眇天下，而和理無不達。剛氣不怒，則剛德之運爲沉潛；柔氣不懾，則柔德之運爲高明。其發揚也，若驟若馳，而奮德之光；其節止也，不疾不徐，而繩德之厚。鼓舞之神，不疾而速；均調之治，無爲而成。樂行而民鄉，方可以觀德。以樂爲御，不亦宜乎？

蔣氏曰：此章蓋因上文言「樂必達於順」，猶「食必至於肥」，遂言天下國家肥之理也。夫古之人具手足，備口體，安於豢養之爲適，充足饜飫而不知止，則亦惟肥之是欲耳。❸今也膚革充盈，必在於四體既正之後，決非養其小體而失其大體者。百畝之田，五畝之宅，衣帛食肉之有餘，養生送死之無憾，亦可以爲家肥矣。今焉考其篤厚和睦，必在於父子、兄弟、

❶「王」字，原爲墨丁，據通志堂本、四庫本補。
❷「眇」，通志堂本、四庫本作「妙」。下句「眇」亦作「妙」。
❸「惟」，通志堂本、四庫本作「爲」。

夫婦之間，決非求其富足而棄其禮義者。大臣以守法爲事，小臣以謹廉自將，❶官職相序而不相紊，君臣相正而不相諛，以此爲一國之肥。寧有竭民力以自私，厲民以自養者？天子以德爲車，示有運也；以樂爲御，示有執也；以禮相與，謹邦交也；以法相序，樂不失職也；以信相考，明其有諸己而不欺之謂也；以睦相守，則出入相友、守望相助也。如此而爲天下之肥，寧有一物不得其所，一民不被其澤者乎？夫自人而家，自家而國，自國而天下，均一理也。理本一致，而物有異情。故世之所謂肥者在彼，而吾之所謂肥者在此。❷故揭而名之曰「大順」，順天理也，逆人欲也。一事順則萬物聽，一事逆則萬境逆。反逆歸順，智者其有以知之。雖然，所謂大臣者，以道事君者也。一國之肥，止言大臣法者，何哉？蓋諸侯有一國者也，彼則惟知奉天子之法而已。諸侯在於奉天子之法，則諸侯之大臣宜守法以事諸侯而已，故曰「大臣法」。春秋列國如晉叔向、鄭子產、齊管夷吾，爲當國大臣，豈復知此？

「故事大積焉而不苑，並行而不繆，細行而不失，深而通，茂而有閒，連而不相及也，動而不相害也。此順之至也。故明於順，然後能守危也。

鄭氏曰：言人皆明於禮，無有蓄亂滯合者，各得其分理，順其職也。守危，能守自危之道也。君子居安如危，小人居危如安。《易》曰：「危者安其位。」

❶「將」，通志堂本、四庫本作「持」。
❷「吾」，通志堂本、四庫本作「禮」。

橫渠張氏曰：大積而不菀，此是極文也。❶ 事大積累，亦一一處置有條理，於小事亦不失。

長樂劉氏曰：大順矣，然後溥天之下，率土之濱，生者不失乎其養也，死者不失乎其禮也，亡者不失乎其祀也。化起乎一家，而周徧于四海，有條而莫之可紊也，不曰「大積焉而不菀」哉？「並行而不繆」哉？「細行而不失」哉？深而通者，言其教之洽而至于化也。深以盡乎其性，通以正乎其情者也。茂而有間者，言其德茂於躬，而用之有尊卑之差、親疏之間也。連而不相及者，人人各盡其性，連也；上下各異其儀，不相及也。動而不相害者，作於禮者必歸于義，又何相害之有哉？此天下大順之至也。「故明於順，然後能守危」者，以一人而御四海之衆，危也；以至仁而御群暴，危也；以至柔而乘至剛，危也。然則何以守之？曰辨上下，定民志，然後危可守。《易》曰：「履虎尾，不咥人，亨。」大順之謂也。脩禮以達天下之義，體信以致萬物之順而已矣。

延平周氏曰：事大積焉而不菀者，言其可與酬酢也。並行而不繆者，言其可與佑神也。細行而不失者，言其幾足以成務也。深而通者，言其深足以開物也。茂而有間者，言其並育而不相害也。連而不相及者，言其同以迹、異以心也。動而不相害者，言其動以禮、止以義也。凡此，順之至也。故明於此，然後能守危也。

❶「是」，通志堂本、四庫本作「又」。

長樂陳氏曰：大積而不苑，以其能變通以盡利也。並行而不繆，以其殊塗而同歸也。茂而有間，以其雜而不越也。連而不相及，以其安而有序也。動而不相害，則順以動所以爲豫，動以順所以爲復，巽而動所以爲益也。其始於不苑，而終於不相害，豈非乘理順道以致之耶？故曰「順之至也」。庖丁之解牛，依乎天理，因其固然，❶以至郤窾之大、肯綮之微，莫不恢恢遊刃而有餘地，以其順之而已。故能明於此，然後可以守危。不言守安，而言守危者，吉人凶其吉之意耳。

馬氏曰：並行而不繆，使之兩皆當其理也。細者人之所忽，細行而不失，所以盡其精微也。

山陰陸氏曰：凡積善苑，並行善繆，細行善失，深宜不通，茂宜無間，連喜相及，動喜相害。唯順之至，然後異此。危若崇高是也，危莫危於富貴。

《講義》曰：能明大順之道，雖危而能守之勿失，況夫安平康泰之時乎？

葉氏曰：大順本無體。上之施焉者，中乎義理之會；下之應焉者，安行乎義理之實。感而通，動而和，則夫事之積而不苑，並而不繆，細而不失，深而通，茂而有間，連而不相及，動而不相害者，皆其順之實，而治之形也。雖然，天下而有治之形也，聖人於是始有所甚憂，何也？天下之治，固其禮義綱維之也。方天下之事，紛錯殽亂，有一秉禮行義之君，❷立經陳紀以綜理

❶「固」，原作「自」，據通志堂本、四庫本改。

❷「行義」，通志堂本、四庫本作「立行」。

之，❶向之紛錯殽亂者固駸駸焉日向乎治矣。聖人固無所憂乎此也。方内大寧，民俗阜康，和平舒愉，上下妥謐。天下之情，玩其所樂而昧其慮，安於其逸而諱其失。聖賢於此眇焉遐觀，憂危惕慄，動色相戒。其講禮益詳，其用禮益密，其守禮益固，凜然若有旦夕之憂乘其後者。蓋以安有危機，治有亂萌，❷治亂持危之道，亦惟深察乎禮而已，何則？天下之順，非無故而順也，禮義日明，而順以致也。天下之危，非一日而危也，❸禮義日亡而尋於危也。❹大順之在天下，猶元氣之行乎四體，冲乎其甚微，❺泊乎其易睽。有人焉，血氣冲融，膚革充盈，疑可終其身而無疾。❻然嗜欲蠱之，外物干之，則脉絡隙，元氣病。向之冲融者日鬱，❼充盈者日瘠矣。是故兢兢於無病之日者，善保其元氣者也。大順之世，❽天下之情，隨上向背，亦奚異血氣周流乎四體者？然上之人一捨禮自肆，❾失其所以綱維之具，則同者睽、附者攜，治者日亂，順者日隙矣，三代之末是也。有夏之君，聲律身度，四海會同。❿後嗣逸豫滅德，河濱爲敵國矣，夏之元氣自是日衰，情之難持，危之可畏也如此。然則山渚之居，順之

❶「經」，通志堂本、四庫本作「綱」。
❷「萌」，通志堂本、四庫本作「階」。
❸「一日」，通志堂本、四庫本作「無自」。
❹「亡」，通志堂本、四庫本作「昏」。
❺「甚微」，通志堂本、四庫本作「益固」。
❻「疾」，通志堂本、四庫本作「虞」。
❼「鬱」，通志堂本、四庫本作「病」。
❽「大順」，通志堂本、四庫本作「今日」。
❾「上之」，通志堂本、四庫本作「而夫」。
❿「會同」，通志堂本、四庫本作「大順」。

弗敝；❶水、火、金、木、飲食，用之必時；❷合男女，頒爵位，必當年德，用民必順。此亦聖人保順治危之數，節目不可以廢。

蔣氏曰：天下皆知順者，一世之美名，聖人以爲不過養生、送死、事鬼神之常事。夫治至於大順，此聖人御世之極功，今不過即常事以言順斯道之功用，顧若是其淺末而易言哉？ 蓋嘗泛觀天下之事，莫不有積也，積而至於滯，則苑患所從生；事莫不有並也，並而不能齊，則繆所從起；事莫不有細也，❸細而不能曲折而中理，則瑣碎之失所由萌。 至於深遠而不通於情，茂盛而無以爲别，連則有相及之跡，動則有相害之形，天地萬物亦安能各安其位而不相奪？ 聖人立天下事物之表，❹制天下事物之宜，故常使之相聚而有以相使，相因而有以相成，❺相群而有以相養，相雜而有以相别。豈容有一事不中節，一物不安其分者？ 此大順之功用固當考之於名位、器數之間，不當求之於幽深高遠之域；當驗之於典則綱常之地，不當索之於無聲無形之境。故曰「明於順，然後能守危也」。傳注推聖人之功，以爲人明於禮，無有蓄亂滯合，而各得其分，順其職，言極有理。

新安王氏曰：此極言大順之理。萬幾日來，庶事總至，其大積者然也。以順處之，各有其序，可以無苑結矣。威福並用，剛柔迭施，其並行者然也。以順施

❶「弗」，通志堂本、四庫本作「勿」。
❷「水火」，通志堂本、四庫本作「火水」。
❸「有」，通志堂本、四庫本作「由」。
❹「天下事」，通志堂本、四庫本作「夫萬」。
❺「因」，通志堂本、四庫本作「生」。

之，各得其宜，可以無錯繆矣。一嚬笑之微，下之休戚係焉；一好惡之微，衆之向背係焉。此其細行者然也。以順爲之，可以無過失矣。幽遠謂之深，其勢則易隔，惟順則情必通。❶衆多謂之茂，其勢則易雜，惟順則其分有間。連則易以相干，惟順則同而異，不相及也；動則易以相違，惟順則異而同，不相害也。天下之大順，至此極矣。惟明於順，然後上下相得，君臣相安，可以守危。蓋居高則勢易危，守危則可安於民上也。

金華應氏曰：能守，自危之道也。君子居安如危，小人居危如安。《易》曰：「危者，安其位者也。」順之與危，相去遠矣，而每對言之，蓋屈伸闔闢同一體，逆順安危無二機，聖賢之所深懼也。深明於順，則雖當危疑爭亂之中，亦可以守之而弗失，何者？順之則安，逆之則危，此至理之所在，而人情之所同。人皆好危而違安，彼其危也，不過有以逆之而已。吾能因其理而順之，則危者亦安矣，不然則雖順而易危，可不慮哉？

「故禮之不同也，不豐也，不殺也，所以持情而合危也，故聖王所以順。山者不使居川，不使渚者居中原，而弗敝也。用水、火、金、木、飲食必時。合男女，頒爵位，必當年德。用民必順。故無水旱昆蟲之災，民無凶饑妖孽之疾。

鄭氏曰：豐、殺，謂天子及士名位不同，禮亦異數，所以拱持其情，合安其危。小洲曰渚，廣平曰原。山者利其禽獸，渚者利其魚鹽，中原利其五穀，使各居其所

❶「情」字上，通志堂本、四庫本有「其」字。

安，不易其利、勞斂之也。民失其業則窮，窮斯濫矣。用水，謂漁人以時漁爲梁，「春獻鼈蜃，秋獻龜魚」也。用火，謂《司爟》「四時變國火，以救時疾」，及「季春出火，季秋納火」也。用金，謂《卝人》「以時取金玉錫石」也。用木，謂《山虞》「仲冬斬陽木，仲夏斬陰木」。飲食，謂「食齊視春時，羹齊視夏時，醬齊視秋時，飲齊視冬時」。「合男女，頒爵位」，謂《媒氏》「令男三十而取，女二十而嫁」，《司士》「稽士任，進退其爵禄」也。用民必順，謂不奪農時。❶ 昆蟲之災，螟螽之屬也。言大順之時，陰陽和也。

孔氏曰：自此至「順之實也」一節，説行順以致大平之事。既欲其順，居山、居川、居原，隨而安之，故各保其業，恒豐而不敝困也。必當年德者，合男女使當其年，頒爵位必當其德。

橫渠張氏曰：持情者，持其誠也。別嫌明微，使相接而不疑，此合危之道也。持，扶持引道之意，誠之實也。❷ 扶持誠實，必在乎禮。凡有可疑，不安即危也，禮能別嫌明微，得以不疑。就安，是合危也。相接，即合也。昆蟲，昆，明也，明生之蟲，謂春生冬死之類，有害於物者也。

山陰陸氏曰：情易放而難持，危易散而難合。持之使不流，合之使不散。若《桑中》政散民流而不可止，失是矣。

廬陵胡氏曰：持情合危，持情使正，合危使安。

❶ 「農」，原作「民」，據通志堂本、四庫本並參《禮記正義》卷二十二引鄭注改。

❷ 「之」字，通志堂本、四庫本無。

長樂陳氏曰：禮所以持人之情而使之稱，合事之危而使之安也。聖王知其禮之稱情安危如此，故居川、原，不易其利，不變其俗，使之各適其適，而弗敝焉，此因地之利以順之也。用水、火、金、木、飲食必時，此因天之時以順之也。合男女，頒爵禄，❶以至用民不奪其時，此因人之理以順之也。夫唯因地之利、因天之時、因人之理，而致順如此，故國無災、民無疾也。

嚴陵方氏曰：禮所以辨異，故曰不同。唯其不同，故見於形名度數之間者，宜殺則不可豐，宜豐則不可殺，唯其稱而已。故曰「不豐也，不殺也」。故下文廣言順之迹焉。居山、居川、居渚、居原，苟易其宜，則民勞而至於敝矣，故順之使弗敝。用水、火、金、木、飲食必時者，各順其時而用之也。《書》謂之「五辰」者，以此。若稻人以潴畜水而待旱，以防止水而待潦，此用水之時也。五行獨不言土，則以飲食見之。蓋飲食，土所生故也。用民必順者，順其析因夷隩之事而用之也。其順如此，故其效至於如下文所云「而各以其類應」。水則伏陰所致，旱則亢陽所致，昆蟲言螽蝗之屬，凡此則主天降言之，故曰災。凶言歲之多疫，饑言食之不足，妖生於所反，孽生於不正，凡此則主人罹言之，故曰疾。無災無疾，則以陰陽之順故也。

馬氏曰：山川之勢異而高下之習不同，原、渚之勢殊而水陸之居不一。聖人則因其所利而利之，順其所居而居之。有

❶「禄」，通志堂本、四庫本作「位」。

安於此，則不强於彼。然聖人之順，不止於此而已。推其詳，則凡居民材，必因天地寒煖燥濕，皆所以順民也。年有高下，故合男女必當其年。德有厚薄，故頒爵位必當其德。因其高下而合之，所以順陰陽之理也。因德之薄厚而頒之，所以明貴賤之等也。四民之業不同，先王則順之而不易；四時之務不一，先王則順之而不奪。故曰「用民必順」。

延平周氏曰：不同其所當異，不豐其所當殺，不殺其所當豐，所以持情而使之稱，合危而使之安。順山者不使居川，不使渚者居中原，各居其安而不易其利也。水、火、金、木相勝之序也。不言土者，蓋土爰稼穡，言飲食則必兼之也。合男女，必當其年，而以德爲主。頒爵位，必當其德，而以年爲主；用民必順，不奪農時也。若父子篤，兄弟睦，言其人也。若事大積而不苑，言其道也。若山者不使居川，言其事也。有是人，有是道，而行是事，則其效足以致祥。故國無水旱昆蟲之災，民無凶飢妖孽之疾。

臨川王氏曰：《禮運》言「水、火、金、木、飲食必時」，何以不及土？曰諸書以水、❶火、金、木、土、穀爲六府，《禮運》飲食則兼土、穀而言也。

蔣氏曰：方天下之人，群焉而居，名位未定，典則未立，聖人御世之道未行於其間，相軋相勝，亦危甚矣。至於禮教既施，豐殺有節，情慾有制，事物有適，聖人致順之功已運乎其表，則舉一世於太和極治之盛，使天下爲公而不自知也。二

❶「諸」字，通志堂本、四庫本無。

《典》之書，足以見聖人致順之功，明德睦族，授時作事，徽典敷教，齊政播穀，可遽數而枚舉之。極而至於蕩蕩巍巍而莫能名，則皆自此而端本。所謂大順，確在於此。❶

金華應氏曰：用水，不止如註所言，若藏冰、頒冰、止水、蕩水之屬皆是也。女二十而嫁，男三十而娶，四十曰强而仕，五十曰艾，服官政，必當其年也。問名、納采、度德、定位，必當其德也。

「故天不愛其道，地不愛其寶，人不愛其情。故天降膏露，地出醴泉，山出器車，河出馬圖，鳳凰、麒麟皆在郊棷，龜、龍在宮沼，其餘鳥獸之卵胎，皆可俯而闚也。則是無故，先王能脩禮以達義，體信以達順，故此順之實也。」

鄭氏曰：言嘉瑞出，人情至也。膏，猶甘也。器，謂銀甕丹甑也。馬圖，龍馬負圖而出也。棷，聚草也。沼，池也。則是無故，非有他事使之然也。實，猶誠也，盡也。

孔氏曰：此明天地爲至順之主下瑞應也。四時和，甘露降，是不愛其道也。五穀豐，醴泉生，器車出，是不愛其寶也。人皆盡孝弟，是不愛其情也。《禮緯》云：「其政太平，山車垂鉤。」謂「不揉治而自圓曲」，此器車也。《中候·握河紀》云：「堯時受河圖，龍銜赤文緑色。」註云：「龍而形象馬，故云馬圖。」又「伏犧有天下，龍馬負圖出於河，遂法之，畫八卦」。又《握河紀》云「鳳凰巢阿閣」，鳥不畏人，作巢在下，故可俯闚其巢卵也。是

❶「在」，通志堂本、四庫本作「則」。

無他故，由先王能脩禮、達義、體信、達順，故致此也。

横渠張氏曰：能體順，故直至于天不愛其道，地不愛其寶。天地何嘗愛？但氣和則自致此祥應。達義則須在脩禮，達順則須當體信。今雖義有所分别，苟不以禮，則不能成義。心雖欲順，苟不自誠實，亦不能達順。言體者，混然爲一體之義也。

嚴陵方氏曰：天爲神，故以道言；地爲富，故以寶言；人有欲，故以情言。不愛，言盡其所以而與之也。膏露，則露之澤，其濃如膏。醴泉，則泉之味，其甘如醴。郊棷，則在郊之棷也。宫沼，則在宫之沼也。「鳥獸之卵胎，皆可俯而見」，則以順之所感，而無獝狘之患故也。《莊子》言「至德之世，鳥鵲之巢可攀援而闚」，蓋謂是矣。脩禮於外，所以達義於内；體信於人，所以達順於天。

山陰陸氏曰：天不愛其道，以其道與我；地不愛其寶，以其寶與我；人不愛其情，以其情與我。凡此豈有私與我哉？亦以積累之厚如上云故也。夫所謂順在彼，不在此，然大平無象，若祥瑞者，吾以是爲證而已，故曰「此順之實也」。經於終篇言此，以言禮義之運，雖愧於道，及其至也，躋世淳朴，亦所以反道。此經所以異於老莊之言也。

新安朱氏曰：體信是忠，達順是恕。體信是無一毫之僞，達順是發而皆中節，無一物不得其所，聰明睿知皆由是出，❶是自誠而明意思。體信是真實無妄，達順

❶「是」，通志堂本、四庫本作「此」。

是使萬物各得其所。又曰：信只是實理，順只是和氣。體信是致中底意思，達順是致和底意思。

延平周氏曰：有禮、有義，而信以成之。三者備，然後至於順。故其序如此。

葉氏曰：夫精祲之交，天人感通之際深矣。聖人亦潛察其理，而不廢其證應。韶成鳳儀，石擊獸舞，和氣致祥，乖氣致異，其理有昭然不誣者。夫天有常則，❶地有常理，人物有常情。天地人物異形同體，此心所感流通無間，一念之差兆朕至微，而飛流彗孛、草妖木怪之遽見者，非異也。人拂其常性，❷則天地萬物之理亦爲之變動也。此念反正，則景星反風，❸應不旋踵矣。況聖人本仁義禮樂，以致大順之治，又能體信以達此順，則天地定位，民物由道，宜乎！或示其理，或效其珍，或盡其情，彝則常理昭然具見於兩間也。後世人君，捨人而言天，拂經而嗜異，不善其政治以和物化，反求物祥以爲政治之美，本末倒置，常理舛矣。聖人於《禮運》一書，始有感於大道之行，而原禮之所由起；中言禮之運轉分別，以極於損益、變革、事爲之際；其極歸於大順；而卒章復以體信達順，明其致順之由。蓋欲知感天地、理民物，道在此而不在彼也，其旨深矣。

蔣氏曰：順之爲道，合乎三才之妙，而行乎三才之間者也。故聖人所以致治者，仰則順乎天，俯則順乎地，中則順乎人，

❶「常」字下，通志堂本、四庫本有「道」字，則「則」字應屬下句。

❷「性」字，原無，據通志堂本、四庫本補。

❸「景」字，原爲空格，據通志堂本、四庫本補。

而後致順之道備。上文自「順山者不使居川」，以致於「用民必順」是也。夫如是，則仰觀俯察，安坐而無愧；操約御詳，高拱而仰成。豈復有水旱、昆虫、凶飢、妖孽之事，以累吾極治之世哉？固宜叶氣横流，嘉瑞並應。甘露、醴泉、器車、馬圖，所由以出也；鳳凰、龜龍，所由以見也；天地、萬物、山川、百神，所由以各安其位、各效其職也。則是無故。雖然，所以至於無故者，豈能遽然哉？彼其措天下於無事者，未有不由有事始也。《禮運》一篇，具載始末。建名位，設制度，養生送死，各有其常；居處運用，各適其制。因天時，順地利，合人情，聖人所以有事者也。及其至也，「天不愛其道，地不愛其寶，人不愛其情」，聖人所以無事者也。有事爲本，無事爲效。然遡流尋源，則惟脩禮體信者能之。天下之禮未有不根於信而能有行也。順天之道，治人之情，有禮則安，無禮則危，有禮則生，無禮則死。信其如是，而后能致其如是也。夷攷此篇，「信」之一辭，纔一二見，終焉則斷爲之説，曰「脩禮以達義，體信以達順，故此順之實也」。其旨甚要。《禮器》亦曰：「苟無忠信之人，則禮不虚道。」吾儒平居暇日，當於一身之間體之，而後足以見聖人致順之大。

禮記集説卷第五十八

禮記集説卷第五十九

禮器第十

孔氏曰：鄭《目録》云：「名爲《禮器》者，以其記禮使人成器之義也。此於《别録》屬《制度》。」

横渠張氏曰：《禮運》云者，語其達也；《禮器》云者，語其成也。達與成，體與用之道也。合體與用，大人之事備矣。

又曰：《禮器》不泥於小者，則無非禮之禮、非義之義。蓋大者器，則出入小者莫非時中也。子夏謂「大德不踰閑，小德出入可也」，斯之謂爾。　又曰：《禮器》則大矣，修性而非小成者歟？運則化矣，達順而樂，亦至焉爾。

嚴陵方氏曰：形而上者謂之道，形而下者謂之器。道運而無名，器用而有迹。❶則《禮運》言道之運，《禮器》言器之用而已。道散而爲器，故繼《禮運》而後有《禮器》焉。然《禮運》非不及器，以道爲主爾；《禮器》非不及道，以器爲主爾。故記者各以所主名篇。

禮器，是故大備。大備，盛德也。禮釋回，增美質，措則正，施則行。其在人也，如竹箭之有筠也，如松栢之有心也。二者居天下之大端矣，故貫四時而不改柯易葉。故君子有禮，則外諧而内無怨。故物無不懷

❶「用」，通志堂本、四庫本及《欽定禮記義疏》卷三十四作「運」。

仁，鬼神饗德。

鄭氏曰：禮器，言使人成器，如耒耜之爲用也。「人情以爲田」，「脩禮以耕之」是也。大備，自耕至於食之而肥。釋，猶去也。回，邪僻也。質，猶性也。措，置也。箭，篠也。端，本也。竹、箭、松、栢四物，於天下最得氣之本，或柔刃於外，或和澤於内，用此不變傷也。❶人之得禮，亦猶然也。外諧、内無怨，人協服也。懷，歸也。

孔氏曰：此一節論禮能使人成器，則於外物無不備。置禮在身，則身正；以禮施事，則事行。竹，大竹也。筠是竹外青皮。人之備德，由於有禮，如竹箭四時葱翠，由外有筠也。人經夷險不變其德，由禮使然，如松栢陵寒鬱茂，由内心貞和也。二者，竹、松也。註云四者，析別言之。貫，經也。「外諧、内無怨」者，言君子内外俱美。外柔刃如筠，故於外與人諧和；内和澤如松心，故於内無怨。内外協服，❷物無不悉歸於仁。鬼神聰明正直，依人而行。物既懷仁，故神亦饗德也。

横渠張氏曰：《禮器》言禮大體完備，若成器然。措則正者，言不動思慮，放下無事時，亦不失於正。施則行，是利用也。必大備，乃利用。《禮器》者，亦是成章也。不成章，則有窒礙不達處。禮未器，則亦有不達處。「釋回，增美質」，此「閑邪而存其誠」也。措則正，則是增美質

❶「傷」，通志堂本作「易」。按：疑「傷」是「傷」之訛，而「傷」又是「易」的異體字。明本作「傷」，或然。

❷「内外」，通志堂本、四庫本作「外内」。按《十三經注疏校勘記》云：「惠棟校宋本作『内外』。」

也；施則行，則是釋回也。竹箭有筠，松栢有心，舉内外也。表裏要禮。二者居天下之大端，内外可以言端也。無本不立，無文不行。外諧而内無怨，大備則外諧，不愧則内無怨。以禮成德，故曰盛德。措則正，謂未行者皆正，施之則行。此語能推之，則「大德敦化，小德川流」，「所過者化，所存者神」，「博學於文，約之以禮」，「所居而安，旁行而不流」，皆此義也。❶

嚴陵方氏曰：凡有形名分守者，皆禮之器。薄於德，於禮虚，非德之盛，且不足以制大備之禮，故曰「大備，盛德也」。人稟五行之秀氣，則其質未始不美也。然或不美者，蔽於回邪以損之爾。故釋回，然後可以增美質也。然禮之於人，豈能予之以其所無哉？亦因其所有以增之爾。故於美質言「增」焉。貫，言貫四時之變如一也。❷此所以與衆草木異也。竹箭松栢，柯非不改也，所謂不改者，不能改其性之剛爾；葉非不易也，所謂不易者，不能易其色之茂爾。

長樂陳氏曰：禮之文散於形名度數之間，而其情莫非性命道德之理。故器之圜者所以象天，器之方者所以象地。至於高下、曲直、洪纖、多寡之變，蓋皆如此而已。此其所以爲大備，而「大備，盛德也」。又曰：德性不尊，不足以道問學；邪不閑，不足以存其誠。禮之釋回，所以尊德性而閑邪也；增美質，所以道問學而存誠也。司徒以五禮防民之僞而

❶「此」，通志堂本、四庫本作「是」。

❷「言」，通志堂本、四庫本作「者」，則應屬上句。

後教之中，與此同意。夫回既釋矣，美質既增矣，故所措則正、所施則行。蓋以奉宗廟則敬，以入朝廷則貴賤有位，以處室家則父子親、兄弟和，以處鄉里則長幼有序，凡此所謂「措則正」也。言忠信，行篤敬，雖蠻貊之邦行矣，而況州里乎？凡此所謂「施則行」也。恭以應外，故如竹箭之有筠；敬以直内，故如松栢之有心。竹箭、松栢之有筠、有心，故貫四時而不改柯易葉。君子以其有恭、有敬，故歷夷險而不改其節。《荀子》曰：「歲不寒，無以知松栢；事不難，無以見君子。」此之謂也。外諧則不失人，内無怨則不失己。物之所附者愛，鬼神之所好者直，此於物所以言懷仁，而鬼神所以言享德。物懷之於明，然後鬼神享之於幽，故《書》言「民無常懷，❶懷于有仁。鬼神無常享，享于克誠」，與此同意。

馬氏曰：先王以人情爲田，以禮義爲器。禮所以治人，器所以治田。故言器以人情爲田，始於脩禮以耕之，陳義以種之，以至播樂而達於順，則無所不備也，故曰「大備」。備者，順也，無所不順者之謂備，故曰「大備，盛德也」。回者，僞之自外入者也。美質者，誠之由中出者也。禮所以去僞，故在回則釋之。禮所以著誠，故在質則增之。以措則正，致之以治己者也。以施則行，施之以治人者也。竹箭之有筠，言其和澤於外也；松栢之有心，言其堅實於内也。故爲天下之大端，而禮者亦人道之大端也。堅實於内者，猶言實以君子之德也。和澤於外者，

❶「無」，通志堂本、四庫本及《尚書·太甲下》作「罔」。

猶言文以君子之容也。禮所以理萬物，故物無不懷仁；所以順鬼神，故鬼神饗德。

延平周氏曰：禮有情、有文、有器，而於禮之器，則情與文已自具矣。蓋其爲器，而不過度數之間者，文也；其所以爲器，而莫非性命之理者，情也。先王有仁義爲禮之實，而又有禮之器，「是故大備，大備，盛德也」。君子有禮，則其接人也外諧，而其處己也内無怨。外諧，即所謂「和而不流」；内無怨，即所謂「正己而不求於人」。此所謂在明者懷仁，而在幽者饗德。

山陰陸氏曰：禮釋回者，子游曰：「禮也者，領惡而全好者歟？」青，出於藍而青於藍；冰，水爲之而寒於水。是之謂增。「如竹箭之有筠，如松栢之有心。」養其内，不養其外，非禮也；養其外，不養其内，亦非禮也。

慮氏曰：禮自外作，而還以制乎外，故外諧。禮本人心，而還以節乎内，故内無怨。外諧，所以接乎人，若所謂「其成也懌，恭敬而温文」是已。内無怨，所以處乎己，若所謂「仰不愧于天，俯不怍于人」是已。言「外諧」則知所謂「内和」，言「内無怨」則知所謂「外無争」。故言「内和而外順」，則民瞻其顔色，而弗與争也。

《講義》曰：禮本於大一，因禮以成其器者，爲禮器。❶禮之器所以爲大備者，❷謂動容周旋中禮，非盛德者不能爲也，故曰「禮器，是故大備，大備，盛德也」。夫竹與箭之有筠，如《詩》所謂「緑竹青

❶「禮」字下，通志堂本、四庫本有「之」字。
❷「禮之器」三字，通志堂本、四庫本無。

青」；松與栢之有心，如《語》所謂「松栢之後凋」者。竹箭有筠而不變，松栢有心而堅剛，皆其本有所受而然也。人之得禮，則無往而不得其宜。如竹箭、松栢，通貫四時而不改柯易葉，非若草木之形榮於春夏而悴於秋冬也。

龍泉葉氏曰：故莫重於禮者，謂其達於器而已矣。議道失先後之倫，不知夫禮者，固所以達於器也，故或離禮於器而獨立，或合禮於器而大備。自周衰而其論始然。夫上廟朝而下閭井，尊君父而卑臣僕，其間局於器數之差，切於人生之用，至多而不可算矣。是雖道德仁義信知有不能達也，唯禮能達之。故天下之治散於衆器，而器之總要聚見於禮。昔之聖人所以操爲多寡而人莫敢測，制爲豐殺而人莫敢校者，以其禮之存也。人之所以覩其物而能名之，由其塗而能安之，徒以其車旗、器服、采章之異，嫌疑近似，有若毫釐之微，而能出死力以奉之者，亦以其禮之存也。禮畢達於器，而人皆入於禮。此堯舜三代之所以行實治，施實德，民實可以化，俗實可以成，而號爲極盛大平者也。聖王不作，諸侯放恣，衆器渙然，失本統矣。孔氏深考其故，悲其將遂至於淪滔溺没而不可救止也。故凡當世之記於遺老，執於掌故，藏於有司，逸而在於夷狄者，拳拳焉無不講求而辨正之。質其遺制，追其舊法，然後信周公之典，文、武、成、康之道彬彬如也。蓋於是時師心而遺物，學焉而不盡者，固已有離禮於器而可以獨立之論矣。❶及見

❶「之論」，通志堂本、四庫本作「於世」。

夫子以眇然一士，❶而其身之所履、心之所通、議論之所及乃如親在文、武、周公制作之時，登下揖遜之容、哀樂之次、器物之委曲、品節等衰無所不當。❷而其徒又頗相與推明究悉其説。於是論者又以爲當合禮於器，而後大備，大備而後爲盛德。蓋其意曰器之離不如其合云爾。凡今記禮之所傳是也。是非器無以安人，非禮無以達器，非聖人無以明禮。不若是則無以爲堯舜三代之治。豈論其合不合哉？又曰：私欲頗僻發於流佚不制之情。其與事物相遇，則綢繆膠轕，自爲城府，各成穴根，險奥逶迤而不可尋詰，此所謂回也。其於道也，仁之所含容，則或覆藏而矯肆；義之所裁正，則或摧折而傾敗；智之所照燭，則或逆見而陵鬬；信之所因成，則或終遂而不化。禮則不然，高與之爲尊，下與之爲卑，宗廟與之爲嚴，燕私與之爲和。與之周旋而同其作止，伸舒也有勉而卷縮之，脱易也有强而藩飾之。使之陰自消弭而後止，如冰之於水，春風之被物，所謂「釋回」也。如其本愿愨也，本好直也，本安雅而不陋也，本莊敬而不傲也，則是禮之所加，猶玉之山龍其文，猶素之藻繢其章也，豈不焕乎其愈明哉？所謂「增美質」也。有器於此，左傾而右側，高軒而下輊，車不輗，舟不楫，户不樞，矢不機，弛然而莫之用也。人之於事物有甚焉，所以「措則正」、「施則行」者，斯禮也歟？夫竹箭之有筠也，松栢之有心也，與生並

❶「一」，通志堂本、四庫本作「之」。
❷「衰」，通志堂本、四庫本作「差」。

生者也。若夫禮之於人也，可學而至也，可勉而效也。其所以能聯比衆器、貫穿萬物而不亂倫失紀者，非固若竹箭、松栢之本有而自成，而待乎人之爲也。外諧、内無怨、物懷仁、鬼神饗德，在學者不息之功爾。

新安王氏曰：運則變而無定體，器則定而無常形，故二篇相連。禮之用猶器也，器不備則於用有缺。禮不備猶器有缺也，故以大備爲貴，無所不備則謂之盛德。誠以回邪之去，美質之益，可以正心，可以養性。置之於身則無有不正，用之於事則無不可行。盛德無加於此，故取喻於竹箭有筠則外潤，松栢有心則中剛。二者在萬物中，謂之大端。端，本也。物各有本，不若竹箭、松栢可經歷四時，❶柯葉不彫，故以爲大端，以比才質之美。君子有禮，故外與物和諧，内不藏怨恨，美質增益矣。推而行之，明無人非，幽無鬼責，終身無患，與松栢、竹箭不改柯葉者，何異焉？

□氏曰：制器以藏禮，因禮以明德。合而該之以形名度數，使人由之而知；舉而措之於藻色文物，使人習矣而察。外足以見其德之發揚，内足以見其德之淵懿。諸侯黼，大夫黻，而天子則服龍衮。諸侯以象，大夫以魚須，而天子則搢球玉。尊則或用棜，或用禁，而不敢面。冠則或以綦，或以丹，而不敢朱。一獻之爵，以至五獻；三尺之堂，以至九尺。鼎俎而有陰陽，簠簋而具天地。尊罍不設，則天道聖德不明乎廟堂之上；俎豆不

❶「四時」，通志堂本、四庫本作「寒暑」。

陳，則主仁賓義不見乎鄉飲之際。其一器之用，無非法象之所示；其法象之所示，無非至神之所爲。

先王之立禮也，有本有文。忠信，禮之本也；義理，禮之文也。無本不立，無文不行。

鄭氏曰：言必外内具也。

孔氏曰：自此至「節矣」一節論因上禮使人外内諧和，遂云禮須信義。忠者，内盡於心也。信者，外不欺於物也。内盡於心，故與物無怨。外不欺物，故與物相諧也。禮雖用忠信爲本，而又須義理爲文飾。得理合宜，是其文也。無忠信，則禮不立。行禮若不合宜得理，則禮不行也。

黄氏曰：禮者本爲忠信，必取其義理分別。故言文者，辨别之文也。若黑白之間色，俾尊卑、升降、親疏、去就，各辨别於義理，則爲禮之文也，豈爲文飾於禮哉？

横渠張氏曰：禮之文逐一各各有意思，是所謂義理也。學者唯務著心於立本處，無本不立，無文不行。本則與天地同道，仁則自生義。義之體即是禮，故有文，是則一本也。《禮器》從「無文不行」以下，極其文也，至纖至悉。《禮運》大抵説大德敦化，形器外之事。《禮器》大抵説小德川流之事，極其詳察。

長樂陳氏曰：存於中者之謂忠，見於言者之謂信。有忠、有信，則内有主而能正，故曰「禮之本」。處之有經之謂理，施之有權之謂義。有義有理，則外有正而能行，❶故曰「禮之文」。下曰「甘受和，白

❶「正」，通志堂本、四庫本作「主」。

受采，忠信之人可以學禮」，此忠信所以爲禮之本也。孔子去麻冕以從衆，則適於義；從拜下以違衆，則歸於理。此義理所以爲禮之文也。

《講義》曰：所謂「禮之本」者，其質也，非無文也，形見於外者，即其文而已矣。所謂「禮之文」者，其末也，非無本也，因其誠實者，即其本而已矣。故先王之立禮也，捨是二者，亦無以爲禮焉。無本不立，無文不行。不有其本，則禮者僞而已矣，所謂節文仁義者安在也？不有其文，則禮者質而已矣，所謂恭敬交際者安在也？

嚴陵方氏曰：《禮運》言禮，「雖先王未之有，可以義起」。《燕居》言「禮者，理也，君子無理不動」，豈非義理之爲文歟？《孟子》言「理義，人心之所同然」而已，此以爲禮之文者。❶彼主於體，此主於用故也。

俞氏曰：禮之情文，固有内外之辨。然必内外合一，而後行於其間。昔者夫子之言曰：「禮也者，理也。」反之於心而知其實有是理，則謂之忠信；形之文爲而悠然當於事物之情，則謂之理義。❷捐禮義，❸則忠信不能以獨立；無忠信，則義理不能以自形。故忠信者，禮之實；而義理者，忠信之流行發見於外者也。吾觀先王之禮，本末宏闊，制度詳密，初非捨人心所有而外爲此以强天下也。其辨而爲尊卑上下之等夷，其達而爲喪祭、射

❶「此」，原作「止」，據通志堂本、四庫本改。
❷「理義」，通志堂本、四庫本作「義理」。
❸「禮義」，通志堂本、四庫本作「義理」。

御、冠昏、朝聘之分藝，其周流四出而爲制度、文章、貨力、事爲之纖悉。其劑量增損，制度可否，皆其取裁吾心而揆夫義理所安者。行一禮焉，隱諸吾心而非其素有，質諸義理有不合焉，則亦何以爲禮哉？或者見禮於内，指吾忠信之所存可以獨立，隆精義而忘致用，伏文皃而尚忠質，謂直情徑行抑以致吾心而已。施之朝廷，無以飾其和敬；行之閨門，無以飾其和親；達之族長鄉里，無以飾其和順。枝葉剥落，根本疲瘁，流弊之激，亦終於搥提絶滅而已。或者知禮之不可廢，而又徇外遺内，溺意於文爲之末，心不能以御形，情亦無以稱其貌。雖其端冕弁委、鳴玉曳紱，而精神流越，邈然與在外者不相應。容貌誠藩飾也，文理誠隆盛也，其中誠何如哉？嗚呼！前巫後史，左贊右詔，是亦可以爲禮矣。王必中心無爲以守正，是固禮之所恃以爲存也。祝史之於禮習矣而失其義，陳其數，主張綱維之道不在是焉。故祝史者，禮之司存，❶而非禮之所由立也。欲立先王之禮，惟合内外、一體用，本之忠信，而後達之於義理，庶幾其不廢於天下後世也哉。

禮也者，合於天時，設於地財，順於鬼神，合於人心，理萬物者也。是故天時有生也，地理有宜也，人官有能也，物曲有利也。故天不生，地不養，君子不以爲禮，鬼神弗饗也。居山以魚鼈爲禮，居澤以鹿豕爲禮，君子謂之不知禮。

鄭氏曰：天不生，謂非其時物也。地不養，謂非此地所生也。不順其鄉之所有，

❶「司」，通志堂本、四庫本作「所」。

謂之不知禮也。

孔氏曰：此廣説義理爲文之事。君子行禮，必仰合天時，俯會地理，中趣人事，則其禮乃行也。合天時，即依於四時，及豐儉隨時也。財，物也。所設用物爲禮，各是其土地之物也。鬼神助天地爲化，祀之必順，不濫逆也。雖合天會地，順於鬼神，又須與人心符合，其禮乃行。若能事事如上，則行葦得所、豚魚戴賴，是萬物各得其理也。天之四時，各有所生，若春薦韭卵、夏薦麥魚是也。地之分理，各有所宜，若高田宜黍稷、下田宜稻麥是也。人居其官，各有所能，若司徒奉牛、司馬奉羊，及庖人治庖、祝治尊俎是也。萬物委曲，各有所利，❶若麯蘖利爲酒醴，絲竹利爲琴笙是也。天不生，謂非時之物，若夏橘寒瓜，❷及李梅冬實之屬。地不養，若山之魚鼈、澤之鹿豕。君子不以爲禮，是不合人心。鬼神弗饗，是不順鬼神也。

嚴陵方氏曰：以陽生於子，故祀天於冬之日至；以陰生於午，故祭地於夏之日至。以飲養陽氣，故饗禘於春；以食養陰氣，故食嘗於秋。此禮所以合於天時者也。黍稷之馨，足以爲簠簋之實；水土之品，足以爲籩豆之薦；貨無常，以示遠物之致；幣無方，以别土地之宜。此禮所以設於地財者也。以天之高，故燔柴於壇；以地之深，故瘞埋於坎；以魂氣歸于天，故焫蕭以求陽；以形魄歸于地，故裸鬯以求陰。此則禮所以順於鬼神者也。以人莫不有男女之别，故制爲冠昏

❶「利」，原作「别」，據通志堂本、四庫本改。

❷「夏橘寒瓜」，通志堂本、四庫本作「寒瓜夏橘」。

之禮；以人莫不有君臣之分，故制爲朝覲之禮；莫不有追遠之心，故制爲喪祭之禮；莫不有合歡之情，故制爲燕饗之禮。此則禮所以合於人心者也。火田必於昆蟲未蟄之時，罻羅必在鳩化爲鷹之後，獺祭魚然後虞人入澤梁，豺祭獸然後田獵。此則禮所以理萬物者也。禮本乎天而還以事天，出乎人而還以治人，則是以天合天、以人合人者也，故於天人皆曰「合」。地則效法焉，故曰「設鬼神」。不可遺也，故曰「順萬物」。有成理也，故曰「理」。然上言鬼神，而下不言者，以天地兼之也。猶之《禮運》言山川而下不言者，亦以社兼之爾。若韭生於春，黍生於秋，稻生於冬，所謂「天時有生」也。山林則宜毛，川澤則宜鱗，丘陵則宜羽，墳衍則宜莢，所謂「地理有宜」也。籧篨蒙璆，戚施直鎛，聾聵司火，瞽矇脩聲，所謂「人官有能」也。水之潤下，火之炎上，木之曲直，金之從革，所謂「物曲有利」也。以天所不生者爲禮，則逆天之時矣；以地所不養者爲禮，則逆地之理矣。天時、地理之不可逆如此，則人官、物曲固可知。言地所不養之物，而不及天所不生者，亦舉此以見彼也。

山陰陸氏曰：天時有生也而有不生，地理有宜也而有不宜，人官有能也而有不能，物曲有利也而有不利，故下文云。❶

延平周氏曰：合於天時，而天時有生也；設於地財，而地理有宜也；合於人心，而人官有能也；理萬物，而物曲有利也。禮至於曲利萬物而不遺，非禮之妙，孰能

❶「云」字，通志堂本、四庫本重。

與於此？然言「順於鬼神，合於人之心」，而止曰「人官有能」，則是特言人之爲成材而不及於鬼神者，何也？人者鬼神之所依，言人則見鬼神矣。君子之爲禮，順於天地而已矣。非天地之所宜而以爲禮者，故君子謂之「不知禮」。

慮氏曰：天時有生，則陰陽寒煖之不齊；地理有宜，則高下燥濕之不一；人官有能，則當因任其能而不廢；物曲有利，則當曲成其利而不遺。苟非禮之會通，孰能與於此哉？

長樂劉氏曰：順四氣以致六享，故合於天時。備百物以薦七廟，故設於地財。或燔或瘞，各從其鄉，故順於鬼神。曲緣其情，以致誠敬，故合於人心。然後天地位，陰陽和，萬物理。故「君子謂之不知禮」者，言禮以致其敬爲本，不求物之難得也。故順天時之所生，宜地理之所養，從風土之所能，隨物曲之所利，汙尊匏爵，甴桴土鼓，苟竭其誠，上帝可饗也。

俞氏曰：夫禮者，散於萬事而能制事，列於萬物而能辨物。故是禮悠然於事物之間，雍容委蛇，中情順節，而天下事物莫或忤焉，是無它故也。禮也者，義理之會，而間見雜出於事物之間者，亦無非自然之理也。至於據其會以理紛錯之變，則非禮之所能自爲矣。昔者聖人未制禮之初，是故未嘗一日亡也。列而上者，昭昭如也；生於地者，總總如也。靈而人，群而物，幽而鬼神，亦固各有其職於兩間也。而其時序之相傾，情僞之相陵，强弱之相并，分聚隱伏之相形者，逆見森列，絲棼横潰，莫能聯比收合，還其秩序，理固亡恙也。而天理民物之故常雜揉殽亂，莫得其經，是理又奚在也？聖人者深明人情、静見物則，因其悠然在事物之理，舉其端、挈其緒，而亂者以治、亡者以存焉。故作長歛藏不拂乎日月之行，❶則天時固合矣。飲食事爲各取乎山陵川澤之有，則地財固設矣。氣魄升降順乎上下，理義悦懌安乎人心，順正和平之理，❷昭布融液，是故萬物所由得其理也。故天生有時，而不害其生；地理有宜，而不悖其宜。人官各效其能，物曲各致其利。是禮之際上蟠下，窮高測深，洋洋乎其浩博者，始堅凝聚見於天地民物間矣。夫聖人因天地以爲禮，不爲過禮以拂天地。天生地養，猶取之有時、用之有節。蓋以天地之生有窮，人情之流無藝。裁制不嚴，貽害必廣。故牛羞鹿脯饌具有故法焉，❸獸梅鶉蓼和味有宜用焉。古聖人取物爲養而不過乎理，故心志和平、百體順正。《詩》曰「亦有和羹，既戒既平」，蓋言禮也。若天所不生，地所不養，求魚於山，取鹿於澤，豈所以爲禮哉？❹後之人君，矢魚徵牢，牖熊解黿，想其一時動作，視流聽荒，志氣夸詡。豈復顧先王之禮？而噬腊遇毒，末流生禍，瀕於敗亡，而不悔悟。然後知先王制禮，誠不可過。《禮器》之言，亦深切著明矣。

故必舉其定國之數，以爲禮之大經。禮之大倫以地廣狹，禮之薄厚與年之上下。是故年雖大殺，衆不匡懼，則上之制禮也節矣。

❶「長」，通志堂本、四庫本作「養」。
❷「正」，通志堂本、四庫本作「致」。
❸「故法」，原作「法故」，據通志堂本、四庫本改。
❹「禮」，通志堂本、四庫本作「理」。

鄭氏曰：定國之數，謂地物所出。多少廣狹，謂貢賦之常差。上下，用年之豐凶也。殺，謂穀不孰。匡，猶恐也。節，言用之有節也。

孔氏曰：此論隨地之所有以制禮。禮物必鄉之所有，故有國者必書其國内所生物多少定數，❶以爲國之大法。經，法也。倫，猶例也。制禮之大例，又宜隨地廣狹爲法，即貢賦之常差也。「禮之薄厚與年之上下」者，多少隨年豐荒也。廣狹隨地而賦，豐凶逐時而斂。衆之不恐，並由君上制禮有節故也。

山陰陸氏曰：定國之數，若州二百一十國是也。

長樂陳氏曰：經言其常，倫言其理。舉其定國之數則有常，故言「大經」。以地廣狹則有理，故言「大倫」。夫舉其定國之數以爲禮之大經，則《王制》所謂「必於歲之杪，五穀皆入，然後制國用」者是也。禮之大倫以地廣狹，則《王制》所謂「用地小大」是也。禮之厚薄與年之上下，則《王制》所謂「視年之豐耗」是也。先王之爲禮，節以制則有所裁，節以度則有所限，故能於財則不傷，於民則不害。此其所以年雖大殺，而衆不匡懼也。

嚴陵方氏曰：《王制》以三十年之通制國用，量入以爲出，雖有凶旱水溢，民無菜色，正謂是矣。

延平周氏曰：所謂「舉其定國之數」者，言其爲天子者量入以爲禮也。所謂「以地廣狹」者，言其爲諸侯者量入以爲禮也。「禮之厚薄與年之上下」者，天子、諸

❶「少」，通志堂本、四庫本作「寡」。

侯莫不然也。

龍泉葉氏曰：禮與財非相惡也，而相害者，何也？禮以縟爲隆，財以嗇爲裕。禮之文難極，財之實有盡。而制禮之節與用財之數常不能相知，是禮之所由備者，固財之所爲闕也。今夫孝於死喪，而棺槨丘壠之事崇矣；敬於祭祀，而玉帛犧牲之用嚴矣；謹於朝聘，而宴饗好貨之費繁矣；峻於等威，而宮室侍御之儀多矣。夫儉則不及禮，不及禮則朴固野陋而無所觀。及禮則財不足以稱之。此所以能爲財之害也。故知禮者之論不然。❶曰禮無定經也，以擧國之數爲經也；無常倫也，以地之廣狹爲倫也；不自爲薄厚也，以年之上下爲薄厚也。制禮之節，用財之數，常相知而不相離。❷不獨於其隆也盛禮以自尊，而又於其殺也貶禮以自卑。蓋稱財以爲禮，而不以空文言禮也如此。夫計其有而不虞其無，喜其備而不憂其闕，昔聖人之於禮也必不然矣。而求富以備禮，其說常出於後之儒者。至於滅棄先王經常之政，而襲用小人一切之法，規取民財，封奪民利，而其禍蔓延於天下，起於財不足而禮有未至也。

金華應氏曰：擧，猶挈也。定國，猶立國也。總千七百國之所出而受其九貢九賦之所入，此其一定之數，所以爲天下之大計。禮之大計既定，則天下之大經亦定矣。天秩五禮，其經三百，其有常而不變者，皆經也。至於因地利天時以爲別，則

❶「者之論」，通志堂本、四庫本作「之倫者」。

❷「知」，通志堂本、四庫本作「繼」。

有不定者焉。其大倫有序，則由乎地之廣狹。大國貢重，列國貢輕，秩然有倫，所謂「任土以作貢」也。其厚薄有等，則因乎年之上下，損則用二簋，萃則用大牲，所謂「因歲以制用」也。蓋經者一定之成規，其廣狹隨地之所出，厚薄隨天之所生者，皆無一定之拘，所謂倫也。年有上有下，此在天之天也。年雖大殺而衆不匡懼，此在我之天也。上謹於制節，而下不匡懼，則所約者一己，所裕者一國，衆有所恃賴而不恐矣。

禮，時爲大，順次之，體次之，宜次之，稱次之。堯授舜，舜授禹，湯放桀，武王伐紂，時也。《詩》云：「匪革其猶，聿追來孝。」天地之祭，宗廟之事，父子之道，君臣之義，倫也。社稷山川之事，鬼神之祭，體也。喪祭之用，賓客之交，義也。羔豚而祭，百官皆足；大牢而祭，不必有餘。此之謂稱也。

鄭氏曰：「時爲大」至「稱次之」，言聖人制禮所先後也。時，言受命改制度也。革，急也。猶，道也。聿，述也。言文王改作，非欲急行己之道，乃追述先祖之業，來居此爲孝也。倫之言順也。體，天、地、人之别體也。義之言宜，人道之宜也。稱牲之大小而爲俎，此指謂助祭者耳。足，猶得也。云百官，喻衆也。

孔氏曰：此一節明因上制禮得節，故以下諸事，皆由禮合天時也。❶揖讓干戈，於禮中最大，故云「時爲大」。雖合天時，又須順序。既時且順，又須各有體别。雖有體别，又須各當其宜。稱，猶足也，行禮須各自稱足也。堯舜授人，湯武救

❶「合」，通志堂本、四庫本作「洽」。

民伐罪，皆時使之然也。《詩・大雅・文王有聲》之篇言文王改作豐邑，非是急行己之道，乃述追先祖之業，❶來行孝道於豐邑，亦時使之然也。神是天之別體，社稷山川是地之別體，鬼是人之別體，故鄭註云「別體也」。喪祭應須費用，賓客有賻贈之交，是人道之宜，故後云「喪禮，忠之至」。賓客用幣，義之至」是也。臣助祭，則各有俎，祭竟，播及胞翟，雖復羔豚之小，而百官皆悉得之。假令大牢，亦不使有餘。小而皆得，大而不餘，是各稱牲體也。案《儀禮》：士祭用特牲，大夫祭用少牢，❷皆以成牲，不用羔豚。此得有羔豚者，《王制》云「大夫、士有田則祭，無田則薦」，則無地大夫、士薦羔豚也。❸無地則無臣助祭，故云「百官，喻衆也」。❹

江陵項氏曰：時者，天地之大運；順者，人道之大倫；體者，其支體；宜者，其義理；稱者，其度數。五者自綦大至綦細也。

《講義》曰：禮也者，理也。自「時」而至於「稱」，五者雖不同，終歸乎理之所在而已。❺

長樂陳氏曰：時在天，順、體、宜、稱在人。在天者大，在人者小。故「時爲大，順次之，體次之，宜次之，稱次之」。堯授舜，舜授禹，天與賢也。湯放桀，武王伐紂，天吏也。順天者存，逆天者亡，時之所以爲大也。天地之祭則有所尊，宗廟

❶「述追」，通志堂本、四庫本作「追述」。
❷「特牲大夫祭用」六字，原無，據通志堂本、四庫本補。
❸「士」字，原無，據通志堂本、四庫本補。
❹「故」字下，通志堂本、四庫本有「鄭」字。
❺「歸」，通志堂本、四庫本作「因」。

之事則有所親。天地宗廟，尊親之倫也。父子君臣，尊卑之倫也。社稷、山川地祇之祀，人鬼、天神之祭，三者之體固異。蓋天神則以陽爲體，地祇則以陰爲體，人鬼則魂以陽爲體、魄以陰爲體也。喪之用則不儉其親，祭之用則必盡其物。賓之交則禮殺，客之交則禮隆，皆從其義而已矣。羔豚而祭薄也，宜若不足而百官皆足；大牢而祭豐也，宜若有餘而不必有餘者。求其稱而已矣。蓋順主仁，體主禮，宜與稱主義，其所主雖殊，而其爲禮一也。又曰：禮有全體、有節目，禮有經常、有權變。曰時、曰宜、曰稱，皆指權變而言也。曰倫、曰體，皆指節目而言也。

嚴陵方氏曰：天之運之謂「時」，人之倫之謂「順」，形之辨之謂「體」，事之義之謂「宜」，物之平之謂「稱」。堯舜以德而授受，湯武以兵而放伐，非人力之能爲，蓋天運然也，故謂之「時」。引《詩》者，言武王聿追文王之道以趨時也。天地、宗廟、父子、君臣皆出乎自然之理，而人則順而叙之，故謂之「倫」。社稷、山川、鬼神自有形以至於無形，莫不各有所辨，故謂之「體」。《王制》「大夫、士無田，則薦」，謂用羔豚言薦而已，乃謂之祭者，蓋别而言之，則有薦、祭之異；以事神言之，則薦亦可謂之祭也。

山陰陸氏曰：放者，使不得暴民而已。若武王之事，然後爲伐。變「宜」言「義」，義，人而已；變「順」言「倫」，倫，亦人也。羔豚而祭，謂小祭祀；大牢而祭，謂大祭祀。先儒謂羔豚爲無地大夫之祭，是猶讀《雲漢》而責周無遺民也。

慮氏曰：天地之祭，則郊丘是已。宗廟之事，則祖禰是已。宗廟之事，則有父子之道存焉。天地之祭，則有君臣之義存焉。蓋内則父子，外則君臣，人之大倫也。君臣主敬，故於天地言之，所謂「天子祭天地，諸侯祭社稷」，則倫見於天地之祭，君臣之義也如此。父子主恩，故於宗廟言之，所謂「有事於大廟，則昭與昭齒，穆與穆齒」，則倫見於宗廟之事，父子之道如此。

盧陵胡氏曰：宜合宜，稱各當分。羔豚、大牢，此總指天子、諸侯祭爾。云羔豚者，見雖小必足也。

龍泉葉氏曰：凡此五者，時措其宜，以順天下事物之禮而治之也。所順在先，而以天下事物從禮，則禮行焉；所順在後，而以禮從天下事物，則禮廢焉。雖聖人復生，苟無其位，未易救也，何也？昔者天下之未嘗有此禮也，草略倨肆而已矣。聖王於天下之所未嘗有者，❶而獨以身先之，或授受，或誅伐，而皆能措斯人於安治，所謂時也。天未明，地未察，宗廟未嚴，父子未親，君臣未從，待禮而定，所謂倫也。其於社稷山川鬼神也，有所則象而報事焉，專爲門霤，廣爲蜡臘，無不在矣，所謂體也。喪祭用焉，賓客交焉，所謂義也。寡不必不足，多不必有餘，諸侯、大夫各守其分，所謂稱也。始天下之未嘗有此禮也，豈非無時、無義、無倫、無稱而莫之安也？故禮舉而義斯立，❷禮行而物斯從，廣大徧覆於天下，而禮彌綸

❶「王」，通志堂本、四庫本作「人」。
❷「斯」，通志堂本、四庫本作「始」。

之。蓋以天下從禮，而非以禮從天下也。不幸已行之禮失其次序，事遠而莫追，時異而難遵，既間雜於人欲之流放矣，雖不時、不義、不倫、不稱，而亦莫之卹也。自叔向、子産、晏子號爲知禮之大意，曾不足以輔其君，而反損益之以徇人欲，孔子知之而不能救也。逮於後世，統緒不接，又大異矣。從其所謂便利者，去其所謂迂闊者。儒者方追述帝王時措之宜於時變世遷、人欲放流之後，思舉而措之以禮從天下，而冀望古人萬一之功。嗚呼！禮之卒難行也。

諸侯以龜爲寶，以圭爲瑞；家不寶龜，不藏圭，不臺門。言有稱也。

鄭氏曰：古者貨貝寶龜，大夫以下有貨耳。《易》曰：「十朋之龜。」瑞，信也。諸侯執瑞，孤卿以下執摯。闍者謂之臺。

孔氏曰：此一節還明上經稱次之事。諸侯有保土之重，宜須占詳吉凶，故得以龜爲寶。圭兼五等玉也。諸侯之於天子，似天子之於天也。❶天子得天之物謂之瑞，故諸侯受封於天子，天子與之玉，亦謂爲瑞也。《書》云「輯五瑞」，又曰「班瑞于群后」是也。此云「圭」，不云「璧」，從可知也。家，卿大夫也。大夫卑輕，不得寶龜，故臧文仲居蔡爲僭也。卿大夫不執玉，❷故不藏圭。兩邊築闍爲基，基上起屋曰臺門。諸侯有保捍之重，故爲臺門。大夫輕，故不得也。言有稱者，結上得與不得，各有所稱也。鄭註「貨貝寶

❶「似」，通志堂本、四庫本作「如」。

❷「不」字下，通志堂本、四庫本有「得」字。下句「不」字下同。

龜」者，古以貝爲貨，若今用錢爲貨。貝有五種。案《食貨志》王莽作金銀龜貝錢布之品，名曰寶貨，大貝、壯貝、么貝、小貝，又不盈寸，爲五品，又以龜爲寶。案《損卦》六五爻云「十朋之龜」，鄭註引《爾雅》「神龜」以下十龜，《家語》：「臧氏家有守龜，名曰蔡。」此云「家不寶龜」者，案《白虎通》：天子之龜尺有二寸，諸侯一尺，大夫八寸。謂卜龜也。士亦有龜，《士喪禮》「卜宅」是也。❶ 闍者謂之臺，《爾雅·釋宫》文。

長樂陳氏曰：以龜爲寶，所以致謀於神；以圭爲瑞，所以合符於天子。致謀於神，所以考國疑；合符於天子，所以重國體。非諸侯之所私有也。家之寶龜、藏圭，則爲私有，此臧文仲居蔡所以見譏於君子也。

嚴陵方氏曰：龜所以決國疑，圭所以申國信，諸侯有國者也，故以龜爲寶，以圭爲瑞。大夫有家而已，故不寶龜，不藏圭。變「瑞」言「藏」，則以藏猶不可，而況於瑞乎？門之有臺，所以壯國體，故家不臺門。凡此則以國家之辨，各有稱焉。

禮有以多爲貴者。天子七廟，諸侯五，大夫三，士一。天子之豆二十有六，諸公十有六，諸侯十有二，上大夫八，下大夫六。諸侯七介、七牢，大夫五介、五牢。天子之席五重，諸侯之席三重，大夫再重。天子崩，七月而葬，五重八翣；諸侯五月而葬，三重六翣；大夫三月而葬，再重四翣。此以多爲貴也。

❶「士」字，原無，據通志堂本、四庫本並參《儀禮·士喪禮》補。

鄭氏曰：豆之數，謂天子朔食，諸侯相食及食大夫。《公食大夫禮》曰：「宰夫自東房薦豆六，設于醬東」，此食下大夫而豆六，❶則其餘著矣。《聘禮》「致饔餼於上大夫，堂上八豆，設于户西」，則凡致饔餼，堂上之豆數亦如此。《周禮》公之豆四十，其東西夾各十有二；侯、伯之豆三十有二，其東西夾各十；子、男之豆二十有四，其東西夾各六。諸侯七介、七牢者，周之侯、伯也。大夫五介、五牢者，侯、伯之卿使聘者也。《周禮》：上公九介、九牢，侯、伯七介、七牢，子、男五介、五牢。《聘義》所云「上公七介，侯伯五介，❷子、男三介」，乃謂其使者也。天子葬五重者，謂抗木與茵也。葬者，抗木在上，茵在下。《士喪禮》下篇陳器曰：「抗木横三縮二，加抗席三，加茵，用疏布緇翦，有幅，亦縮二横三。」此士之禮一重者，以此差之，上公四重。

孔氏曰：禮主威儀，以尊卑、大小、多少、質文各有所宜，其稱非一，故從此以下更廣明爲稱之事。天子德尊孝篤，故立廟以多世爲稱。諸侯、大夫、士德轉薄，故廟少爲稱。士一廟，據下士爲言，若適士則二廟也。天子豆二十有六者，尊者宜備味也。諸公，上公也。諸侯，侯、伯、子、男也。十六、十二，謂更相朝時堂上之豆數。上、下大夫或八、或六，皆謂主國食使臣堂上之豆數。鄭註謂「天子朔食，諸侯相食」者，以文連下大夫六豆、上

❶「此」，原作「北」，據通志堂本、四庫本及《禮記正義》改。

❷「侯伯」，原作「諸侯」，據通志堂本、四庫本並參《儀禮·聘禮》改。

大夫八豆，皆是食饗大禮，明天子、諸侯之豆數亦是大禮，故云朔食及相食也。案禮有正羞、庶羞，見《公食大夫禮》。又《掌客》云「公豆四十」，又云「食四十」，則豆盛正羞，食謂庶羞也。故鄭註《掌客》云「食者，其庶羞美可食者」，是庶羞與正羞别。此上大夫八豆、下大夫六豆，皆爲正羞。而天子二十六豆，亦爲正羞也。鄭註「食下大夫豆六，則其餘著矣」者，言下大夫六豆，設于堂上，則天子、公、侯之豆亦設于堂上，顯著可知也。引《聘禮》致饔餼於大夫，證此八豆之義也。案《公食大夫禮》亦有「上大夫八豆」之文。❶必引《聘禮》者，以《公食大夫》是食禮，《聘禮》上大夫是致饔餼禮，欲見食與饔餼堂上豆數同也。引《周禮》者皆《掌客》文，其陳于堂上及東西夾，此鄭以意量之也。

諸侯七介、七牢者，介，副也；牢，大牢也。諸侯朝天子，天子以大牢禮賜之。《周禮》公九介、九牢，侯、伯七，子、男五。今言七，舉中言之也。案《大行人》云：凡卿大夫、士之禮，各下其君二等。侯、伯七介、七牢，其臣既降二等，故卿大夫五介、五牢，亦舉中言之也。其介數得下其君二等。若牢，則以爵等。五等之卿同牢。今言五牢者，唯據侯、伯之卿降君二等，其餘牢禮則否。天子之席五重者，尊者須厚，多重乃稱。諸侯三重，謂相朝時賓主皆然也。三重則四席也。凡《儀禮》之例，一種席皆稱重，故《燕禮》註云「重席，重蒲筵」是也。凡席有兩則稱二重，有一則稱一重，與棺重别也。「天子五重

❶「上」字，原無，據通志堂本、四庫本補。

八翣」者，葬宜堅固，故多重；宜多鄣蔽，故八翣。諸侯卑於王，故鄣蔽少，三重六翣，五等同也。諸侯大夫又卑，故從而少飾。前介及牢不云天子者，天子無介、牢，禮無等及爲賓客之事。古者椁，累木於其四邊，上下不周；致茵於椁下，所以藉棺；從上下棺之後，又置抗木於椁之上，所以抗載於土。鄭引《士喪禮》下篇證此經葬五重、三重之義也。下棺之後，先加折於壙上，以承抗席。折，猶庪也。方鑿連木爲之，蓋如牀。縮者三，横者五。無簀，於上加抗木。抗木之上加抗席三，此爲一重。如是者五，則爲五重。茵者，藉棺外下縟，用淺色緇布爲之，每將一幅，輒合縫爲囊，將茅莠及香草著其中，如今有絮褥也。亦縮二横三，每爲一重也。此「以多爲貴」結上文。

長樂陳氏曰：多少者，禮之數；大小、高下者，禮之度；文素者，禮之容。是雖所設之不同，皆緣情以制宜，隨宜以爲貴，以求其稱而已。其言「以多爲貴」，則先之以廟，而繼之豆、介、牢、席者，先神後人之序也。由豆、介、牢、席而繼之以葬者，養生送死之序也。至於多少、大小、高下、文素之間，其先後之序蓋可以理考。又《禮書》曰：《禮器》之豆數，用數也；《掌客》之豆數，陳數也。

嚴陵方氏曰：豆以實地産爲主，故每用陰數。介，謂介儐之介，此引諸侯牢、介，謂朝天子之禮也。卿大夫牢、介謂諸侯使聘天子之禮也。止言諸侯之席三重，則通五等可知。言大夫再重，則兼卿可知。凡此尊者多而卑者少，故曰「以多爲貴」。

山陰陸氏曰：天子朝踐八豆，饋食八豆，又加豆八，羞豆二，所謂二十有六者，此歟？自公以下，雖有加豆、羞豆不數，方隆天子以多爲貴故也。亦其加豆、羞豆有降殺，《春秋傳》曰：「楚子入饗于鄭，加籩豆六品」是也。又《聘禮》云：「凡致禮，皆用其饗之加籩豆。」則籩豆非饗，蓋少諸公十六，倍上大夫朝事八、饋食八。諸侯十二，倍下大夫朝事六、饋食六。上大夫八，朝事之豆也。下大夫六，去茅菹、麋臡，《公食大夫》「宰夫自東房薦豆六，韭菹、醓醢、昌本、麋臡、菁菹、鹿臡」是也。以差次推之，上士饋食之豆四，《既夕禮》「脾析、蜱醢、葵菹、蠃醢」是也。下士饋食之豆二，《冠禮》、《喪禮》、《特牲饋食》「葵菹、蠃醢」。士籩有栗脯而已。「天子之席五重」，《書》曰「敷重篾席，敷重筍席」，則凡王席重設。《行葦》傳曰：「設席，重席也。」《周官·司几筵》：「設莞筵，紛純；加繅席，畫純；加次席，黼純。」繅席、次席皆重設，是之謂五重。❶凡禮對文則別，散文則通。自其通者言之，筵或謂之席，席亦或謂之筵。又天子五重，諸侯三重。筵皆單設，席則重也。大夫再重，有筵則席亦單設，無加席則筵蓋重爾。《公食大夫禮》曰「蒲筵常，緇布純，加萑席尋，玄帛純」，萑席蓋亦單設。《大射儀》曰「司宮兼卷重席，設于賓左」，此筵亦重設也，是以謂之重席。謂之重席，則無異席可知。鄭氏謂《公食大夫》「孤爲賓，則莞筵紛純，加繅席畫純」。是不知《司几筵》「加繅席重設」，主諸侯三

❶「之謂」，通志堂本、四庫本作「以謂之」。

重席言之；《公食大夫》「加萑席」，主大夫再重言之。萑席單設而已。蓋如是而後「諸侯之席三重，大夫再重」也。凡翣，天子戴璧，諸侯戴圭。蓋首戴五，非大夫以下之事也。五重、三重、再重，蓋皆謂棺。據《喪大記》「君之棺八寸，屬六寸，椑四寸；上大夫棺八寸，屬六寸；下大夫棺六寸，屬四寸」。先儒謂席有兩則稱重，與棺重別。此讀「天子之棺四重」之誤也。蓋天子之棺五，其爲重實有四。今曰「五重」。侈言之，雖曰五重，可也。

東萊呂氏曰：儒者之議禮，每力争於毫厘尺寸之間，如「天子之席五重，諸侯之席三重」，所争者纔再重耳。天子之堂九尺，諸侯七尺，❶所争者纔二尺耳。由庸人視之，天子、諸侯之分，豈再重之席、二尺之堂所能抑揚耶？大堤雲横，屹如山嶽，❷其視尺寸之土，若不能爲堤之損益也。然水源暴至，勢與堤平，苟猶有尺寸之土未没，則瀕水之人可恃以無恐。當是時，百萬生靈之命繫於尺寸之土焉。尺寸之土可以遏昏墊之害，尺寸之禮可以遏僭亂之原。然則儒者力争於毫厘尺寸之間，非迂也，勢也。

《講義》曰：禮莫大於分，分莫大於名。名分一定，則禮有隆殺而不敢相踰越。荀卿所謂「禮以貴賤爲文，以多少爲異」是也。

許氏曰：裁群物，制庶事，安上治民，莫善於禮。究其裒多益寡，別嫌明微，使禮之或多或寡，或小或大、或高或下、或文

❶「侯」字下，通志堂本、四庫本有「之堂」二字。
❷「屹」，通志堂本、四庫本作「抗」。

或質，各當其位而不相亂，各稱其情而不相悖，循其名、列其器而義以脩焉、禮以藏焉，則非聖人莫能爲矣。方天下未有此禮也，分夷級，陵等威，蓋未嚴也。聖人取其多且文者，致隆於君上。由君而下，極其降殺，莫得以比隆焉。天下之人亦見君上之禮，其取數多矣，用物宏矣，往往不以爲過，而以爲當然。退顧其所當得者，不自厭於寡約之中，而退焉自適於分守之際。彼其初未始有此也。禮一制焉，而君勢益尊，民志益定，是則聖人之教也。故廟祧之設，天子則七，諸侯則降而五焉，大夫三焉，士則一焉。非特以誠深孝篤獨隆於天子也，蓋以天下有王尊祖親禰之道，當如是也。堂上正羞，天子則二十有六豆，諸公則殺而十六焉，諸侯則十二焉，上大夫八，而下大夫六焉，非以備味多品獨宜於天子也，不如是無以極九州之美、備四時之和也。牢、介異數，諸侯之七，則多於大夫之五；席重異宜，諸侯之三，則多於大夫之再。事莫大於天子之喪，故葬必七月，抗木與茵之數至于五重，而翣以八焉。至諸侯則五月而葬，三重六翣而已。夫葬月之或七、或五也，折茵、柳翣之數五之與三、❶八之與六，天子、諸侯之儀亦或幾於相亂矣。夫其禮之相亂者，其間不能以寸。聖人乃惓惓致意焉，❷蓋以爲毫釐之際，所以明嫌表微者，舍是無以自見也。雖然，七月而葬，非特貴夫閱月之多也。死生終始之際，人道大變，聖人嚴焉，固不可不深

❶「折」，通志堂本、四庫本作「抗」。

❷「惓惓」，原作「卷卷」，據通志堂本、四庫本改。

長思而盡心於此也。況至尊至貴之極，莫與倫等，而可忽於此乎？七日而殯，則附於身者必誠必信。既殯而庸有悔焉，君子以爲不仁於親也。七月而葬，凡附於棺者，必誠必信。既葬而庸有悔焉，君子以爲不仁於親也。質之周制，含襚幣玉❶，太宰受之，❷鄉遂紼引，司徒治之，大喪之殯也、葬也，必以大臣蒞之者，所以示天下之嚴且重也。矧夫未殯之始，復之用衣裳也，渳尸之用鬯也，❸寒尸之用槃冰也，枕尸之用角枕，楔尸之用角柶也，斂尸之用圭璋、琥璜、璧琮也，必七日而殯焉者，蓋欲誠信乎此也。及其葬也，水兕之周於杝梓也，菆龍之加於椁幬也，窀之用㝉器也，葬之用鸞車象路也，七月而葬焉者，蓋欲其誠信乎此也。《春秋》一書，天子志崩不志葬，獨於莊四年志「葬桓王」焉。或以爲不志葬者《春秋》之常也，或以爲尸以求於諸侯也。夫事莫大於葬天子，聖人奚忍不志？天子之葬同軌畢至，尚何俟於求者？桓王崩於桓之十五年，至是而葬，蓋七年矣。聖人之心，其諸以春秋臣子不能盡其道於送往謹終之際，❹絶父子君臣之義。《春秋》蓋隱焉而不書，間有獲見於經者，乃若是慢也。觀《春秋》之書，而當時臣子之罪著矣。

禮記集說卷第五十九

❶「襚」，原作「隧」，據通志堂本改。
❷「太」，通志堂本、四庫本作「小」。
❸「渳」，明本作「[illegible]」，通志堂本、四庫本作「薌」。
❹「其諸」，明本作「其謂」，通志堂本、四庫本作「蓋謂」。

禮記集說卷第六十

有以少爲貴者。天子無介，祭天特牲。天子適諸侯，諸侯膳以犢。諸侯相朝，灌用鬱鬯，無籩豆之薦。大夫聘禮以脯醢。天子一食，諸侯再，大夫、士三，食力無數。大路繁纓一就，次路繁纓七就。圭璋特，琥璜爵。鬼神之祭單席。諸侯視朝，大夫特，士旅之。此以少爲貴也。

鄭氏曰：天子無介，無客禮也。灌，獻也。一食、再食、三食，謂告飽也。食力，謂工商農也。大路繁纓一就，殷祭天之車也。《周禮》王之五路，玉路繁纓十有二就，金路九就，象路七就，革路五就，木路翦繁鵠纓。圭璋特，朝聘以爲瑞，無幣帛也。琥璜爵者，天子酬諸侯，諸侯相酬，以此玉將幣也。「大夫特，士旅之」，謂君揖之。

孔氏曰：此一節明以少爲貴，❶亦是稱之義也。爲賓用介，天子以天下爲家，既不爲賓客，故無介也。其實餘事亦有介副，故鬯人共介鬯，是天子臨鬼神，使介執鬯也。祭天特牲者，特，一也。天神尊，貴質，故祭止一特也。諸侯事天子，如天子事天，故天子巡守過諸侯境，諸侯奉膳，亦止一牛而已。諸侯相朝，謂五等諸侯自相朝也。天子祭天，諸侯膳天子，皆無鬱鬯。諸侯自相朝，朝饗禮畢，未饗食之前，主君酌鬱鬯之酒以獻賓，示相接以芬芳之德，不在殽味也。何以知朝饗畢而

❶「明」字，原無，據通志堂本、四庫本補。

灌？案《司儀》職云「凡諸公相爲賓」，將幣畢，云「儐亦如之」。鄭云：「儐，謂以鬱鬯禮賓也。上於下曰禮，敵者曰儐。」又引此經謂「此朝禮畢，儐賓也」。案《大行人》云「上公王禮，再祼而酢」，則諸侯朝天子，天子灌亦用鬱鬯。此特云「諸侯相朝」者，據「以少爲貴」，諸侯於天子無鬱鬯，諸侯相朝則設鬱鬯，而無殽也。大夫聘禮以脯醢者，大夫出使行聘禮畢，主國禮之，酌以酒，而又有脯醢，是味稍多也。天子一食者，食猶飧也。尊者以德爲飽，不在食味，故每一飧輒告飽，待勸之乃更飧。諸侯再飧而告飽，須勸乃又食。士告轉疏，故《少牢》、《特牲》皆三飯告飽也。食力，謂工、商、農、庶人也。以其無德不仕，無禄代耕，力作以得食，故呼食力。❶以飽爲度，不須告勸，故飧無數也。若對文言之，則庶人食力。故《晉語》云「士食田，庶人食力，工商食官」也。大路繁纓一就者，殷猶質，以木爲車，乘以祭天，謂之大路。繁，謂馬腹帶也。纓，鞅也。染絲而織之，曰罽。五色一帀曰就。就，成也，言五色帀則一成。車既樸素，馬亦少飾，止一就也。次路，殷之第三路也。共卑用，故就多也。然《郊特牲》云「大路一就，先路三就，次路五就」，而此云「次路七就」，故鄭註《郊特牲》以此「七就」爲誤。圭璋特者，圭璋，玉之貴也，❷特謂不用他物媲之也。諸侯朝王以圭，朝后執璋，表德特達，不加物也。《聘

❶「呼」，通志堂本、四庫本作「云」。
❷「貴」，原作「寶」，據通志堂本、四庫本並參《禮記・禮器》孔疏原文改。

禮》曰「聘君以圭，聘夫人以璋」，是聘也。《典瑞》云：「公執桓圭，侯執信圭，伯執躬圭。」諸侯以相見及朝天子，亦無束帛。此鄭註圭璋朝聘以爲瑞，無幣帛也。案《聘禮》行饗之時，則璧以帛，琮以錦，是加束帛。又《小行人》云：以玉「合六幣，圭以馬」，註云：「二王之後饗天子。」「璋以皮」，註云：「二王之後享后。」皮、馬不上堂，唯圭璋特升堂，亦是圭璋特義也。琥璜爵者，琥璜，是玉劣於圭璋者也。天子饗諸侯，或諸侯自相饗，行禮至酬時，❶則有幣將送酬爵，又有琥璜之玉將幣，故云「琥璜爵」也。琥璜既賤，不能特達，故附爵乃通也。又案《聘禮》禮賓之幣，❷束帛乘馬，又致食以侑幣，則諸侯於聘賓，唯用束帛乘馬，皆不用玉。今琥璜送爵，故知是天子酬諸侯及諸侯自相酬也。鬼神單席者，神道異人，不假多重，故單席也。諸侯視朝，謂日出視諸臣之朝也。特，猶獨也。旅，衆也。大夫，則君人人揖之。士，則不問多少，共一揖之也。凡此尊者少而卑者多，故曰「以少爲貴」也。

長樂陳氏曰：諸侯膳天子以犢，以天子祭天之禮事其天子也。諸侯相朝灌用鬱鬯，以人敬神之禮敬諸侯也。用鬱鬯，無籩豆之薦者，謂其用鬱鬯之時而無籩豆也。君子食德，小人食力。食德則謀道，故食以薄；食力則謀食，故食以厚。此天子至士所以有一食、再食、三食之數，而食力者則無數也。夫不待酬爵而特達於天子者，圭璋也；必待酬爵而不可以

❶「酬」字下，通志堂本、四庫本有「酒」字。
❷「禮」字，原不重，據通志堂本、四庫本補。

特達者，琥璜也。圭璋禮東南之玉，而主乎陽；琥璜禮西北之玉，而主乎陰。主乎陽，則可以特達於天子；主乎陰，則必附爵而後通。故《易》之陽卦畫奇，陰卦畫耦。以其陽，故可以特，而不必有附。陰必資於所附，而不可以特也。《聘義》曰："圭璋特達，德也。"豈非所謂陽德歟？《周官》之法，祀先王之席如朝覲饗袝之數，❶而天神之祭則藁秸而已。此言"鬼神之祭單席"者，非周制也。"諸侯視朝，大夫特揖，士旅之"者，蓋大夫之德尊而士之德卑。德尊者寡，故特揖；德卑者衆，故旅揖而已。諸侯之視朝如此，至於天子則不然。《周官》之《司士》云"孤卿特揖，大夫以其等旅揖，士旁三揖"。又《禮書》曰：禮有以多爲貴，故《特牲》士祭尸九飯，《少牢》大夫祭尸十一飯。有以少爲貴，故《禮器》天子一食，諸侯再，大夫、士三。蓋一食即一飯也。士九飯，大夫十一飯，則飯以九與十一而又加者也。正飯致其隆，故貴多；加飯嫌於瀆，故貴少。此飯禮所以不同也。嚴陵方氏曰：祭天特牲，經所謂《郊特牲》是矣。天子適諸侯，諸侯膳以犢，並見《郊特牲》解。凡此皆貴誠之義也。鬱鬯見《表記》解。灌，即《小宰》"凡賓客贊祼"之"祼"。王氏謂若今禮飲賓客祭酒是也，亦見《明堂位》解。夫以位言之，則諸侯尊於大夫；以禮言之，則朝重於聘。然"諸侯相朝，灌用鬱鬯，無籩豆之薦。大夫聘禮以脯醢"者，蓋以飲爲主，不饗味，而貴氣臭故也。繁纓，蓋路馬之飾。

❶「袝」，通志堂本、四庫本作「射」。

一就，言五色一匝。蓋色至於五然後備故也。色謂之就，猶樂謂之成歟？「大路繁纓一就，次路繁纓七就」者，殷尚質，故就之少者爲大，就之多者爲次也。至於周，則以多者爲貴焉，故玉路則十有再就。然《郊特牲》言「大路繁纓一就，先路三就，次路五就」，而此則言「次路七就」，何也？蓋彼所謂五就者，指繼先路之次路也；此所謂「七就」者，指繼次路而又次者也。❶《顧命》於革路、象路通謂之次路，亦若是而已。且自上而下，降殺以兩，由一以至三，由三至於五，❷由五以至七，固其理也。以周路之有五，則殷路固不止於三矣。兩篇所言亦互相備爾。考之於《書》，周所謂大路者，非此所謂大路也。周以玉路爲大，此則木路爲大爾。周所謂先路、次路者，非此所謂先路、次路也。周以行之前後爲先與次，此則以等之上下爲先與次爾。席所以行禮，自天子而降，其重數或以五，或以三，或以再。至於禮鬼神則一重而已，故曰「鬼神之祭單席」。

延平周氏曰：饗至於酬爵，則禮成矣。圭璋，春夏迎氣之玉，有生物之意。琥璜，秋冬迎氣之玉，有成物之意。有生物之意，故不待禮成而特達於天子；有成物之意，故必待禮成然後附爵而通。夫天地之大德曰生，故《聘義》曰「圭璋特達，德也」。

許氏曰：禮貴乎多者，蓋非多則不足爲禮之稱也。然物欲有盡，❸而人情亡藝，

❶「指」，明本作「止」。
❷「至於」，通志堂本、四庫本作「以至」。
❸「盡」字，原爲空格，據通志堂本、四庫本補。

使天下而皆饜足其好多之心，則雖窮天下之物，適以亂天下之禮而已。是以聖人之制，有推而進焉，以不奪其情；亦有抑而反焉，以深求其本。情見而分立，本隆而德尊。故天下之人委蛇曲折於文爲之中而不忘其初，登降酬酢於器數之内而不失其義，順履其末而亦逆存其始。❶聖人之禮於是乎情文兼該，内外合一，渾渾乎其明於人心矣。是故天子無介，祭天用特。天子之膳，諸侯非不能備多品也，而用止一犢；諸侯相朝，主國豈不能備豆籩也，❷而灌止用鬯。繁纓美於多就，而大路一就也。琥璜用於爵幣，而圭璋之特也。不特禮之多少爲然，推之於小大、高下、文質之間，亦莫不然。故宫室器皿，尊者極其大。而宗廟之尊彝，爵之貴於散也，觶之崇於角也，瓦甒之尊於壺缶也，無非不廢其大而隆其小也。堂筵門臺，尊者極其高，而祭天之地不壇也；天子之尊而廢禁也，又無非樂其高而不忘其下也。龍衮玉藻，文采之隆於天子極矣，而祭天之用，圭不琢，❸羹不和，大路質素，而越席之用，犧尊布冪，❹而樿杓之貴，豈以文采之用而盡廢其質哉？多少不同其用，而各惟其宜；文質不一其施，而悉惟其稱。或大或小，或高或下，狹不可豐，廣不可殺，情文並施，條理不紊，而禮之本末始得以並著於天下。後世言禮者，不知聖人順情中理之實，以

❶「履」，明本作「禮」，通志堂本、四庫本作「理」。
❷「豈」，通志堂本、四庫本作「非」。「豆籩」，通志堂本、四庫本作「籩豆」。
❸「琢」，原作「瑑」，據通志堂本、四庫本改。
❹「冪」，通志堂本、四庫本作「鼏」。

爲是區區者皆所以强世。豈知聖人制禮之初，未嘗取成於吾心，而一惟其理耶？

山陰陸氏曰：灌以爲禮而已，未有籩豆之薦。故《周官·籩人》掌四籩，自朝事而下。繁纓，如字，繁纓，言其文之繁也。《巾車》曰「玉路樊纓十有再就」。謂之繁纓，以此冕之玉，一名繁露，與此同義。《士喪禮》曰「馬纓三就」，則所謂「就」者，其纓而已。鄭氏讀繁如鞶帶之鞶，非是。圭璋，陽玉也，德也；琥璜，陰玉也，事也。禮諸侯聘天子以圭，聘后以璋，饗天子以璧，饗后以琮，所謂凡四器者，唯其所寶，以聘可也。然則琥璜爵，天子與后以此饗諸侯歟？天子酬以琥，后酬以璜，此其殺也。《小行人》職云「琥以繡，璜以黼，以和諸侯之好故」，蓋如此。又《新説》曰：「天地之祭，各兩牲。」有降之者，有祀之者。燔柴於泰壇，瘞埋於泰折，實牲體焉，所以降之在始祭之時也。掃地而祭，羞牲體焉，所以祀之在正祭之時也。故《牛人》曰：「凡祭祀，共其饗牛、求牛。」饗牛，祀神之牛也；求牛，降神之牛也。降神之牛，於天則騂犢，於地則黝牲，各從其類也；祀神之牛，於天用蒼，於地用黄，各象其功也。此經「特牲」，蓋言「饗牛」而已。

有以大爲貴者。宫室之量，器皿之度，棺椁之厚，丘封之大，此以大爲貴也。

嚴陵方氏曰：《周官·典命》宫室以命數爲節，自上公至子、男，或以九，或以五，各有差。此宫室以大爲貴也。天子之路謂之大路，弓謂之大弓，斗謂之大斗，房謂之大房，此器皿以大爲貴也。尊者之棺至於四重，卑者止於一重，椁則周於棺，此棺椁以大爲貴也。《周官・冢人》「以爵等爲丘封之度」，此丘封以大爲貴也。量言其所容，度言其所至。度量，宫室、器皿皆有之，於宫室言「量」，於器皿言「度」，互相備也。既曰「器」又曰「皿」者，若車旗之屬，可謂之「器」，而不可謂之「皿」；若籩豆之屬，正謂之「皿」，亦可謂之「器」。此大小之辨也。既曰「丘」又曰「封」者，自積土言之則曰「丘」，自度土言之則曰「封」。曰「丘」則必高矣，曰「封」則不必高也。故王公曰「丘」，諸臣曰「封」，此亦大小之辨也。

《講義》曰：喪祭之禮，必視其位之尊卑。位尊而禮隆，此人子之心也。宫室，謂宗廟也。器皿，器也。棺椁、丘封，所以送終也。且四者必以大爲貴，蓋所以備物而盡禮者如此，而後可以爲孝也。

有以小爲貴者。宗廟之祭，貴者獻以爵，賤者獻以散，尊者舉觶，卑者舉角。五獻之尊，門外缶，門内壺，君尊瓦甒。此以小爲貴也。

鄭氏曰：凡觴，一升曰爵，二升曰觚，三升曰觶，四升曰角，五升曰散。五獻，子、男之饗禮也。壺大一石，瓦甒五斗，缶大小未聞也。《易》曰：「尊酒，簋貳，用缶。」

孔氏曰：案《郊特牲》云：「主人獻尸用角，佐食洗散以獻尸」，是尊者小，卑者大。案天子、諸侯及大夫皆獻尸以爵，無「賤者獻以散」之文。禮文散亡，略不具也。《特牲》「主人獻尸用角」者，下大夫也。「尊者舉觶，卑者舉角」者，案《特牲》《少牢禮》「尸入，舉奠觶」，是尊者舉觶。《特牲》「主人受尸酢，受角飲」者，是卑者舉角。此是士禮。天子、諸侯祭禮亡，文不具也。凡王饗臣及其自相饗，行禮獻數各隨其命。子、男五命，故知五獻是子、男。此以小爲貴。近者小，遠者大。缶在門外，則大於壺矣。案《禮圖》「瓦大受五斗」，則瓦甒與瓦大同。凡饗有酒，其列尊之法，缶盛酒在門外，壺在門内。君尊，謂子、男尊也。不云内外，則陳之於堂。人君面尊，專惠也。小尊近君，大尊在門，是不重味，故以小爲貴稱也。嚴陵方氏曰：獻，謂獻之於尸也。舉，謂自舉而飲也。貴賤以「位」言，尊卑以「體」言。獻爵者主人，獻散者佐食。主人之與佐食，則有貴賤之别焉，故以位言之。舉觶者皇尸，舉角者主人。皇尸之與主人，特有尊卑之别爾，故以體言之。於瓦甒言君尊，則知壺、缶爲飲諸臣之尊。於甒言瓦，則知壺缶皆瓦矣。《爾雅》言「盎謂之缶」，雖不言其所容，以算法推之，㪷四謂之豆，積之至於缶二謂之鍾，則缶蓋四石之名也。缶之名雖同，缶之用則不一。有用之以盛酒者，若《坎》所謂「用缶」是矣。有用之以汲水者，若《比》所謂「盈缶」是矣。❶有用之以節樂者，若《離》所謂「鼓缶」是矣。山陰陸氏曰：「貴者獻以爵，賤者獻以散」，所謂「尸飲五，君洗玉爵獻卿；尸飲九，以散爵獻士」。「尊者舉觶，卑者舉角」者，凡妥尸，天子舉斝，諸侯舉角，則卿舉觶，大夫舉角歟？若《特牲饋食》酳尸以角，旅酬更以觶，與此經不同者，蓋卑者以大爲貴。然則此經所言，蓋天子、

❶「比」，原作「此」，據通志堂本改。

諸侯之儀也。《周官》子、男饗禮，五獻，則所謂五獻之尊，主饗禮歟？言子、男以見公侯，舉祭在前，舉饗在後，亦言之序。《燕禮》「司宫尊于東楹之西，兩方壺」，豈所謂門内壺者耶？「公尊瓦大，在尊南，南上」，豈所謂君尊瓦甒者耶？「士旅食于門而兩圜壺」，豈所謂門外缶者耶？圜壺雖非缶，其陳設之序則然。有以高爲貴者。天子之堂九尺，諸侯七尺，大夫五尺，士三尺。天子、諸侯臺門。此以高爲貴也。

孔氏曰：天子堂九尺，此周法也。案《考工記》：「殷人重屋，堂崇三尺。」鄭差之，云「夏高一尺」，故知此九尺者，周法也。

嚴陵方氏曰：陽數窮於九，天子則體陽道之極故也。故堂階之高，其尺以九爲節。以至國則九里，❶城則九雉，涂則九軌，門則九重，堂則九階，屋則九筵，寢則九室，服則九章，皆爲是也。然《典命》上公亦以九爲節者，非僭也，示與王同德而已。自是而下，降殺以兩，故或以七，或以五，或以三焉。前言「家不臺門」，而有國者得用之矣，故天子、諸侯臺門。凡此皆以高爲貴故也。

延平周氏曰：天子之堂九尺，非周制也。周之上公以九爲節，則天子當以十二爲節也。天子、諸侯皆臺門，而天子門以五，諸侯門以三，乃其別也。

《講義》曰：《易》曰「上棟下宇，蓋取諸大壯」，則居室固取乎壯麗也，又況王者之堂乎？故自九尺以至三尺，各有等差。

有以下爲貴者。至敬不壇，埽地而祭。天

❶「里」，通志堂本、四庫本作「圍」。

子、諸侯之尊廢禁，大夫、士棜禁。此以下爲貴也。

鄭氏曰：廢，猶去也。棜，斯禁也，謂之棜者，無足，有似於棜，或因名云耳。大夫用斯禁，士用棜禁。禁，如今方案，隋長局足，高三寸。

孔氏曰：至敬不壇，埽地而祭者，此謂祭五方之天，初則燔柴於泰壇，燔柴訖，於壇下埽地而設正祭，此周法也。廢禁者，廢去其禁。《司尊彝》：鬱鬯之尊用舟以承之，其犧象等六尊皆無用舟。又《燕禮》諸侯之法，瓦大兩，有豐，是無禁也。棜長四尺，廣二尺四寸，深五寸，無足，赤中，畫青雲氣、菱苕華爲飾。禁長四尺，廣二尺四寸，通局足高三寸，漆赤中，畫青雲氣、❶菱苕華爲飾，刻其足爲褰帷之形也。棜是轝名，故《既夕禮》云「設棜於東堂下」，註云「棜，今之轝也」。又註《特牲》云：「棜之制，如今大木轝矣。上有四周，下無足。」今大夫斯禁亦無足，似木轝之棜。周公制禮，或因名此斯禁爲棜耳。故《少牢》：「司宮尊兩甒于房户之間，同棜。」是周公時已名斯禁爲棜也。案《玉藻》云「大夫側尊用棜」，則斯禁也。案《鄉飲酒》「兩壺斯禁」，是大夫用斯禁也。《玉藻》云「士用禁」，又《士冠禮》、《士昏禮》承尊皆用禁，是士用禁也。鄭註云「名之禁者，因爲酒戒也」。案《鄉射》是士禮，而用斯禁者，以禮樂賢從大夫也。《特牲》亦是士禮，而云「棜禁在東序」者，鄭註云「祭尚厭飫，故得與大夫同

❶ 「畫」字，原無，據通志堂本、四庫本並參《禮記注疏》卷二十三補。

也」。

長樂陳氏曰：《周官・小宗伯》之職言「兆五帝四望四類」，又言「兆山川丘陵墳衍」，而不言兆昊天，蓋有兆域則有壇，無兆域則不壇。不壇於外，所以示其至敬於内也。棜雖差異於禁，而《鄉飲酒禮》亦謂之斯禁。蓋天子、諸侯之尊有罍、有舟。謂雷動以時，則有鼓物之利，否則有害物之災；舟善操之，則有載濟之利，否則有覆溺之患。所以爲戒也。大夫、士之尊，命之禁，所以禁之也。德尊者有戒而無禁，德卑者戒而又禁之，此天下所以無彝酒之過矣。

嚴陵方氏曰：祭天之禮謂之至敬，下言「至敬無文」是也。壇特人爲高，非體之自然也，故埽除其地，以致其潔也。《郊特牲》所謂「埽地而祭，於其質也」，是矣。

禁所以承酒尊，且棜也、禁也，皆所以爲酒戒。曰「棜」，則欲其不流；曰「禁」，則欲其不犯。别而言之，固如此；合而言之，棜亦禁也。猶之旗常通謂之九旗也。且有足者爲禁，無足者爲棜，有足則高，無足則下。此主以下爲貴。於大夫用棜至廢禁，則又下矣。故天子、諸侯之尊如此。

山陰陸氏曰：《説文》云「豐，豆之豐滿者，從丰」，蓋丰用豆之時也，故禮自諸侯以上皆爲豐。《記》曰：「歲凶，年穀不登，君膳不祭肺，祭事不縣。大夫不食粱，士飲酒不樂。」由是觀之，雖謂之豐，禁在其中矣。故豐亦或謂之廢禁是也。廢讀如「廢敦廢爵」之「廢」。無足曰廢，豐似豆而卑，宜非有足者也。且謂之廢禁，固亦以去爲義。廢敦，言喪無所事敦也。廢爵，言喪無所事爵也。廢禁，天子、諸侯之尊，無所事禁也。然亦不可不戒，所謂「戒者皆有舟，皆有罍」是也。❶禮有以文爲貴者。天子龍衮，諸侯黼，大夫黻，士玄衣纁裳。天子之冕朱緑藻，十有二旒，諸侯九，上大夫七，下大夫五，士三。此以文爲貴也。

鄭氏曰：此祭冕服也。朱緑，似夏、殷禮也。周禮，天子五采藻。

孔氏曰：人君因天之文章以表於德，德多則文備，故天子龍衮，諸侯以下文稍少也。❷然周禮上公亦衮，侯、伯鷩，子、男毳，孤卿絺，大夫玄，士爵弁、玄衣纁裳。今言「諸侯黼，大夫黻」，雜明夏、殷禮也。但夏、殷衣有日、月、星辰、山、龍，今云龍衮者，舉多文爲首耳。日、月之文不及龍也。朱緑藻十有二旒，亦是夏、殷也，周藻五采也。十二，謂旒數也。諸侯九以下，亦夏、殷也。周家旒數隨命數。又士但爵弁，無旒也。　熊氏曰：朱緑以下，是夏、殷禮，其天子龍衮、諸侯黼、大夫黻等皆周法，無嫌。諸侯雖九章，七章以下其中有黼也；孤絺冕而下，其中有黻。特舉黼黻而言耳。故《詩·采菽》云「玄衮及黼」，是特言黼也。《詩·終南》美秦襄公「黻衣繡裳」，是特言黻也。

長樂陳氏曰：此經主以文爲貴，故於天子不言大裘，曰龍衮而已。諸侯之服雖曰「自衮冕而下」，然其德則貴乎能斷，故言黼，抑亦舉其下者而言之。卿大夫之

❶「有」字下，通志堂本、四庫本有「彊」字。

❷「文」，原作「又」，據通志堂本、四庫本並參《禮記正義》改。

服，自玄冕而下，則其章有黻而已。❶故言黻，以其德貴乎能辨也。諸侯有君道以治邦國，以蕃王室。其於政治之義，必貴乎能斷。大夫有臣道，道合則從，不合則去。其於去就之義，不可以無辨也。士之服止於玄衣纁裳，則質而已。衣正色，則天子至於士皆玄衣也。裳，間色，自天子至士皆纁裳也。玄以象道之在上，纁以象事之在下，此貴賤之所通也。所異者，特繡繢之功或多或寡、或有或無而已。　又《禮書》曰「天子之冕朱緑藻，❷十有二旒，諸侯九，上大夫七，下大夫五，士三」，則制與《弁師》不同，異代之禮也。蓋藻絜而文，衆采如之，故曰藻。水流趨下，旗冕之垂者如之，故曰旒。「藻」或作「繅」，以絲爲之；或作「璪」，以玉貫之也。繅旒或謂之繁露，以其象然也。漢制：天子繅旒前長後短，諸臣繅旒有前無後，非古也。

延平周氏曰：虞舜，帝也，帝則體天者也，故日月星辰繢於衣，而龍則次於日月星辰。周則王也，王則法天者也，故日月星辰繢於大常；而衣止於九章，自龍而下，至於穀。蓋示其日月星辰，❸未能體之，特觀法之而已。其所能體者，變化也。故天子九章，以龍袞爲主，體其能變化也。諸侯七章，以斧爲主者，❹諸侯有君道，有臣道，則未能體變化，而所可體者斷而已。大夫四章，以黻爲主者，大夫成德之爵，道合則仕，不合則去，故所體

❶「其」，通志堂本、四庫本作「有」。
❷「禮書」二字，原無，據通志堂本、四庫本補。
❸「示」，通志堂本、四庫本作「是」。
❹「斧」，通志堂本、四庫本作「黼」。

者辨也。蓋東南爲黻，而東南乃陰陽分辨之地，故黻有辨意。士一章，而以玄衣纁裳爲主者，六入爲玄，三入爲纁，玄則天道在北方之色。纁，黄朱也，黄則地道在西方之色，朱則天道在南方之色。天道在北方，寂然無爲，藏諸用也。藏諸用者，自形而上者也。天道在西方，萬物之所致役。天道在南方，而與萬物相見者，皆顯諸仁也。顯諸仁者，自形而下者也。自形而上者爲陽，故在上之衣玄而作繢，繢亦陽事也。自形而下者爲陰，故在下之裳纁而用繡，繡亦陰事也。自天子至於士，其衣裳皆用玄纁者，以士之賤爲無嫌，故以玄衣纁裳爲主也。「天子之冕朱緑藻，十有二旒」者，《弁師》謂「掌王之五冕」，皆玄冕、朱裏、延紐，五采繅十有二就，皆五采玉十有二，玉笄朱紘。❶而此言「朱緑藻」，蓋冕之有玄，所以象道之體；有朱緑，所以象道之用；而旒止於十二者，則天數也。諸侯九者，殺天子以兩也。上大夫七，下大夫五者，王朝之臣既出封，則遠於王而有所伸，故命數用陽，而旒之數如命之數。公卿、大夫未封，則以其近於王而有所屈，故命數用陰。唯士之賤，無嫌於抗王，故用奇。命數用陰，而旒數當以八與六而已，果上大夫止於七，而下大夫止於五乎？

嚴陵方氏曰：凡服其章雖異，至於玄衣纁裳，則通上下如之。然此止以言士者，士之服無章，以玄纁爲主故也。自大夫而上，皆冕服也，士則皮弁服而已。藻必五采，特曰朱緑，則舉其華者以該之也。亦

❶「紘」，原作「紭」，據通志堂本、四庫本改。

與「雜帶，君朱緑」同義。凡此豈非以文爲貴乎？然自「以少爲貴」而下，皆不言「禮」，至此復冠之於首者，蓋禮以文爲主。

山陰陸氏曰：黼黻，冕服也。玄衣纁裳，亦冕服也。天子舉龍衮，其次舉黼，又其次舉黻，又其次舉玄衣纁裳，蓋言之法如以辭而已矣。❶是諸侯無藻火，大夫無黼，士無黻也。龍神而不可知，天子之德也。黼尚威斷，諸侯之事。黻有可否，大夫而後進焉。若天子上士服玄冕，德猶愧於此。

有以素爲貴者。至敬無文，父黨無容，大圭不琢，大羹不和，大路素而越席，犧尊疏布鼏，樿杓，此以素爲貴也。

鄭氏曰：大圭長三尺，杼上終葵首。琢，當爲「篆」，字之誤也。《明堂位》曰：「大路，殷路也。」鼏，或作「幕」。樿，木白理也。

孔氏曰：至敬，謂敬之至極。祭天，服用大裘，是無文也。父黨，謂父之族黨。以質素，事之無有折旋揖讓之容也。大圭，天子朝日月之圭。尚質，故無琢桓蒲之文。鄭註「杼上終葵首」者，杼，殺也，下頭方而殺其上也。終葵首，椎名也，於杼上之頭，又爲方椎也。大羹，肉汁也。不和，無鹽梅也。大古初變腥，但煮肉而飲其汁，未知調和。後人祭既重古，但盛肉汁，謂之大羹。大路，殷祭天車也。越席，蒲席也。祭天質素，故素車蒲席也。犧尊者，先儒云刻尊爲犧牛之形。鄭云「畫尊作鳳羽婆娑然，故謂娑尊也」。祭天用陶匏，蓋以瓦爲尊，畫犧羽於上，或

❶「如」字，通志堂本、四庫本無。

可用犧形爲尊，是夏、殷禮也。「疏布鼏」者，疏，麤也，鼏，覆也，謂郊天時以麤布爲巾以覆尊也。故《冪人》云「祭祀，以疏布巾冪八尊」，註云「以疏布者，天地之神尚質也」。貴素，故用白理木爲杓。而鄭註《周禮》亦云「祭天，爵不用玉也」。長樂陳氏曰：至敬無文，篤於誠也。父黨無容，篤於愛也。天子大圭，則搢之不琢而杼上，所以象乎天之藏物而無爲也。鎮圭則執之，故必琢而鋭，所以象乎天之生物而有爲也。象其有爲，以示其仁之顯；象其無爲，以示其用之藏。仁之顯則小，而用之藏則大，故不琢，所以爲大圭也。以不琢而謂之大圭，則羹不和謂之大羹，路不飾謂之大路，以其道之所寓，而非功之所致也。以蒲爲席謂之越席，畫牛於尊謂之犧尊。牛取其能耕，犧言其共祭。言犧而不言牛，以共祭爲主也。八尊所以祭天地，故尚質；六彝所以祭宗廟，故尚文。則疏布之所冪，唯尊而已。嚴陵方氏曰：大圭之用，即其體而無琢刻之功，所以爲大。若鎮圭之類，則小矣。大羹之湆，遺其味而無調和之齊，所以爲大。若鉶羹之類，則小矣。大路之制，因其質而唯朴素之尚，所以爲大。若金路之類，則小矣。禮之不同者固多，而大概不過於多少、大小、高下、素文。山陰陸氏曰：《冪人》「祭祀以疏布巾冪八尊，以畫布巾鼏六彝」，❶不專於郊也。❷所謂「越席」，蓋亦以此。凡木不飾

❶「鼏」，通志堂本、四庫本作「冪」。按「鼏」與「冪」、「冪」同源通用。

❷「専」，通志堂本、四庫本作「尊」。

爲椫，椫櫛、椫杓是也。蓋若龍勺、疏勺、蒲勺，則於椫杓加飾矣。

孔子曰：「禮不可不省也。禮不同、不豐、不殺。」此之謂也。蓋言稱也。

鄭氏曰：省，察也。不同，言異也。

孔氏曰：此引孔子語，證上諸事也。

馬氏曰：自「禮以多爲貴」，而至於「禮以素爲貴」，皆禮之寓於形名數度之間，其用不同者，有如此也。其用雖不同，要之歸於稱，則一也。故豐之而不以爲有餘，殺之而不以爲不足，唯其稱而已。此爲禮不可不察也。

山陰陸氏曰：禮有以多爲貴，亦或貴少；有以大爲貴，亦或貴小；有以高爲貴，亦或貴下；有以文爲貴，亦或貴素。如此不可不察。「『禮不同、不豐、不殺』，此之謂也」。禮有以多、以大、以高、以文、以少、以小、以下、以素不同，然於多、於大、於高、於文不殺，於少、於小、於下、於素不豐，取稱而已。

禮之以多爲貴者，以其外心者也。德發揚，詡萬物，大理物博，如此則得不以多爲貴乎？故君子樂其發也。禮之以少爲貴者，以其内心者也。德産之致也精微，觀天下之物，無可以稱其德者，如此則得不以少爲貴乎？是故君子慎其獨也。

鄭氏曰：外心，用心於外，其德在表也。詡，猶普也，徧也。發，猶見也。樂，多其外見也。内心，用心於内，其德在内。致，致密也。物無可稱其德者，萬物皆天所生，孰可奉薦以稱也？

孔氏曰：此一節記者廣明稱禮之事及貴多、貴少之意。外心，謂起自朝廷，廣及九州四海。王者宜發揚其德，普徧萬物。

既有德發於外，豈得不貴多乎？君子則天子也，樂得其禮發見於外也。德，天地之德也。産，生也。天地之德生於萬物，精微無遺，視天下萬物皆天地所生。若持彼所生，以報於彼，無物可稱。是其外迹，豈得不貴少乎？

嚴陵方氏曰：心一而已，以示禮於外，故有外心焉；以體禮於内，故有内心焉。用心於外，故以多爲貴；用心於内，故以少爲貴。德之發揚，則其和足以詡萬物矣。詡，言能翕張也。德雖不言，而翕張萬物如之。一翕一張，相濟而和，則大得其理，❶而功之所施者博矣，以多爲貴，乃其稱歟？故君子樂於發也。❷《易》言「天地之大德曰生」，則天下之物皆德之所生也，故曰德産。物生之迹雖粗而其道則致精，物生之迹雖顯而其道則致微。故曰「德産之致也精微」。德之所致如此。觀天下之物，固無可以稱其德者矣。以少爲貴，乃其稱歟？故君子慎其獨也。

延平周氏曰：禮之以多爲貴者，以其外用其心也。外用其心者，出而應物者也。禮之以少爲貴者，以其内用其心也。内用其心者，入而藏於密者也。道者，生乎德者也；德者，入乎道者也。故德生之極，則道也。道故精而不粗，微而不顯。舉天下之物，孰有稱其德者？内心者，聖人之所從事，故言「尊」；外心者，聖人之所不得已，故言「樂」。

馬氏曰：君子之爲禮，無必於多，而有以

❶「理」，通志堂本、四庫本作「禮」。
❷「於」，通志堂本、四庫本作「其」。

多爲貴者，以其心之顯於外也；無必於少，而有以少爲貴者，以其心之藴於内也。其曰「德發揚」以下，言聖人之德，釋其禮以多爲貴之義也。其曰「德産之致」以下，言天地之德，釋其禮以少爲貴之義也。聖人之德得之於中，而發揚於外，足以普偏萬物，❶盛德大業至於如此，則得不以多爲貴乎？言貴多，則曰大、曰高、曰文在其中矣。生生之德精微，不可名狀，凡天下之物皆粗而無足以爲對也。聖人觀天下之物無可以稱其德，特脩誠以事之而已，則得不以少爲貴乎？言貴少，則曰小、曰下、曰素在其中矣。樂其發，樂其德之發於外也。慎其獨者，身致其誠而已。

山陰陸氏曰：理大，則所該之物廣。發若法度彰、禮樂著，君子所樂在焉。天地之大德曰生，所謂德産如此而其極非形器所能喻也。❷慎其獨，慎所以感之者。

廬陵胡氏曰：外心，漢康衡云「廣心浩大」。詡，大也。《少儀》云「會同主詡」，在下君子樂君德之發見内心，若道心惟微也。

范陽張氏曰：内心則寂然不動之時也，喜怒哀樂未發之時也，《易》所謂「敬以直内」也，《孟子》所謂「盡其心，知其性」也。外心則感而遂通之時，發而中節之時也，《易》所謂「義以方外」也，《孟子》所謂「存其心，養其性」也。自内心而進於此，則爲堯、舜、禹、湯、文、武之功業，爲父子、君臣、夫婦、長幼、朋友之大倫，

❶「偏」，通志堂本、四庫本作「被」。
❷「其極」，通志堂本、四庫本作「極其致」。

爲天地、日月之昭明，兼天人，通本末，合内外，循環往復，無有不可譬之。於木從元生本，從本立根，從根立幹，從幹發枝，從枝敷條，從條出葉。以枝葉觀本元，相去遠矣。然枝枝葉葉皆元氣也。有元氣而無枝葉，不足以見元氣之功。有内心，無外心，則無以見禮之大用。由是推之，一葉之黄，一枝之瘁，皆本根之病也。一拜之不酬，一言之不中，皆内心之不充也。

古之聖人，内之爲尊，外之爲樂，少之爲貴，多之爲美。是故先王之制禮也，不可多也，不可寡也，唯其稱也。

孔氏曰：此一節覆説制禮唯稱也。天不可外報，所以内極敬慎，而其理爲尊。外心接物廣大，故外極繁富，而其事可樂。極心於内，故以外少爲貴；極禮於表，故以外多爲美。故先王以稱爲禮也。

嚴陵方氏曰：内外以心言，多少以物言，即上文所言者是也。外心不止於多，則或高、或大、或文，亦外心耳。内心不止於少，則或下、或小、或素，亦内心耳。稱其内心，則以少爲貴，故不可多。稱其外心，則以多爲美，故不可寡。此先王制禮之道也。

馬氏曰：心藴於内，聖人則以少爲貴，所以尊其内也。心顯於外，聖人則以多爲貴，所以樂其外也。天下之物賤在多，貴在少，故少之爲貴；少而至於多，則莫不充實，故以多爲美。故曰「少之爲貴，多之爲美」。

延平黄氏曰：天子施禮於諸侯，十有二牢，以多爲貴也。諸侯報禮於天子，膳以牲犢，以少爲貴也。以多爲貴者，外心也。以少爲貴者，内心也。故曰「内之爲尊，外之爲樂，少之爲貴，多之爲美」。諸侯之於天子，觀天下之物，無可以稱其德者，得不以少爲貴乎？《郊特牲》曰：「牲孕弗食，祭帝弗用。」諸侯之膳天子，上同乎帝，尊貴之也。天子之於諸侯，爲之牢禮之數；而諸侯之待王官也，令百官皆具，❶樂美之也。蓋謂待王以多，則爲褻；待百官以少，則爲簡。故曰「不可多也，不可寡也，惟其稱也」。

方氏曰：❷内外之分，不可以偏廢。而先王因得以制禮者，自天地之禮觀之，天固尊矣，而郊以特牲，豈非内之爲尊故歟？至於社稷之祭，而牲以太牢，則外心以盡物而已。自君臣之禮觀之，君固尊矣，而膳以牲犢，豈非内之爲貴故歟？至於國君之享，則具十二牢，則外心以盡物而已。以下享上，備物不足以稱德，而内心以爲尊；以上享下，非物不足以盡誠，則外心以爲樂。

是故君子大牢而祭，謂之禮；匹士大牢而祭，謂之攘。

鄭氏曰：君子，謂大夫以上。

孔氏曰：此一節説禮既須稱，中則得禮，僭則盗竊。大夫常祭少牢，遣奠及卒哭、祔用大牢。匹士，士也。士常祭特豚，遣奠、卒哭、祔加一等，少牢。

長樂陳氏曰：有君國子民之位，而以大牢爲祭，此禮之所當然，而非禮所謂過也。以匹夫之賤，而亦以大牢爲祭，此攘竊者之所爲，而非所謂禮也。士固有祭

❶「官」，據黄裳《演山先生文集》卷五十三引當作「牲」。
❷「方」字，原爲墨丁，據四庫本補。

然固而不止於薦，則祭者士之所得爲。其所得爲之祭，而至於大牢之僭，此固非士之所宜。以其有所因，故言「攘」，而不言「盜」也。

嚴陵方氏曰：諸侯謂之君，大夫謂之子。匹士，猶匹夫、匹婦。匹，偶也。以其有夫婦之偶而已。夫禄厚者用禮隆，禄薄者用禮殺，凡以稱己之有無，而後可爲，故以是言之。

馬氏曰：君子者，以位之貴者言之；匹士者，以位之賤者言之。古者天子、諸侯、卿大夫皆君子也。天子、諸侯、卿大夫，位之尊，其禮可以致其隆，故曰「天子以犧牛，諸侯以肥牛，大夫以索牛」，此大牢而祭，謂之禮也。至於匹士大牢而祭，故謂之「攘」。攘者，非其有而取之也。

管仲鏤簋朱紘，山節藻棁，君子以爲濫矣。

鄭氏曰：濫，亦盜竊也。鏤簋，謂刻而飾之，大夫刻爲龜耳，諸侯飾以象，天子飾以玉。朱紘，天子冕之紘也，諸侯青組紘，大夫、士當緇組紘，纁邊。栭謂之節，梁上楹謂之棁。宫室之飾，士首本，大夫達棱，諸侯斵而礱之，天子加密石焉，無畫山藻之禮也。

孔氏曰：此一節明奢而失禮之事。管仲，齊大夫也。簋，黍稷器。案《少牢》「敦皆南首」，鄭註云「敦有首者，尊者器飾也。飾蓋象龜，❶周之禮，飾器各以其類，龜有上下甲」。故鄭知爲龜形也。《周禮》九嬪云：「贊玉齍。」《玉府》云：「共玉敦。」故知天子飾以玉也。鄭云「紘，天子

❶「蓋」，通志堂本、四庫本作「器」。

冕之紘，諸侯青組紘」，皆《祭義》文也。案《士冠禮》「緇組紘纁邊」，天子、諸侯用純，大夫當用雜，與士同。紘冕之飾用組爲之，以其組從下屈而上屬之，於兩旁垂餘爲纓也。此鏤簋朱紘，是天子之飾，而管仲僭濫爲之。山節，謂刻柱頭爲斗栱，形如山也。藻棁者，謂畫梁上侏儒柱爲藻文也。❶鄭引栭與楹，皆《釋宫》文；引「宫室之飾」至「天子加密石」，並莊二十四年《穀梁傳》文。彼云「大夫斲之，士斲本」，與此異。案《禮緯》云：「達棱，謂斲爲四棱，以達兩端。」士斲去木之首本，令細，與尾頭相應。《明堂位》云「山節藻棁，天子廟飾」，此管仲僭爲之也。

嚴陵方氏曰：是皆天子之禮。管仲以陪臣爲之，則過於奢矣。奢則僭，故君子以爲濫。濫者，溢而無所制之謂也。《雜記》所謂「難爲上者」以此。

晏平仲祀其先人，豚肩不揜豆，澣衣濯冠以朝，君子以爲隘矣。

鄭氏曰：隘，猶狹陋也。祀不以少牢，與無田者同，不盈禮也。大夫、士有田則祭，無田則薦。澣衣濯冠，儉不務新。

孔氏曰：此一節論儉而不中禮，非稱之事。晏平仲，齊大夫，名嬰。大夫祭用少牢，士用特豚，而平仲今用豚，豚又過小，併豚兩肩不揜豆也。必言肩者，周人貴肩也。肩在俎，今云豆，❷喻其小，假豆言之。其實在俎，不在豆也。

嚴陵方氏曰：隘者，陋而無所容之謂。

❶「畫」，原作「晝」，據通志堂本、四庫本並參《禮記正義》改。

❷「云」字，原無，據通志堂本、四庫本並參《禮記注疏》卷二十三補。

《雜記》所謂「難爲下」者以此。

是故君子之行禮也，不可不慎也。衆之紀也，紀散而衆亂。孔子曰：「我戰則克，祭則受福。」蓋得其道矣。

鄭氏曰：言二大夫皆非也。紀，絲縷之數有紀。我，知禮者也。克，勝也。

孔氏曰：戰勝、祭受福，是所爲得道，不多不少，隨而稱當也。秖爲二大夫之不稱也。連言戰者，《郊特牲》二句相連，故合引之也。

横渠張氏曰：孔子謂「我戰則克」，聖人有不戰，戰豈容至敗衄。凡興師，必各有名，師非尊主庇民，皆無名也。祭必受福，福者，百順之名。孔子所以交於神明者，必别有道。凡祭祀之末，告利成。利之爲言順利通達。内盡志，外盡物，於祭祀之事順利皆達也。舊以利爲養，養乃其間一事耳。孔子曰「我戰則克」，若止謂仗義者爲勝，則子産、叔向輩舉兵亦莫有不義。❶若然，夫子戰，❷當一勝一負，豈其然乎？聖人之戰無敗。若周、孔相對，則何如？唯有不戰，知彼知己，一有不及則戰矣。

嚴陵方氏曰：紀一定則衆目各有條理，故紀散而衆亂，此君子之行禮，所以不可不慎也。《祭義》曰「致物用以立民紀」，是矣。「我戰則克，祭則受福」，王氏謂：「寡可强而使也，衆則不可强而使也。人可欺而事也，神則不可欺而事也。」順以使衆，故戰則克。誠以事神，故祭則受福。能順，則得戰之道矣；能誠，則得祭

❶「莫有不義」，通志堂本、四庫本作「若有不義者」。
❷「若然夫子戰」，通志堂本、四庫本作「然夫戰」。

之道矣。夫子之所謹，則得其道可知。」蓋，疑詞。

馬氏曰：紀者，衆目之總；禮者，亦百行之總。君子之戰，非必於克，而克隨之。君子之祭，非必於受福，而福亦隨之。蓋在己者有以先之也。在己有以先之者，禮而已矣。

石林葉氏曰：「我戰則克，祭則受福」，孔子之可必者多矣，何獨舉此二事？祭而受福，猶可期之神。戰而必勝，則軍旅之事，子固以自信乎？此蓋《郊特牲》記春蒐之禮。古者四時之田以習戰，因取其獲以共祭祀，是以言季春出火，簡車賦，歷卒伍，鹽其禽，以觀其不犯命，求服其志，不貪其得，而繼之以是言，則戰與祭自當並云。戰每習，則可以必其勝；祭盡禮，則可以必其福，亦理之當然。《禮器》不原其本而復出之，故不盡其義。然曰禮，「衆之紀，紀散而衆亂」，又曰「蓋得其道矣」，下即言「祭祀不祈」及牲薦之事，是亦此意。《禮器》、《郊特牲》似出兩人，各誦所聞，初不相謀也。

君子曰：「祭祀不祈，不麾蚤，不樂葆大，不善嘉事，牲不及肥大，薦不美多品。」

鄭氏曰：祈，求也。《詩》云「自求多福」，福由己耳，祭祀不爲求福也。麾之言快也。祭有時，不以先之爲快也。葆之言褒也。葆大，謂器幣也。嘉事之祭，致夫人是也。禮宜告見於先祖耳，不善之而祭。多品，禮之義，有以小、少爲貴，故不貴肥大。

孔氏曰：此一節論祭祀之事，依禮而行，不樂華美也。凡祭祀，本爲感踐霜露，設祭以存親，非爲祈福報也。《周禮》設六祈之科，豈禮之常也。❶蚤，謂先時也。不以霜露未至，而先時蚤設爲快也。褎，崇高之稱也。祭之器幣，大小長短自有常宜，幣通丈八尺，豆盛四升，不以貴者貪高大爲之也。嘉事，冠昏也。人年二十成人，自宜冠；三十嗣世，自宜昏。若無親者，昏三月，祭以告廟，冠畢埽地而祭禰，並是有爲而然，非謂善之而設祭。牲不及肥大者，謂郊牛繭栗，宗廟角握，社稷尺，各有所宜，不必並及肥大。薦不美多品者，薦祭品味宜有其定，❷不以多爲美，故郊特牲而社稷大牢也。案桓三年「齊侯仲年來聘致夫人」，告廟也。

陸氏曰：❸齊人謂「快」爲「麾」。

長樂陳氏曰：君子之於祭祀也，寧神而已，故不祈；因時而已，故不麾蚤；必求其稱，故不樂器幣之褎大；不忍其代親，故不善冠昏之嘉事。然祭祀有所謂祈牲，有所謂肥大。《周官》大祝掌六祈，《易》萃之時，「用大牲，吉」。

嚴陵方氏曰：以其言得於當時之君子，故稱「君子曰」，與《左氏》言「石蜡，純臣也」，所稱同義。祭祀不祈，無私禱也。有所祈，凡以爲民而已，若《噫嘻》之祈上帝，《載芟》之祈社稷。不麾蚤者，不先時也。《周官》言「前期十日，帥執事而卜日，遂戒」，《祭義》言「孝子將祭，慮事不可以不豫備」，非不先時也。蓋慮事具物，不可以不先時。及其行事，則貴及時

❶「豈禮」，原作「非福」，據通志堂本、四庫本並參《禮記注疏》卷二十三改。

❷「宜」，原作「各」，據通志堂本、四庫本並參《禮記注疏》卷二十三改。

❸「陸」字上，通志堂本、四庫本有「唐」字。

而已。故經又言「祭則觀其敬而時也」。夫冠昏所以著代，其祭也乃不忘本，非善之而祭也。《左氏》言「奉牲以告，曰博碩肥腯」，《曲禮》言「犧牛肥牛」，則牲非不肥大也，爲其禮苟不至，徒及肥大，則儀不及物故也。《祭統》言「苟可薦者，莫不咸在」，《郊特牲》言「不敢用褻味而貴多品」，❶則薦非無多品也，爲其誠苟不至，而美多品，則以美没禮故也。

馬氏曰：祭者，所以追養繼孝，非求福也，故不祈。不祈者，自求多福而已，非求於神也。風雨霜露之變殊，君子履之，而悽愴怵惕之心生。春禘、秋嘗，皆因時而追念其親也，故曰「不麾蚤」。苟快於蚤，非合諸天道也。器幣所以將誠，苟葆大其器而無其意，君子不樂也。《書》曰「享多儀，儀不及物，曰不享。」❷惟不役志于享。凡民惟曰不享」，與此同意。冠昏之禮，必先祭於祖廟者，非以嘉事爲善也，示其有尊祖親禰之意。禮有以大爲貴，而牲不及肥大。禮有以多爲貴，而薦不美多品者，脩其在中之誠而已。蓋君子内則盡志，外則盡物，在外之物不可得而盡，盡其在内之志而已矣。

山陰陸氏曰：祭祀有祈焉。今曰「不祈」，戾也。葆大，讀如「保大」。《春秋傳》所謂「保大」。《鳧鷖》曰：「太平之君子，能持盈守成，則神祇祖考安樂之。」今曰「不樂葆大」，戾也。《雲漢》之詩曰「祈年孔夙，方社不莫」，今曰「不麾蚤」，戾也。禮，君與夫人交獻以嘉魂魄，今曰

❶「用」字下，通志堂本、四庫本有「常」字。
❷「曰不享」三字，原無，據通志堂本、四庫本補。

「不善嘉事」，戾也。禮，奉牲以告曰「博碩肥腯」，今曰「牲不及肥大」，戾也。「及」讀如「公及戎盟于唐」之「及」，《春秋傳》曰：「及，猶汲汲也。」禮，凡天地之所生，莫不咸在。今曰「薦不美多品」，戾也。其言如此，雖戾，然於經猶合者，則以有貴於此者也。故曰「我戰則克，祭則受福」，蓋得其道矣。

孔子曰：「臧文仲安知禮！夏父弗綦逆祀而弗止也。燔柴於奥。夫奥者，老婦之祭也。盛於盆，尊於瓶。」

鄭氏曰：文仲，魯公子彄之曾孫臧孫辰也。莊、文之閒爲大夫，於時爲賢，是以非之不正禮也。文二年「八月丁卯，大事于大廟，躋僖公」，始逆祀，是夏父弗綦爲宗伯之爲也。❶奥，當爲「爨」，字之誤也。或作「竈」。禮，尸卒食，而祭饎爨、饔爨也。時人以爲祭火神乃燔柴。老婦，先炊者也。盆、瓶，炊器也。明此祭先炊，非祭火神，燔柴似失之。

孔氏曰：閔公、僖公俱是莊公之子。❷閔適而少，❸僖庶而大。莊公死而立閔爲君，時僖爲臣。閔少而死，後乃立僖。僖死，其子文公立，弗綦爲宗伯典禮，佞文公，云：「吾見新鬼大，故鬼小。」以閔置僖下，是臣在君上，爲逆亂昭穆。文仲不能諫止，故爲不知禮。禮祭爨神，言其有功於人，人得飲食，故祭報之。弗綦謂是火神，燔柴祭之，文仲又不能諫止，又爲不知禮。爨者是老婦之祭，其祭卑，唯盛

❶「伯」，原作「人」，據《禮記正義》卷二十三改。

❷「閔公僖公」，原作「僖公閔公」，據通志堂本改。

❸「少」，原作「小」，據通志堂本、四庫本並參《禮記正義》卷二十三改。

食於盆，盛酒於瓶。卑賤若此，何得燔柴祭之？故鄭註謂「奥，當爲爨也」。祝融并奥及爨三者不同。祝融乃古火官之長，❶五祀之神，祀於郊。奥者，正是竈之神，常祀在夏，以老婦配之，有俎及籩、豆，設於竈陘，又延尸入奥。爨者，宗廟祭後，直祭先炊老婦之神，在於爨竈。三者所以不同也。

新安朱氏曰：有問竈可祭否？答曰：飲食所繫，亦可祭。又問竈尸，答曰：想是以庖人爲之。

嚴陵方氏曰：奥者西南隅，致養之地，故祀竈於奥，以竈能化飲食以養人故也。配以先炊，故謂之「老婦之祭」。猶以后稷配天，而謂之「郊祀后稷」也。

金華應氏曰：奥者西南隅之地，而燎柴以焚牲也。❷文仲不知正其順祀之爲禮，徒以昵於所親爲孝。時僖公之死未久，既升其祀於上，又即其所居之奥而焚牲以爲祭。夫子謂此特「老婦之祭」耳。蓋五祀設主而迎祭於奥，皆室人親薦，而婦人之老者主其事。物則盛於盆，酒則尊於瓶，是其所以爲媚事之態耳，而何益於孝乎？或曰奥即廟中之奥，蓋時既逆祀，故加此於二廟以爲媚也。

廬陵胡氏曰：祭竈先薦於奥，有主有尸。用特牲迎尸，如宗廟之儀，但無燔柴耳。鄭以爲「爨」，誤矣。

延平周氏曰：先炊之有祭，猶牧之有先牧而嗇之有先嗇也。

禮記集説卷第六十

❶「融」字，原無，據通志堂本、四庫本補。
❷「燎」，通志堂本、四庫本作「燔」。

禮記集説卷第六十一

禮也者，猶體也。體不備，君子謂之不成人。設之不當，猶不備也。禮有大有小，有顯有微。大者不可損，小者不可益，顯者不可揜，微者不可大也。故經禮三百，曲禮三千，其致一也。未有入室而不由户者。

鄭氏曰：禮若人身體。致之言至也。一，謂誠也。經禮，謂《周禮》也。《周禮》六篇，其官有三百六十。曲，猶事也。事禮，謂今禮也。禮篇多亡，本數未聞，其中事儀三千也。入室必由户，猶三百、三千皆由誠也。

孔氏曰：自此至「殷因」一節，因上禮之有稱，故此以下廣明三代之禮，皆由誠信乃合也。禮若人身體也，髮膚、骨血、筋脉備足，乃爲成人也。體雖備，設之不當，則不成人。設禮不當，亦不成禮也。禮有大者，謂有大及多爲貴也。有小者，謂有小及少爲貴也。有顯者，謂有高及文爲貴也。有微者，謂有素及下爲貴也。大小顯微，各隨其體而設禮，不得不當也。行禮皆須至誠，故云「一也」。室猶禮也，户猶誠也。

嚴陵方氏曰：體有上下，有左右，各有所用，不可易也，易則無用，故曰「設之不當，猶不備也」。以多之爲美，故大者不可損以爲小；以少之爲貴，故小者不可益以爲大；以外之爲樂，故顯者不可揜以爲微；以内之爲尊，故微者不可大以爲顯。經則簡，曲則煩，及歸於道之極，則一而已。《中庸》又言「禮儀三百，威儀三千」者，蓋禮之大經其義止於三百，禮之委曲威儀有至於三千，其言互相備也。

馬氏曰：百骸九竅具，然後足以爲人，大小精粗備，然後足以爲禮。古之言禮者，内之爲本，外之爲文，多之爲美，少之爲貴，凡此者皆慮其禮之不備也。小大微顯，設之皆當，禮之所以備也。經禮者，曲禮之總；曲禮者，經禮之別。經禮則體經以盡其常，曲禮則致曲以盡其變。經禮至於三百之多，曲禮至於三千之多者，皆慮其禮之不備也。雖其多至於如此之不同，而其趨於誠則一也。三百、三千者，蓋言數之多而已。

延平周氏曰：户譬則禮也。

廬陵胡氏曰：《春秋傳》曰：「嘉事不體，何以能久？」

君子之於禮也，有所竭情盡慎，致其敬而誠若，有美而文而誠若。

鄭氏曰：若，順也。竭情盡慎，謂以少小下素爲貴也。美而文，謂以多大高文爲貴也。

孔氏曰：求竭己情，盡其戒慎，致其恭敬，而内行誠順，故須少小下素，求諸内也。威儀之美，文章顯著，而外行誠順，則以多大高文，章之外也。

嚴陵方氏曰：禮雖不同，至於致其誠，則一而已。竭情盡慎，致其敬，則誠之存乎内者；美而文，則誠之發乎外者。或内或外，皆不離乎誠，故每以誠言之。

山陰陸氏曰：誠之所在，常自若也，不爲質文加損。

四明沈氏曰：若不是順，表裏相稱，内外相似之謂。若即誠意而發爲禮文，故謂之「若」。今人禮文多溢於誠意，則爲僞矣。

君子之於禮也，有直而行也，有曲而殺也，有經而等也，有順而討也，有摲而播也，有推而進也，有放而文也，有放而不致也，有順而摭也。

鄭氏曰：直而行，若始死哭踊無節也。曲而殺，若父在爲母期也。經而等，若天子下至士庶人爲父母三年。順而討，若天子以十二，公以九，侯、伯以七，子、男以五爲節。討，猶去也。摲而播，謂芟殺有所與也。摲之言芟也，若祭者貴賤皆有所得，不使虚也。推而進，若王者之後，得用天子之禮。放而文，若天子之服，象日月以至黼黻。放而不致，若諸侯自山、龍以下。順而摭，若君沐粱，大夫沐稷，士沐粱。

孔氏曰：此經廣明禮意不同。直，謂任己天性而行也。經，常也。常而等，謂自天子以下，❶雖尊卑有異，而服其父母，則同等也。順猶順序，自天子以下轉相降差，是順序而稍去之也。播，布也，謂君祭而臣助祭，下至胞翟悉有所得，是芟上貴之分以布徧於下也。放，法也，法天以爲文也。致，極也，諸侯以下亦有放法而不得極也。摭，猶拾取也。君沐粱，士卑不嫌，是拾君之禮而用之。

嚴陵方氏曰：直而行者，謂行吾誠於内而無所屈，若「凶事不詔，至敬無文」是矣。曲而殺者，謂爲所隆者厭而不得伸，若父在爲母期，君燕不以卿爲賓長是矣。

❶「謂自」至「同等也」二十字，原無，據通志堂本、四庫本補。

經而等，謂順理之常，❶無貴賤，一也，三年之喪、男有昏、女有嫁是矣。順而討者，謂順人之情而有法以治之也，若順君臣之義以治朝廷，順父子之情以治閨門是矣。摲而播者，謂摲此以播於彼，若旅酬之逮賤、餕餘之逮下是矣。推而進，若兄弟子猶己子是矣。放而文，謂觀象放法以致其飾，若天子之服衮冕、其旗大常是矣。放而不致，若諸侯之服自鷩冕而下、其旗自龍而下是矣。順而摭者，謂順人情而有所取，若孔子純儉以從衆、拜下以從禮是矣。

江陵項氏曰：有經而等，經謂不變，等謂同也。禮以變爲文，以不同爲節。同而不變，則若父母之喪，自天子達於庶人，皆一等是也。此章凡九條，皆以反對爲文，獨「經而等」無反對者，此外八條皆變而不同，即此一條之反對也。先儒以「順而討」爲對，非也。「順而討」自與「順而摭」爲對，脱簡誤在章末爾。討，去也，摭，取也。順而去，謂自上而下，每等減去，以去爲順，此以多爲貴者也。順而取，謂自上而下，每等取加，以加爲順，此以少爲貴者也。「取」猶「君取一，臣取二」之「取」。

廬陵胡氏曰：討，求也。若《郊特牲》殷人先求陽，周人先求陰，順也。

鄭氏曰：一也者，俱趨誠也。由，用也。三代之禮一也，民共由之，或素或青，夏造殷因。素尚白，青尚黑者也。言所尚雖異，禮則相因耳。孔子曰：「殷因於夏禮，所損益

❶「理」，通志堂本、四庫本作「禮」。

可知也。周因於殷禮，所損益可知也。」變白黑言素青者，秦二世時，趙高欲作亂，或以青爲黑、黑爲黄，民言從之，至今語猶存也。

孔氏曰：此一節廣明三代損益不同。三代所行之禮雖各别，一皆趨於至誠，民亦共用，誠如一也。尚白，殷禮也；尚黑，夏禮也。夏以十三月爲正，於時草之萌牙，[1]變白而青也。夏正尚黑，故知青爲黑。夏先殷後，今先云或素者，記是周時。今欲見周因於殷，殷因於夏禮也。以青爲黑，以黑爲黄，即指鹿爲馬之類。

鄭去胡亥既近，相傳知之。

嚴陵方氏曰：三代之禮，所異者迹，所同者道，故曰「一也」。道者君之所獨得，其民由之而不知，故曰「民共由之」。或素或青者，言質文之相變也。言素則知青之爲文，言青則知素之爲質。蓋天地之文始於春，天地之質始於秋故也。「夏造殷因」者，言夏造之於前，殷因之於後也。以迹之相變，雖或有異，道之相因，未始不同，故其言如此。言殷之因夏，則周之因殷從可知矣。

廬陵胡氏曰：一，謂上九事，三代同也。

周坐尸，詔侑武方，其禮亦然，其道一也。夏立尸而卒祭，殷坐尸，周旅酬六尸。曾子曰：「周禮其猶醵與？」

鄭氏曰：武，當爲「無」，聲之誤也。方，猶常也。告尸行節、勸尸飲食無常。若孝子就養無方，此亦周所因於殷也。夏禮，尸有事乃坐。殷無事猶坐。周旅酬，

[1] 「牙」，原作「不」，據通志堂本、四庫本並參《禮記正義》卷二十三改。

使之相酌也。后稷之尸，發爵不受旅。合錢飲酒爲醵，旅酬相酌似之也。《王居明堂禮》：「仲秋，乃命國醵。」

孔氏曰：此一節論三代尸禮不同。殷人坐尸，周因坐之。詔，告也。侑，勸也。子事父母，就養無方。故在宗廟之中，禮主於孝，凡預助祭，皆得告尸威儀、勸尸飲食，無常人也。案《特牲》延尸及詔侑相尸之禮，皆是祝官，則是有常，而云無常者，謂但是祝官皆得爲之，不常用一祝也。其禮亦然者，其於周禮坐尸及詔侑無方之禮，皆因於殷禮，故云「亦然」。其用至誠之道一也。夏禮質，言尸是人，人不可久坐神坐，故唯飲食時暫坐，非飲食則尸倚立，以至祭竟也。殷因夏禮，而損其不坐之禮，益爲常坐之法，是殷轉文也。周又因殷而益之，旅酬六尸，謂祫祭時聚群廟之主於大祖后稷廟中，后稷在室西壁，東嚮，爲發爵之主，尊不與子孫爲酬酢，餘自文武二尸就親廟尸凡六，在后稷之東，南北對爲昭穆，更相次序以酬也。殷但坐尸，未有旅酬，而周益之。然大祫多主，唯云「六尸」者，毁廟無尸，但有主也。曾子引世事證周禮旅酬，凡斂錢飲酒，必令平徧，與《周禮》次序旅酬相似。

吴郡張氏曰：自秦時祭祀無十日之齊，而立尸之義不見也。

嚴陵方氏曰：夏立尸，而殷坐尸。殷雖坐尸，而詔侑未必無方。周則文又備，不唯坐尸，而且詔侑無方，爲此特文備之事爾。而於禮莫不然也，故曰「其禮亦然」；以其道未始不相因，故曰「其道一也」。

山陰陸氏曰：案周九廟，而旅酬六尸，則旅酬蓋言成康之世，文武親未盡，猶在七廟之數。蓋以時祭，何必大祫。

君子曰：禮之近人情者，非其至者也。郊血，大饗腥，三獻爓，一獻孰。

鄭氏曰：近人情者褻，而遠之者敬。郊，祭天也。大饗，祫祭先王也。三獻，祭社稷五祀。一獻，祭群小祀也。爓，沈肉於湯也。血腥爓孰遠近，備古今也。尊者先遠，差降而下，至小祀孰而已。

孔氏曰：此一節論禮以尊遠爲敬，近人情爲褻。近人情者，若一獻孰。飲食既孰，是人情所欲食，最近人情也。既近人情，非是敬之至極也。❶ 犢血，於人情最遠，故郊薦血以爲極敬也。鄭知大饗祫祭先王者，案《宗伯》以肆獻祼享先王以下，宗廟之祭凡有六饗，此云大饗，饗中最大，故爲祫也。此「大饗」之文，在「郊血」之下，故知非大饗帝也。腥，生肉也，去人情稍近也。知「三獻祭社稷五祀，一獻祭群小祀」者，以冕服差之。❷《司服》：「祀四望山川，則毳冕。」毳冕，子、男之服。子、男五獻，以下差之也。「祭社稷五祀，則絺冕」，宜三獻也。「祭群小祀，則玄冕」，宜一獻也。血爲遠，腥次之，爓稍近，孰最近。遠者爲古，近者爲今，一祭之中，兼有此事，故云「備古今」也。案《宗伯》祭廟以祼鬯爲始，祭社稷、五祀以血爲始。此云「郊血，大饗腥，三獻爓，一獻孰」者，謂祭祀初始降神之外，

❶「敬」，原作「禮」，據通志堂本、四庫本並參《禮記正義》卷二十四改。

❷「冕」，原作「祭」，據通志堂本、四庫本並參《禮記正義》卷二十四改。

於正祭之時，有此郊血大饗腥之屬也。凡郊與大饗三獻之屬，正祭之時，皆有血有腥，有爓有孰。此云「郊血」，是郊有血也。《郊特牲》云「血毛告幽全」，是宗廟有血也。《宗伯》云「以血祭祭社稷五祀」，是三獻有血也。《楚語》云「禘郊，則有全蒸」，是祭天有孰也。有孰則有腥可知也。《宗伯》云「以肆獻祼享先王」，是大饗有腥、有孰也。此云「三獻爓」，《宗伯》云「以血祭祭社稷五祀」，既有血有爓，明有腥有孰可知也。　皇氏曰：郊天與大饗三獻，並有血腥爓孰。今所以各言者，此據設之先後，郊則先設血後設腥與爓孰。雖以郊爲主，其祭天皆然也。大饗之時，血與腥同時俱薦，當朝事迎尸於户外，薦血腥也。雖以大饗爲主，其宗廟之祭皆然也。其三獻之祭，血腥與爓一時同薦。凡薦爓之時，皆在薦腥之後。但社稷五祀，初祭降神之時，已埋血，《宗伯》之文是也。至正祭薦爓之時，又薦血。此文是也。❶若群小祀之屬，唯有薦孰，無血腥爓也，以其神卑故耳。先薦者設之在前，後進者設之居後。

沈氏括曰：祭禮有腥、焨、孰三獻，❷舊説謂腥、焨備大古、中古之禮，予以爲不然。先王之於死者，以爲無知則不仁，以爲有知則不智。薦可食之孰所以爲仁，不可食之腥、爓所以爲智。又一説謂腥、爓以鬼道接之，饋食以人道接之，致疑也一。或謂鬼神嗜腥、爓，此雖出於異説，聖人

❶ 「是」，原作「時」，據通志堂本、四庫本並參《禮記注疏》卷二十四改。

❷ 「焨」，通志堂本、四庫本作「爓」。下句「焨」同。

知鬼神之情狀，或有此理，未可致詰。

延平周氏曰：獻以血，非近人情者也，而反以事天；獻以孰，乃近人情者也，而反以事群小祀。蓋禮之近人情者，非禮之至也。爓與孰以牲言，質與文以禮言。

嚴陵方氏曰：全乎天者莫如血，故用之於郊。近乎人者莫如孰，故用之於獻。故曰「禮之近人情者，非其至者也」。且由爓而上則尚氣而已，至於孰則又尚味焉。故《郊特牲》曰「至敬不饗味，而貴氣臭也」。

延平黄氏曰：人情、天道，相爲遠近者也。禮之近天道者，人情遠焉，非禮之宜也。鬼神之卑而親者，不可以此事之。禮之近人情者，天道遠焉，非禮之至也。鬼神之尊而遠者，不可以此事之。君子事其尊而遠者，以意爲主；事其卑而近者，以物爲主。故以禋禮事昊天上帝，❶則以我之意達之，物之形氣不足與焉。以實柴祀日月星辰，以槱燎祀司中、司命、飌師、雨師，以血祭社稷五祀五嶽，則以物之氣達之。以貍沉祭山林川澤，以疈辜祭四方百物，則以物之形達之。一牲之微，投之於淵，瘞之於土，疈而磔之，將爲四方百物之報，豈足致之哉？形氣之中，先王誠意之所寓，故足以致焉。日月星辰、飌師雨師，有象者也；山林川澤、四方百物，有形者也。有象者以物之氣臭祀之，有形者以物之形體祭之，是則可矣。上帝則如之何致之哉？無形也，不可薦之以味；無象也，不可達之以氣。郊之血，祫之腥，三獻之爓，一獻之孰，自

❶「禮事」，通志堂本、四庫本作「祀祀」。

孰至血，其去人情遠矣，祀帝足乎？先王以爲未也。泰壇之禋，羔羊之裘，未孕之牲，陶匏之器，無文也，無情也，無味也，用血而已，豈禮之至哉？五者未離乎物，非其所恃以格帝者也，以寄其誠而已。❶先王之於天神也，以誠意動之，以精意接之。定之以七日之戒，齋之以三日之宿，不御色、不聽樂、不飲酒、不茹葷，眡滌濯、莅玉鬯、省牲鑊、奉玉齎、❷贊幣爵，告時、告備、告純、告潔，以誠其意而已。心齋以致其精意，祭祀之齋以致其誠意，先王所以使人誠其意者，將以致精焉。人之意粗則交於物，精則交於神，蓋其理也。有無之閒，帝之神固在焉。❸古之聖王精神與帝感通，夢帝賚予良弼，蓋精神之接於帝也。

馬氏曰：❹薦以血，人情之所遠也，而反以事天；獻以孰，人情之所近也，而反以祭小祀。至于大享之用腥，三獻之用爓，則先王重本賤常之道，蓋可見矣。然非特此而已，籩豆之薦可食而不可嗜，袞冕路車可陳而不可好，宗廟之器可用而不可便其利，此先王交神明者，非以同安樂之義也。尊用玄酒而不以醴醆，冪用疏布而不以文綉，席用藁鞂而不以莞簟，至於俎用腥魚、豆先常豆、大圭之質、素車之樸，蓋先王交神之道不可同於安樂之甚。由是觀之，禮行於祭祀之閒，散於形器之末。❺凡所以不近人情者，其意至

❶「誠」，通志堂本、四庫本作「敬」。
❷「齎」，通志堂本、四庫本作「齍」。
❸「固」，原作「用」，據通志堂本、四庫本改。
❹「馬」字，原爲墨丁，據四庫本補。
❺「器」，通志堂本、四庫本作「氣」。

矣。《詩》之辭曰「鳧鷖在涇，公尸來燕來寧。爾酒既清，爾殽既馨」，蓋神祇祖考之所以安者，❶安於禮而已。「來燕來寧」，則以君子之有禮也。❷酒貴清而不貴多，周尚臭，故曰「爾酒既清，爾殽既馨」。先王之道豈求異於人情耶？亦以禮之既至，而物有不足用也。

是故君子之於禮也，非作而致其情也，此有由始也。是故七介以相見也，不然則已慤；三辭三讓而至，不然則已蹙。故魯人將有事於上帝，必先有事於頖宮；晉人將有事於河，必先有事於惡池；齊人將有事於泰山，必先有事於配林。三月繫，七日戒，三日宿，慎之至也。故禮有擯詔，樂有相步，温之至也。

鄭氏曰：作，起也。敬非己情也。已，猶甚也。慤、蹙，愿貌。大愿則辭不見，情無由至也。上帝，周所郊祀之帝，謂蒼帝靈威仰也。魯以周公之故，得郊祀上帝，與周同。先有事於頖宮，告后稷也。告之者，將以配天，先仁也。頖宮，郊之學也，《詩》所謂頖宮也，字或爲郊宮。惡，當爲「呼」，聲之誤也。呼池、漚夷，并州川也。配林，林名。繫，繫牲于牢也。戒，散齊也。宿，致齊也。將有祭祀之事，必先敬慎如此，不敢切也。擯詔，告道賓主者也。相步，扶工也。皆爲温藉，重禮也。詔，或爲「紹」。

孔氏曰：此一節論君子行禮當有積漸。君子行禮，非是徒起而致己之情，皆有所

❶「蓋」，通志堂本、四庫本作「並」。

❷「有禮」，通志堂本、四庫本作「道禮之」。

由以爲始也。周禮上公九介，侯、❶伯七介，子、男五介。七介，舉中言之。《司儀》賓至大門，陳擯介，交擯，三辭畢，君迎賓，拜辱，至大門，三讓。三讓，入大門，主君每門讓，賓一辭，是三辭三讓。若不爲此，則大急蹙，情無由達也。周人出自靈威仰，則后稷配靈威仰也。魯人無后稷之廟，今將祭天，先於頖宮，告后稷以將配天，是先告卑後祭尊也。池，小川。配林，是泰山之從祀者。先告惡池、配林，然後祭河及泰山，此皆積漸從小至大之義也。《充人》云「祀五帝，則繫于牢，芻之三月」，是三月繫也。祭前七日，❷於七日之中散齊。前三日，則嚴宿以致齊。積漸，敬慎不敢偪切也。賓主相見，有擯相詔告。作樂之人無目，有扶相行步，温藉之至極也。　皇氏曰：温，謂承藉。凡玉以物緼裹承藉，君子亦以威儀擯相以自承藉也。

嚴陵方氏曰：禮之情常直而略，禮之文常曲而詳。情文相須，不可以偏廢，此禮之所以行也。然則禮之作也，豈徒直情而徑行哉？亦必有所由始，以曲爲之文而已。由始，言有所先也。❸以其有所先而不遽作，故能委曲以成其文焉。自「七介相見」而下至「温之至」，皆其事也。相見必以介者，所以達其情；辭讓而後至者，所以舒其行。初曰禮辭，再曰固辭，

❶「侯」字上，原有「諸」字，據通志堂本、四庫本並參《禮記注疏》卷二十三刪。

❷「七」，原作「十」，據通志堂本、四庫本並參《禮記注疏》改。

❸「言」，通志堂本、四庫本作「焉」。

三曰終辭，則讓亦由是也。❶《鄉飲酒》曰「月者三日則成魄，三月則成時」，是以禮有三讓，此辭讓之數必以三也。有事，謂祭也。將有事於大，必先有事於小焉，所謂有由始也。林則木之所積，以其從祀於泰山，故曰配林。七日戒，即《祭統》言「散齊七日以定之」是也。三日宿，即《祭統》言「致齊三日以齊之」是也。此皆先事而備焉，故曰「慎之至」。擯於賓，執事以奉主者也。詔於主，傳命以告賓者也。相步，則相詧之步者。賓主相接而後禮行，詧相相資而後樂作，則緩而不迫，和而無乖，故曰「温之至」也。

馬氏曰：君子之於禮，情在此，將有以致其情於彼。所以致其情者，非任性直前，蓋有以先之也。大者，小之所積，由小而至大，莫不有漸。故「魯人將有事於上帝，必有事於頖宮」者，凡以此也。不如是，則情失於慤且蹙矣。與夫直情徑行者無以異也。然則天子祭天地，諸侯祭社稷，魯人有事於上帝，蓋非禮也。天子祭名山大川，諸侯祭山川之在其地者，齊人有事於泰山，亦非禮也。然而記者取之而不非者，取其有小大先後之序也。

山陰陸氏曰：禮出於自然，非作之也。夫禮一於本而已，則或失之愿，是故以介相見，辭讓而後至。自道觀之，去本遠，非其至也。自禮觀之，去用遠，亦非其至也。故此篇反覆言之如此。《荀子》曰：「至備情文俱盡，其次情文代勝，其下復情以歸大一也。」魯人告后稷於頖宮以配上帝，晉人告惡池以配河，齊人告配林以

❶「由」，通志堂本、四庫本作「猶」。

配泰山，雖曰告之，實以肄習其禮，即事有漸也。

延平周氏曰：惡池與河皆沉祭之屬，❶配林與泰山皆埋祭之屬，而頖宮獨非禋祀之屬者，諸侯之有郊，禮之變也。唯其爲禮之變，故事之所先者亦異也。攝心爲戒，果攝心則已，故不宿。不宿，故特爲齊之散者耳。既攝心矣而又宿，故爲齊之極致也。

長樂陳氏曰：《孟子》曰：「禮之於賓主。」有擯以輔賓而詔之以其義，則賓主之情通矣，❷故曰「禮有擯詔」。《周官・眂瞭》「凡樂事相瞽」，有相以導瞽，而使之步亦步，則周旋之節得矣，故曰「樂有相步」。蓋禮以和爲用，而有擯以詔之，則凡自外作者罔不和矣。❸樂以和爲體，而有相以導之，則凡由中出者罔不和矣。❹外和而內或否焉，內和而外否焉，❺皆非所以爲温之至也。然則所謂「温之至」者，得非內外俱進於和歟？雖然「禮有擯詔」，❻亦有所謂不詔者，「凶事不詔」是也。

廬陵胡氏曰：非自我作，古直任己情。《春秋傳》「禮與天地並」，言已久。禮也者，反本脩古，不忘其初者也。故凶事不詔，朝事以樂，醴酒之用，玄酒之尚，割刀之用，鸞刀之貴，莞簟之安，而稾鞂之設。是故先王之制禮也，必有主也，故可述而多學也。

❶「池」，原作「沱」，據通志堂本、四庫本改。
❷「情通」，通志堂本、四庫本作「通情」。
❸「自」，通志堂本、四庫本作「此」。
❹「由」，通志堂本、四庫本作「有」。
❺「外」字下，通志堂本、四庫本有「或」字。
❻「雖」字，通志堂本、四庫本無。

鄭氏曰：哭泣由中，非由人也；朝廷養賢，以樂樂之也。二者反本也。穗去實曰秸，《禹貢》「三百里納秸服」。醴酒以下三者，脩古也。有主，謂本與古也。可述而多學，以本與古求之而已。

孔氏曰：此一節論禮之所設，反本脩古，故可述而多學也。由其反本脩古，故不忘其初。本謂心也。孝子親喪，痛由心發，故啼號哭泣，不待外告，而哀自至。朝事，謂朝廷之事。以樂，奏音樂也。醴酒，五齊第二酒也。玄酒，水也。尚，上也。割刀，今刀也。鸞刀，古刀也。今刀便利，古刀遲緩。莞簟，今之席也。《詩》「下莞上簟，乃安斯寢」，言其精細可以安人。藁秸，除穗粒，取稈藁爲席。四時祭祀陳尊玄酒在醴酒之上，宗廟不用今刀而用古刀，郊祭不用莞簟之安而設藁秸之麤席，是皆脩古也。

長樂劉氏曰：反本者，謂經禮三百，曲禮三千，皆能使人制其邪情，復於正性，致中和以遂五品，故曰「反本」也。脩古者，謂聖人雖緣人情制爲五禮，然皆稽考前古，事循厥始，不敢創作也；或損或益，乘時之宜，然亦弗敢忘乎其初也。

嚴陵方氏曰：物有本末，時有古今。然逐末之流而不知其所反，從今之便而不能有所脩，則先王之禮意亡矣。本者末之初，古者今之初，反之、脩之，則不忘之故也。本末一物，欲追還之而已，故於本曰「反」；古今異時，必有損益焉，故於古曰「脩」。此其别也。言凶事，則知朝事之爲吉禮；言朝事，則知凶事之爲喪禮。凶事不詔，則朝事必詔可知；朝事以樂，則凶事無樂可知。朝事之籩豆，以象朝事其親所進，則朝事固祭之始也。《祭義》曰「樂以迎來」，正謂是矣。禮有擯詔，所以示相接之文也。凶事則用情而已，故不詔樂以侑食，所以盡事生之歡也。❶ 祭則如在焉，故亦以樂。夫於凶事則用情，朝事則如在，豈非反本者乎？簞，竹也。鞂，正作「秸」，藁秸也。主，猶賓主之「主」，以其衆之所從故也。蓋本者末之主，故先王之制禮也，必反之；古者今之主，故先王之制禮也，必脩之。此之謂有主。夫少則得，多則惑。以其有主，則雖多不惑，故可述而多學也。

馬氏曰：禮不獨有以成於文，蓋將以反本也；不獨有以備於今，蓋將以脩古也。皆不忘其初者也。不忘其初，仁之至也。然今之禮便於用，古之禮不便於用。故玄酒可尚而不可用，鸞刀可貴而不可尚，藁鞂可設而不可安，凡此皆禮從宜之意。知禮樂之情者，能作；識禮樂之文者，能述。先王之制禮，必有主者，知其情也，則制其文。使夫述之者，因其文而探其情，故可述而多學者，非有以知其情也。推先王之制禮，必知其情而有所主，此聖與明之辨也。

□氏曰：聖人之用禮，必欲其情文具舉，本末並行，然後爲禮之至。醴醆雖陳，不忘在室之玄酒。割刀雖用，不忘聲和之鸞刀。腥孰薦矣，不忘於血毛。巾黼冪矣，不忘於疏布。和羹之味必貴於大羹之淡，莞簟之安必貴於藁鞂之設。是皆欲其本末情文之具舉也。

君子曰：無節於內者，觀物弗之察矣。欲

❶「歡」，通志堂本、四庫本作「禮」。

察物而不由禮，弗之得矣。故作事不以禮，弗之敬矣；出言不以禮，弗之信矣。故曰：禮也者，物之致也。

鄭氏曰：致之言至也，極也。

孔氏曰：此一節明作事，云爲非禮不可。内，猶心也。物，萬物也。察，分辨也。外欲觀察萬物，而心不由禮，則察物不能得也。無禮既不爲民物敬信，故禮爲萬物之至極也。

馬氏曰：觀物在目，必有主於心。欲觀其物而心不在焉，❶莫能觀也。觀物在於心，❷心不可以無節，無節於内，則觀物弗之察矣。所以節之者，禮而已。禮有以節於内，則不以物亂觀，不以觀亂心，則物之自外至者，皆可得而察也。故欲觀物，而不由禮，弗之得矣。《禮運》曰：「人藏其心，不可測度，欲一以窮之，舍禮何以哉？」與此同意。

延平周氏曰：道常無名，性命之理，❸猶爲物而已。嗜慾多者天機淺，故無節於内者，觀物弗之察矣。禮者所以節於内者也，故欲察物而不由禮，弗之得矣。禮者性命之理而已，故曰「禮也者，物之致也」。性命之理必寓於度數，故曰「因其財物而致其義焉」。

嚴陵方氏曰：節者，即物自然而爲之制者也。用是以觀物，則萬物之情可見矣。凡所以能度彼者，以吾有度故也；所以能量彼者，以吾有量故也。苟唯無節於内，則所存乎己者未定，何恃而觀彼哉？

❶「不」字下，通志堂本、四庫本有「盡」字。
❷「在」，通志堂本、四庫本作「本」。
❸「性」，通志堂本、四庫本作「惟」。

故曰「無節於内者，觀物弗之察矣」。禮者，體物以制節者也，❶故欲察物而不由禮，弗之得矣。蓋由禮，乃能得物之情故也。事無節，❷則不能無妄作，故弗之敬矣。言無節，則不能無妄出，故弗之信矣。

長樂劉氏曰：能率其性，則動爲禮節；能性其情，❸則動中禮節。用之以觀察天下之事物，罔有弗得其情者也。故「欲察物而弗由禮，弗之得矣。作事不以禮，弗之敬矣。出言不以禮，弗之信矣」，皆謂至誠於禮，以復其性，以時其中，然後用之應物必得其宜，用之作事孰敢不敬？用之爲教孰敢不從？故曰「禮也者，物之致也」。致，謂極至也。萬物由之各遂其性，各正其命之謂也。

是故昔先王之制禮也，因其財物而致其義焉爾，故作大事必順天時，爲朝夕必放於日月，爲高必因丘陵，爲下必因川澤。是故天時雨澤，君子達亹亹焉。

鄭氏曰：大事，祭祀也。《春秋傳》曰：「啓蟄而郊，龍見而雩，始殺而嘗，閉蟄而烝。」丘陵，謂冬至祭天於圓丘之上。川澤，謂夏至祭地於方澤之中。達，猶皆也。亹亹，勉勉也。君子愛物，見天雨澤，皆勉勉勸樂。

孔氏曰：此一節論必因其財物之性而致其義。大莫過於天，故順天時而起。自「作大事」以下，皆因財物之事。爲朝，謂天子春分之旦朝日於東門之外；爲夕，謂

❶「制」，通志堂本、四庫本作「致」。
❷「節」，通志堂本、四庫本作「禮」。
❸「性」，通志堂本、四庫本作「得」。

天子秋分之夕祀月於西門之外。日是陽，故朝旦用事；月是陰，故夕晚用事。日旦出自東方，故於東方而朝之；月初生出自西方，故於西方而祀之。亦順天時也。天地感祭而降雨澤，人君愛物生而勉勉勸樂，所以與天地合德也。《左傳》云「國之大事，在祀與戎」，故鄭知大事謂祭祀也。

永嘉周氏曰：禮始於無所有，而成於事爲度數之間。有其器而亡其物，則不足以明禮；有其物而亡其義，則不足以爲禮。故君子之於禮也，❶因其財物而致其義焉。俎豆簠簋，所以致陰陽之義也。圓丘方澤，所以致天地之義也。圭璧琮璋，豈徒爲美觀？所以致其所執之義也。黼黻衮冕，豈徒爲美飾？所以致其所服之義也。凡所以寓於酬酢應接之間，至纖至悉，未有不本於義而虛爲之者，故君子於此觀先王制作之意焉。本之禮而備其物，謂之有物；用其物而達其義，謂之有禮。過乎此，溺於無所有，君子以爲虛拘。不及乎此，則滯於形名度數之末，君子以爲不達禮。豈不有其物，有其義，然後謂之禮歟？雖然，義者本也，物者末也。由其上而言之，物可亡而義不可亡，故君子爲禮，有時乎以義；由其下而言之，物亡而義隱，故小人無物，❷不足以知禮。晚周之弊，世之君子溺於文而亡其義，故孔子嘗欲從先進之爲，而深嘆林放之問以救其失。子貢知足以知其義，❸而不明夫聖人所以爲禮之

❶ 「故」字下，通志堂本，四庫本有「曰」字。
❷ 「物」，通志堂本、四庫本作「義」，當是。
❸ 下「知」字，通志堂本、四庫本作「致」。

備者，遂欲去告朔之餼羊，以爲無益於禮，則又過矣，故孔子曰「爾愛其羊，我愛其禮」。嗚呼！禮亡而其物存，則猶可與也。既亡其禮，又亡其物，則聖人所以爲天下也幾乎息矣。然則禮之義非聖人有所不能盡，而所以行之天下、傳之後世，賢者所以俯就，不肖所以跂及者，舍夫物而論其義，吾又不知其爲禮也。若夫區區形名度數之末，而不明夫聖人所以爲禮之意，是又祝史之事而已。故曰「因其財物而致其義焉」，然後爲君子。嚴陵方氏曰：因其財物於外，以致其義於内，蓋先王制禮之意也。下文所云皆其事矣。大事若春有祠，夏有礿，秋則有嘗，冬則有烝，凡此則因其財物以致大事之義。以日之出於朝也，朝日於王宫之壇；❶以月之見於夕也，則夕月於夜明之坎。凡此則因其財物以致朝夕之義也。因山之高而爲事高之禮，因川澤之下而爲事下之禮，凡此則因其財物以致高下之義。然此皆財物之大者爾。若悉而論之，凡天之所生，苟可以爲禮者，莫非財物也，故終之以「天時雨澤，君子達亹亹焉」。財物固皆天之所生。天之所以生之者，存乎時雨之澤。「天時雨澤，君子達亹亹」者，爲其足以致其義故也。亹亹，言勸勉於禮；達，言君子之人皆如是也。若《詩》稱「亹亹文王」則言其勸也，稱「亹亹申伯」則言其勉也；《易》兩稱「成天下之亹亹」，則兼勸、勉而言之也。馬氏曰：輕財而重禮，先王之意也。先王之制禮，必因其財物者，蓋將之以行

❶「朝」字上，通志堂本、四庫本有「則」字。

也。《荀子》曰「禮以貨財爲用」，《記》曰「有其禮，無其財，君子弗行也」。故先王之制禮，因其財物以致其義也。國之大事在祀與戎，故春蒐、夏苗、秋獮、冬狩，此順天時也。❶至於祭祀，亦天時也。天時雨澤，君子所以勉勉樂之而不倦，非特以時物爲可樂也，❷樂其生財有道，得以行其禮也。

長樂劉氏曰：作大事必順天時者，謂天有時以資萬物之始，地有時以資萬物之生，必有曆象授民始生之候，然後致力於農桑，則國之大事成矣。爲朝夕必放於日月者，謂天子春分之旦朝日於東郊，六服諸侯因朝而助祭，遂圖天下之事；秋分之暮，夕月於西郊，六服諸侯因覲而助祭，遂比邦國之功。❸爲高者必因丘陵，因其高以祀天也。爲下者必因川澤，因其下以祭地也。三者聖人盡敬以行之，祈陰陽之和，致風雨之順，所以育萬物而正其性命也。故「天時雨澤，君子達亹亹焉」。天時，謂暘燠風寒雨澤各以時若，君子賴之，以達其勸勉農人之意於天下也。

延平周氏曰：作大事，必順天時，後天者也。君臣相見於朝謂之朝，相見於夕謂之夕。爲朝必放於日，陽之義也；爲夕必放於月，陰之義也。爲高必因丘陵，爲下必因川澤，貴自然也。順陰陽天地自然之理，故天人莫不助之，所謂「天時雨澤」，天助之也，而君子皆勉勉。

❶「此」，通志堂本、四庫本作「是」。
❷「時」，通志堂本、四庫本作「財」。
❸「比邦國」，通志堂本、四庫本作「考此邦」。

山陰陸氏曰：《孟子》曰：「爲高必因丘陵，爲下必因川澤，爲政不因先王之道，可謂智乎？」則所謂爲高、爲下，義不在冬至祀天、夏至祭地也。高爲高而已，下爲下而已，則不交也。故又告之以「天時雨澤，君子達亹亹焉」。蓋陽降而下，陰升而上，和而後爲雨，此尾閭之事也，君子於此有覺焉。

《講義》曰：達亹亹焉，達者言無時而不然也。外而因於財物，内而盡其亹亹，其於禮亦云備矣。然而所資以行禮者，不可以非人也。故下文言「有德者尚之，有道者尊之，能者任之，賢者舉之」。既已得人矣，猶慮其不虔也，於是聚衆而誓之，若戒百官於庫門之内是也。嗚呼！禮之難行也如此，奈何理之不明，而可以輕議哉？

金華應氏曰：大事不止於祀。若動大衆、興大役，必順寒暑之時而爲之節。爲朝夕，若日出而作、日夕而息，必因其有晝夜之經而爲之限。爲高若築臺觀，爲下若蓄陂池，必因其有高下之勢而施其力。天時雨澤，蓋陽和融液，仁德流行，出於天運之自然而不容止也。君子感之，仁孝愛敬之心發於中而達於外者，亦勉勉而不容已焉。感之而敬天，則雷出地奮，必達其殷薦之誠；感之而思親，則雨露既濡，必達其怵惕之心。以至經綸於雲雷之屯，宴樂於雲天之需，財成輔相於天地交泰之時，❶赦過宥罪於雷雨作解之日，皆所以「達其亹亹」也。是故昔先王尚有德，尊有道，任有能，舉賢

❶「財」，通志堂本、四庫本作「裁」。

而置之，聚衆而誓之。

鄭氏曰：古者將有大事，必選賢誓衆，重事也。

孔氏曰：自此至「大治」一節，因上經論大事必順天時，故此經明舉賢任能、敬事天地，遂致龜龍降集、寒暑順時。先王貴尚有德之人，尊崇有道之士，任使有能之衆。至將祭之時，選舉賢能置之祭位，則射以擇士是也。又聚集其衆而誓戒之，其有不恭，則服大刑是也。

馬氏曰：夫禮有五經，莫重於祭。而聖人於祭不能自任其事，則任之以人，故有尚德、尊道、任能、舉賢、誓衆之事。自「尚有德」至「舉賢而置之」，則小大之官，莫不具其職；聚衆而誓之，則小大之官，莫不謹其職。故於廟足以饗親，於郊足以饗帝。

嚴陵方氏曰：《射義》曰：「天子將祭，必先習射於澤。」澤者，所以擇士也。射中者得與於祭，不中者不得與於祭，此「舉賢而置之」也。《郊特牲》曰：「獻命庫門之內，戒百官也。大廟之命，戒百姓也。」此聚衆而誓之也。

金華應氏曰：祭祀之所感，惟有道德者易通乎神明，故卜洛之毖祀必屬之周、召也。

是故因天事天，因地事地，因名山升中于天，因吉土以饗帝于郊。升中于天，而鳳凰降，龜龍假；饗帝於郊，而風雨節、寒暑時。是故聖人南面而立，而天下大治。

鄭氏曰：天高，因高者以事也。地下，因下者以事也。名山，名，猶大也。升，上也。中，猶成也。謂巡守至於方嶽，燔柴祭天，告以諸侯之成功也。吉土，王者所卜而居之土也。饗帝於郊，以四時所兆，祭於四郊者也。「升中于天，而鳳凰降、龜龍假」，謂功成而太平，陰陽氣和，而致象物也。「饗帝於郊，而風雨節、寒暑時」，謂五帝主五行，五行之氣和，而庶徵得其序也。五行木爲雨、金爲暘、火爲燠、水爲寒、土爲風。南面立者，視朝。孔氏曰：「因天事天，因地事地」，則上文「爲高必因丘陵，爲下必因川澤」是也。但事天非在一所，此謂封禪之時也。饗帝則因其所卜吉土以爲都，饗祭五方之帝於都之四郊。謂木帝於東郊，火帝於南郊，金帝於西郊，水帝於北郊。❶又王者各祭感生之帝於南郊是也。聖人尚德，尊賢，奉天，事地，陰陽既合，嘉瑞並來。以是之故，聖人但南面而立，朝夕視朝，而天下大治。

嚴陵方氏曰：名山與《王制》所言同義。告天謂之升中，與《周官》「登中于天府」同義。中，謂事實也。事之名在外，其實在中，故謂之中。天府謂之治中，亦此意。因名山而升中，則因其高以告天也。因吉土，卜土之吉者以爲之兆也。因吉土以饗帝于郊，即《小宗伯》言「兆五帝於四郊」是矣。帝有五而郊止有四者，以土繼火用事，故亦兆於南郊也。饗，亦祭也，以祭之而見饗，故謂之饗。曰祭，則以人而言其事；曰饗，則以神而言其禮也。鳳雌曰凰，以羽族，故言降也。龜龍，鱗介之族，故曰假。四靈獨不言麟者，以麟土畜，土分王於四時，言三者則麟在其中矣。四靈之物至，則無獝狘之患矣。五

❶「郊」字下，通志堂本、四庫本有「土帝亦於南郊」六字。

行之氣和，則無愆伏之災矣。聖人夫何爲哉？故南面而立，而天下大治也。

馬氏曰：天者，高之極者也，故爲高必因丘陵，因高而事之，所謂「因天事天」也。地者，下之極者也，故爲下必因川澤，因下而事之，所謂「因地事地」也。因名山以升中于天，因吉土以饗帝于郊，因天之事也。「升中于天，而鳳凰降、龜龍假；饗帝于郊，而風雨節、寒暑時」，事天之效也。升中于天，謂升中心之誠於天。

延平周氏曰：高下者，天地之位也。方圓者，天地之體也。故因天者高以圓，因地者方以下。巡狩升中于四嶽，則鳳凰未必降，龜龍未必假。迎氣饗帝於四郊，則未必風雨節、寒暑時。蓋先王之時，凡所謂和同天人之際者，無不脩舉，然後升中饗帝爲可以致此。

山陰陸氏曰：因天事天，因地事地，燔柴瘞埋於此，蓋有奧旨存焉，而昧者不知也。吉土，若周公卜洛是也。

天道至教，聖人至德。廟堂之上，罍尊在阼，犧尊在西；廟堂之下，縣鼓在西，應鼓在東。君在阼，夫人在房。大明生於東，月生於西，此陰陽之分，夫婦之位也。君西酌犧象，夫人東酌罍尊，禮交動乎上，樂交應乎下，和之至也。

鄭氏曰：至教、至德，目下事也。犧尊、縣鼓，俱在西，禮樂之器尊西也。小鼓謂之應。犧，《周禮》作獻。君在阼，人君尊東也。天子、諸侯有左右房。大明，日也。西酌犧象，象日出東方而西行也。東酌罍尊，象月出西方而東行也。《周禮》曰：春祠夏禴，祼用雞彝、鳥彝，皆有舟；其朝踐用兩獻尊，其再獻用兩象尊，皆有罍，諸臣之所酢。和之至，言禮樂交乃和也。

孔氏曰：此一節明天道用教以示人，聖人則放之以爲德。故君立於阼以象日，夫人在西房以象月。天垂日月示人以至極而爲之教，聖人法天之至極而爲德。罍尊在阼，夫人所酌也。犧尊在西，君所酌也。縣鼓，謂大鼓也，在西方而縣之。應鼓，謂小鼓也，在東方而縣之。「君西酌犧象，夫人東酌罍尊」者，案上云「罍尊在阼」，當阼階堂上而設之，則犧尊在西，當西階堂上而陳之。故君於阼階西嚮酌犧尊，夫人於西房之前東嚮酌罍尊。禮交動乎上者，謂君與夫人酌獻之禮交相動於堂上也。樂交應乎下者，謂縣鼓、應鼓相應在於堂下。堂之上下禮樂交相應會，和諧之至極也。鄭註「天子、諸侯有左右房」者，以卿大夫以下唯有東房，故《鄉飲酒》、《鄉射》尊於房户間，賓主夾之，無西房也。知天子、諸侯有左右房者，以《士喪禮》主婦髽于室，在主人西；《喪大記》君之喪，婦人髽帶麻于房中，亦當在男子之西，故彼註亦云「則西房」也。又《顧命》云「天子有左右房」，此云「夫人在房」，又云「夫人東酌罍尊」，是西房也，故云「有左右房」。

横渠張氏曰：天道四時行、百物生，無非至教；聖人之動，無非至德。夫何言哉？

長樂劉氏曰：天道無言，而四時行焉，萬物生焉，❶是至教也。聖人無爲，而五品克遜，萬邦以孚，是至德也。「廟堂之上」以下，言禮法盛行，人倫已厚，聖人無爲

❶「萬」，通志堂本、四庫本作「百」。

也，唯以神道設教，夫婦躬行禮樂於上，俾民觀而化之，不曰德之至乎？

馬氏曰：天垂象以示人，故爲教之至；聖人體天之所示以成德，故爲德之至。天道至教，非無德也；聖人至德，非無教也。所謂「大明生於東，月生於西」，至教之一端耳；「君西酌犧象，夫人東酌罍尊」，至德之一端耳。《記》曰「天有四時，春秋冬夏」，風雨霜露，無非教也。記者言之及此，取其近於人而言之也。君在阼東也，則知夫人在房西也。夫人在房内也，則知君在阼外也。

□氏曰：天所以立道者在陰陽，聖人所以飾治者在禮樂。陰陽立道，教之所自出也，故天道至教；禮樂飾治，德之所自形也，故聖人至德。陰陽之精，其象著爲日月，故「大明生於東，月生於西」，陰陽所以定位。禮樂之别，其用見於夫婦，故「君在阼，夫人在房」，夫婦所以定分。分位定，而天人不交，不可以致和。故廟堂之上：罍尊象其動而在東者，陽也。夫人位則在房，而東酌罍尊，以陰而上交乎陽也；犧象象其静而在西者，❶陰也，君位則在阼而西酌犧象，以陽而下交乎陰也。此禮所以交動乎上也。廟堂之下：大鼓以倡始，而倡始，陽道也，其位則在西，是以陽下交乎陰也；應鼓以和終，而和終，陰道也，其位則在東，是以陰上交乎陽也。此樂所以交應乎下也。陰陽交通，天人和同，故曰「和之至也」。

延平周氏曰：天道無非教，凡有象者皆

❶「犧象象其静」，原作「夫人位則静」，據通志堂本、四庫本改。

至教也。聖人無非德，凡在於動作之間者皆至德也。自「罍在阼」而下，皆所謂至教、至德者也。雷，陽也；牛，陰也。故罍尊在左，而犧尊在右者，陰陽之位也。以縣鼓而對應鼓，則應鼓非縣，乃提之者也。以應鼓而對縣鼓，則縣鼓非應，乃倡之者也。倡者爲陽，和者爲陰，故縣鼓在右，而應鼓在左者，陰陽之配也。君在東阼，所以祖日之生於東；夫人在西房，所以祖月之生於西。此陰陽之位也。君在東階而西酌犧象，所以祖日之西行；夫人在西房，而東酌罍尊，所以祖月之東行。此陰陽之配也。君，陽也。夫人，陰也。君與夫人之禮交舉於上，此陰陽之體見於禮者也。六律，陽聲也；六呂，陰聲也。律呂之聲交應於下，此陰陽之聲發於樂者也。一陰一陽謂之道，而道者，德教之所自出也。

《講義》曰：禮有情有文，❶情文兩至，然後能通天地之大，降興上下之神。❷故上文「升中于天」，則萬物得其理；「饗帝于郊」，而五行得其序。❸禮制之作，❹各由其類，固有不召而自應者，故聖人南面垂拱而天下厎於大治。蓋天運乎上，其所以示人者，有不言之教；聖人法天，其所以與天合德者，有無爲之治。故繼之曰「天道至教，聖人至德」。鄭氏以爲「目下事」，❺誤矣。廟堂之上，其禮交動；廟堂之下，其樂交應。先後倡和，不失其節。

❶「有情有文」，通志堂本、四庫本作「有文有情」。
❷「興」，通志堂本、四庫本作「於」。
❸「而」，通志堂本、四庫本作「則」。
❹「制」，通志堂本、四庫本作「治」。
❺「氏」，通志堂本、四庫本作「註」。

則陰陽也，夫婦也，其理感通而未嘗或乖，故曰「和之至也」。

嚴陵方氏曰：廟堂者，宗廟之堂也，亦見《月令》解。然廟堂之名，人君所居亦得稱之，若傳所謂「君人不下廟堂之上，❶而知四海之外」是矣。罍尊，即《明堂位》所謂山罍也。以畫雲氣於其上，故於文從畾。犧尊畫犧牛以爲飾。阼，東階也。言阼則知西之爲階，言西則知阼之爲東矣。日月皆有明，日本明，月受日而明。本明則大，受而明則小。大明生於東，經所謂「日出於東」是也。月生於西，楊雄所謂「載魄于西」是也。此陰陽所以分也，故曰「陰陽之分」。君在阼，夫人在房，夫婦各位，故曰「夫婦之位」。犧象謂犧尊、象尊也。前言尊而不言象，後言象而不言尊，互相備也。

慈湖楊氏曰：犧尊有沙牛之象。嘗官楚東，知彼俗以牛之大者爲沙。牛之爲物，重遲而順者也。人之所以去道遠者，以其輕肆放逸，故多違也。覩犧之象，必不萌輕肆之心。心不輕肆，則道固未嘗不在我。而陸德明輒更之曰娑尊，蓋曰《毛詩傳》犧尊有沙飾，孔疏不知牛之爲沙，謂爲羽飾，❷改讀「沙」爲「娑」，陸承其誤，又并改「犧」爲「娑」，差之又差。妄謂本之毛、鄭，毛、鄭受誣甚矣。大和中，魯郡於地中得齊大夫子尾送女器，有犧尊，爲牛形，厥驗明著。《禮經》之曰「犧尊」者，不勝其多，何得每更曰「娑」，殊滋後人之惑？《周禮·司尊彝》云「朝踐用兩獻

❶「君人」，通志堂本、四庫本作「人君」。
❷「爲」字，原無，據通志堂本、四庫本補。

尊」，鄭司農又讀「獻」爲「犧」。《明堂位》曰「犧尊，周尊也」，爲一代之所尚，獻必首用之，故亦曰獻尊，何以改讀爲？象尊爲象形，象之爲獸，其重厚爲至，其入水毅然悠然，險莫能陷，❶人之道心似之。古列聖於禮器有不説之至教焉。自道心已明者觀之，足以默證聖心之精微矣。

沈氏括曰：禮書言罍畫雲雷之象，然莫知雷作何狀。今祭器中畫雷有作鬼神伐鼓之象，此甚不經。予嘗得一古銅罍，環其腹皆有畫，正如屋梁所畫曲水，細觀之，乃是雲雷相間爲飾。如者，古「雲」字也，象雲氣之形。如者，「雷」字也，古文爲雷，象回旋之聲。其銅罍之飾皆一一相間，乃所謂雲雷之象也。今《漢書》「罍」字「靁」，蓋古人以此飾罍，後世自失傳耳。

山陰陸氏曰：廟堂之上南面，故罍尊在阼，犧尊在西。廟堂之下北面，故縣鼓在西，應鼓在東。鄭氏謂「禮樂之器尊西」，誤矣。

長樂陳氏曰：道之在天爲陰陽，在人爲禮樂，故陰陽之辨，象爲日月，分爲夫婦，位爲上下，方爲東西，居爲阼房，器爲鼓尊。然禮之所以交動乎上，樂之所以交動乎下，❷或以陰而上交乎陽，或以陽而下交乎陰。蓋禮由陰作而極，下有以交乎上；樂由陽來而極，上有以交乎下。天地交通，成和之道，盡於此矣，有不爲

❶「陷」，通志堂本、四庫本作「阻」。
❷「動」，通志堂本、四庫本作「應」。

和之至乎？❶《周官·太宰》之禮與《宗伯》之《大司樂》皆曰「以和邦國，以諧萬民」，是禮樂之情同，明王以相沿也。均謂和之至，不亦可乎？《禮器》之論禮樂，有言「温之至」，有言「和之至」，何也？曰四時之運，春則陽中而暄氣以爲温，夏居中央而冲氣以爲和。《語》曰「色斯温」，《莊子》曰「心莫若和」，是温在外而爲和之始，和在内而爲温之成。上言禮樂之末節，故言「温」；此言禮樂之妙用，故言「和」。《樂書》。❷

禮記集説卷第六十一

❶「乎」，通志堂本、四庫本作「邪」。
❷「樂書」二字，原無，據通志堂本補。

禮記集說卷第六十二

禮也者，反其所自生；樂也者，樂其所自成。是故先王之制禮也以節事，脩樂以道志。故觀其禮樂，而治亂可知也。蘧伯玉曰：「君子之人達。」故觀其器而知其工之巧，觀其發而知其人之知。故曰：君子慎其所以與人者。

鄭氏曰：自，由也。制禮者本己所由得民心也。樂其所自成者，緣民所樂於己之功也。舜之民樂其紹堯而作《大韶》，湯、武之民樂其濩伐而作《濩》、《武》是也。制禮以節事，動反本也。脩樂以道志，勸之善也。蘧伯玉，衛大夫也，名瑗。君子之人達者，觀其禮樂，則知治亂也。君子慎所以與人，將以見觀也。❶

孔氏曰：前經明禮樂相交，此經更論先王制禮樂以節事、道志，化民、治下也。禮樂俱是象其王業所由，但禮據王業之初，故云「所自生」；樂據王業之末，故云「所自成」。先王以禮爲反本，故用禮以節萬事；樂以成王業，故脩樂以道己志。若能以禮節事，以樂道志，則國治，不爾則國亂，故治亂可知也。觀其器之善惡，而知工匠巧拙；觀其人之發動所爲，而知其人之有知。禮樂猶是也。禮正而樂和，則知其國治；禮慢而樂淫，則知其國亂也。禮樂者與人交接之具，❷君子治

❶「見」，通志堂本、四庫本作「是」。

❷「交」，通志堂本、四庫本作「相」。

國，謹慎其所以與人相接者，將以見觀也。❶

横渠張氏曰：禮反其所自生，樂樂其所自成。禮别異不忘本，而後能推本爲之節文。樂統同，樂吾分而已。禮天生自有分别，人須推原其自然，故言「反其所自生」。樂則得其所樂，即是樂也，更何所待？是「樂其所自成」。

慮氏曰：此言「禮也者，反其所自生；樂也者，樂其所自成」，《樂記》言「樂樂其所自生，禮反其所自始」，二者言禮雖不同，而皆以報本於古；言樂雖不同，而皆以象成於今。不以今而忘古，此禮之所以制；不以古而廢今，此樂之所以作。明乎報本、象成之意，通乎古今之義，言雖不同，無害其爲同也。何則？天下之理，有始而後有生。乾之萬物資始，坤之萬物資生是也。有生而後有成，春生秋成是也。即生與成而論之，則生者爲古，成者爲今。此《禮器》所以言「禮也者，反其所自生；樂也者，樂其所自成」也。即生與始而論之，則生者爲今，而始者爲古。此《樂記》所以言「樂樂其所自生，禮反其所自始」也。且以禮之所始者言之。醴酒生於玄酒，則玄酒者，醴酒之始也，故玄酒之尚焉。鉶羹生於大羹，則大羹者，鉶羹之始也，故大羹之貴焉。所設必以藁鞂者，以莞簟之所生，故推其始而報之也。所冪必以疏布者，以文繡之所生，故推其始而報之也。所謂「言禮不同，而皆以報本於古」者，此也。以樂之所成、所生者言之，作樂崇德，是德者樂之所自

❶「見」，通志堂本、四庫本作「是」。

生也；功成作樂，是功者樂之所自成也。黄帝有潤澤之仁，故作《咸池》以象之；舜有繼紹之義，故作《大韶》以象之。是《咸池》、《大韶》之樂，非黄帝、虞舜，則無由以生，無由以成也。湯護民於塗炭，故其樂曰《濩》；武王繼伐於一怒，故其樂曰《武》。是《濩》《武》之樂，非湯、武則無由以生，無由以成也。所謂「言樂不同，而皆以象成於今」者，此也。雖然，《禮器》以禮爲主，故先禮而後樂；《樂記》以樂爲主，故先樂而後禮。此又立言之法。若夫《檀弓》所謂「樂樂其所自生，禮不忘其本」，必以本爲言者，蓋《檀弓》所言以太公封於營丘，比及五世皆反葬於周，則有不忘祖之義。萬物本乎天，人本乎祖，此所以謂之本歟？禮自外作，故先王制之以節事；樂由中出，故先王脩之以道志。其節事也，若官爵得其序，政事得其施，加於身而錯於前，❶凡衆之動得其宜是已。其道志也，若《韶》以繼爲志，《夏》以大爲志；發揚蹈厲，大公之志；《武》亂皆坐，周、召之治是已。

馬氏曰：禮所以報本，故反其所自生；樂所以彰德，故樂其所自成。《記》曰「樂樂其所自生，而禮反其所自始」。别而言之，則禮者反其所自生，樂者樂其所自成；合而言之，樂亦反其所自生也。禮所以約人之外，故以節事。事者，自外作者也。樂所以和人之内，故以道志。志者，由中存者也。禮雖約人之外，未嘗不在内。《記》曰：「禮節民心。」樂雖和人之内，未嘗不在外。《記》曰：「樂和民

❶「前」，通志堂本、四庫本作「事」。

聲。」別而言之，則禮在於外而樂在於內；合而言之，則禮樂之情同也。觀其禮樂之得，則知其治；觀其禮樂之失，則知其亂。所謂治者，非必已治也；所謂亂者，非必已亂也。達其得失之幾，❶則治亂之將形，皆得以知之矣。自非智足以及，則不能達。故蘧伯玉曰：「君子之人達。」均是器也，而器有巧拙；均是發也，而發有智愚。君子之達，其明足以照之，則器之巧拙，發之智愚，皆不能逃於視聽之內。蓋達之者，觀微以知著，察往以知來也。

長樂陳氏曰：禮自外作，先王以之節事以治外；樂由中出，先王以之道志以治內。反是未有不兆亂者矣。是禮樂者，治亂之聲形；治亂者，禮樂之影響也。然則觀其禮樂，未有不知治亂者。《樂書》。

延平周氏曰：禮之所自生，樂之所自成者，仁義而已。故禮之節文斯二者，即反其所自生者也；樂之樂斯二者，即樂其所自成者也。先王制禮以節事，無非事則治，不然則亂；脩樂以道志，有非志則亂，不然則治。是以觀禮樂而知治亂也。君子之人達，言上達也。上者則無不知，唯其無不知，是以其粗則能觀器而知工之巧，❷其精則能觀人之所發而知其智。與人則亦觀其所發者，❸所與非其人，則知其爲不智，此所以慎之也。

嚴陵方氏曰：治定制禮，故於禮曰「制」；功成作樂，故於樂曰「脩」。然禮亦可以

❶「幾」，通志堂本、四庫本作「機」。
❷「觀」字下，通志堂本、四庫本有「其」字。
❸「觀」字，原無，據通志堂本補。

言「脩」，《王制》所謂「脩六禮」是也；樂亦可以言「制」，所謂「夔始制樂」是也。別而言之，則如此爾。治亂生於志，而發於事。禮者事之所寓也，樂者志之所寓也，故觀其禮樂而治亂可知。《孟子》曰「見其禮而知其政，聞其樂而知其德」，正謂是矣。君子之人達，言達於道也。以道觀物，故知其工之巧；以道觀人，故知其人之知。言巧則拙可知，言知則愚可知。蓋工有巧拙，則見於器者有利病；人有知愚，則見於發者有當否故也。凡爲彼所觀者，以吾有與也，故「君子慎其所以與人者」，而況禮樂之所示乎？❶所謂「與人」，由言接人也。❷或發於言，或發於行，皆所以與人者。故《易》曰：「言行者，君子之樞機也。樞機之發，榮辱之主也。可不慎歟？」正謂是矣。

廬陵胡氏曰：大叔曰「禮者民之所以生」，❸故觀其禮樂而治亂可知，如叔向知王室亂、季札觀樂之類。

山陰陸氏曰：觀舜樂而堯之治可知，觀周禮而殷之亂可知。❹

大廟之内敬矣。君親牽牲，大夫贊幣而從；君親制祭，夫人薦盎；君親割牲，夫人薦酒。卿大夫從君，命婦從夫人。洞洞乎其敬也，屬屬乎其忠也，勿勿乎其欲其饗之也！納牲詔於庭，血毛詔於室，羹定詔於堂。三詔皆不同位，蓋道求而未之得也。設祭于堂，爲祊乎外，故曰：於彼乎？於此乎？

鄭氏曰：納牲於庭，當用幣告神而殺牲，

❶「況」字下，通志堂本、四庫本有「於」字。
❷「由」，通志堂本、四庫本作「猶」。
❸「大」字上，通志堂本、四庫本有「子」字。
❹「禮」，通志堂本、四庫本作「樂」。

故「君牽牲，大夫以幣從」也。親制祭，謂朝事進血膋時，所制者制肝，洗於鬱鬯，以祭於室及主也。親割牲，謂進牲孰體時。勿勿，猶勉勉也。肉謂之羹。道，猶言也。設祭之饌于堂，人君禮焉。❶爲祊乎外，明日之繹祭也。謂之祊者，於廟門之旁，因名焉。其祭之禮，既設祭於室，而事尸於堂。孝子求神，非一處也。《周禮》曰：「夏后氏世室，門堂三之二，室三之一。」《詩·頌·絲衣》曰：「自堂徂基。」

孔氏曰：此一節論侯、伯、子、男祭宗廟之事。舉大祫之祭，故云大廟。祼鬯既訖，君出廟門迎牲，牽牲而納於庭。大夫則贊佐執幣而從君，君乃用幣告神而殺牲也。殺牲已畢，進血腥之時，君斷制牲肝，洗於鬱鬯，入以祭神於室。於此之時，夫人薦盎齊以獻。公、侯、伯、子、男朝踐，君不獻，故夫人薦盎。鄭知親制祭是「朝事進血膋時」者，案《郊特牲》云：「取膟膋，燔燎，升首，報陽也。」又《祭義》取膟膋之後，又爓祭，祭腥，則膟膋所用在腥爓之前，故知血膋是朝事時也。君親割牲，謂薦孰時，君親割牲體。於時君亦不獻，故夫人薦酒。卿大夫從君，謂制祭割牲之時也。命婦從夫人，謂薦盎酒之時也。洞洞，質慤之貌。屬屬，專一之貌。言洞洞然其爲恭敬，屬屬然專一盡其忠誠。中心勉勉乎欲望神之歆饗也。納牲詔于庭者，詔，告也，謂牲入在庭，以幣告神。血毛詔於室者，謂殺牲取血及毛，入以告神於室。羹定詔於堂者，羹，肉湆也。定，孰肉也。謂煮肉既孰，將迎

❶「焉」，原作「然」，據通志堂本並參《禮記注疏》改。

尸主入室，乃先以俎盛之，告神於堂，是薦孰未食之前也。道，言也，所以三詔不同位者，蓋求而未得，故於三處告之也。❶設祭，謂薦腥爓之時，設此所薦饌在於堂。《特牲》、《少牢》設饌在奥，今在堂，故鄭知人君禮也。爲祊，謂明日繹祭在廟門外之西也。不知此神於彼堂乎？於此祊乎？不知神之所在也。古語有此，記者引以結之。鄭引夏后氏世室，證廟門之旁有室、有堂也；又引《詩·絲衣》之篇，證繹祭在堂事尸也。

嚴陵方氏曰：君子固無所不用其敬，然於大廟之事，必夫婦親之，而且求之非一方，祭之非一日，則其敬也尤見於此，故曰「大廟之内敬矣」。下文所言皆其事也。言制祭，亦割之矣。以方殺而多少未定，故曰「制」；及既孰而多少已定，故曰「割」也。祭，言其用也。牲，言其體也。或言其用，或言其體，互相備也。夫人薦酒者，謂凡酒也。牲雖以天産爲陽，然對酒言之，則養人之陰而已。君親割牲以養其陰，夫人薦酒以養其陽，亦陰陽相濟之義也。薦盎，其義亦若是而已。且制祭、薦盎，朝事之時也；割牲、薦酒，饋食之時也。朝事以神事之，故制祭以腥而薦以齊。蓋腥與齊，神道故也。饋食以人事之，故割牲以孰而薦以酒。蓋孰與酒，人道故也。然君以盎齊饋食而夫人用之於朝踐，君以酒羨尸而夫人用之於饋食者，❷蓋殺禮於君故也。牲自外

❶「告」，原作「求」，據通志堂本、四庫本並參《禮記正義》卷二十四改。

❷「羨」，通志堂本、四庫本作「獻」。

至而納之，故納牲詔於庭，以庭在室之外故也。血毛告幽全之物，故詔於室，以室比庭爲幽故也。羹定則事以人道，神明之也，故詔於堂，以堂比室爲明故也。三詔求之，固有可得之理，而曰「求而未之得」，特疑其如此而已，故以「蓋」言之。道，猶言也。與《孟子》所謂「道性善」之「道」同義。設祭于堂，言正祭之時也。爲祊乎外，言索祭之時也。言堂以見外之爲門，言外以見堂之爲内。祭言其事也，祊言其所也。謂之祊者，祝祭求神，以此爲所在之方故也。且神無方也，祊特人爲之爾，故言「爲」；祭必有所陳焉，故言「設」。孝子不知神之所在，或於彼，或於此，而祭之非一日，求之非一處，故曰「於彼乎，於此乎」。

延平周氏曰：先王制禮，莫詳於別嫌。果祭祀、賓客之事，而君與夫人共行事於群執事者之中，可乎？《周官》之法，后不與事，則宗伯攝行。蓋先王制禮，欲全陰陽相成之義，則言王必及后，言君必及夫人。又欲其遠嫌，則有攝行之法。故此篇所謂君在阼、夫人在房，君親制祭、夫人薦盎之類，豈非攝行者乎？

馬氏曰：祭必夫婦親之，所以備内外之官也。官備則具備，是故君親牽牲，推而下之，至於夫人薦酒，皆夫婦身親涖之。致其誠信之謂盡，盡之謂「敬」，故曰「大廟之内敬矣」。納牲詔於庭，「君親牽牲，大夫贊幣而從」之時也；血毛詔於室，「君親制祭，夫人薦盎」之時也；羹定詔於堂，「君親割牲，夫人薦酒」之時也。設祭于堂，祭於廟之内也；爲祊乎外，祭於廟之外也。祭於内則疑於外，祭於外則疑於内，故曰「於彼乎，於此乎」。

山陰陸氏曰：此執幣也而言「贊幣」，則著執幣君事也，今以牽牲，大夫代焉爾。洞洞乎其敬之無蔽也，屬屬乎其忠之無間也。羹定，羹和而後定。

一獻質，三獻文，五獻察，七獻神。

鄭氏曰：一獻，祭群小祀也。三獻，祭社稷、五祀也。五獻，祭四望、山川也。察，明也。七獻，祭先公也。

孔氏曰：群小祀最卑，其禮質略。社稷、五祀稍尊，比群小祀禮儀爲文飾。四望、山川，其神既尊，神靈明察。先公之廟，禮又轉尊，神靈尊重也。案《周禮·司服》職：玄冕一章，祭群小祀；絺冕三章，祭社稷、五祀；毳冕五章，祭四望、山川；❶鷩冕七章，饗先公。故鄭知獻數亦然也。熊氏曰：此社稷三獻卑於四望、山川，而《大宗伯》職云「以血祭祭社稷、五嶽」，又《大司樂》祭社稷奏大蔟，祀四望奏姑洗。又《禮緯》云：「社稷牛角握，五嶽四瀆角尺。」以此言之，則社稷尊於四望、山川。而獻與衣服卑者，蓋獻與衣服從神之尊卑，其餘處尊者，以其有功與地同類，故進之在上也。

長樂陳氏曰：《周禮》大祀、次祀、小祀見於《肆師》，大祭、中祭、小祭見於《酒正》。則《大宗伯》所辨天地、五帝、先王之類，大祀也；社稷、五祀、五嶽之類，中祀也；四方、百物之類，小祀也。大祀獻多，小祀獻寡，則社稷所獻宜加於山川也。先王祭服各有象類，❷則絺冕三章以祭社稷

❶「祭」，通志堂本、四庫本作「祀」。
❷「類」，通志堂本、四庫本作「數」。

者，非卑之於山川也，以社稷之所上止於利人，❶故服粉米以稱之，則獻數不繫於服章矣。且賓客之禮，士一獻，卿大夫三獻，子男五獻，侯伯七獻，上公九獻，而王饗諸侯，自子男五獻以至諸侯長十有再獻，皆服鷩冕七章而已，孰謂獻數必繫於服章哉？鄭氏以三獻爲祭社稷、五祀，五獻爲祭四望、山川，誤矣。群小祀，則四方、百物之類也，其牲色尨，其牲體疈辜，其祼器用散，其舞兵舞、帗舞，或不興舞。山川、四望，則其兆位各因其郊與其方，其牲各因其方之色，祼則用蜃，玉則兩圭有邸與璋邸射，舞則兵舞與羽舞。奏姑洗，歌南吕，舞大磬；奏蕤賓，歌函鍾，舞大夏。社稷則其牲黝，其祭血，祼以大罍，鼓以靈鼓，舞以帗舞。奏大蔟，歌應鍾，舞咸池。其禮樂辨異如此，則獻數不同，宜矣。蓋禮略故質，禮加故文。察，則其事地也察矣。神，則其事祖也神矣。一獻孰，則於人情爲近，故曰質；三獻爓，則於人情漸遠，故曰文。三獻爓，則五獻其血乎？《禮》所謂「血祭社稷」是也。《禮書》。❷

嚴陵方氏曰：傳曰「名位不同，禮亦異數」，禮有隆殺，故數有多寡。此祭祀之獻所以有一、三、五、七之異也。《周官·司服》自一章之冕至七章之鷩冕，服之章數隆殺如是，則酒之獻數宜亦如之，故先儒用是以相配焉。夫群小祀之禮則簡矣，故言質；社稷、五祀則其禮差詳，故言文；四望、山川，地道也，故言察；先

❶「上」，通志堂本、四庫本作「主」。

❷「禮書」二字，原無，據通志堂本、四庫本補。

公，人道而已，故神之，惡其褻故也。

山陰陸氏曰：一獻、三獻，質文而已。五獻察矣，七獻神矣。《易》曰：「神而明之，存乎其人。」

□氏曰：一獻之禮以祀四方、百物之神，服玄冕之一章。其微有猫虎之類，其事有水庸之卑。功爲微矣，非可致其文也，使之必報而已，其禮不亦質乎？三獻之禮以祭五祀、社稷之神，服絺冕之三章，牲以血祭。其事有門行之出入、中霤之居處、户之啓闔、竈之烹飪。功爲多矣，非可以致其簡，其禮詳於一獻矣，不亦文乎？五獻以祀四望、山川，服用毳冕，牲用貍沉。其功則能出雲雨，其祥則能出器車、興寶藏。其禮審於三獻矣，得非致其察乎？七獻所以享先公也，服用鷩冕，尊有五齊。其造爲之艱難、積累之勤苦，則事之如生，敬之如存，如在其上，如在其左右。其禮勤於五獻矣，得非致其神乎？又曰：天地有自然之數以行鬼神，聖人有不易之理以均度數。故幽明雖異致，而分不異於等差；人鬼雖殊塗，而禮不殊於厚薄。蓋名者數之所生，既有其名矣，且得無數乎？義者禮之所起，既有其數矣，且得無義乎？

大饗，其王事與？三牲、魚腊，四海九州之美味也。籩豆之薦，四時之和氣也。内金，示和也。束帛加璧，尊德也。龜爲前列，先知也。金次之，見情也。丹、漆、絲、纊、竹、箭，與衆共財也。其餘無常貨，各以其國之所有，則致遠物也。其出也，《肆夏》而送之，蓋重禮也。

鄭氏曰：大饗，謂盛其饌與貢，祫祭先王也。内金，内之庭實，先設之。金從革，性和，荆、楊二州貢金三品是也。束帛加璧，貢饗所執致命者，君子於玉比德焉。龜知事情者，陳於庭在前，荆州納錫、大龜是也。金炤物，故云「見情」。金有兩義，先入後設也。丹、漆、絲、纊、竹、箭，萬民皆有此物，荆州貢丹，兖州貢漆、絲，豫州貢纊，楊州貢篠簜。其餘謂九州之外，夷服、鎮服、蕃服之國。《周禮》九州之外謂之蕃國，世一見，各以其所貴寶爲摯。周穆王征犬戎，得白狼、白鹿，近之。其出也，謂諸侯之賓禮畢而出，作樂以節之。《肆夏》，當爲《陔夏》。

孔氏曰：此一節明天子大饗之事，諸侯各貢其方物，奉助祭之禮。饗謂饗祭先王，饗中之大謂祫也。諸侯祫祭，不可致九州物，唯王者乃然，故云「其王事歟」。三牲、魚、腊，是諸侯所貢，故云「九州之美味」。籩豆之薦，亦諸侯所貢，實於籩豆，是四時和氣所生也。諸侯内金以爲庭實，示其柔和，金能從革。鄭註金三品，《禹貢》文。束帛加璧者，謂朝而行饗之時，以束帛加璧於上，以君子之德與玉相似，尊之也。鄭知行饗之時所執，《覲禮》文也。龜爲前列者，布庭實之時，以龜有靈知，在衆物之前而爲列，先其有知也。金次之者，陳列此金次在龜後，以金能炤物，露見其情。先云「内金示和」是「先入」，陳在龜後是「後設」，故鄭云兩義也。龜、金之後布陳丹之與漆也、絲也、纊也、竹也、箭也，與天下衆人共有此財。故諸侯來朝而貢之，陳列在下。以上所陳謂九州之内諸侯，其餘外國無常貢之貨，各以其所貴寶爲贄，則招致遠物也。案《周語》穆王征犬戎，得四白狼、四白鹿，非因貢而來，故鄭云「近之也」。知《肆夏》爲《陔夏》者，以《大司樂》大饗諸侯，則諸侯出入奏《肆夏》。此經是助祭後無算爵，禮畢，客醉而出，以貴重於禮，猶奏《陔夏》而戒之。故《燕禮》大射賓出，奏《陔夏》，明不失禮也。

延平周氏曰：備四海九州之美味者，示其得四海九州之懽心也。薦四時之和氣者，示其能贊於天地也。唯其明有以得人心，而幽有以贊天地，然后爲可以事神。「内金」以下言諸侯饗王之禮也。金之性則從革，從革則和也。而爲器則鍾磬，鍾磬則亦能和也。故内之所以示其和。璧象夫德，而加之於束帛之上者，尊其德也。龜能知來物，而列之於前者，先其知也。金次於龜者，所以見其情之和也。丹、漆、絲、纊之類，莫非王土之所產，而諸侯反用之以饗王者，示其與衆共財也。國，即蕃國也。先王不貴夷狄之致貢，唯與其贄見而已。故《周官》謂九州之外謂之蕃國，世一見，各以其貴寶爲贄。則此所謂致遠物者，蓋非貢也，亦其所贄而已矣。諸侯之饗王以財，而王之送諸侯以樂，非爲財也，蓋重其禮也。

長樂陳氏曰：此經曰「大饗，其王事歟」？《大傳》曰「禮不王不禘」，則大饗者，宗廟之大禘也。鄭氏以爲祫祭，誤矣。四海九州之美味，則薦之以天產；四時之和氣，則薦之以人器。然道不足以贊天地之化，則不足以致四時之和；心不足以得萬國之懽心，則不足以來九州之美味。美味，人助之也；和氣，天助之也。是乃所謂王事也。故其祭也有助，則其禮也有朝；其禮也有朝，則其贄也有饗。金者，地四之所生於西者也。體雖堅而性則柔，柔故火之所能克。用雖利而色則白，白故采之所能受。能受，易親也；能克，易從也。易親、易從者，和之道，此内金所以示和也。帛，陰物也，君子所以示財。璧，陽物也，君子所以比德。蓋無以示財，則恭敬而無實；無以比德，則幣勝而無禮。《孟子》曰「恭敬而無實，君子不可以虚拘」，此帛之所以示也；《聘禮》曰「多貨則傷德，❶幣美則没禮」，此德之所以比也。定天下之吉凶，成天下之亹亹，莫大乎著龜。此龜爲前列而以其先知者也，與王前巫後史，其意同。玉者陽之精，金者陰之精。陽多剛，而所主者在體；陰多柔，而所主者在性。故柔而能順，温而能和者，金也。此金次之所以見情也，與「入門而金作」其意同。先知所以知人也，見情所以自知也。知人不失人，自知不失己，下事上之道，其義如此。然或言尊德，或言往德，蓋尊之所以上之也，以德爲上，則物不足言。故此經束帛加璧所以在庭實之先。往之所以歸之也，歸德則非物不足以見其實。故《特牲》束帛加璧在庭實之後也。賓入奏《納夏》，賓出奏《肆夏》。自外入而納，而納者物有所受者也；❷自内出而肆，而肆者情有所放者也。方其始也，以入爲主，故《納夏》言其有所受。此鍾師掌《九夏》，而鄭氏以爲四方賓來則奏《納夏》是已。方其終也，以出爲主，故

❶「多貨」，通志堂本、四庫本作「貨多」。按《儀禮·聘禮》此句作「多禮則傷於德」。

❷「物」字，原無，據通志堂本、四庫本補。

《肆夏》言其有所放。此《禮器》言大饗，而繼之以「其出也《肆夏》送之，以重禮」是也。

又《樂書》曰：孝莫大於寧親，寧親莫大於寧神，寧神莫大於得四表之懽心。故孔子曰「明王之以孝治天下也，不敢遺小國之臣，而況公、侯、伯、子、男乎？故得萬國之懽心以事其先王」，此大饗先王所以爲王事歟？明王行大饗之禮，四海諸侯各以其職來祭。其祭而入也，各貢國之所有以脩職；其畢而出也，王奏《肆夏》之樂而送之。《國語》曰：「金奏《肆夏》，天子以所以饗元侯也。」大饗之禮，天子以所以饗元侯之樂送所以來祭之諸侯，❶非重而何？❷今夫歌《皇華》以送之，天子所以待使臣也；歌《采薇》以送之，天子所以待帥臣也；奏《肆夏》以送之，天子所以待諸侯也。於大饗言《肆夏》以送之，則有送而無迎，臣之而弗賓故也。於饗燕言賓入門而奏《肆夏》，則有迎而無送，賓之而弗臣故也。若夫兩君相見之禮，入門而縣興，客出以《雍》，而《肆夏》不預焉，此諸侯之樂，所以不敢抗天子歟？晉侯之饗穆叔，《春秋》罪之；趙文子奏之於家，禮經非之。爲僭天子故也。

嚴陵方氏曰：《司服》以九章之衮冕饗先王，則大饗爲九獻矣。九獻之事，獨王得備，故曰「大饗，其王事歟」。三牲，牛、羊、豕也。魚腊，薧魚也。必以爲腊，則以生者不可致遠故也。籩豆之薦，則水土之品是也。三牲、魚腊，天産也，天産

❶「子」字下，通志堂本、四庫本無「以」字。
❷「重」字下，通志堂本、四庫本有「禮」字。

所以作陰德，故以味爲主，而曰「四海九州之美味」，蓋味爲陰故也。籩豆之薦，地産也，地産所以作陽德，故以氣爲主，而曰「四時之和氣」，蓋氣爲陽故也。且味非美則不足以養人，氣非和則不足以養生，故於味曰「美」、於氣曰「和」也。金之爲性，有從有革，相濟而爲五行，故曰「内金示諸侯之和」，又以見情焉。於此曰「尊德」，於《郊特牲》曰「往德」，何哉？蓋自其所陳之次言之，則謂之「尊」；自其所貢之方言之，則謂之「往」。夫德之可尊也，彼將自卑而尊我；我足以來彼也，彼將有往而歸德。亦互相備也。非特如是而已，尊則主敬，往則主愛。此以祭而饗，祭者神之道，故主敬言之；彼從朝而饗，朝者人之道，故主愛言之。亦各有其類。龜，北方之蟲，北方主知，灼之以卜，可知來物，而列之於前者，先其知也。其餘九州之外蕃國無常貨，責之不備，而且各以其國之所有，則示能致遠物而已。蓋得萬國之懽心，以事其先王，故其言如此。

馬氏曰：大饗者，饗中之最大者也。所謂「大饗者，三年一祫，合群廟之主而合食於大祖之廟」，乃其禮也。幣珍則傷禮，財侈則傷德。束帛，財也；璧，玉也。君子以玉比德，以束帛於下而加璧玉於其上，所以輕財而重德也。金能鑑物之妍醜，故有見之意。君子之於祭祀，慎終如始。祭之畢，則飲酒無算，又慮其禮之無節，故奏《肆夏》以節之，使之安宴而不亂，蓋重禮也。重禮者，重其大饗之禮也。

廬陵胡氏曰：内，納也。金能柔能剛，故

和，《左氏》云「庭實旅百，奉之以玉帛」。《大司樂》「諸侯出入奏《肆夏》」，又襄四年叔孫豹云「《肆夏》之三，天子饗元侯」，則《肆夏》亦可。

新安王氏曰：諸侯爲賓，禮畢而出，作樂以節之。蓋下之事上，其致貢有物，所以將事上之誠待之。終之以樂，言始終不可失節。❶鄭謂《肆夏》當作《陔夏》，按《大司樂》「王出入奏《王夏》，尸出入奏《肆夏》」，而大饗諸侯，則諸侯出入奏《肆夏》。考其意，享則賓出奏《肆夏》，重賓也；燕則有無算爵，恐其醉而失禮，故奏《陔夏》，戒之也。然則助祭之後出廟門，疑奏《肆夏》，不奏《陔夏》。禮謂助祭之後無算爵，禮畢，客醉而出，宜奏《陔夏》，故《燕禮》、《大射》賓出皆奏《陔夏》，明不失禮。其說不然。饗於廟，燕於寢。故曰「享以訓恭儉」，其禮意主於嚴；「燕以示慈惠」，其禮意主於歡，爲有無算爵故也。廟中之享必不至醉，享於廟，燕不於廟，安得奏《陔夏》以警其失禮乎？

山陰陸氏曰：宗廟九獻之禮，以裸爲始。祭之日，王服衮冕而入，奏以《王夏》，立於阼；后副禕而入，奏以《齊夏》，立於房；尸服衮冕而入，奏以《肆夏》，席於室。於是臨祭，王與后其獻各一，王以圭瓚酌鬱齊以裸尸，后以璋瓚酌鬱齊以亞裸，是之謂裸。既裸獻矣，王即以肝洗於鬱齊而燔之，制祭於主前。諸侯曰「制祭」，天子曰「宰祭」，《量人》「凡宰祭」是也。於此之時，尸既即席矣，祝乃詔之使安坐。王與后其獻亦各一，王以玉角酌

❶「節」字，原無，據通志堂本、四庫本補。

玄酒以獻尸，后以玉斝酌清酒以亞獻，是之謂從獻。《特牲》曰「舉斝角詔妥尸」，❶當此節也。何以知其然？《禮運》曰：「玄酒以祭，薦其血毛。」《詩》曰：「祭以清酒，從以騂牡，以啓其毛，取其血膋。」玄酒以祭在於薦血毛之始，❷祭以清酒在取血膋之上，則知從獻在朝事之前、祼事之後也。祭之末有加獻，祭之始有從獻，不聯九獻之數。先王之制祭祀，於始有從獻，於末有加獻，示祭事終始有降而無殺也。❸此時制祭，君未迎牲。《禮器》先言「君親牽牲」，然後「君親制祭」者，謂諸侯爾。蓋天子宗廟之祭與天地同，皆有兩牲：有饗牛，有求牛。求牛殺於未祼之始，《洛誥》「王賓殺禋咸格，王入大室祼」是也。饗牛迎於既祼之終，《特牲》「既祼然後迎牲」是也。諸侯之宗廟，其祭貶於天子，有饗牛，無求牛，故制祭在迎牲之後、割牲之前。事不得不爾，理不得不然矣。從獻之後，王乃袒而迎牲，卿大夫贊幣而從。后於是時薦六尊六彝之器以奠焉，某彝當某所，某尊當某處，各置於常次。《禮》云「君親牽牲，夫人薦盎」，又曰「及迎牲，君執紖，卿大夫序從，士執芻，宗婦執盎從，夫人薦涚水」是也。王已迎牲，后已奠器，然後取蕭祭脂以合羶香，奏樂以合聲舞。此降神之序也，《禮》云「既奠然後焫蕭」是也。薦者，升之也；奠者，置之也。升之於下，奠之於上，事相因。故《祭統》言「薦」，《禮器》言

❶「特」字上，通志堂本、四庫本有「郊」字。
❷「始」，通志堂本、四庫本作「後」。
❸「終始」，通志堂本、四庫本作「始終」。

「奠」，其實一也。㔾合鬱，❶臭陰達於淵泉；蕭合黍稷，臭陽達於牆屋。奏樂求諸陰陽之間，所謂聲音之號詔告於天地之間，則人鬼可得而禮矣。朝踐之事於是行焉。延尸於户西，延主於户右，尸南向，主東向。王乃殺牲，啓其血毛，祝出受之，而以血告幽、以毛告全，皆於室。更取膟膋燎於爐炭之上，見以蕭光，升首焉以報陽。又羞肺肝首心，祭黍稷加肺，祭齊加明水，雜以瓦甒，加以鬱尊以報陰。有虞氏尚首，夏后氏尚心，殷人尚肝，周人尚肺。今羞肺肝首心，則周人朝事之羞備四代之尚也。於祭黍稷，又特以所尚加焉，故《郊特牲》曰：「祭黍稷加肺，祭齊加明水，報陰也。取膟膋燔燎升首，報陽也。」《祭義》曰：「建設朝事，燔燎羶薌，見以蕭光，以報氣也。」「薦黍稷，羞肺肝首心，覸以俠甒，加以鬱㔾，以報魄也。」《祭義》之「報氣」即《特牲》所謂「報陽」，《祭義》之「報魄」即《特牲》所謂「報陰」。祼獻之時有所謂求，朝獻之時有所謂報，固其理也。當是時，王與后其獻又各一。王以玉爵，酌盎齊以獻尸。后薦籩人之八籩曰「麷蕡」之類；醢人之八豆曰「韭菹」之類：以奠焉。《禮》云「君執鸞刀倄嚌，夫人薦豆」，又曰「君獻尸，夫人薦豆」是也。后於是以瑶爵酌盎齊以亞獻。是謂朝獻。蓋王親迎牲，則后薦尊彝；王親羞嚌，則后奠豆籩。夫婦相成固有次第哉！祼獻，王酌以圭瓚，后酌以璋瓚；從獻，王酌以玉斝，后酌以玉角；朝獻，王酌以玉爵，后酌以瑶

❶「㔾合鬱」，通志堂本、四庫本作「鬱合㔾」。

爵。尊卑之異也。朝獻既畢，於是行饋食之事。當事者設饌於堂，乃退而合亨。尸適於小幄，王適於小次以待焉。堂上之饌又備矣，王出小次，復位，乃更延主於室之奥，祝出迎尸，尸來升席，自北方坐于主北。蓋宗廟之祭有二節：朝事與祭之始爲一節，饋食與祭之終爲一節。其中間不以相續者，所以容王與尸少息也。唯有故，則接祭，見《曾子問》。鄭註「君親制祭謂朝事時，君親割牲謂饋食時」，此一誤也。蓋割牲與制祭同一節，皆朝獻之時爾，《羊人》「祭祀割牲登其首」是也。穎達乃謂薦盎、薦酒不得同時，不知薦盎是從獻，薦酒是正獻，正與從兩獻不害爲同時。鄭又以《祭義》「燔燎羶薌」至「報氣也」爲朝事時，以「薦黍稷，羞肺肝首心」至「加以鬱鬯以報魄也」爲饋食時，亦誤也。蓋「報魄」即與「報氣」同一節，皆朝事之時也。於此時，王以玉爵酌盎齊以獻尸，后又薦以籩人之八籩曰「栗脯」之類，醢人之八豆曰「葵菹」之類。自裸至此五獻矣。尸飲於五獻，則王於是時可以獻卿矣。《祭統》「尸飲五，君洗玉爵以獻卿」是也。鄭謂尸飲五爲酳尸五獻，非也。凡祭祀，自血腥始曰「朝踐」，自孰食始曰「饋食」。朝獻、裸獻，尸皆不飲，祭之、啐之、奠之，以示敬而已，非以食也。至饋食，則食道也，然後尸飲。《特牲》曰：「直祭祝于主。」鄭謂薦孰食。祭以孰爲正，血腥之屬盡敬心耳。則所謂尸飲五者，飲於五獻之時而已，非其飲之已五也。❶於是后以瑤爵

❶「已」，通志堂本、四庫本作「以」。

酳盎齊以亞獻，是爲六獻。饋食禮畢，酳尸之禮於是行焉。王以玉爵酌凡酒以獻尸，内宗代后薦籩人之加籩、醢人之加豆，是爲七獻。王可以獻大夫矣，《祭統》「尸飲七，君以瑶爵獻大夫」是也。后於是時，又以瑶爵酌凡酒以亞獻，是爲八獻。王酳尸，尸酢王，后酳尸，尸酢后，酳尸禮畢，諸臣與執事者又共一獻于尸，而薦籩人之羞籩、醢人之羞豆，以備卒食之三獻，合王后之八獻，是爲九獻。備卒食之三獻，❶而尸爵止，欲神惠之均於在室也。凡九獻之内謂之正，其次主人獻賓，又其次主人獻長兄弟如賓儀，獻衆兄弟如衆賓儀，獻兄弟如衆兄弟之儀，又其次長兄弟洗觚爲加爵，又其次衆賓長洗觚爲加爵，三加而尸爵止，欲神惠之均於在庭也。九獻之外謂之「加」。《明堂位》曰「加以璧散、璧角」是也。蓋卒食之後，其豆謂之加豆，以其加於卒食之後也。卒獻之後，其爵謂之加爵，以其加於卒獻之後也。凡獻尸，唯裸無樂，朝踐而下皆有焉；唯裸無籩豆之羞，❷從獻而下皆有焉。先儒以《周官》朝事之籩豆當朝獻之節，饋食之籩豆當饋獻之節，又以加籩、加豆當酳尸之節，獨無所謂從獻、加獻與諸臣之所酢三爵之籩豆，❸蓋誤矣。蓋《籩人》所謂「羞籩」，《醢人》所謂「羞豆」，此薦於王與后酳尸之末，諸臣所酢也。又《籩人》共薦羞之籩實，《醢人》共薦羞之豆實。蓋薦籩、薦豆者，從獻之籩豆；

❶「獻」，通志堂本、四庫本作「食」。
❷「羞」，通志堂本、四庫本作「脩」。
❸「爵」，通志堂本、四庫本作「獻」。

羞籩、羞豆者，加獻之籩豆也。於此時遂行旅酬無算之爵，而繼之以餕，祭於是終焉。故《祭統》曰「餕者祭之末」。凡此九獻之禮，王、鄭之徒言禮以來，多所未嘗知也。此記九獻次第頗爲詳盡，於諸篇所載祭祀禮節多所考證，今録于「大饗」一章之次。

祀帝於郊，敬之至也。宗廟之祭，仁之至也。喪禮，忠之至也。備服器，仁之至也。賓客之用幣，義之至也。故君子欲觀仁義之道，禮其本也。

鄭氏曰：敬之至，言就而祭之，不敢致也。仁之至，仁，恩也，父子主恩也。喪禮，謂哭、踊、袒、襲。服器，謂小斂、大斂衣服，❶葬之明器。用幣，謂來賻賵。「欲觀仁義之道，禮其本」者，言禮有節於内，可以觀也。

孔氏曰：此一節總明祭祀、死喪、賓客之等。天尊彌遠，祭之極盡於敬，故云「敬之至」。宗廟主親，祭之必極盡於仁愛，故云「仁之至」。君子欲觀其人行仁義之道，必須用禮爲其本。若行合於禮，則有仁義也。不言忠敬者，舉仁義則忠敬可知也。

嚴陵方氏曰：遠人而尊者主乎敬，近人而親者主乎愛。故於郊之遠而祀帝，所以爲敬焉；於廟之近而祭親，所以爲仁焉。君子無所不用其敬，然祭莫重於天，故爲「敬之至」；無所不用其仁，然孝莫大於寧神，故爲「仁之至」。《仲尼燕居》曰「郊社所以仁鬼神」，則郊無非仁也。要之，以敬爲主爾。《經》曰「大廟之内敬矣」，則廟無非敬也。要之，以仁爲主爾。

❶「衣」字上，通志堂本、四庫本有「之」字。

長樂劉氏曰：親戚既亡，哀痛出於天性，❶有致毀而滅身者，有忘哀而遺禮者。聖人防其過與不及，哀痛至極則貴賤皆同，服用衣衾則尊卑異數，所以盡其力、竭其誠，不曰忠之至乎？君子欲觀仁義於聖人也，由禮以爲本，則仁之至、義之盡可得而見矣。

馬氏曰：喪主乎哀，而人之所不道也。人死斯惡之矣，無能斯倍之矣。故先王爲之禮，使民不惡、不倍，而盡心於死者。三日而斂，凡附於身者必誠、必信；三月而葬，凡附於棺者必誠、必信。故曰「忠之至也」。之死而致死之，不仁也。備服器而致生之，故爲「仁之至」。然之死而致生之，不知也，蓋君子備服器，雖備之而不用也。是故竹不成用，瓦不成味，木不成斲，琴瑟張而不平，竽笙備而不和，有鍾磬而無簨虡，皆備之而不用，亦無害其爲知也。賓客之交必以幣，《表記》所謂「無辭不相接，無禮不相見」，皆禮之所宜也，故爲「義之至」。禮蓋生於仁義。《中庸》曰：「仁者，人也，親親爲大。義者，宜也，尊賢爲大。親親之殺，尊賢之等，禮所生也。」是禮生於仁義，而曰「欲觀仁義之道，禮其本」，何也？蓋因其禮行之際，仁義存其中也。宗廟之祭，禮也，仁在其中；賓客之用幣，亦禮也，義在其中。

延平周氏曰：喪禮欲其不欺於己，故曰「忠之至」。服器之死而致生，故曰「仁之至」。賓客用幣以將意，故曰「義之至」。禮雖出於仁義，而仁義之成體乃在於禮，

❶「痛」，通志堂本、四庫本作「慟」。

故曰「欲觀仁義之道，禮其本也」。

廬陵胡氏曰：喪禮哀慕由衷，賓客相弔恤，義也。有禮必有仁義。人而不仁，如禮何？

君子曰：「甘受和，白受采，忠信之人可以學禮。苟無忠信之人，則禮不虛道。是以得其人之爲貴也。」

鄭氏曰：道，猶由也、從也。

孔氏曰：前言「觀仁義之道，禮爲其本」，此經明學禮之人須有忠信。「甘受和，白受采」者，舉此二物，喻忠信之人可得學禮。甘爲衆味之本，不偏主一味，故得受五味之和。白是五色之本，不偏主一色，故得受五色之采。以其質素，故能包受衆味及衆采也。言人若心致忠誠，❶言又信實，則可以學禮。苟猶誠也。其人即忠信之人也。

嚴陵方氏曰：夫薄於德者，於禮虛，非忠信之德以實之，則禮之道亦無由而行矣。《易》不云乎：「苟非其人，道不虛行。」《中庸》亦曰「禮儀三百，威儀三千，待其人而後行」，❷故此經言得其人之爲貴也。

馬氏曰：甘者，味之美質也；白者，色之美質也。忠信者，人之美質也，然後可以文之也。故甘則受和，白則受采，忠信之人可以學禮。和所以文其味，采所以文其色，禮所以文其忠信。質不能立於內，則文不可行於外，故曰「忠信，禮之本。義理，禮之文。無本不立，無文不行。」苟無忠信之人，則禮不虛道。道之爲言

❶「誠」，原作「信」，據通志堂本、四庫本並參《禮記正義》卷二十四改。

❷「而」，原作「然」，據通志堂本、四庫本並參《中庸》原文改。

行也。

延平周氏曰：甘在内，故喻忠之不欺於己；白在外，故喻信之不疑於人。和則不乖，所以喻禮之本；采則有文，所以喻禮之末。

山陰陸氏曰：甘受和，以中故也；白受采，以素故也。

孔子曰：「誦《詩》三百，不足以一獻。一獻之禮，不足以大饗。大饗之禮，不足以大旅。大旅具矣，不足以饗帝。毋輕議禮。」

鄭氏曰：「誦《詩》三百」，喻習多言而不學禮也。大旅，祭五帝也。饗帝，祭天。毋輕議禮，謂若誦《詩》者，不可以强言禮。

孔氏曰：此一節明禮之爲貴，貴於衆事也。一獻祭群小祀，不學禮則不能行。大饗，謂祫祭宗廟，其禮又繁。大旅是總祭五帝，天人道隔，其禮轉難。大旅又不如郊祭天之備，《典瑞》云：「四圭有邸，以祀天旅上帝。」是祀天重於旅帝。又《郊特牲》云「郊之祭，大報天而主日」，是郊爲祭天之重。

《講義》曰：既知禮爲仁義之本，又知忠信學禮之説，庶幾得乎禮之實。有人於此誦《詩》雖多，可與言禮矣，而於一獻之禮往往莫之能行者，禮不在乎言辭之間故也。

延平周氏曰：興於《詩》，立於《禮》。果誦《詩》不知要，❶則是未能興於《詩》。未能興於《詩》，則固未能立於《禮》。故「誦《詩》三百，不足以一獻」。禮略者猶且有所不足，則其禮之愈詳者，愈有所不

❶「果」，通志堂本、四庫本作「今」。

足矣。

嚴陵方氏曰：「不學《詩》，無以言」，誦《詩》雖多，能言之而已，未必能行，禮則貴乎能行也。故「誦《詩》三百，不足以一獻」。大饗者，祭先王之九獻也。以會而旅焉，故謂之旅饗。帝，謂昊天上帝也。夫禮有大小，故行之有難易。此愈大者，所以愈難焉。行其事者，其難如此，則言其義者，可不重乎？《經》曰「禮之所尊，尊其義也」，故曰「毋輕議禮」。

山陰陸氏曰：「誦《詩》三百，不足以一獻」，言若此雖多，無益也。「一獻之禮，不足以大饗」，言若此又以少爲慊也。言之禮進於《詩》矣，❶故曰「興於《詩》，立於《禮》」。「大饗之禮，不足以大旅」，不言具矣，容或不具。「大旅具矣，不足以饗帝」，不言之禮，進於禮矣。旅，猶燕之有旅；饗，猶饗之有饗。毋輕議禮，言禮至於此，不可以輕議也。

長樂陳氏曰：旅非常祭，國有大故，然後旅其群神而祭之。則荊岐既旅、蔡蒙旅平、九山刊旅者，以水災耳。推此則凡所遭大故，皆凶災之類也。考之於禮，天子所次之位，則張氈案，設皇邸；所奠之圭，則四圭有邸；所用之版，則金版。至於《司尊彝》之存奠彝，《笙師》之陳樂器，《眡瞭》之廞樂器，皆如大喪之禮。言奠則非純乎祭也，言存則非即徹之也。陳樂而不縣，廞樂而不鼓，則旅非以其凶災耶？《周官》或言「大旅」，或言「旅」，蓋故有大小，而旅亦隨異也。然大旅之禮，不若祀天之爲至也，故《記》曰「大旅具

❶「之」字，通志堂本、四庫本無。

矣，不足以饗帝」。若夫旅四望、山川，則所次不以氊案、皇邸，所用不以金版，而所奠之圭則兩圭有邸而已。先儒以旅之歆樂器爲明器，以皇邸爲後版，恐不然也。其言「旅上帝於圜丘」，其義或然。《禮書》。❶

子路爲季氏宰。季氏祭，逮闇而祭，日不足，繼之以燭。雖有强力之容，肅敬之心，皆倦怠矣。有司跛倚以臨祭，其爲不敬大矣。他日祭，子路與。室事交乎户，堂事交乎階，質明而始行事，晏朝而退。孔子聞之，曰：「誰謂由也而不知禮乎？」

鄭氏曰：宰，治邑吏也。季氏祭，謂舊時也。倦怠，以其久也。偏任爲跛，依物爲倚。室事，祭時。堂事，儐尸也。

孔氏曰：前經既明禮之爲重，故記者引子路能行禮之事。逮，及也。言季氏祭於宗廟，及至日闇而行祭禮。祭祀未終，日已昏没，故云「日不足」，繼日明以燭也。其後别日而祭，子路與在行禮之中。正祭之時，事尸在室。外人將饌至户，内人於户受饌，設於尸前，相交承接在於户也。正祭後，儐尸之時，事尸於堂。在下之人送饌至階，❷堂上之人於階受取，是交乎階也。質，正也。晏，晚也。正明始行事，朝正饗晚，禮畢而退，言敬而能速也。子路好勇，時人多不尚其所爲，故孔子明之，「誰謂由也而不知禮」，言其知禮也。禮從宜，寧略而敬，不可煩而怠也。

横渠張氏曰：室事交乎户，堂事交乎階，

❶「禮書」二字，原無，據通志堂本、四庫本補。
❷「在」，通志堂本、四庫本作「堂」，《禮記正義》作「在堂」。

亦通達連續之義也。朝者，食前謂之朝。晏朝者，於朝爲晚也。

嚴陵方氏曰：君子之行禮固不欲速，❶又惡乎久而怠焉。久而怠，寧若速而敬爾。蓋禮以敬爲主故也。季氏之於祭，徒欲其久而不能敬，又豈知禮之意哉？昔周人祭日以朝及闇，季氏之於魯其亦習周之文而不知其意者歟？及子路行之，乃能速而敬焉。雖不必合於先王之文，然亦可謂知禮之意，且能救一時之弊矣，此孔子所以善之也。强力，即《聘義》所謂「强有力」是也。肅則不怠，敬則不慢。强力動乎外，❷故以容言之；肅敬存乎中，故以心言之。跛倚，蓋倦怠之所致也。室事，謂有事乎室，若「血毛詔於室」之類。堂事，謂有事乎堂，若「羹定詔於堂」之類。執事者内外異位，乃以内而交乎外；上下異等，乃以上而交乎下。則尤易爲力矣。宜乎質明而始行事，晏朝而退也。

山陰陸氏曰：子路有爲爲之也，即無爲，是圖速者也。

禮記集説卷第六十二

❶「君」字上，通志堂本、四庫本有「士」字。

❷「動」，通志堂本、四庫本作「通」。

禮記集説卷第六十三

郊特牲第十一

孔氏曰：案鄭《目録》云：「名曰《郊特牲》者，以其記郊天用騂犢之義。」❶

嚴陵方氏曰：禮莫重於祭，祭莫重於郊，而郊以養牲爲先，❷故此篇言禮以「郊特牲」爲首，因名其篇焉。

郊特牲而社稷大牢。天子適諸侯，諸侯膳用犢；諸侯適天子，天子賜之禮大牢：貴誠之義也。故天子牲孕弗食也，祭帝弗用也。

鄭氏曰：犢者誠慤，未有牝牡之情，是以少爲貴也。❸孕，任子也。《易》曰：「婦孕不育。」

孔氏曰：自此至「降尊以就卑」，文承《禮器》之下，覆説以少爲貴之事。郊謂於南郊祭感生之帝，但天神至尊，無物可稱，故用特牲。郊與配坐皆得牲，❹故鄭下註云：「養牲必養二。」又《召誥》公「用牲于郊，❺牛二」是也。社，五土總神；稷，是原隰之神。功及於人，人賴其功，故以大牢報祭，其牲則黝色也。天子巡守至諸侯之國，諸侯致膳於天子則用犢。諸侯朝天子，天子賜之禮則用大牢。郊之特牲亦犢也。經言「社稷大牢」，以明郊用

❶「義」字下，通志堂本、四庫本有「此於别録屬祭祀」七字。
❷「先」，通志堂本、四庫本作「重」。
❸「少」，通志堂本、四庫本作「小」。
❹「得」，通志堂本、四庫本作「特」，是。
❺「公」，通志堂本、四庫本作「云」，是。

特牲；言諸侯大牢，以明天子用犢，顯其貴誠之義也。此以郊祭名篇。案鄭氏謂天有六天，丘、郊各異。指其清虚之體則一，論其五時生育之功則有五，以五配一，故爲六天。據其在上之體謂之天，因其生育之功謂之帝。賈逵、馬融、王肅等以五帝非天，其義非也。鄭以郊、丘爲二者，案《大宗伯》云「蒼璧禮天」，《典瑞》又云「四圭有邸以祀天」，是玉不同。《宗伯》又云「牲幣各放其器之色」，則牲用蒼也。《祭法》又云「用騂犢」，是牲不同也。又《大司樂》云：「凡樂，圜鍾爲宫至姑洗爲羽。冬日至，於地上之圜丘奏之。」上文云「乃奏黄鍾，歌大吕，舞《雲門》，以祀天神」，是樂不同也。故鄭以爲蒼璧、蒼犢、圜鍾爲祭圜丘所用，以四圭有邸、騂犢及奏黄鍾爲祭五帝及郊天所用。圜丘比郊，則圜丘爲大，若以郊對五時之迎氣，則郊爲大。凡祭天，其服皆大裘，《周禮·司服》文。其尸服亦大裘，故《節服氏》云「裘冕，送逆尸」是也。其樂除圜丘所用圜鍾爲宫之外，皆奏黄鍾，歌大吕。《大司樂》云「以祀天神」，鄭註「天神，謂五帝及日月星辰是也。❶王者又各以夏正月祀其所受命之帝於南郊」。其玉，圜丘用蒼璧，夏正郊天用四圭有邸，其五時迎氣，東青圭，南赤璋，西白琥，北玄璜，中央亦用黄琮，或用赤璋。其牲幣，各放其玉之色。天色雖玄遠，望則蒼，故用蒼犢也。其祭天之器，則用陶匏。陶，瓦器，以薦菹醢之屬。其祭天之處，冬至則祭於圜丘。圜丘所在，雖無正文，應從陽

❶「是」字，《周禮》鄭注及疏皆無。

位，當在國南。五時迎氣則在四郊。其圜丘之祭，初先燔柴及牲玉於丘，訖，次乃掃丘下而設正祭。若夏正及五郊，初則燔柴及牲玉於壇，故《祭法》云「燔柴於泰壇，祭天也」，次則於壇下掃地而設正祭，故《禮器》云「至敬不壇，掃地而祭」是也。其所配之人，虞夏殷周用人各異，文具《祭法》。周人則以嚳配之，《祭法》「禘嚳」是也。其感生之帝，則以后稷配之。五時迎氣及雩祭，則以五方人帝配之。九月大饗五帝，則以五人帝及文、武配之。以文王配五天帝，則謂之祖；以武王配五人神，則謂之宗。祖宗通言，故《祭法》云「祖文王」，是稱祖；《孝經》云「宗祀文王」，是稱宗。文王既爾，則武王亦有祖宗之號也。其社稷與神州樂用大蔟與應鍾，故《大司樂》云「乃奏大蔟，歌應鍾，以祭地祇」。其玉，神州則用兩圭有邸，其社稷玉當與神州同。其服，社稷則絺冕。　皇氏曰：天有六天，歲有八祭。冬至圜丘，一也；夏正郊天，二也；五時迎氣，五也，通前爲七也；九月大饗，八也。雩與郊禖爲祈祭，不入數。其圜丘之祭，祭日之旦，王立丘之東南，西嚮，燔柴及牲玉於丘，上升壇以降其神。次又奏圜鍾之樂，六變以降其神。天皇爲尊，故有再降之禮。次則掃地而設正祭，置蒼璧於神坐以禮之。其在先燔者，亦蒼璧也。次則薦血腥。祭天無祼，故鄭註《小宰》云：「唯人道宗廟有祼，天地大神至尊不祼，莫稱焉。」然則祭天唯七獻也。故鄭註《周禮》云「大事于大廟，備五齊三酒」，則圜丘之祭與宗廟祫同。朝踐，王酌泛齊以獻，是一獻也。后無祭天之事。《大宗伯》「次酌醴齊以獻」，是爲二獻也。王進爵之時，皆奏樂，但不皆六變。次薦孰，王酌盎齊以獻，是爲三獻也。宗伯次酌醍齊以獻，是爲四獻。次尸食之訖，王酌朝踐之泛齊，是爲五獻也。又次宗伯酌饋食之醍齊以獻，是爲六獻也。次諸臣爲賓長酌泛齊以獻，是爲七獻也。以外皆加爵，非正獻之數。其尸酢王以清酒，酢宗伯以昔酒，酢諸臣以事酒。其祭感生之帝，則當與宗廟禘祭同。其五時迎氣，與宗廟時同祭也。❶

長樂劉氏曰：鄭氏之説，引《小宗伯》「兆五帝於四郊」，又引《司服》「王祀昊天上帝則大裘而冕，祀五帝亦如之」，是皆正經也。而謂天爲有六則誤矣。天地之道，陰陽二氣而已。冬至而陽長，則陰消於上而入于地中。夏至而陰長，則陽消於上而入于地中。方其消長，則二氣上下交合有叙，而四時由之生焉。故萬物資始於乾元者，陽在地中也。萬物資生於坤元者，陽在地上也。是以春生，夏長，秋實，冬藏，品彙於斯，各正性命。聖人受命于天，資於萬物，以養兆民，不敢忘乎其所自也，遂即圜丘以祀昊天上帝者，報本也；兆于四郊以祀五帝者，迎時氣也。報本所以神天之道，必有宰而御之者，故曰「昊天上帝」。迎氣所以神天之時，以其應候，晷刻不差，故曰「五方帝」。六者無形也，而萬物賴其生成之功；無位也，而聖人代其柄任之命。雖欲神而報之，莫知其神之所在也。故望其昊昊然，則圜丘報本之義生焉；望其五方之色，則兆于四郊之禮作焉。亦猶

❶「同祭」，通志堂本、四庫本作「祭同」，是。

宗廟一祖也，而六饗行焉。故天雖曰神，地雖曰祇，亦强名而神之者也。何以知其然哉？ 謹按《大司樂》之職云：「乃分樂而序之，以祭，以享，以祀，乃奏黄鍾，歌大吕，舞《雲門》，以祀天神。」若夫地示，則與四望也、山川也各異其樂。天神至尊，一樂而已，明其神之不二也。又大裘而冕，圜丘、五兆，不異此服，示其同也。聖人之意其在兹乎？

山陰陸氏曰：郊丘異祭，六天之論，起於鄭氏；郊丘同祭，一天之論，起於王氏，是其説不一久矣，故予合而以理折焉。蓋先王之制也，天固有六，而祭實無異，斯不易之理也。❶《大宗伯》之職曰「以禋祀祀昊天上帝」，《司寇》之職曰「禋祀五帝，則戒之日涖誓百官」，《司服》曰「王祀昊天上帝則服大裘而冕，祀五帝亦如之」，《典瑞》曰「四圭有邸，以旅祀上帝」，其祀同曰配天，其祭同曰禋祀，其服同用大裘，其玉同用四圭有邸，是則六天之證也。然自其體而言之，則曰「天」；自其德而言之，則曰「帝」，其實一也。故古者天與五帝通謂之天，通謂之帝，又通謂之上帝。《易》曰「雷出地奮，豫，殷薦之上帝以配祖考」，則是六天同謂之上帝明矣。《周禮》曰「以冬日至致天神」，又曰「凡樂圜鍾爲宫，黄鍾爲角，冬日至於地上之圜丘奏之」，《郊特牲》曰「郊之祭也，迎長日之至也」，又曰「周之始郊日以至」，則是同祭之證也。特以其所在言之，則謂之郊；以其所祭言之，則謂之丘，其實一也。或曰：古之人以謂圜丘

❶「斯」，通志堂本、四庫本作「此」。

之祭，玉用蒼璧，牲用蒼犢，樂用圜鍾。而南郊之祭，其玉四圭有邸，其牲騂犢，其樂黄鍾。同祭信矣，然牲玉各殊，所用之樂亦各不同，何也？聖人之制，祭有降神之牲，又有祀神之牲；有禮神之玉，又有祀神之玉；有降神之樂，又有祀神之樂。夫豈一端而已，亦各有所當也。《書》曰「植璧秉圭」，植璧者，置之所以禮神也；秉圭者，執之所以祀神也。黄鍾，祀神之樂也，故曰「乃奏黄鍾，以祀天神」。圜鍾，降神之樂也，故曰「凡樂，圜鍾爲宫，冬日至於圜丘奏之，天神皆降」。又曰「蒼璧禮天」，則蒼璧者，禮天之玉也。「四圭有邸以祀天」，則四圭有邸者，祀天之玉也。《郊特牲》曰：「牲用騂，尚赤也。用犢，貴誠也。」牲用蒼犢，所以祀神，《牛人》所謂「祭祀共其享牛」是矣。蓋祀神之牛謂之享牛也。牲用騂犢，所以降神，《牛人》所謂「祭祀共求牛」是矣。蓋降神之牛謂之求牛也。牲玉雖異，所用之樂雖各不同，不害其爲同祭也。餘見《祭法》「燔柴於泰壇」解。又曰：據此「牲孕弗食也，祭帝弗用也」，祭天容或乏少，用牝犢也。蓋今用犢甚少，尚患難得，其殺時必令母見，始能割愛，不爾，不復食草，鳴唤至死乃已。傳所謂「猶懷老牛舐犢之愛」，豈虛言哉！經曰「天地之牛角繭栗」，今云「牲孕弗用」，則天地之牛不皆用牡，亦不皆繭栗，其所謂繭栗與牡正也。《公羊傳》曰：「魯祭周公，何以爲牲？周公用白牡，魯公用騂剛，羣公不毛。」羣公不毛，雖曰少貶，亦用其騂，有不能給。由是觀之，雖周宗廟亦有通法存焉。蓋「聖人有以見天下之動而觀其會通，以行其典禮」宜如此。

金華唐氏曰：先王祀天之禮，見於經傳甚明，而諸儒異説矛盾，制始不明。唯參考而公取之，則坦然可舉。大抵常禮歲九，郊、雩、明堂、圜丘、兆五帝於四郊也。變禮有旅，有類造，有禱祠，有柴望，有告，有用牲，稽經可歷考也。夏正之月祈穀于上帝，《詩》之《噫嘻》、《郊特牲》之「迎長日」、《春秋》書「郊」、《左傳》「啓蟄而郊」是也。夏祈穀于上帝，《詩》之《噫嘻》、《月令》「大雩帝」、《春秋》書「大雩」、《左傳》「龍見而雩」是也。季秋大饗上帝、五帝于明堂，《詩》之《我將》、《月令》「大饗帝」、《孝經》「宗祀文王於明堂」是也。冬至日祀天於圜丘，《詩・昊天有成命》、《大司樂》「於地上之圜丘奏之」「冬至之日登觀臺以書雲物」、《禮器》「因吉土以饗帝于郊」是也。兆五帝於四郊，則《小宗伯》所掌，《月令》「迎氣」是也。此則歲凡九祭，皆祀天神。鄭氏之説是矣。然五帝與昊天同稱帝，不與昊天同稱天，六天之説出於讖緯，不攻自破矣。王肅謂祭天歲二，冬至祭天、春祈農事而已。迎氣、明堂皆祭人帝。若此則《噫嘻》祈穀，《我將》天右，《孝經》配上帝，《周禮》禋祀五帝，皆非祭天可也。肅之爲説，又不通矣。參而取之，一天六帝，歲有九祭，常禮之不可易者也。若其變禮，則大故有旅，《大宗伯》「國有大故，則旅上帝」、《禮器》「大旅具矣」是也。師役有類造，《肆師》類造爲位、《泰誓》「類于上帝」是也。旅陳類聚，則合上帝而一祭焉者也。大烖有禱祠，《肆師》「禱祠于上下神祇」、《雲漢》「上帝不臨」、《春秋》「大雩」

書「旱」之類是也。巡狩有柴望，《舜典》「至于岱宗，柴」、《詩・時邁》、《禮器》「升中」、《郊特牲》「適四方，先柴」是也。❶至於軍有肆類，伐有告，革命有柴，作邑有用牲，亦事天之變禮也。就陽故於國南郊，因天故於圜丘，至敬故掃地，燔柴故於泰壇，此冬祀祈穀之所同也。蒼璧、牲幣放其色，樂以圜鍾爲宫，所以禮之也。四圭有邸，牲用騂，樂奏黄鍾，所以祀之也。大圭、素車、大裘、陶匏、稾秸、蒲越、犧尊、疏布冪、觶杓、大羹、用犢，重誠，質也。鎮圭、五路、大常、璪十有二旒、被衮、畫布冪彝，❷或明天道，又以致其文焉。夫事天之禮豈一而足哉？先儒以圜丘蒼璧爲冬祀南郊，四圭爲春郊，大裘無旒，乘素車，被衮爲魯禮，祭天無祼，不用彝，皆攷之未詳者也。禮神之牲幣玉則燔之，祀神之牲玉則薦之。降之而後禮，禮之而後祀。南言其方，圜言其形，大裘而冕，則被衮矣。素車玉路，乘之各有時，亦兼文質而已。秬鬯以事上帝，大旅陳奠彝，則雖無祼酒設彝，故《酒正》言五齊三酒以實八尊，而《冪人》疏畫，亦通祭祀言之爲可攷矣。大旅張氈案，設皇邸；祀五帝則張大次、小次，設重帟、重案，昊天上帝亦張設之爲可知矣。大報天而主日，故《典瑞》言「搢大圭，執鎮玉以朝日」，《掌次》言「朝日祀五帝」，則行於郊祀可知，非實柴圭璧之祀矣。祀五帝沃尸盥，則郊祀有尸矣。然「裘冕二人

❶「中」字下，原有「于」字，今據宋唐仲友《悦齋文鈔》卷六删。

❷「彝」，據上文此字或衍。或上「疏布冪」下脱「尊」字。

執戈，送逆尸」，則尸乃配侑之尸歟？魯之所用郊雩也，其見於經傳則詳矣。郊用夏正，魯於四月，失禮也。雩用龍見，《月令》於仲春，秦書也。❶明堂兼饗五人帝，侑以五官，主於宗祀，故於室堂而禮文於郊祀。《詩》有牛羊，似與用犢不合，蓋配侑之大牢歟？「帝牛必在滌三月，稷牛唯具」，則帝之牲與配牲容有不同矣。郊配以稷，明堂祀文王，考之《詩》、《孝經》明矣。鄭以禘郊祖宗皆爲配天，以「禘其祖之所自出」與后稷所配皆爲感生帝，於經未有考也。曰昊天上帝，曰五帝，則吾嘗聞之，學者當信經，讖緯不足惑也。禮天地，兆五帝，器宜有七，而六者，兆於四郊，則從四方之色而已。古祭天之祀，一歲已九，❷又有變禮，非王者所盡行，則有攝位之禮矣。禮莫重於祀，祀莫重於天，故卜日、誓戒具脩，皆致其嚴。「大饗不問卜」者，不徧問五帝云爾。《大宰》言祀五帝，「前期十日，帥執事而卜日」，非不卜也。常祀多分，有時乎合，大饗是也。變禮多合，有時乎分，巡狩、柴望是也。常禮則備，變禮則略，故曰「大旅具矣，不足以饗帝」，類造、禱祠、柴告，則又略於旅矣。有故則旅，則存奠彝，廞樂器，豈非以其凶災邪？類或用於禪，或用於師；柴或用於狩，或用於軍，其禮一也。旅掌於大宗伯，類造掌於小宗伯，則其隆殺可知。告與用牲，則又其略矣。雩有二：龍見，常也；旱暵，變也：其禱一也。魯之郊禘，非禮也，則大雩豈爲得

❶「也」，通志堂本、四庫本作「乎」。
❷「已」，通志堂本、四庫本作「凡」。

禮乎？自郊祖宮則雩，❶其旱禱之先歟？作樂於豫，亨於鼎，立廟於涣，均是事天，而所因之時異也。唯聖人爲能饗帝，仁人之事天如事親，然則苟盡其事天饗帝之道，則禮雖先王未之有，可以義起也。

長樂陳氏曰：大禮必簡，則小禮必繁。簡則内心而貴誠，繁則外心而貴味，此所以郊特牲而社稷大牢，諸侯膳天子用犢，而天子禮諸侯以大牢也。蓋南郊所以祀天神，北郊所以祭地祇，其謂之郊則同，而其所以用特牲亦同。故《周頌》曰「郊祀天地」，是天地之祀皆謂之郊也。《書》曰「用牲于郊，牛二」，是天地之牲皆用特也。又《禮書》曰：五帝與昊天同稱帝，不與昊天同稱天，猶諸侯與天子同稱君，不與天子同稱王。《周官》祀五帝之禮有與天同，以極其隆；有與天異，以致其辨。故皆禋祀，皆服大裘，此其所同也。祀帝於圜丘，兆五帝於四郊，此其所異也。鄭氏之徒謂四圭之玉、黄鍾大吕之樂，夏正以祀感生帝於南郊；蒼璧之玉、六變之樂，冬日至禮天皇大帝在北極者於圜丘。天皇大帝，耀魄寶也，五帝，大微之帝也，分郊與丘以異其祀，别四帝與感生帝以異其禮，王肅嘗攻之矣。然肅合郊、丘而一之則是，以五帝爲人帝則非。夫有天地，則有五方，則有五帝。❷《月令》之五人帝，伏犧、神農、黄帝、少昊、顓頊而已。果以是爲五帝，則前此其無司四時者乎？

❶「祖」，通志堂本、四庫本及《悦齋文鈔》卷六作「徂」。

❷「則」字上，通志堂本、四庫本及《禮書》有「有五方」三字，是。

嚴陵方氏曰：於郊，故謂之郊，言郊以知社稷之在國，言社稷以知郊之爲天地。於牲言特，以見大牢之非一，於牢曰大，以見特牲之用犢也。特則牢所畜之物，牢則牲所畜之地，互相備也。郊言特牲，膳言用犢，亦互相備也。天子有天地之德，故諸侯以事天地者事天子；諸侯有社稷之功，故天子以禮社稷者禮諸侯，亦唯其稱而已。郊用特牲，而《召誥》言「牛二」者，兼稷牛言之爾。經言「帝牛不吉，以爲稷牛」，蓋謂是矣。《禮器》言「天子祭天，特牲」，《王制》言「天子社稷皆大牢」，《掌客》言「王巡守殷國，則國君膳以牲犢。王合諸侯而饗禮，則具十有二牢」，其言正與此合。凡此則尊者常小而少，卑者常大而多，故曰「貴誠之義」。蓋誠在内而不在外故也。「天子牲孕弗食」，則諸侯容或食之。言「祭帝弗用」，則社稷容或用焉。

延平周氏曰：言郊，則天神與地祇也。《詩序》曰：「《昊天有成命》，郊祀天地也。」《書》曰：「用牲于郊，牛二。」蓋一則用於南郊以祀天神，一則用於北郊以祭地祇，是天神、地祇皆用特牲。然則五帝與昊天同用特牲，可乎？五帝與昊天同用大裘而冕，則同用特牲，不亦可乎？郊特牲以犢，而社稷大牢不以犢，諸侯膳天子以特牲，而天子禮諸侯以大牢者，但以貴誠爲主。蓋諸侯以事天者而事天子，則足以崇其道；天子以禮社稷者而禮諸侯，則足以責其功也。夫誠者，純一而未散者也。牲孕則散矣，故天子弗食，而祭帝弗用也。

馬氏曰：郊者所以事昊天上帝，社稷者

所以祀土穀之神。天子之德比於天，諸侯之德比於社稷，「故天子適諸侯，諸侯膳用犢；諸侯適天子，天子賜之禮大牢」。凡天下之物皆天之所生，無物以稱其德，故郊則以特。天下之物皆天子之所有，亦無物以稱其德，故諸侯則膳之以犢。社稷者土穀之神，而諸侯爲君守者也，社稷以大牢，則諸侯亦賜之大牢。

大路繁纓一就，先路三就，次路五就。郊血，大饗腥，三獻爓，一獻孰。至敬不饗味，而貴氣臭也。諸侯爲賓，灌用鬱鬯，灌用臭也。大饗尚服脩而已矣。

鄭氏曰：此因上説以少爲貴者。《禮器》言「次路七就」，與此乖，字之誤也。血、腥、爓，祭用氣也。大饗，饗諸侯，亦不饗味也。

孔氏曰：殷三路猶質，對次路，故稱先路，每加以兩，故次路五就。《禮器》非加兩之差，故鄭知爲誤也。餘見《禮器》。郊血以下，因貴少，更説不貴味也。所進血腥，亦如《禮器》説。「至敬不饗味，而貴氣臭」，此解郊血義。血，氣也。夫孰食有味，人道褻近，❶事天宜極，❷故用血也。用血是貴氣而不貴味，故云「貴氣臭也」。宗廟敬降於天，故用腥，腥稍近味。社又降於宗廟，故用爓，爓又稍近味。「諸侯爲賓，灌用鬱鬯」者，灌猶獻也。謂諸侯來朝，在廟中行三享竟，然後天子以鬱鬯酒灌之也。故《大行人》云上公「王禮再祼而酢」，侯伯「王禮壹祼而酢」，諸

❶「褻」，通志堂本、四庫本作「卑」。

❷「極」字下，通志堂本、四庫本及《禮記正義》有「敬」字，是。

子諸男「王禮壹祼不酢」。鄭註云「王禮，王以鬱鬯禮賓」是也。鬱鬯是臭，故云「灌用臭」也。此亦明貴氣之禮。「大饗尚腶脩」者，謂諸侯行朝享及灌以後，而天子饗燕食之也。上公則三饗、三食、三燕，侯伯則再饗、再食、再燕，子男則一饗、一食、一燕。其行饗之時，雖設大牢之饌，于時先薦腶脩于筵前，然後始設餘饌，故云「尚腶脩而已」。此亦明「不饗味」之義也。

長樂陳氏曰：《禮器》與《郊特牲》言「大路繁纓一就」則同，其言次路繁纓五就、七就則不同者，先王之路，降殺以兩，反此而加多焉，蓋亦以兩而已。大路一就，先路三就，則次路有五就、七就者矣。《書》言次路，以兼革、木二路，則殷之次路五就、七就，庸豈一車耶？鄭氏以七就爲誤，❶是過論。《禮書》。又曰：禮以全於天者爲尤厚，近於天者爲差厚，以近於人者爲差薄，全於人者爲尤薄。血者，全於天者也；腥者，近於天者也；爓者，近於人者也；孰者，全於人者也。郊與大饗常重於三獻之禮，豈非「至敬不饗味，而貴氣臭」哉！鬱鬯，陽物也。腶脩，陰物也。用陰物所以神之，尚陽物所以明之，而其所以不饗味，一也。夫大饗於神，則王之事；而大饗於賓，則諸侯之事。於神與賓，皆謂之大饗者，蓋謂之大，所以極其禮；謂之饗，所以向之。又曰：明堂之禮事神也，宗廟之禮明鬼也。鬼神變化，非饗不足以通之。諸侯

❶「以」字下，通志堂本、四庫本有「禮器」二字，《禮書》無。

之朝，爲之飲以醉其德，設之食以重其禮，亦謂之饗，何耶？蓋饗於陰，則幽明通。而凡所謂饗神與鬼者，皆所以通神明者也。❶饗於陽則上下通，而凡所謂饗於人者，皆所以通上下者也。蓋明不通則陰不格，❷上不通則下不懷，此諸臣所以有饗。合上帝、五帝而饗謂之大，合祖所自出而饗謂之大，則凡稱饗帝、饗先王者皆小也。合諸侯而饗謂之大，則凡稱饗耆老、孤子者皆小也。

嚴陵方氏曰：一獻孰則饗味矣，味非不敬也，特不若血、腥、爓之至爾。經曰「血、腥、爓，祭用氣也」，以臭生於氣，故此曰「氣臭」。腶言捶肉如腶，脩則以薑桂脩之。諸侯爲賓，即大饗之時，天子饗諸侯於廟中，然非君三重席之饗也。鬱鬯可以養陽，腶脩可以養陰，養陽不以酒醴，養陰不以犧牲，則以所饗在臭而不在味故也。

山陰陸氏曰：郊血言祭，大饗腥言饗。大饗，饗諸侯也。據此篇凡言大饗，皆饗諸侯。郊血有腥，貴血。大饗腥有爓，貴腥。三獻爓有孰，貴爓。一獻有孰而已，故曰「至敬不饗味，而貴氣臭也」。《荀子》曰：「大饗，尚玄尊，俎生魚，先大羹，貴食飲之本也。」大饗諸侯如此，用祭禮也。灌用鬱鬯，亦祭禮也。《周官》所謂「禮再祼而酢」當此節，則「大饗尚腶脩」當饗禮九獻之節。❸按諸侯初相見以鬯，即大夫來聘禮之用醴。《聘禮》曰「賓祭

❶「神」，通志堂本、四庫本作「幽」，疑是。
❷「陰」，通志堂本、四庫本作「幽」。
❸「則」，通志堂本、四庫本作「用」。

脯醢，以柶祭醴三，庭實設」是也。醴已而出，若諸侯出則奏《肆夏》以送之，自不應用《陔夏》也。其奏《陔夏》在其後饗之之日，饗已而燕，猶祭已而燕。當是時，雖奏《陔夏》可也。故曰「賓醉而出，則奏《陔夏》」。且「大饗尚腶脩」言「而已」，則大饗所尚在此，其餘尚，尚其泛也。蓋祭有等級，郊用陶匏，性也。「大饗尚腶脩」，脩爲之事，「三獻爓，一獻孰」，道學而已，故曰：誦《詩》三百不足以一獻，一獻之禮不足以大饗，大饗之禮不足以大旅，大旅具矣，不足以饗帝。

大饗，君三重席而酢焉；三獻之介，君專席而酢焉。此降尊以就卑也。

鄭氏曰：言諸侯相饗，獻酢禮敵也。三獻，卿大夫來聘，主君饗燕之。以介爲賓，賓爲苟敬，則徹重席而受酢也。專，猶單也。

孔氏曰：此一節論尊卑之席。此大饗，謂諸侯相朝，主君饗賓，賓主俱是諸侯，皆設三重之席而受酢焉。三重席，是諸侯禮，而又稱君，故知諸侯相饗。下云降尊就卑之義，是尊卑不敵，故此鄭云「獻酢禮敵也」。「三獻之介」，謂諸侯遣卿來聘，卿禮三獻，其副既是大夫，與卿爲介，謂之「三獻之介」。此介是大夫，大夫席雖再重，今爲介，降一席，秖合專席。主君若受此介之酢爵，雖應合三重之席，必徹去重席，單席而受，降諸侯之尊，以就介之卑故也。五等諸侯有九獻、七獻、五獻，故五等諸侯之卿皆三獻也。大夫，卿之總號。「賓爲苟敬」，《燕禮·記》文。

長樂陳氏曰：《周官》天子之席不過三重，諸侯之席止於二重。則國君之席三重者，是殷之制也。蓋夏、殷之文，雖不及於周之盛，而禮之數有多於周之制，則周於夏、殷之席，蓋益其文，而損其數耳。

嚴陵方氏曰：《禮器》言諸侯之席三重，兩君相見則其體相敵，故其席如其數，而不必增損焉。至於他國之卿來聘，而大夫爲之介焉，位雖臣也，命則君也；名雖介也，禮則客也。其文雖殊，其義則相敵。故主君之受酢也，降重席之尊，而不與之異，就專席之卑，而必與之同也。

饗、禘有樂，而食、嘗無樂，陰陽之義也。凡飲，養陽氣也。凡食，養陰氣也。故春禘而秋嘗，春饗孤子，秋食耆老，其義一也。而食、嘗無樂。飲，養陽氣也，故有樂。食，養陰氣也，故無聲。凡聲，陽也。

鄭氏曰：其義一也，言義同，而或用樂，或不用樂也。此「禘」當爲「禴」，字之誤也。《王制》曰「春禴夏禘」。

孔氏曰：此一節論饗、禘、食、嘗有樂無樂之異。饗謂春饗孤子，禘謂春祭宗廟。以其在陽時，故有樂。食謂秋食耆老，嘗謂秋祭宗廟。以其在陰時，故無樂。無樂爲陰，有樂爲陽，此陰陽之義也。凡飲養陽氣、食養陰氣者，此復釋上文「饗有樂而食無樂」之義。以飲是清虛，養陽氣，故有樂；食是體質，養陰氣，故無樂。饗、禘在春爲陽，食、嘗在秋爲陰。禘之與嘗同是追慕，饗之與食同是賞功，其事無殊，故云一也。「而食、嘗無樂」，重結之也。不言饗、禘，略可知也。飲養陽氣，食養陰氣，覆釋上文也。陽時爲饗，則有樂，故知凡聲是陽也。❶ 依禮，三代

❶「是」，通志堂本、四庫本作「皆」。

無春禘之文，周則春曰祠。《王制》夏、殷之禮云「春曰禴」，今云「春曰禘」，故知「禘」當爲「禴」。此經所論，謂夏、殷禮也。舉春見夏，舉秋見冬。若周則四時祭皆有樂。故《祭統》云「内祭則大嘗禘，升歌《清廟》，下管《象》」，是秋嘗有樂也。案《王制》「夏后氏養老以饗禮」，則夏家養老用春時有樂，無秋食之禮。殷人養老以食禮，而秋時不作樂，無春饗之禮。周人脩而兼用之，則周人養老，春、夏用饗禮，秋、冬用食禮，四時皆用樂。故《文王世子》云：「凡大合樂，必遂養老。」註云：「春合舞，秋合聲。」下云：「養老之禮，遂發咏焉，登歌《清廟》。」是秋時養老亦用樂也。

横渠張氏曰：禘於夏、周爲春、夏，嘗於夏、周爲秋、冬。作記者交舉以二氣對互而言爾。

長樂劉氏曰：春夏陽氣發育萬物於地上，故有樂；秋冬陽氣潛藏於地下，故無樂，順陰陽之義也。陽主乎氣，陰主乎形，「立天之道曰陰與陽」，在人爲氣，故飲以養之，聲所以達氣者也。「立地之道曰柔與剛」，在人爲形，故食以養之，静所以安形者也。

長樂陳氏曰：饗、禘以飲爲主，飲以天産而養陽氣，故有樂。食、嘗以食爲主，食以地産而養陰氣，故無樂。蓋饗、禘以春，食、嘗以秋，春爲陽，秋爲陰，陽則來而主長，陰則純而主成。❶故禘之有樂，所以迎來。嘗之無樂，所以送往。春饗

❶「純」，通志堂本、四庫本作「往」，是。

孤子以助其長，秋食耆老以順其成。凡此，❶順陰陽而已。此與《祭義》言「春禘秋嘗」同，而《王制》、《祭統》則言「夏禘秋嘗」，蓋夏、殷之禮不同也。

又《禮書》曰：冕而揔干，施於食禮，而記稱食、嘗無樂者，考之於《詩·商頌》言「顧予烝嘗」而有「鞉鼓淵淵，嘒嘒管聲」，《小雅》言「以往烝嘗」而有「鍾鼓既戒」、「鼓鍾送尸」，則嘗有樂矣。《樂師》「饗食諸侯，序其事，令奏鍾鼓」，《鍾師》「凡饗食，奏燕樂」，《籥師》「賓客饗食，鼓羽籥之舞」，則食有樂矣。其曰「食嘗無樂」，蓋非殷、周之制也。

又曰：先王老吾老以及人之老，所以教天下之孝；幼吾幼以及人之幼，所以教天下之慈。又況出身戮力而死於王事者，在上有父祖，在下有子孫，棄而不養，不足以報勞；養不以禮，不足以示勸。故春饗孤子，所以象陽之生，秋食耆老，所以象陰之成。而外饔、酒正、遺人、司門、槁人皆共其職事焉。然財必出於遺人、司門者，用以利犯禁之財養以義死政之老與其孤，則趣利者知所愧，❷而徇義者知所勉矣。《冢人》之職「凡死于兵者，不入兆域」，鄭氏謂戰敗無勇，投諸塋外以罰之。罰其身而養其父祖子孫者，不罰不足以示義，不養不足以盡仁也。然春饗孤子，秋未嘗不食，而以饗爲主；秋食耆老，而春未嘗不饗，❸而以食爲主。《周禮》皆言「饗耆老孤子」，則饗與食固兼用也。耆老養於學，孤子亦養

❶「此」，通志堂本、四庫本作「皆」。
❷「趣」，通志堂本、四庫本作「趨」。
❸「而」字，通志堂本、四庫本無，當是。

於學。《文王世子》「反養老幼于東序」，謂各反其國養老幼如東序之禮也。又《樂書》曰：先王之交鬼神也，非祭則祀，其接賓客也，非饗則食。祭之以其物，有養而親之之意，所以致愛也。祀之以其道，有止而寧之之意，所以致敬也。饗以飲爲主，有鄉之之意，亦所以致敬也。食以食爲主，有養之之意，亦所以致愛也。燕之爲禮，雖與祭祀饗食不同，要之亦不過致愛敬而已。故《文王》、《鹿鳴》之燕群臣，既飲食之，又實幣帛以將其意，是致愛也；待之以嘉賓之禮，是致敬也。然則祭祀饗食如之何不奏燕樂乎？此言食、嘗無樂，非周制也。又曰：礿禘皆陽義也，莫盛於禘。嘗烝皆陰義也，莫盛於嘗。春，陽中也；秋，陰中也。凡聲，陽也；凡味，陰也。故禘以享先王，饗以待孤子，皆用樂焉，所以象雷之發聲於春也。嘗以享先王，食以待耆老，皆不用樂焉，所以象雷之收聲於秋也。《月令》於仲春雷乃發聲，言習樂，於仲秋雷乃收聲，而不及樂，豈亦饗、禘有樂，食、嘗無樂之意？❶

嚴陵方氏曰：重言「而食、嘗無樂」五字，蓋衍文。

延平周氏曰：陰有體而無聲，陽有聲而無體。饗與禴以飲爲主，飲陽也，樂亦陽也，故饗、禴有樂。食與嘗以食爲主，食陰也，故食、嘗無樂。飲以天産爲主，所以養陽；食以地産爲主，所以養陰。春爲陽中而用禴，秋爲陰中而用嘗。春饗孤子以助陽，秋食耆老以助陰，其義一

❶ 「食」字上，通志堂本、四庫本有「而」字。

也。雖然，考於《商頌》、《周官》，則食、嘗未有不用樂者，豈非夏之制歟？

馬氏曰：君子事死如事生，事亡如事存。春禘所以達其怵惕之心，秋嘗所以達其悽愴之心，故春饗生者之陽氣而禘死者之陽氣，則有樂。有樂者，所以順陽氣之出也。秋食生者之陰氣而嘗死者之陰氣，則無樂。無樂者，所以順陰氣之入也。故春禘而秋嘗，春饗孤子，秋食耆老，其義一也。

陳氏曰：陽作而有聲，陰成而有味。饗、禘有樂，用其聲也；食、嘗無樂，用其味也。禮之所用，惟其物宜，而有陰陽之義存焉。饗、禘以飲爲主，食、嘗以食爲主。飲養陽氣，爲養精也，食養陰氣，爲養形也。養精者動之以聲，此饗、禘所以有樂。養形者實之以味，此食、嘗所以無樂。凡作而有聲，無非出於陽也，故曰「凡聲，陽也」。

山陰陸氏曰：饗、禘有樂，而食、嘗無樂，此周禮也。殷人尚聲，雖食、嘗猶有樂。《祭統》曰：「大嘗禘，升歌《清廟》，下而管《象》。」魯，殷禮也。《公食大夫》無樂，食禮也。然則《少牢饋食》、《特牲饋食》主嘗言之歟？秋食耆老，《月令》所謂「仲秋養老」是也。雖然，春饗孤子，耆老亦饗焉，秋食耆老，孤子亦食焉。知然者，《周官·酒正》「凡饗耆老孤子，皆共其酒」，又《文王世子》「有司告以樂闋，王乃命公、侯、伯、子、男及羣吏反養老幼于東序」知之也。此一節言若繁複，所謂「其中必有美焉」者也。彼見形而不及理，往往不察，故君子記之如此，使讀者盡心焉。

鼎俎奇，而籩豆偶，陰陽之義也。籩豆之實，水土之品也。不敢用褻味而貴多品，所以交於旦明之義也。

鄭氏曰：「水土之品」，言非人常所食。旦，當爲「神」，篆字之誤也。

孔氏曰：此一節論鼎俎、籩豆所法陰陽之事。鼎俎以盛牲體，牲體動物，屬陽，故其數奇。籩豆兼有植物，植物屬陰，故其數偶。籩豆所充實之物，皆是水土所生品類，非人所常食。神道與人異，故不敢用人之食味。神以多大爲功，故貴多品。案《聘禮》牛一，羊二，豕三，魚四，腊五，腸胃六，膚七，鮮魚八，鮮腊九，是鼎九，其數奇也。又言陪鼎，❶膷一也，臐二也，膮三也，亦其數奇也。正鼎九，鼎别一俎，俎亦九也。又《少牢》陳五鼎：羊一，豕二，膚三，魚四，腊五。其腸胃從羊，五鼎五俎。又《特牲》三鼎：牲鼎一，魚鼎二，腊鼎三，亦有三俎，是鼎俎奇也。案《掌客》云：「上公豆四十，侯伯三十二，子男二十四。」又《禮器》云：「天子之豆二十有六，諸公十有六，諸侯十有二，上大夫八，下大夫六。」案禮，籩與豆同，是籩豆偶也。《鄉飲酒義》豆數是年齒相次，非正豆也。

長樂陳氏曰：鼎俎之實，以天産爲主，而天産陽屬，故其數奇。籩豆之實，以地産爲主，而地産陰屬，故其數偶。「不敢用褻味」，所以盡志。「貴多品」，所以盡物。盡志，所以交於神；盡物，所以交於明。先儒以「旦」爲「神」，其説是也。

嚴陵方氏曰：籩之實若菱芡之類，豆之

❶「言」，通志堂本、四庫本及《禮記正義》作「有」。

實若芹蒲之類，所謂水之品也。籩之實若棗㮚之類，豆之實若菁韭之類，所謂土之品也。水土之品非人常所食，故曰「不敢用褻味」。或水或土，所取不一，故曰「而貴多品」。

山陰陸氏曰：俎載而生之，鼎亨而孰之。籩豆受成而已。旦明，蓋指祼獻之時。至朝而踐，則象朝時，事親所進也，於是始有籩豆之薦。雖有籩豆，然「不敢用褻味」，而「貴多品」，是乃所以交於旦明之義也。灌用鬱鬯，祼用臭也，至敬不饗味而貴氣臭也。交於神明之義，言以人事交於神明如此也。交於旦明之義，言以朝事交於旦明如此也。灌用鬱鬯，無籩豆之薦，以言交於旦明之義，故曰「籩豆之實」而已，又曰「不敢用褻味」而已。以言交於神明之義，故曰籩豆之薦，又曰不敢用常褻味也。按《籩人》掌四籩之實，自朝事而下，則祼無籩豆之薦，非特諸侯相朝，雖祭亦爾也。

賓入大門而奏《肆夏》，示易以敬也。卒爵而樂闋，孔子屢歎之。奠酬而工升歌，發德也。歌者在上，匏竹在下，貴人聲也。樂由陽來者也，禮由陰作者也。陰陽和，而萬物得。

鄭氏曰：賓，朝聘者。易，和説也。屢歎，美此禮也。發德者，以《詩》之義發明賓主之德。匏，笙也。得，得其所也。

孔氏曰：此一節論朝聘之賓及己之臣子有王事勞者，設燕饗之禮，奏樂之節。《饗禮》既亡，今約《大射》及《燕禮》解之。案《大射禮》「主人納賓」，賓是己之臣子，又無王事之勞，故賓入不奏《肆夏》。賓入及庭，公升即席，乃奏《肆夏》是也。《燕禮・記》云：「若以樂納賓，則賓及庭奏《肆夏》。」鄭註云：「卿大夫有王事之勞，則奏此樂。」此云賓入大門，謂朝聘既畢，受燕饗之時，燕則大門是寢門也，饗則大門是廟門也。樂主和易，今奏此《肆夏》之樂者，示主人和易嚴敬於賓也。又案：《大射禮》賓至庭，❶奏《肆夏》，乃至。❷主人獻賓，賓受爵，啐酒，拜，告旨，而樂闋。賓飲卒爵，酢主人，主人受酢畢，主人獻公，乃奏《肆夏》。公飲卒爵，而樂闋。又《燕禮·記》云：賓拜酒，主人答拜，而樂闋。公拜受爵，而奏《肆夏》。公卒爵，而樂闋。是「卒爵而樂闋」也。此卒爵，謂兼賓及主君也。依《大射禮》，主人受酢，不作樂，若其饗時，主君親獻賓，賓親酢主君，賓主俱作樂也。孔子見禮入門而縣興，卒爵而樂闋。屢，數也。數數歎美此禮，善其和易恭敬之義也。「奠酬而工升歌」者，案《大射禮》獻卿之後，大夫媵觶於公，所謂酬也。公奠置此酬而未舉，於時工升歌也。或可饗時，主君親酬賓，賓初奠酬薦東，於時即工升歌也。《大射》與《燕禮》異。《燕禮》歌《鹿鳴》，合鄉樂。凡合樂，降於升歌一等。王饗燕元臣，升歌《三夏》，《三夏》即《頌》，合樂降一等，即合《大雅》也。元侯自相饗，亦歌《頌》，合《大雅》，故《燕居》「兩君相見，❸歌《清廟》」是也。侯、伯、子、男相見，既歌《文王》，合《鹿鳴》也。準約元侯，則天子饗燕侯、伯、子、男，亦歌《文王》，合《鹿鳴》也。諸侯燕臣子，歌《鹿

❶「至」，通志堂本、四庫本作「及」。
❷「至」，通志堂本、四庫本作「升」，是。
❸「故」字下，通志堂本、四庫本有「仲尼」二字。

鳴》，合鄉樂，《燕禮》是也。其天子燕在朝臣子，鄭《詩譜》云「歌《鹿鳴》，合鄉樂」是也。升歌、合樂，所以異者，案《鄉飲酒》及《燕禮》工升自西階，歌《鹿鳴》、《四牡》、《皇皇者華》。歌訖，笙入，立于堂下，奏《南陔》、《白華》、《華黍》。奏訖，乃間歌《魚麗》，笙《由庚》；歌《南有嘉魚》，笙《崇丘》；歌《南山有臺》，笙《由儀》。間歌訖，乃合鄉樂。《周南·關雎》、《葛覃》、《卷耳》，《召南·鵲巢》、《采蘩》、《采蘋》。間者，謂堂上堂下一歌一吹，更遞而作。合者，上下之樂並作，此其所以異也。「歌者在上，匏竹在下」，解所以不升笙之義也。歌是人聲，可貴，故升之在堂，匏竹可賤，故在堂下。然瑟亦升堂者，瑟工隨歌工故也。因賓主禮樂之事，遂説禮樂之義。陽，天也。天以氣化，故作樂象之。樂以氣爲化，是樂由陽來者也。氣化，謂五聲八音。陰，地也。地以形生，故制禮象之。禮以形爲教，是禮由陰作者也。形教，謂尊卑大小拜伏之事也。和，猶合也。得，謂各得其所也。若禮樂由於天地，天地與之和合，則萬物得其所也。

長樂劉氏曰：入門而縣興，乃奏《肆夏》之樂，所以示天子用樂易之德降接於羣臣，以將其敬也。然則爲賓者，乃其臣也。當其禮樂之優隆，宜何心以報上哉？故《天保》之詩者，下報上也。此文王所以致多士而作周也。「卒爵而樂闋，孔子屢歎之」者，謂君能降禮，下交於臣，以竭其歡心；臣能盡忠，以答於上，以成其亨泰。位天地，育萬物，由其禮樂行而陰陽順也。此孔子所以屢歎之者，周衰，不及其盛也。

長樂陳氏曰：「入門而奏《肆夏》，示易以

敬」者，所謂示情者也。「奠酬而工升歌發德」者，所謂示德者也。「匏竹在下」者，所謂示事者也。古之君子不必親相與言，❶以禮樂相示而已。此夫子所以「屢歎之」也。然孔子之屢歎，固不止於「卒爵樂闋」而已。言「卒爵樂闋」而繼之以「孔子屢歎」者，舉中以明上下也。然《哀公問》言「入門而金作」，則不止於《肆夏》；言「升歌」，則止於《清廟》；言「下管」，則主於《象》。此言入門而奏，則止於《肆夏》；言「升歌」，則不止於《清廟》；言「匏竹」，則不止於《象》。何也？蓋哀公所言者大饗之禮，此則兼燕禮而言之，是以詳略不同也。又《樂書》曰：古者燕饗之賓，情意未通，歡好未接，不必親相與言，以禮相示而已。故賓而饗之，所以爲禮；奏樂而樂之，所以爲樂。賓始入門，則奏《肆夏》，以示易敬之意。既卒爵，則奠酬升歌，以發賓主之德。卒爵則以進爲文，而禮意有所不傳。樂闋則以反爲文，而樂意有所不喻。是相與之誠，言常不足於意，❷而意常有餘於言。故言之發，有不足以盡意，其聲至於嗟，其氣至於嘆者，豈「言之不足，故嗟嘆之」謂歟？❸孔子於饗賓之際，卒爵而樂闋，其嘆至於屢者，蓋異乎觀止之嘆。豈一唱三嘆之謂乎？樂由天作，其來自乎陽；禮以地制，其作自乎陰。陰陽不和，萬物不得。禮樂不交，賓主不歡。是饗燕朝聘之設在禮樂，❹不在陰陽，然非陰陽，吾

❶「必」，通志堂本、四庫本作「能」。
❷「常」，通志堂本、四庫本作「嘗」。下「常」字同。
❸「之」，宋陳暘《樂書》卷五重此字，是。
❹「饗燕」，通志堂本、四庫本作「燕饗」。

無以見禮樂矣；在賓主，不在萬物，然非萬物，吾無以見賓主矣。傳曰：「禮樂法而不說。」其法也，可視而見，可聞而知。其不說也，有天下至賾存焉，非得意忘象，烏足議此？ 又曰：禮樂之始，自陰陽出。及其至也，行乎陰陽。陰陽者，萬物之所聽而弗違者也，故陰陽和，而萬物得。《周官》言「以禮樂合天地之化，百物之産」，蓋本於此。

嚴陵方氏曰：此言諸侯爲賓之禮也。故曰「賓入大門，奏《肆夏》」，則所以迎賓而納之。且能易，則賓主之情不離；能敬，則賓主之情不流。不流、不離，禮樂之道也。夫「禮減而進，以進爲文；樂盈而反，以反爲文」，「爵始卒而樂遂闋」，則能以反爲文矣。此先王之微意也，故孔子屢歎之。且樂所以發明賓主之德也，卒爵，則酬酢之禮畢，而賓主之德已明矣。樂之闋也，不亦宜乎？闋，終也。孔子於「與蜡」之事畢而歎者，歎其禮之亡也。於「卒爵而樂闋」亦歎者，歎其樂之深也。於禮之亡則傷之而歎也，於樂之深則美之而歎也。主酌賓曰「獻」，賓答主曰「酢」，主復答賓曰「酬」。奠酬，謂奠置酬爵之時也。夫禮成於三，奠酬則禮成而賓主之德可知也，故樂工升歌以發之。蓋雖有其德，非發之於聲音，則無自而明故也。升歌，即《仲尼燕居》所謂「升歌《清廟》示德」是矣。或言「發」，或言「示」，互相備也。歌者在上，故經每謂之「升歌」；匏竹在下，故經每謂之「下管」。匏即竽笙之類，竹即篪笛之類。以《舜典》考之，堂上有琴瑟，堂下有柷敔。要之，在上者以歌爲主，在下者以匏竹爲主。樂由陽來，禮由陰作，獨陰不生，獨陽不成，生成相濟，其氣乃和。和則萬物不失其性矣。

馬氏曰：易者，和説之也。和悦以敬，則和而不流。舉爵而樂興，卒爵而樂闋，示其樂而無荒也。和而不流，樂而無荒，其禮樂如此，則孔子及此未嘗不深嘉而屢嘆之也。歌者聲之發於口，匏竹者聲之寓於器。寓於器者，其聲粗；發於口者，其聲精。故歌者在上，貴人聲也。《記》曰「聲莫重」者，所以貴人聲也。樂由天作，則樂者，陽也，故樂由陽來。禮以地制，則禮者，陰也，故禮由陰作。天地合而萬物生，陰陽和而萬物得。古之人言禮樂，未嘗徇於一偏之説也。

山陰陸氏曰：饗始於入門而奏《肆夏》，終於卒爵而樂闋。其所以饗在此，孔子所以屢歎也。《詩》曰「一朝饗之」，饗言朝，則食象食時所進。燕，夕時也。敬莫隆於朝，至夕或怠矣。故先王制禮，饗以訓共儉，燕以示慈惠。《兵法》曰：「朝氣鋭，晝氣墮，莫氣歸。」豈特兵也哉！凡樂三闋，入門而縣興，升堂而樂闋，一也；賓飲畢，樂闋，二也；主人受酢，飲畢，樂闋，三也。「奠酬而工升歌，發德也」，所謂「德發揚詡萬物」者，此歟？故孔子屢歎，在彼不在此，故曰「德産之致也精微」。升歌，蓋《清廟》之詩。「萬物得」，言得由其道，得極其高大，❶各得其宜是也。「間歌《魚麗》，笙《由庚》；歌《南有嘉魚》，笙《崇丘》；歌《南山有臺》，笙《由儀》」，蓋以此。

❶「極其」，通志堂本、四庫本作「其極」。

《講義》曰：樂所以道天下之和，有得乎氣之温厚，故曰由陽而來。禮所以明天下之分，有得乎氣之嚴凝，故曰由陰而作。

延平周氏曰：禮樂之始，雖由於陰陽，及其妙也，則能統陰陽而育萬物。故曰「陰陽和，而萬物得」。《周官》曰「禮樂合天地之化，百物之産」，其此之謂乎！

禮記集説卷第六十三

禮記集説卷第六十四

旅幣無方，所以別土地之宜，而節遠邇之期也。龜爲前列，先知也。以鍾次之，以和居參之也。虎豹之皮，示服猛也。束帛加璧，往德也。

鄭氏曰：旅，衆也。邇，近也。鍾，金也。獻金爲作器，鍾其大者，以金參居庭實之間，示和也。

孔氏曰：此一節明朝聘貨賄庭實之物。幣，庭實也。衆國貢獻幣物，非止一方，故云「無方」。五方各殊，所出有異，所以分別土地所生之宜。六服有遠近，或嬪或貨，所貢之屬各有期也。「龜」以下，即「旅幣無方」之事。龜是靈知之物，陳之最在前。陳金則次於龜後，不謂之金，而謂之鍾者，貢金以共王之鑄器，器莫大於鍾也。金性柔和，從時變革，厠居龜、帛之間，故云「以和居參之也」。虎豹是威猛之獸，今得其皮，來列在庭，表示君臣之德，能服四方之威猛者也。玉以表德，今將玉加於束帛或錦繡黼黻之上，是以表往歸於德故也。謂主君有德而往歸之。

長樂劉氏曰：六服諸侯，更番以四仲月來朝，則任土作貢，旅衆國之幣，隨其國之所有，或金，或玉，或瓲，或包，如《禹貢》九州之物無定法也，而國服遠近不同，必使番休，六年一徧，而每朝王必皆助祭，執籩豆，駿奔走，則不可在祠、禴、烝、嘗之後也，❶故曰「節遠邇之期」焉。

❶「祠禴」，通志堂本、四庫本作「禴祠」。

其朝宗覲遇也，或受饗於朝，或受饗於廟，備陳衆國充庭之物，則九江納錫大龜者，荆州之所貢也。以爲前列者，先其靈知，能照國家之災祥也。先儒考《夏書》無以鍾爲貢幣者，以鍾爲金，則「厥貢惟金三品」。以其從革，可柔可剛，有利國之義，故謂之和。「以和居參之」者，具陳三品，銅色雖下，而亦居其次者，以其和也。

長樂陳氏曰：「溥天之下，莫非王土。率土之濱，莫非王臣」，故衆幣所以無方也。土地之宜在物，而遠近之期在人。《周官》六服，其見有六歲之差，其交有六物之異。六物之異者，所謂别土地之宜；六歲之差者，所謂節遠近之期也。金之爲體則實，而其爲性則順。體之實則足以見情，而性之順則足以示和。示服猛者，所以明德威惟畏也。往德者，所以示德明惟明也。《禮器》言大饗之所貢，故言三牲、魚腊以至丹漆、絲纊、竹箭之類，而極其多。此言常貢之法，則陳其大率而已。此詳略所以不同也。又《禮書》曰：采邑有賦而無貢，邦國有貢而無賦。《周官·大宰》「以九賦斂財賄」，有家削、邦縣、邦都之賦；「以九貢致邦國之用」，有祀、嬪、器幣、財、貨、服、游、物之貢。其制地貢在大司徒，其施邦國之貢在大司馬，其物則《職方氏》楊州之金錫、荆州之丹青、青州蒲魚、雍州玉石之類是也。其用則《大府》「以家削之賦待匪攽，邦縣之賦待幣帛，邦都之賦待祭祀，邦國之貢待弔用」是也。然邦國有歲之常貢，有因朝而貢。歲之常貢，則春入貢是也。因朝而貢，則侯服歲一見，其貢祀物之類是也。二者之禮雖殊，其玉帛庭實之設，蓋亦相類。考之《覲禮》，侯氏奉玉帛以升，庭實旅百，先龜，次金，次丹漆絲纊，馬在其南，若皮則居馬之位，而王特撫玉而已，以示致方物者，臣之職；而不有其物者，王之道也。《禹貢》八州有貢，唯冀州無貢，以畿内王之所專，特斂其賦而已，非所謂貢也。

嚴陵方氏曰：以衆之所陳，故曰「旅」，以意之所將，故用幣。土地所生之物，有宜有否，各使貢其所宜之物焉，故以「别」言之。地之遠者來之期常疏，地之邇者來之期常數，故以「節」言之。鍾即金也，貢金以共王之作器，故以「鍾」言之。曰金則以材言，曰鍾則以器言。金之爲物，其情則和，鑄之爲鍾，則止而聚。止而聚，則和之所居，故以「和居」言之。

馬氏曰：龜也，鍾也，虎豹之皮也，束帛也，皆幣也。以其爲庭實，非止於此，亦言其略而已。旅之言陳也。無方者，以其土地各有宜，不可以不别；遠邇各有期，不可以不節。蓋土地各有宜，則所貢不一；遠近各有期，❶則所入有多寡。故《周官》制貢，各以其國之所有，即所謂「别土地之宜」也。聖人之治天下，有武以示威，有德以示懷。有武以示威，故猛者服；有德以示懷，故人向而往之。虎豹者，猛物也，幣以虎豹之皮者，示王者之威足以服猛也。璧者玉也，君子以玉比德焉。加璧於束帛之上者，示主有德而爲人所歸往也。❷

❶ 「近」，通志堂本、四庫本作「邇」。

❷ 「主」，通志堂本、四庫本作「王」，當是。

山陰陸氏曰：方，猶常也。旅幣無方，即前所謂「其餘無常貨」。後世求於不産，責之非時，則非所以「別土地之宜，節遠邇之期」。此言諸侯大饗，故其記如此。即言三牲魚腊，四海九州之美味也；籩豆之薦，四時之和氣也；丹漆、絲纊、竹箭，與衆共財也。其餘無常貨，各以其國之所有。則致遠物也，是王德也。以鍾次之，言設而已，亦貶於玉。鄭氏謂金兩義，先設後入。且言鍾，金既器矣，和居參之，所謂參和爲仁也。言往德，不言尊德，亦言之法。

延平周氏曰：旅幣，衆幣也。若馬之類，古人亦謂之幣。鍾即金也，言金則不必鍾，故止於示情。言鍾則必用金，故又足以示和。往有將意，束帛則將其德之被於人者，加璧則將其德之同於天者。

庭燎之百，由齊桓公始也。大夫之奏《肆夏》也，由趙文子始也。

鄭氏曰：庭燎之差，公蓋五十，侯、伯、子、男皆三十。百，僭天子也。《肆夏》，僭諸侯也。趙文子，晉大夫，名武。

孔氏曰：自此至「夷王」以下，總明朝聘失禮之義。❶庭中設火，以照燎來朝之臣夜入者，因名火爲庭燎。百者，作百炬，列於庭也。《大戴禮》云「天子百燎，齊桓僭用，後世襲之」，是失禮從桓公始也。《大射禮》、《燕禮》諸侯納賓，奏《肆夏》。今文子亦奏之，故云「僭諸侯」。此謂納賓樂也。《周禮》《九夏》，《王夏》者，天子所用，其餘《八夏》，諸侯皆得用之。其

❶「明」、「義」，通志堂本、四庫本及《禮記正義》作「論」、「事」。

《陔夏》，卿大夫亦得用之。故《鄉飲酒》客醉而出，奏《陔夏》，但非堂上正樂所用也。

長樂陳氏曰：天下有道，天子馭諸侯，諸侯馭大夫，而禮樂有差。天下無道，諸侯僭天子，大夫僭諸侯，而禮樂無別。周之天子無道，故齊桓公僭天子之禮，而至於庭燎之百；趙文子僭諸侯之樂，而至於奏《肆夏》也。蓋齊桓公之僭以强，趙文子之僭以奢。記者録而罪之，以其濫觴於一時，而致洋溢乎天下後世也。

山陰陸氏曰：齊桓公，賢諸侯也，而僭天子如此，則餘諸侯可知。趙文子，賢大夫也，而僭諸侯如此，則餘大夫可知。

金華應氏曰：《禮運》自「天子祭天地」至「諸侯非問疾吊喪而入諸臣之家」，凡八條，皆以明諸侯之失禮，而大夫之失禮居其三。此篇自「庭燎之百」至「爲君之荅己也」，凡十餘條，皆以明大夫之僭禮，而諸侯之僭天子居其三焉。世愈降而失愈甚，失愈甚而亂愈速，事變之推移亦可見矣。孔子曰：「禮樂征伐自諸侯出，十世希不失矣。」信哉！雖然，抑有由也。諸侯之僭，起於天子之失禮而已。故《禮運》之嘆，首以魯之郊禘非禮爲言。大夫之僭起於諸侯之失禮而已，故此篇之譏自齊威、趙文子始焉。夫齊威將仗義以服諸侯也，乃自以庭燎之百誇其尊，則何以責夫諸侯？趙文子，輔其君以伯者也，而自僭《肆夏》，霸國之禮已失矣，則何以責夫大夫？

朝覲，大夫之私覿，非禮也。大夫執圭而使，所以申信也。不敢私覿，所以致敬也。而庭實私覿，何爲乎諸侯之庭？爲人臣者無外交，不敢貳君也。

鄭氏曰：朝覲，其君親來，其臣不敢私見於主國君也。以君命聘，則有私見。「何爲乎諸侯之庭」，非其與君無別也。外交，謂私覿也。

孔氏曰：此一節論大夫從君朝覲行私覿非禮之事。朝覲，謂君親往鄰國行朝覲之禮。大夫從君而行，輒行私覿，是非禮也。若受命執圭，專使鄰國，得行私覿。故《聘禮》臣出使，有私覿，所以申己之誠信也。「不敢私覿，所以致敬」，覆明從君而行，不私覿，所以致敬於己君也。周衰，有臣從君而行，設庭實，私覿於主國之庭，作記者譏之。「無外交」者，解所以不敢私覿之意。爲人之臣既無外交，唯專一事君，既從君而行，不敢貳心於他君，所以不行私覿之禮也。

馬氏曰：以《周官》考之，則「公執桓圭，侯執躬圭，伯執信圭，子執穀璧，男執蒲璧，大夫執鴈，士執雉」，則大夫無執圭之禮。此言執圭者，《荀子》以謂「聘人以圭」，❶記亦曰「以圭璋聘，重禮也」，則知此非所執之圭也。

山陰陸氏曰：大夫執圭而使，所謂信圭如此。信也者，信此者也。「何爲乎」者，痛詞也。《春秋》之義，痛之益深，其言愈緩。孔子謂「季氏八佾舞於庭，是可忍也，孰不可忍也」。三家者以雍徹，子曰：「相維辟公，天子穆穆，奚取於三家之堂。」亦以此八佾舞於庭猶可也，以雍徹甚矣。❷故其詞先後緩急不同如此。

❶ 上「以」字，通志堂本、四庫本無，是。

❷ 「徹」字下，通志堂本、四庫本有「則」字。

長樂陳氏曰：《易·大有》九四「匪其彭，无咎」，則爲諸侯者，其可庭實於諸侯之庭乎？庭實於諸侯之庭者，諸侯之無王也。《曲禮》言「從於先生，不越路而與人言」，又况大夫從其君之朝覲，其可以私覿於諸侯之庭乎？私覿於諸侯之庭者，大夫之無君也。《檀弓》曰「大夫束脩之問不出竟」，《左傳》曰「策名委質，貳乃辟也」，此所謂人臣無外交，而不貳君也。大夫而饗君，非禮也。大夫强而君殺之，義也，由三桓始也。天子無客禮，莫敢爲主焉。君適其臣，升自阼階，不敢有其室也。觀禮，天子不下堂而見諸侯。下堂而見諸侯，天子之失禮也，由夷王以下。

鄭氏曰：大夫饗君，由强且富也。三桓，魯桓公之子，莊公之弟，公子慶父、公子牙、公子友。慶父與牙通於夫人以脅公，季友以君命鴆牙。後慶父弑二君，又死也。「天子無客禮」，「君適臣，升自阼階，臣不敢有其室」，❶明饗君非禮也。「天子不下堂見諸侯」，正君臣也。夷王，周康王之玄孫之子也。時微弱，不敢自尊於諸侯。

孔氏曰：大夫富强，專制於君，召君而饗之，非禮也。大夫干國亂紀，君能殺之，得其義也。鄭註「三桓」以下，並《公羊》文。春秋之時，則有諸侯饗天子，故莊二十一年，鄭伯饗王于闕西辟，樂備。亂世非正法也。案《覲禮》「天子負斧依南面，侯氏執玉入」，是不下堂見諸侯也。若春朝夏宗，則以客禮待諸侯，以車出迎，故《齊僕》云「各以其等爲車送逆之節」。夷

❶「臣」字，通志堂本、四庫本及《禮記》鄭注無。

王下堂見諸侯，自此以後或有然者，故云以下。

黄氏曰：魯自三桓執政，日衰一日，豈是能殺强臣爲得義哉？蓋殺者，降殺之義也，謂大夫無饗君之禮，而今可饗君者，由三桓始也。謂三桓勢强，而君政微，若降殺，故爲大夫所饗。正文非舉殺臣弑君之事，本記大夫饗君失禮之由與齊桓、趙文子、夷王爲亂禮法之始，則無殺臣之義也。

長樂陳氏曰：以大夫而饗君，猶爲非禮，又况以諸侯而饗天子乎？三代之制，刑不上大夫，而霸者之法，亦曰無專殺大夫，則古之所以任大夫，未嘗不以賢。而其所以待大夫，未嘗不以禮。其有至於殺者，蓋其始也，任之不以賢，故其終也，不可待之以禮耳。周衰之際，諸侯之殺大夫者，不獨始於三桓，而必曰「三桓始」者，蓋前乎三桓者，爲亂而不止於强。及三桓之事，則强而未至於亂。是以齊殺無知，衛殺州吁，宋殺長萬，陳殺三良，❶是皆以其禍亂一國，而不止於强也。叔牙之欲立慶父，則恃强而已，而未至於禍亂一國。此記者所以言大夫强而君殺之，由三桓始也。春夏萬物聚見之時，先王爲之朝宗之禮，而不純以臣待諸侯；以其等爲車送逆之節，所以明其恩也。於秋萬物分辨之時，爲之覲禮，而純以臣待諸侯，則負依南面而不下堂，所以明其義也。明其恩，則天下知所賢；明其義，則天下知所尊。知所賢，則人樂於爲德；知所尊，則人樂於爲禮。此天子之

❶「三良」，通志堂本、四庫本作「二慶」，是。

德，所以常感於下，而其勢所以常隆於上矣。至夷王則不然，於其秋覲之時，亦與諸侯分庭抗禮，而下堂見之，是其自卑所以起諸侯之僭，自弱所以起諸侯之强，以至平王東遷，而齊王室於邦君，降《黍離》於《國風》者，非由此哉？

延平周氏曰：齊桓公葵丘之盟，嘗謂無專殺大夫。而此謂「大夫强而君殺之，由三桓始」，則所謂無專殺大夫者，非特霸者之法而已。然周之諸侯殺大夫者，豈獨始於三桓？蓋三桓以魯言也。夷王下堂而見諸侯，周之王業卒至於不可復興，其失禮之害也如此。

山陰陸氏曰：三桓蓋公子慶父、公子牙、公子季友之後，子孫執國政者也。鄭氏謂季友以君命鴆牙，後慶父弑二君又死也。案季子鴆牙，❶使若託以疾死，然其於慶父，緩追逸賊，皆親親之道，即非以君命殺之。又季子不應在三桓之列。且古者殺大夫，非義也。大夫見殺，非智也。其或有罪，則遷就而爲之諱，所謂「簠簋不飾」是也。後世大夫，世執國政，君由是弱矣。有殺之者，更以爲義，則若三家者，有以啓之也。經是以云。經曰：「公廟之設於私家，非禮也，由三桓始也。」《春秋傳》曰「陽虎欲去三桓，以季寤更季氏，以叔孫輒更叔孫氏，以己更孟氏」，知三桓非公子友等身明矣。❷不言由夷王始，則夷王以下莫不然也。其所謂始者，能爲之始而已，後有不皆也。據孔氏之不喪出母，自子思始也。邾婁復

❶「子」，通志堂本、四庫本作「友」。下「季子」同。

❷「身」，通志堂本、四庫本作「亦」，是。

之以矢，蓋自戰於升陘始也。魯婦人之髽而弔也，自敗於臺鮐始也。下殤用棺衣棺，自史佚始也。練冠以喪慈母，自魯昭公始也。庭燎之百，由齊桓公始也。大夫之奏《肆夏》，由趙文子始也。大夫强而君殺之義也，由三桓始也。公廟之設於私家，非禮也，由三桓始也。廟有二主，自桓公始也。玄冠紫緌，自魯桓公始也。朝服之以縞也，自季康子始也。士之有誄，自魯莊公始也。夫人之不命於天子，自魯昭公始也。

馬氏曰：「溥天之下，莫非王土，率土之濱，莫非王臣」，故天子無客禮，莫敢爲主焉。天子燕禮，則以膳夫爲主，諸侯燕禮，則以宰夫爲主，示其君之尊，而莫敢與之抗禮也。故君適其臣，升自主人阼階之位，示臣不敢有其室也。爲人臣者，不敢有己，而況於有室乎？

横渠張氏曰：不當下堂而下，是天子弱而諸侯强也。若負屏而立，謂之朝，是當行禮於庭中也。

諸侯之宫縣，而祭以白牡。擊玉磬，朱干設錫，冕而舞《大武》，乘大路，諸侯之僭禮也。臺門而旅樹，反坫，繡黼丹朱中衣，大夫之僭禮也。故天子微，諸侯僭；大夫强，諸侯脅。於此相貴以等，相覿以貨，相賂以利，而天下之禮亂矣。諸侯不敢祖天子，大夫不敢祖諸侯，而公廟之設於私家，非禮也，由三桓始也。

鄭氏曰：宫縣，四面縣也。干，盾也。錫，傅其背如龜也。《武》，萬舞也。白牡、大路，殷天子禮。以上皆天子之禮也。旅，道也。屏謂之樹，樹所以蔽行道。管氏樹塞門，塞，猶蔽也。《禮》，天子外屏，諸侯内屏，大夫以簾，士以帷。反坫，反爵之坫也。蓋在尊南，兩君相見，主君既獻於反爵焉。繡黼、丹朱，以爲中衣領緣也。繡，讀爲綃。綃，繒名也。《詩》云「素衣朱綃」，又云「素衣朱襮」。襮，黼領也。以上皆諸侯之禮也。仲孫、叔孫、季孫氏皆立桓公廟。魯以周公之故，立文王廟，三家見而僭焉。

孔氏曰：此一節總論諸侯及大夫奢僭强盛之事。案《小胥》天子宮縣，諸侯唯合軒縣，今乃有宮縣。白牡，是殷之正色，諸侯祭用時王牲，今乃用白牡。又諸侯擊石磬，今擊玉磬。又諸侯得舞《大武》，故《詩》云「方將萬舞」。《宣八年》「萬入去籥」是也。但不得朱干設錫，冕服而舞。今「朱干玉戚，❶冕而舞《大武》」。《詩》云「鏤錫」，謂以金飾之，則此錫亦以金飾，謂用金琢傅其盾背，盾背外高，龜背亦外高，故鄭云「如龜」。蓋漢禮然也。又諸侯合乘時王之車，今乃乘殷之大路，並是諸侯之僭禮也。《祭統》云「朱干玉戚，冕而舞《大武》」，《明堂位》云「魯君孟春乘大路」，皆天子禮樂特賜周公，魯唯文王、周公廟得用之，用於他廟則爲僭。若他國諸侯非二王之後祀受命之君而用之，皆爲僭也。臺門者，兩邊起土爲臺，臺上架屋曰臺門。樹，立也。人君當門道立屏，蔽内外爲敬也。《明堂位》云「反坫出尊」，則坫爲尊而設，故鄭知反爵之坫也。坫以土爲之。《論語》云：「邦君爲兩君之好，有反坫。」故鄭知兩君相見。

❶「玉戚」，通志堂本、四庫本作「設錫」，是。

彼註云「其獻酢之禮，❶更酌，酌畢，則各反爵於坫上」，謂於此坫上而反爵也。中衣，謂冕及爵弁之中衣，以素爲之，繡黼爲領，丹朱爲緣。案註《昏禮》引《詩》云「素衣朱綃」，《魯詩》亦以爲綃，綺屬。❷以《魯詩》既爲「綃」字，又五色備曰繡，白與黑曰黼，繡黼不得共爲一物，故以繡爲綃也，謂於綃上刺黼文也。又《釋器》「黼領謂之襮」，故鄭云「襮，黼領也」。案禮，公之孤四命，則爵弁自祭。天子大夫四命，亦當爵弁自祭，則中衣得用素，但不得綃黼爲領，丹朱爲緣耳。自臺門以下，於時大夫皆有此事，故言「僭禮」也。「相貴以等」，謂臣下不畏懼於君，而擅相尊貴以等列。「相覿以貨」者，大夫私相覿以貨賄，不辟君也。鄭知魯得立文王廟者，案襄十二年，「吴子壽夢卒，臨于周廟，禮也」，註云：「周廟，謂文王廟也。」此經云「諸侯不敢祖天子」，而文二年《左傳》云「宋祖帝乙，鄭祖厲王」。大夫不敢祖諸侯，而莊二十八年《左傳》云「凡邑有宗廟先君之主曰都」者，❸彼據有大功德者。❹

長樂陳氏曰：宮縣玉磬，朱干設鍚，冕而舞《大武》，此周天子之禮，而周之諸侯僭之也。祭以白牡，殷天子之禮，而殷之諸侯僭之也。蓋殷尚白，非天子之宗廟，不用白牡。猶周尚赤，非天子之宗廟，不用

❶「酢」，通志堂本、四庫本作「酬」。

❷「綺」字上，通志堂本、四庫本及《禮記正義》有「綃」字，是。

❸「者」字，通志堂本、四庫本無。

❹「者」下，通志堂本、四庫本有「此據尋常諸侯大夫也」九字。

騂剛。周公以人臣不可及之功，故祭得用天子之騂剛，所以優其功。然又不可以忘人臣之分，故以白牡，所以正其分也，則祭以白牡爲僭者，豈非殷之諸侯哉？《明堂位》以大路爲殷路，指木路而言之。《樂記》曰「大輅，天子之車」，指金路而言之也。殷之木路，非天子之祭天則不用。周之金路，非天子之所賜，則不得乘。在殷而乘木路，在周而乘金路，皆謂之乘大路。此言殷周諸侯之僭禮也。其所謂繡黼丹朱中衣者，蓋繡黼，中衣之領；而丹朱，中衣之緣也。先儒以繡爲綃，其説非矣。《詩》曰「素衣朱襮」。又《樂書》曰：《周官·小胥》「正樂縣之位，王宫縣」，諸侯軒縣，則諸侯宫縣僭天子樂縣也。舜之鳴球以象天帝玉磬之音，諸侯擊玉磬，僭天子樂器也。天子朱干玉戚，冕而舞《大武》，諸侯亦設錫而用之，僭天子樂舞也。祭以白牡，僭天子用牲之禮也。乘以大輅，僭天子乘車之禮也。蓋天下有道，禮樂自天子出，諸侯莫得而僭之。天下無道，禮樂自諸侯出，其不僭竊而有之，❶未之有也。言諸侯僭禮，則樂可知矣。朱干用白金以覆其背，所謂「朱干設錫」是也。玉戚用玉以飾其柄，楚工尹路謂「剥圭以爲戚柲」是也。凡此，魯不特用於周公之廟，而羣公之廟亦用焉，故子家駒譏之。不特用於魯之羣廟，而諸侯廟亦用焉，故於此譏之。循緣積習，八佾作於季氏之庭，《萬舞》振於文夫人之側，先王之樂自是掃地矣。

嚴陵方氏曰：先儒謂縣若鍾磬之屬縣於

❶ 「有」，通志堂本、四庫本及《樂書》作「用」，是。

簨虡者，四面皆縣，象宫室之有牆，故謂之宫縣。諸侯軒縣，猶軒車之有藩，去其一面故也。白牡，殷牲；大路，殷路也。二者先王之禮物也，唯天子乃得兼而用之。丹朱中衣，以丹朱爲中衣之飾也。正服在外，故謂之中衣。微故見脅，强故取僭。❶四者之言，亦互相明爾。相貴以等，則爵不足以馭其貴；相覿以貨，則禄不足以馭其富；相賂以利，則予不足以馭其幸。大宰八柄，詔王馭羣臣，以此三者爲先。三者苟失，天下之禮由是亂矣。覿言非是，則不行。貨指物，利指事。諸侯有國而已，故不敢祖天子；大夫有家而已，故不敢祖諸侯。以其不敢祖天子，故立始祖而有五廟之制；以其不敢祖諸侯，故立别子而有五宗之法。

馬氏曰：諸侯之僭由天子之微，諸侯之見脅由大夫之强也。方周之衰，上失道揆，下無法守，故於此相貴以等，相覿以貨，相賂以利。「相貴以等」，言相尚以勢；「相覿以貨，相賂以利」，言相尚以利。天下以勢、利相尚，不奪則不能饜其所欲，此天下之禮所以亂矣。

山陰陸氏曰：諸侯言僭樂、僭祭祀，言僭大路；大夫言僭禮、僭朝會，言僭中衣，亦言之法。言天子微在上，言諸侯脅在下，君子詞也。君子爲尊者諱敵不諱敗，諱脅不諱微。且言天子在下，寧言諸侯在下。祖言不敢，明非不得也。故宋祖帝乙，鄭祖厲王。

天子存二代之後，猶尊賢也。尊賢不過二代。

❶「取」，通志堂本、四庫本作「敢」，疑是。

鄭氏曰：過之，遠難法也。「二」或爲「三」。

孔氏曰：此一節論王者立二王後尊賢之事。所以存二代之後者，猶尚尊其往昔之賢，取其法象。但代異時移，今古不一，所尊之賢不過二代而已。若過之遠，難爲法也。案《異義》：「《公羊》説存二王之後，所以通夫三統之義。《左氏》説周家封夏、殷二王之後，以爲上公；封黄帝、堯、舜之後，謂之三恪。」鄭云：「二王之後，命使郊天，祭其始祖受命之王，自行其正朔服色。恪者，❶敬也。敬其先聖而封其後。」

唐天寶《三恪二王後議》曰：三恪二王之義有三説焉：一云二王之前，更立三代之後爲三恪。此據《樂記》武王克商，未及下車，封黄帝、堯、舜之後；及下車，封夏、殷之後，通己用六代之樂。一云二王之前，但存一代，通二王爲三恪。此據《左傳》但云封胡公以備三恪，明王者所敬先王有二，更封一代，以備三恪。存三恪者，所敬之道不過於三，以通三正。一云二王之後爲一恪，❷妻之父母爲二恪，夷狄之君爲三恪。此據王有不臣者三而言之。按梁崔靈恩云：「三義之説以初爲長，何者？《禮記·郊特牲》云：『存二王之後，尊賢不過二代。』又《詩》云『二王之後來助祭』。又《春秋公羊説》曰：『存二王之後，所以通三正。』以上皆無謂二王之後爲三恪之文。若更立一代通備

❶ 「者」，原作「則」，今據通志堂本、四庫本及《禮記正義》改。

❷ 上「一」字，原作「三」，今據通志堂本、四庫本改。

三恪者，則非不過二代之意。《左傳》云『封胡公以備三恪』者，謂上同黄帝、堯、舜，下同殷、夏爲三恪也。」❶又按二王三恪，經無正文。崔靈恩據《禮記》陳武王之封，遂以爲通存五代，竊恐未安。今據二代之後即謂之二王，三代之後即謂之三恪。且武王所封，蓋以堯有則天之大，人莫能名。黄帝列序星辰，正名百物，自以功濟萬代，師範百王，故特封其後。偶契三二之數，❷非歷代通法。故《記》云「尊賢不過二代」，示敬必由舊，因取通己爲三正也。其二代之前第三代者，雖遠難師法，豈得不録其後，故亦存之，示敬其道而已。因謂之三恪。故《左傳》云「封胡公以備三恪」，足知無五代也。況歷代至今，皆以三代爲三恪焉。《通典》。

嚴陵方氏曰：成王之命微子曰「惟稽古崇德象賢」，乃其事也。

山陰陸氏曰：猶之言可以已也，雖可以已，猶如此，厚之至也。雖厚，又惡大過，故曰「尊賢不過二代」。

長樂陳氏曰：監於二代，則存二代之意於可見矣。

眉山孫氏曰：立前代之後，以統承先王者，自古有此法也。有虞氏之時，棄爲高辛之後，故得祭天，《詩》謂「后稷肇祀」是也。丹朱爲唐堯後，作賓于虞。《書》所謂「虞賓在位」是也。至夏后時，則丹朱、商均之子孫皆爲二王後。湯爲夏氏立後，經傳雖不載，然有商之興，固當以禹之裔爲二王後無疑矣。《仲虺之誥》稱湯

❶「殷夏」，通志堂本、四庫本作「夏殷」，是。

❷「三二」，通志堂本、四庫本作「二三」。

之德，有曰「兹率厥典」，言其能率循舊典，不易故常也。豈其於崇德象賢之事，獨不稽古乎？至周則封微子於宋，至封舜後於陳，封東樓公於杞，亦必因成湯封舜、禹之後於陳、杞，可以推知也。佖。

諸侯不臣寓公，故古者寓公不繼世。

鄭氏曰：寓，寄也。寄公之子，非賢者，世不足尊也。寓，或爲「託」也。

孔氏曰：此一節論寄公之子爲臣之事。《喪服傳》云：寄公者何也？失地之君也。或天子削地，或被諸侯所逐，皆爲失地。不臣者，不敢以寄公爲臣也。

嚴陵方氏曰：失地之君，諸侯所以不臣之者，以其嘗爲南面之君故也。然以失地，則其賢不足尊也。故古者不使之繼世。

馬氏曰：古者寓公非有大功德，不得繼世。雖然，諸侯猶擇其賢者而用之。

君之南鄉，答陽之義也。臣之北面，答君也。大夫之臣不稽首，非尊家臣，以辟君也。

鄭氏曰：答，對也。辟君，辟國君也。

孔氏曰：此一經論大夫君辟正君之事。諸侯則稽首於天子，大夫則稽首於諸侯。家臣不稽首者，非是尊敬此家臣，不令稽首，以臣於國君已皆稽首，今大夫之臣又稽首於大夫之君，便是一國兩君，故云「以辟君也」。大夫得稽首於諸侯，不辟天子者，諸侯有大功德，封畿外，❶專有其國，故大夫得盡臣禮以事之。

嚴陵方氏曰：南者陽之位，北者陰之位。君以陽明爲德，故南鄉而有答陽之義，所

❶「封」字上，通志堂本、四庫本及《禮記正義》有「出」字。

以向明也。臣以陰順爲德，故北面以答君，所以示順也。君非臣之所敵，故不可言「答臣」。臣者，君之所統，故不可言「答陰」。於君曰鄉，則不斥其體，君尊故也。《周官·司士》於王曰「鄉」，自公而下皆曰「面」。《莊子》言堯之爲君曰「南鄉」，言舜之爲臣曰「北面」，皆此意也。然對而言之，則如此，離而言之，君亦可以言「面」。故《易》言「聖人南面而聽天下」，經言「聖人南面而立」。《周官·大祝》辨九拜而以稽首爲先，則稽首者至地，❶而爲禮之隆也。諸侯之大夫，陪臣而已。以陪臣之卑，而可以當拜禮之隆乎？必有君道之尊者，乃可以當此。《坊記》大夫不稱君，則大夫固無君道矣。

延平周氏曰：天道降於南方，故君之南鄉，答天也。陽即天也。

馬氏曰：君者兼天子諸侯而言之也。

山陰陸氏曰：《易》曰「聖人南面而聽天下，鄉明而治，蓋取諸離」是也。

大夫有獻弗親，君有賜不面拜，爲君之答己也。

鄭氏曰：不面拜者，於外告小臣，小臣受以入也。小臣掌三公及孤卿之復逆也。

孔氏曰：此一經論君尊大夫之事。謂大夫有物獻君，使人獻之，不親來獻。君有物賜大夫，大夫不面自來拜。案《大僕》「掌諸侯之復逆」，《御僕》「掌羣吏之逆及庶民之復」，鄭註云：「復，謂奏事也。逆，謂受下奏。」

嚴陵方氏曰：此謂諸侯大夫。諸侯雖有君道，然亦天子之臣爾。故於大夫有相

❶「至」字上，通志堂本、四庫本有「首」字。

答之禮焉。獻弗親，有賜不面拜，非敢怠也，慮煩君之答己而已。親則必面，獻亦必拜。其言互備也。

延平周氏曰：君有答於大夫，尊賢也。大夫不親獻，不面拜，貴貴也。

馬氏曰：非不役志於獻而有慢君之賜也。蓋禮無不答，而上之不虛取於下也。爲其君之答己，故弗親、不面拜，禮從其簡而已，亦所以尊君也。

鄉人裼，孔子朝服而立于阼，存室神也。

鄭氏曰：裼，强鬼也。謂時儺，索室毆疫逐强鬼也。裼，或爲「獻」，或爲「儺」。朝服立于阼，神依人也。

孔氏曰：此一經論孔子存神之事。鄉人驅逐强鬼，孔子恐廟神有驚恐，身著朝服，立于廟之阼階，存安廟室之神。朝服以祭，故用祭服以依神也。

馬氏曰：儺者，索室以去其不祥。其法見於周《方相氏》，而其事見於《月令》之季秋。孔子聖人，德合於神明矣。非俟於索室以去其不祥，然必從鄉人之儺者，不違衆以立異也。

山陰陸氏曰：裼，讀如「陽」，裼以達陽制名。儺，言「難」，陰而已。方言「存室神也」，即言儺，非所謂敬。

石林葉氏曰：裼，讀如「陽」。儺有二名：儺猶禳也，以禦陰爲義，故文從儺。裼，猶禬也，以抗陽爲義，故文從昜。❶此以存室神也，故以裼爲名。鄭氏以爲「强鬼之名」，誤也。

孔子曰：「射之以樂也，何以聽，何以射？」

孔子曰：「士使之射，不能，則辭以疾，縣弧

❶「昜」，原作「易」，今據通志堂本、四庫本改。

之義也。」

鄭氏曰：「何以聽，何以射」，多其射容與樂節相應也。男子生而設弧於門左，示有射道而未能也。女子設帨。

孔氏曰：此一節論祭廟擇士之射。「何以聽」，❶言何以能聽此樂節，使與射容相應。「何以射」者，言何以能使射與樂節相應。善其兩事相應。故鄭註《射義》云「何以，言其難也」。爲士之法，理合能射，不能則乖於爲士之義。案《内則》云：「子生，男子設弧於門左。」所以設弧者，示有射道，以其未能，所以縣之，長大不得不能。不能，則辭以疾，言以病疾而不能，與初生縣弧相似，故云「縣弧之義也」。

馬氏曰：射者，其容體比於禮，其節比於樂，然後可以言中。其容體比於禮非難，而其節比於樂爲難。故「天子以《騶虞》爲節，諸侯以《貍首》爲節，大夫以《采蘋》爲節，士以《采蘩》爲節」。❷蓋射必以聲而后發，發而不失其節，此君子之所難也。以其節聽之在耳，而得之於心，得之於心，而應之於手，其妙至於如此，而非可以言喻。故孔子曰：「射之以樂也，何以聽，何以射？」「何以聽，何以射」者，其難也。

山陰陸氏曰：此言妙難口傳，雖欲問之，不知其何以也。故曰道無問。無問問之，是責窮也。

慈湖楊氏曰：人皆曰所以聽者以耳，而所謂耳者，膚與肉而已。膚肉能聽乎？

❶「聽」字下，通志堂本、四庫本及《禮記正義》有「者」字。

❷「繁」，通志堂本、四庫本作「蘩」。

孔子於是致其問曰「何以聽」。人皆曰所以射者，心與手，而所謂心者，何狀？方其挽弓挾矢，而心已注于鵠。及其射已，心又若入，而執之無得，視之無見，窮之無鄉域，卒不知其所。孔子於是又致其問曰「何以射」。烏虖至哉！射者即聽者，聽者即視者，視者即思者，是數者雜出而並用，何本何末，何始何終？無所不通，是之謂大同。

孔子曰：「三日齊，一日用之，猶恐不敬。二日伐鼓，何居？」

鄭氏曰：居，讀爲「姬」，語之助也。何居，怪之也。伐，猶擊也。齊者，止樂，而二日擊鼓，則是成一日齊也。

孔氏曰：此一經論祭失禮之事。散齊七日，致齊三日，不樂不弔，專其一心，用以祭祀，猶恐爲敬不足。于時祭者致齊，三日之中，而二日伐鼓，使祭者情散意逸，故譏而問之。

延平周氏曰：君子無故不去樂，故致齊之不舉樂者三日，然後用之以祭，猶恐不敬。果於齊之二日伐鼓，則何居？何居者，疑而嘆之之辭也。

山陰陸氏曰：此豈魯事歟？不目言之，諱也。

嚴陵方氏曰：《家語》曰：「季桓子將祭，齊三日，而二日鍾鼓之音不絕。」蓋其事矣。

孔子曰：「繹之於庫門內，祊之於東方，朝市之於西方，失之矣。」

鄭氏曰：祊之禮，宜於廟門外之西室；繹又於其堂，神位在西也。此二者同時，而大名曰繹。其祭禮簡，而事尸禮大。朝市宜於市之東偏。《周禮》市有三期。朝

「大市，日側而市，百族爲主。朝市，朝時而市，商賈爲主。夕市，夕時而市，販夫販婦爲主。」

孔氏曰：此一經論魯失禮之事。繹祭當於廟門外之西室，今乃於庫門内。祊當在廟門外西室，今乃於廟門外東方。朝市，謂朝時而市，當於東方，謂市内近東也，今乃於市内西方。三事皆違禮，故言「失之矣」。《釋宫》云：「閍謂之門。」孫炎云：「謂廟門外。」《禮器》云：「爲祊乎外。」故鄭知祊在廟門外也。西是鬼神之位，室又求神之處，故鄭知「西室也」。祊是求神之名，繹是接尸之稱。求神在室，接尸在堂，故云「繹又於其堂」也。祊是室内求神，繹是堂上接尸，一時之事，故云「二者同時也」。《春秋》宣八年「壬午猶繹」。《釋天》云「繹，❶又祭」。《詩·絲衣》云「繹賓尸」，但有繹名，而無祊稱，是「大名曰繹」也。案《儀禮·有司徹》，是上大夫儐尸也，但於堂上獻尸、獻侑，全無室中之事。又《絲衣》云「自堂徂基，自羊徂牛」，是祭神也。下云「兕觥其觩，旨酒思柔」，是接尸也。故知祭神禮簡，事尸禮大。天子、諸侯謂之爲繹，在祭之明日，於廟門外西室，及堂而行禮也。上大夫曰儐尸，與祭同日，於廟堂之上而行禮也。引《周禮》，皆《司市》文。爲主者，據其多爾。

嚴陵方氏曰：祭之正日，索祭謂之祊。祭之明日又祭，謂之繹。

山陰陸氏曰：祊在當日，繹在明日，故曰「繹，又祭」也。鄭氏謂「二者同時，而大

❶「天」，原作「文」，今據四庫本及《禮記正義》改。

名曰繹」，非是也。然則繹在廟門外，祊在廟門内。而《禮器》曰「爲祊乎外」者，蓋祊雖在内，自堂視之，亦外也。故祊，門内也。又曰「詔祝于室，而出于祊」。《儀禮》「若不賓尸」，舊説云「謂大夫有疾病，攝昆弟祭」是也。鄭氏引《曾子問》疑之，蓋失之矣。蓋「攝主不厭祭，不旅，不假，不綏祭，不配布奠於賓，賓奠而不舉」，自謂庶子攝，非概論攝主也。

延平周氏曰：《詩》之《序》曰：「《絲衣》，繹賓尸也。」《詩》又曰：「祝祭于祊。」蓋廟門外謂之祊。而繹者紬繹而求之也。繹之與祊，一祭也。繹言其意，祊言其地。今若離之爲二祭，其説非也。《周官》營國之法，王立朝於前，而其朝有三，后立市於後，而其市亦有三。朝雖有三，皆南也，市雖有三，皆北也，則所謂「朝市之於西方」，其説亦非也。

社祭土而主陰氣也，君南鄉於北墉下，答陰之義也。日用甲，用日之始也。天子大社，必受霜露風雨，以達天地之氣也。是故喪國之社屋之，不受天陽也。薄社北牖，使陰明也。

鄭氏曰：牆謂之墉，北墉，社内北牆也。大國中之神，莫貴於社，故日用甲也。大社，王爲羣姓所立。屋之北牖，絶其陽，通其陰而已。薄社，殷之社，殷始都薄。

孔氏曰：自此至「反始也」一節，總論社神之義，兼明所祭之禮。土謂五土：山林、川澤、丘陵、墳衍、原隰也。以時祭之，故云「社祭土」。土是陰氣之主，故云「主陰氣也」。社既主陰，陰宜在北，故祭社時，以社在南，設主壇上北面，而君來在北牆下，而南鄉祭之，是對陰之義也。

社是國中之貴神，甲是旬日之初始，故用之也。風雨至，則萬物生，霜露降，則萬物成，故不爲屋，以受霜露風雨，是天地氣通也。達，通也。喪國社者，謂周立殷社以爲戒。天是生成，❶無生義，故屋隔之，令不受天之陽也。薄社，即殷喪國社也。既屋之塞，其三面唯開北牖，示絶陽而通陰，陰明則物死也。鄭知大社爲羣姓所立者，《祭法》文。但社稷之義，先儒所解不同。鄭康成之説，以社爲五土總神，稷爲原隰之神。句龍以有平水土之功，配社祀之。稷有播種之功，配稷祀之。社即地神，稷是社之細别，别名曰稷。稷乃原隰所生，故以稷爲原隰之神。若賈逵、馬融、王肅之徒以社祭句龍，稷祭后稷，皆人鬼也，非地神。爲鄭學者辨之。❷其社稷制度，《白虎通》云：「天子之社，壇方五丈，諸侯半之。」説者又云：天子之社，封五色土爲之。若諸侯受封，各割其方色土與之，則東方青、南方赤等是也。天子、諸侯各有二社。《祭法》王立大社、王社，諸侯立國社、侯社是也。又各有喪國之社。❸此云喪國之社，是天子有之也。《春秋》「亳社災」，《公羊》云「亡國之社，蓋揜之。揜其上，而柴其下」，是魯有之也。襄三十年《左傳》「鳥鳴于亳社」，是宋有之也。其所置之處，《小宗伯》云「右社稷，左宗廟」，鄭云「庫門内，雉門外之左右」。爲羣姓立社者在庫門内之西，自爲立者在藉田之中。其

❶「成」，通志堂本、四庫本及《禮記正義》作「法」，是。
❷「辨」，通志堂本、四庫本及《禮記正義》作「通」。
❸「喪」，通志堂本、四庫本及《禮記正義》作「勝」。

亡國之社，案《穀梁傳》云「以爲廟屏，戒」。或在廟，或在庫門內之東，則亳社在東也。故《左傳》云「間于兩社，爲公室輔」。魯之外朝在庫門之內，東有亳社，西有國社，朝廷執政之處，故云「間于兩社」。其卿大夫以下社，案《祭法》曰「置社」，註云：「大夫不得特立社，與民族居，❶百家以上，則共立一社，今時里社是也。」如鄭此言，則周之法，百家以上得立社。其秦漢以來，雖非大夫，民二十五家以上則得立社。故云「今之里社」。又《鄭志》云：《月令》命民社謂秦社也。自秦以下，民始得立社也。其大夫以下所置社，皆以土地所宜之木，則《論語》云「夏后氏以松，殷人以栢，周人以栗」。故《大司徒》云「而樹之田主，各以其野之所宜木」是也。其天子、諸侯、大夫皆有稷，故註《司徒》「田主」、「田神」、「后土」、「田正」之所依也。田正則稷神也，田主尚然，故知天子、諸侯皆有稷，其亡國之社亦有稷。故《士師》云：「若祭勝國之社，❷則爲之尸。」是有稷也。其社之祭，一歲有三：仲春命民社，一也。《詩》云「以社以方」，謂秋祭，二也。孟冬云「大割祠于公社」，是三也。其社之主用石，故鄭註《宗伯》云「社之主蓋用石」。案《條牒論》：稷壇在社壇西，俱北嚮，營並壇共門。或曰在社壇北，其用玉無文，不可强言。今禮用兩圭有邸。

秦溪楊氏曰：王、鄭之學，互有得失。

❶「居」字，原缺，今據通志堂本、四庫本及《禮記正義》補。

❷「社」字下，通志堂本、四庫本及《周禮》有「稷」字，是。

若鄭云勾龍有平水土之功，配社祀之，后稷有播種之功，配稷祀之，則鄭説爲長。

丘氏曰：社者，所在土地之名也。凡土之所在，人皆賴之，故祭之也。先儒以社祭五土之神，若唯祭此五者，則都邑之土人不賴之乎？《周禮·地官》唯云「辨五土之名物」，不云「五土爲社」，蓋社之所祭，祭邦國鄉原之土神也。❶社既土神，不曰祇而曰社者，蓋以土地人所踐履，而無崇敬之心，故合其字從「示」，❷其音爲「社」，皆所以神明之也。稷既百穀之神，不言穀，而云稷者，蓋直以穀言之，爲人所褻慢，諸穀不可偏舉，故舉諸穀之長言之。

長樂陳氏曰：社所以祭五土之示，稷所以祭五穀之神。五穀之神而命之稷，以其首種先成而長五穀故也。稷非土無以生，土非稷無以見生生之效，故祭社必及稷，以其同功均利而養人故也。王社、侯社，國中之土示而已。無預農事，故不置稷。大社、國社，則農之祈報在焉，故皆有稷。先儒謂王社或建於大社之西，或建於藉田。然《國語》：❸王藉則司空除壇，農正陳藉禮。而歷代所祭，先農而已，不聞祭社也。故《詩》曰「春藉田而祈社稷」，非謂社稷建於藉田也。其言王社建於大社之西，於義或然。西漢及魏有官社，無官稷。晉之時有帝社，無帝稷，類皆二社一稷。議者紛然，或欲合二社

❶「鄉」，通志堂本、四庫本作「郊」。
❷「示」，原作「氏」，今據通志堂本、四庫本改。
❸「語」字下，通志堂本、四庫本有「云」字。

以爲一，或欲異二社之所向，是雖違經悖禮，然亦二社同設於國中，未聞藉田有之也。蓋王與諸侯之社皆三，其二社所以盡祈報之誠，其勝國之社所以示鑒戒之理。王之大社則土五色而冒以黄。夏之時，徐州「厥貢惟土五色」。孔安國以社言之，是也。諸侯之國社，則受其方色之土於天子而苴以茅。漢之時，有受青土、赤土。蔡邕以茅社言之，是也。先王之祭社稷，春有祈，秋有報，孟冬大割祠。春祈而歌《載芟》，秋報而歌《良耜》，此祭之常者也。凡天地大裁之類，祭大，故天裁之獮祀，君行有宜，宫成有衈。此祭之不常者也。祭之常者用甲，其他則唯吉而已。祭之牲以大牢，其遇天裁則用幣而已。考之於禮，王之祭也南面，其服也希冕，其牲用黝，其祭血祭，其罇大罍，其樂應鍾，其舞帗舞，其鼓靈鼓，凡皆因其物以致其義。非夫深知禮樂之情者，孰與此哉？先儒有以王社有稷壇，原隰爲稷神，有以句龍爲社而非配社，柱爲稷而非配稷。後世又有以夏禹爲社配，有以戊亥爲社日，有以先農爲帝社，有以大稷爲稷社，皆臆論也。餘見《祭法》。❶

金華唐氏曰：先王之祀，上下達禮，未有如社稷者也。耕耨斂藏，人力所可勉。旱乾水溢，則係於神祇。故凡先王神祇之事，皆爲民祈穀也。天尊地親，故事之不同。《噫嘻》事之以誠，《載芟》事之以力。《載芟》、《良耜》，人事盡矣，不敢謂人事之盡而忽於神也，故祈焉。不敢謂人事之盡而忘於神也，故報焉。祈非吾

❶「法」字下，通志堂本、四庫本有「禮書」二小字，當是。

過求也，振古如兹矣。報非止於今也，欲其有繼焉。所謂「以似以續，續古之人」者，「湴卜來歲之稼」之意也。諸侯危社稷而變置者古有之矣，旱乾水溢而變置社稷者未聞焉。《孟子》謂「民爲貴，社稷次之」，故舉是禮以言人君固不可舍己而求之神也。《雲漢》之詩曰：「祈年孔夙，方社不莫。」又曰：「自郊徂宫，后稷不克。」宫，社宫也。意吾常禮之未脩，則祈社脩矣。意吾變禮之未舉，則郊宫徂矣，而終不敢以責神也，自反而已，自勉而已。周之先王，其於豐凶之際，所以敬事社稷者，蓋如此。故社稷，國之主也，兵農之事繫焉。古者兵出於鄉遂丘乘，其本在社。有社斯有民，有民斯有兵。「乃立冢土，戎醜攸行」，故奉之主車，戮則行焉，勝則獻焉，報本反始焉耳。言公社以別私，言民社以別官。王與諸侯爲羣姓立者公也，自爲立者私也。里社，民社也。百室以上，官社也。命民社，則下通於二十五家之里社。大割祠于公社，則王之大社而已。事地之禮有公而又有私，❶親地也。尊無二上，故事天明，獨行於天子而無二尊；事地察，故下達於庶人，而且有公私焉。尊親之辨如此。

嚴陵方氏曰：社必用日之始，何也？蓋陽始於甲而物生，陰極於辛而物成。地雖以陰而成物，然始地事者存乎陽，故社用甲以原其始焉。天雖以陽而生物，終天功者存乎陰，❷故郊用辛以要其終焉。夫獨陰不生，獨陽不成，天地相須之義

❶「私」字下，通志堂本、四庫本有「者」字。
❷「終」字上，通志堂本、四庫本有「然」字。

也。故聖人制禮，以致其義焉。大社，即《祭法》所謂王社也。以王社爲大，則自侯社而下，皆爲小矣。達者，上下達之謂也。上則達天之氣以濟乎下，下則達地之氣以濟乎上，故以達言之。喪國之社，即《媒氏》所謂勝國之社也。勝言我所勝，喪言彼之喪，其實一也。於大社言必受霜露風雨，於喪國之社言不受天陽，亦互言之爾。薄社，《書》並作「亳」。薄與亳同。

馬氏曰：古人之言社必有稷，此言社而不言稷者，蓋社總祭五土之神，而山林、川澤、丘陵、墳衍、原隰皆是也。稷則止於原隰而已。言社可以兼稷也。《祭法》言天子、諸侯立社，而不言稷，亦以此。日用甲，用日之始；則郊用辛，用日之成也。以「乾知大始，坤作成物」，則郊宜用甲，社宜用辛。天雖主於生，物亦有以成之，則天之道所以明。地雖主於成物，亦有以生之，則地之道所以神。蓋郊所以明天道，故用辛；社所以神地道，故用甲。《曲禮》曰：「外事用剛日，内事用柔日。」郊者外事也，社者内事也。而此言郊用辛日之柔，社用甲日之剛者，説者以謂郊社至尊之祭，不可同於内外。此説得之。霜露風雨之氣達，則萬物之所以生也。故天子大社，必受霜露風雨以達天地之氣，示其有生物之功也。喪國之社屋之，使之不受天陽，示其生物之功息矣。

延平周氏曰：凡言南鄉，皆位於北而南鄉，則南鄉皆答陽也。此言君南鄉於北墉下，蓋位於南而鄉於北墉之下，故曰「答陰之義也」。東方，陽也。甲者，陽中之陽也。社用甲而不用乙，欲其以陽召陰也。西方，陰也。辛者，陰中之陰也。郊用辛而不用庚，欲其以陰召陽也。以甲爲用日之始，則誤矣。古之營國之法，前朝則立大社，後市則立亡國之社者，欲示其存與亡，常相爲對，以戒於有國者也。故前之立大社，則上不屋，下不棧，欲其達天地之氣也。後之立亡國之社，則屋之，所以不受天陽。不受天陽者，示其天亡之也。於北爲牖，使陰明而不使陽明也。所謂「喪國之社」與「薄社」者，皆亡國之社也。喪國以人言，薄以地言。新安朱氏曰：或説稷是丘陵原隰之神，或云穀神。看來穀神較是。社是土神。又問社如何有神？曰能生物，便是神也。

禮記集説卷第六十四

禮記集説卷第六十五

社，所以神地之道也。地載萬物，天垂象，取財於地，取法於天，是以尊天而親地也，故教民美報焉。家主中霤而國主社，示本也。唯爲社事，單出里。唯爲社田，國人畢作。唯社，丘乘共粢盛，所以報本反始也。

鄭氏曰：中霤，亦土神也。「單出里」，皆往祭社於都鄙。二十五家爲里。畢作，人則盡行，非徒羡也。丘，十六井也。四丘六十四井曰甸，或謂之乘。乘者，以於車賦出長轂一乘。乘或爲「鄰」。

孔氏曰：言立社之祭，是神明於地之道，發此句爲下張本也。「地載萬物」者，釋地所得神之由也。「天垂象」者，欲明地，故引天爲對。地有其物，天皆垂其象，所謂「在天成象，在地成形」也。財並在地出，故爲人所取。人知四時早晚，皆放日月星辰以爲耕作之候，是取法於天，故尊而祭之，天子祭天是也。所取財者，故親而祭之，一切親地而共祭社是也。地既爲民所親，故與庶民祭之，以教民美報故也。卿大夫之家主祭土神於中霤，天子、諸侯之國主祭土神於社。以土神生財以養官與民，故皆祭土神，示其生養之本也。社事，祭社事也。單，盡也。里，居也。社既爲國之本，故若祭社，則合里之家並盡出，故云「單出里」也。此唯每家出一人，不人人出也。鄭註「皆往祭社於都鄙」者，案《周禮》：「都鄙，公卿大夫之采地。」此卿大夫祭社，其里之人皆往就祭。此據采地言之也。「唯爲社田，國人畢作」者，田，獵也；畢，盡也；作，行也。既人人得社福，故若祭社，先爲社獵，則國中之人皆盡行也。「唯社，丘乘共粢盛」者，鄉説祭社用牲，此明祭社用米也。丘乘者，都鄙井田也。九夫爲井，四井爲邑，四邑爲丘，四丘爲乘。唯祭社，而使丘乘共於粢盛也。❶粢，稷也。稷曰明粢，在器曰盛。所以報本反始，結美報也。

皇氏曰：天子諸侯祭社，則用藉田之穀。大夫以下無藉田，若祭社，則丘乘共之，示民出力也。「國人畢作」，是報本，而「丘乘共粢盛」，是反始。言粢盛是社所生，故云「反始」也。

嚴陵方氏曰：主以陰氣而位於北牖，凡此皆祭地以其神也。主以日而位於南郊，凡此皆祀天以其明也。地爲明而祭之以其神，故此言「社，所以神地之道」。天爲神而祀之以其明，故後言「郊，所以明天道也」。且神者不明，則其道與人絶矣。明者不神，則其道與人褻矣。載物以利民用，故言取財於地。垂象以示民，則故言取法於天。取財則有所養，養者，母道也，故親而不尊。取法則有所教，教者，父道也，故尊而不親。夫天地之所以施於人者，固美矣。則人之報之也，可不盡其美哉！出里，謂離所居也。作，謂起行也。出里與作，互言之爾。單、畢皆盡也，亦互言之，故《周官》又謂之「竭作」。❷丘言其地也，乘言其賦也。夫社者陰之神，軍者陰之事，使軍賦之家而共

❶「於」，通志堂本、四庫本及《禮記正義》作「其」，是。
❷「又」，通志堂本、四庫本作「亦」。

粢盛於社，各從其類也。故將出征則宜乎社，不用命則戮于社，軍行則祓于社，愷還則獻于社，皆以是爾。故此不曰丘民，而必曰丘乘也。以非祭社，則不必如是，故每言「唯」焉。則以本始有在乎此，而報反之禮不可不重故也。

馬氏曰：天以生物爲功，而其功幽，故聖人闡之而爲郊，所以明天之道也。地以成物爲功，而其功顯，故聖人則斂之而爲社，所以神地之道也。以天遠於人，則尊而不親；地近於人，則親而不尊。故在天則明之，欲民尊而親之也。在地則神之，欲民親而尊之也。萬物本乎天，而亦本乎土，故家以中霤爲主，國以社爲主者，示其不敢忘本之意也。古者凡起徒役，毋過家一人，以其餘爲羨。「唯田與追胥竭作」，「唯爲社事，單出里」，此近於家出一人也。「國人畢作」，此所謂竭作，而其餘無羨也。「唯爲社田，國人畢作」，人人不愛其力也。「唯社，丘乘共粢盛」，人不愛其財也。此皆報本反始之意也。

横渠張氏曰：「家主中霤」，家非止卿大夫之家也。祭中霤者，祭其明也，亦報天之義。以不敢祭天，故祭此明而已。社，土神也。大夫以下成羣立社，曰置社。若謂大夫長於廛里之間，與百姓居者立社，則大夫與百姓同事於社稷，似非其類也。恐是士大夫以下，各以其輩類立社，天子、諸侯皆有自爲立社，士大夫不敢自各爲社，則恐結輩類以爲社共事之。然士大夫方社之日，當從其君以禮社，則所事於置社者，或以子弟家老行事也。今貴而至天子，賤而至農夫，皆知禮社，獨士大夫之家不預社事，是不知身之所從來，殊無戴天履地之報。古者丘乘供粢盛，恐十里之中立一社也。

延平周氏曰：《周官》「以血祭祭社稷、五祀」，中霤，五祀之一，而社稷之次。故有國者以社爲主，而有家者則中霤而已。「社事單出里」，所以重民也。社田畢作，欲其皆曉於戰陣也。《春秋》之法，作丘甲，則書之。而《周官·稍人》「掌令丘乘之法」。蓋四邑爲丘，而丘作其甲，則《春秋》所以罪丘賦之重。至四丘爲甸，而甸出兵車一乘，則《周官》之通法也。是積四丘，然後出兵賦。而兵以殺爲主，社，陰神也，亦以殺爲主，而出兵必告焉。故社之祭，必使丘乘之家共粢盛者，示其丘乘之兵，所以能以殺爲主者，其本始皆出於社，而共粢盛，所以報本反始也。

長樂劉氏曰：役於公，則家有定員；役於社，則羨徒皆作，人人求福於其身也。天子、諸侯郊社，宗廟粢盛取於神倉，大夫都鄙，粢盛取於丘乘也。衣食本乎土，故曰報本。知平水土始於勾龍，知播五穀始於后稷，故以爲配。是曰反始焉。

金華唐氏説見前。

季春出火，爲焚也。然後簡其車賦而歷其卒伍，而君親誓社，以習軍旅，左之右之，坐之起之，以觀其習變也。而流示之禽，而鹽諸利，以觀其不犯命也。求服其志，不貪其得。故以戰則克，以祭則受福。

鄭氏曰：凡出火，以火出建辰之月，火始出。焚，謂焚萊也。簡、歷，謂算具陳列之也。君親誓社，誓吏士以習軍旅。既而遂田，以祭社也。言祭社，則此是仲春之禮也。仲春以火田，田止弊火，然後獻禽。至季春火出，而民乃用火。今云「季春出火」，乃誓社，記者誤也。社或爲省。流，猶行也。行，行田也。鹽，讀爲艷。行田，示之以禽，使歆艷之，觀其用命不也。謂禽爲利者，凡田，大獸公之，小禽私之。失伍而獲，猶爲犯命。是「求服其志，不貪其得」也。

孔氏曰：此一節論仲春祭社之前，田獵取禽以祭社獲福之事。祭社既用仲春，用焚當在仲春。記者以季春民始出火，遂誤以天子、諸侯用焚爲季春也。焚，謂焚燒，除治宿草。出火，謂出陶冶之火。案《春秋》火出爲夏三月，故《左氏》昭六年鄭人鑄刑書，火未出而用火，故晉士文伯譏之。若田獵之火，則昆蟲蟄後，得火田，以至仲春也。既焚之後，簡選車馬及兵賦器械之屬，歷其百人之卒，五人之伍。君親誓此士衆，以習軍旅。既而遂田，以所得之禽獸，因以祭社。故云「親誓社」。「或左或右，或坐或起」，戒勑之，以習軍旅。君親自觀於習武變動之事，教陣訖而行田禮，驅禽於陣前，以示士卒，示「流示之禽」也，利則禽也。驅禽示之，而歆艷之以小禽之利也。於此之時，觀其士卒犯命與不犯軍命者，求欲服其士卒之志，使進退依禮，不欲貪其犯命。苟得於禽，言失伍得禽，不免罰也。其所爲得禮，故「戰則克勝，祭則受福」。

嚴陵方氏曰：木氣終於辰，故火順所生而見，司爟於季春則出火焉。水氣兆於戌，故火受所勝而没，司爟於季秋則納火焉。聖人奉天時，則爲焚者特出火之事爾。《牧師》「凡田事，贊焚萊」是矣。田獵之禮，《周官》則行之於仲月，而與此異。《豳詩》、《月令》則行之於季月，而與此同。此之所言，亦泛記異代爾。《月令》「仲春擇元日，命民社」，則出火之田非爲社也。《王制》三田「一爲乾豆，二爲賓客，三爲充君之庖」，則田固有不爲社者矣。夫社必先之以焚者，蓋焚其宿草，而後可田故也。且社主陰，陰主殺，則爲社而有田，因田而習軍旅，不亦宜乎？《月令》所謂「教於田獵，以習五戎」，《車攻》所謂「因田獵而選車徒」，皆謂是爾。車賦者，即《司馬法》自六尺爲步，積之至於「通十爲成，❶成出革車一乘」者是矣。《小司徒》之職，「五人爲伍，五伍爲兩，四兩爲卒」，卒伍者，軍旅之法，立於伍，成於卒故也。簡言於利否有所擇，歷言於夷險有所經。曰簡、曰歷，亦互言之。故《大司馬》止曰「選車徒」也。以至車驟徒趨，車馳徒走，險野人爲主，易野車爲主，皆簡歷之也。誓，即所謂「羣吏聽誓于陳前」是也。誓特誓田而已，而曰社者，以爲社而田故也。左之右之，即以旌爲左右祁門是矣。❷坐之起之，即以教坐作進退之節是矣。左右之位，坐起之節，亦莫不教焉。凡以觀其習應變之事也。「流示之禽」者，驅其禽而流行以示之，所謂設驅逆之車是矣。此則鹽之以利也。夫田之獲禽，猶戰之獲虜也。戰之獲虜有賞，而田之獲禽有賞，❸所謂「大獸公之，小獸私之」，是賞之之意也。若失伍而獲禽，則所利者小，所害者大，必有罰焉。蓋小人見利而忘法。凡此但求服士卒之

❶「通」，通志堂本、四庫本重此字。
❷「祁」，通志堂本、四庫本作「和」，疑是。
❸「有」，通志堂本、四庫本作「則無」。

志，使之不失伍爾，不貪其所得之禽也。「夫以不教民戰，是謂棄之」，故因其田以習軍旅，則戰之備也，故以戰則克。無事而不田曰不敬，故因其無事而歲三田，則祭之備也，故以祭則受福。

馬氏曰：車賦者，戰之器也。有其器則不可以無其人，故卒伍者，戰陣之人也。歷，有試之意。

山陰陸氏曰：孔子曰：「我戰則克，祭則受福。」用是道也。

延平周氏曰：火星以春見，以秋没，故季春出火，季秋納火者，皆聖人後天而奉天者也。則爲焚者，特其出火之一事耳。田獵之禮，或行於仲月，或行於季月。《周官》則行於仲月，《豳詩》、《月令》與此行於季月，不必同。

盱江李氏曰：《大司馬》「中春教振旅，遂以蒐田、火弊、獻禽以祭社。中夏教茇舍，遂以苗田、車弊、獻禽以享礿。中秋教治兵，遂以獮田、羅弊、致禽以祀祊。中冬教大閱，遂以狩田、徒弊、致禽、饁獸于郊，入獻禽以享烝」，夫守國之備，不可以不素習也。不素習，則敺市人而戰之，未足爲喻也。是故春教兵入「平列陳如戰之陳，辨鼓鐸鐲鐃之用，以教坐作進退疾徐疏數之節」，「夏教茇舍如振旅之陳，辨號名之用，以辨軍之夜事。秋教師出如振旅之陳，辨旗物之用。至冬大閱，簡軍實」焉。然而不祥之器，不得已而用之。若無故而習，是習殺人也，非示天下不復用兵之意也。故因春蒐、夏苗、秋獮、冬狩而教焉。鳥獸魚鼈，皆函血氣。若無故而殺，是暴天物也，作禽荒也，故因祭社、饗礿、祀祊、饗烝而行焉，明非好兵也，爲田獵也，非好田獵也，爲祭祀也。外以彰事神之禮，内以作不虞之備。聖人之動，其順如此，顧不足爲後法乎？金華唐氏曰：昔者「聖人爲弧矢以威天下，蓋取諸《睽》」。重門擊柝以待暴客，蓋取諸《豫》」。於《既濟》，則曰「思患而預防」。於《萃》，則曰「除戎器，戒不虞」。先王慮患之深如此，講武之制所由立也。《坎》之《彖》曰：「王公設險，以守其國。」於《象》則曰「常德行，習教事」。《師》之《彖》曰：「以此毒天下，而民從之，吉。」其《象》則曰：「容民畜衆。」《兑》之《彖》曰：「説以先民，民忘其勞。説以犯難，民忘其死。」於《象》則曰：「朋友講習。」先王之寓兵於農而習武以田，❶其兼得諸此乎？兵，至險也，習之四時，則無不教棄民之患；兵，毒民也，寓之廬井，則無久蓄不用之憂。兵，勞而犯難也，習之田獵，有説之義焉。比鄰鄉井，出入相友，得講習之義焉。講武於始，以同其慮患之憂；田獵於終，以同其從禽之樂。公私之義，其初律以禮法，其久出於誠心，故曰「二之日其同，載纘武功。言私其豵，獻豜于公」。致禽之禮，其初帥以官師，其久出於自盡，故曰「漆沮之從，天子之所」、「悉率左右，以燕天子」。「一發五豝」，虞之仁也。「五豝一發」，騶之仁也。故曰「蒐田以時，仁如騶虞」，則王道成也。國人畢作而老者優，壯者獲禽而長者厚，故曰「五十不爲甸徒，頒禽隆諸長者」，而弟達乎獀狩矣。叛者取之，服者舍之，而威德兼著，故曰「舍逆取順，失前

❶「王」，原作「生」，今據通志堂本、四庫本改。

禽也」。振旅先長者，治兵先壯者，而仁義之兩得，故曰「昭文章，明貴賤，辨等列，順少長，習威儀」也。自王至于庶人，禮有等差，自牧伯至于諸侯，時有疏數，而上下之分明矣。「田車既好」，則狩于甫草，「選徒囂囂」，則苗于敖，而險易之利盡矣。「鳥獸孳尾」，則蒐於春，「五穀既植」，則苗於夏，獮於既烝，狩於畢時，合圍掩羣，在所不忍，而對時育物之道得矣。大有宜造，小有伯禱，前有表貉，後有饁獸，社礿祊烝，各順其時，而成民致力之義彰矣。先王之講武田獵，其道悉備如此，豈獨仁心仁聞之所能？實周公設官分職，聯事合治，法制備具之所致也。後世棄先王之典，快心於從禽，如詩人《盧令》之刺；安意於僭禮，如《春秋》蒐閱之書，則周公之典壞矣。

天子適四方，先柴。

鄭氏曰：所到必先燔柴，有事於上帝也。《書》曰：「歲二月，東巡守，至于岱宗，柴。」

孔氏曰：此一節明天子巡守祭天之禮。巡守至方嶽，先燔柴以告天，尊天也。

延平周氏曰：天子巡狩，至于四嶽，先柴，以告天也。管仲嘗以爲自古七十二君，皆有封禪。其説雖不可信，然觀《書》之所謂「至于岱宗，柴」，序《詩》者所謂「巡狩告祭，柴望」，《周官》謂「封于大神」，《禮器》所謂「因名山，升中于天」之類，豈非封歟？《書》所謂「納于大麓」，豈非禪歟？蓋古非無封禪也，特不爲後世泥金檢玉之費耳。故《文中子》曰：「封禪之費非古也，其秦漢之侈心乎？」

金華應氏曰：四方惟天子所適者，「普天

之下，莫非王土」也。所適必先柴，「昊天曰明，及爾出王，昊天曰旦，及爾遊衍」也。噫！其與「周行天下，將必有車轍馬跡」者異矣。❶

郊之祭也，迎長日之至也，大報天而主日也。兆於南郊，就陽位也。埽地而祭，於其質也。器用陶匏，以象天地之性也。於郊，故謂之郊。牲用騂，尚赤也。用犢，貴誠也。

鄭氏曰：《易説》曰：「三王之郊，一用夏正。」夏正，建寅之月也。此言「迎長日」者，建卯而晝夜分，分而日長也。「大報天」，大，猶徧也。天之神，日爲尊。日，大陽之精，故就陽位也。埽地而祭，器用陶匏。觀天下之物，無可以稱其德也。尚赤者，周也。

孔氏曰：自此至「始也」一節，總明郊之義。❷郊祭用夏正，此《易緯乾鑿度》文。徧報天之一切神，天之諸神，唯日唯尊，故以日爲諸神之主。猶如君燕羣臣，使膳宰爲主人也。燔柴在壇，正祭於地，故云「埽地而祭」。陶，謂瓦器，酒尊及豆籩之屬，已具解於上。

延平周氏曰：《詩序》曰：「《噫嘻》，春夏祈穀于上帝也。《豐年》，秋冬報也。」此言「郊之祭，迎長日之至」，豈非孟春之祈與孟秋之報者歟？蓋仲春、仲秋，日出卯而入酉，則所以爲長日，故祭於春、秋之孟月者，乃迎其長日之至也。「大報天」，當以昊天爲主，此言「主日」，誤矣。《周官》「兆五帝於四郊」，是祭昊天則就

❶「跡」字下，通志堂本、四庫本有「焉」字。
❷「郊」字下，通志堂本、四庫本及《禮記正義》有「祭」字。

圜丘而無兆，祭五帝則其兆各順四時而布於四郊。如兆火帝於南郊，蓋迎夏之氣，不得不於南郊。以爲就陽，亦誤矣。《周官》：天地五方，「皆有牲幣，各放其器之色」。《牧人》謂「凡陽祀用騂牲，陰祀用黝牲」，是郊用牲不必騂。唯宗廟爲陽祀，而騂亦陽之色，故用之。此《書》於文王所以言「騂牛一」，《詩》於后稷所以言騂犧。今以郊爲用騂，亦誤矣。

石林葉氏曰：以郊爲迎長日之至，下言「郊之用辛，周之始郊，日以至」，正以別魯禮。鄭氏反之，强以建卯爲日至，甚矣其好誣也！冬至之日，祭天於圜丘，此周之正禮，不可易者也。孟春建寅之月郊，❶蓋祈穀之祭爾。魯雖得郊，不得同於天子，是以因周郊之日以上辛，三卜不從，至建寅之月而止，乃不郊。書於《春秋》者甚明，則魯郊殆周祈穀之郊而已。故《左氏》以謂「啓蟄而郊」，鄭註《明堂位》「孟春祀帝」，正建寅之月，鄭誤以爲建子。季夏六月乃建未之月也，鄭又誤爲建巳之月。《雜記》曰：「正月日至，可以有事於上帝。七月日至，可以有事於祖。七月而禘，獻子爲之也。」蓋謂魯不得郊日至，故仲孫蔑欲取建未夏至而禘，以配周郊祖，所以記其失。何與六月之禘乎？凡周之政事，大抵皆用夏正。蓋天時有不可亂，故《周官》每以正歲別之。鄭氏本不曉郊禘之辨，故以冬至之祭爲大禘，以祈穀爲正郊，此其言所以紛紛。所引《易說》亦無據。

橫渠張氏曰：自秦漢而下，多因怪異然

❶「月」字，原無，今據通志堂本、四庫本補。

後立郊。如鄗時之類，大抵不明於禮，非正也。《孝經》謂「郊祀后稷以配天」，即昊天上帝，「宗祀文王於明堂，以配上帝」，帝即五帝。「周之始郊，日以至」，日至，陽氣之始也。四時，迎氣之小者；日至而郊，迎氣之大者。於此可以見郊之大意。「郊之祭，迎長日之至」，此之謂也。《家語》言「周之始郊，日以至」，言日至則更不容卜，言月至則有卜之理。卜日則失氣至之時矣。以此知不必卜日。圜丘掃地而祭，所貴簡易，後世過侈，皆失本意。天道本簡易，天子之禮亦當簡易。繁文虛費，帝亦不饗。牲必牛，蓋牲之大無如牛也。牲必養二，「帝牛不吉，以爲稷牛，稷牛唯具」。然則二牛同時以用。以此觀之，后稷與天同時而祭。或謂郊祀以配天，謂主祭后稷於配天之地，后稷與天同祭，配天是如天也。此說雖於經有合處，然自古未有此說。其意亦深大，儘曾深思。　朝廷議南北郊同異，❶久不決。大抵南郊圜丘，冬至報本之時，故服大裘，器用陶匏、藁秸之類。北郊夏至之日，報功之時也，如此極易。方報本則尚質，及報功則備物。而難者特以盛夏不可服羔裘，又不知何所據，必要服大裘。冬裘夏葛，古今同然。況是季夏，祭於明堂衮服，則方澤豈必服大裘耶？又以《昊天有成命》云「郊祀天地」也，遂指以爲天地當合祭。豈不知祭天時，地亦從祀，而北郊祭地自如也。大報天而主日配以月，所以盡天道。氣之大者，無如日月。後世則百神皆從祀。祀

❶「朝」字上，通志堂本、四庫本有「一」字。

天，至敬事也，物無以稱其德，故掃地不壇，服以大裘，酌以陶匏，❶禮以蒼璧，牲以犢，燎以柴。禮簡誠至，止當如是而已。人道之褻，非所以事天地。然必以其祖而配者，物本乎天，人本乎祖。事天之禮成，則事人之道不可不繼也。故當燔柴成禮之後，迎祖尸入，而以人鬼之禮祭之。尸，人象也。俎簋籩豆，人器也。朝事饋食，人禮也。以禰對祖，則禰親而祖尊，以祖對天，則祖親而天尊。事天、事人，盡於愛敬，此王者所以郊祀之意也。

嚴陵方氏曰：日爲陽，夜爲陰，故陽生則日浸長而夜短，陰生則夜浸長而日短。郊之祭在建子之月，而陽生於子，故曰「迎長日之至也」。至，猶來也。與《月令》「仲夏日長至」異矣，故言「迎」焉。祭天必迎長日之至者，當是時，陽始事矣，天以始事爲功也。《周官》以冬日至致天神，蓋謂是矣。以迎長日之至，故以日爲主。天神不可得見，所可瞻仰者，日月星辰而已。兆則爲之分域，如龜兆之可別也。既曰「兆於南郊」矣，又曰「掃地而祭」者，蓋築壇謂之兆，若「兆五帝於四郊」是矣。掃地亦謂之兆，若此所言是矣。此主祭天，而器之所象乃並言地者，蓋「地道無成而代有終」，象地之性，亦所以歸功於天也。故《中庸》言「郊社之禮，所以事上帝」，則亦與此互相明焉。牲用騂，即《牧人》所謂「陽祀用騂牲」。赤者，盛陽之色。《大宗伯》「以玉作六器，以禮天地四方。以蒼璧禮天」，而終言「牲幣

❶「酌」，通志堂本、四庫本作「配」。

各放其器之色」，則祀天之牲用蒼而已。乃與《牧人》所言異者，蓋赤爲陽之盛色，而蒼與青乃其類也。黑爲陰之盛色，而黃與白乃其類也。若是，則祀天之牲不必蒼也，亦從其類而已，故止言放焉，而《牧人》言「凡陽祀」以該之也。以是知其止用騂也。

馬氏曰：郊必於冬至之日，所以迎長日之將至，言其迎之有漸也。説者謂建卯晝夜分而日長。其説蓋非矣。郊者所以祀天，昊天上帝者，天之貴神也。神不得而見，故大報天而以日爲主，祭於壇而列於衆星之上。蓋日者陽之精也。《祭義》言「大報天而主日，配以月」，而於此不言「配以月」者，文略也。就陽位者，此釋其郊之意也。「埽地而祭，器用陶匏」，此釋其以少爲貴之意也。

山陰陸氏曰：「郊祭迎長日之至」，《周官》所謂「凡樂圜鍾爲宮，冬日至於地上之圜丘奏之，則天神皆降，可得而禮矣」。禮務質略，是之謂大報。若社不美，不足爲報也。故曰「内之爲尊，外之爲樂，少之爲貴，多之爲美」。不言教民，此見獨之事也，非所以教民。據教民美報焉，天造而始之，地作而終之，故天言報在前，地言報在後。「於其質也」，變「就」言「於」，於焉而已，非有所就。陶匏，儉以質也。董仲舒曰：質樸之謂性。天地之性，人之性是也。「於郊，故謂之郊」，言天無所不在，以我祭於郊也，故謂之郊而已。於國則以褻，於野則以疏，祭之郊，節矣。

長樂陳氏曰：《大宗伯》「牲幣各放其器之色」，則天牲以蒼而不以騂，地牲以黃而不以黝者。蓋騂者，陽之盛色，陽祀以騂爲主而不必皆騂。黝者，陰之盛色，陰祀以黝爲主而不必皆黝。則《牧人》所言，亦其大率而已。《郊特牲》之「騂犢」，《閟宮》之「騂犧」，此祀天之用騂者也。《旱麓》、《信南山》之「騂牲」，《閟宮》之「騂剛」，《洛誥》之「騂牛」，此宗廟之用騂者也。《爾雅》曰：「黄牛黑脣曰犉。」❶《詩》曰：「殺時犉牡。」此社稷之用黝者也。《詩》曰「來方禋祀，以其騂黑」，則四方有用騂黑者矣。孔子曰：「犂牛之子騂且角，山川其舍諸？」則山川有用騂者。❷

郊之用辛也，周之始郊日以至。

鄭氏曰：言日以周郊天之月而至，陽氣新用事，順之而用辛。此説非也。郊天之月而日至，魯禮也。「三王之郊，一用夏正」。魯以無冬至祭天於圜丘之事，是以建子之月郊天，示先有事也。用辛日者，凡爲人君，當齊戒自新耳。周衰禮廢，儒者見周禮盡在魯，因推魯禮以言周事。

孔氏曰：鄭言上文「迎長日之至」，自據周郊。此云「郊之用辛，始郊日以至」，據魯禮。《明堂位》云：「魯君孟春祀帝于郊。」又《雜記》云：「正月日至可以有事於上帝。」故知冬至郊天，魯禮云。❸ 魯唯止一郊，不與天子郊天同月，轉卜三正。故《穀梁傳》有「三卜郊，不從，則止」。《易緯》云：「三王之郊，一用夏正。」夏正

❶「黄牛」，《爾雅·釋畜》無此字。

❷「川」字下，通志堂本、四庫本有「亦」字；「者」字下，通志堂本、四庫本有「矣」字及「禮書」二小字。

❸「云」，通志堂本、四庫本作「也」，是。

月，陽氣始升。日者，陽氣之主，日長而陽氣盛，故祭其始升而迎其盛，《月令》「天子正月迎春」是也。若冬至祭天，陰氣始盛，祭陰迎陽，豈爲理乎？言周之始郊者，謂魯之始郊。始者建寅之月，❶天子郊祭，魯於冬至之月先有事，故云始也。

王氏曰：此爲周郊。上文云「郊之祭，迎長日之至」，謂周之郊祭於建子之月，而迎此冬至長日之至也。而用辛者，以冬至陽氣新用事，故用辛也。「周之始郊，日以至」者，對建寅之月。又祈穀郊祭。此言始者，對建寅爲始也。祭天或云用冬至之日，或云用冬至之月。據《周禮》似用冬至之日，據《禮記》郊日用辛，則冬至不恒在辛，似用冬至之月。

横渠張氏曰：自冬至之日，以樂降神爲郊之始而未祀。既降神，乃用辛日而祀，故曰「迎長日之至」，又曰「郊之用辛也，周之始郊日以至」。

嚴陵方氏曰：《噫嘻》言春夏祈穀于上帝，則知周之郊非一。周以建子之月爲正，則冬至之郊爲歲之始郊矣。始郊言「以至」，則祈穀之郊不必「以至」。於周之郊言「日至」，則用辛之郊不必皆周也。❷

馬氏曰：此對祈穀之郊則爲始，故言「始郊」。《周禮》冬至日祭天於地上之圜丘。圜丘與郊，一也。王肅曰：「郊則圜丘，圜丘則郊。」蓋郊者，圜丘之地，而圜丘者，郊之壇。由是言之，則始郊乃周之禮，康成以爲魯禮，非也。康成以圜丘祭

❶「者」字下，通志堂本、四庫本有「對」字，據下文當是。
❷「周」，通志堂本、四庫本作「用」，疑是。

天，而郊祭感生帝，則又非也。凡郊皆所以祀昊天上帝。《周禮》「以禋祀祀昊天上帝」是也。蓋康成所疑有三：以《周禮》王祀昊天上帝，則服大裘而冕，於此則王被衮，此其疑一也。《周禮》以玉路祀天，而於此則乘素車，其疑二也。《周禮》以蒼璧禮天，而於此則牲用騂而尚赤，其疑三也。夫記者之言，非必止於記周而已，泛而記之也，則安知不雜於夏、殷之禮乎？

山陰陸氏曰：「郊之用」，絶句。言「郊之用」者，辛也。今周之始郊，日以至。

卜郊，受命于祖廟，作龜于禰宮，尊祖親考之義也。卜之日，王立于澤，親聽誓命，受教諫之義也。獻命庫門之内，戒百官也。太廟之命，戒百姓也。

鄭氏曰：受命，謂告之，退而卜。澤，澤宮也，所以擇賢之宮也。既卜必到澤宮，擇可與祭祀者，因誓敕之以禮也。《禮器》曰「舉賢而置之，聚衆而誓之」是也。王自澤宮而還，以誓命重相申勑。庫門在雉門之外，入庫門則至廟門外矣。大廟，祖廟也。百官，公卿以下也。百姓，王之親也。入廟戒，親親也。王自此還，齊路寢之室。庫，或爲廏。

孔氏曰：郊事既尊，不敢專輒，故先告祖，後乃卜，亦如受命也。作，灼也。禰宮，禰廟。先告祖受命，又至禰廟卜之也。考亦禰也。尊祖，故受命，命宜由尊者出。親禰，故作龜，作龜，是事事宜就親近者也。以射擇士，因呼爲澤宮。至澤宮射，以擇助祭之人，是舉賢而置之也。又使有司誓勑舊章齊戒之禮，王又親聽受命之，聚衆而誓之也。告祖作禰，是受教義，立澤聽誓，是受諫議。❶王自澤宮而還，至欲致齊之時，有司獻王所以命百官之事，王乃于庫門之内戒百官，大廟之内戒百姓。百官疏，故在公朝重戒之。百姓，王之親屬，故在大廟而重戒之。

横渠張氏曰：受命祖廟，作龜禰宮，次序之宜。又曰：獻命於庫門之内，必是魯禮，他國無庫門。天子臯、應、路而已。

秦溪楊氏曰：此章初言周之始郊，王立于澤，王皮弁以聽祭報，王被衮以象天。言王者不一而足。而鄭注以爲魯禮。魯可稱王乎？魯之郊禘非禮也，聖人嘗歎之矣，況可以稱王乎？

嚴陵方氏曰：卜郊，蓋指用辛之郊爾。以其有上辛、中辛、下辛，故周郊以日至。而《大宰》於祀大神示言「卜日」者，崔氏謂卜日以至爲主，不吉，乃用他日。理或然也。受命則受之而已，作龜則質其可否焉。於祖則受命，以其能始事故也。於禰則作龜，以其能成事故也。於祖曰廟，以其遠而神事之也。禰曰宮，❷以其近而人事之也。尊親之義，又在於是矣。作龜，即灼龜也。灼之將以作事，故以作言之。以一人之尊，亦親聽誓命，則以嚴上故也。聚衆而誓，非爲王也，特助祭者爾，而王亦親聽之，故有受教諫之義。百官，授之以官者，羣臣之謂也。百姓，賜之以姓者，諸侯之謂也。諸侯親而尊，故於大廟戒之。百官疏而卑，故於庫門戒之。

❶「議」，通志堂本、四庫本作「義」，是。
❷「禰」字上，通志堂本、四庫本有「於」字。

延平周氏曰：郊之禮，歲有常，而卜之必受命於祖廟者，先王一舉事，未常不禀受於鬼神也。受命必於祖，作龜必於禰者，先王之於祖，則致其義，義則尊之。而於禰，則盡其仁，仁則親之故也。澤宮，擇助祭者之所，故冢宰於此誓命其助祭者，而王亦親聽之，蓋示其君之於臣，其上則有所受教，而其下則受諫而已。《周官·司寇》之職謂「禋祀五帝，則戒之日，涖誓百官，戒于百族」。所謂「誓百官」，即外朝之戒也。所謂「戒百族」，即大廟之命也。然百官必戒於外朝，而萬民必戒於大廟者，古之百官皆賢能之士，但臨之以司寇之刑官，而戒於外朝可也。若萬民則愚矣，雖臨之以刑官，而又當質之以鬼神，故戒之必於大廟也。

山陰陸氏曰：卜郊，卜辛也。禰不言廟，避上祖廟。《春秋傳》曰：「周公稱大廟，魯公稱世室，羣公稱宫。」澤不言宫，避禰宫也。有所擇而澤之，澤之若雨露，概與之不得謂之澤矣。《老子》曰：「莫之令而自均。」王立于澤而聽誓命，著言行無擇而後可以擇人。《毛詩傳》曰：「雍，澤也。」然則澤蓋學宫辟雍是矣。親聽誓命，王不言戒，言誓而已，亦言之法。若於其師受教，若於其保受諫。百官言獻命，尊之也，其尊之也，將以責之也。變言大廟之命，親之也，其親之也，亦將以責之也。

祭之日，王皮弁以聽祭報，示民嚴上也。喪者不哭，不敢凶服，氾埽反道，鄉爲田燭。弗命而民聽上。

鄭氏曰：報，猶白也。夙興，朝服以待白祭事者，乃後服祭服而行事也。《周禮》：「祭之日，小宗伯逆粢省鑊，告時于王，告備于王也。」反道，剗令新土在上。田燭，田首爲燭。皆謂郊道之民爲之也。弗命而民聽上，化王嚴上也。

孔氏曰：郊日之朝，天子早起，服視朝皮弁之服以聽之。小宗伯告日時早晚及牲事備具，教人尊嚴其君上也。未郊，故未服大裘也。郊祭之旦，人之喪者不哭，又不敢凶服而出，以干王之吉祭。氾埽，廣埽也。六鄉之民廣埽新道，於田首設燭照路。凡此並非王命，民化王嚴上故也。然《周禮·蜡氏》云：「凡國之大祭祀，令州里除不蠲，禁刑者，任人及凶服者，以及郊野。」而此云「不命」者，作記之人盛美民聽上之義，未必實然也。

延平周氏曰：祭報，祭之日宗伯報王以行禮也。以眡朝之服而聽宗伯之報，所以示民嚴上也。喪者不哭，不敢凶服，所以異其吉。氾埽反道，所以去其舊。鄉爲田燭，所以尚其質。如此則弗命而民聽上。蓋民之奉君，猶君之奉天。果君能奉天，則民自化矣。

馬氏曰：報其時之早晚與牲之備否，事之小者，而皮弁以聽之，所以尊天而不敢慢也。不唯不敢慢於天，亦示其民之所以知嚴也。以天子之尊而其嚴如此，則民莫不從而傚之。故喪者不哭，不敢凶服，氾埽反道，鄉爲田燭。弗命而民聽上也。

山陰陸氏曰：喪者不哭，不敢凶服，以尊勝親也。祀天尊尊，事地親親。❶氾埽反道，滌除澡雪，所以事天也。鄉爲田燭，

❶「事」，通志堂本、四庫本作「祀」。

鄉可使知之者，主郊以燭。目社以粢盛，致養地事也。據丘乘共粢盛，亦言丘乘小社也。弗命而民聽上，即社有命之者矣。

祭之日，王被衮以象天。戴冕璪十有二旒，則天數也。乘素車，貴其質也。旂十有二旒，龍章而設日月，以象天也。天垂象，聖人則之，郊所以明天道也。

鄭氏曰：衮象天，謂有日月星辰之章，此魯禮也。《周禮》：「王祀昊天上帝，則服大裘而冕。祀五帝，亦如之。」魯侯之服自衮冕而下也。天之大數不過十二。設日月，畫於旂上。素車，殷路也。魯公之郊，用殷禮也。明天道，謂則之以示人也。

孔氏曰：乘殷朴素之車，貴其象天之質。旂畫龍爲章，龍爲陽氣變化，日月以光照下，皆是象天也。「天垂象，聖人則之，郊所以明天道」者，總結「王被衮」以下。天垂日月之象，聖人事事則之。魯用王禮，作記之人既以魯禮而爲周郊，遂以魯侯稱王也。

長樂陳氏曰：《周官·司裘》：「掌爲大裘，以共王祀天之服。」《司服》：「祀昊天上帝，則服大裘而冕。」《禮記》曰：郊之祭，「王被衮以象天」。然則合《周官》、《禮記》而言之，王之祀天，内服大裘，外被龍衮，龍衮所以襲大裘也。《記》曰：「裘之裼也，見美也。服之襲也，充美也。」「禮不盛，服不充，故大裘不裼。」則襲衮可知也。議者以《司裘》言「大裘祀天」而不及衮，《司服》言「大裘而冕，祀昊天上帝」，在衮冕之上，謂大裘而冕，則不加衮，是不知先王祀天以冬至之日爲正，而裘又服之本也，故取大裘以名之。猶之朝服，緇衣羔裘，而《詩》獨稱「羔裘如濡」、「羔裘豹袪」、「羔裘逍遥」。燕服玄端，蜡服黄衣，皆狐裘，而《詩》獨稱「狐裘以朝」、「狐裘蒙茸」、「狐裘黄黄」。則裘之上，未嘗無衣也。裘之上未嘗無衣，而衣之下有不用裘。故《屨人》曰「凡四時之祭祀，以宜服之」，則凡春夏秋之祀，不必服裘，所以適時之宜而已。古者犬羊之裘不裼，必襲之也。表裘不入公門，必裼之也。是裘有裼之而不襲，有襲之而不裼，未有表之而不裼襲者，則徒服大裘而無襲，非禮意也。《鄭志》謂大裘之上又有玄衣，此尤無據也。《禮記》唯君黼裘以誓，省大裘，非古也。則戒省眡用黼裘，而後世服大裘焉，故記者譏之。夫先王祀天，有文以示外心之勤，有質以示内心之敬，故因丘掃地，陶匏、稾秸、疏布、樿杓、素杓、素車之類，❶此因其自然，以示内心之敬者也。執鎮圭，繅藉五采五就，旂龍章而設日月，四圭有邸，八變之音，黄鍾大吕之鈞，此致其文飾，以示外心之勤者也。然則内服大裘以因其自然，外被龍衮、戴冕藻以致其文飾，不以内心廢外心，不以自然廢文飾，然後事天之禮盡矣。《禮書》。

嚴陵方氏曰：天以龍爲用，而衮以龍爲首，故被衮以象天。經言「天子龍衮」是也。璪者，聚采以貫玉而有華藻，故謂之璪。字通於「藻」，見《玉藻》解。《左氏傳》曰：周之王也，制禮上物，不過十二，以爲天之大數也。彼有象而我象之之謂

❶「布」，通志堂本、四庫本作「幂」。

象，故於龍言「象」。彼有則而我則之之謂則，故於數言「則」。以畫龍而文成焉，故曰「章」。以日月而設飾焉，故曰「設」。然《巾車》之職則「王玉路以祀，而乘素車」，《司常》之職則「日月爲常，交龍爲旂」，是設日月者無龍章，設龍章者無日月。而此言龍章而設日月，乃與《周禮》不同者，容泛記前代之禮爾。龍也，日月也，數也，質也，皆天之所示之象也。而聖人觀之，以爲儀物之則，故曰「天垂象，聖人則之」。以天道遠而難知，神而莫測，故郊之儀物，必觀象而作焉，則所以明之也。故曰「郊所以明天道也」。

馬氏曰：衮被於身，冕戴於首，天德精微，無可稱者，故素車所以貴質。乘素車言貴其質，則旂十有二旒，龍章而設日月象天者，言其文也。天道至教，聖人至德，故「天垂象，聖人則之」。天之道幽而不可知，故「郊所以明天道也」。

山陰陸氏曰：「則天數」，❶不言以直則之也。若「以象天」，以象之而已。素車，大路之素未集也，蓋玉路之璞。《周官·巾車》「王乘玉路以祀」，非祀天也。王被衮服大裘，質在内也。乘素車，建大常，質在下也。言地載萬物，天垂象，則昭布在上，皆地之精神也。以故爲社，是所以神地之道，《易》所謂「微顯」是矣。言「天垂象，聖人則之」，則衣服在下，皆天之象數也。以故爲郊，是所以明天之道，《易》所謂「闡幽」是矣。社推見至隱，故言所以神在所以然之前。郊本隱以之顯，故言所以明在所以然之後。聖人所以神明天

❶「天」，原作「夫」，今據通志堂本、四庫本改。

地之道，在《禮》郊社是也，在《易》乾坤是也。又《新説》曰：古者郊祀之禮，内服大裘，其上加衮以被之，故九裘言服，❶而裘言被。❷然《周禮》祭天，王乘玉路，建大常，《特牲》祭天，王乘素車，建大旂，則祭天之禮有兩旂兩車也。蓋乘玉路，建大常者，即道之車也。祭之時，❸馭之以適郊。乘素車，建大旂者，即事之車也。祭之日，馭之以赴壇。何以知其如此也？曰：《巾車》王之玉路，「錫樊纓十有再就，建大常十有二斿以祀」，則凡王之祭祀，無所不乘矣。祭天者，禮之至也，而乘泛祭之玉路以祭之，以物則非文，以志則非敬，非禮意。故知「乘素車，建大旂以祀之」，而玉路者乘之以適郊，固有兩車也。雖然，車旂之有兩，非特祭天也。四時之田，王乘戎路，建太常。而《巾車》之職曰「木路前樊鵠纓，建大麾以田」，則田之車旂亦以兩。蓋乘大路，建大麾者，即道之車也，與王乘玉路，建大常同意。乘戎路，建大常者，即事之車也，與王乘素車，建大旂同意。故《巾車》曰：「掌公車之政令，與其用辨旗物，❹而等序之，以治其出入。」治其出入者，以明兩車有事焉。乘之以出入，非即事之車也。《大馭》曰：「掌玉路以祀，❺及犯軷，王自左馭。」蓋犯軷者，王出國門之祭也。王出國門，乘玉路，則所謂乘玉路，建大常以即郊明矣。《郊特牲》曰：「祭之日，

❶ 「九」，通志堂本、四庫本作「凡」，是。
❷ 「裘」，通志堂本、四庫本作「衮」。
❸ 「時」，通志堂本、四庫本作「日」。
❹ 「與其用辨」，通志堂本、四庫本作「辨其用與其」，是。
❺ 「掌」字下，通志堂本、四庫本有「馭」字，是。

王被衮以象天，乘素車，貴其質也，龍旒而設日月之章，❶璪十有二旒，以象天也。」乘素車在於被衮之後，則所謂乘素車，建大旂以即壇明矣。凡此者，皆周制也。故成王以周公爲有勳勞於天下，命魯公祀周公以天子之禮樂，而「魯君孟春乘大路，載弧韣，旂十有二旒，日月之章，祀帝于郊，配以后稷」是也。然則郊之祭也，其序可推而知矣。嘗試言之，蓋祭之日夜向晨，王皮弁以聽祭報。而小宗伯告時于王，則王易皮弁，服衮冕，乘玉路，建大常以適郊。既至，下玉路，息大次，又衮冕以聽祭報。而小宗伯告備于王，則王脱衮，著大裘，以衮被之，易玉路，乘素車，建大旂以即壇。既至，下素車，捧帛升柴，置于牲上以焚之，致天神，《祭法》所謂「燔柴於大壇」。此先後之序也。

或曰：《司常》「掌辨九旗之名物，日月爲常，交龍爲旂」，旂有升降之龍而已，蓋無三辰，而《郊特牲》云「龍章而設日月」，何也？曰：此大旂也，非諸侯之所常建，故其上又有日月星辰之章，以祀天神，非特有升降之龍也。《明堂位》曰：「旂十有二旒，日月之章。」《覲禮》曰：「王建大旂，以象日月星辰，升龍降龍，拜日於東門之外。」《左傳》云：「三辰旂旗，昭其明也。」然則龍旂而設日月，其來固久矣。

三山林氏曰：黄帝始備衣裳之制，舜觀古人之象，繪日、月、星辰、山、龍、華蟲於衣，繡宗、彝、藻、火、黼、黻於裳，以法乾坤，以昭象物，所以彰天子之盛德，能備

❶「龍旒而設日月之章」，通志堂本、四庫本作「龍章而設日月」，與經文同。

此十二物也。使服其服者，當須有是盛德焉。繪以三辰，所以則天之明，尤爲君德之光。自黄帝以來，歷代之制，莫不然也，周人特備以斿繅之數耳。《周禮》無十二章之文，《司服》惟有衮冕至玄冕，説者謂周登三辰於旗，服惟九章。嗚呼！何説之異也！自堯舜至三代，文物日以盛，名分日以嚴，儀章日以著。夫子於四代禮樂，特曰「服周之冕」，取其文之備，尊卑之有辨也。何得至周反去三辰之飾？蓋不過據《左氏》三辰旂旗之文。《左氏》謂旗有三辰，何嘗謂衣無三辰耶？豈有王者象三辰之明，歷代皆飾於衣，周人特飾於旗，有何意乎？况又謂上公九章，而王服亦九章，將何所別？周公制禮，防亂萬世，乃至於無別與？《郊特牲》云「祭之日，王被衮以象天」，則十二章備。鄭氏謂「有日月星辰之章，此魯禮也」。夫被衮以象天，周制固然也，何魯之足云？豈有周制止九章，魯乃加以十二之理乎？

秦溪楊氏曰：詳玩《司服》經文，則知有虞作服十二章，周亦十二章，昭然甚明。公之服自衮冕而下，侯、伯之服自鷩冕而下，鷩冕七章，衮冕九章，推而上之，則天子之服十二章可知。享先王則衮冕。衮冕者，繪衮龍於服而冕也。享先公、饗射則鷩冕。鷩冕者，繪華蟲於服而冕也。蓋服有六，而冕則一。先鄭謂「六服同冕」是也。祀昊天上帝之服備十二章，則繪三辰於服而冕可知也。今不曰三辰而冕，而曰「大裘而冕」，果何歟？蓋享先王先公之禮，備乎文，則以衮鷩之文名之，祀昊天上帝之服尚乎質，則以大裘之質名之。與牲用犢，席用藁秸，器用陶匏之意同，所以尊天也。祀昊天上帝之服，雖不言三辰，然服備十二章，則三辰不待言而可見矣。鄭氏乃謂有虞十二章，至周而以日月星辰畫於旌旗，冕服惟有九章，然公自衮冕而下，王又自衮冕而下，君臣同冕，略無區別，必無是理。賈公彦云「鄭氏九章，此無正文，並鄭以意解之」，則疏家已知其非，而不信之矣。惟其並以意解，故後世遵用其說。始有悟其上下之無等，尊卑之失次者。魏文帝以公卿衮衣黼黻之制疑於至尊，遂制天子服繡衣，公卿織文矣。唐長孫無忌以帝祭日月服玄冕旒三章，而三公亞獻服衮，孤卿服毳驚，貴賤無分，而天子遂止於服衮，它冕盡廢者矣。先王制禮，必本於天理、人情之公。自上古至于周，天子仰則天數，路十二就，常十二斿，馬十二閑，圭尺二寸，繅十二就，而冕服之章莫不皆然。鄭氏謂周以日月星辰畫於旗，而冕止九章。不知龍登於旗，山登於俎，黼登於扆，九章亦可損乎？前乎康成，如漢明帝用歐陽說義，天子備十二章，三公、諸侯用山龍九章，九卿以下用華蟲七章，其說猶用周制也。❶自鄭氏以意解，九章之說於是乎始，故行之後世，卒有不厭於人心，并與古制而去之者，可勝歎哉。

延平周氏曰：王被龍衮，以象天德，戴冕藻十有二旒，❷以則天數。旂十有二旒，言周之郊禮也。乘素車者，言殷之郊禮

❶「制」，通志堂本、四庫本作「禮」。
❷「藻」，通志堂本、四庫本作「璪」。

也。先儒以謂魯公之郊用殷禮，則非也。然《周官·司服》之職謂「祀昊天上帝，則服大裘而冕，祀五帝亦如之。享先王，則服衮冕」，是祀天止用羔裘，而不用衮衣，何也？夫孟冬之北郊與仲冬之圜丘，則用大裘可也。如仲夏之祈穀與季冬之迎氣，而亦用羔裘，則非先王養人欲之意。孔子曰：「緇衣羔裘，素衣麑裘。」蓋有裘則必有衣，有衣則不必有裘者，禮之常也。故《周官·司服》於祀昊天止言「裘」，則知必有衣；於先王而下止言「衣」，則知必有「裘」。豈非冬之祭則服必以裘，❶而加以衣，至於夏之祭，則衣而已。

禮記集説卷第六十五

❶「必」，原作「不」，今據通志堂本、四庫本改。

禮記集説卷第六十六

帝牛不吉，以爲稷牛。帝牛必在滌三月，稷牛唯具，所以别事天神與人鬼也。

鄭氏曰：「帝牛不吉，以爲稷牛」，養牲必養二也。滌，牢中所搜除處也。唯具，遭時又選可用也。

孔氏曰：郊天既以后稷爲配，故養牲養二，以擬祭也。若帝牛不吉，或死傷，則用稷牛爲帝牛，其祭稷之牛，臨時别取用之。爲猶用也。經又覆説帝牛既尊，必須在滌三月，今帝牛不吉，故取稷牛亦已在滌三月。其祀稷之牛，臨時别取，故云「稷牛唯具」。天神既尊，故須在滌，人鬼稍卑，唯具而已。是分别天神與人鬼不同也。鄭註「搜除」，謂搜掃清除。《周禮》養馬謂之廋人。遭時，謂帝牲遭災之時。既用稷牲，其祀稷牲，臨時選其可者。凡帝牲稷牲，初時皆卜取其牲，繫於牢，芻之三月。若臨時有故，乃變之也。

長樂劉氏曰：帝牛不吉，以爲稷牛，在滌三月，然後卜也。稷所以配天也，故其牲「唯具」，以帝爲尊焉。萬物本乎天，人本乎祖，此《思文》之詩所以頌稷而配天也。

嚴陵方氏曰：謂之「滌」，則以精潔爲義。「唯具」，則取足而已，不必三月之滌也。《充人》：「掌繫祭祀之特牲，❶五帝則繫于牢，芻之三月。饗先王亦如之。」則人鬼之牲，亦芻之三月矣。此止曰「唯具」

❶「特牲」，通志堂本、四庫本作「牲牷」，疑是。下據《周禮》疑脱「祀」字。

者，蓋芻之三月，以祀天神爲稱，人鬼則如之而已。故有時而「唯具」亦可也。帝爲天神，稷爲人鬼。

山陰陸氏曰：言養牲必養二。卜以爲帝牛，不吉，則以爲稷牛。此亦所以別事天神與人鬼也。據稷牛不卜，《公羊傳》曰：「養牲養二，卜帝牲不吉，則拔稷牲而卜之。」❶何休謂「二卜語在下」，此讀「養牲養二」之誤也。主郊以牲，目社以獸，且言在滌，致敬也。郊致敬，社致養，亦言之法。據「唯爲社田，國人畢作」。

延平周氏曰：「王自立社曰王社」，則祭社而不祭稷。故《周官·封人》謂「掌設王之社壝」者是也。「王爲羣姓立社，曰泰社」，則祭社而祭稷，故此言「帝牛不吉，以爲稷牛」者是也。凡言社未必言稷，言稷莫不兼社。而有言社、言稷何也？言社以土爲主，言稷以穀爲主。萬物本乎天，人本乎祖，此所以配上帝也。郊之祭也，大報本反始也。

鄭氏曰：言俱本可以配。

孔氏曰：此一經論祖配天之義。人本於祖，物本於天，以配本故也。「大報本反始」者，釋所以郊祭天之義。天爲物本，祖爲王本。祭天以祖配之，所以報謝其本。反始者，反其初始。謝其恩，謂之報。歸其初，謂之反。

横渠張氏曰：祭先之道，其不可得而推者，則無可奈何。其可知者，無遠近多少，當盡祭之。祖豈可不報，蓋根本所繫，雖遠，烏得無報？郊祀后稷以配天，

❶「牲」，通志堂本、四庫本作「牛」。「拔」，《公羊傳》作「拔」。

周止知后稷是己之始祖，已上不可知。天則是萬物之祖，故祭天則以始祖配之。雖庶人必祭及高祖。比之天子、諸侯，止有疏數耳。如《祭法》廟數有不及祖者，是不祭祖也。以理論之，人無貴賤，上下皆須祭及高祖，以有服故也。如五世祖若在，死則豈可不爲服？❶ 禮雖無此服，當以義起。昨朝廷議禮，言太宗祖免親，祖免親止於卑小。施於尊者，豈可言祖免？

藍田吕氏曰：祀天，禮之至敬者也。物無以稱其德，故禮簡誠至，則事天之禮盛矣。然人道有所未盡，故從其祖配之。所謂配者，當於事天禮成之後，❷ 迎祖尸而已。以人鬼之禮祭之，必配祭者，盡人道之至愛。❸ 凡言配天及郊祀之有尸者，義當如此。詳見前章横渠先生説。

嚴陵方氏曰：萬物皆天之所生，而人則祖之所生。如是則祖與天合矣，故推祖以配天。故曰「此所以配上帝」。人物所本如此，安可以不知報本而反始哉？故言「郊之祭，大報本反始也」。

馬氏曰：言始則對終，言本則對末。於其終而致其誠者，乃所以報本反始也。

山陰陸氏曰：「家主中霤，國主社，示本也」，此諸侯、大夫之事。「萬物本乎天，人本乎祖，此所以配上帝也」，此天子之事。《喪服傳》曰：「都邑之士，則知尊禰矣。學士大夫，則知尊祖矣。諸侯及其大祖，天子及其始祖之所自出。」禰，本

❶「服」字下，通志堂本、四庫本有「乎」字。
❷「事」，通志堂本、四庫本作「祀」。
❸「盡」字上，通志堂本、四庫本有「所以」二字。

也，祖亦本也，大祖亦本也，其始祖之所自出亦本也。郊之祭不言所以，尚非所以也，據社所以報本反始也。

延平周氏曰：《孝經》曰：「郊祀后稷以配天，宗祀文王於明堂以配上帝。」是祖之所配於圜丘者昊天，而考之所配於明堂者上帝。此言「萬物本乎天，人本乎祖」，而反言「配上帝」，何也？天言其體，帝言其用，故對而言則天與帝異，離而言則帝即天也，天即帝也。《易》之象曰：「先王以作樂崇德，殷薦之上帝，以配祖考。」其言「上帝」，與此同意。

天子大蜡八。伊耆氏始爲蜡。蜡也者，索也。歲十二月，合聚萬物而索饗之也。

鄭氏曰：所祭有八神。伊耆氏，古天子號也。索，謂求索也。歲十二月，周之正數，謂建亥之月也。饗者，祭其神也。萬物有功加於民者，神使之也，祭之以報焉，造者配之也。

孔氏曰：此一節論蜡祭之事。八蜡，先嗇一，司嗇二，農三，郵表畷四，貓虎五，坊六，水庸七，昆蟲八。所祭之神，合聚萬物而索饗之，但以此八神爲主。大者，是天子之蜡，對諸侯爲大。天子既有八神，則諸侯之蜡未必八也。謂若先嗇，古之天子，諸侯未必得祭也。《周禮·大司樂》：「六變而致象物，及天神。」鄭云象謂日月。此不數者，先嗇、司嗇並是人神，有益於人，水庸之屬，有益稼穡，故祭之。天神象物，去人縣遠，雖祭，不爲八神之數。《明堂位》：「土鼓葦籥，伊耆氏之樂。」《禮運》云：「夫禮之初，始諸飲食，蕢桴土鼓。」俱稱土鼓，則伊耆氏，神農也。以其初爲田事，故爲蜡祭。下云

「主先嗇」，則豈神農自祭其身乎？蓋神農、伊耆，一代之總號。其子孫爲天子者，始爲蜡祭也。鄭註造者，謂造此蜡祭，配此八神而祭。

横渠張氏曰：八蜡以記四方。八者，先嗇一也，是始治稼穡者。據《易》則是神農也。司嗇是脩此職者，二也。農，三也。郵表畷，四也。貓虎，五也。坊，六也。水庸，七也。百種，八也。百種，百穀之種也。祭之以民食之重，亦報其嗇所成。舊説以昆蟲爲八，昆蟲是爲害者，不當祭。百種，或致此百種而祭之，或只祭稷而已。

長樂陳氏曰：蜡之爲祭，所以報本反始，息老送終也。其服，王玄冕，而有司皮弁，素服，葛帶，榛杖。其牲體疈辜。其樂六樂，而奏六變，吹《豳頌》，擊土鼓，舞兵舞，帗舞。其所致者，川澤山林以至土示天神，莫不與焉，則合聚萬物而饗之者，非特八神也。而所重者八，以其尤有功於田故也。其神之尊者，非特先嗇也，而主先嗇，❶以其始有事於田故也。古者蜡則飲于學，黨正屬民飲酒于序是也。既蜡，則臘先祖五祀于廟，「仲尼與於蜡賓，事畢，出遊於觀之上」是也。然則臘亦謂之蜡矣。先儒以《郊特牲》言皮弁素服而祭，又言黄衣黄冠而祭，則二祭之服不同。《月令》言「祈來年于天宗，割祠于公社」，又言「臘先祖五祀」，則祈臘之名不同。於是謂皮弁素服而祭，與祈來年于天宗，蜡也。黄衣黄冠而祭，與臘先祖五祀，臘也。蜡以息老物，臘以息民。息

❶「主」，通志堂本、四庫本作「所主者」。

民固在蜡後矣。此《記》所以言既蜡而收民息已也。❶周蜡於十有二月，秦臘於孟冬，皆建亥之月也。晉侯以十二月滅虢，遂襲虞。宫之奇曰「虞不臘矣」，則臘在蜡月可知矣。古者臘有常月，而無常日。祖在始行，而無常時。由漢以來，溺於五行之説，以王曰祖，以衰曰臘，其失先王之禮遠矣。先儒謂蜡六奏樂而禮畢。東方之祭，則用大蔟、姑洗，南方蕤賓，西方夷則、無射，北方則黄鍾爲均，於禮或然。

又曰：《伊耆氏》掌共王之杖咸，❷以老者待杖然後安，猶老物待蜡然後息也。伊耆氏以有功於耆老著矣。❸故後世以其官爲姓，周又以其姓名官。先儒爲其始制鼓籥，又始爲蜡，於是以爲古王者之號。然古之制法者，隸首造曆，大橈作甲子，倉頡造書之類，豈皆古王者哉？果伊耆氏實古王者之號，周人固應尊異而神之，不宜列於銜枚氏、壺涿氏，而以下士之官名之也。並《禮書》。

嚴陵方氏曰：合而言之則曰大蜡，分而言之則曰八蜡。曰大蜡八者，則知自八者之外皆其小也。八蜡：先嗇也，司嗇也，農也，郵表畷也，貓也，虎也，坊也，水庸也。《周官》有伊耆氏以共杖咸，蓋杖所以扶老，豈非以伊耆氏始爲蜡以息老物，故共杖咸者以是名官乎？此所以言伊耆氏始爲蜡也。昔之所用者物之形，今之所索者物之靈。故索而乃可饗焉。《黨正》所謂「國索鬼神而祭祀」是矣。凡

❶「收」，通志堂本、四庫本作「休」。

❷「杖咸」，據《周禮》疑當作「齒杖」。

❸「著」，通志堂本、四庫本及《禮書》作「者」，疑是。

物之種種，固已離矣。十二月，物之合聚之時也。先王因其合而合之，因其聚而聚之，以之索饗不亦宜乎？

馬氏曰：建亥之月，五穀已入，萬物所以成者，神有以相功於其幽，民有以致力於其明。神有功以相其幽，則報之；民有力以致其明，則勞之。所謂「百日之蜡，一日之澤」是也。

山陰陸氏曰：大蜡八：先嗇一，司嗇二，祭百種以報嗇三，饗農及郵表畷四，禽獸五，迎貓六，迎虎七，祭坊與水庸八。老物以佚，死物以息，蜡之祭也。《周官·伊耆氏》「掌共杖咸，取其老物以佚」，《蜡氏》「掌除骴，取其死物以息」。先儒謂伊耆氏，神農氏也，「通其變，使民不倦，神而化之，使民宜之」，是之謂神農。有以勞之，必有以佚之；有以作之，必有以息之：是之謂伊耆氏。蜡，讀如「乍」，一有一亡爲乍。物之生死少老，一有一亡，何有窮已？是之謂蜡。

延平周氏曰：「歲十二月」，即夏之十二月，乃建丑之月也。蓋建丑之月爲之蜡，始可爲息民之祭。果周之十二月，則其得爲息民之祭乎？

蜡之祭也，主先嗇而祭司嗇也。祭百種，以報嗇也。饗農及郵表畷、禽獸，仁之至，義之盡也。古之君子使之必報之。迎貓，爲其食田鼠也。迎虎，爲其食田豕也。迎而祭之也。祭坊與水庸，事也。

鄭氏曰：先嗇，若神農者。司嗇，后稷是也。嗇所樹藝之功，使盡饗之，故云「祭百種，以報嗇」。農，田畯也。「郵表畷」，謂田畯所以督約百姓於井間之處也。《詩》云：「爲下國畷郵。」禽獸，服不氏所教擾猛獸也。迎而祭之，迎其神也。水庸，溝也。

孔氏曰：以先嗇爲主，司嗇從祭。種曰稼，斂曰嗇。云嗇者，取其成功，收斂受嗇而祭也。「祭百種，以報嗇」，爲下起文。百種，則「農及郵表畷、禽獸」等，所以祭之者，報其助嗇之功，使盡饗焉。田畯，有功於民。郵若郵亭屋宇處所。表，田畔。畷者，謂井畔相連畷。於此田畔相連畷之所，造此郵舍，田畯處焉。禽獸，即下文貓、虎之屬。言禽獸則助田除害者皆悉包之。特云貓、虎，舉其除害甚者。不忘恩而報之，仁也。❶有功必報之，是義也。蜡祭，仁義之至盡也。坊者，所以畜水，亦以鄣水。庸者，所以受水，亦以泄水。祭此坊與水庸之神。鄭所引《詩》者，齊、魯、韓《詩》也。恐迎貓、虎之身，故註云「迎其神」。

嚴陵方氏曰：上言祭，下言饗，互相備也。百種，百穀之種也。百種乃嗇之所成，故祭百種以報嗇也。農則致所掌以養人而不失其時者也；郵則田官於此有所識，畷則田官於此有所聯，皆督約農事之處也：故三者合爲八蜡之一焉。鼠之與豕，皆足以爲田之害，而貓與虎能食而除之，迎其靈而祭之，❷則所以報之也。於貓、虎如此，則六者可知矣。

馬氏曰：先嗇者，其智足以刱物，立於其先。司嗇者，因其成法而謹司其職而已。故祭則以先嗇爲主，而以司嗇配之。

山陰陸氏曰：先嗇，田祖也。司嗇，田畯

❶「仁也」，通志堂本、四庫本及《禮記正義》作「是仁」。

❷「靈」，通志堂本、四庫本作「神」。

也。若稷，自於秋報之。然則饗農，饗農而已。《周官・籥章》：「凡國祈年于田祖，龡《豳雅》，擊土鼓，以樂田畯。」祭百種，祭百穀之種以報嗇也。農其分也，郵其過者也，雖勿索可也。禽獸，爲其害我也，故除之。除之矣。❶雖亦勿索可也。今皆索而饗之，是所謂仁之至，義之盡矣。表，表而祭之，若「祭表貉」是也。畷，畷而祭之，若「畛於鬼神」是也。據此表畷、禽獸，捷祭而已矣。❷先儒謂捷祭無迎尸之事。「祭坊與水，庸事也」，何以不言及水？坊外也。庸，讀如「民功曰庸」之「庸」。祭防謂以坊禦水，❸祭水謂以水禦旱，爲其用之也，故祭之。故曰「庸事也」。雖仁，非仁之至；雖義，非義之盡。

延平周氏曰：索饗及於禽獸，可謂仁之至，義之盡也。盡於義然後至於仁，故於仁言「至」，義言「盡」。君子之於物，莫不各因其才而使之。雖使之甚勞，亦必有以爲之報。此使人之術與忠厚之道，常見於祭祀之間也。坊與水庸，以其有事於我，故祭之。

《講義》曰：曰至，曰盡，不以鄙賤而忽焉之意也。

曰：「土反其宅，水歸其壑，昆蟲毋作，草木歸其澤。」皮弁、素服而祭。素服，以送終也。葛帶、榛杖，喪殺也。蜡之祭，仁之至，義之盡也。黄衣、黄冠而祭，息田夫也。野夫黄冠，黄冠，草服也。

❶「除之」，通志堂本、四庫本不重。

❷「捷」，通志堂本、四庫本作「接」。下文「捷祭」同。

❸「防」，通志堂本、四庫本作「坊」，是。

鄭氏曰：「土反其宅」至「歸其澤」，蜡祝辭也。若辭同，則祭同處可知矣。壑，猶坑也。昆蟲，暑生寒死，螟螽之屬，爲害者也。送終、喪殺，所謂老物也。素服，衣裳皆素。黄衣、黄冠而祭，謂既蜡，臘先祖五祀也。於是勞農以休息之。《論語》云：「黄衣狐裘。」「黄冠草服」，言祭以息民，服象其時物之色，季秋而草木黄落。

孔氏曰：土，即坊也。反，歸也。宅，安也。土歸其安，❶則不崩。水即水庸，水歸其壑，謂不汎溢。昆蟲毋作，謂不爲災。草苔、稗木、榛梗之屬，當各歸生藪澤之中，不得生於良田害嘉穀也。陳辭有水土、昆蟲、草木者，以其無知，故特有辭也。先嗇之屬有知，故不假辭。草木有辭，則當有神。八蜡不數之者，以草木偏地皆是，不如坊與水庸之屬，各指一物也。案《周禮・籥章》云：「國祭蜡，則龡《豳頌》，息老物。」以物老，故素服。物老將終，故葛帶、榛杖。素服，謂白素衣積表裳。經不云皮弁者，從上省文也。素服送終，是仁恩，葛帶、榛杖示陰氣斷割，故云「仁之至，義之盡也」。田夫，則野夫也。野夫著黄冠，是季秋之後草色之服，故息田夫而服之也。

長樂陳氏曰：「皮弁素服而祭」者，蜡祭四方百物也。「黄衣黄冠而祭」者，臘先祖五祀也。蜡以息老物，故服送終之服，而以皮弁、素服、葛帶、榛杖。臘以息民，故服田夫之服，而以黄衣、黄冠。然《周禮・司服》：「王祭羣小祀則玄冕。」鄭氏

❶「安」，通志堂本、四庫本作「宅」。

曰：「羣小祀，林澤、墳衍、四方百物之屬也。」《大宗伯》：「以疈辜祭四方百物。」鄭氏曰：「四方百物，磔攘及蜡祭也。」王於蜡服玄冕，而有素服與黄冠者，蓋執事者之服歟？《禮書》。

嚴陵方氏曰：水土、昆蟲、草木，此皆因其合聚之時而合聚以饗之，故祝者之辭言其時事如此。皮弁則其色白，素服則衣裳皆素。素者送終之服，而蜡亦送終之事，故曰「以送終也」。別言之，則服止言衣裳，合言之，則弁亦服爾，故下止言素服也。帶不以麻，而以葛；杖不以竹，而以榛。若喪也，而實非喪，故曰「喪殺也」。既非喪，必欲若喪者，以其有送終之義故也。前言皮弁、素服，後言黄衣、黄冠而祭，説者謂皮弁、素服爲主祭者之服，黄衣、黄冠爲助祭者之服矣。❶其言「野夫黄冠」，則爲助祭者之服可知。且皮弁、素服則以送終爲義，黄衣、黄冠則以息田夫爲義。「送終」者，祭之道也。「息田夫」者，祭之事也。夫黄者土之色，百昌生於土而作，終亦反於土而息。冬則反於土之時也，服以是色亦宜矣。土爰稼穡者田夫之事，取土之義以息田夫，又宜矣。以土之義如此，故凡野夫皆黄冠焉。野夫，即田夫也。言其所事曰「田夫」，言其所居曰「野夫」。草服，謂草野之服，故下言草笠以爲野也。上兼言黄衣，而下止言黄冠，❷則以草服該之故也。然《籥章》曰「息老物」，此曰「息田夫」者，蓋作之於始，息之於終，雖人之情亦是道

❶「服」字下，通志堂本、四庫本有「是」字。
❷「下」，原作「不」，今據通志堂本、四庫本改。

也。道終則有始，今歲之息，乃所以兆來歲之作。息猶氣之息也。往來未嘗息，乃所以爲息也。

延平周氏曰：大蜡祝辭，雖記歲終之事，蓋亦有順天時、息老物之意也。

馬氏曰：蜡者於歲之終，報其成功，又以祈來年之始，故祝之之辭如此。草木者，萁稗之屬，王皮弁、素服而祭，所以送萬物之終也。萬物之肅殺，而王葛帶、榛杖者，以喪禮處之也。蓋萬物生有以養人，而終不可不報，亦示其不忘本也。故曰「仁之至，義之盡」。

山陰陸氏曰：據此皮弁以祭而已，所謂素服，蓋去繡黼丹朱中衣。不殺而死，所謂終也，故素服以送之。葛帶於理見割，榛杖於理見至，爲其殺之也，故喪之。《老子》曰：「戰勝則以喪禮處之。」葛帶變麻，榛杖變桐，蜡之祭也，其以祭服祭之可也。今其衣服如此，是亦「仁之至，義之盡也」。黄衣、黄冠，天謂之玄，玄冠象焉，朝服也；地謂之黄，黄冠象焉，野服也。經云「野夫黄冠」，野夫務知地事而已。黄冠，草服也，言草以非齊服。玄冠，齊服也。齊，朝廷之事也。草，野田之事也。草，艮也。齊，巽也。草，昧也。齊，明也。

大羅氏，天子之掌鳥獸者也，諸侯貢屬焉。草笠而至，尊野服也。羅氏致鹿與女，而詔客告也。以戒諸侯曰：「好田、好女者，亡其國。」天子樹瓜華，不斂藏之種也。」

鄭氏曰：諸侯於蜡，使使者戴草笠貢鳥獸也。《詩》云：「彼都人士，臺笠緇撮。」又曰：「其餉伊黍，其笠伊糾。」皆言野人之服也。詔客告者，詔使者使歸，以此告其君，所以戒之。華，果蓏也。又詔以天子樹瓜蓏而已，戒諸侯以蓄藏蘊財利也。孔氏曰：因上蜡祭，廣釋歲終蜡時之事。《周禮·羅氏》：「掌羅烏鳥，蜡則作羅襦。」謂細密之羅。《周禮》不云掌獸，此云獸者，以其受貢獸故也。四方諸侯有貢獻鳥獸於王者，皆入屬大羅氏也。使者著草笠，而至王庭。草笠是野人之服，今歲終功成，是由野人而得，故重其事而尊其服。詔，亦告也。客謂貢鳥獸使者。羅氏先受貢畢，使者臨去，羅氏又以鹿與女致與使者，宣天子之詔令。使者反國以告戒其君，故云「詔客告」也。「好田、好女者，亡其國」，此宣詔所告之言也。言鹿是田獵所得之物，女是亡國之女，非每國輒與女、鹿，羅氏以鹿與女示使者耳。瓜，冬之瓜。❶言天子唯樹瓜與果蓏，供一時之食，不是收斂久藏之種，與民爭利，令使者歸告其君也。註引《小雅·都人士》、《周頌·良耜》二詩證笠是野人之服。

長樂劉氏曰：四方諸侯當仲冬而遇于天子者，必助其祭祀也，故其爲蜡而獵莫不從焉。貢其禽於天子，則大羅氏受之。獻禽者，諸侯之卿大夫也。草笠而至，尊野服者，以明諸侯及其臣皆野服，馳騁從禽以助王也。其爲忠義，亦可尊矣。即之以爲禮焉。既受草笠之獻，則致鹿與女于庭，而詔獻禽之客，俾還告于其君，以申天子之戒勸也。曰好遊田以肆其禽荒者，好女色以肆其情欲者，亡國之道，天子之所不赦也。華，果蓏也。

❶「冬」，通志堂本、四庫本作「今」，當是。

瓜及果蓏，時鮮之物，不可以自遠而致之也，不可以收斂而藏之也。天子乃樹植之，所以貴時新，供寢廟，非貪其利而種之焉。❶亦戒諸侯毋廣樹植、務收斂以奪其民之利，非絜矩示民之道也。

嚴陵方氏曰：致鹿，非實致鹿也，特致所以獲鹿之物爾。致女，非實致女也，特致所以飾女之物爾。所謂作羅襦者以此。「好田好女者，亡其國」，其戒之之辭也。致鹿則所以戒好田，致女則所以戒好女。五子述大禹之戒曰「内作色荒，外作禽荒，有一于此，未或不亡」，則好田、好女者固足以亡其國，而可爲戒也。羅氏之戒好田，則是矣，而又戒好女者，以其皆陰事故也。《周官·甸師》「共野果蓏」，先儒言謂果，❷桃李之屬；蓏，瓜瓞之屬。蓋果即華之成實，蓏即瓜之總名。彼言果蓏，此言瓜華，互相備也。斂秋事，藏冬事，瓜華之種類特可以共斯須之求，非足以待久長之用。而天子樹之，以示不與民争利焉。此戒諸侯之辭也。

馬氏曰：好田、好女、不斂藏之種者，戒其貪也。其意以謂民有終歲之勞而有一日之佚，而爲之上者豈可以好樂無厭而淫德不倦乎？其意以謂有終歲之勤而有一時之積，❸而爲之上者豈可以好貨無厭而貪利無已乎？

山陰陸氏曰：以天子掌鳥獸之官，是以稱「大」。天子無事，與諸侯相見曰「朝」，

❶「其」，通志堂本、四庫本作「財」；「焉」，通志堂本、四庫本作「也」。

❷「言」字，通志堂本、四庫本無。

❸「謂」字下，通志堂本、四庫本有「民」字；「時」，通志堂本、四庫本作「日」。

考禮、正刑、一德，以尊于天子。今曰「草笠而至，尊野服也」者，則以「無君子，莫治野人；無野人，亦莫養君子」故也。❶然諸侯來曰朝，使其臣來貢然後曰至，尊野服也，則野服雖尊，非服之正。羅氏致鹿與女，《周官》所謂「蜡則作羅襦」是也。瓜，即瓜也。❷以告諸侯，故謂之「華」。《曲禮》削瓜爲國君華之，《甸師》共野果蓏之薦，天子所樹者也。爲大夫羸之，故瓜亦或謂之羸。凡此皆善墮爛不可藏也，故曰「不斂藏之種」。《爾雅》云：「果羸之實，栝樓。」栝樓善藏，言實則與華異。然則瓜言華，亦或以此。蓋瓜，果羸之華者。

延平周氏曰：《周官·羅氏》謂「蜡則作羅襦」，蓋羅則鹿之所以獲者，而襦則女之所衣者也。故致之以戒於諸侯。然戒之必至於歲終者，戒於終，所以圖其始也。瓜華者，不斂藏之種也，樹其不斂藏之種者，所以戒聚斂也。

八蜡以記四方。四方年不順成，八蜡不通，以謹民財也。順成之方，其蜡乃通，以移民也。既蜡而收，民息已。故既蜡，君子不興功。

鄭氏曰：四方，方有祭也。其方穀不孰，則不通於蜡，使民謹於用財也。移之言羡也，《詩·頌·豐年》曰：「爲酒爲醴，烝畀祖妣，以洽百禮。」此其羡之與？收謂收斂積聚也。息民與蜡異，則黃衣、黃冠而祭，爲臘必矣。

孔氏曰：此論天子蜡祭，四方不同，豐荒有異，兼記臘祭宗廟息民之事。四方之内年穀不得和順成孰，則當方八蜡之神

❶「亦」字，通志堂本、四庫本無，是。

❷「瓜」，通志堂本、四庫本作「華」，是。

不得與諸方通祭。所以然者，欲使不孰之方，萬民謹慎財物也。有順成之方，其蜡之八神，乃與諸方通祭。以蜡祭豐饒，皆醉飽酒食，使民歆羨也。前文云「黄衣、黄冠而祭」，不云臘之與蜡，似爲一。此文云「既蜡而收，民息已」，先蜡，後息民，是息民爲臘，與蜡異也。前「黄衣、黄冠」在蜡祭下，故鄭知是臘也。「不興功」，謂不興農功。若土功，則《左傳》云：「龍見而畢務，戒事也。火見而致用，水昏正而裁，❶日至而畢。」❷建亥之月起，日至而畢也。

皇氏曰：此一節據諸侯之國而爲蜡祭，以記其功。當國不成，則不爲蜡，成則爲蜡。

長樂劉氏曰：九州之諸侯，保育其民者也。各視其年之豐凶，則蜡之祭有行與不行焉，所以謹民財，不以祭祀傷其衣食也。在《易》之《損》曰：「曷之用，二簋可用享。」言凶年而約其禮也。順謂五氣時若，成謂九穀皆登。「順成之方，其蜡乃通」者，以答百神，所以致豐穰之勞也。「以移民也」者，民底厥勤，以至京坻之積，必因祭報以燕勞之，所以勸而移之也。易其不勤以爲勤，移其心也。易其不足以就有餘，移其身也。《大司徒》之職曰：「大荒大札，則令邦國移民，通財，舍禁，弛力，薄征，緩刑。」然則蜡之通不通，皆聽命於司徒矣。蜡禮既畢，然後息民之祭行焉。然則《黨正》「國索鬼神而祭祀」者，蜡也，非其所職焉。其所職者，于蜡之後，「以禮屬其黨之民，飲酒于序，

❶「裁」，通志堂本、四庫本及《禮記正義》作「栽」，是。

❷「畢」字下，通志堂本、四庫本有「土功」二字，是。

以正齒位」。而謂之息民者，息其田野之勞，而入于邑居，以習禮義。故正其齒位，以爲庠序之先焉。

嚴陵方氏曰：記四方者，記四方之豐凶也。年不順成，八蜡不通，此以蜡而記其凶也。「順成之方，其蜡乃通」，此以蜡而記其豐也。蜡乃合聚之祭，故因其合聚而收之也。物既收則民亦息。民息，則一歲之事已矣，故曰「民息已」。前言息田夫，此言民息，互相備也。功者，民力之所致，民息已，故既蜡，君子不興功。且蜡本以息農夫，則此所言功，止謂農功爾。若夫宫功則執於建亥之月，土功則畢於建子之月，武功則纘於建丑之月，而既蜡，君子未始不興功焉。

馬氏曰：「四方年不順成，八蜡不通」，所謂黜之也。「順成之方，其蜡乃通」，所謂陟之也。《周禮·黨正》「國索鬼神而祭祀，則以禮屬民而飲酒于序，以正齒位」，及其酒無算，則皆若狂矣。子貢觀於蜡，以謂「一國之人皆若狂，賜未知其樂」，則狂者乃羨之之意也。

延平周氏曰：❶蜡之所以不通者，謹民財也。謹，猶言節也。蜡之所以通者，斂民之所有餘，而共其祭也。既蜡，則歲終矣。萬物皆收成，而百工皆告休，故曰「既蜡而收，民息已」。

山陰陸氏曰：言記以不忘四方百物之功。《司勳》曰：「凡有功者，銘書于王之大常，祭於大烝。」以謹民財，以移民也。禮以謹之，樂以移之。「記蜡而收，❷民息

❶「平」，原作「方」，今據通志堂本、四庫本改。
❷「記」，通志堂本、四庫本作「既」。

已」，春播種之，民作；冬收斂之，民息。沙隨程氏曰：聖人治神人之道，以謂苟曠其職，如神者亦不敢不致罰也。然則四方年不順成之所，八蜡不通者，亦變置社稷之意，非區區爲民財不足而謹之也。唐禮，蜡祭年不順成，則絀其方守之神也。此古禮之存者，猶可考也。

南豐曾氏曰：博士和峴言蜡始伊耆，而三代有嘉平、清祀、蜡祭之名。蜡，臘之別名也。漢乘火德，以戌日爲臘。臘，接也，言新故相接，故田獵取禽以報百神，享宗廟，旁及五祀，以致孝盡虔。魏晉同之。唐以土王，貞觀之際，尚用前寅蜡百神，卯日祭社，辰日臘宗廟。至開元始定禮制，三祭皆於臘辰，以應土德。議者是之。宋興，推應火行，以戌日爲臘，而獨以前七日辛卯蜡，不應於禮。請如開元故事，蜡百神，祀社稷，享宗廟，同用戌臘，如禮便。制曰「可」。鞏。《本朝政要策》。

恒豆之菹，水草之和氣也。其醢，陸產之物也。加豆，陸產也。其醢，水物也。籩豆之薦，水土之品也。不敢用常褻味而貴多品，所以交神明之義也，非食味之道也。

鄭氏曰：此謂諸侯也。天子朝事之豆有昌本、麋臡、茆菹、麏臡，饋食之豆有葵菹、蠃醢、豚拍、魚醢，其餘則有雜錯云也。「非食味之道」，言禮以異爲敬。

孔氏曰：自此至「后斷也」一節，總明祭祀籩豆、酒醴、莞簟、尊彝、醯醢、鸞刀所用之宜。恒豆，謂朝事及饋食恒常所薦之豆。所盛之菹，是水草和美之氣，若昌本、茆菹是也。其所盛之醢，陸地所產之物也。加豆，謂祭末酳尸之後，其菹，陸地產生之物而爲之，若葵菹、豚拍之屬是也。加豆所盛之醢，用水中之物，若嬴醢、魚醢是也。鄭知此謂諸侯者，以其與《周禮》天子豆物不同也。天子朝事之豆，有昌本、麋臡、茆菹、麇臡，與此經同。其菁菹、鹿臡，菁菹，非水物，與此經異也。天子饋食之豆，有葵菹、嬴醢、豚拍、魚醢，與諸侯加豆不同。其天子加豆，有芹菹、兔醢、深蒲、醓醢、菭菹、鴈醢、筍菹、魚醢。芹菹與深蒲及菭菹等非陸產也，鹿與醓醢非水物也，與此經異也。鄭總云「其餘則有雜錯」，是天子與諸侯異也。其籩豆所薦之物，或水或土所生品類也。前唯言豆，後連籩者，❶籩是配豆之物，所盛亦有水土所生也。所薦之物，不敢用常褻美味，貴其多有品類，言物多而味不美也。所以交接神明之義，取恭敬質素，非如人事飲食美味之道也。

橫渠張氏曰：古亦有燕器，祭必爲籩豆簠簋者，非聖人不能爲也。蓋欲異其器，而不通褻用，又欲其器之盛物之豐，且令人持之專敬。

嚴陵方氏曰：恒豆，謂所常進之豆。加，謂於所常進而有加者。以恒而對加，則加爲暫；以加而對恒，則恒爲朝事饋食矣。菹，淹菜也。醢，肉醬也。上言恒豆之菹，則知加豆之陸產亦菹也，上言陸產之物，則知下言水物即水產也。上言水草之和氣，則知下之所言皆和氣也。常所食者則褻而不敬，❷故謂之常褻。味交於神明者，在誠而不在味，故曰「非食味之道也」。義言其所宜，道言其所由。篇

❶ 「後」，通志堂本、四庫本及《禮記正義》作「此」。

❷ 「則」，通志堂本、四庫本作「皆」，當是。

首言籩豆之實，此言薦者，實言實之於中，薦言薦之於上。

延平周氏曰：朝事與饋食之豆，非無陸產之物也，以水草之和氣者爲主。加豆非無水草之和氣也，以陸產者爲主。

山陰陸氏曰：恒豆，擧茆菹、麇臡，故曰「恒豆之菹，水草之和氣也。其醢，陸產之物也」。加豆擧筍菹、魚醢，故曰「加豆陸產也。其醢，水物也」。

先王之薦，可食也而不可耆也；卷冕、路車，可陳也而不可好也；《武》壯而不可樂也，宗廟之威而不可安也，宗廟之器可用也而不可便其利也。所以交於神明者，不可以同於所安樂之義也。

鄭氏曰：《武》，萬舞也。

孔氏曰：此總明祭祀之物，不可同於尋常安樂之義也。祭祀薦羞質而無味，不可耆也。❶袞冕、路車尊嚴，不可尋常乘服，以爲榮好也。《武》是萬舞《大武》，以示壯勇之容，不可常娛樂也。宗廟尊嚴肅敬，不可寢處其中以自安。宗廟之器共事神明，不可因便以爲私利。

嚴陵方氏曰：水土之屬，謂若籩豆之實，水土之品，可食之以爲禮，而不可供耆欲之求。卷冕，龍袞也。路車，即大路也。可陳之以爲儀，而不可資玩好之用。《武》舞執干戚以爲勇壯之容，而非所以樂其情焉。宗廟奉鬼神以示威靈之居，而非所以安其身焉。祭器不若燕器之利，而便於用。安樂者，謂所安而樂之也，若可耆、可好之類是矣。此言「先王之薦，可食而不可耆」，則知後之所言玄

❶「耆也」，通志堂本、四庫本及《禮記正義》作「歆嗜」。

酒、明水與夫大羹，皆不可耆。言路車可陳而不可好，則知素車之乘，亦不可好也。言宗廟之器可用而不可便其利，則知疏布冪與夫蒲越、槀鞂，皆不可便其利也。前總其略，後別其詳。

山陰陸氏曰：宗廟之威，亦釋《大武》，若言宗廟之威，不應衍「而」字。

酒醴之美，玄酒、明水之尚，貴五味之本也。黼黻、文繡之美，疏布之尚，反女功之始也。莞簟之安，而蒲越、槀鞂之尚，明之也。大羹不和，貴其質也。大圭不琢，美其質也。丹漆雕幾之美，素車之乘，尊其樸也。貴其質而已矣。所以交於神明者，不可同於所安褻之甚也。如是而后宜。

鄭氏曰：尚質貴本，其至如是，乃得交於神明之宜也。明水，司烜以陰鑑所取於月之水也。蒲越、槀鞂，藉神席也。明之者，神明之也。琢，當爲「篆」，字之誤也。幾，謂漆飾沂鄂也。

孔氏曰：此明祭祀所用之物，尚質貴本。玄酒，謂水也。陳列酒尊之時，明水在五齊之上，玄酒在三酒之上，尊上其古，故設尊在前。《冪人》云：「疏布冪八尊。」《禮器》云：「犧尊疏布鼏。」是疏布之尚也。凡常所居下莞上簟，祭天則蒲越、槀鞂之尚，是神明矣。雕謂刻鏤，言尋常車以丹漆雕飾之以爲沂鄂，而祭天以素車之乘者，尊其樸素，貴其質而已矣。此一句包上「酒醴」以下諸事，言祭祀之時不重華飾，唯質素而已。❶以其交接神明，不可同於尋常身所安褻之甚也。尚質尚儉如是而后得交神明之義。

❶「唯」字下，通志堂本、四庫本有「貴」字。

横渠張氏曰：明水，飲之祖；毛血，食之祖：所以反始也。

長樂陳氏曰：禮之初，有明水而已。明水而後有玄酒，玄酒而後有五齊，五齊而後有三酒。至於三酒，則事神與人者備矣。又有六飲，所以純乎人而致養焉。明水者，陰鑑以取於月之水也。玄酒者，黑黍和於水之酒也。考之此經，則酒與醴固不同，而玄酒、明水亦異也。合之以爲一，則非矣。

金華唐氏曰：《周禮》有明水而無玄酒，則明水即玄酒也。《司烜氏》「掌以夫燧，取明火於日，以鑒取明水於月，以共祭祀之明齍、明燭，共明水」，《大司寇》「奉其明水火」，皆言明水而不言玄酒，則明水、玄酒之非二物可知也。《郊特牲》言「酒醴之美，玄酒明水之尚」，非以玄酒明水爲二物也。加於齊，則謂之明水，加於酒，則謂之玄酒。且《玉藻》曰「凡尊皆上明水」，❶而不曰上明水、玄酒，則明水之與玄酒決非二物。

嚴陵方氏曰：夫味以淡爲本，感於鹹，作於酸，化於苦，窮於甘，變於辛。玄酒明水，則淡而無味，故曰「貴五味之本也」。黼作斧形，其色則白與黑。黻則兩己相弗，❷其色則黑與青。青與赤謂之文，赤與白謂之章。以天地之文作於東南，成於西南故也。繢則五采之所會，繡則五采之所刺。言文則章可知，言繡則繢可知，是皆色之美者也。布之精者升多而密，粗者升少而疏。女功之作始於粗，久

❶ 「皆上明水」，通志堂本、四庫本作「必尚玄酒」。

❷ 「弗」，《禮記大全》引作「背」，當是。

而後至於精。故楊雄曰：「霧縠之組麗，女工之蠹矣。」以疏布之尚，故曰「反女功之始也」。「明之也」者，謂其潔著之也。於蒲若玄酒、明水之類，莫非明之也。於蒲越、槀鞂言之者，以其無餘義故也。味之貴者莫如淡，大羹則以淡爲質而已。物之美者莫如玉，大圭則以玉爲質而已。素車之乘，即前所謂「乘素車」是也。尊無非貴也，樸無非質也，故下總而言之，則曰「貴其質而已矣」。前曰「不可同於所安褻之甚」，此曰「不可同於所安樂之義」，樂猶有義焉，褻則甚矣。

山陰陸氏曰：「貴其質也」，言貴不言美。大羹玄酒可以言貴，不可以言美，尊其樸也。變美言尊，樸之名尊。《老子》曰：「樸雖小，天下不敢臣。」不言以直不可也。據不可以同於所安樂之義也。

延平周氏曰：安褻之甚，不止於安樂之義，故於先王之薦之類則言「安樂之義」，於酒醴之美則言「安褻之甚」。大圭雖不琢，固已美矣，故大羹則言「貴其質」，大圭則言「美其質」，質未至於樸，故於素車則特言「樸」。

禮記集說卷第六十六

禮記集說卷第六十七

鼎、俎奇，而籩、豆偶，陰陽之義也。黃目，鬱氣之上尊也。黃者，中也。目者，氣之清明者也。言酌於中而清明於外也。

鄭氏曰：牲，陽也。庶物，陰也。黃目，黃彝也。周所造，於諸侯爲上也。

孔氏曰：案《宗伯》云：「以天産作陽德。」註云：「天産者，動物，謂六牲之屬。動物，故爲陽也。」庶物雖出於牲體，雜以植物相和，非復牲之全體，故爲陰也。黃彝，以黃金縷其外以爲目，因取名也。貯鬱鬯酒，故云鬱氣也。祭祀時列之最在諸尊之上，故云上也。黃是中方色，目是氣之清明者也。酒在尊中而可斟酌，示人君慮於祭事，必斟酌盡於中也。目在尊外而有清明，示人君行祭，必外盡清明潔浄也。案《明堂位》云：「周以黃目。」是周所造也。天子則黃彝之上，有雞彝、鳥彝，備前代之器，諸侯但有黃彝，故云「於諸侯爲上也」。

長樂陳氏曰：先王制器，或遠取諸物，或近取諸身。其取之也有義，其用之也以類。雞鳥虎蜼之彝，取諸物也；斝耳、黃目，取諸身也。

嚴陵方氏曰：以金目爲飾，故謂之「黃目」。以實鬱鬯而貴臭，故曰「鬱氣之上尊」。而謂之尊者，以居其所而瓚者從之，❶有尊之義故也。《司尊彝》掌六尊六

❶「瓚者從之」，通志堂本、四庫本作「贊者從者」，疑「贊」是「瓚」，「者」非。

彝之位，而黃彝處其四。此乃言上尊者，以尊時之所上而已。❶目之精，水也；其光，火也。以水爲體，故其氣清；以火爲用，故其氣明。《玉藻》言「視容清明」，亦以是已。《詩》云「瑟彼玉瓚，黃流在中」，鬱在中而以瓚酌之，蓋酌於中也。直達於外焉，蓋清明於外也。夫孝子將祭虛中以治之，此非酌於中之義乎？至於不御內，不聽樂，不飲酒，不如葷，❷此非清明於外之義乎？

延平周氏曰：《司尊彝》之職「秋嘗冬烝，祼用斝彝、黃彝」，黃彝即黃目，鬱氣之上尊也。蓋萬物之於冬，則反於土，而復於本。反於土，則終矣，故飾用黃。此《坤》所以至於上六始曰「天玄而地黃」。復於本，則可以自見，故飾用目。此《復》所以「小而辨於物」。然《周禮》謂之「彝」，此謂之「尊」，何也？蓋以彝對尊，則彝爲常，尊爲變；以尊對尊，❸則尊爲尊，彝爲卑。及離而言之，則尊與彝一也。

山陰陸氏曰：黃目，龜目也，氣之清明者也。於斝彝爲上。據此《司尊彝》尊先大，彝先小。

祭天，埽地而祭焉，於其質而已矣。醯醢之美，而煎鹽之尚，貴天產也。割刀之用，而鸞刀之貴，貴其義也。聲和而后斷也。

孔氏曰：此所論亦尚質及貴天產及聲和之義。餘物皆人功和合爲之，鹽則天產自然，故云「貴天產也」。煎者，煎此自然之鹽煉治之也。設之於醯醢之上，故云

❶「尊」字，原爲空格，今據通志堂本、四庫本補。
❷「如」，通志堂本、四庫本作「茹」，是。
❸下「尊」字，通志堂本、四庫本作「彝」，是。

「尚」。割刀之用，必用鸞刀，貴其聲和之義。取其鸞鈴之聲宮商調和而后斷割其肉也。

嚴陵方氏曰：鹽非煎以鍊治之，則不成，故謂之煎鹽。《天官》鹽人之所掌，「祭祀共其苦鹽、散鹽」。然醯人、醢人所共，未嘗不以祭祀爲主，則醯醢之美，祭祀非不用也，特非其所尚爾。夫刀能制斷，莫非義也，獨鸞貴其義者，貴其義之和而已。長樂陳氏曰：何休曰：「鸞刀，宗廟割切之刀，❶環有和，鋒有鸞。」考之《詩》、《禮》，曰「和鸞雝雝」，曰「登車聞和鸞之聲」。有鸞必有和，鸞在前，和在後。《詩》有言「鸞鑣」，有言「八鸞」，則和可知。有言「和鈴」，則鸞可知。然則何休言鸞刀之制，蓋有所授耳。夫和非斷則牽，斷非和則劌。故天以秋肅物而和之以兑，聖人以義制物而和之以仁。鸞刀以和濟割，亦此意也。《易》曰「利物足以和義」。《禮書》。

冠義：始冠之，緇布之冠也。大古冠布，齊則緇之。其緌也，孔子曰：「吾未之聞也。」冠而敝之可也。

鄭氏曰：始冠三加，先加緇布冠也。大古無飾，非時人緌也。《雜記》曰：「大白緇布之冠不緌。」大白，即大古白布冠，今喪冠也。齊則緇之者，鬼神尚幽闇也。唐虞以上曰大古。冠而敝之，此重古而冠之耳。三代改制，齊冠不復用。以白布冠質以爲喪冠。

孔氏曰：自此至「治天下也」一節，總明尊卑加冠，因明官爵及禮義之意。此總

❶「刀」，原作「乃」，今據通志堂本、四庫本改。

論初冠之義。以《儀禮》有《士冠禮》，此説其義，故云「冠義」。下篇有《燕義》、《昏義》，與此同。大古之時，其冠唯用白布，常所冠也。若其齊戒，則染之爲緇，今始冠重古，故先冠之也。古禮布冠不合有緌，而後世加緌，故記者云「其緌也」。引孔子之言，謂未聞緇布冠有緌之事。冠而敝之者，言緇布冠初加，暫用冠之，既冠則敝棄之可也。以其古之齊冠，後世不復用也。下云三王共皮弁、素積，故鄭云「唐虞以上爲大古」，❶與《易》之大古别也。　皇氏曰：鄭引《雜記》緇布冠無緌，而《玉藻》云「緇布冠繢緌」者，此經所論謂大夫士，故緇布冠無緌，諸侯則位尊，盡飾，故有緌也。

延平周氏曰：齊則緇之，以幽思也。末世緇布冠加之以緌。孔子以爲「吾未之聞」。然非天子不議禮，雖孔子亦不得不從當世之所尚。則冠之加緌雖非禮，但冠而棄之可也，故曰「冠而敝之可也」。蓋敝有棄意。

嚴陵方氏曰：緇布之冠，大古尚質，而未聞有緌，末世浸文，乃加緌爾。《玉藻》言「緇布冠繢緌」者，兼末世言之也。孔子未嘗聞其緌者，指盛世言之也。

馬氏曰：冠者，禮之始，而嘉事之重者也。其數見於《士冠禮》。於此則言其義也，故曰「冠義」。緌者，冠之飾。

山陰陸氏曰：據此有兩《冠義》。《冠禮》亦收此篇。然則後所謂「冠義」，又其後人拾其餘也。

❶「鄭」字下，通志堂本、四庫本有「註」字。「爲」，通志堂本、四庫本作「曰」，合本書上條所引。

適子冠於阼，以著代也。醮於客位，加有成也。三加彌尊，喻其志也。冠而字之，敬其名也。

鄭氏曰：阼者，東序少北，近主位也。每加而有成人之道，成人則益尊。醮於客位，尊之也。❶三加者，始加緇布冠，次皮弁，次爵弁。冠益尊，則志益大也。「冠而字之」者，重以未成人之時呼之。

孔氏曰：案《士冠禮》，冠者在主人之少北，是近主位也。其庶子則冠於房户外南面。客位，謂户牖之間南面。此謂適子。若夏、殷醮用酒，每一加，則一醮於客位。周則用醴。三加畢，乃一醴於客位。其庶子則皆醮於房户外也。三加者，曉喻冠者之志意，令益大也。初加緇布冠，欲其尚質重古；次加皮弁，欲其行三王之德；復加爵弁，❷欲其行敬事神明，是志益大。案《冠禮》既冠見母畢，立于西階東南面，賓東面字之曰「伯某甫」，是冠而字之也。難未成人之時呼其名，故以字代之。鄭註「重，難也」。❸

嚴陵方氏曰：冠者成人之服，阼者主人之階。成人則將代父而爲之主，故「冠於阼，以著代」。著則所以明之也，醮則以酒澤之也。每一加，則一醮。蓋酒所以饗賓客之物，故醮於客位。冠於阼，則是以主道期之也；醮於客位，則是以賓禮崇之也。以其有成人之道，故以是禮加之，故曰「加有成也」。然緇布之粗不若皮弁之精，皮弁之質不若爵弁之文，故曰

❶「尊」字上，原有五字之空，今據通志堂本、四庫本及《禮記》鄭注刪。

❷「復」，通志堂本、四庫本及《禮記正義》作「後」。

❸據《禮記正義》「重，難也」是賀氏說。

「三加彌尊」。服彌尊，則志宜彌大，故曰「喻其志也」。以《冠禮》考之，非特冠彌尊，而衣也、屨也亦彌尊，非特衣、屨彌尊，至於祝辭、醮辭亦然，所以喻其志，則一而已。

延平周氏曰：皮弁，天子視朝之皮弁也。爵弁，天子戎事之韋弁也。❶ 皮弁之色白，白則喻其自潔而有所受；韋弁之色赤，赤則天道下降於南方之色，而喻其將出而與物酬酢也。以視朝之服而對於戎事之服，戎事爲大，故曰「三加彌尊，喻其志也」。然士之冠而用天子之弁服，可乎？夫冠、昏，人道之大，先王欲重其禮，而雖士之賤，亦不嫌於與天子同服，故始冠而用爵弁，其猶始昏而用角枕歟？《詩》曰「角枕粲兮」，蓋言新昏者也。而《周官·玉府》於王之喪，則共角枕。此所以知先王欲重其禮，而雖士之微，亦不嫌於與天子同服也。

山陰陸氏曰：此記適子有故而醮。若無故，有冠醴，無冠醮，《士冠禮》是也。醴禮簡，醮禮繁，醮用酒，醴用醴。醴在房內，醮在房外。醴，脯醢而已，醮有折俎。

新安朱氏曰：此本無「適子」字，「加有成也」在「彌尊」字下。「冠而」下有「已」字。「敬其名」作「成人之道」。蓋傳誦之訛也。

委貌，周道也。章甫，殷道也。毋追，夏后氏之道也。周弁、殷冔、夏收。三王共皮弁、素積。

鄭氏曰：委貌、章甫、毋追，常所服以行道之冠也。或謂委貌爲玄冠也。周弁、

❶「天」，原作「夫」，今據通志堂本、四庫本改。

殷冔、夏收，齊所服而祭也。「三王共皮弁、素積」，所不易於先代。

孔氏曰：三代常服之冠，俱用緇布，而其形自殊。周爲委貌之形，殷則爲章甫之形，夏則爲毋追之形。委，安也，言所以安正容貌。章，明也，殷質，言所以表明丈夫。毋，發聲。追，猶堆也。❶夏后氏質，以其形名之。鄭註「行道」，謂養老燕飲燕居之服，若視朝行道，則皮弁也。此云「委貌」，《儀禮記》稱「玄冠」，故鄭云委貌或爲玄冠也。鄭註《冠禮·記》云：「弁名出於槃，槃，大也。言所以自光大。冔名出於幠，幠，覆也，言所以自覆飾也。收，言所以收斂髮也。其制之異，亦未聞。」皮弁、素積，以其質素，故三王同服，無所改易。

嚴陵方氏曰：委貌、章甫、毋追，即初加之緇布冠是矣。弁、冔、收，即三加之爵弁是矣。皮弁、素積，即再加之皮弁是矣。❷周尚文，故曰「委貌，周道也」。皮弁則以白鹿皮爲之，素積則以素爲裳。言裳則衣可知，裳必疊幅，故謂之積。楊雄所謂「襞幅爲裳」是矣。服其服，將以行是道，故每以道言之。

延平周氏曰：委貌、章甫、冔、收，命以意。毋追與弁，命以形。三代不同者，所以趣時也。皮弁、素積，三代共之者，立本也。蓋皮弁、素積，上古之服。

馬氏曰：始加、三加，皆不同，而再加之冠，則三王共之者，其義各有所主也。若其制，則未之聞，闕之可也。

❶「堆」，原作「推」，今據通志堂本、四庫本改。
❷「弁」，原作「弃」，今據通志堂本、四庫本改。

無大夫冠禮，而有其昏禮。古者五十而后爵，何大夫冠禮之有，諸侯之有冠禮，夏之末造也。

鄭氏曰：言年五十乃爵爲大夫也。其有昏禮，或改取也。夏初以上，諸侯雖有幼而即位者，❶猶以士禮冠之，亦五十乃爵命也。至其衰末，未成人者多見簒弑，乃更即位則爵命之，以正君臣，而有諸侯之冠禮。

孔氏曰：二十而冠，五十而爵，爲大夫，故無大夫冠禮。然四十强而仕，亦應無士冠禮，而云有者，立禮悉用士爲正，所以五等並依士禮冠子也。若試爲大夫者，亦用士禮。故鄭註《冠禮・記》云：「周之禮，年未五十而有賢才者，試以大夫之事，猶服士服，行士禮也。」禮三十而昏，五十乃爲大夫，亦應無大夫昏禮，而云有者，是改取也。「諸侯之有冠禮，夏之末造」者，言夏初以前，諸侯未有冠禮，與士冠同。夏末以來，諸侯有冠禮，與士禮異。故《大戴禮》有《公冠篇》加玄冕爲四加也。此經直明諸侯，不云天子。又下云「天子之元子，猶與士同」，則天子與士異也。然則天子冠禮，其來已久，但無文以言之。《玉藻》云：「玄冠朱組纓，天子之冠也。」鄭註云：「始冠之冠。」是天子別有冠禮。

賈氏曰：按《喪服》，大夫爲兄弟之長殤降服小功。鄭云「謂爲士若不仕者」，明其或亦爲大夫，則不爲殤而降也。蓋《小記》云「丈夫冠而不爲殤」，此兄殤者，既有德行，年未二十，而得爲大夫，則是大

❶「幼」，原作「功」，今據通志堂本、四庫本改。

夫亦不以二十而始冠也。❶

新安朱氏曰：引《喪服》之文見大夫而有兄殤，又其兄若爲大夫，則不降服，則知其身與兄皆未二十矣。是不必五十乃爲大夫也。蓋其得爲大夫之時，已治成人之事，或已因喪而冠，如《家語》所説人君之例，故不待二十而冠也。賈意當是如此。然此亦爲繼世爲大夫者言耳，非謂以賢才而選者也。

石林葉氏曰：自此至「德之殺也」，見於《儀禮·士冠禮》之末。其文前後相錯，自鄭氏以來不能了，故學者至今惑之。此專爲《士冠禮》言也，諸侯、天子無焉，所以《儀禮》繫於本篇之末。天下無生而貴者，謂天子之元子與大夫之子也。後世有未冠而爲大夫者，故言以官爵人，德之殺也。諸侯、天子君薨，雖未冠，必即位，則生而貴矣。不可與士比，故言繼世以立諸侯，象賢也。舉諸侯則天子可知。一加而冠緇布，再加而冠皮弁，三加而冠爵弁，士服也，然後謂之士，此天子元子與大夫之子所同者也。男子二十而冠，大夫五十而後爵，蓋未有大夫而始冠者，此大夫所以無冠禮也。諸侯、天子既冠而即位，固已同於士禮矣。未冠而即位，則既爲諸侯、天子，何緇布、皮弁、爵弁之云，則冠禮無復施，安得復有公侯之冠禮？此所以爲夏之末造也。鄭氏謂：諸侯雖父死，年未及五十，亦服士服，行士禮。五十乃命，古禮雖不可盡見，然天子、諸侯固未嘗以年斷。審如其説，不幸

❶「也」字下，通志堂本、四庫本有「儀禮疏」三小字。

有未冠而立，立不及五十而死，❶則終身不得爲諸侯、天子乎？此理之必不然者也。

嚴陵方氏曰：古者諸侯無冠禮，蓋天子之元子猶士也，况諸侯乎？皆用士冠禮而已。父在則爲士，父没則代爲君，以彼時未冠而父没者，不可以居諸侯之位，而用士禮，故至夏末有諸侯冠禮。然則諸侯之有冠禮，爲未冠而父没者造之也。

延平周氏曰：冠不再，昏不一，故大夫無冠禮，而有昏禮。天子之元子，其禮猶止於士而已，何諸侯冠禮之有？特夏之末造也。然自夏以降，不特諸侯有冠禮而已，蓋天子之元子，諸侯之世子，皆用士之冠禮。果元子、世子之年未及冠，而天子崩，諸侯薨，❷則元子、世子亦有君道，而復用士禮，可乎？故《玉藻》曰「玄冠，朱組纓，天子之冠也。緇布冠，繢緌，諸侯之冠也」者，蓋言此也。

天子之元子，士也。天下無生而貴者也。繼世以立諸侯，象賢也。以官爵人，德之殺也。

鄭氏曰：儲君副主，猶云士也。明人有賢行著德，乃得貴也。「繼世以立諸侯，象賢」者，賢者子孫常能法其先父德行也。「以官爵人，德之殺」，言德益厚，爵益尊也。

孔氏曰：繼世以立諸侯，此釋夏末以來有諸侯冠禮之意。「以官爵人，德之殺也」，明所以無大夫冠義也。言官爵之授，隨德隆殺也。大夫以上，雖以德授

❶「不」，通志堂本、四庫本作「未」。
❷「諸侯」，原作「國君」，今據通志堂本、四庫本改。

爵，猶無冠禮，士又德薄，而無爵也。

《講義》曰：謂天下無生而貴者，欲其脩德以繼統之意也。

嚴陵方氏曰：嗣諸侯者，有冠禮，嗣大夫，則無之者，蓋諸侯繼世以立，大夫以官爵之，而不繼世故也。諸侯必繼世以立，所以象賢，大夫不繼世，爲其德之殺也。

延平周氏曰：繼世以立諸侯，象其祖考之賢也。官有尊卑，德有大小，故「以官爵人」，則「德之殺也」。

新安朱氏曰：自「繼世以立諸侯」至「死無謚」，此蓋老子不尚賢，貴因任之意。言上古之時，民各推其賢者，奉以爲君，没則復奉其子以繼之，其後遂以爲諸侯。然其子之立也，但象似其賢而已，非故擇賢而立之也。至於中古，乃在上者擇人任官，而爲之爵等，此則德之衰殺，❶不及上古之時矣。又至於周而有謚法，❷則生而有爵者，死又加謚，此則又其殺也。上古人自立君，故生無爵。中古未有謚法，故雖有爵，而無謚。又以申言古今之變也。

新安王氏曰：天子之元子，士也。此文係《冠禮》下。夫天子元子冠同於士，其餘與士不同，雖君儲副，有君父在上，故冠用士禮，所謂「無生而貴者也」。象，法象也。父祖之賢，子孫能法象之，故使之。雖未冠，南面君國，是以諸侯別有冠禮也。爵言命，爲大夫也。視諸侯德有殺，故冠惟士禮，與諸侯不同。此言大夫

❶「衰」，通志堂本、四庫本作「等」。
❷「又」，通志堂本、四庫本作「乃」。

所以無冠禮也。

死而謚，今也。古者生無爵，死無謚。

鄭氏曰：古，謂殷以前也。大夫以上，乃謂之爵。死有謚也。周制，爵及命士，雖及之，猶不謚耳。今記時，死則謚之，非禮也。

孔氏曰：此一經明士禮。此是《士冠禮·記》之文。以士爲主，古謂殷以前。士生時，爵不及，死不制謚。

山陰陸氏曰：古，謂周也。❶「生無爵」，蒙上「以官爵人」，❷則大夫以上乃謂之爵。今記時，死則謚之。案《檀弓》，士之有誄，自魯莊公始也。則作此記者，魯莊之後人歟。

延平周氏曰：謚者，行之迹。故古者生有爵，則死乃請謚於天子，而天子命之謚。後世但死則皆有謚，蓋未嘗請謚於天子，特其自謚耳。故曰「死而謚，今也」。

新安朱氏説見前。

禮之所尊，尊其義也。失其義，陳其數，祝史之事也。故其數可陳也，其義難知也。知其義而敬守之，天子之所以治天下也。

鄭氏曰：禮所以尊，尊其有義也。政之要盡於禮之義，此知其義，所以治天下也。

孔氏曰：此經因上論「冠義」，下論「昏義」，故因上起下，於中説重禮之義。不解禮之義理，是失其義。唯知布列籩豆，是陳其數，其事輕，故云「祝史之事」。籩豆事物之數淺易，可布陳。禮之義理深

❶「也」，通志堂本、四庫本作「時」。

❷「上」字下，通志堂本、四庫本有「文」字。

遠難知，聖人能知其義理，而恭敬守之，所以治天下也。

橫渠張氏曰：今人之祭，但致其事生之禮，陳其數而已。其於接鬼神之道，則未也。祭祀之禮，所總者博，其理甚深。今人所知者，其數猶不足，又安能達聖人致祭之義？

嚴陵方氏曰：經曰鼎俎奇而籩豆偶，陰陽之義也。所謂奇偶者，其數也；陰陽者，其義也。能守其義，然後有以制禮；能陳其數，止可與行禮。故《祭統》曰：「明其義者君也，能其事者臣也。」數在外，故可陳；義在內，故難知。然知之矣，而或不能守，守之矣，而或不能敬，則亦未免失其義焉，又何以治天下哉？《中庸》曰：「明于郊社之禮，禘嘗之義，治國其如示諸掌乎？」正謂是矣。

延平周氏曰：禮之所以爲禮者，禮之義也。而其禮之爲禮者，禮之數也。禮之所尊，尊其義，而非尊其數而已也。爲祝史者，特知其數耳。其數則禮之文而已，故可知。其義，則莫非性命之理，故難知。果知其義，則聖矣，天子所以治天下也。

馬氏曰：有數、有義，然後足以爲禮。數者，義之寓；義者，數之意，而其重尤在於意也。先王爲禮，未嘗不寓之以微妙之意。知其義，則舉而錯之天下無難矣。

山陰陸氏曰：孔子所謂知其説者之於天下也，其如示諸斯乎？

延平黃氏曰：失其義，陳其數，祝史之事也。後世之言禮者，猶陳其數焉。

新安朱氏曰：此蓋秦火之前，典籍具備之時之語，固爲至論。然非得其數，則其義亦不可得而知矣。况今亡逸之餘，數之存者不能什一，則尤不可以爲祝史之事而忽之也。

天地合，而后萬物興焉。夫昏禮，萬世之始也。取於異姓，所以附遠厚别也。幣必誠，辭無不腆。告之以直信。信，事人也。信，婦德也。壹與之齊，終身不改，故夫死不嫁。

鄭氏曰：「天地合，而后萬物興焉」，目禮之義也。「取於異姓」，謂同姓則多相褻也。誠，信也。腆，猶善也。直，猶正也，直、信二者，所以教婦也。「事人」，事，猶立也。齊，謂共牢而食，同尊卑也。齊，或爲「醮」。

孔氏曰：自此至「人之序也」，論聖人重昏禮之事。天氣下降，地氣上騰，天地合配，則萬物生焉。若夫婦合配，則子胤生焉。此與下《昏禮》爲目。「取異姓」者，所以依附相疏遠之道，厚重分别之義也。幣帛必須誠信，使可裁制，勿令虚濫。賓之傳辭，無自謙退云幣不善，不詐飾也。《昏禮·記》云：「辭無不腆，皮帛必可制。」鄭註云「賓不稱幣不善」是也。所以幣必信，辭必直，欲告戒婦人以正直誠信也。「信，事人」者，婦人立身之道，非信不立。「信，婦德」者，貞信是婦人之德。

横渠張氏曰：以義理言，則婦死不當再娶，夫死不當再嫁。當其初娶時，便期以終身，豈復有再嫁之事？禽獸猶有不再匹者。男子正謂無嗣承祀事之重，❶猶可再娶。雖再娶，止謂之繼室。❷婦人則雖

❶「祀事」，通志堂本、四庫本作「祭祀」。
❷「止」，通志堂本、四庫本作「尚」。

至窮餓而死，不可也。介甫直謂婦人得再嫁，豈有是理？今於祭祀，凡再娶者，其配並列，於人情未安。古者人君自元妃而下，姪娣媵御，不復再娶。元妃死，則繼室攝内事。自卿大夫以下，有再娶之文，亦必大不得已。蓋其始昏，固未嘗有約。至于再也，不奈何爲承家爲祭祀之義大，故再娶也。生而再娶？於情固未安。葬而同坎，則褻尤甚滋不可也。祔葬、祔祭極至理而論之，止當祔一人。夫婦之道，是夫止合一娶，婦止合一嫁。今婦人夫死而不可再嫁，如天地之大義。然則夫豈得而再娶？特以重者計之，養親，承家，祭祀，繼續，不可廢也，故有再娶之理。然其葬、其祔，雖爲同穴、同筵几，譬之人情，一室之中，豈容二妻？故以義斷之，唯祔以首娶，繼室别在一所乃安。又非如姪娣，彼自是妾，與適葬者異竁而殊封，是衛人之祔也，離之，必也一穴異坎爲安。❶

石林葉氏曰：宗子雖七十無無主婦。非宗子，雖無主婦可也。此非特贊祭祀，凡大宗之統其親者，亦不可無也。然則婦人得再嫁乎？據此理，則婦未有二夫者也。然《喪服》「父卒，繼母嫁，從爲之服，報」。《傳》曰：「何以期，貴終也。」則繼母有再嫁之道矣。然必有故焉。《周官·媒氏》「仲春之月，令會男女。無故不用令者，罰之」。繼言「司男女之無夫家者」，鄭氏謂故如鰥寡者。衛世子共伯蚤死，其妻姜氏，父母欲奪而嫁之，共姜守義，誓而弗許，作《栢舟》詩以自見。孔

❶「穴」字下，通志堂本、四庫本有「而」字。

子取焉。則不再嫁者，婦人之義也。有不得已而不得不嫁者，君子亦通之也。

嚴陵方氏曰：「天地合，萬物興」，昏禮之合二姓，蓋本於此。有夫婦然後有父子。父子所以傳世，故曰「昏禮，萬世之始」。必取異姓，所以附遠；不取同姓，所以厚別。且於遠不附，則人情無以通；於別不厚，則人道無以辨。昏姻者，所以通人情而辨人道而已。幣，所以將昏姻之意；辭，所以通昏姻之情。幣必誠者，無飾其意以僞也。辭無不腆者，無致其情以曲也。辭無致其曲，則告之以直故也。幣無飾以僞，則告之以信故也。故繼言「告之以直信」。以事人者必以信，而婦人以事人爲事，故信爲婦德也。上兼言直，而下不釋直者，❶蓋信而無僞，則直在其中矣。不改，則不改而他適也。❷以其不可改，故雖夫死不嫁。

延平周氏曰：昏之以禮，而告之以信。信則無可變之道，故夫死不嫁。然有不能以自存者，夫死而嫁可也。此共姜之父母欲奪而嫁，詩人有《栢舟》之興。蓋栢雖可以爲舟，特非舟之所宜。共姜雖可以嫁，特非共姜之所宜。以共姜有可以自存之道也。

馬氏曰：《易》曰：「天地絪緼，萬物化成，❸男女構精，萬物化生。」與此同意。幣者，所以將其昏姻之意。辭者，所以導其昏姻之情。幣以將意，則不可以不誠；辭以導情，則不可以不腆。腆之言

❶「釋」，通志堂本、四庫本作「言」。
❷「則」，通志堂本、四庫本作「謂」，是。
❸「成」，通志堂本、四庫本及《周易》作「醇」。

厚也。君子無所不用其誠與厚。至於昏禮，則尤甚焉，故曰「幣必誠，辭無不腆」。婦人，事人者也。事人必以信，故體信以爲德，然後可以事人也。《詩》曰：「懿厥哲婦，爲梟爲鴟」、「婦有長舌，惟厲之階」，言無信也。一與之齊，則榮辱、貧賤、休戚，唯所遇而不擇焉，故終身不改。

山陰陸氏曰：此一節至「昏禮不賀」，亦昏義也，而言昏禮。男子制義禮婦人之事也。據《冠義》，始冠緇布之冠也。《士冠禮》記冠義，《昏禮》記士昏禮，❶以此。「不腆」，詞也。凡謙詞稱「不腆」，今詞不云「不腆」，告之以直信也。據《聘禮》，主人曰：「不腆，句。先君之祧既拚以俟矣。」《春秋傳》曰「不腆，句。敝器不足辭也」，又曰「不腆，句。先君之敝器，使臣下致諸執事，❷以爲瑞節」。告之以直信者，直告之以信而已。故曰「信，事人也。信，婦德也」。《昏禮》父命之曰：「戒之敬之，夙夜毋違命。」母曰：「勉之敬之，夙夜毋違宫事。」所謂「告之以直信也」。若信而有從違，則有義存焉，非直信而已。然非婦事也。《易》曰：「婦人貞，吉，從一而終也。夫子制義，從婦凶也。」

男子親迎，男先於女，剛柔之義也。天先乎地，君先乎臣，其義一也。

鄭氏曰：先，謂倡道也。

馬氏曰：男子親迎，而男先於女者，剛先於柔之意也。豈獨昏姻之際如此，至於天地、君臣，其義一也。天則造始，而地則代終。君主乎倡，而臣主乎和。

❶ 下「禮」字，通志堂本、四庫本作「義」，是。
❷ 「臣下」，通志堂本、四庫本作「下臣」，是。

山陰陸氏曰：陽唱而陰不和，男行而女不隨是矣。

執摯以相見，敬章別也。男女有別，然後父子親。父子親，然後義生。義生，然後禮作。禮作，然後萬物安。無別、無義，禽獸之道也。

鄭氏曰：摯所奠鴈，言不敢相褻也。人倫有別，則氣性醇。禽獸，言聚麀之亂類也。

孔氏曰：章，明也。壻親迎入門，而先奠鴈，然後與婦相見。是先行敬，以明夫婦禮有分別，不妄交親。

嚴陵方氏曰：壻先奠鴈，乃與婦相見，所以敬章其有別之道。章則所以明之。《表記》曰：「無辭不相接也，無禮不相見也，欲民之無相褻也。」正謂是矣。男女有別，則夫婦之道成，夫婦之道成，然後足以傳世，故有父子之親焉。上言父子親，則知下言義生者，謂君臣也。君臣之義，上下之分而已，故義生然後禮作。禮作則上不偪下，下不僭上，故萬物安也。其序與《繫辭》所言合。凡此所言不過有別、有義而已。人之所以異於禽獸者，其以是歟？禽獸有牝牡之合，而無内外之別，有生育之愛，而無上下之義，故曰「無別、無義，禽獸之道也」。

馬氏曰：摯者，交接之際，所以致敬。人之私褻，莫甚於衽席之上。男女之際，不可不正。故執摯相見，所以敬章別也。父子相親，出於天性自然，而曰「男女有別，然後父子親」，何也？蓋男女無別於内，則夫婦之道喪，而淫辟之罪多。雖父子之親，亦不可得而親之也。男女有別，然後父子有相親之恩，父子有相親之恩，則必有相親之義，故義生焉。非特父子之親如此，推而至於朋友、兄弟、君臣上下之際皆有義，則燦然有文以相接，故曰「義生，然後禮作，禮作，而貴賤有等，上下有分，此萬物所以安也」。自「父子相親」，推而至於「萬物安」，皆起於男女有別。則衽席之上，不可以不戒也。哀公問政，孔子曰：「夫婦別，父子親，君臣嚴。三者正，則庶物從之矣。」與此同意。

延平周氏曰：始於「男女有別」，而終至乎「萬物安」者，非禮之妙，孰能與此。

山陰陸氏曰：章，讀如章物之「章」。《春秋傳》曰：「男摯，大者玉帛，小者禽鳥，以章物也。」

壻親御授綏，親之也。親之也者，親之也。敬而親之，先王之所以得天下也。出乎大門而先，男帥女，女從男，夫婦之義由此始也。婦人，從人者也。幼從父兄，嫁從夫，夫死從子。夫也者，夫也。夫也者，以知帥人者也。

鄭氏曰：「親之也者，親之也」，言己親之，所以使之親己。先王，若大王、文王。「出乎大門，而先」者，車居前也。從，謂順其教令。夫之言丈夫也。夫或爲「傅」。

孔氏曰：案《昏禮》「婦降自西階，壻親御婦車授綏」，是壻親御授綏也。壻御婦車授綏，欲親愛於婦，令婦親己也。

嚴陵方氏曰：親御授綏，固所以親之。然必親迎、親御，亦所以敬之也。敬所以爲義，親所以爲仁。先王之所以得天下者，仁義而已。

馬氏曰：婦人女子，近之則不遜，故不可以不敬之。遠之則怨，故不可以不親之。

敬之者，禮也，親之者，仁也。愛與敬，先王之所以御婦之道也。「二女嬪于虞」，「文王刑于寡妻，至于兄弟，以御于家邦」，此先王所以得天下也。夫主於義，故有所帥，無所從。婦主於聽，故有所從，無所帥。夫婦之道，其大概不出於此。故出乎大門，而先男帥女，女從男，夫婦之端，基之於此也。婦者，恒其德者也。有三從之義，而無一違之禮，故幼從父兄，嫁從夫，夫死從子。夫者，制義者也，制人而不制於人，故曰「知帥人者也」。知帥人，則非所謂不恒其德，而從婦凶也。

延平周氏曰：夫者，以知帥人者也。而大夫亦謂之夫者，大夫以知帥人之大者也。然夫人亦謂之夫，何也？夫人謂之夫，猶后妃謂之后。蓋后乃命其夫人以下者，而夫人乃帥其九嬪以下者。

山陰陸氏曰：婿親迎，親御授綏，《咸》卦是也。出乎大門而先，男帥女，女從男，《恒》卦是也。

《講義》曰：夫敬而親之，先王雖得天下之道，不外乎是。蓋齊家治國平天下，實出乎一道。《詩大序》所謂「正始之道，王化之基」是矣。

盱江李氏曰：婦人，從人者也。從之，斯尊之矣。卑其夫，未有能從命也。❶夫弱於外，婦强於内，下上其心，而莫之制，何所弗及哉？舉天下而漸其風，亂矣。王化之存者，幾何？是故婦人於夫家，不可不使之盡禮也。

玄冕齊戒，鬼神陰陽也。將以爲社稷主，爲

❶「命」，通志堂本、四庫本作「夫」。

先祖後，而可以不致敬乎？ 共牢而食，同尊卑也。故婦人無爵，❶坐以夫之齒。

鄭氏曰：玄冕，祭服也。陰陽，謂夫婦也。爵，謂夫命爲大夫，則妻爲命婦。

孔氏曰：廣陳敬事也。玄冕，助祭服，五冕色俱玄，故總稱玄冕，用助祭之服。齊戒，自整敕而親迎，是敬此夫婦之道。如事鬼神，故云「鬼神陰陽也」。妻爲内主，故有國者是爲社稷内主也。

嚴陵方氏曰：以交鬼神之道，而施諸陰陽之配，固所以致敬也。「社稷主」者，夫爲主於外，婦爲主於内故也。此則主有士者言之。「先祖後」者，有夫有婦，然後可以傳世，而後其先也。此則通天下言之。牢，謂牲牢也。先王以牢禮爲之等，尊卑異焉。而夫婦之禮，則共牢而食者，示同尊卑也。夫尊則婦亦尊，夫卑則婦亦卑，故曰「同尊卑」。尊卑同，故爵齒亦從夫而已。以爵齒各有尊卑故也。《玉藻》曰：「君命屈狄，再命鞠衣，一命襢衣，士褖衣。」是從夫之爵也。《大傳》曰：「其夫屬乎父道者，妻皆母道也。其夫屬乎子道者，妻皆婦道也。」是從夫之齒也。

延平周氏曰：玄冕，事鬼神之服也。齊戒，將以事鬼神者。故《昏禮》而用玄冕齊戒者，所以鬼神其陰陽之配也。婦人無爵，而《周官》内宗則内女之有爵者，外宗則外女之有爵者，何也？ 内女之夫，即王子弟，而外女之夫，即公卿大夫，則其所謂「有爵，亦從夫之爵」也。

馬氏曰：玄冕齊戒，祭之重者也。以祭

❶「爵」字下，通志堂本、四庫本有「從夫之爵」四字。

之所重，而用於昏姻之際，則明其重也。哀公曰「冕而親迎，不已重乎」是也。

山陰陸氏曰：鬼神陰陽，神明之也。神明之也者，不可同於所安褻之甚也。

器用陶、匏，尚禮然也。三王作牢，用陶、匏。厥明，婦盥饋，舅姑卒食，婦餕餘，私之也。舅姑降自西階，婦降自阼階，授之室也。

鄭氏曰：陶、匏，大古之禮器也。大古無共牢之禮，三王之世作之，而用大古之器，重夫婦之始也。私之，猶言恩也。授之室，明當爲家事之主也。

孔氏曰：共牢之時，俎以外，其器但用陶、匏。陶是無飾之物，匏非人功所爲，乃貴尚古禮之自然也。厥，其也。厥明，謂共牢之明日也。明日婦乃盥，饋特豚，舅姑竟，❶以餘食賜婦，食餘曰餕。此示舅姑相恩私之義。案《昏禮》既昏之後，夙興，贊見婦于舅姑。婦執笲棗栗奠于舅席，又執腶脩奠于姑席。贊者醴婦，婦受醴畢，舅姑共席于奥。婦盥，饋特豚，卒食一酳，婦即席餕姑之餘。卒食，姑酳之。此士禮也。「降自阼階，授之室」者，謂適婦也。婦餕餘禮畢，舅姑從賓階而下，婦從主階而降，是示授室與婦之義也。

延平周氏曰：陶、匏，祭天地之器，而用於昏者，尚禮之至也。凡爲人子者，居不處奥，行不中道，立不中門者，以其有父在也。至於冠禮，則冠於阼階，而昏禮又婦降自阼階，何也？先生欲隆冠、昏之

❶「姑」字下，通志堂本、四庫本有「食」字，是。

禮，❶而不嫌於無父，是以有斯須之敬也。

嚴陵方氏曰：盥，謂盥手，所以致其潔。饋，謂特豚，所以致其養。以舅姑之尊，而降自賓階；以婦之卑，而降自主人之階者：示授之室而爲之主。男以女爲室，故以室主之。

山陰陸氏曰：器用陶、匏，禮之近人情者，非其至者也。三王作牢用陶、匏，言三代所不變也。冠禮著代而已，此授之室。

昏禮不用樂，幽陰之義也。樂，陽氣也。昏禮不賀，人之序也。

鄭氏曰：幽，深也。欲使婦深思其義，不以陽散之也。序，猶代也。

孔氏曰：不用樂者，使其婦深思陰静之義，以脩婦道。陽是動散，用樂，則令婦人志意動散也。

河南程氏曰：「昏禮不用樂，幽陰之義」，此説非是。昏禮豈是幽陰，但古人重此大禮，嚴肅其事，不用樂也。「昏禮不賀，人之序也」，此則得之。

嚴陵方氏曰：昏姻之禮，在子則有代父之序，在婦則有代姑之序，所以不賀，則一也。孔子曰：「取婦之家，三日不舉樂，思嗣親也。」彼言思嗣親，此言幽陰之義者，蓋有所思者，固欲其幽陰也。經云「齊之玄也，以陰幽思也」，是矣。然《曲禮》言賀取妻，賀其有客而已。故其辭曰：「聞子有客，使某羞。」

延平周氏曰：冠必至於昏，昏必至於代父者，人之序也。以其序將至於代父，則哀之可也，故不賀。

❶「生」，通志堂本、四庫本作「王」，是。

馬氏曰：三十而取，人之次序所當然也，故不賀。

山陰陸氏曰：「昏禮不用樂，幽陰之義」，所謂晦時以此。「昏禮不賀，人之序也」，昏禮執鴈，豈亦以此歟？

長樂陳氏曰：樂由陽來，而聲爲陽氣。禮由陰作，而昏爲陰義。故《周官・大司徒》以陰禮教親，則民不怨。然則昏之爲禮，其陰禮歟？ 古之制禮者，不以吉禮干凶禮，不以陽事干陰事，則「昏禮不用樂，幽陰之義也」。昔裴嘉有昏會，酒中而作樂，❶薛方士非之，可謂知其義矣。

有虞氏之祭也，尚用氣。血、腥、爓祭，用氣也。殷人尚聲，臭味未成，滌蕩其聲，樂三闋，然後出迎牲。聲音之號，所以詔告於天地之間也。

鄭氏曰：尚用氣，尚，謂先薦之。爓，或爲「膶」。滌蕩，猶搖動也。

孔氏曰：自此至篇末，總論祭祀之事。尚，謂貴尚。鄭註云先薦者，對合亨饋孰爲先也。血，謂祭初以血詔神於室。腥，謂朝踐薦腥肉於堂。爓，謂沈肉於湯。次腥亦薦於堂。《祭義》云「爓祭，祭腥而退」是也。今於堂以血、腥、爓三者而祭，並未孰，是用氣也。帝王革異，殷不尚氣而尚聲，謂先奏樂也。不言夏，或從虞也。臭味未成，謂未殺牲也。既尚聲，❷故未殺牲，先搖動樂聲以求神也。闋，止也。奏樂三徧，止，乃迎牲入殺之。鬼神在天地之間，故用樂之音聲號呼，告於天地之間，庶神明聞之，是求陽之義也。

❶「作樂」，通志堂本、四庫本作「樂作」，當是。
❷「既」，通志堂本、四庫本作「殷」。

嚴陵方氏曰：血、腥、爓三者，皆氣而已，未嘗致味，故曰「祭用氣」也。然爓之氣，不若腥之全，腥之氣，不若血之幽，故其序如此。殷人尚聲者，以其自樂始故也。臭未成，以其未用鬯故也。味未成，以其未用牲故也。樂之有聲，蓋出於虛，滌蕩之，則存乎其人而已。樂三闋者，以陽成於三故也。三闋則樂成矣，然後出迎牲，所以爲尚聲歟？聲者樂之象，音者聲之文。聲音之號，雖以求陽爲先，然詔告於天地之間，則凡在陰陽之間者，無不求也。

馬氏曰：有虞氏之意，以謂鬼神之所享在於敬，而不在於味。敬之所至，則味有所遺，故祭以血腥爲始。《記》曰「血祭，盛氣也」，又曰「郊血，大饗腥，三獻爓，一獻孰」，皆不敢用褻味，而貴氣也。有虞氏之祭尚氣，殷人從而文之，故尚聲。樂由陽來，則凡聲皆陽也。蓋人之死也，魂氣歸于天，非求諸陽，不足以報其魂也。殷人尚聲，所以迎其魂之來也。臭味未成，滌蕩其聲，樂三闋，然後出迎牲，此舉其尚聲之時也。聲音之氣，❶所以詔告於天地之間，此舉其尚聲之意也。鬼神處於天地之間，而不可度聲音之號，所以詔告之而已。

延平周氏曰：有虞氏尚氣，殷人尚聲，周人尚臭者，皆以宗廟之祭言之也。至於天地之祭，則天以升煙爲主，地以薦血爲主者，百王之所不易也。所謂尚氣者，凡血告於室，腥、爓薦於堂。有虞氏則血與腥、爓皆以爲祭，是故爲尚氣也。所謂尚

❶「氣」，通志堂本、四庫本作「號」，是。

聲者，先作樂以求諸陽，然後迎牲。所謂尚臭者，先灌以求諸陰，然後迎牲。然則有虞氏之尚氣者，亦求諸陰陽之間而已矣。

山陰陸氏曰：有虞氏尚氣，殷人尚聲，周人尚臭，後王彌文。氣，目事也。聲，耳事也。臭，鼻事也。味，口事也。血幽而未明，腥明而未著，爓温而未孰。有虞氏尚氣，未有臭味，殷人尚聲，有臭味而未成，滌其聲使清，蕩其聲使濁。

長樂陳氏曰：凡聲，陽也。商人之祭，先求諸陽而已。《商頌·那》：「祀成湯也。」樂之所依者磬聲，其名樂以瞽宗則主以樂教瞽之所宗，皆尚聲之意也。蓋日三成朏，月三成時，歲三成閏。然則樂不三闋，何以成樂哉？今夫禮減而進，以進爲文，樂盈而反，以反爲文。滌蕩其聲，則盈矣。必繼以三闋者，以反爲文也。樂三闋則減矣，然後出迎牲者，以進爲文也。然明則有禮樂，幽則有鬼神。鬼者，歸也，歸之以從地。神者，申也，申之以從天。詔告鬼神於天地之間，捨聲音之號，何以哉？又曰：《那》詩「庸鼓有斁，《萬舞》有奕」。曰庸鼓，鍾鼓之大者也。《萬舞》，舞之大者也。商之作樂，在湯則「奏鼓簡簡」，❶大矣而未備。在湯孫則「嘒嘒管聲」，備其細以成大。此經言尚聲，豈不以樂之大然耶？❷

金華應氏曰：祭祀之禮，帝王所同，而必別言之者，隨其所尚，各有所先也。「戛擊鳴球」，「祖考來格」，非不尚樂也，而商

❶「簡簡」，原作「鼓之」，今據通志堂本及《樂書》改。
❷「耶」字下，通志堂本、四庫本有「並樂書」三小字，是。

樂視舜則愈備，「猗那」之詩可考也。「厥作祼將」，「常服黼冔」，商非不尚祼也，而周祼視商則愈重，《旱麓》「受祖」之詩可見矣。虞氏近古，祭未窮味，猶有茹毛飲血之意也。殷愈尊鬼，嚴於求神，樂闋至三而後迎牲。滌蕩者，澡除洗雪於塵埃之境，播散發越於虛無之中，使無一毫之隔礙也。聲音之號者，以聲音而號召之，若以言語而詔告之。天地之間，虛曠洞達，無不響答也。周樂九變，兼用六代，視商愈備，而納牲必俟灌鬯之後，故曰「獻莫重於祼，聲莫重於聲歌，❶舞莫重於《武宿夜》」。❷是祼尤在於聲歌、《武舞》之先也。❸

禮記集説卷第六十七

❶ 下「聲」字，通志堂本、四庫本作「升」，是。
❷ 「武」，原作「舞」，今據通志堂本、四庫本改。
❸ 「聲」，通志堂本、四庫本作「磬」。

禮記集說卷第六十八

周人尚臭，灌用鬯臭，鬱合鬯，臭陰達於淵泉。灌以圭璋，用玉氣也。既灌，然後迎牲，致陰氣也。蕭合黍、稷，臭陽達於牆屋。故既奠，然後焫蕭合羶、薌。

鄭氏曰：灌，謂以圭瓚酌鬯，始獻神也。已，乃逆牲於庭殺之，❶天子諸侯之禮也。既奠，謂薦孰時也。《特牲饋食》所云「祝酌奠于鉶南」是也。蕭，薌蒿也。染以脂，合黍、稷燒之。《詩》云「取蕭祭脂」。羶，當爲「馨」，聲之誤也。奠，或爲「薦」。

孔氏曰：周禮變於殷，故先求陰，尚臭也。臭謂鬯氣。未殺牲，先酌鬯酒，灌地以求神，是尚臭也。鬱，鬱金草也。鬯謂鬯酒，煮鬱金草和之，其氣芬芳調鬯也。又以擣鬱汁和合鬯酒，使香氣滋甚，故云「鬱合鬯」也。鄭註《鬱人》云：「鬱金香草，宜以和鬯。」用鬱鬯灌地，是用臭氣，求陰達於淵泉也。以圭璋爲瓚之柄，瓚，所以斞鬯也。玉氣潔潤，灌用玉瓚，亦求神之宜也。玉氣亦是尚臭也。周言用玉，則殷不用圭瓚。既灌，然後迎牲者，先求神，後迎牲也。先灌是先致氣於陰，故云「致陰氣也」。蕭合黍、稷，周人後求陽也。取蕭草及牲脂膋合黍稷燒之，此謂饋食時，以臭氣求陽達於牆屋也。故既奠，然後焫蕭合羶、薌者，明上焫蕭之時節也。既奠，謂堂上事尸竟，延尸户内，更從孰始也。於薦孰時祝先酌酒，奠

❶「逆」，通志堂本、四庫本及《禮記》鄭注作「迎」。

於鉶羹之南，訖，尸未入。於是又取香蒿，染以腸間脂，合黍、稷燒之於宮中，此又求陽之義也。馨香，謂黍稷也。

長樂陳氏曰：鬱合鬯，臭陰達於淵泉，以形魄歸于地而求諸陰也。蕭合黍、稷，臭陽達於牆屋，以魂氣歸于天而求諸陽也。祭祀，君與夫人所以自盡之也。❶故君灌以圭，夫人灌以璋。君迎牲，夫人奠盎。《記》言「灌以圭璋，用玉氣也」，既灌然後迎牲，既奠然後焫蕭，是迎牲、奠盎皆在既灌之後，而焫蕭又在既奠之後。則灌求神之始也，而焫蕭次之。迎牲奠盎，事神之始也，而獻薦次之。求諸陰而事之，猶以爲未，又求諸陽而致曲焉，則神其不格乎？設燔燎羶薌，見以蕭光，則羶，膟膋之氣也；薌，黍稷之氣也。蕭合膟膋黍稷而燔燎之，在朝事之節。而朝事之初，有迎牲奠盎之禮，則《祭義》、《郊特牲》之文雖殊，其事一也。蓋迎牲而封之，則血毛告於室以示其幽，全膟膋焫於堂，以達其臭氣。而羹定之所詔又在其後，不然不足謂之尚臭也。鄭康成以《祭義》所言爲朝事之焫蕭，以《郊特牲》所言爲饋食之焫蕭。❷

嚴陵方氏曰：鬱鬯二者皆味也，則其爲臭陰而已，故能達於淵泉，淵泉以言其幽也。灌以圭璋，謂君灌以圭瓚，后灌以璋瓚也。見《明堂位》解。玉之爲氣，如白虹，則潔之至也。能交三靈而通之，亦以其氣之潔而已，故祭祀每用焉。迎牲之禮，固已重矣，而在既灌之後，則以致氣

❶「之」，通志堂本、四庫本作「者」。

❷「蕭」字下，通志堂本、四庫本有「禮書」二小字。

爲先故也。蕭、黍、稷三者，皆氣也，則其爲臭陽而已，故能達於牆屋，以言其顯。羶者，天産之臭，染蕭以膟膋，故言「羶」；合蕭以黍稷，故言「薌」。

馬氏曰：殷人既尚聲，周從而文之，❶故尚臭。臭，氣也，而氣有陰陽之別。周人尚臭，灌用鬯臭，所以致陰氣也。灌者，禮之始，而敬之至者也。《傳》曰：「禘自既灌而往者，吾不欲觀之矣。」又曰：❷「觀盥而不薦。」推此，足以知周尚臭之意也。鬯者以秬黍合鬱草而爲之。既成，然後和之以鬱金之汁。蓋人之死也，形魄歸于地，非求諸陰，不足以格其神也。故臭陰達於淵泉，先求諸陰也。灌以圭璋，用玉氣，此舉其尚臭之意也。既灌，然後出迎牲，致陰氣，此舉其尚臭之時也。迎牲在於祭之始，而既灌之後，然後出迎牲而殺之，是所以尚臭也。臭陰達於淵泉，以下之深者言之也。臭陽達於牆屋，以宗廟之所有言之也。蓋魂魄具，然後爲人。以周人既以求諸陰，又以求諸陽言之，則知有虞氏之用氣，非不用味也。殷人先求諸陽，非不求諸陰也。謂之尚氣，謂之尚聲，謂之尚臭，皆以始言之，而其意各有主也。

延平周氏曰：於鬱合鬯，言臭陰；於蕭合黍稷，言臭陽，何也？灌雖陰中之陽，而氣則下達，是故謂之陰。煙雖陽中之陰，而氣則上達，是故謂之陽。

山陰陸氏曰：鬱，陰也。鬯，陽也。蕭，陰也。黍稷，陽也。玉，陰中之陽，欲致

❶「周」字下，通志堂本、四庫本有「人」字。

❷「又」字下，通志堂本、四庫本有「易」字，是。

陰氣，非此不能出。脂，陽中之陰，欲致陽氣，非此不能降。淵泉虚而難窮，牆屋實而難徹。

凡祭，慎諸此。魂氣歸于天，形魄歸于地。故祭求諸陰陽之義也。殷人先求諸陽，周人先求諸陰。

鄭氏曰：此其所以先後異也。

嚴陵方氏曰：祭所以求諸陰陽者，一陰一陽，皆自然之理，非人爲之僞也，故曰「凡祭，慎諸此」。魂者氣所主，故曰「魂氣」。魄者營於形，故曰「形魄」。主者在内，故言氣於魂之下。營者在外，故言形於魄之上。人之生也，受氣於天，及其死也，魂氣復歸于天。成形於地，及其死也，形魄復歸于地。以其歸于地也，故不可不求諸陰；以其歸于天也，故不可不求諸陽。然則聖人之爲此也，豈徒陳其數而已哉？亦有以知其義爾，故曰「求諸陰陽之義也」。先求諸陽，則尚聲故也；先求諸陰，則尚臭故也。五聲、五臭，各有陰陽。然聲以氣動而生，故凡聲皆陽也。臭以氣留而生，故凡臭皆陰也。以殷爲求陽，周爲求陰，則知有虞氏之尚氣，亦求諸陰陽之間而已。夫一祭之内，氣也，聲也，臭也三者未嘗不兼用焉。經之所言，特以所尚者爾。

詔祝於室，坐尸於堂，用牲於庭，升首於室。直祭祝于主，索祭祝于祊。不知神之所在於彼乎？於此乎？或諸遠人乎？祭于祊，尚曰求諸遠者與？

鄭氏曰：詔祝、坐尸，謂朝事時也。朝事延尸于户西，南面，布主席東面，取牲膟膋，燎于爐炭，洗肝于鬱鬯而燔之，入以詔神於室，又出以墮于主。主人親制其肝，所謂制祭也。時尸薦以籩、豆，至薦孰，乃更延主于室之奧，尸來升席，自北方，坐于主北焉。「用牲於庭」，謂殺之時。「升首於室」，謂制祭之後，升牲首於北墉下，尊首尚氣也。「直祭祝于主」，謂薦孰時也。如《特牲》、《少牢饋食》之爲也。直，正也。祭以孰爲正，❶則血腥之屬，盡敬心耳。索，求神也。廟門曰「祊」，謂之祊者，以於繹祭名也。於彼、於此，言室與、堂與？尚，庶幾也。孔氏曰：下云「用牲於庭，升首於室」，故知詔祝於室，當殺牲之初，朝事之時也。詔，告也。祝，呪也。天子、諸侯朝事之時，坐尸於堂户西，南面，坐主在西方，東面。尸、主之前，則薦用籩、豆也。祝乃取牲膟膋，燎於爐炭，入告神於室。又出墮祭於主，謂分減肝膋以祭主前。當此時，王乃親洗肝於鬱鬯而燔之，以制於主前。制，割也，謂割其肝而不相離。今云詔祝于室，是燎於爐炭，入告於室也。坐尸於堂者，既灌之後，尸出堂，坐户西而南面也。上云「詔祝于室」，次云「用牲升首」，下云「索祭」，以文次之，故知直祭祝于主，當薦孰之節。薦孰正祭之時，祝官以祝辭告于主。若《儀禮·少牢》「敢用柔毛剛鬣，用薦歲事于皇祖伯某」是也。「索祭祝于祊」者，廣博求神，非但在廟，又爲求祭於祊也。祊有二種：一是正祭之時，既設祭於廟，又求神於廟門内。《詩·楚茨》云「祝祭于祊」，註云「門内平生待賓客之處，與祭同日」。二是明日繹

❶「正」字下，原衍「也祭以孰爲正」六字，今據通志堂本、四庫本及《禮記正義》删。

祭之時，設饌於廟門外西室，亦謂之祊。即上文云「祊之于東方」是也。今此索祭是正祭日之祊。《禮器》云「爲祊乎外」，以其稱外，故註云「明日繹祭」。此經不云外。又下云「肵之爲言敬也」，「相，饗之也」，「嘏，大也」，「毛、血，告幽全之物」，皆據正祭之日，明此祊亦正祭日也。「不知神之所在於彼乎？於此乎？」此解正祭在廟門之時，或設饌在室，或設饌在堂，不知神所在之處爲於彼室乎？爲於此堂乎？故兩處設饌也。「或諸遠人乎」，此解索祭爲祊之時，其神靈或遠離於人，不在廟乎？祭于祊者，庶幾求於遠者與？言於遠處求神也。鄭註云「至薦孰，乃更延主于室之奥」者，約《少牢》、《特牲饋食》在奥時也。云「尸來升席，自北方，坐于主北焉」者，以在奥東面，以南爲尊。主尊，故居南。主既居南，故尸來升席自北方也。尸、主各席，故朝事延尸於户外，尸南面，主席於東面是也。鄭此註雖參《禮記》及《少牢》、《特牲》而言之，亦約漢時祭宗廟之禮，故其事委曲也。云「謂之祊，以於繹祭名也」者，以祊是廟門，明日繹祭稱祊。雖今日之正祭，假以明日繹祭祊名，同稱之曰祊也。

嚴陵方氏曰：詔祝於室，即毛血詔於室。❶坐尸於堂，即羹定詔於堂。「用牲於庭」，即納牲詔於庭。納之將以用焉，故言「用升首於室」，即升首報陽，若《羊人》「祭祀，割牲登其首」。「直祭祝于主」，凡室事是也。「索祭祝于祊」，凡門事是也。索，即求之。不曰「求」，而曰

❶「毛血」，通志堂本、四庫本作「血毛」。

「索」者，以神之散，無不之也。彼此之間，不過近人而已。又疑神之遠人，然不可舍是以他求也。以祊在廟前之旁，猶爲遠而已，故覆「祭于祊」，而繼之以「尚曰求諸遠者與」。夫廟門之旁，豈實爲遠人乎？故以「尚」言之。

馬氏曰：自「詔祝于室」至於「索祭祝于祊」，其言未必皆有序。而「詔祝於室」者，求之於内之深者也。「索祭祝于祊」者，求之於外之遠者也。求之深，求之遠，蓋不知神之所在。而求於此，則疑於彼，求於近，則疑於遠，而庶幾神之饗也。鄭氏釋「直祭祝于主」，謂薦孰之時，謂之正祭，而血腥之屬，所以盡敬心，蓋非是也。釋「索祭祝于祊」，以正祭日言之，抑又非是也。

山陰陸氏曰：「詔祝於室，坐尸於堂」，謂制祭時，當朝踐之節。鄭氏謂「詔祝于室，朝事延尸于户西，南面，布主席東面，取牲膟膋燎于爐炭，洗肝于鬱鬯而燔之，入以詔神于室，又出以墮于主，主人親制其肝，所謂制祭也」，此殷禮也。鄭氏以言周禮，誤矣。蓋殷人制肝，周人制肺。殷人先求諸陽，周人先求諸陰。先求諸陽，故朝踐時，取牲膟膋燎于爐炭，洗肝于鬱鬯而燔之。若周人制肺，雖在此時，其取膟膋燎于爐炭，自當饋食之節。詔祝於室，詔使入以詔神。方是時，灌事畢而朝事始矣。是以詔祝坐尸當此節。蓋神格而後可以詔，祝主設而後可以坐尸。「用牲於庭，升首於室」，謂割牲時，當饋食之節。《羊人》所謂「割牲登其首」是也。「直祭祝于主」，謂尸未入，祝于主而已，是之謂直祭。若《少牢》祝酌奠，遂命佐食啓會，主人西面祝。祝曰「孝孫某敢用柔毛剛鬣，用薦歲事于皇祖伯某，尚饗」，當此節。「索祭祝于祊」，謂尸已出，祝于祊而已，是之謂「索祭」。若《有司徹》尸出于廟門，卒餕，❶有司徹饋饌于室中西北隅，如饋之設，當此節。焫蕭求諸陽，灌鬯求諸陰，奏樂求諸天地之間，以爲未也，故「詔祝于室，坐尸於堂」。詔祝於室，求諸内也，坐尸於堂，求諸外也，猶以爲未也，故「用牲於庭，升首於室」。用牲於庭，求諸下也，升首於室，求諸上也，又以爲未也，故「直祭祝于主，索祭祝于祊」。直祭祝于主，求諸近也；索祭祝于祊，求諸遠也。求，求之而已。若索，索也。

藍田吕氏曰：不知神之所往，故尚氣、尚聲、尚臭以求於天地陰陽之間。不知神之所在，故於庭、於室、於堂、於祊以求之。不知神之所依，故有主、有几、有尸、有幣以主之。不知神之所饗，故肆爓、腥、熟三牲，魚、腊、水草備物以祀之矣。

延平周氏曰：所謂孝子求神，非一處也。祊之爲言倞也，肵之爲言敬也。富也者，福也。首也者，直也。相，饗之也。嘏，長也，大也。尸，陳也。

鄭氏曰：倞，猶索也。倞，或爲「諒」。肵者，爲尸有肵俎，此訓也。福者，人君嘏辭有富，此訓之也。或曰福也者，備也。直者，訓所以升首祭也，直，或爲「犆」。相，謂詔侑也。詔侑尸者，欲使饗此饌也。《特牲饋食禮》：「主人拜妥尸，尸答拜，執奠，祝饗。」主人受祭福曰嘏。長

❶ 「餕」，原作「暮」，今據《儀禮注疏》改。

也，大也，此訓也。尸或詁爲主，此尸神象，當從主訓之，言陳，非也。

孔氏曰：此皆訓祭祀所爲之事。案《特牲》、《少牢》設饌後，尸祭饌訖，祝取牢心舌，載于肵俎，設于饌北。尸每食牲體，反置于肵俎，是主人敬尸之俎也。又《少牢》云：「皇尸命工祝，承致多福無疆，于女孝孫，使女受禄于天，宜稼于田，眉壽萬年，勿替引之。」此是大夫嘏辭，人君則福慶之辭更多。故《詩·楚茨》云「永錫爾極，時萬時億。卜爾百福，如幾如式」是也。首也者，直也。直，正也。言首爲一體之正。鄭引《特牲》證饗尸時節，尸答拜訖，執此鉶南之奠，祝設辭以饗之，欲尸饗此奠。尸遂祭與啐之。是「相，饗之也」。尸嘏主人，欲使長久廣大也。此經尸爲陳，諸本尸爲主。尸是神象，當從主。

嚴陵方氏曰：「索祭祝于祊」，於正祭之後，而又索焉，非强有力者，不能如此，故曰「祊之爲言倞也」。倞，强也。首，謂升首也。首犆而直，支偶而曲，故曰「首也者，直也」。以其直，故得特達以升於室焉。相，謂相尸也。坐則有妥，食則有侑。入或逆之，升或延之。凡爲此者，豈苟然哉？亦心鄉之而欲神饗之而已，故曰「相，饗之也」。福而有假之義。《中庸》言「大德之得禄壽」，以得其壽故長，以得其禄故大。故曰「嘏，長也，大也」。且壽禄爲五福之先，故必以長、大言之。《天保》曰「降爾遐福」，此福所謂長也。《楚茨》曰「以介景福」，此福所謂大也。尸，神象也。神隱而尸陳，故曰「尸，陳也」。

山陰陸氏曰：「祊之爲言倞也」，以爲不知神之所在，故又求之如此。「肵之爲言敬」，以祈爲在是焉敬也，故曰「祭如在」。富也者，福也。《左傳》所謂「奉牲以告曰：博碩肥腯。奉盛以告曰：潔粢豐盛。奉酒醴以告曰：嘉栗旨酒」是也。首也者，升首於室是也。升首而已，則以直故也，亦如是而後可以直祭。上思利民，忠也。祝史正辭，信也。是之謂「直若民餒」。而君逞欲，祝史矯舉以祭，是有見於富，無見於直，故曰：「君雖獨豐，其何福之有？」「相，饗之」者，相主婦也。經曰「既內自盡，又外求助」，昏禮是也。又曰「鄉之然後能饗焉」，蓋祀主人所自致也，他人所事祭而已。若饗，非夫婦有不能鄉，亦其親或不饗也。無期，長也，無疆，大也。不言「言」，是詁也，非言也。《爾雅》曰：「嘏，大也。」「尸，陳也。」在《釋詁》，以此。「尸，陳也」，故尸神象而已。「嘏，長也，大也」，故祝將命而已。「尸，陳也」者，神無象也，以尸陳之而已。若主神，則主之大火也。經若「祊之爲言倞也，❶肵之爲言敬也」，此言也。「富也者，福也；首也者，直也」，此訓也。「相，饗之也；嘏，長也，大也；尸，陳也」，此詁也。

毛、血，告幽全之物也。告幽全之物者，貴純之道也。血祭，盛氣也。祭肺、肝、心，貴氣主也。

鄭氏曰：幽，謂血也。純，謂中外皆善。氣主，氣之所舍也。周祭肺，殷祭肝，夏祭心。

❶「若」，通志堂本、四庫本作「言」，疑是。

孔氏曰：毛、血，謂祝初薦血、毛於室時也。血是告幽之物。毛是告全之物。告幽者，言牲體肉裏美善；告全者，牲體外色完具。所以備此告幽全之物者，貴其牲之純善之道也。血祭是堂上制祭後又薦血腥時也。肺、肝、心三者，並爲氣之宅，故祭時先用之，是貴氣之主也。血是氣之所舍，故云盛氣。三者非即氣，故曰氣之主也。

嚴陵方氏曰：《信南山》言「以啓其毛，取其血膋」，蓋謂是矣。幽所以告其内之純，全所以告其外之純。祭祀之道以純爲貴。觀射父曰「毛以示物，血以告殺」，又曰「祝于一純二精」是矣。經血、腥、爓祭用氣也。然腥、爓之氣不若血之幽，氣聚於幽而散於明。聚則盛矣，故曰「血祭，盛氣也」。夫鬼神無形也，有氣而已，則交之者，可不盛其氣哉？五行之氣，在天則爲五星，在地則爲五材，在人則爲五藏之氣，各有所主。而牲亦象之，肺則金氣之所主也，肝、心，木、火氣之所主也。經獨言三者，則以三代之所用者言之故也。

延平周氏曰：肺者氣之主，肝者筋之主，心者血之主，而皆以爲貴氣之主，何也？臟有五，而位三。肺、心位乎上，肝、腎位乎下。位乎上，陽也；位乎下，陰也。肝者位乎下之上，故爲陰中之陽。陽者氣之主，陰者體之主，故肺、肝、心皆氣主也。而三代祭先，所用不同，何也？周以火德王天下，而肺藏屬金，故祭用肺，示其火之能勝於金也；殷以金德，而肝藏屬木；夏以水德，而心藏屬火，是三代祭先，皆用五行相勝之法，以順天地性命之理也。然五行相勝之法，蓋起於陰陽之學。果聖人制禮之意，亦有取耶？嘗考之於《書》。在《洪範》則水先之，火次之，木次之，金次之，土又次之者，生之序也。在《大禹謨》則水先之，火次之，金次之，木次之，土又次之者，乃相勝之序也。推此而言，雖聖人，蓋有取也。

山陰陸氏曰：告幽全之物，非志也，是物也。凡物内幽則血善，外全則毛美。幽非止血也，全非止毛也，以毛、血告之而已。幽言「内」，全言「外」。告全物以毛，告幽物以血。以毛、血該之，凡如此，貴純之道也。不言祭血，以血名祭，以血祭乃所以盛氣也。血，陰也，氣，陽也。善攝生者，血欲少，氣欲多，故下祭肺、肝、心，則血祭，有虞氏之事也。有虞氏祭首，亦以此。夏后氏尚黑，水氣之主也。殷人尚白，金氣之主也。周人尚赤，火氣之主也。肺受制於火，周人以火德王，而祭肺焉，祭其臣於我者也。祭其臣於我，乃所以貴我也。他放此。

長樂劉氏曰：凡牲之博碩肥腯，由血氣之盛也。氣行而血從之，所以盛也。氣不可得而薦，薦血所以盛大其氣焉。故心也，肝也，肺也，雖皆陰藏，而氣以之爲主，故先祭之氣，亦從其所主，而可羞矣。

祭黍稷加肺，祭齊加明水，報陰也。取膟膋燔燎，升首，報陽也。

鄭氏曰：「祭黍稷加肺」，謂綏祭也。明水，司烜所取於月之水也。齊，五齊也。五齊加明水，則三酒加玄酒也。膟膋，腸間脂也。與蕭合燒之，亦有黍稷也。

孔氏曰：尸既坐綏祭之時，祭黍稷，加之以肺，兼肺而祭，故云「加肺」也。正祭之時，陳列五齊之尊，上又加明水之尊，故云「祭齊加明水」也。肺是五藏在内，水屬北方，皆陰類，又親形魄歸地是陰，以陰物祭之，故云「報陰也」。朝踐時祝取膟膋燎于爐炭，入以告神於室，出以綏於主前，又升首於室。至薦孰時，祝更取膟膋及蕭與黍稷合燒之，是臭陽達於牆屋也。膟膋、黍稷並是陽氣之物，首又是牲體，亦是陽。魂氣在天爲陽，以陽物祭之，故云「報陽也」。

嚴陵方氏曰：黍稷地産，皆陰類也。燔燎之火，則司烜氏所取於日者也。首者，陽之體，升者，陽之事，皆陽類也。凡此皆取而祭之也。上言祭，下言取，互相備爾。《詩》言「取蕭祭脂」，同義。前曰「求」，此曰「報」，何也？求主乎人之情，報主乎物之理。

山陰陸氏曰：「祭黍稷加肺」，《少牢》所謂「上佐食取黍稷，下佐食取肺，尸受同祭于豆」是也。「祭齊加明水」，即此所謂「明水涚齊，貴新也」。鄭氏謂五齊加明水，三酒加玄酒，則讀「加」爲「尚」之誤也。經曰酒醴之美，玄酒、明水之尚。報陰，當朝踐之節；報陽，當饋食之節。報陰用明水，則報陽用明火可知。肺内而在上，首外而在上。

明水涚齊，貴新也。凡涚，新之也。其謂之明水也，由主人之絜著此水也。

鄭氏曰：涚，猶清也。五齊濁，泲之使清，謂之涚齊。及取明水，皆貴新也。《周禮·㡛氏》以涚水漚絲。涚齊，或爲「汎齊」。新之者，敬也。著，猶誠也。言主人齊絜，此水乃成可得也。

孔氏曰：設明水及涚齊，貴新絜之義。

所以涚此齊者，以敬於鬼神，故新絜之也。

嚴陵方氏曰：明水涚齊，即上所言「祭齊加明水」是矣。涚，則和之也。以齊之濁，故加水之清焉。濁則故，清則新，故曰「貴新也」。非特此而已。若「醆酒涚于清，汁獻涚于醆酒」之類，亦皆貴其新焉，故曰「凡涚，新之也」。明水謂之明，固以取之於月，又由主人之絜誠著見於此。水蓋汙則暗，絜則明也。

延平周氏曰：《周官·司尊彝》之職謂「鬱齊獻酌、醴齊縮酌」，及「盎齊涚酌」。以五齊清濁次之，則泛齊與醴同用縮酌，而緹齊、沉齊與盎齊同用涚酌。此言「明水涚齊」，蓋自盎而下三齊也。涚者以水而和之、解之也。和解之，則新矣。貴新，故不嫌於味之薄也。

山陰陸氏曰：齊，盎齊也。盎齊涚酌，「凡涚，新之也」。蟬捨卑穢趨高，謂之蜕，蓋亦如此。夫祭祀所爲貴者，何耶？亦曰貴純貴新而已。内外如一，純也；終始如一，❶新也。由主人之絜著此水，言苟主人不蠲，雖取日月之氣，不得爲明，故曰「是誠在我者也」。

君再拜稽首，肉袒親割，敬之至也。敬之至也，服也。拜，服也。稽首，服之甚也。肉袒，服之盡也。

鄭氏曰：割，解牲體。

孔氏曰：「再拜稽首，肉袒」，是恭敬之至極。恭敬之至，❷乃是服順於親也。

❶「終始」，通志堂本、四庫本作「始終」。
❷「至」字下，通志堂本、四庫本及《禮記正義》有「極」字，是。

嚴陵方氏曰：袒則肉露，故謂之肉袒，所以致親割之勞。割，謂割牲。以人君之尊而服勞如此，所以爲敬之至。服，屈服於神，故曰「敬之至也，服也」。《詩》言「勿翦勿拜」，而以拜爲屈，故曰「拜，服也」。拜，下兩手而已，稽首則首至地焉，故曰「稽首，服之甚也」。首雖至地，又未若肉袒之勞焉，故曰「肉袒，服之盡也」。

延平周氏曰：以天子不可屈之勢，而爲之稽首、肉袒，則天下莫不知有尊，而亦莫不知有親也。蓋先王設教之意，常寓於甚微之間。

山陰陸氏曰：凡祭，稽首不必肉袒，肉袒不必稽首，兼之者此歟？蓋朝踐以前，以素爲貴，父子之事多。饋食以後，以文爲貴，君臣之事多。服，臣之事也，非子之事也。

祭稱孝孫、孝子，以其義稱也。稱曾孫某，謂國家也。祭祀之相，主人自致其敬，盡其嘉，而無與讓也。

鄭氏曰：孝孫、孝子，謂事祖禰，曾孫某，謂諸侯事五廟也。於曾祖以上，稱曾孫而已。相，謂詔侑尸也。嘉，善也。

孔氏曰：義，宜也。事祖禰宜孝，是以義而稱孝子。國謂諸侯，家謂卿大夫。既有國家之尊，不但祭祖禰而已，更祭曾祖已上。唯稱曾孫，言己是曾重之孫也。

熊氏曰：祭稱孝孫，對祖爲言；稱孝子，對禰爲言。經既稱國家，則兼諸侯及大夫。鄭註直云諸侯者，❶略也。庾氏曰：賓主之禮，相告以揖讓之節。祭祀之禮，則是主人自致其敬，盡其善。故詔

❶「侯」字下，通志堂本、四庫本有「而不及大夫」五字。

侑尸者不告尸以讓，是其無所與讓也。

嚴陵方氏曰：稱「孝孫、孝子」者，以示子孫得四海之歡心也。稱「曾孫某」者，以示國家非一世之積累也。人之行莫大於孝，自稱以此，則疑於自矜。祭而稱之，且無所嫌者，則有義存焉耳，故曰「以其義稱也」。稱曾孫，以示國家非一世之積，故曰「謂國家也」。某，則名之也。於曾孫曰「某」，則孝孫、孝子從可知矣。然其序先孫而後子者，對祖、禰稱之故也。

山陰陸氏曰：按《少牢饋食》曰「孝孫某」，則祭稱孝子、孝孫名，今略之。某之名外也。外事稱曾孫某，故曰「謂國家也」。據「告于皇天后土，所過名山大川，曰惟有道曾孫周王發」。相，主婦也。故曰「盡其嘉，而無與讓也」。是之謂夫婦親之。讓，賓客之事也，嘉，夫婦之事也。

腥、肆、爓、腍祭，豈知神之所饗也？主人自盡其敬而已矣。

鄭氏曰：治肉曰肆。腍，孰也。爓或爲膶。

孔氏曰：肆，剔也。言祭或進腥體，或薦解剔，或進湯沈，或薦煮孰。四種之薦，豈知神適所饗耶？正是主人自盡敬心，求祭之心不一耳。

嚴陵方氏曰：凡牲解而生之之謂腥，體而陳之之謂肆，爚而未腍之謂爓，孰而爲殽之謂腍。孰謂之腍，若禾之稔故也。由主人內盡其敬，外盡其物也。

舉斝、角，詔妥尸。古者尸無事則立，有事而后坐也。尸，神象也。祝，將命也。

鄭氏曰：妥，安坐也。尸始入，舉奠斝若奠角。將祭之，祝則詔主人拜安尸，使之坐。尸即至尊之坐。或時不自安，則以拜安之也。天子奠斝，諸侯奠角。古，謂夏時也。

孔氏曰：斝、角，爵名也。饋食薦孰之時，尸未入，祝先奠爵于鉶南。尸入，即席而舉之。如《特牲禮》「陰厭後，尸入舉奠焉」也。詔，告也。尸始即席，舉奠斝、角之時，未敢自安，祝當告主人拜尸，使尸安坐，是「詔妥尸」也。古，夏時也。夏立尸，唯有飲食之時，乃坐。若無事，則倚立。由世質故耳。尸是神象，故無事則立，有事而后坐也。祝以傳達主人及神之辭令。❶

嚴陵方氏曰：斝，先王之爵也，天子用焉。角，時王之爵也，諸侯用焉。《周官·鬱人》大祭祀，❷與量人受斝之卒爵而飲之，蓋言是矣。「詔妥尸」，即《士虞禮》所謂「主人及祝拜妥尸，尸拜，遂坐」是矣。蓋尸於主人則子行也，以卑臨尊，嫌或不安焉。爲是詔之也。《詩》言「以妥以侑」是矣。必於時乃詔之者，以尸始入舉奠故也。尸於無事之時，則子行而已。子行爲卑，故立。至於有事之時，則神象也。神象爲尊，故坐。有事，謂若舉斝、角之類也。《禮器》言「夏立尸而卒祭」是矣。至周文備，豈復然哉？故曰「七日戒，三日齊，承一人焉以爲尸，過之者趨走」，其敬如是，固不以子行，無事則立也。見乃謂之象，神隱而尸陳，以其陳者見於隱者，故曰「尸，神象也」。將命於祭祀之間，以交神人者，祝也。將命於燕饗之間，以交賓主者，介也。此主祭祀言

❶「令」，通志堂本、四庫本作「命」。

❷「人」字下，通志堂本、四庫本有「之」字。

之，故曰「祝，將命也」。《禮運》曰「祝以孝告，嘏以慈告」，兹非將命乎？

山陰陸氏曰：鄭氏謂天子舉斝，諸侯舉角。凡祭祀灌獻用斝，齊用醆，酒用爵。知然者，以《春秋傳》「瓘斝玉瓚」，盎齊一名醆酒知之也。斝以灌也，灌非以飲也，以歷而已。所謂「爵人受斝歷而皆飲之」以此。然則「舉斝、角，詔妥尸」，當灌獻之節。妥尸，蓋在初入即席之時，宜在裸前。先儒謂在饋食時，此讀《儀禮》之誤也。蓋《少牢》、《特牲》無朝踐饋獻，故妥尸在酳尸前。若祭自裸始，尸即席久矣，不應至饋食始詔安坐也。尸是象而已，其所謂「神在彼不在此」也，「祝，將命也」，其所以命之主人也。

縮酌用茅，明酌也。醆酒涚于清，汁獻涚于醆酒，猶明清與醆酒于舊澤之酒也。

鄭氏曰：「縮酌用茅」，謂泲醴齊以明酌也。《周禮》曰：「醴齊縮酌。」五齊，醴尤濁，和之以明酌。泲之以茅，縮去滓也。《春秋傳》曰：「爾貢包茅不入，無以縮酒。」明酌者，事酒之上也。名曰明者，「事酒，今之醳酒，皆新成也」。酌，酒斟也。酒已泲，則斟之以實尊彜。《昏禮》曰：「酌玄酒三注于尊。」凡行酒，亦爲酌也。「醆酒涚于清」，謂泲醆酒以清酒也。醆酒，盎齊。盎齊，差清，和之以清酒，泲之而已。泲盎齊，必和以清酒者，皆久味相得。「汁獻涚于醆酒」者，泲秬鬯以醆酒也。獻讀當爲「莎」。秬鬯者，中有煮鬱，和以盎齊，摩莎泲之，出其香汁，因謂之汁莎。不以三酒泲秬鬯者，秬鬯尊也。猶，若也。澤，讀爲「醳」，舊醳之酒，謂昔酒也。泲醴齊以明酌，泲醆酒以清酒，泲汁獻以醆酒，天子、諸侯之禮也。天子、諸侯禮廢，時人或聞此而不審知。云若今明酌清酒與醆酒，以舊醴之酒泲之矣，就其所知以曉之也。泲清酒以舊醳之酒者，爲其味厚腊毒也。

孔氏曰：此記人總釋《周禮・司尊彝》泲二齊及鬱鬯之事。縮，泲也。酌，是斟酌，謂醴齊既濁，泲而後可斟酌，故云「縮酌」也。欲泲醴齊時，先用明酌和此醴齊，然後用茅泲之。《周禮》三酒，「一曰事酒，二曰昔酒，三曰清酒」。三酒之中事酒尤濁，五齊之内醴齊尤濁。醆酒清於醴齊，清酒又清於事酒，故鄭知以事酒泲醴齊。明，謂清明，故知是事酒之上清明者也。事酒，謂爲事而新作者。醳是和醳醖釀之名，即今卒造之酒，故鄭云「皆新成也」。引《春秋傳》曰，❶僖四年《左傳》文。「醆酒涚于清」者，涚，泲也。泲，謂泲漉也。盎齊差清，先和以清酒，而後泲之，不用茅也。《周禮》云「盎齊涚酌」，又醴齊後有「盎齊」。《禮運》醴後有醆。故鄭知醆謂盎齊。盎齊既清，作之必久。清酒又冬釀接夏而成，故鄭云「久味相得」也。此《記》不言五齊，獨舉醴盎二齊者，以《司尊彝》説時祭二齊三酒與鬱，故此記者釋之。獻謂摩莎，既以事酒泲醴齊，清酒泲盎齊，則泲秬鬯應亦用三酒。今乃用盎齊者，秬鬯尊，故用五齊泲之。五齊卑，故用三酒泲之。事相宜也。古禮廢亡，恐人不知泲醴齊以明酌，泲醆酒以清酒，泲汁莎以醆酒之意，故記者云泲醴齊之等猶若今時明清醆酒泲于舊醳

❶「曰」，通志堂本、四庫本及《禮記正義》作「者」。

之酒也。就今日所知以曉古者難知之事。明，謂明酒。❶清，謂清酒。醆酒，謂盎齊。舊醳，謂昔酒。作記之時，以昔酒和此明酌、清酒等三者而泲之也。舊醳之酒，作雖久成，比清酒爲薄，故用此泲清酒。❷清酒冬釀夏成，其味厚也。《國語》曰：「厚味實腊毒。」

長樂陳氏曰：茅之爲物，柔順絜白，可以施於禮者也。故古者藉祭縮酒之類，皆用焉。《禹貢》荆州「包匭菁茅」，《甸師》「祭祀共蕭茅」，《鄉師》「大祭祀共茅蒩」，《司巫》「祭祀共蒩館」，則茅有貢於方國者，有共於甸師者。甸師之茅，有入之鄉師，有入之司巫，則鄉師之所共者大祭祀也，司巫之所共者凡祭祀也。孔子曰：「苟錯諸地而可矣，藉之用茅，何咎之有？」則茅不特藉祭而已。《士虞禮》「苴刌茅長五寸，束之，實于篚，饌于西坫上」，祝升取苴，降洗之，升，入設于几東席上，東縮。佐食取黍稷祭于苴，三取膚祭，祭如初。此特藉祭者也。《司尊彝》「醴齊縮酌」，《記》曰「縮酌用茅，明酌也」。縮然後酌，則其縮不必束而立之祭前。鄭大夫《甸師》註謂「束而立之祭前，沃酒其上，酒滲而下，若神飲」。鄭康成《士虞禮》註謂「將納尸以事其親，爲神起於其位，故設苴以定之」。其説皆不可考。男女望祀，❸望衍旁招以茅。《國語》「置茅蕝設表望」。《公羊》曰：「鄭伯左執茅旌。」何休謂「斷之曰藉，不斷曰旌」。

❶ 「酒」，通志堂本、四庫本及《禮記正義》作「酌」。下文亦作「明酌」。
❷ 「此泲」，通志堂本、四庫本作「泲此」，是。
❸ 「女」，通志堂本、四庫本作「巫」。

宗廟之中以迎道神指護祭者。然則茅之所用，豈一端哉？故可以冪鼎，可以御柩。雜記或菹以爲豆實，或包以通問好，❶或索綯以備民用，此茅所以可重也。《士虞》有苴，《特牲》、《少牢》吉祭無苴，而《司巫》「祭祀共蒩館」，則凡王祭祀有苴矣。賈公彦謂「天子、諸侯尊者禮備」，於理或然。《禮書》。

嚴陵方氏曰：《周官·司尊彝》：「鬱齊獻酌，醴齊縮酌，盎齊涚酌。」王氏謂酌以茅縮而後酌也。涚酌以酒涚而後酌也。鬱齊不縮也，獻之而已，故曰「涚酌」。此言「縮酌用茅」，即「醴齊縮酌」是也。縮謂泲去滓也，與「盈縮」之「縮」同字者，有所取則盈，有所去則縮故也。酌，謂酌取酒以獻也。必用茅者，以茅之爲物，絜白順直，祭祀之德欲如此故也。縮之則清而明，故曰「明酌」也。《周禮》曰「盎齊」，此曰「醆酒」，何也？盎以所造之器言，醆以所酌之器言。「汁獻涚于醆酒」，即「鬱齊獻酌」是也。以煮鬱金汁和之，故曰「汁」；以獻之而不縮，故曰「獻」。汁言其物也，獻言其事也。鬱齊用灌，亦曰獻者，以居九獻之首，故通謂之獻。《祭統》曰：「獻之屬，莫重於祼。」醴齊必縮之者，以其尤濁，故必縮去其滓也。醆酒不若醴齊之濁，故以清酒涚之而已。汁獻尤不若醴齊之濁，故以醆酒涚之而已。涚之亦明矣，然不若縮之爲尤明。故於「用茅」，言「明酌也」。前言「凡涚，新之」，豈非以明故新歟？然齊酒不止於此三者，以祼事用鬱齊，朝事用醴齊，饋

❶「問好」，通志堂本、四庫本作「好問」。

食用盎齊。尊彝之所實，宗廟之所用，常祀不過於此，故經指是言之。此皆古禮。後世以舊澤之酒，涗清酒、醆酒而明之，其制雖異，其理則同。故曰「猶明清與醆酒于舊澤之酒也」。雖然，此以舊酒涗之，則失先王貴新之意矣。取其明之之意可矣。

延平周氏曰：《周官·酒正》之職：「辨五齊之名，一曰泛齊，二曰醴齊，三曰盎齊，四曰緹齊，五曰沈齊。」《司尊彝》之職謂「鬱齊獻酌，醴齊縮酌，盎齊涗酌」，蓋醴齊與泛齊則爲濁，故爲縮酌，即此所謂「縮酌用茅」者也。謂之「明酌」者，凡物之濁則昏，清則明。醴齊以其濁，故以縮之。縮之則差清，差清則明。是以謂之「明酌」也。盎齊而下至於沈齊，則爲少清，而無待於縮以茅，唯涗之而已。故爲「涗酌」，即此所謂「醆酒涗于清」者也。清乃三酒之一也，然所謂「鬱齊獻酌」何也？鬱齊之味尤爲薄，而尤非人之所可飲，但著之而已。故爲獻酌，獻此所謂「汁獻涗于醆酒」者也。❶而必涗于醆酒者，蓋汁獻之味薄於醆酒，故以醆酒涗之，其猶醆酒之味薄於清酒，而以清酒涗之也。然言明水涗齊，則盎齊而下，涗用明水，而從其味之薄。此言「醆酒涗于清」，則盎齊而下，必從其味之厚者，何也？用明水，所以反本，反本，所以致神道。而用清酒，所以趨時，趨時，所以致人道也。

山陰陸氏曰：縮酌，醴齊也，以茅縮之而後酌。茅，明也，故謂之「明酌」。醆酒，

❶ 上「獻」字，通志堂本、四庫本作「即」，當是。

盎齊也，以挹之在醆，故謂之醆酒。以涚之在盎，故謂之盎齊。知然者，以「宗婦執盎從，夫人薦涚水」知之也。且方涚之以水，是齊而已。凡盎言齊以此。及涚于清，然後謂之醆酒。汁獻，鬯齊也，謂之汁。汁，陰陽之和也。《月令》曰：「天時雨汁。」

祭有祈焉，有報焉，有由辟焉。

鄭氏曰：祈，猶求也。謂祈福祥，求永貞也。報，謂若穫禾報社。由，用也。辟，讀爲「弭」，謂弭災兵，遠罪疾也。

孔氏曰：有報焉者，謂獲福而報之。

嚴陵方氏曰：欲彼之有予也，故有祈以求之，若《噫嘻》祈穀于上帝，《載芟》之祈社稷之類是也。因彼之有施也，故有報以反之，若《豐年》之「秋冬報」，《良耜》之「秋報社稷」是也。慮彼之有來也，故有辟以去之，若《月令》之磔禳開冰而用桃弧棘矢，以辟去不祥之類是也。於辟又言「由」者，以非祭之常體，或有所因而用之故也。❶然《禮器》言祭祀不祈者，彼之所言蓋爲己耳，此之所言主爲民也。

山陰陸氏曰：有祭而由之，有祭而辟之，由若祭門之類，辟若祭厲之類。

延平周氏曰：祈也，報也，人情之所不能免者，聖人有以節文之也。

齊之玄也，以陰幽思也。故君子三日齊，必見其所祭者。

鄭氏曰：齊三日者，思其居處，思其笑語，思其志意，思其所樂，則見之也。

孔氏曰：解齊服所以用玄衣玄冠義也。玄，陰色。鬼神尚幽陰，故齊者玄服以表

❶「因」，通志堂本、四庫本作「以」。

心思幽陰之理。所祭者謂親也。

嚴陵方氏曰：凡物之理，陰則靜，陽則動，幽則深，淺則明。天機之動，不足以守静，天機之淺，不足以極深，而哀樂欲惡二其心矣。豈所以致其思哉？故必貴乎以陰幽也。君子之服，象其德，齊之服，其色若是，豈不宜哉？故「君子三日齊，必見其所祭」者，以其静而深故也。爲神而齊，必見其所祭之神；爲鬼而齊，必見其所祭者。❶

山陰陸氏曰：凡祭，大事以玄冕，小事以玄端。鄭氏謂「以裘冕祭者，以衮冕齊；以衮冕祭者，以鷩冕齊」，非是。此篇始言貴誠之意，故以「齊」終也。故曰誠者，物之終始，不誠無物。

延平周氏曰：玄者天道在北方之色，而陰雜之也。天道在北方，則寂然不動，寂然不動，則無思也。然亦不能無思，故齊之服玄冕，❷從其以陰幽而思也。

禮記集說卷第六十八

❶「者」，通志堂本、四庫本作「之鬼」。

❷「服」字下，通志堂本、四庫本有「玄衣」二字。

禮記集説卷第六十九

内則第十二

孔氏曰：案鄭《目録》云：「名曰《内則》，以其記男女居室事父母舅姑之法。此於《别録》屬子法。以閨門之内，軌儀可則，故曰《内則》。」

山陰陸氏曰：我有則，而彼則之，謂之則。若《王制》則有以制之，所謂「降德于衆兆民」以此。《書》曰：「皋陶邁種德，德乃降，黎民懷之。」

后王命冢宰，降德于衆兆民。

鄭氏曰：后，君也。德，猶教也。萬億曰兆。天子曰兆民，諸侯曰萬民。《周禮》冢宰掌飲食，司徒掌十二教。今一云「冢宰」，記者據諸侯也。諸侯并六卿爲三，或兼職焉。

孔氏曰：此一經論子事父母由后王之教使之然。后謂諸侯。王謂天子。不先云王者，辟天子妃后之嫌，故言「后王」也。降，下也。記者據諸侯爲文，命冢宰下教令於羣衆兆民。諸侯當爲萬民，❶而云「兆民」者，雜以天子言之。依筭法，億之數有大小二法：小數以十爲等，十萬爲億，十億爲兆；大數以萬爲等，數萬至萬，❷是萬萬爲億，又從億而數至萬億曰兆，億億曰秭。兆在億、秭之間，是大數

❶「爲」，通志堂本、四庫本作「云」，疑是。
❷「數」字，通志堂本、四庫本無。

之法。此篇既有飲食，又有教令，冢宰、司徒兩官當備言之。今云「冢宰」，是記者據諸侯并六卿爲三，司徒或兼冢宰之事。鄭意疑而不定，故稱「或」。王氏曰：❶后王，謂天子也。

新安朱氏曰：註疏言諸侯司徒兼冢宰是也。但此上言后王之命，則冢宰實天子之冢宰耳。蓋《周禮》大宰掌建邦之六典，而二曰教典，則教民雖司徒之分職，而冢宰無所不統，故以其重者言之。其在諸侯，則亦天子之宰施典於邦國，而諸侯承之以教其民，自不害於冢宰爲司徒之兼官也。

東萊吕氏曰：《内則》一篇首言「后王命冢宰，降德于衆兆民」，蓋三代所以教天下者皆以是。自秦漢以來，外風俗而論政事，不復以人家事爲問矣。

嚴陵方氏曰：冢宰居六卿之長，而以道佐王者也。唯道以道之，故德乃得而降焉。天子曰兆民，非有天下不足以與此。

馬氏曰：《内則》之爲言，而其詳不如法。古之人有曰典，有曰則，有曰法，有曰式。凡此皆謂之法蓋可也，而君子有所不謂焉。施於邦國謂之典，施於都鄙謂之則，施於官府謂之法，施於財用謂之式。治邦國以道，而道有常，故謂之典。治都鄙以事，而事有制，故謂之則。治官府有守，而守有政，故謂之法。治財用以節，而節有宜，故謂之式。然則《内則》之爲「則」者，制於上者也。上制其行以爲德，而其下則之。是故后王必降其德。而后王使冢宰以降其德者，所以爲兆民所視

❶「氏」字下，通志堂本、四庫本有「肅」字。

傚也。繼體之君謂之后。其曰「后王」者，指其德也。

子事父母，雞初鳴，咸盥、漱、櫛、縰、笄、總，拂髦、冠、緌、纓、端、韠、紳，搢笏；左右佩用：左佩紛帨、刀、礪、小觿、金燧，右佩玦、捍、管、遰、大觿、木燧；偪，屨著綦。

鄭氏曰：咸，皆也。縰，韜髮者也。總，束髮也，垂後爲飾。拂髦，振去塵著之。髦用髮爲之，象幼時鬌，其制未聞。緌，纓之飾也。端，玄端，士服也，庶人深衣。紳，大帶，所以自紳約也。搢，猶扱也，扱笏於紳。笏，所以記事也。左右佩用，自佩也。必佩者，備尊者使令也。紛帨者，拭物之巾也，今齊人有言紛者。刀、礪，小刀及礪礱也。小觿，解小結也，觿貌如錐，以象骨爲之。金燧，可取火於日。捍，謂拾也，言可以捍絃也。管，筆彄也。遰，刀鞞也。木燧，鑽火也。偪，行縢。綦，屨繫也。

孔氏曰：自此以下，至「不敢私祭」以上，總論在内法則，子事父母，婦事舅姑，男女出入之禮，長幼相事之法。此論子事父母之法也。盥謂洗手，漱謂漱口。此據年稍長者，若孺子則晏起，不能雞初鳴也。《士冠禮》云：「緇纚長六尺。」鄭云：「纚一幅長六尺，足以韜髮而結之。」盧云：「所以裹髻承冠，以全幅疊而用之。」以著縰既畢，以笄插之，此謂安髻之笄，以縰韜髮作髻，既訖，横施此笄於髻中以固髻，非固冠之笄，故文在冠上。總者，裂練繒爲之，束髮之本，垂餘於髻後，故以爲飾也。緌，謂結纓頷下以固冠，結之餘者，散而下垂，謂之緌也。紳笏之制，備於《玉藻》。此經所陳皆依事先後。櫛訖，加縰；縰訖，加笄；笄訖，加總；然後加髦，著冠；冠畢，然後服玄端，著韠，又加大帶也。拾，斂也。故《鄉射》、《大射》將射謂之遂，射罷謂之拾，拾是收斂之意。屨繫，謂著屨之時，屨上有繫以結於足也。皇氏曰：左旁用力不便，故佩小物；右廂用力爲便，故佩大物。晴則以金燧取火於日，陰則以木燧鑽火。屨繫，謂屨頭施繫，以爲行戒，未知然否。或可著屨之時，屨上自有繫以結於足。

長樂劉氏曰：櫛理其髮，縰以韜之，笄貫其紒，總以束之，拂其髦以加於冠。謂子生三月，則翦其胎髮爲鬌，帶之于首，男左女右。迨其笄冠也，則綵飾之加于冠。謂之髦者，不忘父母生育之恩也。父母喪，則徹之。《詩》云「髧彼兩髦，實維我儀」是也。金燧，以鑑容也。右佩玦者，護巨指，以開弦也。捍者，著左臂以遂矢也。

長樂陳氏曰：帨，佩巾也。佩巾雖女子之事，而男子亦有之。礪，謂之硎，亦謂之礱，《書》曰「用汝作礪」是也。《詩》曰「童子佩觿」，佩觿，成人之服。衛惠公服成人之服，而有童子之行，故《詩》刺之。捍，鞲臂也，以韋爲之，亦謂之拾，亦謂之遂，一物而三名。先儒謂「晴則取火於金燧，陰則取火以木燧」，然金燧以取明火，特施於致嚴之時而已，則凡取火皆木燧耳，孰謂木燧有間於陰晴耶？《周禮·司烜氏》：❶「夫遂取明火於日，鑒取明水於月。」夫遂，即金燧也。鑒，鏡屬，世謂之方諸。蓋離者，陽中之陰，於物爲火。坎者，陰中之陽，於物爲水。以金燧取

❶「司」，原作「曰」，今據通志堂本、四庫本改。

火，則以陽召陰；以方諸取水，則以陰召陽。以陽召陰，夫道也，故謂之夫。夫能遂事，故謂之遂。夫遂以義言，鑒以體言。於取火言夫遂，於取水言鑒，互相備也。《詩》曰：「赤芾在股，邪幅在下。」《左氏》曰：「帶裳幅舄。」《内則》：「偪屨著綦。」鄭康成謂「偪束其脛自足至膝，故曰在下」。蓋以幅帛邪纏於足，故謂之邪幅。所以自偪束也，故謂之偪。偪即縢約之也，故漢謂之行縢。男子事父母有偪，《詩》諸侯朝天子有邪偪，則凡行皆有偪，特婦人不用，故婦事舅姑無偪。《禮書》。

嚴陵方氏曰：「雞初鳴，咸盥、漱」者，夙興以致其絜也。左右皆事也，故言用，而與德佩異矣。德欲純而有常，故珩璜琚瑀同其質，事則雜而應變，故金石竹木異其材。左佩皆陽類也。環還而玦決，皆所以象德，乃用之事佩者。然反人以環，絶人以玦，是亦事耳。或謂玦即決也，以絇絃而決之，且珍飾焉，故從玉。《詩》云「決拾既佽」，而決與捍連言之，理亦然也。管以彄筆，遰以鞞刀。

山陰陸氏曰：佩玉，德佩也。佩用，事佩也。佩德佩無事佩，事佩無德佩。《詩》曰：「何以舟之，維玉及瑶，鞞琫容刀。」容刀，隨德佩之飾。然則鄭氏謂「刀鞞也」，誤矣。《詩》曰「童子佩觿」，又曰「童子佩韘」，觿所以治結，韘所以禦亂。治結以圓，禦亂以方。綦，所謂絇是也，綦，綦之也。❶ 玄端，黑屨青絇，故綦又訓青。綦屨，玄端之屨，屨之易得也，故亦或謂之不借。許慎《說文》所謂「一曰不借屨」

❶「綦」，原作「其」，今據通志堂本、四庫本改。

是也。鄭氏釋《弁師》謂「璂，❶讀如薄借綦之綦」，蓋是屨也。先儒謂「薄借之語未聞」，疏矣。

婦事舅姑，如事父母。雞初鳴，咸盥、漱、櫛、縰、笄、總，衣紳。左佩紛帨、刀、礪、小觿、金燧，右佩箴、管、線、纊，施縏袠，大觿、木燧，衿纓，綦屨。

鄭氏曰：笄，今簪也。衣紳，衣而著紳。縏，小囊也。縏袠言「施」，明爲箴、管、線、纊有之。衿，猶結也。婦人有纓，示繫屬也。

孔氏曰：此論女事父母、婦事舅姑所服之衣、所佩之物，皆異於男子。婦人之笄，異於上男子笄、縰，故鄭於此註始云「笄，今簪也」，與《士冠禮》爵弁笄、皮弁笄同。故鄭註《冠禮》亦云「笄，今之簪也」。《喪服》女子吉笄尺二寸。袠，刺也，以針刺袠而爲縏囊，故云縏袠。餘物皆不言「施」，獨於箴、管、線、纊之下而言「施縏袠」，明爲四物而施矣。鄭註《昏禮》云「婦人十五許嫁，笄而禮之，因著纓，明有繫也。蓋以五采爲之，其制未聞」。下男女未冠笄，亦云「衿纓」者，彼未冠笄之纓，用之以佩容臭，故下註云「容臭，香物，以纓佩之」。與此婦人既笄之纓別也。

新安朱氏曰：婦人不冠，則所謂吉笄，❷即爲固髻之用，亦名爲簪，而非如二弁之簪矣。

山陰陸氏曰：白地繡謂之紛，若今云鬧裝矣。紛，繡也。純，畫也。鄭氏謂凡畫

❶「弁」，原作「笄」，今據通志堂本、四庫本改。

❷「吉」，通志堂本、四庫本作「髻」，疑是。

皆畫雲氣，蓋有自來矣。《周官》五色紛純，即《書》所謂「玄紛純」，黑地五采繢。凡純，黼純爲上，畫純次之，紛純又次之，其最後繢純。繢純，一名綴純以此。箴、管，管所以管箴。刀、礪，礪所以礪刀。衿纓，以衿結纓。綦屨，以綦約屨。纓或謂之緌，亦或謂之帨。《昏禮》「母施衿結帨」。婦人謂嫁曰歸，以有繫屬爲正。且男女未冠笄，施衿纓前此矣，今又施之，母以申戒。《爾雅》曰「衿謂之袸」，以此。

嚴陵方氏曰：針貯以管，線貯以纊。衿，衣小帶也。《士昏禮》所謂「母施衿」是矣。纓，非冠纓之「纓」。《詩》所謂「親結其縭」是矣。纓示有屬，縭示有別。別於此，則屬於彼矣。綦屨，即著綦於屨，與前互文耳。

長樂陳氏曰：男女事父母，婦事舅姑，皆有纓以佩容臭，則與女子許嫁之纓不同。鄭氏曰「婦人有纓，示有繫屬」，誤矣。何則？許嫁已纓，將嫁無所復施。既嫁夫説之矣，無所復用，則事舅姑之衿纓，非許嫁之纓也。鄭氏曰：「許嫁之纓，蓋以五采爲之。」然則事父母舅姑之纓，亦五采歟？《禮書》。

以適父母舅姑之所。及所，下氣怡聲，問衣燠寒、疾痛苛癢，而敬抑搔之。出入則或先或後，而敬扶持之。進盥，少者奉槃，長者奉水，請沃盥。盥卒，授巾。問所欲而敬進之，柔色以温之。饘、酏、酒、醴、芼、羹、菽、麥、蕡、稻、黍、粱、秫，唯所欲。棗、栗、飴、蜜以甘之，堇、荁、枌、榆、免、薧、滫瀡以滑之，脂、膏以膏之。父母舅姑必嘗之而后退。

鄭氏曰：適，之也。怡，悦也。苛，疥也。

抑，按。搔，摩也。先後之，隨時便也。槃，承盥水者。巾以浣手。温，藉也。承尊者必和顔色。酏，粥也。芼，菜也。蕡，熬枲實。荁，堇類也。冬用堇，夏用荁。榆白曰枌。免，新生者。薨，乾也。秦人溲曰滫，齊人滑曰瀡。必嘗之而后退者，敬也。

孔氏曰：此一節論子事父母，婦事舅姑，至其處，所奉持沃盥之儀，奉進酒醴膳羞之事。藉者，所以承藉於物，言子事父母，當和柔顔色，承藉父母，若藻藉承玉然。故鄭註云「温，藉也」。酏是薄粥，饘爲厚者，故《左傳》註云：「饘，粥也。」《爾雅·釋言》云：「饘，糊也。」郭景純謂糜也。「芼、羹」，案《公食大夫禮》三牲皆有芼，「牛藿、羊苦、豕薇」也。是芼乃爲菜，用菜雜肉爲羹也。《釋草》云：「蕡，枲實也。」棗、栗、飴、蜜以和甘飲食。用堇、用荁、枌、榆及新生、乾薨相和，滫瀡之令柔滑。案《士虞禮·記》云「夏用葵，冬用荁」，鄭註：「昔，❶堇類也。乾則滑。夏秋用生葵，冬春用乾荁。」與此不同者，此經堇、荁相對，《士虞禮》葵與荁相對，所對不同，故註有異。孫炎云：「榆白者名枌。」案《庖人》云：「共鱻、薨之物。」鱻薨相對，此經以免對薨，薨既是乾，故知免爲新生也。凝者爲脂，釋者爲膏，沃之使之香美。此等總謂調和飲食也。

長樂劉氏曰：及所下氣怡聲，恐驚其寐也。問衣燠寒，候其冷煖失節也。疾痛苛癢，省其體氣弗寧也。抑謂按摩之，搔謂抓撓之，皆所以撫恤衰病，而一出於

❶「昔」，通志堂本、四庫本及《禮記正義》作「荁」，是。

敬，不敢以爲儀也。父母出入，則或先或後，敬扶持之，相其所宜也，❶助其力也。又從而問其意之所欲食者，則敬順其心以進之，❷和柔其色以温之，芬芳其意以奉之，庶其親喜而不之厭也。孝子之事親也，必養其志，常使歡欣，樂其子之能養，則非如是莫之致矣。

嚴陵方氏曰：所即寢室，下氣則不盈，怡聲則不厲。問衣之燠，將徹之使清也；問衣之寒，將加之使温也。已發而傷者疾也，宜通而塞者痛也。體煩而爲苛，氣虚而生癢。疾痛則抑按，苛癢則搔爬。或先以引之，或後以隨之，左右扶持之，如是而養可謂至矣，然苟不以敬，何以别於犬馬，故每以敬言之。奉槃者勞，故少者以之，奉水者逸，故長者以之。沃盥以水，沃之而盥也。子夏問孝，孔子對之以「色難」。夫色所以通人己之情也。已能柔色，斯足以温親之色矣。自菽以下，其性、其味各不同，故唯父母舅姑之所欲，順其所進而進之也。❸於尊者則唯所欲者，以血氣既衰，養之不可不順也。於孺子亦唯所欲者，以血氣未充，養之亦不可不順也。蓋養老、慈幼之道，不得不然。棗、栗、飴、蜜，故曰「以甘之」。《周官》所謂「調以甘」者，此也。堇、荁、枌、榆四者，常用之物，然不常有，故有免、有薨也。數者其性爲滑，故曰「以滑之」。《周官》所謂「調以滑」者，此也。「脂、膏以膏之」，《周官》所謂膏香、膏臊之類者，此

❶「也」，通志堂本、四庫本作「以」，疑是，當從下讀。
❷「順」，通志堂本、四庫本作「慎」。
❸上「進」字，通志堂本、四庫本作「欲」，是。

也。父母舅姑必嘗之而后退，則以知其得所欲故也。所欲者則嘗之也。自「下氣怡聲」而下，則所以養志也。自「饘酏酒醴」而下，則所以養口體也。故先後之序如此。

東萊呂氏曰：柔色以温之，此孝子和柔顔色以温父母，如今人和易顔色以來，而我見之，則非特彼和，而我之容亦覺和氣薰然。子以柔色來，父母安得不豫。

男女未冠笄者，雞初鳴，咸盥、漱、櫛、縰、拂髦，總角、衿纓，皆佩容臭。昧爽而朝，問「何食飲矣」？若已食則退，若未食，則佐長者視具。

鄭氏曰：總角，收髮結之。容臭，香物也。以纓佩之，爲迫尊者，給小使也。昧爽而朝，後成人也。具，饌也。

孔氏曰：此一節論未冠笄者事親之禮。臭，謂芬芳。庾氏曰：以臭物可以脩飾形容，故謂之容臭。以纓佩之者，謂纓上著香物色。❶

嚴陵方氏曰：男子二十而冠，女子十五而笄，若未許嫁，則二十而笄也。總角，總兩髦以爲角也。兩相角，故謂之角。《詩》所謂「總角丱兮」是也。後言男角女羈，此兼男女，而止曰角者，舉男以該之也。衿，與前所謂「衿」同。纓，與前所謂「纓」異。此言未笄之女，固知非許嫁之纓矣。此所謂纓，特以之屬物而已。臭謂香物，若蘭茝之屬。不佩用，而止佩臭者，示未能即事也。容，謂容受之「容」，言佩間受是臭物也。日出而昧爽則未也，故謂之昧爽，猶傳所謂黎明歟？具

❶「色」，通志堂本、四庫本及《禮記正義》作「也」，是。

謂膳具。幼者於視膳之事未能專之也，特可以佐長者而已。

山陰陸氏曰：上「拂髦」，拂髦未冠笄之事。不言「綦屨」，童子不屨絇。容，膏物也。臭，香物也。言「皆」，容上衿纓皆有容臭。昧爽而朝，如成人也。朝，辨色始入，皆昧爽而朝。今言於此，蓋未冠笄，嫌或不能也。

新安朱氏曰：註言「佩容臭，爲迫尊者」，蓋爲恐身有穢氣觸尊者，故佩香物也。

凡内外，雞初鳴，咸盥、漱、衣服，斂枕簟，灑埽室、堂及庭，布席，各從其事。孺子蚤寢晏起，唯所欲，食無時。

鄭氏曰：斂枕簟者，不欲人見己褻者。簟，席之親身也。孺子，小子，又後未成人者。

孔氏曰：此一經總論子婦之外，卑賤之人，爰及僕隸之等。

嚴陵方氏曰：斂則收而藏之。必斂枕簟，則以晝夜異用故也。灑埽，則用水以斂塵而去之。室、堂及庭，則自内以及外也。布席，則所以待尊者之行事。各從其事，若女服事于内，男服事于外之類是矣。早寢，則未與乎日入之夕；起晏，則未與乎昧爽之朝。唯所欲，食無時，則以弱而未勝其制節，且養之不可不備也。

由命士以上，父子皆異宫。昧爽而朝，慈以旨甘。日出而退，各從其事。日入而夕，慈以旨甘。

鄭氏曰：異宫，崇敬也。慈，愛敬進之。日出乃從事，食禄不免農也。

孔氏曰：此一經論命士以上事親，異於命士以下之禮。

伊川程氏曰：父子異宫，爲命士以上愈

貴則愈嚴，故異宮。猶今有逐位，非如異居也。

橫渠張氏曰：古者有東宮、西宮，有南宮、北宮，異宮而同財。此禮亦可行。古人慮遠，目下雖似相疏，其實如此乃能久相親。蓋數十百口之家，自是飲食衣服難爲得一。故大庖則同之，小庖則異之，不爲害。又異宮，乃容子得伸其私，所以避子之私也。子不私其父，則不成爲子。古之人曲盡人情。必也同宮有叔父、伯父，則爲子者何以獨厚於其父，爲父者又烏得而當之？

長樂劉氏曰：命士以上有祿矣，故父子皆異宮焉。昧爽而朝者，以其憂國而不專於養也。乃後羣子而朝。夫孝愛其親者，弗崇虛敬也，必有旨美甘滑之養，以申其慈愛之誠焉，故曰「慈以旨甘」也。「日出而退，各從其事」者，夙興以事其親，辨色以趨于職。日入以夕，其親遂視晚膳焉。不有旨甘以達其慈，則曷異於無祿也。

嚴陵方氏曰：尊卑之際，辨則敬，同則褻，故父子坐不同席，居必異宮，所以致其敬也。然責貴者其禮宜詳，責賤者其禮宜略。故由命士以上，然後父子異宮也。《周官·典命》「子男之士不命」，❶則士固有不命者矣。朝見曰朝，夕見曰夕。昧爽而朝，則晨省之禮也。日入而夕，則昏定之禮也。

山陰陸氏曰：言慈不言孝，養以旨甘，是慈也，非孝也。故曰：「有酒食，先生饌，曾是以爲孝乎？」

❶「官」，通志堂本、四庫本作「禮」。

東萊吕氏曰：慈以旨甘，雖有八珍之味，嗟來而與，則食之何甘？疏食菜羹，進之以禮，顔色和悦，則食之者自覺甘美，此所謂「慈以旨甘」。

父母舅姑將坐，奉席請何鄉；將衽，長者奉席請何趾，少者執牀與坐。御者舉几，斂席與簟，縣衾，篋枕，斂簟而襡之。

鄭氏曰：將衽，謂更卧處。襡，韜也。須卧，乃敷之。❶

孔氏曰：此一節論父母舅姑將坐、將卧，奉席之禮，及親起斂枕簟等。早旦親起，侍御之人則奉舉其几，以進尊者，使憑之。斂此所卧在下之席，與上襯身之簟，又縣其所卧之衾，以篋貯所卧之枕。簟既親身，恐其穢汙，故以襡韜藏之，席則否。

長樂劉氏曰：此已下至「共帥時」，總論凡事父母舅姑之禮。鄉遂五家之長，咸職其民而教之者，此其定範也。文王用之以正其民之性命，遂有天命，❷以興王業，用是道也。《周官》法令之書，提其大綱耳。經而紀之，其在此乎？謂侍父母舅姑，行遊於所至。其將至也，則長者奉席而前，請欲何鄉也。將憩而卧於他所，則長者奉席而前，請衽欲何趾也。不敢斥言其首，敬之至也。坐卧所以安老而優尊也，而席爲之主。羣子婦不敢專，必讓於長者，上下之分禮宜然也。御者舉几，斂席與簟，縣衾篋枕，斂簟而襡之者，謂坐之將起，寢之將興也。几席之徹，衾枕之斂，則賤者尸之，不必子婦也。

❶「之」字下，通志堂本、四庫本有「也」字，是。
❷「命」，通志堂本、四庫本作「下」。

東萊呂氏曰：父母將坐，奉席請何鄉。坐位自有常處，必問鄉者，示不敢專之意。

嚴陵方氏曰：衽，卧席也，别言之，則坐者爲席，卧者爲衽。合言之，則衽亦席。

山陰陸氏曰：少者執牀與坐，侍者舉几，則父母舅姑興矣。子婦斂襡，以是爲節。《説文》云：「牀，安身之坐者。」至於恭坐則席。縣衾，斂衾而縣之。篋枕，斂枕而篋之。

父母舅姑之衣、衾、簟、席、枕、几不傳；杖、屨祗敬之，勿敢近。敦、牟、卮、匜，非餕莫敢用；與恒食飲，非餕莫之敢飲食。

鄭氏曰：傳，移也。牟，讀曰「堥」。卮、匜，酒漿器。敦、牟，黍稷器，餕乃用之。恒，常也。旦夕之常食，餕乃食之。

孔氏曰：此一節論父母舅姑所服用之物，子婦不得輒用；所恒飲食之饌，不得輒食。衣、衾、簟、席、枕、几，侍御之人停貯常處，子婦不得輒傳移嚮他處。杖、屨是尊者服御之重，彌須恭敬，故云祗敬之，勿敢偪近也。敦則《周禮》有玉敦，今之杯盂也。《隱義》曰：「堥，土釜也。」今以木爲器，象土釜之形。卮，酒器。匜，盛水漿之器。僖二十三年《左傳》「懷嬴奉匜沃盥」是也。與，及也。接上敦牟之文，非但不敢用，及父母恒食飲食，非因餕時，莫敢飲食。

嚴陵方氏曰：敦、牟四者，固不敢用。至於餕之時，亦或用焉。與，讀如「預」。恒食飲，謂日常所食飲也。非餕莫敢飲食者，不敢先尊者擅飲食故也。

慶源輔氏曰：凡此所以養其孝心也。孝，人心之所固有，後世禮教不明，日就銷鑠，有不自知者矣。若夫動容周旋中禮者，則又成德者之事也。

父母在，朝夕恒食，子婦佐餕。既食恒餕。父没母存，冢子御食，羣子婦佐餕如初。旨甘柔滑，孺子餕。

鄭氏曰：子婦佐餕，婦皆與夫餕也。既食恒餕，每食餕而盡之，末有原也。御食，侍食也。謂長子侍母食也。侍食者不餕，其婦猶皆餕也。

孔氏曰：此一節論父母之食，子婦餕餘之禮。子婦者，長子及長子之婦，食必須盡。以父母食不能盡，故子婦佐助餕食之使盡，勿使有餘而再設也。羣子婦，謂冢子之衆弟婦也。如初者，如上父母在，子婦佐餕之禮。

山陰陸氏曰：昧爽而朝，問何食飲矣，則所謂朝踐，蓋在此時。然則朝佐餕，朝踐之餘也。朝踐早矣，容後或食。既食恒餕，言父母既食，子婦餕之。其謂之恒餕，則著以其美者，孺子餕故也。言羣子婦佐餕，不言冢婦，冢婦不預也。蓋舅没則姑老，冢婦代政矣。上言子婦，此言孺子，相備也。旨甘柔滑，盛矣。

慶源輔氏曰：食須盡，親或餘，而子餕之，其意遠矣。推而至於堂構播穫，皆此物也。末有原，特一事耳。父没母存，食則獨矣。恐母心之傷也，故冢子御食焉。御，侍也，❶言御至矣。羣子婦佐餕如初，然後可以至於無窮。旨甘柔滑，孺子餕者，所以慈幼也。養老慈幼，於是爲至。

嚴陵方氏曰：旨甘柔滑，老幼之所宜食，故父母食之，孺子餕之。

❶ 「御侍」，原倒，今據通志堂本、四庫本正。

在父母舅姑之所，有命之，應「唯」，敬對，進退、周旋慎齊。升降、出入、揖遊，不敢噦、噫、嚔、咳、欠、伸、跛、倚、睇視，不敢唾、洟。寒不敢襲，癢不敢搔。不有敬事，不敢袒裼。不涉不撅。褻衣衾不見裏。父母唾、洟不見，冠帶垢，和灰請漱；衣裳垢，和灰請澣；衣裳綻裂，紉箴請補綴。五日則燂湯請浴，三日具沐。其間面垢，燂潘請靧。足垢，燂湯請洗。少事長，賤事貴，共帥時。

鄭氏曰：慎齊，齊莊也。睇，傾視也。《易》曰：「明夷，睇于左股。」襲謂重衣也。「不有敬事，不敢袒裼」，父黨無容也。撅，揭衣也。「褻衣衾不見裏」，爲其可穢。父母唾、洟不見，輒刷去之也。手曰漱，足曰澣。和，漬也。綻，猶解也。潘，米瀾也。共，猶皆也。帥，循也。時，是也，禮皆如此也。

孔氏曰：此一節論事父母舅姑在尊者之所畏敬之法，并論漱、澣、沐、浴，并明少事長，賤事貴，如事父母舅姑。不涉不撅者，於尊所，不因涉水，不敢揭衣。冠帶既尊，故以手漱之，用力淺也。衣裳卑，以足澣之，用力深也。此據士，故冠帶得漱。晏子是大夫，故譏其澣衣濯冠也。《曲禮》曰「不漱裳」，是裳亦漱。此漱、澣對文爲例耳。

嚴陵方氏曰：唯者，下順上之詞，應以唯，則無諾也。周旋者，周回而旋轉也。揖遊者，揖讓而遊息也。不爲人僞之謂慎，不以物貳之謂齊。胃受疾而爲噦，心受疾而爲噫，肺受疾而爲咳，氣行壅而爲嚔。欠、伸，見《曲禮》解。跛、倚，見《禮器》解。唾，口津也。洟，鼻液也。噦、噫、嚏、咳，則聲爲不恭。欠、伸、跛、倚、睇視，則貌爲不恭。唾、洟，則聲貌俱爲不恭矣。故每不敢爲也。寒不敢襲，癢不敢搔，則不敢適己之便故也。且子之於親也，衣而寒燠則問之，體之苛癢則搔之，而於己則寒不敢襲，癢不敢搔，以至父母之唾、洟不見，而己則唾、洟不敢，其所以愛親之心可謂至矣。《玉藻》曰：「裘之裼也，見美也。服之襲也，充美也。」充美則敬在內，見美則敬在外。內，心也；外，事也。父子之間，敬在心而已，故曰「不有敬事，不敢袒裼」。經言父黨無容，亦以是也。非涉水則不敢揭衣，惡其褻也。《曲禮》言暑無褰裳，亦謂是矣。褻衾者裳服而不釋，❶與禮服異。爲褻而不敬，故謂之褻。不見裏，則爲其可穢故也。父母唾、洟不見，致其絜也。漱，若《曲禮》「漱裳」之「漱」，澣，若《禮器》「澣衣」之「澣」。靧面以潘，貴其滑也。

慶源輔氏曰：應「唯」無二志也，敬對無隱情也，進退敬齊無不敬也。非精神篤志，何以及此。應以唯，敏矣；對以敬，忠矣。唯誠，故敏故忠。至於進退、周旋慎齊，誠之至也。誠身所以悅親，而敬親所以敬身也。袒裼、撅衣，恐親之心不安也。唯不得已而後爲之耳。父母唾、洟不見，人情所不欲見也。請澣漱，請補綴。請，則容有不許。然必先備灰與箴，而後請，敬之至也。簡者爲之，則必得請而後備矣。沐不言請，省文也。循是而行之，固無有不至者矣。

❶「褻」字下，通志堂本、四庫本有「衣」字；「裳」字，通志堂本、四庫本無。

新安朱氏曰：不有敬事，不敢袒裼，不涉不撅，此三句文義一樣，古註誤作兩段解，言尊長之前有敬事，方敢袒裼敬事，如習射之類。射而袒裼乃爲敬，若非敬事，而以勞倦袒裼，則是不敬。唯涉水而後撅，若不涉而撅，則爲不敬。如云勞毋袒，暑無褰裳，若非敬事，雖勞亦不敢袒；唯涉水乃可褰裳，若非涉水，雖盛暑，亦不敢褰裳也。

横渠張氏曰：請靧、請浴之類，雖古人孝謹，第恐亦不如是之煩，時有請焉耳。

男不言內，女不言外。非祭非喪，不相授器；其相授，則女授以篚，其無篚，則皆坐奠之而后取之。外內不共井，不共湢浴，不通寢席，不通乞假。男女不通衣裳。內言不出，外言不入。男子入內，不嘯不指，夜行以燭，無燭則止。女子出門，必擁蔽其面，夜行以燭，無燭則止。道路，男子由右，女子由左。

鄭氏曰：「男不言內，女不言外」，謂事業之次序。祭嚴、喪遽，授器不嫌也。奠，停地也。湢，浴室也。嘯，讀爲「叱」，叱，嫌有隱使也。擁，猶障也。男子由右，地道尊右也。

孔氏曰：此經論男子、女子殊别之宜。祭是嚴敬之處，喪是促遽之所，於此之時，不嫌男女有淫邪之意，故得相授器也。嘯是自嘯，叱是叱人。經言「不嘯」，與「不指」連文，指既指物，明嘯是叱人。若其常事，以言語處分，是顯使人也。如有姦私，恐人知聞，不以言語，但諷叱而已。是幽顯而使，❶故云「叱，嫌有隱使也」。

❶「顯」，通志堂本、四庫本及《禮記正義》作「隱」，是。

長樂劉氏曰：此經皆鄉遂教男女敬別防微之道，故男者學業于外，志於四方者也，不當與知內政，復何言哉？女者正絜于內，志於四德者也，不當與知外政，亦何言哉？言則亂於先王正家之法矣。非喪祭之嚴且敬也，無急事不相授器焉。其相授也，女則用篚，否則奠之于地。內外不共井，嫌同汲也。不共湢浴，嫌相褻也。不通寢席，嫌相親也。不通乞假，嫌往來也。不通衣裳，惡淆雜也。內言不出，惡交於外也，外言不入，惡交於內也。禮當入內，嘯歌則涉乎邪也，指目則涉乎覘也。有燭則行夜，有不可得而已也，無燭則止，行則涉於不明也。道路之法，其右以行男子，其左以行女子，古之道也。文王用是以教其民，故《桃夭》之詩，歌其「男女以正，昏姻以時」也。《漢廣》之詩，歌其「美化行乎江漢之域，無思犯禮者」也。《汝墳》之詩，歌其「婦人能勉君子以正」也。苟非敬別防微之道，習以成性，風以成俗，其能然乎？

嚴陵方氏曰：女受以篚，則男所受可知。言女受而不及男者，受陰事，女以受爲正故也。奠謂定之於地也。以於地，故坐奠之。坐亦跪也，與《曲禮》言「坐而遷之」同義。《周官》九夫爲井，則同井而飲。此言「外內不共井」者，外雖夫之所同，內則婦之所獨故也。言外內，則男女在其中矣。而於衣裳，特言男女者，以男女之衣裳異制，尤所不可通故也。內言不出，外言不入，與《曲禮》所言同。擁蔽其面者，惡外有所褻也。

慶源輔氏曰：內外異事，男女異職。非祭非喪，不相授器者，祭嚴則不嫌，喪遽有不暇。其相授，則女授以篚，其無篚，則坐奠而後取。唯當時所授受必如此，故於喪祭有不暇也。井、湢一定，故言不共。寢席、衣衾可移易，故言不通。外内泛也，男女切也。無燭則止，自防者至矣。

山陰陸氏曰：《詩》曰「遵彼微行」，雖閭閻婦女尚知屏避如此。微行，牆下微步之徑也。

新安朱氏曰：有問避嫌是否？答曰：合避處豈可不避？如瓜田不納履，李下不整冠，豈可不避？如男女授受不親，君不與同姓同車，與異姓同車不同服，皆是合避處。

子婦孝者敬者，父母舅姑之命勿逆勿怠。若飲食之，雖不耆，必嘗而待。加之衣服，雖不欲，必服而待。加之事，人代之，己雖不欲，❶姑與之，而姑使之，而后復之。

鄭氏曰：勿逆勿怠，恐恃其孝敬之愛，或則違解也。嘗而待，待後命而去，服而待，待後命釋藏也。加之事，人代之，己弗欲，謂難其妨己業也。「姑與之，姑使之」，姑，且也。遠懟怨於勞事。

孔氏曰：此一節論子婦事父母舅姑受飲食衣服之事。子孝於父母，婦敬於舅姑，或恐倚恃孝敬之心，違逆其命。意有怠惰其身，故戒令勿逆勿怠也。尊者以飲食與己，己雖不愛，必且嘗之，待尊者後命令己去之，而後去之。尊者加己衣服，己雖不欲，必且服之，待後命而藏去之。尊者加己以事業，事業欲成，尊者又使人代己。此事既嚮成，不欲他人而代己而

❶「不」，通志堂本、四庫本作「弗」，是。

難其妨己之業。且與代己者之事，而且使代己者爲之。待代己者休解，而后復本事業於己身也。

嚴陵方氏曰：唯孝，故能於命勿逆。唯敬，故能於命勿怠。勿逆則以順愛之故也，❶勿怠則以勤行之故也。若必嘗而待，必服而待，則順受其命可知。若姑與之而姑使之而後復之，則勤行其命可知。

新安朱氏曰：勿逆、勿怠，此謂不可變節，以傷尊者平日慈愛之心也。

東萊吕氏曰：既孝敬矣，何必戒其逆、怠？蓋不孝、不敬之人，固不足責其逆、怠。惟孝敬之人事親，至於與親相忘，則慢心易生，恐或至於逆、怠，故在所戒。

慶源輔氏曰：父母舅姑之命，或有未便而不能委曲，將順之而遽逆之，而遂怠焉，猶未能盡愛敬之道也。必如後所言，然後可。既加之事，又使人代之，己雖不欲人代己，然不可不順父母之命，故姑與之而姑使之，而後復之者，終以身親之也。是之謂「勿逆勿怠」。

子婦有勤勞之事，雖甚愛之，姑縱之，而寧數休之。子婦未孝未敬，勿庸疾怨，姑教之。若不可教，而后怒之。不可怒，子放婦出，而不表禮焉。

鄭氏曰：寧數休之，不可愛此而移苦於彼也。庸之言用也。怒，譴責也。表，猶明也。猶爲之隱，不明其犯禮之過也。

孔氏曰：此論尊者接待卑者之禮。子婦有辛苦勤勞之事，父母舅姑素雖甚愛此勤勞之子婦，且緩縱之，寧可數數休息此所愛子婦，不可移此勤勞於他不愛之子

❶「愛」，通志堂本、四庫本作「受」，據下文當是。

婦也。不可怒，謂雖責怒之而不從命者，子被放逐，婦被出棄，猶爲之隱也。

嚴陵方氏曰：子婦有勤勞之事，甚愛之，姑縱之，而寧數休之，則彼共爲子婦之職，而吾不可以愛故奪之也。子婦未孝、未敬，勿庸疾怨，則爲傷恩故也。

慶源輔氏曰：子曰：「愛之能勿勞乎？」勤勞之事，若遽止之，是姑息之愛也。子婦未孝、未敬，勿庸疾怨，而康而色，皇極之道也；載色載笑，魯侯之德也。是皆有父母之心也。子婦放逐，不得已也。不表禮焉，是猶有不忍之心也。

東萊吕氏曰：明言其惡而出之之謂表。父母愛子之心，舅姑待婦之禮，雖彼有過，猶欲遮護，故放出而不明言其所以過。

金華應氏曰：自「子婦孝者敬者」而下，勉子婦之孝於父母舅姑也。自「子婦有勤勞之事」而下，勉父母舅姑之慈於子婦也。兩者交盡其道，而孝慈之權交結而不可解矣。父母舅姑之命，或未盡合乎理，惟當順焉而不逆；或不克堪其勞，惟當勉焉而勿怠。味偶不甘而必嘗，衣偶不稱而必服，徐而待之，則親知其果非所安而不可强也。加己以事而又代之以人，已其吝而不付，❶亦姑與而姑使之，待夫人之果不克勝而後復之，亦不敢辭其難也。是非故爲矯情，蓋委曲以行其意。雖至親之間，亦有不容以直遂者，必如是而後無所拂也。

父母有過，下氣怡色柔聲以諫。諫若不入，起敬起孝，説則復諫。不説，與其得罪於鄉黨州閭，寧孰諫。父母怒，不説，而撻之流

❶「其」，通志堂本、四庫本作「勿」，疑是。

血，不敢疾怨，起敬起孝。

鄭氏曰：子事父母，有隱無犯。起，猶更也。子從父之令，不可謂孝。《周禮》曰：「二十五家爲閭，四閭爲族，五族爲黨，五黨爲州，五州爲鄉。」撻，擊也。

孔氏曰：此一節論父母有過，子諫諍之禮。犯顔而諫，使父母不説，其罪輕。畏懼不諫，使父母得罪於鄉黨州閭，其罪重。二者之間，寧用孰諫，❶謂純孰殷勤而諫，若物之成孰然。

東萊吕氏曰：下氣怡色柔聲，此六字非特事父母當然，凡處己待人，能體此六字，則見孔子鄉黨氣象。起敬起孝，蓋我孝敬之心無間斷，隨遏隨起，故雖父母不從吾諫，至於怒，至於撻之流血，亦起敬起孝，常自若。起，非起止之起，只是遏捺不住。

嚴陵方氏曰：前言怡聲，此言怡色，前言柔色，此言柔聲，則聲色皆欲柔而怡也。起敬起孝，言孝敬之心有加而無已也。説則復諫，《坊記》所謂「微諫不倦」是矣。子從親之令，不可爲孝，故寧孰諫，孰則不暴，孔子所謂「事父母幾諫」者，此也。上言鄉黨州閭者，與《曲禮》言「稱其孝」同意。撻之至於流血，猶不敢疾怨，而況其餘乎？自非孝敬之至，何以及此。故每言「起敬起孝」焉。

馬氏曰：《孟子》云：「親之過大而不怨，是愈疏也；親之過小而怨，是不可磯也。愈疏，不孝也；不可磯，亦不孝也。」《荀子》亦曰：「可以從而不從，是不子也；未可以從而從，是不衷也。」不子，不孝也；不衷，亦不孝也。夫明乎從不從之義，而

❶「用」，通志堂本、四庫本及《禮記正義》作「可」。

以恭行之，然後可以諫。明乎怨不怨之理，而以愛守之，然後可以怨。故孔子曰：「事父母幾諫，見志不從，又敬不違，勞而不怨。」父母有過，下氣怡聲以諫，所謂「幾諫」也。諫若不入，起敬起孝，所謂「見志不從，又敬不違」也。不敢疾怨，所謂「勞而不怨」也。然則《小弁》何以怨？《傳》云：「非所怨不怨。」則怨出於親之也。父子，天性也，而不若柳蜩淵葦之循其自然之理。此其所以若窮人之反歸而不知所届也。

建安真氏曰：起者，悚然興起之意。孰者，反復純孰之謂。不諫，是陷其親於不義，得罪於州里。等而上之，諸侯而不諫，則使其親得罪於國人，天子而不諫，則使其親得罪於天下。是以寧孰諫也。怒而撻之，猶不敢怨，况下於此者乎？諫不入，起敬起孝，諫而怒，亦起敬起孝。敬孝之外，豈容有它念哉？豈容一息忘哉？是説也，聖人著之《論語》矣。曰「事父母幾諫，見志不從，又敬不違，勞而不怨」。事親者當合二書而思焉。

慶源輔氏曰：下氣怡色柔聲，所以自牧也。起敬起孝，所以自策也。自牧則無戾心，自策則無倦意。諫而父母不悦，非己之罪也。不諫而鄉閭責己，❶則己之罪也。

山陰陸氏曰：事若《小弁》，雖怨可也。

父母有婢子若庶子庶孫，甚愛之，雖父母没，没身敬之不衰。子有二妾，父母愛一人焉，子愛一人焉，由衣服飲食，由執事，毋敢視父母所愛，雖父母没，不衰。子甚宜其

---

❶「己」，通志堂本、四庫本作「焉」。

妻，父母不說，出。子不宜其妻，父母曰：「是善事我。」子行夫婦之禮焉，没身不衰。

鄭氏曰：婢子，所通賤人之子。由，自也。宜，猶善也。

孔氏曰：此一節論父母有婢子、庶子、庶孫，父母所愛，己亦愛之。并明己有妻妾，被父母之所愛，己亦當愛之。「由衣服飲食，由執事」，爲自己所愛妾衣服飲食及執事也。宜其妻者，謂與之相善。出，謂出去。案《大戴禮》婦有七出：不順父母，去；無子，去；淫，去；妬，去；有惡疾，去；口多言，去；竊盗，去。不順父母，爲逆德也。無子，爲其絶世。淫，爲亂族。妬，爲亂家。有惡疾，爲其不可共粢盛也。口多言，爲其離親。竊盗，爲其反義。有三不去：有所受無所歸，不去；曾經三年喪，不去；前貧賤後富貴，不去。

嚴陵方氏曰：婢子，婢之子也。與《曲禮》「自稱曰婢子」異矣。執事，所執之事也。事有難易、勞逸故也。於父母所愛之人猶若是，况父母之身乎？父母没，猶不衰，况父母之存乎？《桃夭》言「宜其室家」，則夫婦之際，欲其相宜而已。故此言「宜」與「不宜」，凡以愛憎在父母，而未嘗在己故也。

慶源輔氏曰：吾親有存没，吾心無遷改。吾之姪視吾之兄弟姪與妻，則有間焉。故易其辭曰「雖父母没，不衰」。然不以親之存没貳其心，則一也。

山陰陸氏曰：言没身不衰，妻也，即妾，雖父母没，衰可也。

金華應氏曰：婢子賤微而可遺，庶孽賤微而可忽，然父母有所鍾愛焉，非特加愛，而又當加敬可也。然婢子，父母之所使令，庶孽，父母之所生育，是固所當聽命。至於妻妾之切近吾身者，而亦不敢不聽焉。妾雖吾所甚愛，不敢與父母所愛者敵，妻雖吾所甚宜，不敢以父母不悦而留。苟父母以爲善，子之情雖替，而夫婦之禮不可不行也。夫婢子，父母之所使令；庶孽，父母之所生育，是猶易以順聽。妻妾，吾所親暱，亦惟父母是聽，知有親而不知有己也。父母没而不衰，蓋雖没而念之愈深，則其敬與愛宜其不衰也。

禮記集說卷第六十九

禮記集說卷第七十

父母雖没，將爲善，思貽父母令名，必果。將爲不善，思貽父母羞辱，必不果。

鄭氏曰：貽，遺也。果，决也。

嚴陵方氏曰：將者，萌其始之謂。果者，成其終之謂。君子之心，將有爲也，不必盡善，以能有所思，故不善終不成焉。小人之心將有爲也，非盡不善，以不能有所思，故善終不成焉。然則善不善亦在乎思不思、果不果之間而已。

慶源輔氏曰：《檀弓》曰：「喪三年，以爲極亡，則弗之忘矣。」於此可見也。曾子曰：「五者不遂，裁及其親，敢不敬乎？」又曰：「父母既没，謹行其身，❶不遺父母惡名。」可謂能終矣。

舅没則姑老，冢婦所祭祀、賓客，每事必請於姑，介婦請於冢婦。舅姑使冢婦，毋怠，不友無禮於介婦。舅姑若使介婦，毋敢敵耦於冢婦，不敢並行，不敢並命，不敢並坐。

鄭氏曰：姑老，謂傳家事於長婦也。必請於姑者，婦雖受傳，猶不敢專行也。介婦，衆婦也。請於冢婦，以其代姑之事。毋怠者，雖有勤勞，不敢解倦也。不友無禮於介婦者，衆婦無禮，冢婦不友之也。善兄弟爲友，娣姒猶兄弟也。毋敢敵耦，雖有勤勞，不敢掉磬也。命，爲使令。皆下冢婦也。

孔氏曰：自此至「后與之」一節，論婦事舅姑之禮，并明冢婦、介婦相於之節，又

❶「謹」字上，通志堂本、四庫本有「當」字。

明婦有私親賜之美物，當獻於舅姑也。若舅姑未没，年七十以上，傳家事於長子，其婦亦從夫知家事也。若舅没，姑未老，則其婦不得專知家事。故經云「姑老」。「不友無禮於介婦」者，以衆婦無禮，故冢婦疏薄之。若冢婦無禮，衆婦當友之，以適婦尊故也。北海人謂相激之事爲「掉磬」。介婦不敢與冢婦並有教令之命，下冢婦也。

嚴陵方氏曰：婦人以從人爲事，故冢子之妻謂之冢婦，猶之宗子之妻謂之宗婦也。舅姑使冢婦，毋怠者，不以居長而敢自怠也。毋敢敵耦於冢婦者，兩相亢爲敵，兩相合爲耦，言事之勞逸不敢與冢婦均也。不敢並行、並坐，亦毋敢敵耦之事也。

慶源輔氏曰：舅没則姑老不以年計之也。有婦則可以傳家事矣。然至於祭祀、賓客，禮之大者，亦必請於姑，然後從事。夫然後婦姑各得其宜。介婦不敢敵耦於冢婦，必如是而后冢婦之志行，而家事具矣。

新安朱氏曰：「不友無禮於介婦」，此句之義未詳。註説恐未然也。或疑「友」當作「敢」。

江陵項氏曰：「不友無禮於介婦」，當連上下文讀之。上文云「舅姑使冢婦，毋怠，不友無禮於介婦」，言舅姑若任使冢婦，冢婦毋得以尊自怠，而凌辱衆婦，令其代己也。不友謂煩虐之，無禮謂麾叱之。怠也，不友也，無禮也，三者皆當以「毋」字統之。下文云「舅姑若使介婦，毋敢敵耦於冢婦，不敢並行，不敢並命，不敢並坐」，亦謂不得恃舅姑之使令，而傲冢婦也。兩節皆主使令言之。

凡婦不命適私室，不敢退。婦將有事，大小必請於舅姑。子婦無私貨，無私畜，無私器，不敢私假，不敢私與。婦或賜之飲食、衣服、布帛、佩帨、茝蘭，則受而獻諸舅姑。舅姑受之，則喜，如新受賜。若反賜之，則辭。不得命，如更受賜，藏以待乏。婦若有私親兄弟，將與之，則必復請其故賜，而后與之。

鄭氏曰：婦侍舅姑者也，故不命適私室，不敢退。不敢專行，故大小必請於舅姑。家事統於尊，故無私貨、私畜、私器、私假、私與。或賜之，❶謂私親兄弟。藏以待乏，待舅姑之乏也。不得命者，不見許。

孔氏曰：若舅姑不乏，私親兄弟既貧，將欲以物與之，不敢別請其財，則必於舅姑處復請其故賜所藏之物。舅姑既許，然後取而與之。

嚴陵方氏曰：私室，即婦室也。其視舅姑之室若公所故也。舅没，冢婦唯祭祀、賓客之事，則請於姑爾，其餘則否也。子婦無私貨，以至不敢私與，以家統於尊故也。茝、蘭，皆香草也。而獻諸舅姑者，不敢私受人故也。請其故賜而後與之者，不敢私與人故也。

慶源輔氏曰：姑嚴則婦賢。凡此非特舅姑之便其侍，乃所以成婦之德也。有事則私事大小也必請於舅姑，無所隱也。私貨，謂不請於舅姑而專有之者。喜，如初受賜，❷人以予己，己得以獻諸舅姑，其

❶「之」字下，通志堂本、四庫本有「者」字。

❷「初」，通志堂本、四庫本作「新」。

喜一也。始也人賜之，今也親賜之，又藏以待乏，其心終一於舅姑也。必請其故賜，非誠於無私蓄、不私與者不能如此也。

適子、庶子，祇事宗子、宗婦。雖貴富，不敢以貴富入宗子之家；雖衆車徒，舍於外，以寡約入。子弟猶歸器、衣服、裘衾、車馬，則必獻其上，而后敢服用其次也。若非所獻，則不敢以入於宗子之門，不敢以貴富加於父兄宗族。若富，則具二牲，獻其賢者於宗子，夫婦皆齊而宗敬焉，終事而后敢私祭。

鄭氏曰：祇，敬也。宗，大宗。以寡約入，謂入宗子家。猶，若也。非所獻，謂非宗子之爵所當服也。加，猶高也。獻其賢者，賢猶善也。夫婦皆齊，當助祭於宗子之家也。私祭，祭其祖禰。

孔氏曰：此一節論族人敬事宗子之禮。適子，謂父及祖之適子，是小宗也。庶子，謂適子之弟。宗子，謂大宗子。宗婦，謂大宗子之婦。❶言小宗子及庶子等敬事大宗子及宗婦也。歸，謂歸遺也。子弟若有功德，被尊上歸遺衣服、裘衾、車馬，則必獻其善者於宗子。富則具二牲，其善者獻宗子使祭之，不善者私用自祭也。大宗子將祭之時，小宗夫婦皆齊戒助祭於大宗，以加敬焉。大宗終竟祭事，而后私祭祖禰。❷此文雖主事大宗子，其大宗之外事小宗子者亦然。

嚴陵方氏曰：《大傳》曰「敬宗故收族，收族故宗廟嚴」，則祇事宗子、宗婦，乃所以嚴宗廟而已。「雖貴富，不敢以貴富入宗

❶「婦」字下，通志堂本、四庫本有「也」字。
❷「后」字下，通志堂本、四庫本及《禮記正義》有「敢」字。

子之家；雖衆車徒，舍於外，以寡約入」者，不敢以支臨宗也。「加於父兄宗族」，與「獻子加於人一等」之「加」同。蓋彼賤而我貴，彼貧而我富，而我以貴富、服御入其門，則是以貴富而加賤貧也。「終事而後敢私祭」者，蓋宗之親爲正統，己之親爲旁出也。正統之有祭，公義也。旁出之有祭，私恩也。終宗子之事而後敢私祭，則是不以旁出先正統，不以私恩勝公義也。

山陰陸氏曰：「子弟猶歸」句，言適子、庶子雖貴富，不敢以貴富入宗子之家，以寡約入，雖子弟猶歸其家也。其器、衣服、裘衾、車馬，雖吾貴富所有，然亦必獻其上者於宗子。

慶源輔氏曰：「不以貴富入宗子家」，此不專爲宗子，於父兄宗族皆不可也。前言人事，後言鬼事。❶於鬼事而如此，然後爲至著，其所以敬宗子者當如此，則宗子之所以自處者當如何？

横渠張氏曰：禮者祭畢然後敢私焉，❷謂如父有二子，幼子欲祭父，來兄家祭之，此是私祭。祖有諸孫，適長孫已祭，諸孫來祭者，祭於長孫之家，此是公祭。祭祖則爲公祭，對祖而言則祭父爲私祭。其他推此皆然。

藍田吕氏曰：宗子既祭其祖禰，其支子不得别祭，所以嚴宗廟，合族屬，故曰「庶子不祭祖與禰」，明其宗也。若己爲宗子，而弟有子，其弟既死，其子欲祭其父，

❶「後」字上，通志堂本、四庫本有「而」字。
❷「私」字下，通志堂本、四庫本及正誼堂本《張横渠先生文集》卷五有「祭」字，是。

必從祖祔食，祭于宗子之家乎？將就其宮而祭，使其子自主之乎？從祖祔食祭于宗子之家，止謂殤與無後。蓋殤與無後必宗子主之爲可，若有後者，亦使宗子主之，則子有不得事其父矣。傳曰「子不私其父，則不成爲子」，故兄弟生而異宮，所以盡子之私養。及其没也，反不得主其祭，於義可乎？蓋異宮者必祭於其宮，而其子主祭，其祭也必告于宗子而後行，不得而專，亦所以明其宗也。宗子有祭，必先與焉，卒祭而後祭其父，故曰「支子不祭，祭必告于宗子」，又曰「終事而後敢私祭」。若非異宮，則禮有所不得伸，則雖祔食于祖廟，亦可以安，所謂不得已焉者。庶子不祭祖，明其宗也。不祭禰，明其宗也。

長樂陳氏曰：荀卿曰：「大夫、士有常宗。」《左傳》曰：「大夫有貳宗。」蓋由士以上，莫不知尊祖禰。知尊祖禰，則尊者常宗。當其爲宗，則宗子統族人於外，主婦統族婦於内。死雖殤也，必喪以成人，齒雖七十也，主婦不可闕居。雖異邦也，正祭不可舉。妻死，雖母在也，禫不可屈尊，與出嫁者不敢降其服，賢者不敢干其任，貴者不敢擅其祭，衆車徒不敢以入其門，凡以尊正統，而一人之情也。唯其疾與不肖，然後易之。故史朝言「孟縶非人也，將不列於宗」，賀循言「姦回淫亂，則告廟而立其次」。凡此特義之權耳，非其所得已者也。方周之盛時，宗族之法行。故《常棣》、《行葦》之美作於上，《角弓》、《頍弁》之刺不聞於下。以此治國而國有倫，以此繫民而民不散，則宗子之於天下，豈小補哉？及秦用商君之法，富民有子則分居，貧民有子則出贅。由是其流及上，雖王公大人，亦莫知有敬宗之道。浸淫後世，習以爲俗，❶而時君所以統馭之者，特服紀之律而已。間有糾合宗族，一再傳而不散者，則人異之，以爲義門。此名生於不足歟？❷

飯：黍、稷、稻、粱、白黍、黄粱、稰、穛。膳：膷、臐、膮、醢、牛炙，醢、牛胾、醢、牛膾，羊炙、羊胾、醢、豕炙，醢、豕胾、芥醬、魚膾，雉、兔、鶉、鴽。

鄭氏曰：飯，目諸飯也。黍，黄黍也。孰穫曰稰，生穫曰穛。膳，目諸膳也。此上大夫之禮，庶羞二十豆。以《公食大夫禮》饌校之，則膮、牛炙間不得有「醢」。醢，衍字。又以「鷃」爲「鴽」。

孔氏曰：自此至「薑桂」一節，總論飯飲膳羞調和之宜，又明四時膳食所用，并明善惡治擇之等，顯貴賤所食之别。此飯之所載，凡有六種：下云「白黍」，則上黍是黄黍也。下言「黄粱」，則上粱是白粱也。案《玉藻》諸侯朔食四簋：黍、稷、稻、粱。天子乃加以麥、苽爲六膳。豆上所盛美膳，謂羹與胾醢之屬。案《公食大夫禮》文，二十豆者：膷一，謂牛臛也；臐二，謂羊臛也；膮三，謂豕臛也，牛炙四，炙牛肉也，此四物共爲一行，最在於北，從西爲始。醢五，謂肉醬也，牛胾六，謂切牛肉。醢七，牛膾八，此四物爲第二行陳之，從東爲始。羊炙九，羊胾十，醢十一，豕炙十二，此四物爲第三行陳之，從西爲始。醢十三，豕胾十四，芥醬十五，

❶「習」，通志堂本、四庫本作「襲」。
❷「歟」字下，通志堂本、四庫本有「禮書」二小字。

魚膾十六，此四物爲第四行陳之，從東爲始。以上十六豆，是下大夫禮也。雉十七，兔十八，鶉十九，鷃二十，此四物爲第五行陳之，從西爲始，此是上大夫所加二十豆。李巡云「鴽鵪」。　熊氏曰：此經「醢」文承牛、羊之下，則是牛肉、羊肉之醢。以其庶羞，故得用三牲爲醢。若其正羞，則不得用三牲。故《醢人職》無三牲之醢也。

嚴陵方氏曰：飯者食之本，然制造之齊無他焉，反其生孰之而已。自黍、稷而下，皆言其材也。牛曰膷，薌也，土畜也。羊曰臐，熏也，火畜也。豕曰膮，水畜也。皆以其氣臭名之。醢、胾、膾、炙，並見《曲禮》解。

山陰陸氏曰：按膳所陳二十豆，應《公食》上大夫之禮，則所謂飯，亦大夫禮。五齊舉一，三酒舉二，六飲具舉，❶羞籩舉餌，羞豆舉酏，薦籩舉三，薦豆舉四，或層出，或間見，❷或上下舉，亦或舉中焉。蓋禮有不可勝言也。比物醜類，使從可知而已。孰穫曰稰，若今晚稻。生穫曰穛，若今早稻。早稻食之而已，晚稻耐收。故《説文》云：「稰，糧也。」❸「穛，早孰穀也。」飲與酒以養陽氣名之，食與飯以養陰氣名之。羊變羶言臐，豕變腥言膮，則以腥羶有不可食故也。據羊泠毛而毳羶，豕望視而交睫腥。云醢，目諸醢也。内有非醢，以醢該之。鄭氏謂「牛膮、牛炙間不得有醢，醢，衍字」。疑非衍。若

❶「飲」，通志堂本、四庫本作「飯」，疑是。
❷「見」，通志堂本、四庫本作「具」。
❸「糧」，通志堂本、四庫本作「晚粱」，當是。

脯羹、雞羹，從麥食不貴，非食也。牛炙醢，醢所以食炙。牛胾醢，醢所以食胾。牛膾不言「醢」，蒙上「醢」也。炙，小肉也。胾，大肉也。膾，腥肉也。羊炙、羊胾同醢，下於牛也。豕炙、豕胾中醢，變於羊。❶魚膾上芥醬，變於豕。

飲：重醴，稻醴清、糟，黍醴清、糟，粱醴清、糟，或以酏爲醴，黍酏，漿，水，醷，濫。酒：清、白。羞：糗餌、粉酏。

鄭氏曰：飲，目諸飲也。重，陪也。糟，醇也。清，泲也。致飲有醇者，有泲者，陪設之也。以酏爲醴，釀粥爲醴也。黍酏，酏粥也。漿，酢胾也。水者，清新也。醷，梅漿。濫，以諸和水也。以《周禮》六飲校之，則濫，凉也。紀、莒之間，名諸爲濫。酒，目諸酒也。白，事酒，昔酒也。羞，目諸羞也。糗，擣熬穀也，以爲粉餌與餈，此記似脱。《周禮》：「羞籩之實，糗餌粉餈。羞豆之實，酏食糝食。」此「酏」當爲「䣼」，以稻米與狼臅膏爲䣼是也。

孔氏曰：此稻、黍、粱三醴各有清、糟，以清糟相配重設，故云「重醴」。案《周禮・漿人》「共王之六飲」，有水、漿、醴、凉、醫、酏，不云糟也。「共夫人致飲于賓客之禮，清醴，醫、酏糟」。註云：「三物有清、有糟，夫人不體王得備之。若后之致飲于賓客，有糟，無清。」故《酒正》「共后之致飲于賓客之禮，醫、酏糟」，註云：「后致飲無醴，醫、酏不清者，與王同體，屈也。」案《漿人》六飲有凉，今寒粥，若糗

❶「羊」字下，通志堂本、四庫本有「也」字。下句「豕」字下同。

飯雜水也。康成以凉與濫是一物矣，則此以諸和水，謂以諸雜糗飯之屬和水也。諸者，衆雜之辭。案《漿人》六飲：一曰水，則此經「水」一也；二曰漿，則此經「漿」也；❶三曰醴，則此經「重醴」也，但用清耳；四曰凉，則此經「濫」也；五曰醫，則此經「或以酏爲醴」也；六曰酏，則此經「黍酏」也。除六飲之外，此經别有「醷」也。若鄭司農之意，「醷」與「醫」爲一物，即以酏爲醴者，非康成義也。鄭必知醷爲梅漿者，見下文云「調之以醯醢」及「若醯醷」，則醷是醯之類也。又云「獸用梅」，故知梅漿也。清、白者，清謂清酒，白謂事酒、昔酒，二酒俱白，故以一「白」標之，配清酒則爲三酒。此無「五齊」者，五齊是祭祀獻神所飲，非人常用故也。「糗餌、粉酏」者，案《周禮註》云「合蒸曰餌，餅之曰餈，此二物皆粉稻米、黍米爲之。糗者，擣粉熬大豆，爲餌餈之黏著」，故以粉糗摶之。《周禮》「酏食」共「糝食」文連，則酏是糝之般類。此《内則》作糝與餰，故云「此酏當爲餰」，若其黍酏，非膳羞所用，且餰雖雜以狼臅膏，亦粥之般類也。

山陰陸氏曰：有清有糟，諸侯之禮。天子用清，大夫以下用糟。醴，禮也。酏可作酒。❷醴酏焉則已矣。漿汁滓相漿水，水而已。醷即所謂醫，濫即所謂凉，凉一名濫。濫言功愧於醫，其備六飲之數濫矣。清，清酒，若今煮酒。白，昔酒、事

❶「漿」字下，通志堂本、四庫本有「一」字。下文「重醴」下，「濫」字下，「爲醴」下，「黍酏」下均有「一」字。

❷「禮也酏」，通志堂本、四庫本作「醴酏也」。

酒，❶若今生酒糗餌。《籩人》所謂「糗餌粉酏」，《醢人》所謂「酏食」。言「糗餌」則餈可知，言「粉酏」則糝可知。四者謂之羞，則以甚美故也。

食：蝸醢而苽食、雉羹，麥食、脯羹、雞羹，折稌、犬羹、兔羹，和糝不蓼。濡豚包苦實蓼，濡雞醢醬實蓼，濡魚卵醬實蓼，濡鼈醢醬實蓼。腶脩，蚳醢；脯羹，兔醢；麋膚，魚醢；魚膾，芥醬；麋腥，醢醬；桃諸，梅諸，卵鹽。

鄭氏曰：食，目人君燕食所用也。凡羹齊宜五味之和，米屑之糝，蓼則不矣。苽，彫胡也。稌，稻也。此脯所謂析乾牛羊肉也。凡濡謂亨之以汁和也。苦，苦荼也，以包豚殺其氣。卵，讀爲鯤，鯤，魚子，或作攔也。腶脩，捶脯施薑桂也。蚳，蚍蜉子也。自蝸醢而下二十六物，似皆人君燕所食也。其饌則亂。膚，切肉也。膚，或爲「胖」。卵鹽，大鹽也。

孔氏曰：此一節總明人君燕食所用。以蝸爲醢，以苽米爲飯，以雉爲羹，三者味相宜。以麥爲飯，析脯爲羹，又以雞爲羹，此三者亦味相宜。細折稻米爲飯，以犬、兔爲羹，此三者亦味相宜也。此等之羹宜以五味調和。米屑爲糝，不須加蓼，故云「和糝不蓼」。濡，謂亨煮，以其汁調和。濡豚包苦者，謂包裹豚肉，以苦菜殺其惡氣。濡雞醢醬者，謂加之以醢及醬。濡魚卵醬者，謂濡亨其魚，卵謂魚子，以魚子爲醬。濡鼈醢醬者，謂亨其鼈加醢及醬。四者皆破開其腹，實蓼於其腹中，

❶「昔酒事酒」，通志堂本、四庫本作「事酒昔酒」。

又更縫而合之。腶脩，❶謂腶脯也，言食腶脯之時，以蚳醢配之。脯羹兔醢者，即上析脯爲羹，以兔醢配之。麋膚魚醢者，謂麋肉外膚食之，以魚醢配之。麋腥醢醬者，腥謂生肉，食麋生肉之時，還以麋醢配之。桃諸梅諸卵鹽者，言食桃諸、梅諸之時，以卵鹽和之。諸，菹也，謂桃菹、梅菹，即今之藏桃、藏梅也。欲藏之時，必先稍乾之，故《周禮》謂之「乾䕩」。案《周禮》諸侯相食，皆鼎、簋十有二，其正饌與此不同。其食臣下，則《公食大夫禮》與此又異，故疑是人君燕食也。案上陳庶羞，依牲大小先後，此則不依牲之次第，是上下雜亂，故鄭云「其饌則亂」也。❷

皇氏曰：蝸，一也。苽食，二也。雉羹，三也。麥食，四也。脯羹，五也。雞羹，六也。折稌，七也。犬羹，八也。兔羹，九也。濡豚，十也。濡雞，十一也。濡魚，十二也。濡鼈，十三也。自此以上，醢與醬皆和調濡漬雞豚之屬，爲他物而設之，故不數。自此以下，醢及醬各自爲物，但相配而食，故數之。腶脩，十四也。蚳醢，十五也。脯羹重出。兔醢，十六也。麋膚，十七也。魚醢，十八也。魚膾，十九也。芥醬，二十也。麋腥，二十一也。醢，二十二也。醬，二十三也。桃諸，二十四也。梅諸，二十五也。卵鹽，二十六也。

長樂劉氏曰：二十有六物，士庶不可得而備之也。偶其有者，則如此法以制之。凡爲人子婦者，預當知之。以敬於祭祀，

❶「脩」字下，通志堂本、四庫本有「者」字。
❷「鄭」字下，通志堂本、四庫本有「註」字。

則鬼神享之；以奉於燕飲，則賓客樂之；以饌於尊親，則衰病宜之。其在教也，爲婦功焉。聖人所以致婦女於孝敬，措衰老於充肥者，其道如是也。

嚴陵方氏曰：蝸，蝸牛也。其殼咼而首有角故也。其肉可以爲醢，故《周官》鼈人共之，以授醢人也。苽，即《周官》六穀之苽也。脯羹，謂乾三牲之肉以爲羹也。和糝不蓼，謂既和之以糝，則不加蓼也。蓼味辛，或用或否，則以其性味各有所宜故也。濡豚，猶《曲禮》所謂濡肉，蓋和之以湆者。醓醬，謂和濡雞之類，以醓醬也。卵醬，魚子醬也。

山陰陸氏曰：蝸醢，醬也。食之主，無時而不食，故曰「蝸醢而苽食、雉羹，麥食、脯羹、雞羹，折稌、犬羹、兔羹」。「而」，屬下之詞，即言蝸醢、苽食、雉羹，嫌下「折稌」、「麥食」不蒙也。腶，鍛煉之使精。脩，脩飾之使雅。

凡食齊視春時，羹齊視夏時，醬齊視秋時，飲齊視冬時。凡和，春多酸，夏多苦，秋多辛，冬多鹹，調以滑甘。牛宜稌，羊宜黍，豕宜稷，犬宜粱，鴈宜麥，魚宜苽。

鄭氏曰：飯宜温，羹宜熱，醬宜涼，飲宜寒。多酸、多苦、多辛、多鹹，多其時味以養氣也。「牛宜稌」以下，言其氣味相成。

孔氏曰：依《經方》「春不食酸，夏不食苦，❶四時各減其時味」，與鄭注不同者，《經方》所云謂時氣壯者，減其時味以殺盛氣，此經所云食以養人，恐氣虛羸，故多其時味以養氣也。此云「牛宜稌，犬宜粱」，而上云折稌用犬羹者，此據尊者正

❶「苦」字下，通志堂本有「秋不食辛冬不食鹹」八字。

食，上據人君燕食，以滋味爲美故也。

長樂劉氏曰：飯食欲温，故比春時。羹汁宜熱，故比夏時。醬齊欲凉，故比秋時。飲齊欲冷，故比冬時。由是以飲食老者，則易化而難傷矣。春夏秋冬，五行之氣也。天地之化成品彙，聖人順天地而養萬民者也。欲其飲食春多酸，夏多苦，秋多辛，冬多鹹，所以參配四時，長養五藏之氣，以助乎五行也。調以滑甘者，四時仰土以成其能也。此經所以養老而補病扶衰，故《經方》之滅者，以少壯言也。牛宜稌，牛肉、稌飯尤相宜也。羊宜黍，豕宜稷，犬宜粱，鴈宜麥，魚宜苽，皆其類也。豈獨於味爲宜，實亦於人有補焉。《周官·食醫》「掌和王之六食、六飲、六膳、百羞、百醬、八珍之齊」，而曰「凡會膳食之宜」以此。又曰「凡君子之食，恒放焉」，則食飲膳羞醬珍之法備用於王，而士庶君子之食庸得以放之？此大司徒得以取而施諸教治，以成人子養親之全德也。

嚴陵方氏曰：齊，與《王制》「遲速異齊」之「齊」同。視，與「五嶽視三公」之「視」同。且氣之温凉寒熱莫不異宜，味之酸苦辛鹹莫不異等，雖則不齊，然因時適宜，以辨其等，未始不齊也，故謂之齊。食齊，則黍稷稌粱之類是也。羹齊，則雉兔雞犬之類是也。醬齊，則醯醢齏菹之類是也。飲齊，則水漿醴凉之類是也。可否相濟謂之和。此言五味六和之所和也，故以「凡和」該之。酸所以養骨，苦所以養氣，辛所以養筋，鹹所以養脉。甘所以養肉，肉則肌膚之所包而欲其緩；滑所以養竅，竅則内外之所通而欲其利。

蓋四時之所同，然不可多也，不可寡也，調之使均而已。故調以滑甘，而利其竅，緩其肉焉。牛，土畜。土埶下，故宜稌，蓋稌利下濕者也。羊，火畜。火炎上，故宜黍，蓋黍利高燥者也。豕能遯，遯則疾，故宜稷，蓋稷穀之疾者也。犬能守，守則强，故宜粱，蓋粱穀之强者也。鴈隨陽，陽則舒而遲，故宜麥，蓋稷疾而麥遲故也。魚本陰，陰則柔而弱，故宜苽，蓋粱强而苽弱故也。此皆《周官》會食膳之宜也。❶會之所以有合，故各以物之性相合者爲宜焉。六牲不及雞、馬，見《月令》解。

延平黃氏曰：飲食所以養人，而養之過，卒以害人而已。是故君子養德，則謹言語；養體，則節飲食。蓋五行之用不能相無，五行之氣不能無過不及。天有四時，人有五臟六腑。温涼之氣，陰陽之中；寒熱之氣，陰陽之盛。萬物得温而生育，得暑而長大，得涼而收斂，得寒而堅實。一氣不備，則物受其病焉，五臟亦然。四齊相廢，則或養其一臟而遺其四，養其一腑而遺其五。熱勝而病陰，寒勝而病陽。夫飲養陽氣則宜以温，食養陰氣則宜以寒，固其理也。彼務愜適，苟從其私，不知其實害之，不亦賤乎？❷春能發散，而收不及焉；夏能解緩，而堅不及焉；秋之氣收斂而不及散；冬之氣堅栗而不及耎。在人内有臟腑，外有骨肉筋脉，感其時氣無不然者。一時之氣有所不及，先王則過於一味以救之。是故春

❶「食膳」，通志堂本、四庫本作「膳食」。

❷「不亦賤乎」，通志堂本、四庫本作「亦不淺矣」。

多酸，收發散也；夏多苦，堅解緩也；秋多辛，散收斂也；冬多鹹，耎堅栗也。四味一多，慮其不通焉，滑所以調之，慮其不和焉，甘所以調之。甘在内則養脾，在外則養肉。四行無土不可，四味無甘不可，此養肉。蓋於食醫則養脾，於瘍醫則甘之所以調歟？竅者，氣之所由以通者也。竅不利，則氣窮焉，此滑之所以調歟？或言四時之氣，各欲其强。春欲木强，夏欲火强，秋欲金强，冬欲水强。其勢少弱，則他氣乘之矣。木爲火所乘，則夏令以行，爲金所乘，則秋令以行，爲水所乘，則冬令以行。春之正氣不獲以爲生焉，五行之病也。先王以爲五行之於四時如此，則萬物之所患；五行之於五臟如此，則一身之所患。然則五臟之於四時，可不以時致其强哉！是故食醫之和，春多酸，則助木而强之。庖人致其所制者，爲之使焉，故膳膏香，益木之强耳。夏多苦，所以助火而强之。庖人致其所制者，爲之使焉，故膳膏臊，益火之强耳。秋多辛，其膳膏腥，冬多鹹，其膳膏羶。❶運四味之所養分於四臟者，脾之爲物也。載四行之所用，均於四時者，土之爲物也。是故脾，土屬也，甘，土味也。寓於四味而調之，所以養土、養脾，而後脾能運，是四味以行焉。然則五味之用，不亦大乎？四齊所眡，不失其時矣。四和所多，不失其節矣。牛、羊、豕、犬、鴈、魚，天産也，以爲膳者也，養人之精。稌、黍、稷、粱、麥、苽，地産也，以爲食者也，養人

❶「羶」字下，通志堂本、四庫本有「皆然夫」三字，則「夫」屬下讀。

之形。精不足於養，則氣衰，形不足於養，則氣殆。然則膳食之養，不可相廢，膳食之宜，不可相失。食醫則又會其所宜，致其所養。所宜或失焉，❶則其所養適足以害之耳。是故會牛以稌，會羊以黍，會豕以稷，會犬以粱，會鴈以麥，會魚以苽。天産，❷陽也，有以宜陰。地産，陰也，有以宜陽。是故天産足以養精，❸爲氣之母；地産足以養形，爲氣之宅。凡王之饋食用六穀，❹膳用六牲，飲用六清，羞用百有二十品，珍用八物，醬用百有二十甕。養王之欲，可謂備矣。無禮以節之，溺志於嗜欲，作陰德以爲淫邪，❺作陽德以爲倦怠。以物累其形，以形累其心，以心累其德，則天下致養於王者，❻適足以累之，王何以治野人耶？凡齊所眡，凡和所多，凡會所宜，節王之欲可謂備矣。是故王心常清，不爲物所淫，王體常寧，不爲物所傷，然後能以禮義養人之欲焉。所謂君子者，其智足以君國，其仁足以子民，勞心治人以報野人之所養者也。觀王之所養，則烏可不爲己者以制其欲哉？

王氏曰：一氣判而爲陰陽，陰陽運而爲四時。春陽中而氣温，夏陽盛而氣熱，秋陰中而氣凉，冬陰盛而氣寒，温熱凉寒，天地所以生成萬物者也。❼順之則人所以安，拂之則人所以厲。故先王無往而

❶「或」字下，通志堂本、四庫本有「有」字。
❷「天」字上，通志堂本、四庫本有「夫」字。
❸「是故」，通志堂本、四庫本作「蓋」。
❹「凡」字下，通志堂本、四庫本有「先」字，是。
❺「淫」，通志堂本、四庫本作「陰」。
❻「則」字下，通志堂本、四庫本有「是」字。
❼「天」字上，通志堂本、四庫本有「乃」字。

不以四時爲本者，其知善養之道乎？以春爲陽中，❶而其氣温。食地産以養形，形以聚氣。形温則氣和，而疾不作。故以温爲齊，❷而眡春時。以夏爲陽盛，而其氣熱。羹天産以養精，精以集神。精熱則神從之，而不離。故羹以熱爲齊，而眡夏時。以秋爲陰中，而其氣凉。醬之味鹹，鹹所以養脉，而脉輭則和。醬凉則除煩熱，而脉得之以輭。故醬以凉爲齊，而眡秋時。以冬爲陰盛，而其氣寒。飲所以養陽氣，氣之暴在陽，濟之以寒，則爲不暴。故飲以寒爲齊，而眡冬時。温熱寒凉，❸天之所造以養萬物者也。酸苦辛鹹，地之所化以養萬物者也。人之一身與天地流通，其氣味所養，安可違天之所造，地之所化？此温凉寒熱之所御，所以必順四時之氣，而酸苦辛鹹之所節，必順四時之味矣。夫春爲木，陽動以散而生風，風生木。木之氣散，而其味則收，故木之味酸。以春主發散，宜多酸以收之。❹夏爲火，南方，陽極而生熱，熱生火。火之氣輭，而其味則堅，故火之味苦。以夏主解緩，則宜多苦以堅之。秋爲金陰，止以收而生燥，燥生金。金之氣收，而其味則散，故金之味辛。以秋主揫斂，宜多辛以收之。冬爲水，北方，陰極而生寒，寒生水。水之氣堅，而其味則輭，故水之味鹹。以冬主堅栗，宜多鹹以輭之。酸苦辛鹹，其味則因四時以爲之

❶「以」字上，通志堂本、四庫本有「夫」字。
❷「故」字下，通志堂本、四庫本有「食」字。
❸「温」字上，通志堂本、四庫本有「然則」二字。
❹「宜」字上，通志堂本、四庫本有「則」字。

節。若淡與甘則無所加損焉。❶以其爲五味之主，而生於土故也。淡則所以利之，甘則所以緩之。唯利故能養竅，唯緩故能養齒。❷利之，❸緩之，❹所以調之也。❺《黄帝書》曰：「肺欲收，急食酸以收之；肝欲散，急食辛以散之；心欲輭，急食鹹以輭之；腎欲堅，急食苦以堅之；脾欲緩，急食甘以緩之。」亦謂是也。天産以養形，地産以養精，皆麗乎五行之氣。五行之氣有畏惡相反，一有不宜，則不唯不足以養形氣，而疾病且乘隙而作。先王由是觀膳食之宜，以五行相生而爲之宜，❻或以五行同氣而爲之宜，或以五行相配而爲之宜。❼牛，土畜也。稌，金穀也。土生金，牛宜稌，則以土生金而爲宜也。羊，火畜也。黍，火穀也。羊宜黍，則以火同氣而爲宜也。豕，水畜也。稷，土穀也。豕宜稷，則以水配土而爲宜也。❽犬，金畜也。粱，土穀也。犬宜粱，則金生於土而爲宜也。❾鴈，火禽也。麥，木穀也。鴈宜麥，則以火生於木而爲宜也。魚，水物也。苽，水穀也。魚宜苽，則以水同氣而爲宜也。物類至多，不可勝言。言其所常食，則推類而可知矣。昭禹。

山陰陸氏曰：牛宜稌，以食黍非不可也，

---

❶「淡」，通志堂本、四庫本作「滑」。下「淡」字同。
❷「齒」，通志堂本、四庫本作「氣」。
❸「利」字上，通志堂本、四庫本有「滑以」二字。
❹「緩」字上，通志堂本、四庫本有「甘以」二字。
❺「所」字上，通志堂本、四庫本有「正」字。
❻「以」字上，通志堂本、四庫本有「或」字，當是。
❼「配」，通志堂本、四庫本作「尅」。
❽「水配土」，通志堂本、四庫本作「土尅水」。
❾「則」字下，通志堂本、四庫本有「以」字。

於稌爲宜爾。他放此。黍以暑而種，粱以涼而收。稌宜下地，故謂之稌。《周官》「食用六穀」，鄭氏謂「六穀：黍、稷、稻、粱、麥、苽」。然則有虞氏之兩敦始有黍、稷，夏后氏之四璉加以稻、粱。殷之六瑚黍、稷、稻、粱、麥、苽，周之八簋，黍、稷、稻、粱、白黍、黄粱、稰、穛也。

春宜羔、豚，膳膏薌；夏宜腒、鱐，膳膏臊；秋宜犢、麛，膳膏腥；冬宜鮮、羽，膳膏羶。

鄭氏曰：此八物，四時肥美也。爲其大盛，煎以休廢之膏，節其氣也。牛膏薌，犬膏臊，雞膏腥，羊膏羶。腒，乾雉也。鱐，乾魚也。鮮，生魚也。羽，鴈也。

孔氏曰：上文「食齊視春時」至「魚宜苽」，皆《周禮・食醫》之文。記者載之於此，論調和食飲之法。此「春宜羔、豚」一經，又記《庖人》論四時煎和膳食之宜，以王相休廢相參，其味乃善。春爲木王。牛，中央土畜。春，東方木，木剋土，木盛則土休廢，用休廢之膏，故用牛膏也。犬屬西方金，夏，南方火，火剋金，火盛則金休廢，故用犬膏也。雞屬東方木，秋，西方金，金剋木，金盛則木休廢，故用雞膏也。羊屬南方火，冬，水王，水剋火，水盛則火休廢，故用羊膏也。《周禮・庖人》文與此同。鄭彼註云：「羔、豚物生而肥，犢與麛物成而充，腒、鱐暵熱而乾，魚、鴈水涸而性定。此八物者，得四時之氣尤盛，爲人食之弗勝，是以用休廢之脂膏煎和膳之。」義與此同。案《洪範五行傳》云：「思之不睿，則有牛禍，牛屬土也。言之不從，則有犬禍，犬屬金也。貌之不恭，則有雞禍，雞屬木也。視之不明，則有羊禍，羊屬火也。」《士相見禮》

云：「冬執雉，夏執腒。」故鄭知腒爲乾雉。《周禮・籩人》云：「膴鮑魚鱐。」鱐與鮑相對，鮑爲濕魚，故知鱐是乾魚也。鱐既爲乾魚，故鮮爲生魚。《王制》云「獺祭魚，然後虞人入澤梁」，是冬魚成也。羽族既多，而冬來可食者唯鴈，故知羽爲鴈也。《庖人》云：「春行羔豚。」行，謂行用。此註云「宜謂氣味相宜」，其事同也。

長樂劉氏曰：陽氣始長，羔、豚將欲盛而壯也。春宜食之，以助新陽。膳用牛膏者，欲其順而大也。夏，陽氣盛極，宜抑之，使内堅而弗散也，故食腒、鱐。膳以犬膏者，艮爲狗，能止邪，所以抑其過也。秋，陰方盛長，❶陽將潛伏，其在外者衰，宜補益之，故牛犢、鹿、麛，補助陽氣者也。膳以雞膏，❷乾爲雞，取其健而有常也。冬，陽伏藏而陰冽于外，魚、鴈，陽物也，而善處于陰，食之於時宜也。膳以羊膏，❸兑爲羊，取其内實而外悦且澤也。庖人所職，應時以順陰陽之宜，其膳如此。

嚴陵方氏曰：膏、豚，❹羊、豚之小者。方春品物之小，故以小者爲宜。腒、鱐者，雉、魚之乾者。方夏物有餒敗之患，故以乾者爲宜也。秋則物成而可嘗之時，故雖犢與麛，皆得以嘗之矣。冬則物衆而可進之時，故雖飛與潛者，皆得以進之矣。羽，鳥也。不曰鳥，而曰羽者，以有別於腒也。鮮，魚也。不曰魚，而曰鮮者，以有別於鱐也。雖然，此止足以爲時

❶「盛」，通志堂本、四庫本作「勝」。
❷「膏」字下，通志堂本、四庫本有「者」字。
❸「膏」字下，通志堂本、四庫本有「者」字。
❹「膏」，通志堂本、四庫本作「羔」。

之宜矣。苟唯在藏有所不勝，食之亦不足以爲善也，故又膳之以膏焉。膳膏薌者，以木用事時，❶脾土有所不勝，故以牛薌之土氣助養脾也。夏火用事之時，肺金則有所不勝，故必以犬臊之金氣助養肺也。秋金用事之時，肝木有所不勝，故必以雞腥之木氣助養肝也。冬水用事之時，心火有所不勝，故必以羊羶之火氣助養心也。薌、臊、腥、羶四者，皆言其臭也。然五藏獨不養腎，何也？蓋腎所主者水，而所刻者土。❷腎則五藏之所本，而元氣屬焉。土則四時之所均，而冲氣屬焉。所養者既不可偏於一時，又不可拘於一物。夫《月令》中央土止祭心而不祭腎者，以是而已。然《月令》於冬時祭腎，而與三時異。此於冬助養心而與三時同，又何也？蓋彼之所祭者，主五藏之形而以養其氣，此之所勝者，主五行之氣而以養其形。以五藏爲主，則一本於腎，故與三時異，而獨反本以祭焉。以五行爲主，則還相爲本，故與三時同，而均養所不勝而已。

山陰陸氏曰：方春宜養肝，今助養脾，方夏宜養心，今助養肺，可謂善矣。凡所謂膳，如是而後爲善。膳用六牲。牲，天產也，以作陰德，是之謂膳。若夏宜腒、鱐，冬宜鮮、羽，是宜而已。凡所謂宜，如是而後爲宜。《周官》言行，此言宜者，爲其宜也，故行之。故曰「民之所未安，聖人不强行」。

王氏曰：五行之在天下，日運而無所停。

❶「以」字下，通志堂本、四庫本有「春」字。

❷「刻」，通志堂本、四庫本作「克」。

一往一返，迭盛迭衰。其時可因而不可違，其理可順而不可逆。而人者五土之所生，五行之所致。養口納味，養形納氣。一味之不調，一氣之不順，則疾癘得以乘而至。先王乘時之消息，❶因理之盈虚，以節飲食，以養性命。春行羔、豚，秋行犢、麛，所以順陰陽之中氣。❷夏行腒、鱐，冬行鮮、羽，所以順陰陽之正氣也。然陰陽之中有餘則慾，不足則伏，其數有消息而休王隨之，其氣有盈虚而盛衰隨之。不能順其所宜，則失其所養；不能察其有餘而助不足，❸則失其所輔。善養者順其時之所宜，則其五臟得所養。察五行之有餘、不足而助其休廢，則其五臟得所補。故均其宜而使之無過，調其適而使之無不及。故春則膳膏薌，夏則膳膏臊，秋則膳膏腥，冬則膳膏羶，蓋取其衰死者之脂膏煎和之，以相助也。昭禹。

牛脩、鹿脯、田豕脯、麋脯、麕脯，麋、鹿、田豕、麕皆有軒，雉、兔皆有芼。爵、鷃、蜩、范、芝栭、蔆、椇、棗、栗、榛、柿、瓜、桃、李、梅、杏、柤、梨、薑、桂。

鄭氏曰：脯，皆析乾其肉也。軒，讀爲「憲」，憲謂藿葉切也。芼，謂菜釀也。軒，或爲「胖」。蜩，蟬也。范，蜂也。蔆，芰也。椇，枳椇也。柤，梨之不臧者。自「牛脩」至此三十一物，皆人君燕食所加庶羞也。《周禮》「天子羞用百有二十品」，記者不能次録。

孔氏曰：麋、鹿、田豕、麕，非但爲脯，又

❶「先」字上，通志堂本、四庫本有「故」字。
❷「氣」字下，通志堂本、四庫本有「也」字。
❸「助」字下，通志堂本、四庫本有「其」字。

可腥食。腥食之時，皆以藿葉起之，而不細切，故云「皆有軒」。不言牛者，牛唯可細切爲膾，不宜大切爲軒。雉羹、兔羹，皆有芼菜以和之。芝栭者，庾蔚云：「無華葉而生曰芝栭。」盧氏曰：「芝，木芝也。」王肅云：「無華而實者名栭，皆芝屬也。」則芝、栭是一物也。牛脩一，鹿脯二，田豕脯三，麋脯四，麕脯五，麋軒六，鹿軒七，田豕軒八，麕軒九，雉芼十，兔芼十一，爵十二，鷃十三，蜩十四，范十五，芝栭十六，蔆十七，椇十八，棗十九，栗二十，榛二十一，柿二十二，瓜二十三，桃二十四，李二十五，梅二十六，杏二十七，柤二十八，梨二十九，薑三十，桂三十一。「大夫燕食，有膾無脯」，故知此人君燕食也。案《周禮·籩人》、《醢人》正羞唯有棗、栗、榛、桃，無以外雜物，故知所加庶羞也。

長樂劉氏曰：自「牛脩」至此凡三十有一物。四時之和氣可以脯，可以乾，可以鹽，❶可以藏，以備乎老者之所欲也。士庶之力雖不得畢備，有則儲之，亦子婦所以盡於孝敬也。

大夫燕食，有膾無脯，有脯無膾。士不貳羹、胾，庶人耆老不徒食。

鄭氏曰：尊卑差也。

孔氏曰：此一經接上人君燕食，因明大夫、士、庶人燕食不同。案《鄭志》云「脯非食殽」，此燕得食脯者，謂食不專用脯以爲食殽。若有餘饌兼之，則得有脯。士不貳羹、胾者，謂士燕食也。若朝夕常食，則下云「羹食，自諸侯以下至於庶人

❶「鹽」，通志堂本、四庫本作「鹹」。

無等」。

黄氏曰：王道之大致，卵胎俯窺，四靈爲畜者，謂九命、四民咸無僭禮，而周于飲食者也。故膾、脯是食之珍味，而位至大夫，燕居常食，不得兼之；羹、胾爲食之本也，而士之燕居常食，亦不得兼之。降及庶人，唯耆老乃不徒食。徒者，空也，謂七十者無故可食肉矣。故云「庶人無故不食珍」，則珍者在庶人爲肉也。斯禮之行，民皆恥僭而不欺闇室矣。儻庶人無故禮可食珍，則有位者豈稱「肉食」哉？聖人垂教，秦漢失之。貪僭之塗既開，仁義之源是壅。

嚴陵方氏曰：燕食，謂燕饗之食也。然與《膳夫》所言者異矣。彼特謂燕居之食爾。膾、脯，羞也，故不得兼之。言大夫如此，則士可知。羹、胾者，食之配，士雖降於大夫，然闕一不可，特不貳之而已。言士如此，則大夫貳之可知。「庶人耆老不徒食」，見《王制》解。

膾，春用葱，秋用芥。豚，春用韭，秋用蓼。脂用葱，膏用薤，三牲用藙，和用醯，獸用梅。鶉羹、雞羹、鴽，釀之蓼。魴、鱮烝，雛燒，雉，薌無蓼。

鄭氏曰：芥，芥醬也。脂，肥凝者，釋者曰膏。藙，煎茱萸也，《漢律》「會稽獻焉」，《爾雅》謂之榝。「和用醯」者，畜與家物，自相和也。「獸用梅」者，亦野物自相和也。釀，謂切雜之。鴽在羹下，烝之，不羹也。燒，烟於火中也。薌，蘇荏之屬也。此皆言調和菜釀之所宜也。

孔氏曰：上云「魚膾，芥醬」，則謂秋時用芥，芥辛，於秋宜也。「鶉羹、雞羹」者，用鶉、用雞爲羹。鴽者，唯烝煮之而已，故文在羹下。釀，謂切雜和之。言鶉羹、雞羹及烝之等，三者皆釀之以蓼。「魴、鱮烝」者，魴、鱮二魚，皆烝熟之。「雞燒」者，雞是鳥之小者，火中燒之，然後調和。雉者，文在烝燒之下，或燒，或烝，或可爲羹，其用無定，故直云「雉」也。魴、鱮烝及雞燒并雉等，三者調和，唯以蘇荏之屬，無用蓼也。

長樂劉氏曰：藙，氣味葉實似茱萸也。今閩、蜀人尚用以和羹，謂爲茱萸，非也。

嚴陵方氏曰：葱以氣達爲忽，芥以味辛爲介，春物方生，故宜食性之葱者，❶秋物方成，故宜食性之介者。故膾用二物以和之。韭性温而生能久，蓼味辛而氣能散。❷温而生，固春所宜也。辛而散，固秋所宜也。故豚用二物以和之。三牲，肉體之大者。氣之所聚，不能無毒，故用藙之辛以散其毒焉。凡物未始無毒，三牲必散之者，以肉體特大故也。芥、蓼之味非不辛，然必用藙者，能殺蟲故也。和用醯，謂三牲也。《荀子》曰「醯酸而蚋聚」，《書》曰「若作和羹，爾惟鹽梅」，則醯與梅皆酸也。和之以此，所以收其味而已。然牲用醯，獸用梅者，亦各以其類而已。

山陰陸氏曰：魴、鱮，弱魚也。烹或易爛，烝之可也。無蓼與不蓼異。不蓼，不必用蓼爾。無蓼，直無蓼也。

不食雛鼈。狼去腸，狗去腎，貍去正脊，兔去尻，狐去首，豚去腦，魚去乙，鼈去醜。

鄭氏曰：皆謂不利人也。雛鼈，伏乳者。

❶「葱」，通志堂本、四庫本作「忽」。
❷「味」，通志堂本、四庫本作「性」。

乙，魚體中害人者名也。今東海鰫魚有骨名乙，在目旁，狀如篆乙，食之鯁人，不可出。醜，謂鼈竅也。

孔氏曰：自此至「攢之」一節，論治澤肉物惡者及果實之屬。

嚴陵方氏曰：互物之美，莫如鼈。然未大，在所不食。其肉爲美，其竅爲醜，故下言「鼈去醜」。狼能害人，腸則傳道其所害之物者，故狼去腸。《鄉飲酒》：❶「亨狗於東方，以祖陽氣之發。」則狗固陽畜，腎又陽精之舍，且惡夫陽之太勝也，故狗去腎。貍善搏，兔善走，是其質之輕疾者，而脊、尻皆非滋美者也，故貍去正脊，兔去尻也。狐死正丘首，天性然也。人殺而取之，則殺氣聚乎首，故狐去首。豚者天一之水畜，而腦則天五之土氣存焉。既欲以水畜而有所養，且不可以所勝者害之，故豚去腦。《爾雅》言魚謂之乙，而魚之餒必自腸始，故魚去乙。謂之乙者，其形屈如其字之文也。

山陰陸氏曰：雛鼈，鼈之雛者。夫鼈固美矣，然猶如此，他物可知。狼之腸直。狼去腸，蓋以此。狗去腎，以其熱歟？俗云「凡腎，豕不如羊，羊不如狗」。今貍脊上一道如界，兔尻有九孔。豕俯聚精在腦。豚爲肫，豚去腦以此。今《醫方》云「豕腦食之，昏人精神」。魚去乙，魚腸謂之「乙」。魚柔巽，隱伏其內，又屈甚矣，去乙以此，亦魚敗自內始。

肉曰脫之，魚曰作之，棗曰新之，栗曰撰之，桃曰膽之，柤、梨曰攢之。

鄭氏曰：皆治擇之名也。

❶「酒」字下，通志堂本、四庫本有「云」字。

皇氏曰：脱之者，治肉除其筋膜，取好處。故《爾雅》云「肉去其骨曰脱」，郭云「剥其皮也」。　皇氏又曰：作，謂動揺也。凡取魚，揺動之，視其鮮餒，餒者不食。郭氏云：今本作「斮之」，註云：「謂削鱗也。」棗易有塵埃，恒治拭之使新。栗，蟲好食，數數布陳。撰，省視之。桃多毛，拭治去毛，令色青滑如膽。或謂苦如膽者擇去之。柤、棃恐有蟲，故一一攢看其蟲孔也。

嚴陵方氏曰：《爾雅》曰「苽曰華之」，❶桃曰膽之，棗、李曰疐之，柤、棃曰鑽之」，與此大同而小異。

山陰陸氏曰：脱其皮爲脱，作其鱗爲作，魚柔巽隱伏，作之可也。擇而撰之，爲撰。《儀禮》曰「棗烝栗擇」，又曰「栗不擇」。桃曰「膽之」，去其苦者如去膽焉。

禮記集説卷第七十

❶「苽」，通志堂本、四庫本作「瓜」。

禮記集説卷第七十一

牛夜鳴，則庮；羊泠毛而毳，羶；狗赤股而躁，臊；鳥皫色而沙鳴，鬱；豕望視而交睫，腥；馬黑脊而般臂，漏；雛尾不盈握，弗食。舒鴈翠，鵠、鴞胖，舒鳧翠，雞肝，鴈腎，鴇奥，鹿胃。

鄭氏曰：亦皆爲不利人也。庮，惡臭也。《春秋傳》曰：「一薰一庮。」泠毛毳，毛别聚旃不解者也。赤股，股裏無毛也。皫色，毛變色也。沙，猶嘶也。鬱，腐臭也。望視，視遠也。腥，當爲「星」，聲之誤也，星，肉中如米者。般臂，前脛般般然也。漏，當爲「螻」，如螻蛄臭也。舒鴈，鵞也。翠，尾肉也。鵠、鴞胖，謂脅側薄肉也。舒鳧，鶩也。鴇奥，脾肶也。鵠，或爲鶴也。

孔氏曰：此一節論腥臊羶臭及諸物不可食者。從「牛夜鳴」至「般臂，漏」，皆與《周禮·内饔》職文同。牛好夜鳴，則其肉庮臭。泠，謂毛本稀泠。毳，謂毛頭毳結。羊若如此，其肉羶氣。臊，謂臊惡。躁，謂舉動急躁。狗若如此，其肉臊惡。皫色，其色變無潤澤。沙鳴，謂鳴而聲嘶。鳥若如此，其肉臭腐。腥，謂肉結如星。望視，謂豕視望揚。交睫，謂目睫毛交。豕若如此，則其肉似星也。黑，謂馬脊黑。般，謂色班班然。馬若如此，其肉如螻蛄臭也。雛，謂小鳥。尾盈一握，然後堪食。若其過小，未盈握，不堪食也。自此以下，因廣言不堪食之物。鵞尾之肉不可食，鵠鳥、鴞鳥，脅側薄肉不可食。

鶩即是鴨，其翠不可食。鶏肝、鴈腎亦不可食。鴇奥及鹿胃亦不可食。奥，謂脾胑，謂藏之深奥處。凡此皆爲不利人也。李巡云：「野曰鴈，家曰鵞，野曰鳧，家曰鶩。」

嚴陵方氏曰：夜鳴，謂非時而鳴。赤股者，赤之爲色，宣布著見。股無毛，則股著見矣，故以赤言之。躁則言其性之不静。皫言如麃之美而色白。沙鳴，鳴之悲凉者。土密而温，沙疏而凉，故謂之沙。豕俯首以食，首俯則下視，曰望視則首昂矣。《莊子》所謂「豚之亢鼻」，蓋此類也。睫目毛以長，故交。黑脊，❶言衆體皆異，而脊獨黑也。般，猶疾之有瘢，❷在前脛，故曰般臂。握，手一握也。尾不盈握，則形未成矣，故弗食。言此弗食，則下陳者可知。《爾雅》曰：「舒鴈鵞，舒鳧鶩。」鵞，鴈類；鶩，鳧類。以爲人所畜，不善飛，舒而不疾，故謂之舒。

山陰陸氏曰：庮，臭如朽木也。朽，薌之反也。鳴，其聲也。躁，其性也。毳，其尾也。望視而交睫。腥，言其精神。「黑脊而般臂，漏」，言其形色。「羊泠毛而毳則羶，狗赤股而躁則臊，鳥皫色而沙鳴則鬱，豕望視而交睫則腥，馬黑脊而般臂則漏」，不言「則」，有不皆也，且曰「則」者，盡其辭也。鬱，《周官》作「貍」。漏，《周官》作「螻」。蓋凡物宜露，而鬱之則臭。宜覆，而漏之則臭。漏與鬱，言所以臭也。螻與貍，言其臭如之。雛，少雞也。❸

❶「脊」字下，通志堂本、四庫本有「者」字。
❷「瘢」，通志堂本、四庫本作「瘢」，是。
❸「少」，通志堂本、四庫本作「小」。

許慎《説文》云：「雞，雞子也。」雞長尾者，故不盈握弗食。《月令》以雞嘗黍，亦雞爾。爲物不同，不可食者非一處也，故翠言後，胖言左右，肝臀奥胃又言其肉。王氏曰：天産之物，所以資氣體之養者也。所稟之氣一有不和，則資其味者疾癘或乘之，而至於爲害不少矣。牛者，服重致遠之物，勞於晝而息於夜者。牛且伏静之時，今而夜鳴，則陽内受陰，而陰陽不和，故其臭庮。庮者，陰臭之惡也，故曰「牛夜鳴，則庮」。「羊泠毛而毳，羶」者，毛總結謂之泠，毛長謂之毳。凡毛皆屬於肺。肺，金也。羊，火畜。火勝金。今毛反總結而長，則火氣弱，而金勝火矣。其臭雖羶，而不可食也。疾走而無常，謂之躁。犬，金畜也。西方陰止以收而生金。金於五藏爲肺，而主皮毛。赤股則金氣衰，而皮毛受病矣。躁則反於陰止以收，而其性受病矣。其病如此，則躁臊而不可食也。❶「鳥皫色而沙鳴，鬱」，蓋物貍藏則鬱塞而不通。❷《周禮》言「貍」，則貍與鬱文異而義同也。皫色，則其氣鬱而不達於毛羽；沙鳴，則其氣鬱而不達於聲音，其肉氣亦鬱而不可食矣。豕，水畜也。眡，❸火事也。水勝火，❹而其病見於目，則水火不相逮，而陰陽不和，此腥之不可食者也。馬，火畜也。黑，水色也。馬黑脊，❺則以水勝火，而在上，其文又般旋至於臂，則水盛而火

❶「躁」，通志堂本、四庫本作「臊」。
❷「貍」，通志堂本、四庫本作「埋」，是。
❸「眡」，通志堂本、四庫本作「睫」。
❹「水勝火」，通志堂本、四庫本作「火勝水」，是。
❺「黑脊」，通志堂本、四庫本作「脊黑」。

氣不足，則其臭如螻蛄，而不可食。每物而辨，則膳羞之用，無陰陽偏勝之氣，而氣體之養賴之而安矣。昭禹。

肉腥，細者爲膾，大者爲軒。或曰：麋鹿魚爲菹，麕爲辟雞，野豕爲軒，兔爲宛脾。切葱若薤，實諸醯以柔之。

鄭氏曰：爲膾、爲軒，言大切、細切異名也。膾者必先軒之，所謂「聶而切之」。此軒、辟雞、宛脾，皆菹類也。釀菜而柔之以醯，殺腥肉及其氣。菹、軒，聶而不切；辟雞、宛脾，聶而切之。軒，或爲「胖」；宛，或作「鬱」。

孔氏曰：此一節明虀菹之異，用肉不同。作記之時，無菹、軒、辟雞、宛脾之制。舊有此言，承而用之，故稱「或曰」。凡大切，若全物爲菹，細切者，爲虀。其牲體大者菹之，其牲體小者虀之。用此麋鹿魚爲菹，及野豕爲軒，是菹也。麕爲辟雞，兔爲宛脾者，是虀也。故鄭註《醢人》云：「細切爲虀，全物若牒爲菹。」《少儀》曰：「麋鹿爲菹，野豕爲軒，皆牒而不切。麕爲辟雞，兔爲宛脾，皆牒而切之。」是菹大而虀小也。《少儀》不云魚，此云魚，記者異聞也。此魚與麋鹿相對，是魚之大者，故以爲菹。其辟雞、宛脾及軒之名，其義未聞。「切葱若薤，實諸醯以柔之」者，此亦《少儀》文。或用葱，或用薤，故云「切葱若薤」。肉與葱薤置諸醋中，故云「實諸醯」。物置醯中，悉皆濡孰，故云「柔之」。

羹、食，自諸侯以下至於庶人無等。大夫無秩膳，大夫七十而有閣。天子之閣左達五，右達五。公、侯、伯於房中五，大夫於閣三，士於坫一。

鄭氏曰：羹食，食之主也。庶羞乃異耳。秩，常也。無秩膳，謂五十始命，未甚老也。七十有閣，有秩膳也。閣以板爲之，庋食物也。達，夾室。大夫言於閣，與天子同處，天子二五，倍諸侯也。五者，三牲之肉及魚、醋也。❶

孔氏曰：此一節論天子、諸侯及大夫、士等尊卑膳食之等差。食，謂飯也。言羹之與飯，助以雜物、醯醬，是食之主，故諸侯以下無等差。❷此謂每日常食，若非依常禮，食之外，或別有牛、羊、豕之肉，隨時得爲羹也。其黍、稷、稻、粱依禮正食之外，別有稼穡收穫，皆得爲飯，故云羹食無等。案《公食大夫禮》：「下大夫十六豆，上大夫二十豆。」又《周禮·掌客》云：「上公食四十，侯伯食三十二，子男食二十四。」鄭註云「食，謂庶羞美可食者」，此「庶羞乃異」也。宮室之制，中央爲正室，正室左右爲房，房外有序，序外有夾室。天子尊，庖厨遠，故左夾室五閣，右夾室五閣。諸侯卑，庖厨宜稍近，故降於天子，唯在一房之中而五閣也。大夫既卑，無嫌，故亦於夾室，而閣三也。三者，豕、魚、腊也。士卑，不得作閣，但於室中爲土坫庋食也。天子腊用六牲，今云五閣，是不一牲爲一閣，魚、腊是常食之物，故知三牲及魚、腊也。

嚴陵方氏曰：食爲主，羹爲配，人所日用者也。唯稱有無，隨其所宜，不制豐殺，而預爲之等焉。雖然，此特自諸侯以下而已。若夫四海之奉，一人之尊，又安得

❶「醋」，通志堂本、四庫本作「腊」，是。

❷「差」字下，通志堂本、四庫本有「也」字。

無等乎？《周官・膳夫》：「王日一舉，鼎十有二，物皆有俎。」❶則固有等矣。此所以言「諸侯以下」也。前言「士不貳羹胾」，則士羹亦有等矣。蓋彼主燕食，此主常食言之也。燕食以禮爲主，故不可無等。常食以養爲主，故不可不隨宜焉。大夫無秩膳，與《酒正》「秩酒」之「秩」同義。夾室以自是而達于外，故謂之達。必於夾室者，遠庖厨之義也。自諸侯而下，則有遠近之殊，多少之别者，尊者詳，卑者略，尊者隆，卑者殺故也。天子、諸侯於達、房，則必有常所。大夫無常所，士但於坫而已。夫坫，猶「爵坫」之「坫」。閣則有門，以幾其出入，此又大夫、士之别。

山陰陸氏曰：一羹一食，雖不爲等可也。夫禮曲而不苟，蓋如此。若前所云者，皆燕饗等禮。秩膳，《孟子》所謂「廩人繼粟，庖人繼肉，不以君命將之」是也。若大夫賜則有之，不得爲常秩膳。有閣，則臺餽有常，庋之以須，此亟問、亟餽鼎肉，子思之所以不悦也。堂上爲達，公、侯、伯於房中，下天子也。左達，左夾室前堂；右達，右夾室前堂。大夫言於閣三，則蒙上房中可知。士言於坫一，則凡閣用坫，亦可知。據上「唯大夫有閣」，而此云「士於坫一」，則士雖有閣，不足言也。

凡養老，有虞氏以燕禮，夏后氏以饗禮，殷人以食禮，周人脩而兼用之。凡五十養於鄉，六十養於國，七十養於學，達於諸侯。八十拜君命，一坐再至，瞽亦如之。九十者使人受。五十異粻，六十宿肉，七十貳膳，

❶「俎」，原作「葅」，今據通志堂本、四庫本及《周禮》改。

八十常珍，九十飲食不違寢，膳飲從於遊可也。六十歲制，七十時制，八十月制，九十日脩，唯絞、紟、衾、冒死而后制。五十始衰，六十非肉不飽，七十非帛不煖，八十非人不煖，九十雖得人不煖矣。五十杖於家，六十杖於鄉，七十杖於國，八十杖於朝，九十者，天子欲有問焉，則就其室，以珍從。七十不俟朝，八十月告存，九十日有秩。五十不從力政，六十不與服戎，七十不與賓客之事，八十齊、喪之事弗及也。五十而爵，六十不親學，七十致政。凡自七十以上，唯衰麻爲喪。凡三王養老皆引年。八十者，一子不從政，九十者，其家不從政。瞽亦如之。凡父母在，子雖老不坐。有虞氏養國老於上庠，養庶老於下庠。夏后氏養國老於東序，養庶老於西序。殷人養國老於右學，養庶老於左學。周人養國老於東膠，養庶老於虞庠，虞庠在國之西郊。有虞氏皇而祭，深衣而養老。夏后氏收而祭，燕衣而養老。殷人冔而祭，縞衣而養老。周人冕而祭，玄衣而養老。

鄭氏曰：《記·王制》有此。

孔氏曰：此一節皆《王制》文。記者重録之，後人因而不去，慎疑不敢删易也。

山陰陸氏曰：《王制》主國，故先言「養國老於上庠」，後言「凡三王養老皆引年。八十者，一子不從政」。《内則》主家，故先言「三王養老皆引年。八十者，一子不從政」，後言「養國老於上庠」。主家以言，故無所謂「少而無父者謂之孤」一節；主國以言，故無所謂「曾子曰孝子之養老也，樂其心，不違其志」一節。主家也，故言不從政狹；主國也，故言不從政廣。所謂家事有以異於國乎？無也，故

《內則》終之以「凡養老，五帝憲，三王有乞言。五帝憲，養氣體而不乞言，有善則記之爲惇史。三王亦憲，既養老而後乞言，亦微其禮，皆有惇史」一節。所謂國事者有以異於家乎？無也，故《王制》終之以「父之齒隨行，兄之齒鴈行，朋友不相踰。輕任并，重任分，班白者不提挈。君子耆老不徒行，庶人耆老不徒食。大夫祭器不假，祭器未成不造燕器」一節。

慶源輔氏曰：脩，與「脩道之謂教」之「脩」同。周人總三代之禮而兼取其善者，以制一王養老之禮也。

曾子曰：「孝子之養老也，樂其心，不違其志，樂其耳目，安其寢處，以其飲食忠養之。孝子之身終。終身也者，非終父母之身，終其身也。是故父母之所愛，亦愛之，父母之所敬，亦敬之。至於犬馬盡然，而况於人乎？」

鄭氏曰：「犬馬盡然」，賤喻貴也。

孔氏曰：此一節因上陳養老之事，遂陳孝子事親之禮。作記之人既云「孝子之身終」，恐人不解，故解云非終竟父母之身，終其孝子之身也。言父母雖没，終竟己身而行孝道，與親在無異。父母所敬愛犬馬之屬，❶盡須敬愛，而况於父母所敬愛之人乎？

長樂劉氏曰：仲尼之門以孝聞者曾子而已。參之爲道也，與夫虞、舜易地皆然，其行非難也，❷人人皆可以行之，所以不逮于曾子者，曾子常久而不息也。孝子

❶「敬愛」，通志堂本、四庫本作「愛敬」。下文三「敬愛」同。

❷「其行非難」，通志堂本、四庫本作「非其行」。

之養老者，婦之養舅姑，孫之養祖父母，猶子之養其父母也，故皆曰老焉。樂其心者，謂左右侍養也，晨昏定省也，出入從遊也，起居奉侍也，必常賾討其心之所好者何在，所惡者何如，然後順而篤其所好者，而却其所惡者。果非悖于大義，則蔑不可從。所以安固老者之行以適其氣，則心樂矣。不違於其志者，謂老者平生之志所欲爲者，以道德仁義立身揚名，取大榮顯於天下者，建大令譽於鄉閭者，崇大孝弟於宗族者，抗大志節於人倫者，務既心以篤行之，必著成效，則弗違其所志矣。樂其耳目者，謂必正身以範其家，力行以化其族，❶則善言常入於親耳，善行常悦於親目。至於婢僕犬馬，親之所愛者，則敬而愛之，必使異於其倫，矧其親族子孫哉！皆所以樂其耳目者也。安其寢處者，謂堂室庭除必完潔之也。簟席、氈褥、衾枕、帳幄，必常脩治，極其所宜，而以時更易，所以將其敬愛之心，而盡其寧親之志，則寢處安矣。經云：將坐，則長者奉席，❷請何鄉；❸將衽則長者奉席，請何趾。❹盡其敬以安之之謂也。以其飲食忠養之者，謂飯也，膳也，飲也，酒也，食也，❺如經所陳，則其飲食足以盡其忠敬之誠，而老者不失其所養矣。凡是五事兼於其身，常久而不息，曾子由之以終其身者，具此五美，則可以終

❶「族」，通志堂本、四庫本作「俗」。
❷「則」字下，通志堂本、四庫本有「爲」字，是。
❸「請」字下，通志堂本、四庫本有「席」字，是。
❹「將衽則長者奉席請何趾」，通志堂本、四庫本作「請衽何趾」。
❺「飯也膳也飲也酒也食也」，通志堂本、四庫本作「飲也酒也飯也膳也食也」。

其身無愧於天地鬼神矣。❶無愧於天地鬼神，則其親有不安之者乎？則其子孫有不範之者乎？故曾子之孝也，天下後世範之者也。是故父母之所愛亦愛之，父母之所敬亦敬之，至於犬馬盡然，而況於人乎？經所謂没身敬之不衰，曾子行之已，又言之以爲教，天下後世老者享其安且樂者，莫非曾子之賜也。《詩》云「孝子不匱，永錫爾類」，其謂是歟？

嚴陵方氏曰：心存乎無所事之時，孝子則樂而不詒其憂；志見於有所欲之際，孝子則不違以順其命。曰「養老」，何也？蓋老則近於親而已。近於親者，養之且若是，又況於其親？不如是不足以爲孝子。怡聲而問，所以樂其耳也。柔色以温，所以樂其目也。定於昏，所以安其寢也。省於晨，所以安其處也。以其飲食忠養之者，蓋養親之道，雖非即飲食以能盡，亦非舍飲食以能爲。君子何以處之？亦曰忠養之而已。夫忠，所以不欺其親也。養之以物，止足以養其口體，養之以忠，則足以養其志矣。昔曾子養曾晢，曾元養曾子，其有酒肉也未始不同，及其問有餘，曾子則曰「有」，曾元則曰「亡」。故《孟子》以曾子爲能養志，以曾元爲養口體者。然是禮也，豈特終父母之身而行之乎？又且終其身而不敢怠焉。經不云乎，「事死如事生」，又曰「生則敬養，死則敬享」，思終身弗辱也。是以於其齊也，則思其居處，思其笑語，思其所樂，思其所嗜，此非「樂其心，不違其志，樂其耳目，安其寢處」者乎？於其

❶「以」，通志堂本、四庫本作「知」。

祭也，❶則朝事之籩豆以象朝事之所進，饋食之籩豆以象食時之所進，加籩、加豆以象饋之有加，羞籩、羞豆以象養之有羞。❷既致其養，又致其盛，既致其盛，且致其敬，又致其難且美者，又服其服而自致焉，此非「以其飲食忠養之」乎？豈非終孝子之身乎？

山陰陸氏曰：養老如此，爲其近於親也。言「忠養之」。嫌或僞，上言其近親者，猶如此，下言親所愛敬，猶如此。

建安真氏曰：孝子愛敬之心無所不至，故父母之所愛敬者，雖犬馬之賤，亦愛敬之，況人乎哉？姑舉其近者言之。若兄若弟，吾父母之所愛也，吾其可以不之愛乎？若薄之，是薄吾父母也。若親若賢，吾父母之所敬也，吾其可不之敬乎？❸若嫚之，是嫚吾父母也。推類而長，莫不皆然。若晉武惑馮紞之讒，不思太后之言，而踈齊王攸；唐高宗溺武氏之寵，不念太宗顧託之命，而殺長孫無忌，皆《禮經》之罪人也。

凡養老，五帝憲，三王有乞言。五帝憲，養氣體而不乞言，有善則記之爲惇史。三王亦憲，既養老而后乞言，亦微其禮，皆有惇史。

鄭氏曰：憲，法也。養之爲法其德行。有，讀爲又，又從之求善言可施行也。微其禮者，依違言之，求而不切也。

孔氏曰：此一節論五帝三王養老之禮。五帝養老，法其德行。三王其德漸薄，非

❶「祭」，通志堂本、四庫本作「終」。

❷「養」，通志堂本、四庫本作「食」。

❸「可」字下，通志堂本、四庫本有「以」字。

但法其德行，又從求乞善言。「五帝憲，養氣體而不乞言」者，覆説上「五帝憲」之法，奉養老人，就氣息身體，恐其勞動，故不乞言也。老人有善德行，則記録之，使衆人法，則爲惇厚之史。三王既法德行，又從乞言，依違求之，而不偪切。皆者，皆三代也。

長樂劉氏曰：先儒以謂憲其德行，乃餘義爾。若養老之大養則天子用子事父之禮，養國老于東膠，養庶老于虞庠，所以使天下憲法天子敬老之義，致孝養于其親也，故但盡禮、盡敬以憲萬邦而不乞言也，又何憲法其德而已哉？

嚴陵方氏曰：老有考之義，考有成之義。以其年之高而德有成，知之深而言有考，則帝王之禮，或憲或乞，不爲過矣。五帝養氣體而不乞言，則乞言之禮至三王之世始有，五帝而上則亡焉，故特曰「有」也。若執醬而饋，執爵而酳，或以燕禮，或以饗禮，或以食禮，則所以養其氣也。或肆之筵，或授之几，或杖於家，或杖於國，或杖於朝，則所以養其體也。且五帝之憲也，而老者未嘗無言。要之，以德爲主爾，故曰「有善則記之」。三王乞言，而老者未嘗無德。要之，以言爲主爾，故曰「三王亦憲」。既養老而後乞言者，養之盡，然後言可得而乞也。「亦微其禮」者，微，則緩而不迫，隱而不切之謂。蓋老者之氣衰矣，不欲以迫切之禮耗其氣故也。❶且微諫不倦，事親之禮也。君子之於老者，未始不以微焉，以近於親故也。皆有惇史者，言帝王同有是史以記其善

❶「不」字上，通志堂本、四庫本有「惟」字。

也。且善善而惡惡，記之而無所隱，史之體也。養老之史記善而不記惡，則其心可謂厚矣，故以「惇」名之。

山陰陸氏曰：凡養老，一歲有三。《周官》仲春羅氏獻鳩以養國老，一也；《月令》仲秋養衰老，授几杖，行麋粥飲食，二也；《周官》止言國老，非遺庶老也，以獻鳩非庶老之事也。《月令》止言衰老，非遺耆老也，以授几杖，行麋粥飲食，非耆老之事也。若夫季春天子視學，於是大合樂，必遂養老。《月令》云「季春大合樂」，而《文王世子》曰「凡大合樂，必遂養老」，又曰「適東序，釋奠於先老，遂設三老五更羣老之席位焉」是也。先儒謂春釋菜合舞，秋頒學合聲，皆養老，非是。案養老皆釋奠，而合舞言舍菜爾。且謂秋合聲，春合舞，非大合樂也。言三王養老，雖亦憲，雖乞言，亦微其禮，然皆有惇史也，是皆已迫。

東萊吕氏曰：年之貴乎天下久矣。五帝三王皆尊德尚齒。然五帝三王養老之禮雖同，憲與乞言不同，蓋道有升降，風氣有厚薄，所以如此。五帝憲，則是瞻儀容，視起居，不曾有乞言之禮。蓋當時風氣未開，人情淳厚，朝夕與老者親炙其仁義之容，道德之光，自得於觀感不言之際。三王不及五帝，所以有乞言之禮。比之於觀瞻不言之中，氣味稍薄。五帝養老盡其誠敬，所謂洗爵奠斝，從容養其氣體，未嘗乞言。有善記之惇史，蓋動容起居從容之間偶然發言也。記，如《鄉黨》所記，可見惇史之意。古者之史，名各不同。載閫内之事，謂之女史，所載者后妃之德。載朝廷之事，謂之國史，所載者天下之大綱。記老者善言、善行而法之，謂之惇史。惇，蓋惇厚之謂。三王亦憲者，於動容之間，然既憲，又欲請益咨問，得老者一言，書紳，服膺終身佩服。雖憲與乞言不同，其問長者，亦微其禮，此尊老之至如此。不敢急迫，須從容欵曲，伺間乘暇，開端發問。看「微其禮」一句，是至誠盡禮，在老者左右，俟從容間暇，略發端問。其所乞之言，所法之行，皆有惇史記之。五帝之時何故不乞言？當是時，學者皆精微主一，更無一毫外心，但至誠專一，見老者之言，無非從容感發處，所以不待乞言。此氣味非後世所能及，唯顔子，孔子説「非助我者也，於吾言無所不説」，「終日不違如愚」，少有五帝不乞言之意。唯五帝時人人皆然。到得孔子出，纔説「予欲無言」，子貢便説「小子何述焉」，其風氣稍薄。以此知不乞言，孔門中顔子一人而已。五帝時風俗淳厚，其養氣體之時，浹洽陶冶之功深，非言語訓詁所能及。三王雖不及五帝，然微其禮，從容欵曲，與後世問答氣味又不同。及忠厚惇篤之風衰，前言往行斷絶，學者所以澆薄。今之學者當先思五帝三王浹洽陶冶之意，又當思微其禮，從容欵曲，不敢迫切之意，又當思前言往行不絶，則忠厚純篤之風不衰。唯能如此，思雖在千百載之下，五帝三王之氣象，夫何遠之有？

淳熬：煎醢加于陸稻上，沃之以膏，曰淳熬。淳毋：煎醢加于黍食上，沃之以膏，曰淳毋。

鄭氏曰：淳，沃也。熬，亦煎也。沃煎成之，以爲名。毋，讀曰「模」，模，象也。作此象淳熬。

孔氏曰：自此至「爲酏」一節，論養老須飲食如養親之事，明八珍之饌，并明羞豆糝餈之等。淳熬，❶是八珍内一珍之膳名也。淳，謂沃之以膏，熬則煎醢是也。陸稻，謂陸地之稻。以陸地稻米爲飯，煎鹽使熬，❷加于飯上。恐其味薄，更沃之以膏，使味相湛漬曰淳熬。「毋」是禁辭，非膳羞之體，故讀爲「模」，言法象淳熬而爲之，但用黍爲異耳。食，飯也，謂以黍米爲飯。黍，無在水之嫌，故不言陸。

山陰陸氏曰：淳毋，謂之毋，禁詞也。凡食黍稷爲正，稻粱爲加。稻而煎醢加焉，沃之以膏，猶可；黍也如此，甚矣。

炮：取豚若將，刲之刳之，實棗於其腹中，編萑以苴之，塗之以謹塗。炮之，塗皆乾，擘之。濯手以摩之，去其皽。爲稻粉，糔溲之以爲酏，以付豚。煎諸膏，膏必滅之，鉅鑊湯，以小鼎薌脯於其中，使其湯毋滅鼎，三日三夜毋絶火，而后調之以醯醢。

鄭氏曰：炮者，以塗燒之爲名也。將，當爲「牂」，牂，牝羊也。刲、刳，博異語也。謹，當爲「墐」，聲之誤也。墐塗，塗有穰草也。皽，謂皮肉之上魄莫也。糔溲，亦博異語也。糔，讀與「滫瀡」之「滫」同。薌脯，謂煮豚若羊於小鼎中，使之香美也。謂之脯者，既去皽，則解析其肉，使薄如爲脯然，唯豚全耳。豚、羊入鼎三日，乃内醯醢可食也。

孔氏曰：爲炮之法，或取豚，或取牂，刲刳其腹，實香棗於腹中。萑是亂草也。

❶「熬」字下，通志堂本、四庫本有「者」字，是。

❷「鹽」，通志堂本、四庫本作「醢」。

苴，裹也。❶編連亂草以裹匝豚牂。裹之既畢，塗之以謹塗，謂穰草相和之塗也。用之炮豚，須相粘著，以此謹塗而泥塗之。擘之，❷謂擘去乾塗也。手既擘泥不淨，其肉又熱，故濯手摩之，去其皽莫也。❸「爲稻粉，糔溲之以爲酏」者，付全豚之外，煎之於膏。若羊，則解析肉，以粥和之。滅，没也。小鼎盛膏，煎熬豚牂，膏必没此豚牂也。鉅鑊湯者，謂以大鑊盛湯，以小鼎之香脯實於大鑊湯中，❹使鑊中之湯無得没此小鼎。若湯没鼎，恐湯入鼎中，令食壞也。「毋絶火」者，欲令用火微熱，勢不絶也。鄭註「博異語」者，❺案《易》云「士刲羊」，又云「刳木爲舟」，與糔、溲皆意同而語異也。

山陰陸氏曰：炮，《詩》所謂「毛炮」是也。「若將刲之」，將，讀如字，「若將刲之」，猶「如靡執之」。先儒謂「獻靡，有成禮，如之」也。「爲稻粉」以下一節，釋爲稻粉之法。

擣珍：取牛、羊、麋、鹿、麕之肉，必脄，每物與牛若一，捶，反側之，去其餌，孰，出之，去其皽，柔其肉。

鄭氏曰：脄，脊側肉也。捶，擣之也。餌，筋腱也。柔之爲汁和也，汁和，亦醢與？

孔氏曰：脊側肉美，今擣以爲珍，宜取美處。經云「去其餌」，又云「去其皽」，皽爲

❶「裹」，原作「裹」，今據通志堂本、四庫本及《禮記正義》改。下二「裹」字同。

❷「之」字下，通志堂本、四庫本有「者」字，是。

❸「莫」，通志堂本、四庫本作「膜」。

❹「實」，通志堂本、四庫本作「入」。

❺「註」字下，通志堂本、四庫本有「刲刳」二字。

皮莫，故餌爲筋腱。腱即筋之類。上炮豚、炮牂，調以醯醢，下漬亦食之，以醯若醢，故知擣珍和亦用醯醢。

山陰陸氏曰：此言擣珍，則上所謂「淳熬」等物非珍也。《周官》珍用八物，即此牛、羊、麋、鹿、麕、豕、狗、狼是歟？與牛若一，異言牛，大牲也。牛言「布」，羊以下言「施」，亦以此。餌，讀如「合以爲餌煎之」之「餌」，言去其餌，則嘗以物爲餌。孰之，可知言孰，則捶、反側之蓋生也。

漬：取牛肉必新殺者，薄切之，必絶其理，湛諸美酒，期朝而食之，以醢若醯、醷。

鄭氏曰：湛，亦漬也。

嚴陵方氏曰：漬，若濡肉之類。醷，即前所言飲之醷。

山陰陸氏曰：期朝，猶言期年、期月。期年謂周一年，期月謂周一月，期朝謂周一朝。

爲熬：捶之，去其皽，編萑，布牛肉焉。屑桂與薑，以洒諸上而鹽之，乾而食之。施羊亦如之。施麋、施鹿、施麕，皆如牛羊。欲濡肉，則釋而煎之以醢。欲乾肉，則捶而食之。

鄭氏曰：熬，於火上爲之也。今之火脯似矣。欲濡欲乾，人自由也。醢，或爲「醯」。此七者，《周禮》八珍，其一肝膋是也。

孔氏曰：此論作熬之法。於牛如上所陳，若施設於羊，亦如牛也。食熬之時，唯人所欲。若欲得濡肉，則以水潤釋而煎之以醢也。七謂一淳熬，二淳模，三、四炮，五擣珍，六漬，七熬。「其一肝膋」，則此糁下肝膋也。但記文不依次，故於糁下陳之。

嚴陵方氏曰：《曲禮》言「濡肉齒決」，蓋由制造之異，故食之不得不異也。

山陰陸氏曰：不與麋、鹿、麕同曰如之，異言羊也。

糝：取牛、羊、豕之肉，三如一，小切之，與稻米。稻米二，肉一，合以爲餌，煎之。

鄭氏曰：此《周禮》「糝食」也。

孔氏曰：《周禮·醢人》云：「羞豆之實，酏食糝食。」三如一，謂取牛、羊、豕之肉，等分如一。稻米二肉一者，謂二分稻米，一分肉也。

山陰陸氏曰：三如一，不異言牛，同是三牲一施之也。❶

肝膋：取狗肝一，幪之以其膋，濡炙之，舉燋其膋，不蓼。取稻米，舉糔溲之，小切狼臅膏，以與稻米爲酏。

鄭氏曰：膋，腸間脂。舉，或爲「巨」。狼臅膏，臆中膏也。以煎稻米。此《周禮》「酏食」也。此「酏」，當從「餰」。

孔氏曰：舉，皆也。謂炙膋皆燋也。酏是粥，非是膏煎稻米，故改「酏」從「餰」也。

山陰陸氏曰：珍用八物，其爲品六：一曰擣，二曰漬，三曰熬，四曰糝，五曰肝膋，六曰酏。言爲熬在上，言爲酏在下。熬隆於用火，言爲稻粉在上，亦以此。《周官》「糝食」即此糝，「酏食」即此酏。三相參爲糝，所謂「稻米二，肉一，合以爲餌，煎之」是也。兩相差池爲酏，所謂「小切狼臅膏，以與稻米爲酏」是也。然則淳熬、淳毋，所謂糗餌、粉餈是歟？其謂之淳，亦珍也。然進於珍矣。凡物以淳爲

❶「牲」字下，通志堂本、四庫本有「之」字，當是。

珍。此篇上言養老，繼之以此，蓋珍宜以養老。《文王世子》曰：「適饌省醴，養老之珍具。」

禮始於謹夫婦。爲宮室，辨外內，男子居外，女子居內。深宮固門，❶閽寺守之，男不入，女不出。

鄭氏曰：閽掌守中門之禁也。寺掌內人之禁令也。

孔氏曰：自此至「當夕」一節，論夫婦男女及內外之別，又明妾與適妻尊卑相降之等。

長樂劉氏曰：凡禮者，爲人倫而設也。人倫之禮，始於謹夫婦焉。《易》稱「家人，女正位乎內，男正位乎外，男女正，天地之大義也。家人有嚴君焉，父母之謂也。父父、子子、兄兄、弟弟、夫夫、婦婦而家道正，正家而天下定矣」。又曰「閑有家，悔亡」。象曰：「閑有家，志未變也。」然則夫婦之禮不謹不敬，家道莫可得而正也。家人之事，不閑以防之於細微之初，❷不剛以正之於未然之始，則其悔咎不可逭矣。故用剛明閑於微細之始，豈徒克有厥家而悔又亡焉。是禮也禁於將然，故曰「志未變也」。此所以必爲宮室，先辨內外，男子居外，女子居內，各正其德業也。宮不深，則內外之聲可通，門不固，則出入之禁可踰。閽寺守之，不嫌於處內也。故男非其時不入，女非其禮不出，皆所以爲天下之內則也。

嚴陵方氏曰：天下之本在國，國之本在家。故禮始於謹夫婦。《易》基乾坤，

❶「固」，原作「閉」，今據通志堂本、四庫本及《禮記》改。
❷「細微」，通志堂本、四庫本倒。

《詩》首《關雎》，皆始於謹夫婦之意也。謹夫婦，故爲宫室以居之，辨外内以防之。男子居外，女子居内，陰陽之分也。深宫則外人不得而入，閉門則强者不得而啓。❶

男女不同椸、枷，不敢縣於夫之揮、椸，不敢藏於夫之篋、笥，不敢共湢浴。夫不在，斂枕篋、簟席襡，器而藏之。少事長，賤事貴，咸如之。夫婦之禮，唯及七十，同藏無間。

鄭氏曰：竿謂之椸。揮，杖也。❷夫不在，斂枕篋等藏之，不敢褻也。咸，皆也。夫婦七十同藏無間，衰老無嫌。及，猶至也。

孔氏曰：《爾雅·釋宫》云：「在牆者謂之揮。」郭璞引《禮》云「不敢縣於夫之揮、椸」。「植曰揮，❸横曰椸」，揮、椸是同類之物，横者曰椸，則以竿爲之。夫婦唯至七十，同處居藏無所間别，衰老無嫌疑故也。

長樂劉氏曰：婦正其德於内，則夫之德正于外，從可知矣。夫婦謹敬，則家道由之，莫敢不化也。故父父、子子、兄兄、弟弟、夫夫、婦婦者，莫非出於謹敬也。而况少事乎長，賤事乎貴，其敢不敬哉？夫婦之禮，唯七十同藏無間。夫婦雖未七十同藏，未有可嫌者。聖人制禮，以爲天下之内則也。夫婦必如此者，以爲男女内外之禮，敬則爲先焉。夫婦身先于上，則男女力行于下，以無嫌正有嫌也，用有情之難行正人情之易制也。

❶「閉」，通志堂本、四庫本作「固」。
❷「杖」，通志堂本、四庫本作「杙」，是。
❸「植」，通志堂本、四庫本作「直」。

山陰陸氏曰：枕有篋，簟席有襡，皆器而藏之。不言枕言枕篋，不言簟席言簟席襡，嫌瀆也。即父母舅姑不嫌。

慶源輔氏曰：器而藏之，謂藏之於器。蓋藏於器，❶則畏瀆之甚也。少事長，賤事貴，雖曰皆如之，然有異焉。記者之辭不謹也。案篇首子婦之禮可知。

故妾雖老，年未滿五十，必與五日之御。將御者，齊、漱、澣，慎衣服，櫛、縰、笄，總角、拂髦，衿纓、綦屨。雖婢妾，衣服飲食必後長者。妻不在，妾御莫敢當夕。

鄭氏曰：五十始衰，不能孕也。妾閉房不復出御。御，謂侍夜勸息也。五日一御，諸侯制也。諸侯取九女，姪娣兩兩而御，則三日也。次兩媵，則四日也。次夫人專夜，則五日也。天子十五日乃一御。將御者，其往如朝也。角，衍字也。拂髦，或爲繆髦也。「雖婢妾，衣服飲食必後長者」，人貴賤不可以無禮也。「妻不在，妾御莫敢當夕」，辟女君之御日也。

孔氏曰：此經據妾言之，然則妻雖五十以上，猶得與也。夫人及二媵各有姪娣，凡六人，故三日也。天子御法，案《九嬪》註云「女御八十一人，當九夕；世婦二十七人，當三夕；❷九嬪九人，當一夕；三夫人當一夕；后當一夕，十五日徧」。「妻不在」，謂卿大夫以下。故註云「女君」。大夫一妻二妾，則三日御徧。士一妻一妾，則二日御徧。妾常避女君之御日，非但不敢當女君之御日，縱令自當君之御日，猶不敢當夕而往。故《詩·小

❶「蓋藏」，通志堂本、四庫本作「藏之」。
❷「三」，原作「二」，今據通志堂本、四庫本改。

星》云：「肅肅宵征，夙夜在公。」註引此，云「凡妾御於君，不當夕」是也。

嚴陵方氏曰：「將御者」，必「齊、漱、澣」者，則所以致潔敬也。婢妾衣服飲食必後長者，蓋不以賤廢尊卑上下之道故也。「妻不在，妾御，莫敢當夕」者，所以避上僭之嫌也。

山陰陸氏曰：鬠用組乃笄。又曰鬠笄用桑，長四寸。角非衍字，總角拂髦，女未笄之飾。今服以御，言若未足以當君子也。故邦君之妻自稱曰小童。「莫敢當夕」，謂莫敢進御。鄭氏曰「避女君之御日」，非是。《詩》曰「肅肅宵征，抱衾與裯，寔命不猶」，則凡妾御不當夕，其當夕，夫人之惠也。又曰「五日爲期，六日不詹」，則男子婦人五日一御，亦衛生之經，不得如鄭説女御及后十五日而御。

慶源輔氏曰：故妾必與五日之御，其心之厚可知已。彼有弃舊室，淫新昏，❶與華落色衰，復相弃背者，亦獨何哉？老謂色衰也。將御者齊、漱，以至綦屨，慎衣服，必以禮，不敢以靡麗求寵也。詳是篇之旨，其往如朝，敬之至也，豈有争妬之心？雖婢妾，衣服飲食必後長者，因上「慎衣服」，遂言「雖賤，不可以廢禮也」。

妻將生子，及月辰，居側室。夫使人日再問之。作而自問之，妻不敢見，使姆衣服而對。至于子生，夫復使人日再問之。夫齊，則不入側室之門。子生，男子設弧於門左，女子設帨於門右。三日始負子，男射女否。

❶「淫」，通志堂本、四庫本作「戀」。

鄭氏曰：側室，謂夾之室，❶次燕寢也。作，有感動也。「夫齊，則不入側室」，❷若始時使人問也。弧者，示有事於武；帨，❸事人之佩巾，表男女也。始有事也。負之，謂抱之而使鄉前也。

孔氏曰：從此以下終篇末，論國君以下至庶人生子之禮，及適庶差别，妻妾異等，所生男女養教之法。此經則明大夫以下未生子之前，夫問之宜及生子設弧矢之法。及月辰，謂生月之辰，初朔之日也。正寢之室在前，燕寢在後，側室又次燕寢，在燕寢之旁，故謂之「側室」。妻居側室，則妾亦當然。故《春秋傳》云「趙有側室曰穿」，是妾之子也。生子不於夫正室及妻之燕寢，必於側室者，以正室、燕寢尊故也。

慶源輔氏曰：當産而辟燕寢，居側室，其自斂戢者至矣，豈復有驕其夫之意哉？夫使人日再問之者，愛而不失於狎，敬而不失於疏。孔氏引《春秋傳》非側室，自是妾之常居。妻不敢見，雖病，不敢忘禮，使姆衣服而對。雖遽，不敢失禮。夫之於妻，其恩至矣。至於齊，則不以恩掩義。「三日負子，男射女否」，教已行矣，敬之至也。如是而長，男不武，女不順，可以無憾已。

山陰陸氏曰：言衣服，則姆代服其服以對歟？設帨，知有酒食之事而已。

嚴陵方氏曰：設弧於門左，蓋左者天道所尊。設帨於門右，右者地道所尊。必

❶「夾」，原作「夫」，今據通志堂本改。

❷「室」字下，通志堂本、四庫本有「之門」二字，是。

❸「帨」字下，通志堂本、四庫本有「者」字，是。

曰設者，方男女之生，其於弧、帨有可用之道，而未能有用之實也。古之人重男女之生，又重男女之別，非特見於弧、帨而已。男則寢於牀之尊，女則寢於地之卑；其衣之也，男以晝服之裳，女以夜服之褐；其弄之也，男以所有事之璋，女以所有事之瓦。

國君世子生，告于君，接以大牢，宰掌具。三日，卜士負之，吉者宿齊，朝服寢門外，詩負之。射人以桑弧蓬矢六射天地四方。保受，乃負之。宰醴負子，賜之束帛。卜士之妻，大夫之妾，使食子。

鄭氏曰：接，讀爲「捷」，捷，勝也。謂食其母，使補虛强氣也。詩之言承也。桑弧蓬矢，本大古也。天地四方，男子所有事也。保，保母。保受，乃負之，代士也。醴，當爲「禮」，聲之誤也。禮以一獻之禮賜之束帛，酬之以幣也。士妻，大夫之妾，時自有子，故使食子。不使君妾，適妾有敵義，不相褻以勞辱事也。

孔氏曰：此一經論國君世子生及三日負子及食之法。婦人初産，必困病虛羸，故接以大牢。詩者，持也，以手承下而維持抱負之。桑、蓬皆質素之物，故知本大古也。男子上事天，下事地，旁禦四方之難，故云所有事。然《射禮》唯四矢者，謂天地非射事所及，唯禦四方，故止四矢。蓬是禦亂之草。桑，衆木之本也。賜之束帛，約《士昏禮》禮賓酬幣之法，此士負子，故還用士禮。　王氏曰：接以大牢，❶謂接待夫人以大牢。　皇氏曰：「士之妻，大夫之妾」者，隨課用一人。故

❶「牢」字下，通志堂本、四庫本有「者」字，當是。

桓六年《左傳》云：「卜士負之，士妻食之。」不云有大夫妾，文略也。

長樂劉氏曰：接者，繼續之謂也。諸侯有國家、社稷、宗廟、人民，其傳且付事任靡輕。夫人始生世子，乃有繼續之道，故接引其子，俾有立志，而禮用大牢也。母方生子，分血派氣未可以興，而男子之生，必於丈夫之手，所以卜求吉士負之，以行接子之禮。乃俾射人桑弧蓬矢射天地四方者，明其傳先王之道，承父祖之付，必有政德以達乎天地四方，❶是假桑蓬以申其志焉。

嚴陵方氏曰：接以大牢者，以大牢之禮接見其子也。掌具，則其設禮之具也，卜士之明《詩》者，將使負子。下言「詩負之」是矣。必使明《詩》者負子，則期於能言故也。明《詩》者謂之「詩」，猶明《易》者謂之「易」。《祭義》言「易抱龜，南面」是矣。既得吉卜，然後宿齊，朝服負之，則敬之至也。射人則使之代射天地四方也。「保受，乃負之」，則受其子於士，乃負之也。蓋士之負子，特爲斯須之禮而已。宰既掌具，故以醴禮其負子之士，仍賜束帛以酬之也。使食子者，食則乳之也。夫射之爲道，此男子之所當爲者，故士使之射，不能則辭以疾。方子之生，則使人代之以射，且示其有志。然桑非弓幹之上者，蓬非矢材之勁者，然則桑、蓬取其用之義，以見雖有其志，未備其事，而成人有漸也。

山陰陸氏曰：接，讀如字。❷《書》曰：

❶「政德」，通志堂本、四庫本作「德政」。
❷「讀」，原作「續」，今據通志堂本、四庫本改。

「接下思恭。」「詩負之」，猶《特牲》受嘏詞曰「詩懷之」也。《詩》曰：「乃生男子，載寢之牀，載衣之裳，載弄之璋。其泣喤喤，朱芾斯皇，室家君王。」此豈所謂其詩歟？醴，讀如字，醴以禮之。《冠禮》曰：「乃醴賓一獻之禮。」嬰兒多類乳母，則嬰兒以乳轉者有矣。又大任之母文王也，目不視惡色，耳不聽惡聲，以爲古之胎教者皆如此，則食母豈可以不擇哉？

慶源輔氏曰：大牢，牲之大也；大宰，官之尊也，所以重世子也。據下「凡接子」，可知士之負子，斯須而已。必醴而賜之者，所重在子也。醴士而不及射人，士負我者也，射人我所使也，固不可同矣。諸母則擇之，乳母則卜之者，豈非情性之發尚猶可見，而氣血之相宜有不可知者耶？

禮記集説卷第七十一

禮記集説卷第七十二

凡接子擇日，冢子則大牢，庶人特豚，士特豕，大夫少牢，國君世子大牢。其非冢子，則皆降一等。

鄭氏曰：凡接子擇日，雖三日之内，尊卑必皆選其吉焉。冢子，天子世子也。冢，大也，冢子，猶言長子，通於下也。庶人至國君世子，皆謂長子。「非冢子」，謂冢子之弟及衆妾之子生也。天子、諸侯少牢，大夫特豕，士特豚，庶人猶特豚也。

孔氏曰：此一節論國君以下至庶人以上，接子牲牢之異，并適庶不同。下云「國君世子大牢」，故知上「冢子」謂天子世子也。《喪服》父爲長子，是上下通稱長子，故鄭云「通於下」，謂通庶人、士、大夫也。士特豚，則庶人全應無牲，禮窮，故與士同用豚也。

嚴陵方氏曰：擇日，卜日也，卜而擇之故也。

山陰陸氏曰：據上羹食自諸侯以下至於庶人無等，應云諸侯世子生。據上庶人特豚，應云國君大牢。今曰國君世子大牢，爲其接以大牢，同於王也。是以盛言之，盡其詞焉爾。且言「冢子則大牢，庶人特豚，士特豕，大夫少牢，國君世子大牢」，推國君而遠之，使不偪上也。又以著自庶人積隆至是窮矣。蓋禮窮則同。此皆言之法也。

慶源輔氏曰：父子之氣未嘗不相接也。生三日，而又以禮接之，於是爲至。

異爲孺子室於宮中。擇於諸母與可者，必

求其寬裕、慈惠、温良、恭敬、慎而寡言者，使爲子師，其次爲慈母，其次爲保母，皆居子室。他人無事不往。

鄭氏曰：異爲孺子室於宫者，❶特埽一處以處之。諸母，衆妾也。可者，傅、御之屬也。子師，教示以善道者。慈母，知其嗜欲者。保母，安其居處者。士妻食乳之而已。此人君養子之禮也。他人無事不往，爲兒精氣微弱，將驚動也。

孔氏曰：此一節謂三日負子之後，三月名子之前，諸侯養子、選擇諸母及養子之法。此文雖據諸侯，其實亦兼大夫、士也。但士不具三母耳，大夫以上則具三母。故《喪服》小功章中，「君子爲庶母慈己者」，鄭註引此三母，獨言「慈母」，舉中以見上下，是知大夫有三母也，爲之服小功。若諸侯之子，三母則不服也。此雖在三月之前，其實三月後，養子亦當然也。

長樂劉氏曰：寬則容德固多，裕則臨事不撓，慈則仁性豐盈，惠則恩意浹洽，温則言動粹和，良則心意純淑，恭則容止必莊，敬則誠明弗散，具此八善而加之以畏慎，將之以寡言，婦人之全德也，然後可以爲子之師焉。若夫愛子以德，時其志意，體其寒温，察其好惡，相其寢興，順其長育者，慈母之職也。保護其身，衛養其氣，時其衣服，節其飲食，侍其寢寐，防其疾苦，而專司負之者，❷保母之職也。國之根本，❸生靈休戚之所繫也。弗正厥

❶「宫」字下，通志堂本、四庫本有「中」字，是。
❷「司」，原作「詩」，今據通志堂本、四庫本改。
❸「國」字上，通志堂本、四庫本有「夫世子」三字，是。

始，用基德善，則比於匪人，終戕其性矣。孔子曰：「性相近也，習相遠也。」弗淑其習，烏能正厥性，俾近於聖賢哉？先王制禮，慎乎微也。乃及于是，知所務矣。三代所以世有賢君，繼繼承承於萬世，作民父母以建皇極者，豈無所自哉？

嚴陵方氏曰：諸母與《曲禮》不漱裳之諸母同。擇於諸母，將使之爲子師也。雖非諸母，而其德如下所言，可以爲人師者，亦擇之，故曰「與可者」。

山陰陸氏曰：孺子幼弱，須人以成之時也，於是擇師傅焉。《書》曰：「孺子其朋其往。」正言孺子以此。此三母，猶三師也。言慈母以知師之爲嚴，言保母以知慈之爲傅。

慶源輔氏曰：異爲室於宮中，❶則其視者不雜矣。又使寡言者傅之，則其聽者不雜矣。《書》曰：「敬敷五教，在寬。」是教人者當以寬裕爲先也，況於保孺子乎？慈惠則有以愛其生，温良則其氣質之移之也易，恭敬則其情性之感之也深。有是衆德，而又能慎而寡言焉，然後以之爲子師。慎則其心一而不分，寡言則其行敏而不躁，師保孺子者尤其宜也。慎則言語自寡。

三月之末，擇日翦髮爲鬌，男角女羈，否則男左女右。是日也，妻以子見於父，貴人則爲衣服，由命士以下皆漱、澣。男女夙興，沐浴，衣服，具視朔食。夫入門，升自阼階，立于阼，西鄉。妻抱子出自房，當楣立，東面。

鄭氏曰：鬌，所遺髮也。夾囟曰角。午

❶「爲」字下，通志堂本、四庫本有「孺子」二字，是。

達曰羈。貴人，大夫以上也。由，自也。朔食，天子大牢，諸侯少牢，大夫特豕，士特豚也。夫入門者，入側室之門也。大夫以下，見子就側室，見妾子於内寢，辟人君也。

孔氏曰：自此至「如養禮」一節，明三月之末，卿大夫以下名子之法，又書名藏之州府，妻遂適寢，夫入與妻饌食之事。三月翦髮，所留不翦者，謂之鬌。囟者，是首腦之上縫。故《説文》云：「十，其字象小兒腦不合也。」夾囟兩旁，當角之處，留髮不翦曰角。午達者，案《儀禮》云：「度尺而午。」註云：「一從一横曰午。」今女翦髮留其頂上，縱横各一，相交通達，故云「午達」。不如兩角相對，但縱横各一在頂上，故曰羈。羈者，隻也。上文云「妻將生子，居側室」，則知此「夫入門」，即入側室之門。亦南嚮，故有阼階、西階也。但卿大夫之室，唯有東房。妻抱子出東房，當楣東面立，與夫相對也。人君則見適子於路寢，見庶子於側室，並見下文。然大夫見妾子於内寢，諸侯見妾子於側室，何以下文「適子庶子見於外寢」？註云：「此適子，謂世子弟也。庶子，妾子也。外寢，君燕寢也。」則是人君見妾子於外寢，不在側室也。蓋人君世子之弟見於外寢，妾子見于側室，但庶子撫首咳而名之，與世子弟同。故連文云「見於外寢」，其實在側室也。

嚴陵方氏曰：角則相對以其偶也，羈則相午以其奇也，楊雄所謂「羈角之哺，果而啗之」是矣。或男耦而女奇，取陰陽之相須也。或男左而女右，取陰陽之相類也。

慶源輔氏曰：男女初生，羈角、左右，其辨也如此，則知男女之别，無非自然之理。豈特以末流之害，然後制禮以别之耶？

山陰陸氏曰：上言特豚、特豕、少牢、大牢，此言「具視朔食」，亦相備也。接子進於見子一等，則其衣服進可知。若國君世子，大牢以冕服接之歟？

姆先，相曰：「母某敢用時日，祗見孺子。」夫對曰：「欽有帥。」父執子之右手，咳而名之。妻對曰：「記有成。」遂左還授師。子師辯告諸婦、諸母名。妻遂適寢。

鄭氏曰：某，妻姓，若言姜氏也。祗，敬也，或作「振」。欽，亦敬也。帥，循也。欽有帥，言教之敬使有循也。執右手，明將授之事也。記有成者，記猶識也。識夫之言，使有成也。師，子師也。後告諸母，若名成於尊。適寢，復夫之燕寢。

孔氏曰：此論母以子見父，及父名子，妻遂適寢之事。妻既抱子，當楣東面而立，傅姆在母之前而相佐其辭。孺，稚也。謂恭敬奉見稚子。夫對妻言，當教之，令其恭敬，使循善道。對訖，以一手執子右手，以一手承子之咳而名之。妻對夫云，當記識夫言，教之使有成就。對訖，遂左繳，迴還轉身西南，以子授師也。諸婦，謂同族卑者之妻。諸母，同族尊者之妻。後告諸母，欲名成於尊也。

嚴陵方氏曰：夫曰「欽有帥」者，欲其帥教而不敢怠也。妻曰「記有成」者，欲其成身而不敢忘也。執其右手，則期其力事也。左還授師，則順其陽道也。孩子以咳之則笑，故謂之孩。咳而名之，則若笑而受其名。

山陰陸氏曰：咳而名之，待之若有識焉。咳，始誰之時也。夫對曰「敬當有以帥之」，妻對曰「記當有以成之」。帥之者，父道也；成之者，母道也。妻言「遂適寢」，妾言「遂入御」，妻言「夫入，食如養禮」，妾言「禮之，如始入室」，妻之詞莊，妾之詞瀆，言之法也。

慶源輔氏曰：姆先，相曰「敢用時日，祗見孺子」，夫婦之禮嚴矣。夫對曰「欽有帥」，妻對曰「記有成」，夫婦之義一矣。姆先相者，妻既抱子，當楣東面而立，傅姆在母之前而相佐其辭也。

夫告宰名，宰辯告諸男名。書曰「某年某月某日某生」而藏之。宰告閭史，閭史書爲二：其一藏諸閭府，其一獻諸州史。州史獻諸州伯，州伯命藏諸州府。夫入，食如養禮。

鄭氏曰：宰，謂屬吏也。《春秋》書「桓六年九月丁卯，子同生」。四閭爲族，族，百家也。閭胥，中士一人。五黨爲州，州二千五百家也。州長，中大夫一人也。皆有屬吏。獻，猶言也。夫入，已見子入室也。其與妻食，如婦始饋舅姑之禮也。

孔氏曰：此經謂卿大夫以下，故以名徧告同宗諸男也。若諸侯既絶宗，則不告諸男也。此舉諸男，是卑者，卑者尚告，則告諸父可知。書名而藏之，謂以簡策書子名而藏之家之書府。此據卿大夫以下。而引《春秋》者，欲證明子生年月日之事也。鄭氏「四閭爲族」以下，❶皆《周禮·地官》文。閭之屬吏則有閭史，州之屬吏則有州史。州伯則州長，州府是州

❶「氏」，通志堂本、四庫本作「云」。

長之府藏。夫入，從側室入正室也。案《士昏禮》：「婦盥饋舅姑，特豚，合升，側載，右胖載之舅俎，左胖載之姑俎。」大夫以上則無文。鄭知「如婦始饋舅姑」者，以下文云妾生子，及三月之末見子之禮，如始入室，明知此「如養禮」，如始入室養舅姑之禮也。

嚴陵方氏曰：名則辯告之，以示於衆，書藏之，以傳於久。則以男子者，人之所貴重故也。若華封人之祝堯，以是而已。

山陰陸氏曰：據此閭有府史，州亦有府史，而《周官》不言閭胥、州長、鄉遂之官也。其府史、胥徒，王以委之。然則出使長之，其猶出封歟？

世子生，則君沐浴朝服，夫人亦如之，皆立于阼階，西鄉。世婦抱子升自西階，君名之，乃降。

鄭氏曰：子升自西階，則人君見世子於路寢也。見妾子就側室。凡子生皆就側室，諸侯夫人朝於君，次而褖衣也。

孔氏曰：此一節明人君見世子及適庶之禮。案《内司服》註云：「后六服：后從王祭先王，則服褘衣；祭先公，則服揄翟；祭羣小祀，則服闕翟；鞠衣，黄桑服也；展衣，以禮見王及賓客；褖衣，御于王之服。」諸侯夫人以下，所得之服，各如王后之服，則夫人亦如王后也。此既在路寢，與君同著朝服，則是以禮見君合服展衣。註云「次而褖衣」者，此謂見子。見子若訖，則當進入君寢，侍御於君，故服進御之服。次者，首飾次第髪爲之，則《少牢禮》「髲鬄」是也。鄭註云：「古者或剔賤者、刑者之髪爲之。」

山陰陸氏曰：不言三月之末，嫌緩。不

言執其右手，咳而名之，嫌慢。皆非所以言世子故也。上下比義，使從可知而已。

適子、庶子見於外寢，撫其首，咳而名之。禮帥初，無辭。

鄭氏曰：適子，謂世子弟也。庶子，妾子也。外寢，君燕寢也。無辭，辭謂「欽有帥」、「記有成」也。

孔氏曰：此一節明人君世子弟及妾子之禮。適子，謂大子之弟，見於外寢。庶子則見側室。但撫首咳名，無辭之事，與世子之弟同，故與「適子」連文。同云「見於外寢」，其實庶子見於側室也。帥，循也。初，謂前文世子生，見於路寢，君夫人皆西鄉。言見適子、庶子威儀，依循初世子之法，但無敕戒之辭。然夫人所生之子，容可如世子見禮，若妾之見子，則不得與夫人同，當與卿大夫之妻見適子同，但不親抱子耳。案前世子生，君名之乃降，亦無辭也。而云「適子、庶子無辭」者，以前言卿大夫妻見適子之時，❶既有父執右手咳而名之及戒告之辭，故於世子之禮略而不言，其實世子亦執右手咳而名之及戒告也。故鄭引前文卿大夫見子之辭而言之。

嚴陵方氏曰：適子、庶子止見於外寢，則世子見於路寢可知。

山陰陸氏曰：内寢，適寢也；外寢，路寢也。據《喪大記》君夫人卒於路寢，大夫世婦卒於適寢，鄭氏謂「外寢，燕寢也」，非是。

凡名子，不以日月，不以國，不以隱疾。大夫、士之子，不敢與世子同名。

❶「言」，通志堂本、四庫本作「文」。

鄭氏曰：「不以日月，不以國」，終使易諱。不以隱疾，諱衣中之疾，難爲醫也。「不敢與世子同名」，尊世子也。其先世子生亦勿爲改。

孔氏曰：此一節論名子之法。尊卑上下，同有諱辟。又大夫、士之名子，辟世子之名也。❶案《春秋》，衛襄公名惡，其大夫有齊惡，齊惡先衛侯生，故與衛侯同名。故鄭知先生者不改也。

馬氏曰：《穀梁傳》曰：「衛侯惡，又有衛齊惡，此何爲君臣同名也？君子不奪人名，不奪人親之所名，重其所從來也。」故大夫、士之子不與世子同名，❷則君臣不同名矣。至于爲臣而與君同名，則特稱字而已。

山陰陸氏曰：「名子不以日月，不以國，不以隱疾」，正也。其又致曲，則「不以山川」，《曲禮》是也。其又加詳焉，則「不以官，不以畜牲，不以器幣」，《春秋》是也。不言日月，其辟之如此，則不以日月不疑。《曲禮》先不以國，以著國君名之如此。《内則》蒙上國君不疑，故以叙言之。若不以山川，而仲尼名丘，則凡所謂不以名子者，國君之禮也。故曰「以官則廢職，以山川則廢主，以畜牲則廢祀，以器幣則廢禮。晉以僖侯廢司徒，宋以武公廢司空，先君獻、武廢二山」。

妾將生子，及月辰，夫使人日一問之。子生三月之末，漱、澣、夙齊，見於内寢，禮之如始入室。君已食，徹焉，使之特餕。遂入御。

❶「辟」字上，通志堂本、四庫本有「當」字，是。

❷「不」字下，通志堂本、四庫本有「敢」字。

鄭氏曰：内寢，適妻寢也。禮，謂已見子，夫食而使獨餕也。「如始入室」，始來嫁時，妾餕夫婦之餘，亦如之。既見子，可以御，此謂大夫、士之妾也。凡妾稱夫曰君。

孔氏曰：此一節論大夫妾生子之禮異於適子之法。君謂夫也。妾賤，故謂夫爲君。宫室之制，前有路寢，次有君燕寢，次夫人正寢。卿大夫以下，前有適室，次有燕寢，次有適妻之寢。但夫之燕寢，對夫人及適妻之寢及側室爲在外，故鄭前註「外寢，❶君燕寢」。此經稱内寢，知是適妻寢也。案《昏禮》夫婦同牢之後，媵餕夫餘，御餕婦餘。彼謂正妻。若妾初嫁始來，夫婦共食。初來之妾，特餕其餘。今妾已見子，夫婦共食，令生子之妾特餕其餘，亦如始來時也。前文大夫妻見子之後，遂適夫寢，未即進御，後云「夫入食，如養禮」，乃始進御。此見子遂入御，❷故鄭知「大夫、士之妾」，異正妻也。

嚴陵方氏曰：使之特餕，則私之而已，以其賤故也。

山陰陸氏曰：此言「漱、澣、夙齊」，下言「沐浴朝服」，相備也。夙齊言昔，朝服言今。

慶源輔氏曰：妾生子，而禮之如始入室，所以使之知大分已定於其初矣。特餕，所以寵之。然其分不可得而易也。

公庶子生，就側室。三月之末，其母沐浴朝服見於君，擯者以其子見。君所有賜，君名之。衆子，則使有司名之。

❶「註」字下，通志堂本、四庫本有「云」字。

❷「此」字下，通志堂本、四庫本有「文云」二字，是。

鄭氏曰：擯者，傅姆之屬也。人君尊，雖妾不抱子。有賜於君，有恩惠也。有司，臣有事者也。

孔氏曰：此一經明庶子生及三月見父，❶異於世子之禮。前文已云適子、庶子見於外寢，異於世子。今此更重出者，以前文庶子與適子連文，恐事事皆同適子，故以此經特見庶子之法。案前註云「凡子生皆就側室」，今特舉庶子，則世子可知也。生子之妾，君所特有恩賜，偏所愛幸，君則自名其子，故云「君名之」。衆子，謂衆妾之子，不特寵御，則使有司以名其子也。其母朝服見於君，故擯者抱子。

嚴陵方氏曰：公庶子，即前所言見於外寢者是也。此申名言之爾。

山陰陸氏曰：庶子言就側室，則世子不就側室。❷其母沐浴、朝服，則君不沐浴、朝服。據世子生則君沐浴、朝服，夫人亦如之。經有世子，有適子，有庶子，有衆子。適子，世子之母弟也。衆子，庶子之弟。

庶人無側室者，及月辰，夫出居羣室。其問之也，與子見父之禮，無以異也。

鄭氏曰：夫雖辟之，至問妻及見子，禮同也。❸庶人或無妾。

孔氏曰：無側室，❹故夫出辟之。若有側室，則妻在側室，夫自居正寢，不須出居

❶「明」字下，通志堂本、四庫本及《禮記正義》有「君」字，是。

❷「室」字下，通志堂本、四庫本有「可知」二字，是。

❸「子」字下，通志堂本、四庫本有「之」字。

❹「無」字上，通志堂本、四庫本及《禮記正義》有「庶人」二字，是。

羣室也。其問之，與卿大夫、士同也。

嚴陵方氏曰：庶人或無妾，故有無側室者羣室，則固無定所矣。凡此以庶人之賤，故其禮略也。

凡父在，孫見於祖，祖亦名之。禮如子見父，無辭。

鄭氏曰：見子於祖家，統於尊也。父在則無辭，「有適子者無適孫」，與見庶子同也。父卒而有適孫，則有辭，與見冢子同。父雖卒，而庶孫猶無辭也。

孔氏曰：此一節論孫見祖之禮，卿大夫以下之事。父之於子有傳重之事，故有戒告之辭。今孫見於祖，適子既在，其孫猶爲庶孫，且隔於父，無所傳重，故與見庶子同，無辭也。若所生適子，其父既卒，則適孫冢子相似，❶當有辭。若庶孫，父雖卒，見祖亦無辭。

嚴陵方氏曰：父在，謂祖在也。據子之父稱之，故曰父爾。以祖名之，而不以父者，家事統於尊故也。

食子者三年而出，見於公宮則劬。大夫之子有食母。士之妻自養其子。

鄭氏曰：士妻、大夫之妾食國君之子，三年出歸其家，君有以勞賜之。劬，勞也。大夫之子食母，選於傅御之中。《喪服》所謂乳母也。士之妻賤，不敢使人。

孔氏曰：此一節論國君以下及大夫、士適妻養子之人，尊卑有別。

山陰陸氏曰：不言寢，不言君所，嫌褻也。

慶源輔氏曰：劬，母道也，勞不足以盡之。《詩》云「母氏劬勞」。

❶「孫」字下，通志堂本、四庫本有「與」字，是。

由命士以上及大夫之子，旬而見。冢子未食而見，必執其右手。適子、庶子已食而見，必循其首。

鄭氏曰：旬，當爲「均」，聲之誤也。有時適、妾同時生子，子均而見者，以生先後見之。既見乃食，亦辟人君也。冢子未食而見，適子、庶子已食而見，急正緩庶之義。此謂天子、諸侯尊別世子，雖同母，禮則異矣。

孔氏曰：此一節論大夫及命士適妻與妾同時生子見之先後差異之別，并明天子、諸侯見冢子及適庶緩急之儀。旬，❶均也，謂大夫、命士適、妾生子，皆以未食之前均齊見。又先生者先見，後生者後見。雖見有先後，同是未食之前，故鄭云「均而見」。冢子以下，鄭知是天子、諸侯者，以上文「命士以上及大夫之子」適、庶均見，此則有食前、食後見之不同。又前文云「世子生」，其次「適、庶見於外寢」，是國君之禮。此經亦云「適子、庶子」，故知是天子、諸侯也。未食，謂未與后、夫人禮食，而先見冢子，是急於正也。先與后、夫人禮食之後，然后始見適子、庶子，是緩於庶也。

嚴陵方氏曰：生子則必有食禮。大夫、士之子則旬而見，天子、諸侯之子則有未食、已食之別者，詳於貴，略於賤故也。

山陰陸氏曰：言子既見之後，凡旬一見。冢子則未食而見，適子、庶子則食已而見，❷急正緩庶之義也。執而見之，待之若與己等，冢子故也。其名之也如此。

❶「旬」字下，通志堂本、四庫本有「者」字。
❷「已而」，通志堂本、四庫本作「而後」。

新安朱氏曰：此説疑鄭失之。旬，如字，謂十日也。别記異聞，或不待三月也。承記大夫禮，而又别其冢、嫡、庶子之異同。冢子之禮，仍與前章同。唯適子、庶子爲異耳。

子能食食，教以右手。能言，男「唯」，女「俞」。男鞶革，女鞶絲。

鄭氏曰：俞，然也。鞶，小囊，盛帨巾者，男用韋，女用繒，有飾緣之，則是鞶裂與？《詩》云：「垂帶如厲。」紀子帛，名裂繻。字雖今異，意實同也。

孔氏曰：此一節論男女自幼少教之之事。男女鞶囊之外，更有繒帛之物，飾而緣之，❶則是《春秋》桓二年所稱「鞶裂」者與？案傳作「鞶厲」，此註云「鞶裂」，其義同也。

嚴陵方氏曰：教以右手，則取其强而已。是固男女之所同也。

長樂陳氏曰：古者革帶、大帶皆謂之鞶。《内則》所謂「男鞶革」，帶也。《春秋傳》所謂「鞶厲」，大帶也。《易》言「鞶帶」。《楊子》言「鞶帨」，以至許慎、服虔、杜預之徒，皆以鞶爲帶。特鄭氏以男鞶革爲盛帨之囊，誤也。《詩》言「垂帶而厲」，毛萇、杜預之徒皆以厲爲帶之垂者，特鄭氏以「而厲」爲「如裂」，亦誤。

六年，教之數與方名。七年，男女不同席，不共食。八年，出入門户及即席飲食，必後長者，始教之讓。九年，教之數日。十年，出就外傅，居宿於外，學書計。衣不帛襦袴。禮帥初，朝夕學幼儀，請肄簡、諒。

鄭氏曰：方名，東西也。不同席共食，蚤

❶「飾而緣之」，通志堂本、四庫本作「緣而飾之」。

其別也。教之讓，示以廉耻也。數日，朔望與六甲也。外傅，教學之師也。不用帛爲襦袴，爲大温傷陰氣也。禮帥初，遵習先日所爲也。肄，習也。諒，信也。請習簡，謂所書篇數也。請習信，謂應對之言也。

孔氏曰：自此至「尚左手」，論教男子從幼及長居官至致事之事。禮帥初者，帥，循也。行禮動作皆帥循初日所爲。學幼儀者，從朝至夕，學幼少奉事長者之儀，❶請習學篇章簡禮及應對信實言語也。

嚴陵方氏曰：知方，非徒知其遠近上下而已，又有以知陰陽向背之宜。不同席，欲其居處之異也。不共食，欲其嗜欲之分也。出入門户，則欲其行之讓也。即席，則欲其坐之讓也。飲食，則欲其食之讓也。經曰「父之齒隨行，兄之齒鴈行」，則行固欲其讓也。又曰「衽席之上，讓而坐下，觴酒豆肉，讓而受惡」，則坐與飲食又欲其讓矣。由是推之，則無所往而不讓矣。天有十日，故九年教之數日。然日有十，則先教於九年；數與方皆五，則後教於六年者，何也？蓋日，陽也；數與方，皆陰也。有「乾知大始，坤作成物」之意。十者天地陰陽生成之理備矣。出就外傅，《曾子問》所謂「古者男子外有傅」是矣。書，即《周官・保氏》所謂「六書」是也。計，即所謂「九數」是也。以數必計其多少，故又謂之計焉。自「學書計」而下，皆就外傅所學之事也。禮帥初，謂遵習先日所爲而不敢變也，慮其妄有所改爲故也。朝夕學幼儀者，至此乃

❶「事」，通志堂本、四庫本作「侍」。

可以責事長之禮故也。若昧爽而朝之類，則朝之所當學也；若日入而夕之類，則夕之所當學也。簡，策也，謂古先之事必書於策。必請而後習之者，❶則以不敢專故也。

馬氏曰：書，文字也。以其奇耦剛柔雜比以相成，故曰「文」。以其始於一二，而生之至無窮，故曰「字」。以其可以記事，故曰「書」。文言其形，字言其法，書言其用。先王之世，書止爲六藝之一，而以之教小學者，蓋書者學之所始，教之於始，固其所以成之也。

山陰陸氏曰：十年以後，有學無教。據六年，教之數與方名，八年始教之讓，九年教之數日。請習簡而易從、諒而易知之事。

橫渠張氏曰：袴，則今之袴也。襦，今之襖子也。不以帛，則用布也。請肄簡、諒，請肄則童子自請所習於長者也。長者所以教者，當以簡、諒。童子未能致文，故姑教之以簡，童子未能擇信，故且使之守信。

慶源輔氏曰：方名，地事也。六年教數，一至十也。十年學計百、千、萬、億也。計者，數之總也。居宿於外者，居，日事也，與燕居、間居同。襦袴下服不用帛，然則上衣猶用帛也。禮帥初者，前已教之遜讓，禮之端也。朝夕學幼儀者，則至是不容有暇也。有暇，則又請習簡、諒矣。

十有三年，學樂誦《詩》，舞《勺》。成童，舞《象》，學射御。二十而冠，始學禮，可以衣

❶「習」，原作「集」，今據通志堂本、四庫本改。

裘帛；舞《大夏》；惇行孝弟，博學不教，内而不出。

鄭氏曰：先學《勺》，後學《象》，文武之次也。成童，十五以上。《大夏》，樂之文武備者也。内而不出，謂人之謀慮也。

孔氏曰：《勺》，籥也。十三之時學此舞籥之文舞。《象》，謂武舞也，謂干戈之小舞。❶以年幼習文武之小舞也。二十成人，血氣强盛，無慮傷損，故可以衣裘帛。《大夏》是禹樂，禪代之後，在干戈之前，文武俱備，故二十習之。博學不教，謂廣博學問，不可爲師教人。内而不出者，蘊畜其德在内，而不得出言爲人謀慮。

河南程氏曰：天下之英才不爲少矣，特以道學不明，故不得有所成就。夫古人之《詩》，如今之歌曲，雖閭里童稚皆習聞之而知其説，故能興起。今雖老師宿儒尚不能曉其義，况學者乎？是不得「興於《詩》」也。古人自洒掃應對以至冠昏喪祭，莫不有禮，今皆廢壞，是以人倫不明，治家無法，是不得「立於禮」也。古之人聲音所以養其耳，采色所以養其目，歌詠所以養其性情，舞蹈所以養其血脉，今皆無之，是不得「成於樂」也。是以古之成材也易，今之成材也難。古人爲學也易。八歲入小學，十三入大學，舞《勺》，舞《象》，有弦歌以養其耳，舞干羽以養其氣血。其心急則佩韋，緩則佩弦。出入閭里，則視聽遊習，與政事之施，莫不由此。如此則非僻之心無自而入。

又曰：古者家有塾，黨有庠，遂有序，故

❶「謂」，通志堂本、四庫本作「用」。《禮記正義》作「謂用」。

未嘗有不入學者。八歲入小學，十五擇其秀者入大學。不可教者，歸之于農。三老坐於里門，出入察其長幼進退揖讓之序。至於閭里鄉黨之間，如三百五篇之類人人諷誦。要之，莫非止於禮義之言。十三又使之舞《象》。然則雖未能深知義理，興起於《詩》，其心固已善矣。後世雖白首，未嘗知有《詩》。此古今異習也。以古所習，安得不厚；以今所習，安得不惡？

横渠張氏曰：古者教童子先以舞者，欲柔其體也。心下則氣和，氣和則體柔。古者教冑子必以樂，欲其體和也。教之舞，教之樂，所以欲其和。學者志則欲立，體則欲和。二十博學不教，內而不出，不敢遽爲成人之事也。三十博學無方，猶知類通達。

嚴陵方氏曰：成童，先儒謂十五以上，不言十五，則以所學之事不止於十五之時故也。非有成人之材，則不足以習武；非有成物之效，則不足以立武，故武事必於成童教之。且《勺》雖告武王之樂，然以勺其道，而道成於文故也。《象》雖奏文王之樂，然以象其事，而事成於武故也。必以告武王之樂爲文者，以示文之道必有武爲之備也。必以奏文王之樂爲武者，以示武之事必以文爲之經也。《勺》固成王之樂，以告成《大武》，故取義如此。冠者成人之服也。冠而後備服，服備而後可以行禮，故始學禮。❶孔子言「立於禮，成於樂」，此則先樂而後禮，何也？蓋孔子所言者，禮樂之情也，此所

❶「禮」字下，通志堂本、四庫本有「也」字。

學者，禮樂之文也。自情言之，則禮淺而樂深；自文言之，則禮難而樂易。此以學文爲主，故先其易而後其難者。《學記》曰「先其易者，後其節目」，蓋謂是矣。以其服備，故可以衣裘帛。舞《大夏》，則備文武故也。《文王世子》教文武之舞，皆於夏學，以是。且十有三年舞《勺》，則有文而無武。成童舞《象》，則有武而無文。二十成人，然後舞備文武，乃其稱矣。教讓於八年，學幼儀於十年，則孝弟之道固已知之。及成人，然後篤而行之，以期於孰焉。《孟子》言「幼學壯行」是矣。博學不教者，蓋學所以爲己，教所以爲人，故博學不教。内而不出者，以其未足以爲人，故志乎内而無事乎外，有所入而無所出也。

山陰陸氏曰：始學禮，凡言「始」，自今始爾，其餘不言「始」，有前此者矣。據八年始教之讓，三十而有室，始理男事，四十始仕，有學無教，聚之而已，子弟之道也。

又《新説》曰：《象》舞，文王之樂也。《武》舞，武王之樂也。《酌》舞，成王之樂也。周之武，兆於文王，故其樂名之曰《象》，而《詩》曰「肇禋，維周之禎」是也。大於武王，故其樂曰《大武》，而《詩》曰「勝殷遏劉，耆定爾功」是也。成於成王，故其樂名之曰《酌》，而其序曰「言能酌先祖之道，以養天下」是也。天下之理自其成而觀之，易知也，故十三舞《勺》。自其兆而觀之，難知也，故十五舞《象》。《大夏》則舞之文武中者也。有干戚，有羽籥，文武之道備矣，故二十而後舞《大夏》。《公羊》曰：「朱干玉戚，以舞《大夏》，八佾以舞《大武》。」《記》言「朱干玉戚以舞《大武》，八佾以舞《大夏》」。其言正相反，則《夏》有干戚，可互見矣。《詩》言「籥舞笙鼓」，又言「以籥不僭」，《記》言「《夏籥》序興」，其言正相當，則《夏》有羽籥可知矣。

慶源輔氏曰：十年「衣不帛襦袴」，謂襦袴不用帛耳。「博學不教，内而不出」，獨善而已。獨善其身，未足以善人也。「博學無方，孫友視志」，取諸人以爲善也。取諸人以爲善，則善足以及人矣。

三十而有室，始理男事，博學無方，孫友視志。四十始仕，方物出謀發慮，道合則服從，不可則去。五十命爲大夫，服官政。七十致事。凡男拜，尚左手。

鄭氏曰：室，猶妻也。男事，受田給政役也。方，猶常也。無方，言學無常，在志所好也。孫，順也。順於友，視其所志也。物，猶事也。方物，言常事也。服官政，統一官之政也。七十致其事於君而告老。左手，陽也。

孔氏曰：三十丁壯，受其田土，供給征役，始理男事。孫友，言孫順朋友，視其志意所尚。四十年壯，仕宦，行其常事，無所謙遜；出其謀計，發其思慮，以爲國也。

河南程氏曰：古之爲士者，自十五入學至四十始仕，中間自二十五年有事於學，又無利可趨，則其志可知，此所以成德。故古之人必四十乃仕，然後志定業成。後世立法，自童稚即有汲汲利禄之誘，何由向善？

嚴陵方氏曰：三十年爲一世而男女爲室，有室，所以傳世也。傳世，則有父母之道。理男事者，父道也。博學無方，繼之以孫友視志，孔子言「學而時習」，❶繼之以「有朋自遠方來」，亦此意也。孫有自卑之意。《書》曰：「惟學遜志。」然所取之友有賢否，則所存之志有遠近，故以孫友而視其志也。至此必視其志者，以當壯而有立之時故也。四十則强之時也。仕則與物接而有理可言，故謀不得不出；有患可思，故慮不得不發。然謀慮豈以僞飾加之乎？亦比方事物以應之而已。事人之道，有合則有否，故有從必有去。合否在彼也，有命存焉；從去在我也，有義存焉。故道合則服從，不可則去也。服謂服其事，從謂從君也。拜尚左手，尊陽道故也。

山陰陸氏曰：方物出謀，則謀不過物；方物發慮，則慮不過物。《孟子》曰：「位卑而言高，罪也。」此士之事也。「道合則服從，不可則去」者，始仕而謀去就，士之事也；既仕矣，有去就焉，大夫之事也。《孟子》曰：「立乎人之本朝，而道不行，恥也。」言服官政，則與上所謂「服從」異。❷服從，服而從之，服而從之，則有死而已，「士執雉」是也。即服官政，不得其官則去，「大夫執鴈」是也。七十，男子止致事，女子止嫁，嫁，女之終也。男子如上所謂「不愧於陽」矣，雖尚左可也；女子如下所謂「不媿於陰」矣，雖尚右可也。

新安朱氏曰：方物，方猶比也。

慶源輔氏曰：子貢謂「賜也，何敢望回。回也，聞一以知十。賜也，聞一以知二」，可謂能孫友而視志矣。又子游曰「吾友

❶「習」字下，通志堂本、四庫本有「之」字。
❷「從」字下，通志堂本、四庫本有「者」字。

張也，爲難能也，然而未仁」，曾子曰「堂堂乎張也，難與並爲仁矣」亦然。内而不出，所以蓄之也。孫友視志，所以證之也。出謀發慮，所以行之也。不可則去，不言不合者，合在彼，可在我。《易》曰：「比之自内。」

女子十年不出，姆教婉娩聽從。執麻枲，治絲繭，織紝組紃，學女事以共衣服。觀於祭祀，納酒漿、籩豆、菹醢，禮相助奠。

鄭氏曰：不出，恒居内也。婉謂言語也。娩之言媚也，媚謂容貌也。紃，絛也。「觀於祭祀」以下，當及女時而知。

孔氏曰：自此至「右手」一節，論女子自幼及嫁爲女事之禮。案《九嬪》註：❶「婦德貞順，婦言辭令，婦容婉娩，婦功絲枲。」則婉娩合爲婦容。鄭以此上下備其四德，以婉爲婦言，娩爲婦容，聽從爲婦順，「執麻枲」以下爲婦功。組、紃皆爲絛。紝，謂繒帛。或云組是綬也。然則薄闊爲組，似繩者爲紃。下云「十有五年而笄」，此觀於祭祀，是未嫁之前。觀看須於廟外。納此酒漿、籩豆、菹醢之等，置於神座，一「納」包此六事也。

嚴陵方氏曰：不出，謂常居閨閤之内也。聽則有所受，從則無所違，皆女德也。執麻枲則績事也，治絲繭則蠶事也。織以機，紝以箴，組綬屬。凡此皆學女事以共衣服之用也。觀於祭祀，則欲其習熟是事故也。非特觀之而已，又且納酒漿、籩豆、菹醢等物，以致其禮，相助長者，而奠之於神焉。《詩》不云乎，「于以奠之，宗室牖下。誰其尸之，有齊季女」，蓋助奠

❶「註」字下，通志堂本、四庫本有「云」字。

之謂也。

慶源輔氏曰：婉有委曲之意，娩有遲緩之意。聽從，所謂以順爲正也。婦人之容德，莫此爲盛也。執，與「孔子執御」之「執」同。治有慎意。安於執麻枲，而慎於治絲繭。教也，❶始於容德，❷中於女工之事，終於祭祀之禮，婦人之事盡是矣。

山陰陸氏曰：《詩》曰「緑兮絲兮，女所治兮」，所謂治有如此者，若麻枲女功之事，煩溽者也，是故謂之執。即言「觀祭祀」，嫌納酒漿亦觀也。禮相，禮相者。助奠，助長者奠。禮相以貌，助奠以力。

新安朱氏曰：納，謂奉而入之。

十有五年而笄，二十而嫁。有故，二十三年而嫁。聘則爲妻，奔則爲妾。凡女拜，尚右手。

鄭氏曰：十五而笄，謂應年許嫁者，女子許嫁，笄而字之。其未許嫁，二十則笄。有故，謂父母之喪。聘，問也。妻之言齊也，以禮見問，❸則得與夫敵體。妾之言接也，聞彼有禮，走而往焉，以得接見於君子也。右手，陰也。

孔氏曰：女拜右手，漢時行之也。

嚴陵方氏曰：三五而圓者，月也，故女子之年至是數而笄。笄者，婦人首飾，蓋成人之服也。夫男子冠則有成人之禮，女子笄則當許嫁之時。❹然嫁止於二十，娶必止於三十者，陰以少爲美，陽以壯爲强故也。然經亦舉其大略耳。故王氏謂女

❶「教」字上，通志堂本、四庫本有「夫」字。
❷「容德」，通志堂本、四庫本作「德容」。
❸「見」，通志堂本作「聘」。
❹「時」字下，通志堂本、四庫本有「矣」字。

子非二十而後可嫁，以爲二十而不嫁，則非禮。男子三十而娶，四十强而仕，推此可知。聘言由彼而問此，奔言自此而趨彼。拜尚右手，尊陰道也。

馬氏曰：《易》曰「歸妹，女之終也」，「未濟，男之窮也」。蓋男之終必至于濟，❶而女之終止于歸而已。故《内則》男子之事必至於官，女子之事止於嫁也。❷

江陵項氏曰：鄭氏註《周禮》「肅拜」云「若今婦人撎」。蓋古之拜，如今之揖，折腰而已。介胄之士不拜，故以肅爲禮，以其不可以折腰也。然則其儀特斂手向身，微作曲勢耳。鄭氏之所謂「撎」，蓋如此。此正今時婦人揖禮也。據鄭氏説，則漢時婦人之拜不過如此。或者乃謂自唐武氏始尊婦人，不令拜伏，則妄誤之甚矣。周天元時，令婦人拜天臺作男子拜，則雖虜俗婦人亦不作男子拜也。況古者男子之拜，但如今人之揖，則婦人之拜安得已如今人之伏。此理之必無者也。大抵今之男子以古男子之拜爲揖，故其拜也加之以跪伏爲稽顙之容。今之婦人亦以古婦人之拜爲揖，故其拜也加之以拳曲作虚坐之勢。視古已加，不得謂之減矣。此經尚右手者，特言斂手右向，如「孔子拱而尚右」之「尚」，非若今用手按膝作跪也。男之尚左亦然。古跪自是一禮，與拜與伏不相干。

禮記集説卷第七十二

❶ 「終」，通志堂本、四庫本作「窮」。
❷ 「事」字下，通志堂本、四庫本有「則」字。

禮記集説卷第七十三

玉藻第十三

孔氏曰：案鄭《目録》云：「記天子服冕之事。❶冕之旒以藻紃爲之，貫玉爲飾。此於《别録》屬通論。」

金華范氏曰：❷《玉藻》一篇巨細兼舉。自冠冕衣服，推之齊明盛服，致精明之德於内，垂紳正笏，固肌膚之會、筋骸之束於外。君有君之威儀，臣有臣之威儀。至飲食起居之纖悉，文若不類，然錯綜而觀，固雜而不越也。天子受命于天，故嚴恭以享上帝。羣臣受命于君，故敬順以事天子。亦大學之道歟？身者天下之本，元首又身之本，以德服人，温其如玉。冕以莊其首，服以章其身。祭極敬，朝極辨，各有常儀。一飲食，一言動，各有常度。及天時少愆，遽爲之變禮，深自挹損，若仰愧俯怍而不自安，表儀若此，四方訓之。故涖卜之嚴，齊車之式，所以敬天也。居寢有常，風雷必變，所以畏天也。將適公所，齊戒沐浴，洞洞屬屬，事君如事天矣。惟能事上，斯能臨下，宜登車之光輝如也。君子者，通上下而言之也。鳴玉搢笏之義，將引而伸之，姑微倡

❶ 「記」字上，通志堂本、四庫本有「名曰玉藻者以其」七字。

❷ 「金華范氏」一段，原補在本卷末，今據通志堂本、四庫本移至此處。本卷内及下卷七十六、卷七十七三卷同，不再出校。

其端。比德之意雖同，然隆殺詘伸，理一而分殊矣。自侍坐之始，至禮成而退，中間賜食、侑食、賜爵、受爵，醬齊之授，尊罍之設，皆有節法。冠一也，而品彙有差；服一也，而名制有別。古者垂衣裳而天下治，固百王所共由也。一或渝之，聖人必著失禮之始，聲其罪於萬世，其諸《春秋》之筆乎？冠冕弁服之既備，於是秉笏束帶，垂紳被韍，動容周旋於禮典之中。行有環佩之音，車有鑾和之聲，禮之所興，衆之所治。外朝濟濟矣，而內之命服皆有章；百僚師師矣，而童子之飾亦有節。殺核之微，而少長之後先、賓主之辭孫無敢慢；賜獻之頃，而車馬之乘服，服食之饋受不敢輕。交際會通，❶各有攸當。愛親事上，而命呼之唯諾，門閾之出入必謹。君大夫士，而步武之疾徐、席間之舒斂必中，曲矜細行，無一物不在禮。聖人制之，君子由之，尊卑小大各安其分，此禮義所以養人之欲也。凡行容以下，乃總結上文之條目。舉凡言例，必汲汲於廟朝。❷蓋先立乎其大者，餘可概見也。舉踵行坐，莫非足容；拱揖秉持，莫非手容；稱謂擯詔，莫非言容。其言曲而中，其事肆而隱，其委蛇繁密略與《少儀》、《曲禮》相似，而《玉藻》閎深矣。

天子玉藻，十有二旒，前後邃延，龍卷以祭。

鄭氏曰：祭先王之服也。天子以五采藻爲旒，旒十有二。前後邃延者，言皆出冕前後而垂也，天子齊肩。延，冕上覆也，玄表纁裏。龍卷，畫龍於衣，字或作

❶「通」，通志堂本、四庫本作「盟」。
❷「廟」字下，通志堂本、四庫本有「與」字。

「衮」。

孔氏曰：自此至「食無樂」一節，總論天子祭廟朝日，及日視朝，并饌食、牲牢、酒醴及動作之事，并明凶年貶降之禮。藻，❶謂雜采之絲繩以貫於玉，以玉飾藻，故云「玉藻」。藻之前後各有十二旒。旒十有二就，每一就貫以玉，就間相去一寸，則旒長尺二寸，故垂而齊肩。諸侯以下各有差降，❷九玉者九寸，七玉者七寸。旒垂五采玉，❸依飾射侯之次，從上而下，初以朱，次白，次蒼，次黄，次玄。五采玉既貫徧，周而復始。三采，❹若先朱，次白，次蒼。二色者，先朱後緑。漢明帝時，用曹褒之説，皆用白旒珠，與古異矣。天子十二旒，在前後垂而深邃也。延用三十升之布，染之爲黄，❺覆於冕上，出而前後。冕，謂以板爲之，以延覆上，故云「前後邃延」。《弁師》註「延，冕之覆，在上」是也。❻卷，謂卷曲，畫此龍形卷曲於衣，以祭宗廟。《司服》及《覲禮》「卷」皆作「衮」。其六冕玉飾，上下貴賤之殊，並已具《王制》疏。

長樂陳氏曰：大裘之冕以質爲尚，故無玉藻，以其内心也。衮冕而下以文爲尚，故有玉藻，以其外心也。冕之爲制，方其後而昂之，則足以立不變之體，而與萬物

❶「藻」字上，通志堂本、四庫本有「天子玉藻者」五字，是。

❷「諸」字上，通志堂本、四庫本有「言天子齊肩則」六字。

❸「旒」字上，通志堂本、四庫本有「以下皆依旒數垂而長短爲差」十二字。

❹「采」字下，通志堂本、四庫本有「者」字。

❺「黄」，通志堂本、四庫本及《禮記正義》作「玄」。

❻「弁」字上，通志堂本、四庫本有「但延之於板，相著爲一，延覆在上，故云延冕也」十八字。

辨；圜其前而俛之，則足以致無方之用，而與萬物交。表之玄也，天道之所以升；❶裏之朱也，天道之所以降。聖人南面而聽天下，方而昂之，以象其升於北；圜而俛之，以象其降於南，乃其所也。然名之曰冕，象其與萬物交者，爲主故也。

延平周氏曰：十二者天之數，變化者天之道。十有二旒，所以則天數也。龍衮，所以體天道也。仰有以則天數，俯有以體天道，然後爲可以祭。然服有六，冕止於五。内大裘而外衮衣，則雖祭天可也。特以其對玄端而祭，故龍卷爲祭先王，而玄端爲祭先君。

嚴陵方氏曰：玉爲德之美，貫之以藻，所以象君子以德爲體，以文爲用也。❷冕必旒，所以蔽明而示内視也。後亦設之者，有戒慎乎其所不睹之意。旒以十二爲

節，則天數故也。唯天子爲能備天數也。邃延用以覆之，《弁師》所謂「玄冕延紐」，《左氏》所謂「衡紞紘綖」，皆言是耳。延則以前得名，邃則以後得名，而旒之十二前後各垂，故曰「前後邃延」。弁皆不言邃者，冕既以俛得名，則延固可以該邃矣。其它先邃而後延者，邃之方則不變之體，延之圜則無方之用。先邃而後延，從體以起用也。龍卷，蓋九章之服，周登龍於山，則龍爲首章，故主於龍而名之。夫龍之爲物，降升自如，❸不見制畜，變化而不可知，天之所以爲用者也。以《周官·司服》考之，自享先王而上皆衮冕，

❶「天」，通志堂本、四庫本作「地」，是。
❷「文」，通志堂本、四庫本作「方」。
❸「降升」，通志堂本、四庫本作「升降」。

唯祀五帝而上則襲大裘於内耳。

馬氏曰：冕之爲物，後方而前圓，後仰而前俛，有延在上，有旒在下，視之則延長，察之則深邃。服飾於下，陰也，故有六。冕衮則匝於上，❶陽也，故止於五。冕止於五，則大裘而冕，與衮冕一矣。蓋祀昊天則大裘而加冕，饗先王則服衮而已。《周官》於祀昊天不言衮，則用衮可知也。《記》於龍衮言以祭，不言所祭，則昊天、先王可知也。先儒有云「大裘無冕衮而其冕無旒」，不知何據。

山陰陸氏曰：天子用全，故曰「玉藻」，即若諸侯有非玉者矣。據瑁玉二采龍卷，舉重；諸侯玄端以祭，舉輕，相備也。

賈氏曰：《傳》曰「天子升龍，諸侯降龍」，以此言之，上得兼下，下不得僭上，則天子升降俱有，諸侯直有降龍而已。此據衣服。若諸侯建旂，則畫交龍，升降俱有。《儀禮疏》。

玄端而朝日於東門之外，聽朔於南門之外。

鄭氏曰：端，當爲「冕」，字之誤也。玄衣而冕，冕服之下。朝日，春分之時也。東門、南門，皆謂國門也。天子廟及路寢皆如明堂制。明堂在國之陽，每月就其時之堂而聽朔焉。卒事，反宿路寢，亦如之。凡聽朔，必以特牲告其帝及神，配以文王、武王。

孔氏曰：凡衣服，皮弁尊，次以諸侯之朝服，次以玄端。案下諸侯皮弁聽朔，朝服視朝，是視朝之服卑於聽朔。今天子皮弁視朝，若玄端聽朔，則是聽朔之服卑於

❶「冕衮」，四庫本作「衮冕」。「匝」，通志堂本、四庫本作「圓」。

視朝，與諸侯不類。且聽朔大，視朝小，故鄭知「端」當爲「冕」，謂玄冕也，是冕服之下。案《宗伯》實柴祀日月星辰，則日月爲中祀，而用玄冕者，以天神尚質故也。《魯語》云：「大采朝日，少采夕月。」大采，謂玄冕也。春分日長，故朝日。然則夕月在秋分也。《朝事儀》云：「帥諸侯朝日於東郊。」故知東門是國城東郊之門也。《孝經緯》云：「明堂在國之陽。」故知南門亦謂國城南門也。案《考工記》云：「夏后氏世室。」鄭註云：「謂宗廟。」「殷人重屋」，註云：「謂正寢也。」「周人明堂」，鄭云「三代各舉其一，明其制同」也。又《周書》亦云宗廟、路寢、明堂，其制同。《月令》：孟春居青陽左个，仲春居青陽大廟，季春居青陽右个。以下所居，各有其處，是每月就其時之室也。❶路寢既與明堂同制，故知反居路寢，亦如明堂每月異所。反居路寢，謂視朔之一日也。其餘日即在燕寢，視朝則恒在路門外也。《論語》曰：「告朔之餼羊。」註云：「天子特牛與？」以其告朔禮略，故用特牛。案《月令》每月云其帝、其神，故知告帝及神，以其明堂之中，❷故知配以文王、武王也。

横渠張氏曰：據《玉藻》天子聽朔於明堂，諸侯則於大廟，就藏朔之處，告祖而行。

嚴陵方氏曰：經有曰「玄冕」，有曰「玄冠」，有曰「玄端」，何也？蓋玄端者，祭服、燕服之總名。衣玄衣而加玄冕則爲祭

❶「室」，通志堂本、四庫本作「堂」。
❷「其」字下，通志堂本、四庫本有「在」字，是。

服，衣玄衣而加玄冠則爲燕服。或冠冕通謂之端。「玄端而朝日」，則是玄冕者也。玄端而居，則是加玄冠者也。聽朔亦玄冕者，敬朔事如祭故也。日生於東，故朝日於東門之外。日月合於朔，陰陽交於南，故聽朔於南門之外，即明堂是也。必曰「門之外」者，亦猶迎氣之於郊歟？

馬氏曰：周之朝日，王搢大圭，執鎮圭，而圭之藻藉有五采、五就，乘龍戴大旂，❶而旂之象有日月交龍；其壇曰王宫，其燎則實柴，其牲幣則尚赤，其樂則黄鐘大吕《雲門》，而與祀天神、上帝者大概同矣。服不以衮冕，而以齊燕之玄端、祀群小祀之玄冕，豈禮所謂稱也。《國語》曰「天子大采朝日」，而虞以大采爲五色之繅藉，而其服則衮。其説是也。然《記》稱朝日以玄端，蓋非周禮也。鄭氏易「玄端」以「玄冕」，誤云周禮也。《覲禮》「天子拜日於東門之外，祀日於南門之外，祀月於北門之外，祭日於東，祭月於西」。然朝日非不於南，不載于《記》；夕月非不於西，不見於《覲禮》。日，陽也，以始事爲功，而主於東。月，陰也，以終功爲事，而主於北故也。夫告朔，告於廟。聽朔，聽其事。告朔，《春秋》所謂「朝廟」是也。聽朔，《春秋》所謂「朝覲」是也。天子告朔於廟，聽朔於南門之外，諸侯告朔於廟而已，尊卑之辨也。蓋告朔於廟，明其受之於祖也。聽朔於南門之外，明其受之於天也。

山陰陸氏曰：玄端，玄端而冕謂之端，以齊制名，故齊服有玄端、素端。玄端而

❶「戴」，通志堂本、四庫本作「載」。

冕，冕服之齊服也。玄端而冠，冠服之齊服也。端冕亦或謂之玄冕，「玄冕齊戒」是也。《荀子》曰「端衣玄裳，絻而乘路者，志不在於茹葷」，則端冕以齊明矣。玄端而冠，玄端而冕，雖曰齊服，然或服以祭，亦或以朝。服窮則同故也。據士祭以玄端，諸侯祭以玄端。又天子玄端而朝日，士玄端，莫夕於朝之服。南門，大廟門也。據諸侯皮弁以聽朔於大廟。《考工記》曰「門堂三之二」。

閏月則闔門左扉，立于其中。

鄭氏曰：閏月，非常月也。聽其朔於明堂門中，還處路寢門，終月。

孔氏曰：閏非常月，無恒居之處，故在明堂門中。案《大史》云：「閏月，詔王居門終月。」是「還處路寢門，終月」，終月謂終竟一月所聽之事耳。於尋常則居燕寢也。皇氏曰：明堂有四門，即路寢亦有四門。閏月各居其時當方之門。

嚴陵方氏曰：夫左，陽，爲正。右，陰也，時出佐陽而已。闔門左扉，而由其右以積分者，非正故也。且開明而發，開暗而用者，扉之常也。今於開明之時，而用其左，亦以閏月之所居，非常故也。以居而爲之位，故曰「立乎其中」。

延平周氏曰：左扉，即路門之左扉也。左爲陽，陽主動，故闔左扉者，有居門終月之意。

馬氏曰：歲月日時有常也，而閏之積則無常。堂之居有常也，而門之開闢則無常。❶天下之理，有常者必待無常者而後備焉，此王所以閏月居門也。昔勾踐伐

❶「闢」，通志堂本、四庫本作「合」。

吴，闔左扉而填之以土。先儒謂閉陽開陰，亦是意也。《月令》言「闔扇」，而此言「扉」者，蓋木曰「扉」，葦曰「扇」。闔門，扉扇之合也。

皮弁以日視朝，遂以食。日中而餕，奏而食。日少牢，朔月大牢。五飲：上水、漿、酒、醴、酏。

鄭氏曰：餕，食朝之餘也。奏，奏樂也。上水，水爲上，餘其次之。

孔氏曰：天子既著皮弁視朝，遂以皮弁而朝食，所以敬養身體，故著朝服。至日中之時，還著皮弁而餕朝之餘。食餕餘之時，奏樂而食。餕尚奏樂，即朝食奏樂可知也。月朔禮大，故加用大牢。案《鄭志》趙商問「《膳夫》『王日一舉，鼎十有二，物皆有俎』，則三牲備。與此禮數不同者」。鄭謂：「《禮記》，後人所集，據時而言，與《周禮》或合或否。」《周禮》六飲，此五飲，亦非周法也。

嚴陵方氏曰：以禮朝之服而食，不敢慢於所養也。日中餕朝之餘，不别改造，不敢厚於所養也。奏而食，《周官·膳夫》「掌王之食飲，以樂侑食」，正謂是矣。且人之養也，心志和而後氣體從之。奏樂而食，則所以和其心志，而助氣體之養。日少牢，朔月大牢，則所以爲豐儉之節，且重朔故也。前於朔言「聽」，此於朝言「視」，何也？聽主有所受於上，視主有所明於下。味以淡爲本，上水則貴本故也。以至五齊加明水，三酒加玄酒者，亦此義也。以水爲上，則飲爲次矣。以清爲上，則濁爲次矣。故以漿、酒、醴、酏爲之序。其名義已見《内則》解。

沙隨程氏曰：先儒相傳，謂前旒蔽明，黈

纊塞聰，亦習之誤。此獨祭祀之衮冕爲然，欲其專精神以饗神也。若視朝則皮弁服，何旒纊之有哉？

延平周氏曰：皮弁之服，白布衣積素以爲裳。用皮者，貴自然也。衣白而裳素者，貴其潔且明也。蓋君之於朝，當體於自然，又欲其潔白於己而明於事也。故「皮弁以日視朝」，所謂「體其自然」與。夫自潔於己而明於事者，則無終日之間違之，故皮弁遂以食。日中而餕者，約於自奉者也。奏而食者，非特侑之而已，且又使非僻之心無自入也。「日少牢，朔月大牢」者，重其始也。《膳夫》曰：「王日一舉，鼎十有二，物皆有俎，以樂侑食。」《大司樂》曰：「王大食三宥，皆令奏鐘鼓。」則所謂「鼎十有二物」者，豈非「朔月大牢」者乎？蓋十二鼎者，禮之至隆而無以加者也。水、漿、醴、酏，以酒爲主，故其所言如此。然考於《周官》之六飲，則不同者，豈非夏、殷之制乎？

山陰陸氏曰：日中言「奏而食」，則夕食不以樂侑，然猶祭也，故曰「夕深衣，祭牢肉」。牢肉雖非特殺，亦非日中所餕之餘，餕餘不祭。《周官》「王日一舉，鼎十有二」，❶而此云王「日少牢，朔月大牢」，則王日一舉，鼎十有二，用少牢歟？朔月月半，然後三牲備爾。蓋鼎十有二，不必皆大牢，亦禮。君無故不殺牛，則王雖尊，不應日殺。然則《楚語》云：「天子舉以大牢，祀以會；諸侯舉以特牛，祀以大牢。」舉謂朔月月半，以盛者言之也。所謂三酒上玄酒，五齊上明水，則三酒外有

❶「二」字下，通志堂本、四庫本有「物」字。

玄酒，五齊外有明水。今曰「五飲，上水」，則五飲有涼可知。然其目不言，略之也。且水涼無厚薄之齊。涼雖上水，亦幾於水矣。天子言「飲」，諸侯言「俎簋」，飲養陽氣，食養陰氣也。天子言「日中」，諸侯言「夕」，天子言「餕」，諸侯言「祭牢肉」，善言上也。天子言「奏而食」，諸侯言「稷食菜羹」，亦善言上。

馬氏曰：禮俎生魚而匏庶羞，先黍稷而飯稻粱。疏布尊於黼黻，稾鞂尊於莞簟，煎鹽貴於醯醢，鸞刀貴於割刀，以至大羹先鉶羹，大圭先琢圭，素車先飾車，緇布先冕，而五齊加明水，三酒加玄酒，皆五飲上水漿之意也。蓋物之養人也無窮，而人之逐物也無窮，聖人有憂之，故凡行禮之際，以器皿之本素而無文，飲酒之本淡而無味，於是貴上之。使人薄文以厚本，節性以反樸，則無敗度之過矣。

金華應氏曰：皮弁以食，敬且質也。日中而餕，簡且約也。日少牢，崇其儉也。朔月太牢，敬其始也。或者見《周禮·膳人》「膳用六牲，鼎俎十二」之説，且疑諸侯所奉當半天子，而朔月僅爲五俎四簋，相去遼遠，遂以爲此篇所説爲異代之制，是殆未深考《周官》之説。夫食用六穀，膳用六牲，與夫醬用百有二十罋，不言其所實之物，初不拘於大牢也，特其所用不出於此，且於此數者之中，隨物而用之耳，豈必盡物而用之哉？若夫鼎俎之十有二，就其想象而爲之注釋爾。楚觀父之所謂舉者，❶亦記其舉之大者爾。若常日一舉之數，亦有所不必言矣。故竊以

❶「觀」字下，通志堂本、四庫本有「射」字，是。

爲王鼎俎十有二者，乃日食常膳之彌文而未必備也。諸侯五俎四簋者，乃朔食之定數，而不容虧也。記禮者皆記其所見，必不差也。

卒食，玄端而居。動則左史書之，言則右史書之。御瞽幾聲之上下。

鄭氏曰：天子服玄端，燕居。左史、右史所書，《春秋》、《尚書》其存者。瞽，樂人也。幾，猶察也，察其哀樂。

孔氏曰：《春秋》是動作之事，故以《春秋》當左史，左陽，陽主動，故記動。《尚書》記言誥之事，故以《尚書》當右史，右是陰，陰主静故也。《周禮》有内史、外史、大史、小史、御史，無左史、右史之名者，案《周禮·大史職》云：「大師，抱天時，與大師同車。」又襄二十五年《傳》曰：「大史書曰：『崔杼弒其君。』」是太史在君左廂，記動作之事，則大史爲左史也。《周禮·内史》：「凡命諸侯及孤卿大夫，則策命之。」僖二十八年《左傳》云：「王命内史叔興父策命晉侯爲侯伯。」是皆言語之事，❶在君之右，故爲右史。是以《酒誥》云：「矧大史友，内史友。」鄭註：「掌記言記行。」此論正法。若其有闕，則得交相攝代。故《洛誥》史逸命周公伯禽，服虔註文十五年《傳》云「史佚，周成王大史」。襄三十年，鄭使大夫命伯石爲卿。❷皆大史主爵命，以内史闕故也。春秋之時，則特置左右史官。故襄十四年「左史謂魏莊子」，昭十二年「楚左史倚相」是也。御者，侍也。瞽人

❶「語」，《禮記正義》作「誥」。
❷「夫」，通志堂本、四庫本作「史」，是。

審音，使之侍側，幾察樂聲上下哀樂，防君之失。政和則樂聲樂，政酷則樂聲哀。其馬氏曰：玄所以體道，端所以正德。其制則先儒謂士之玄端，身二尺二寸，袂長如之，袪尺二寸。大夫以上侈之，蓋半而益一，理或然也。玄端，齊服也。而天子燕居亦服之者，蓋先王之禮，入虚如有人，燕居如有神，此所以不愧屋漏也。動見於貌，言發于聲。貌於時爲春，陽也，故左史書之；言於時爲秋，陰也，故右史書之。《周官》大胥於春歌之時合舞，於秋詠之時合聲，其意亦若此也。行止在君而侍焉者御也，即動之微而察焉者幾也。政有治忽，故民有憂樂。民有憂樂，故聲有上下。上下雖殊，而憂樂之聲均有焉。故「其哀心感者，其聲噍以殺」，憂聲之下者也。「其怒心感者，其聲粗以厲」，憂聲之上者也。「其愛心感者，其聲和以柔」，樂聲之下者也。「其喜心感者，其聲發以散」，樂聲之上者也。有史以書言動，則上無過失。有瞽以幾聲，則下無匿情。如此則禮樂交脩，而天下治矣。

長樂陳氏曰：玄之端，則衣袂與袪廣袤等矣，無大夫、士之辨也。果士之袪殺於袂尺，非端也。大夫之袪侈以半而益一，亦非端也。深衣之袂圜，長衣之袂長，弔祭及餘衣之袂侈，則玄端之袂端可知矣。古者端衣或施之於冕，或施之於冠。《樂記》曰：「魏文侯端冕而聽古樂。」此施於冕者也。《冠禮》冠者玄端、緇布冠；既冠，易服，玄冠玄端。《内則》：子事父母，「冠緌纓，端韠紳」。公西華曰「端章甫」，以至晉侯「端委以入武宫」，晏平仲「端委以立于虎門」。此施之於冠者也。

蓋玄端，齊服也。諸侯與士以爲祭服，《玉藻》「玄端以祭」，《特牲》「冠玄端」是也。大夫以爲私朝之服，《玉藻》「朝玄端」是也。天子至士亦以爲燕服，《玉藻》「天子卒食，玄端而居」，《内則》「事父母，端韠」是也。然則端衣所用，固不一矣。《記》曰：「齊之玄也，以陰幽思也。」故祭之冕服皆玄，齊之端衣亦玄。若夫朝服，天子以素，諸侯以緇，未聞以玄端也。《儀禮》大夫祭以朝服，士祭以玄端，冠禮冠者服玄端，《雜記》「公襲朝服一，玄端一」，襚禮自堂受玄端，則朝、玄端異矣。玄端皆玄裳，或黄裳、雜裳可也，未聞以素裳也。鄭氏下文註云「朝服，冠玄端素裳」，此説無據。《禮書》。又《樂書》曰：《周官·典同》言「高聲硍，下聲肆，正聲緩」，則所謂中聲者，非高而硍，非下而肆，一適於正緩而已。蓋樂以中聲爲本，而一上一下，非所以爲中也。古者神瞽考中聲以作樂，蓋本諸此。然則御于君所之瞽，其察樂聲，有不以中聲爲量乎？今夫齊音敖僻喬志，則聲失之高而上者也。宋音燕女溺志，則聲失之卑而下者也。上非中聲也，下亦非中聲也，御瞽在所幾焉。若夫不上不下而宿於中，❶則中和之紀於是乎在，尚何幾察焉哉？❷有瞽以幾聲樂，則人主無流湎之心矣。山陰陸氏曰：諸侯言「夕深衣」，舉輕；天子言「卒食玄端而居」，舉重。互相挾，則天子夕亦深衣，諸侯卒食亦玄端而居。左史、右史，諸侯亦應如此。諸侯言行或

❶「而」字下，通志堂本、四庫本有「要」字，當是。
❷「焉」，通志堂本、四庫本作「爲」。

愧於書。天子言幾聲，諸侯言定體，善言上，幾聲精矣。

延平周氏曰：天子之於事則無爲，而其所有爲者，言而已。❶故動則左史書之，言則右史書之。聲音之道與政通，故「御瞽幾聲之上下」。

慶源輔氏曰：玄端而居，如是，然後儼然人望而畏之。有左史、右史以書言動。天子、諸侯言而世爲天下道，動而世爲天下法，宜也。故如是書之。豈曰有所禁止之哉？魏文侯云：「鐘聲不比乎？左高！」雖曰失其職，然古意猶存也。

鄭氏曰：自貶損也。

年不順成，則天子素服，乘素車，食無樂。

孔氏曰：《司服》云：「大札、大荒、大災，素服。」此是天子、諸侯罪己之義。素服，謂素衣，故下文「諸侯年不順成，君衣布」，互文也。若其臣下，即不恒素服，唯助君禱請之時乃素耳。故《司服》「玄端素端」，註云「爲札、荒有所禱請也」。

嚴陵方氏曰：憂民之憂，而以喪禮自貶也。

延平周氏曰：先王之所以應天者，雖以實不以文，然文者亦在所不廢。

馬氏曰：順在氣，成在物。不順則逆，而水旱至焉；不成則虧，而饑饉至焉。《周官·司服》「大荒素服」，《大司徒》「荒政蕃樂」，《大司樂》「大凶弛縣」，《雜記》「凶年乘駑馬」，皆憂以天下故也。然食雖無樂，飲酒蓋有樂矣。《曲禮》曰：歲凶，非飲酒不樂。

金華范氏曰：自「天子玉藻」止「食無

❶「言」字下，通志堂本、四庫本有「動」字，是。

樂」，天子之儀。人主，天下之元首，而頭容必比德於玉，豈徒莊其首哉？十二，天數也，旒必象焉。變化，天道也，龍卷象焉。尊祖配天，以是而祭，可以對越上帝，來格祖考矣。東者日之所出，南者向明而治，閏必變而從時，皆天道也。皮弁以食，順以質也。餕朝之餘，自損挹也。日少牢，崇儉也。朔月大牢，敬始也。朔言聽，受命于天也。朝言視，中以觀天下也。五飲水之爲上，原本而反始也。燕居而齊服，戒謹恐懼於不覩不聞也。言動有書，豈曰有所禁止哉？表儀天下也。幾聲以察治忽，聲音與政通，唯樂不可以爲僞也。年不順成，遽自貶損，憂以天下，禹湯之罪己也。吁，目之於色也，耳之於聲也，口之於味也，四肢之於安佚也，誰獨無是心哉？況享天下之奉乎？先王之視聽言動，莫不養之以禮，視朝聽朔，明目達聰，示法於人，受命於天，飲必上水，而淡薄之爲貴，食必奏樂，而非辟無自而入，齊服以燕處，端冕以事鬼神。一衣服飲食動作起居，仰不愧天，俯不怍人，故雍雍在宫，肅肅在廟，安而行之，周旋中禮。此聖人之於天道也，豈勉彊而然耶？

諸侯玄端以祭，裨冕以朝。皮弁以聽朔於大廟，朝服以日視朝於内朝。

鄭氏曰：玄端，祭先君也。端，亦當爲「冕」。諸侯祭宗廟之服，唯魯與天子同。裨冕，朝天子也。公衮，侯、伯鷩，子、男毳也。皮弁，下天子也。朝服，冠玄端素裳也。此内朝，路寢門外之正朝也。天子、諸侯皆三朝。

孔氏曰：自此至「同庖」一節論諸侯自祭

宗廟及朝天子、自視朝，食飲牢饌之禮，與天子不同之事。鄭知玄冕祭先君者，與上「龍卷以祭」，其文相類也。玄端賤於皮弁，下文「皮弁聽朔於大廟」，不應玄端以祭先君，故鄭知「端」當爲「冕」也。案《明堂位》「君卷冕立于阼」，此謂祭文王、周公之廟，得用天子之禮，祭魯公以下則亦玄冕也。案《覲禮》云：「侯氏裨冕。」鄭註：「裨之言埤也。❶天子六服，大裘爲上，其餘爲裨。」是以總云裨冕。聽朔，天子用玄冕，諸侯下天子，故用皮弁。凡每月以朔告神，謂之告朔，即《論語》云「告朔之餼羊」是也。則于時聽治此月朔之事，謂之「聽朔」，此《玉藻》文是也。聽朔又謂之「視朔」，文十六年「公四不視朔」是也。告朔又謂之告月，文六年「閏月不告月」是也。行此禮，天子於明堂，諸侯於大祖廟。訖，然後祭於諸廟，謂之朝享，《司尊彝》云「朝享」是也。又諸之「朝廟」，❷文六年云「猶朝于廟」是也。又謂之「朝正」，襄二十九年「釋不朝正于廟」是也。又謂之「月祭」，《祭法》云「皆月祭之」是也。鄭知「朝服，冠玄端素裳」者，案《王制》「周人玄衣而養老」，註云「玄衣素裳，天子之燕服，爲諸侯朝服」。彼註云「玄衣」，即此「玄端」也。若以素爲裳，則是朝服。此朝服素裳，皆得謂之玄端，《論語》云「端章甫」是也。若上士以玄爲裳，中士以黄爲裳，下士以雜色爲裳，天子、諸侯以朱爲裳，雖皆謂之玄端，不得名爲朝服也。知「内朝，路寢

❶「之」字下，通志堂本、四庫本有「爲」字。
❷「諸」，通志堂本、四庫本作「謂」，是。

門外之正朝」者，以下文「君日出而視之，退適路寢」，故知此路寢門外朝也。知天子、諸侯皆三朝者，《大僕》「掌燕朝之服位」，註云「燕朝，朝於路寢之庭」，是一也；《司士》「正朝儀之位」，註云「此王日視朝事於路門外」，是二也；《朝士》「掌外朝之法」，註云「外朝在庫門之外，皋門之内」，是三也。「諸侯三朝」者，《文王世子》云「公族朝於内朝」，路寢朝，是一也。《世子》又云「其在外朝，司士爲之」，與此「視朝於内朝」，皆謂路寢門外每日視朝，是二也。此但云「内朝」，對中門外朝爲内也。《文王世子》云「外朝」者，對路寢庭爲外也。此據路寢門外，而稱内朝，明知中門外别更有朝也。諸侯三門，是中門外大門内，又有外朝，是三朝也。已具《文王世子》疏。

長樂劉氏曰：天子聽朔於明堂，而頒其正朔于天下。諸侯受而藏諸其大廟，每月之吉，則以餼羊告朔，祭于大廟，因而聽其月朔之政，則服皮弁焉。

延平周氏曰：衣以玄，所以體天道。章以黻，所以辨善惡。加之冕，則有俯而接物之象。上有以體天道，下有以辨善惡，而又能俯而接物。則在天子爲可以朝日，而在諸侯爲可以對先君。故天子玄端而朝日，諸侯玄端以祭。夫君子慎其獨，雖在燕居，亦莫不欲體天道，辨善惡。故天子、諸侯皆用玄端而居。服有六，冕止於五，故大裘、龍衮同冕，是大裘、龍衮之冕爲尊，而自降龍之衮而下，❶其冕皆爲卑，故言裨冕者，所以兼鷩冕與毳冕

❶「龍之」，通志堂本、四庫本作「之龍」，是。

也。言朝者，所以兼覲、遇與宗也。凡天子、諸侯路門之外，與其大廟，皆爲南門之外，而天子聽朔必於路門之外，諸侯聽朔必於大廟者，正朔自天子出，而諸侯則受其天子之所頒者也。故天子聽於路門之外，所以示其正朔自天子出也。蓋路門者，天子布政之所，諸侯則聽於大廟者，神之也。朝服，皮弁也，以其爲天子視朝之服，故曰「朝服」。《周官》曰：「公之服自衮冕而下如王之服，侯、伯之服自鷩冕而下如公之服，子、男自毳冕而下如侯、伯之服。」是天子視朝服皮弁，則諸侯視朝亦皮弁也。內朝，治朝也。諸侯之門雖殺於天子，而三朝則同。故以路寢之燕朝而對於路門之治朝，則治朝爲外朝；以路門之治朝而對於雉門之外朝，則治朝爲內朝。

嚴陵方氏曰：玄端以祭與天子朝日之義同。然諸侯以一玄端而祭者，降於天子故也。朝謂朝天子，各以其爵之服。天子聽朔於南門，示受之於天也。諸侯聽朔於大廟，示受之於祖也。諸侯受朔於天子而已，乃云「受之於祖」者，以已得受朔於天子，由祖故也。玄端，祭服也。皮弁，朝服也。天子以祭服聽朔者，示受之於天，故神之也。諸侯以朝服聽朔者，示受之於祖，故明之也。內朝亦曰燕朝，以其別於外朝，故曰「內」，以其別於治朝，故曰「燕」。視止於內朝者，常朝也，故以「日」言之。

馬氏曰：天子冕而祭，皮弁而視朝。諸侯裨冕而祭，亦裨冕以朝。大夫祭以朝服，士祭以玄端。《祭統》曰「夫人蠶於北郊，以共冕服」。又曰「君純冕立於阼階」。配夫人而言之，則諸侯祭以裨冕可知也。謂之裨冕者，公之服卑於大裘，侯伯而下又卑焉故也。鄭氏以《玉藻》曰「諸侯玄端以祭，裨冕而朝」，遂易「玄端」爲「玄冕」，而謂諸侯祭宗廟之服，唯魯與天子同。然則《祭統》所謂純冕、卷冕者，豈皆魯禮乎？且周諸侯之衣服儀禮皆以命數爲節，❶而諸侯相見，亦用朝王之圭藉，豈祭不以朝王之裨冕，特降之以從玄冕乎？殆不然矣。公西華曰：「宗廟之事，如會同，端章甫。」則端，玄端也；章甫，殷冠也。曰「端章甫」，則以衣名冠，殆末世之俗，變周之文，從殷之質。故孔子冠章甫之冠，而公西華亦以端章甫爲禮。此《記》者所以有「玄端以祭」之說也。或曰諸侯朝祭以裨冕，荀卿則曰「大夫裨冕」，以其冕止於大夫故也。《周禮》「孤之服自希冕而下如子男之服，卿大夫之服自玄冕而下如孤之服」。《記》曰「大夫冕而祭於公」。

山陰陸氏曰：玄端，玄端而冕。諸侯冕而祭於公，玄端而冕祭於己。據「大夫冕而祭於公，弁而祭於己」。然則玄端雖冕，異於玄冕。玄冕纁裳，玄端而冕，玄裳。《特牲》「主人冠端玄」，不言玄，嫌裳或素。天子言門，諸侯言大廟、言内朝，斥近，不敢以言天子也。

朝，辨色始入。君日出而視之，退適路寢聽政，使人視大夫，大夫退，然後適小寢，釋服。

鄭氏曰：辨色始入，羣臣也。入，入應門也。辨，猶正也，別也。小寢，燕寢也。

❶「儀禮」，通志堂本、四庫本作「禮儀」。

釋服，服玄端。

孔氏曰：應門之內，則路門之外。諸侯中門爲應門，外又有臯門。此經據君釋服，故鄭云「玄端」。❶若卿、大夫釋服，服深衣也。

長樂陳氏曰：朝，辨色始入，所以防微。日出而視之，所以優尊。《詩》曰「夜鄉晨」，言觀其旂，臣辨色始入之時也。又曰「東方明矣，朝既盈矣」，君日出而視之之時也。蓋尊者體盤，卑者體蹙。體蹙者常先，體盤者常後。故視學，衆至然後天子至。燕禮設賓筵，然後設公席，則朝禮臣入，然後君視之，皆優尊之道也。然朝以先爲勤，以後爲逸，退以先爲逸，以後爲勤。朝而臣先於君，❷所以明分守，退而君後於臣，所以防怠荒。此所以「使人視大夫，大夫退，然後適小寢，釋服」也。然則公卿諸侯之朝王，其有先後乎？《詩》云：「三事大夫，莫肯夙夜。邦君諸侯，莫肯朝夕。」夫夙先於朝，夜後於夕，則公卿朝常先至，夕常後退。諸侯朝常後至，夕常先退。《禮書》。

嚴陵方氏曰：辨色者，將旦之事。❸將旦則陰陽於是乎分。以辨色而入，則以極辨爲事故也。視大夫退，然後敢退者，示與之均勞逸也。《詩》曰「大夫夙退，無使君勞」是矣。

慶源輔氏曰：言「始入」，不必早。言「視之」，不敢緩。使人視大夫，所以體羣臣也。必如是，故天下爲一家，君臣爲

❶「玄」字上，通志堂本、四庫本有「服」字，是。
❷「朝」字上，通志堂本、四庫本有「今」字。
❸「事」，通志堂本、四庫本作「時」，是。

一人。

長樂劉氏曰：大夫有政，不敢自達者，必入路寢之朝以請于君也。故大夫未退，則君不敢適於小寢。古之君臣同心同德以憂國事，而君不敢恃其尊大，以自暇逸。三代之臣所以忠厚勤瘁，于後世蓋有所自焉。

山陰陸氏曰：釋服，蓋服玄端。若天子退而釋服，蓋亦服此。及食，又服皮弁，據「又朝服以食」。

又朝服以食，特牲，三俎，祭肺，夕深衣，祭牢肉。朔月少牢，五俎四簋。子卯稷食菜羹。夫人與君同庖。

鄭氏曰：食必復朝服，所以敬養身也。三俎，豕、魚、腊。祭牢肉，異於始殺也。天子言「日中」，諸侯言「夕」；天子言「餕」，諸侯言「祭牢肉」，互相挾也。五俎，加羊與其腸胃也。朔月四簋，則日食粱、稻各一簋而已。稷食菜羹，忌日貶也。「夫人與君同庖」，不特殺也。

孔氏曰：上天子云「遂以食」者，亦退於小寢釋服，至食時又朝服，互相明也。三俎，鄭約《特牲禮》，早起初殺之時，將食，先祭肺，以周人重肺；至夕將食之時，切牢肉爲小段而祭之，故鄭云「異於始殺」也。以天子言「日中」，諸侯亦當言「日中」；諸侯言「夕」，挾天子「日中」，故云「互相挾」也。五俎，鄭約《少牢禮》，但少牢，祭神加羊，與膚爲五。此人君所食，故無膚，有腸胃也。《詩》云「每食四簋」，注云「四簋：黍、稷、稻、粱」，是簋盛稻、粱也。以此推之，天子朔月大牢當六簋：黍、稷、稻、粱、麥、苽各一簋。若盛舉則八簋。故《小雅》「陳饌八簋」，❶當加以稻、粱也。案《公食大夫禮》簠盛稻粱，此用簋者，以常食異於禮食，若禮食簠簋數更多也。「稷食」，以稷穀爲飯。食，飯也。以菜爲羹。紂以甲子死，桀以乙卯亡。後王以爲忌也。夫人與君同庖，舉諸侯，天子可知。

《講義》曰：朝服以食，以見一國之奉，亦不可忽也。

嚴陵方氏曰：牛羊豕爲大牢，羊豕爲少牢。諸侯朔月少牢，以見日所食。特牲者，或羊或豕而已。日食特牲，下又言「祭牢肉」，❷止言「牢」，而不言「少」，則不必具羊豕矣。祭肺，則《明堂位》所謂「周人祭肺」是矣。深衣，燕居之服。由朝至夕，則可以燕矣，故夕深衣而燕食焉。祭牢肉，則以夕食非始殺，故止於肉，而不必肺也。《周官·膳夫》「王燕食，則奉膳贊祭」。王氏謂燕食有魚鳥之膳，非祭朝之餘。此言日中與夕，則燕食爾。而曰「祭牢肉」者，由周以前質略故也。朔月少牢，固以降天子，亦以無故不殺牛故也。俎以薦魚肉，則天産也，故用陽數之奇。簋以盛黍稷，則地産也，故用陰數之耦。五俎四簋，則以朔月，故倍常也。君之常膳，非不以稷爲食，特以稻、粱爲上，而稷爲之次爾。非不以菜爲羹，特以雞、犬爲胾，而菜爲芼爾。今食止以其次，❸羹止以其芼，則以疾日當自貶故也。「與君同庖」，❹與「共牢而食」同義。

❶ 「饌」，通志堂本、四庫本作「饋」，是。
❷ 「又」，通志堂本、四庫本作「文」。
❸ 「今」字下，通志堂本、四庫本有「乃」字。
❹ 「與」字上，通志堂本、四庫本有「夫人」二字，是。

山陰陸氏曰：「深衣」敘「祭牢肉」之上，則夕亦以此食矣。天子言「卒食以居」，諸侯言「夕深衣，祭牢肉」，相備也。相備而天子言玄端，亦言之法。所謂「朝玄端，夕深衣」如此。夕，燕居之時也，雖天子，亦深衣。《易》曰「君子以嚮晦入燕息」，若端朝事也。

長樂陳氏曰：深衣以其深而有静意。而夕者，離陽之動而復陰之静，故於是時則服以象之也。

馬氏曰：《春秋傳》曰「辰在子卯，謂之疾日，君徹燕樂，學人舍學」，則飲食之約也宜矣。《士喪禮》「朝莫哭，❶不辟子卯」。❷

君無故不殺牛，大夫無故不殺羊，士無故不殺犬、豕。君子遠庖厨，凡有血氣之類，弗身踐也。

鄭氏曰：故，謂祭祀之屬。踐，當爲「翦」，翦，猶殺也。

孔氏曰：自此至篇末或論天子，或論諸侯，或論大夫、士，所爲尊卑之異，隨文爲義，無復總科。❸大略此經謂諸侯也。無故不殺羊，亦諸侯大夫也。天子大夫有故得殺牛。鄭註「祭祀之屬」者，若待賓客、饗食，亦在其中也。「弗身翦」，謂尋常，祭祀之事則身自爲之。故《楚語》云「禘郊之事，天子自射其牲，又刲羊、擊豕」是也。

嚴陵方氏曰：君子之於禽獸，見其生不忍見其死，聞其聲不忍食其肉，故遠庖

❶「莫」，通志堂本、四庫本及《儀禮》作「夕」。

❷「卯」字下，通志堂本、四庫本有「檀弓言子卯不樂皆謂此也」十一字，是。

❸「科」，通志堂本、四庫本作「别」。

廚。「凡有血氣之類，弗身踐」，是乃仁術也。庖，蓋宰殺之所；廚，蓋烹飪之所。

山陰陸氏曰：踐，讀如字。血氣之類，蓋若螻蟻，吾能弗踐而已，不能禁人使勿踐也，故曰「凡有血氣之類，弗身踐也」。若《行葦》，周家忠厚之至，❶豈一日之積哉？

慶源輔氏曰：君可以殺牲矣，猶無故而不殺，仁之至也。遠庖廚，不得已也。於得已焉，雖蚍蜉之微，弗身踐也。

金華應氏曰：無故不殺，仁也。君、大夫、士必有辨禮也。有故而殺，禮也；遠之而弗身踐，仁也。「君子遠庖廚」，蓋古有是語。《孟子》亦引之。

至于八月不雨，君不舉。年不順成，君衣布，搢本，關梁不租，山澤列而不賦，土功不興，大夫不得造車馬。

鄭氏曰：君不舉，❷爲旱變也。此謂建子之月不雨，盡建未月也。《春秋》之義，周之春夏無雨，未能成災。至其秋秀實之時而無雨，則雩。雩而得之，則書「雩」，喜祀有益也。雩而不得，則書「旱」，明災成也。「衣布」以下，❸皆爲凶年變也。君衣布者，謂若「衛文公大布之衣，大帛之冠」是也。搢本，去珽荼，佩士笏也。士以竹爲笏，飾本以象。關梁不租，此周禮也，殷則關恒譏而不征。列之言遮列也。雖不賦，猶爲之禁，不得非時取也。造，謂作新也。

孔氏曰：此經論諸侯及大夫遭凶年之

❶「至」，通志堂本、四庫本作「志」。

❷「舉」字下，通志堂本、四庫本有「者」字。

❸「衣」字上，通志堂本、四庫本有「君」字。

禮。經直云「八月不雨」，不云初不雨之月。鄭知是子月者，❶以周之歲首，陽氣生養之初。又文十年有「自正月不雨」之文，故據而爲說。衣布者，身衣布衣也。君遭凶年，搢插士笏。關謂關門，梁謂津梁，租謂課税。以其凶年，故不課税。山澤但遮列，人不得非時而入，恐損傷於物，不賦斂也。土功不興，謂人食不得滿二鬴之歲，若人食二鬴，則猶興土功也。故《均人》云：「豐年旬用三日，中年用二日，無年用一日。」《廩人》云：「人食四鬴，上；三鬴，中；二鬴，下。」是無年猶有一日之役。

長樂劉氏曰：《洪範》庶徵，三代之明訓也。五氣雖出於天時，克使來備，弗失其和，乃根乎五事。是故三月之内，一極備，一極無，則天下莫足勝其凶咎矣。君人者知其由己之致也，反躬自訟，不御正寢，不進常膳，食不舉樂。《春秋》所以書「正月至于七月不雨」，或書「大旱」，或書「大雩」，或書「又雩」，皆因其違禮、違天之實迹，書以見其咎徵也。三《傳》弗達聖人之意，乃曰「不爲災，故不書旱」。豈有不雨者七月，而不爲災，則咎徵明訓適爲虚言矣。此曰「至于八月不雨，君不舉」者，後儒惑於三《傳》，不然則誤且謬矣。

嚴陵方氏曰：《禮器》曰「天時雨澤，君子達亹亹焉」，則不雨而不舉，亦宜矣。殺牲盛饌曰舉。以尊者唯盛饌乃可以舉故也。《周官·均人》「凶札則無力政」，❷所

❶「鄭」字下，通志堂本、四庫本有「必」字。
❷「人」字下，通志堂本、四庫本有「云」字。

謂土功不興也；「無財賦」，所謂不租、不賦也。

馬氏曰：《春秋》書「不雨」者七，「大旱」二，「雩」一，「大雩」二十。蓋不雨而爲災，則書「旱」。不爲災，則書「不雨」。求而得雨，則書「雩」。其書「不雨」，❶至於秋七月」者三。而此言「至于八月不雨」者，《春秋》紀實以刺譏，而《禮》明理以示教也。蓋天之氣，猶人之氣，人之血脉長於少，充於壯，而耗於老，則天之雨澤滋於春，滂於夏，涸於秋，理固然也。古人所謂「辰角見而雨畢，天根見而水涸」。《月令》亦於八月言「水始涸」，以明水涸由此而始，則「至于八月不雨」者，終無雨而萬寶莫期乎成矣，此君所以不舉。《禮》曰：「天地有災，則不舉。」不雨而雖未爲災，有志乎民而閔之者其可以盛饌自若乎？喪服以布，士笏以本，衣布所以致憂，搢本所以自貶。不租不賦，所以寬民財，《司關》「凶札則無關門之征」是也。土功不興，所以寬民力，《司徒》「荒政弛役」是也。關以通陸，梁以通川。《周官·司書》言賦而終之以凡稅斂，《掌交》言九稅而餘官言九賦，《司徒》言征而繼之以賦，《載師》言賦而繼之以稅，則稅者以地取之也，征者以正取之也，斂則收而聚之，賦則取而布之，租則取之不可以悉。稅者取之以道，征者取之以義，斂者取之事，賦者取之法，租者取之戒，其言不同，相備故也。「大夫不得造車」，而繼之以「馬」者，造車而馬從之也。《王制》

❶「其書」至「者三」十一字，通志堂本、四庫本在「大雩二十」之後。

「關市譏而不征，澤梁無禁」，則非特凶年然也。蓋《王制》所言異代之禮。

延平周氏曰：「至于八月」者，自建寅之月至建酉之月也。《春秋》書「不雨，至于秋七月」者三，蓋魯之正朔也。故自建子之月至于建午之月不雨者，不爲災也。此言「至八月」者，以正歲言之也。正歲至于八月，則爲災矣，故君子不舉樂。至于年不順成，則不特不舉而已，而又衣布，搢本。租以禾爲主，賦以兵爲主，然斂取而有用之者皆賦也。

山陰陸氏曰：「至于八月不雨，君不舉」，天子亦爾。而不言不雨如此，非所以言天子也。不言不雨至于八月，望雨之詞也。據《春秋》文公書「自正月不雨，至于秋八月」。言搢本而已，則用士笏，明無象飾。

金華范氏曰：自「諸侯玄端以祭」，止「不得造車馬」，諸侯之儀。耳目手足肢節脉理皆有所屬，而後知心之爲尊。公卿大夫士庶牧圉各有常分，而後知天子之尊。天子之冕以大裘，諸臣之服曰裨冕。天子聽朔南門之外，示受之于天也。諸侯聽朔于太廟，示受祖之得于天子者也。天子以祭服聽朔，諸侯以朝服聽朔。皆有等差矣。諸侯知尊天子，然後大夫知有諸侯。臣辨色而入，君日出而視，「大夫夙退，毋使君勞」，愛君也。君視大夫退，乃敢釋服，體羣臣也。天子言日中，諸侯言夕，天子言餕，諸侯言牢肉，此禮之常也，而皆有區別焉。

慶源輔氏曰：土功，謂築城壘，浚河隍。大夫不造車馬，則君不得爲宮室可知。

卜人定龜，史定墨，君定體。

鄭氏曰：定龜，謂靈射之屬所當用者。定墨，視兆坼也。定體，視兆所得也。周公曰：「體王其無害。」

孔氏曰：此一經論君卜龜所定之異。案《龜人》云：「天龜曰靈屬，地龜曰繹屬，東龜曰果屬，西龜曰靁屬，南龜曰獵屬，北龜曰若屬。各以其方之色與其體辨之。」鄭云：「屬，言非一也。天龜玄，地龜黃，東青，西白，南赤，北黑也。龜俯者，靈；仰者，繹；前弇，果；後弇，獵；左倪，靁；右倪，若。」定之者，定其所當用，謂卜祭天用靈，祭地用射，射則繹也。春用果，秋用靁之屬。史定墨者，凡卜必以墨畫龜，求其吉兆。若卜從墨而兆廣，謂之卜從。《周禮·占人》註云：「墨，兆廣也。」但坼是從墨，而裂其旁岐細出，謂之爲璺坼。故《占人》云：「君占體，大夫占色，士占墨，❶卜人占坼。」註云：「體，兆象也。色，兆氣也。墨，兆廣也。坼，兆璺也。」是大坼稱爲「兆廣」，小坼稱爲「兆璺」也。君定體者，謂五行之兆象，既得兆體，君定其體之吉凶，尊者視大，卑者視小也。

嚴陵方氏曰：凡卜必用龜，而龜有名物之異。龜定矣，必用墨，而墨有大小之異。墨定矣，必有體，而體有吉凶之異，又不可不定焉。若《龜人》「掌六龜之屬」，所謂定龜也。《卜師》「揚火以作龜，致其墨」，所謂定墨也。《衛風》言「爾卜爾筮，體無咎言」，所謂定體也。然《周官》言「君占體，大夫占色，史占墨，卜人占坼」，其序與此不同者，彼以尊卑之序

❶「士」，通志堂本、四庫本作「史」，是。

言，此以先後之序言故也。

新安朱氏曰：占龜土兆大橫，木兆直，或曰火兆直，只《周禮》曰「木兆直」。金兆從右邪上，火兆從左邪上，或曰「木兆從左邪上」。水兆曲，以大小長短明暗爲吉凶。或占凶事，又以短小爲吉。又有旋者吉，大橫吉。「大橫庚庚」，庚庚是豹地，恁地庚庚然，不是金兆也。

延平周氏曰：定墨，定其食否。若《書》謂「惟洛食」是也。定體，定其象而已。《周官》言「占」者以神，此言「定」者以人。

馬氏曰：卜人定龜，《周禮》所謂「卜師辨龜之上下左右陰陽，以授命龜者」是也。史定墨，《周禮》所謂「大史大祭祀，與執事卜」是也。君定體，如曰「體王其罔害」，《詩》曰「體無咎言」是也。凡龜作之而後坼，坼而後墨，與色可知。坼有微明，墨有大小，色有善否，然後君定體，斷吉凶，則衆占備焉。與《周禮》所謂「以輔衆志」同意。君占體，與所謂「蔽謀」同意，何則？明，謀之於人，幽，謀之於鬼，其義一也。

金華范氏曰：卜人定龜，史定墨，君定體。卜史之職至微也，而典禮所甚重。先王聰明知識，非不超乎萬物之表也。凡作大事，謀及羣臣庶民，亦可謂曲盡人謀矣。然必「建天地陰陽之情，立以爲易，易抱龜南面，天子卷冕北面」，雖有明知之心，必進斷其志焉，示不敢專，以尊天也。此篇言天子、諸侯敬天尊祖之大節，而以龜卜繼之，禮意所寓深矣。

君羔幦虎犆；大夫齊車鹿幦豹犆，朝車；士齊車鹿幦豹犆。

鄭氏曰：幦，覆苓也。犆，讀皆如「直道而行」之「直」。直，謂緣也。羔幦虎犆，此君齊車之飾。臣之朝車與齊車同飾。

孔氏曰：此一節論君及大夫、士等齊車所飾之物，尊卑不同。苓，即式也。但車式以苓爲之，有竪者，有横者，故《考工記》註云：「轛式之植者，❶衡者也。」此云「幦，覆苓」，《詩·大雅》「鞹鞃淺幭」，毛傳云：「幭覆式。」幭，即幦也。又《周禮·巾車》作「禊」，但古字耳。三者同也。知幦是覆苓者，《少儀》云「負良綏申之面拖諸幦」是也。鄭註「臣之朝車與齊同車飾」，❷則君之朝車與齊車異飾也。

皇氏曰：君謂天子、諸侯也。《詩》云「淺幭」，以虎皮爲幭，彼據諸侯與玄衮、赤舄連文，則亦齊車之飾。此用羔幦者，當是異代禮。

長樂陳氏曰：此言車上之軾，而乘者所憑以爲敬也。軾之制，有衡以横乎上，有犆以直乎下。幦若席然，施諸軾上。其禮有等，其用有辨。則虎以其威猛而有義也；羔以其不黨、跪乳而有禮也；鹿以其善接其類而有仁也；豹之於虎其爲威小矣。齊於朝，其爲禮異矣。故諸侯覲王，虎淺幦，齊則羔幦虎飾而已。士之齊車鹿幦豹飾，則朝車之幦與飾不以鹿豹，而大夫齊車、朝車皆鹿幦豹飾者，屈於君故也。王於始宅宗之時，以守先王之所傳者爲貴，故禊用犬，喪則與人辨，稍吉則與人接。其接之淺矣，故禊用鹿淺。見《周禮》。

嚴陵方氏曰：言朝車於大夫、士之間，則知兼大夫言之也。承君之下，不言朝車，

❶「植」，通志堂本、四庫本作「犆」。

❷「同車」，通志堂本、四庫本作「車同」，是。

則知君之羔幦虎犆以齊，而不以朝也。宣王賜韓侯鞹鞃淺幭者，謂虎皮淺毛，亦虎犆矣。蓋天子之所錫，不必諸侯之以朝故也。《周官・巾車》「金路封同姓，象路封異姓」，則此所言「羔幦虎犆」者，豈非金路、象路乎？《齊右》謂金路爲齊車，蓋取夫有齊莊之心。❶其言「掌祭祀會同賓客前齊車」，而祭祀在其中，則王固以金路齊也。言王如此，則同姓從可知。言同姓以金路，則異姓以象路可知。由此推之，大夫之車則墨車是也，士之車則棧車是也。然臣以齊車而朝，則敬君如神也。

馬氏曰：《周禮》以金路祭祀會同賓客，謂之齊車，而其幦無所經見。《荀子》曰：「絲末彌龍所以養威。」此天子之幦也。然羔幦虎犆殆諸侯之禮歟？羔之爲物，群而不黨，德也；乳而能跪，禮也。鹿之爲物，飲食相呼，仁也；患難相捍，義也。虎豹之爲物，動則有威，武也；體則有文，文也。人君以德禮爲貴，故齊車用羔。人臣以仁義爲貴，故朝居用鹿。至於文武者，君臣所兼用，而大小降殺不同。故君則用虎，臣則用豹。蓋車有式，則有幦。而式固有衡者，有犆者。於羔鹿言幦，則知虎豹之犆亦幦。於虎豹言犆，則知羔鹿之幦爲衡也。然衡必用羔鹿，犆必用虎豹者，夫德禮仁義者，人之所馮，而文武者，所以立德禮仁義而已。齊車如此，則心其有苟慮，手足其有苟動乎？

山陰陸氏曰：豹犆一也，而大夫、士異言

❶ 「夫」，通志堂本、四庫本作「其」。

之，則其大小麤縟有不同焉。君不言車，凡車如之也。大夫、士言齊車，嫌齊而已，故車間容車。❶

禮記集説卷第七十三

❶「容車」，通志堂本、四庫本作「言朝」。

禮記集説卷第七十四

君子之居恒當户，寢恒東首，若有疾風、迅雷、甚雨，則必變。雖夜必興，衣服冠而坐。

鄭氏曰：當户，鄉明也。東首，首生氣也。「衣服冠而坐」，敬天怒也。

孔氏曰：自此至「光矣」一節，明卿大夫以下所居處及盥浴并將朝君之義。

嚴陵方氏曰：凡户必面南，而啓居恒當户，則向天明故也。孔子將病，猶當户而坐。君視之，猶東首，加朝服。迅雷風烈必變，蓋禮然也。

山陰陸氏曰：言興，敬也。興非夜之事。衣服冠具言之，亦敬也，亦言之法。

金華應氏曰：陽明温厚之方，天地仁氣之所寓，故起居興寢必常對之，所以順其常。風雨雷霆之怒，天地怒氣之所形，雖中夜幽暗之時，必盛服而興，所以敬其變。若夫天子、諸侯飲食起居之節，未嘗不順其常，而特自貶損於年不順成者，亦所以敬其變也。

日五盥，沐稷而靧粱，櫛用樿櫛，髮晞用象櫛，進禨進羞，工乃升歌。浴用二巾，上絺下綌。出杅，履蒯席，連用湯，履蒲席，衣布晞身，乃屨，進飲。

鄭氏曰：晞，乾也。沐靧必進禨作樂，盈氣也。更言「進羞」，明爲羞籩豆之實。絺綌，刷去垢也。杅，浴器也。蒯席澀，便於洗足也。連，猶釋也。進飲，亦盈氣也。

孔氏曰：盥，洗手也。沐，沐髮也。靧，

洗面也。取稷粱之潘汁，❶洗面沐髮，並須滑故也。此大夫禮。人君沐靧皆粱也。樿，白理木也。櫛，梳也。沐髮，爲除垢膩，故用白理澁木以爲梳。沐已，燥則髮澁，故用象牙滑櫛以通之。機，謂酒也。《少儀》註云：「沐而飲酒曰機。」知進羞非庶羞者，庶羞爲食而設，今進酒而設羞，故知是羞籩、羞豆。進羞之後，樂工乃升堂以琴瑟而歌，以新沐體虛，補益氣。杅，浴之盆也。出杅，浴竟而出盆也。履，踐也。蒯菲草席澁，出杅而脚踐履澁草席上，刮去垢也。連用湯者，釋去足垢而用湯爛也。

嚴陵方氏曰：樿，與《禮器》「樿杓」之「樿」同。機者，福之先，進機，猶言上壽耳。進羞，則以庶羞薦之。工乃升歌，則以樂侑之也。上貴而下賤，絺精而綌粗，上絺下綌，則用之各以其稱也。杅，以木爲之。蒯，茅類。蒯澁而蒲軟。用湯，謂用以洗足。浴既用湯，又用湯以洗足，故曰「連」。連之爲言續也。進飲而不進羞，工亦不升歌，殺於沐也。君子於一沐浴之間，未嘗不以禮，而况重於沐浴者乎？

延平周氏曰：《鴇羽》之詩，先言「稷」，後言「粱」，故沐稷而靧粱，所以别其賤與貴也。既沐而升歌，所以作其陽也。既浴而進飲，所以養其陽也。

馬氏曰：《内則》子之於親，《聘禮》館人之於賓，皆三日具沐，五日具浴。蓋禮以情制，德以禮作。君子知彈冠振衣於其外，則必浴德澡心於其内也。進機與羞，

❶「潘」，通志堂本作「湯」。

所以盈其虚。進酒，所以滌其煩。禮以樿笄爲惡笄，象笄爲美笄，而沐用樿櫛，髮晞用象櫛，貴象故也。

山陰陸氏曰：機，讀如「越人機之」之「機」。進機，猶進祝也。《詩》曰：「如幾如式。」連行用湯，潔身而進者，宜如此。髮晞，自晞也。晞身，使之晞也。

慶源輔氏曰：用巾以除背垢，履蒯席以洗足。然則古浴不以人。沐浴，在身之重事也，故著其法如此。衣布，如今之浴衫，古所謂明布也。晞身乃屨，屨，服之末，進屨則衣服皆舉矣，故進飲焉。

金華應氏曰：日必五盥於其間而沐浴焉，則所以滌其垢而致其潔養其和者，亦無所不至也。沐則先稷而後粱，其櫛則先樿而後象，浴之巾則下用綌而上用絺，其席則先用蒯而後用蒲。大抵整治之初，則先用其粗者，蓋垢汙之難去，不可不加刮摩滌蕩之力。及其整治之後，則用其潤養之功。

將適公所，宿齊戒，居外寢，沐浴。史進象笏，書思對命。既服，習容，觀玉聲，乃出。揖私朝，煇如也。登車則有光矣。

鄭氏曰：書思對命，思，所思念將以告君者也；對，所以對君者也；命，所受君命也。書之於笏，爲失忘也。玉聲，玉佩也。私朝，自大夫家之朝也。揖其臣，乃行。

孔氏曰：史謂大夫亦有史官也。案下大夫不得有象笏。或云有地大夫，故用象，以笏書此思、對、命三事也。既服者，著朝服已竟。私習儀容，又觀容聽己佩鳴，使玉聲與行步相中適也。煇，光儀也。習儀竟，行出至己之私朝，揖其屬臣，煇如也。揖竟，出登所乘之車，有光煇也，而往適君朝矣。

嚴陵方氏曰：齊戒，故居外寢，沐浴以前期爲之，故曰「宿」。公所，蓋王朝也，侯國乃私朝爾。故後言「私朝」以此。凡有朝，必有所，於公言「所」，於私言「朝」，互相備也。且古之人將有所思也，必先齊；將有所爲也，必先戒。既齊戒，故「書思對命」，謂書己之所思於笏，以待對君之命也。史掌官書，以助人爲事，故史進之。習容，謂習見天子之容也。右徵角，左宮羽，所謂玉聲也。進則揖之，退則揚之，然後玉鏘鳴，所以觀之也。觀則示之之謂。方其揖私朝，則服與玉而已，燦然之文尚少也，故以「煇如」言之。及其登車，乃有車馬旗旌之飾，故以「光」言之。

馬氏曰：孔子之於哀公，三日齊，而後請伐齊。管仲至堂阜，鮑叔拔而浴之三，然後見桓公。諸侯之於王畿，泰山具朝宿之邑，皆以湯沐名之，則人臣見君之禮可見矣。蓋諸侯朝王之禮也。先儒以謂大夫見諸侯之禮，豈非惑於「公所」而爲之說乎？

山陰陸氏曰：言「宿齊戒」，則戒亦宿也。然則將適公所，齊戒同日。書思對命，言書所思對所命。適公所，若今上殿矣。習容觀爲有觀之者，習玉聲爲有聽之者焉。

新安朱氏曰：笏者，忽也，所以備忽忘也。漢初有秉笏奏事。又曰：執簿亦笏之類，只是爲備遺忘，故手執眼觀口誦於君前。有所指畫，不敢用手，故以笏指畫。今世遂用以爲常執之物。《周禮·

典瑞》：「王搢大圭，執鎮圭。」大圭不執，只是搢於腰間，却執鎮圭，用藻藉以朝日。而今郊廟，天子皆執大圭。大圭長三尺，且重，執之甚難。古者本非執大圭也。

金華范氏曰：❶自「君子之車」止「則有光矣」，居處、沐浴、趨朝之節。天地仁氣，盛於東南，君子體之以爲寢處之常，順天者也。敬天之怒，迅雷風烈必變，君子凜然不敢安寢處之常，畏天者也。「升歌」以上著沐之法，「進飲」以上著浴之法。君子日夜洒濯其心，澡身浴德，如《盤銘》「日新又新」之意，何所不用其極？沐必先稷而後粱，櫛必先樿而後象，巾必上絺而下綌，席必先蒯而後蒲。節目次第先以粗，而致刮摩蕩滌之力；後以精，而致調娛潤養之功。平時治其身之條理若此。若將適公所，又不止是。先事致敬，三日齊，七日戒，專致精明之德。於内斯洗垢滌煩，盡其潔蠲之敬；於外備遺忘之思，習朝覲之儀，聽珮玉之聲。皆在未趨闕庭之先，起敬有素，亦異乎振衣端書於君前者矣。以是而出揖私朝，亦異乎不能事上求以使下者矣。絜矩之道，暉如之吉也，休有烈光於登車之頃。《詩》所謂「安且吉」乎！

天子搢珽，方正於天下也。諸侯荼，前詘後直，讓於天子也。大夫前詘後詘，無所不讓也。

鄭氏曰：珽，亦笏也。珽之言珽然無所屈也。或謂之大圭，長三尺，杼上終葵首，謂於杼上又廣其首，方如椎頭，是謂

❶「金華范氏曰」一段，原補在卷末，今據内容移至此。

無所屈，後則恒直。《相玉書》曰：「珽玉六寸，明自炤。」諸侯謂笏爲荼，讀爲「舒遲」之「舒」。舒儒者所畏在前也。詘，謂圜殺其首，不爲椎頭。諸侯唯天子詘焉。大夫奉君命出入者也。上有天子，下有己君，又殺其下而圜。

孔氏曰：此一節論天子以下笏制不同。「方正於天下」，示己之端平正直，而布於天下也。下文云「天子以球玉」，故鄭知此珽亦笏也。「大圭長三尺，杼上終葵首」，《玉人》文。彼註云：「或謂之珽。」引《相玉書》證珽是玉。餘物皆光炤外，珽玉光自照於內，❶內舍明也。荼，前詘，謂圜殺其首。後直，下角正方。降讓於天子，故前詘也。

長樂陳氏曰：天子之於天下，體無所屈，故珽必方正。諸侯之於天子，則謹度以臣之，於臣民，則制節以君之，故荼必前詘後直。大夫於其君則爲臣，於天子則爲陪臣，故笏必前屈後屈。❷士笏之制無所經見，觀其飾之以象，疑亦前屈後直歟？天子之朝日執鎮圭，搢大圭，則所執者摯也，所搢者笏也。諸侯之朝、大夫之聘蓋亦如此，則諸侯執命圭者必搢荼，大夫執聘圭者必搢笏，及其合瑞而授圭，則執其所搢而已。此所謂見於天子無説笏。天子之笏曰珽，諸侯曰荼，大夫以下曰笏者，尊者文其名，卑者命其實。故車，天子、諸侯曰「路」，大夫以下曰「車」。寢，天子、諸侯曰「宮」，大夫以下曰「寢」。

嚴陵方氏曰：玉之廷者爲珽。《左傳》

❶「照」，通志堂本、四庫本作「炤」。
❷二「屈」字，通志堂本、四庫本作「詘」。下「屈」字同。

「衮冕黻珽」是矣。廷故直，直故方，方故正。方正者以其直而無所詘於天下也，故天子搢之。且其動也直，天道也；其動也詘，地道也。天子體天道，故無所詘。諸侯進則勢詘於天子，故前詘；退則道伸於國人，故後直。大夫進則詘於天子，退則詘於諸侯，故前詘後詘，以示其無所不讓也。搢，謂搢之於紳也。《典瑞》言「王搢大圭」是矣。搢之於紳，則服之也，服之，欲其識而勿忘故也。言天子如此，則餘可知矣。

馬氏曰：天子朝諸侯，蓋執冒圭，搢珽圭。冒圭四寸，所以冒四方，珽圭六寸，所統六服。而珽之體方正，則方正者以其有所臨故也。《相玉書》曰：「珽玉六寸，明自炤。」則執冒而搢珽，執鎮圭而搢大圭，長短適宜，此禮所謂稱也。先儒合珽、大圭以爲一，蓋惑於「搢大圭」、「搢珽」之文而爲之説也。

山陰陸氏曰：珽非大圭。大圭長三尺，此長六寸。大圭杼上終葵首，讓於天也，讓於先王也。珽，梃而已，無所屈焉。蓋王執鎮圭，搢大圭以祀天，以朝日，以饗先王。執冒搢珽，以朝羣臣，以見諸侯。仁以冒之，義以臨之。諸侯稱荼，猶天子稱珽。荼，緩也，言詘於天子而已。大夫無所不讓，是以不得謂笏爲荼。珽，義也；荼，仁也；笏，禮而已。故曰「天子御珽，諸侯御荼，大夫服笏」。言御，則進退遲速有在我者矣。大夫以下謂之笏而已。今此不言笏，言無所不讓，笏非所言也。前詘，躬其上而已。前後詘，上下躬也。鄭氏謂「前詘，圜殺其首，後詘，又殺其下而圜」，誤矣。

延平周氏曰：以其無所屈，故曰珽。以其爲圭玉之大，故曰大圭。以其記事則無忽，故名之曰笏。荼即《鴟鴞》所謂「捋荼」者也。蓋荼者，茅秀也，捋之可以爲巢。秀者，象其有成德。爲巢，則象其能養物。諸侯有成德而能養物，故笏飾以荼。笏飾以荼，猶玉飾以蒲也。天子無爲者也，以内心爲主，故珽無飾。諸侯有爲者也，以外心爲主，故飾以荼。大夫則於諸侯爲不足，故無飾。蓋天子則以飾之無足以稱，大夫則以德之無足以飾也。

侍坐則必退席，不退則必引而去君之黨。登席不由前，爲躐席。徒坐不盡席尺。讀書、食，則齊。豆去席尺。

鄭氏曰：引，卻也。黨，鄉之細者。退，謂旁側也。辟君之親黨也。登席，升必由下也。「徒坐不盡席尺」，示無所求於前，不忘廉也。❶「讀書、食，則齊」者，讀書，聲當聞尊者；食，爲汙席也。

孔氏曰：自此至「側尊用禁」一節，廣論臣侍坐於君之儀，并顯君賜食賜酒肉飲之節，兼明與凡人飲食之禮。侍坐，若側旁有别席，則退就側席。不退，謂旁無别席可退，或雖有别席，君不命之使退，則必引而去君之黨。黨屬於鄉，在鄉之旁，今借爲喻，言臣侍君坐，若不退席，則引而卻去君之旁側也。黨謂君之親黨，則君命令與君之親黨同席，則却引而離君之親黨，坐君親黨之下也。失節而踐爲躐席。應從下升，若由前升，是躐席也。案《鄉飲酒禮》賓席于户西，以西頭爲下。主人席于阼階，介席于西階，皆北頭爲下。

❶「廉」，通志堂本、四庫本作「謙」，是。

賓升席自西方。註云「升由下也」。又《鄉飲酒・記》云：「主人介，凡升席自北方，降自南方。」註云：「席南上，升由下，降由上。」若賓則升降皆由下也。徒坐，空坐也，謂非飲食及講問時也。不盡席之前畔，有餘一尺。讀書、食，則坐近前，與席畔齊。豆去席尺者，又解食所以近前之意。以設豆去席一尺，不得不前坐就豆。

嚴陵方氏曰：侍坐則必退席者，不敢與尊者並故也。雖不退席，猶須引身而去君之黨，以避之於其黨。如此則於君可知矣。登席不由前，爲躐席者，席以前爲正，故登之不由前。《曲禮》言「趨隅」者以此。躐，踐也，獵者之所逐，無所顧而踐焉，故謂之躐。先儒謂「失節而躐爲躐」者以此。夫趨席之隅，非不踐也，特由前而登乃失節爾。故曰「爲躐席」。徒坐不盡席尺，徒坐，即《曲禮》所謂「虛坐」是也。

山陰陸氏曰：引而去君之黨，言不敢近尊也。若讀書而食，則齊豆當遠席，恐汙，妨復讀也。

金華應氏説見「君若賜之爵」章。

若賜之食，而君客之，則命之祭，然後祭。先飯，辯嘗羞，飲而俟。若有嘗羞者，則俟君之食，然後食，飯飲而俟。

鄭氏曰：侍食則不祭，雖見賓客，猶不敢備禮也。君將食，臣先嘗羞，忠孝也。俟君食而后食。若有嘗羞者，膳宰存也。飯飲，利將食也。

孔氏曰：自此至「從者」一節，論人君賜食之禮。祭，祭先也。禮：敵者共食，則先祭；降等之客，則後祭；若臣侍君而賜之食，則不祭；若賜食而君以客禮待之，則得祭。雖得祭，又先須君命之祭，乃敢祭也。先飯，飯，食也。君未食而臣先食，偏嘗羞膳，示行臣禮，爲先嘗食之義也。嘗羞畢，歠飲以俟君飧，臣乃敢飧也。禮，食未飧，必先啜飲，以利滑喉中，不令澁噎也。若有嘗羞者，此謂臣侍食，得賜食，而非君所客者也，故不得祭，亦不得嘗羞，則君自使膳宰嘗羞。既不祭不嘗，則俟君食後，己乃食也。飯飲者，飲之也。雖不嘗羞，亦先飲以俟君也。

嚴陵方氏曰：於飯曰「先」，於羞曰「嘗」，互言之爾。食必先嘗，臣子之職所當然也。凡飲必先飯而後食，故飲而俟君食而後食也。飲飯，❶謂飲飯之湇將食也。

山陰陸氏曰：雖不嘗飯，猶飲而俟，著非故爲味也。即漱，嫌慢。先飯，爲君嘗食。今後飯，以有嘗之者矣。故曰：「若有嘗羞者，則俟君之食，然後食飯。」❷然則侍食雖衆，其嘗食常卑者一人先。

君命之羞，羞近者。命之品嘗之，然後唯所欲。凡嘗遠食，必順近食。君未覆手，不敢飧。君既食，又飯飧。飯飧者，三飯也。君既徹，執飯與醬，乃出授從者。

鄭氏曰：羞近者，辟貪味也。順近食者，從近始也。覆手以循咡，已食也。飧，勸食也。君既食，又飯飧，不敢先君飽也。三飯，臣勸君食，如是可也。執飯與醬，授從者，食於尊者之前，當親徹也。

孔氏曰：君命之羞，猶是君所不客者也。雖君已食，己乃後食，而猶未敢食羞，故又須君命。雖得君命，猶先食近其前者

❶「飲飯」，通志堂本、四庫本作「飯飲」，是。

❷「飯」字，通志堂本、四庫本無，是。

一種而止，若越次前食遠者，則爲貪好味也。品，偏也。既未敢越次多食，故君又命偏嘗，己乃偏嘗。之後則隨己所欲，不復次第也。「凡嘗遠食，必順近食」，客與不客，悉皆如此，故云「凡」也。意在嘗遠者，且從近始也。「君未覆手，不敢飧」，侍食者悉然也。覆手者，謂食飽必覆手以循口邊，恐有殺粒汙著之也。飧，謂用飲澆飯於器中也。禮：食竟，更作三飧，以勸助令飽實，使不虚也。「君既食，又飯飧」者，君食畢竟，而又飧，則臣乃敢飧，明不先君而飽也。三飯，謂三度飧也。君饌已徹，則臣乃自徹己饌以授從者。飯醬是食之主，故自執之。此謂不客者，若君與己禮食，則但親徹之，不敢授己之從者也。故《公食大夫禮》：「賓北面坐，取粱與醬以降，西面坐，奠于階西。」註云「不以出者，非所當得」是也。若非君臣，但降等者，則徹以授主人相者。故《曲禮》云「客若降等」，又云「徹飯齊以授相者」。相者，謂主人贊饌者。若賓主敵，則徹於西序端，《公食大夫禮》「親徹」是也。

嚴陵方氏曰：品嘗，與《膳夫》所謂「品嘗食」同義。命之品嘗之，然後唯所欲，則不敢有所擇也。「必順近食」與「羞近者」同義。覆手，謂釋己梜也。方其用己梜而食，則致爪掌焉。及釋而不用，則覆手而已。飧，夕食也。先儒以爲勸食者，蓋朝食爲一，則夕食爲再，以勸之使食，故因謂之飧也。「君未覆手，不敢飧」者，待君一食之竟，然後敢勸之使再也。如是者三，故曰「飯飧者，三飯也」。《語》有三飯之樂師，非謂是歟？

山陰陸氏曰：飧，卒食也。一日三食，以是爲卒；一食三飯，以是爲卒，故曰「飯飧者，三飯也」。又曰「夕食爲飧」。

凡侑食，不盡食。食於人不飽。唯水漿不祭，若祭，爲已僎卑。

鄭氏曰：不盡食、不飽，謙也。水漿，非盛饌也。已，猶大也。祭之爲大有所畏迫，臣於君則祭之。

孔氏曰：此一節以上文明侍君之食，因明凡人相敵爲食之禮。「凡侑食，不盡食」者，明勸食尊者之法。「食於人不飽」者，通包食於尊者及禮敵之人，皆謙退不敢自足也。食於禮敵之人，所設水漿不以祭先。僎，厭也。若祭水漿，爲大厭降卑微，有所畏迫也。《公食大夫禮》宰夫執觶漿以進，賓受，坐祭，遂飲。故知臣於君祭之也。

嚴陵方氏曰：侑食，謂勸侑人食也。雖勸人食之，使足而已，不敢自足也。「食於人不飽」，與「共食不飽」同義。飲食之有祭，非特仁鬼神，亦所以重其食。水漿不祭之，則失於自僎卑矣。僎卑，薄也。不祭水漿，特於敵者設爾。於尊者，則又不得不祭焉。此於首言「凡侑食」則不主尊者可知。

山陰陸氏曰：「若祭，爲已僎卑」釋「唯水漿不祭」，「食於人不飽」釋「侑食不盡食」。上言「凡侑食」，下言「君若賜之爵」，則水漿不祭蓋通上下。鄭氏謂「臣於君則祭之」，誤矣。若《公食大夫》宰夫執觶漿以進，賓坐祭，自謂漿，❶非此水

❶「自謂」，通志堂本、四庫本作「遂飲」。

漿也。❶

慶源輔氏曰：孔子說食於人不飽，禮也。孔子食於少施氏，未嘗不飽，飽少施氏之德也。

君若賜之爵，則越席再拜稽首，受，登席祭之。飲，卒爵而俟君卒爵，然後授虛爵。君子之飲酒也，受一爵，而色洒如也。二爵而言言斯，禮已三爵而油油以退。退則坐取屨，隱辟而后屨。坐左納右，坐右納左。

鄭氏曰：洒如，肅敬貌。洒，或爲「察」。言言，和敬貌。斯，猶耳也。油油，說敬貌。以退，禮飲過三爵則敬殺，可以去矣。隱辟，俛逡巡而退著屨也。

孔氏曰：自此至「用禁」一節，論臣於君前受賜爵之禮。在君前先飲者，示賤者先即事。後授虛爵與相者，示不敢先君盡爵。此謂朝夕侍君，得賜爵者。若大禮，則君先飲而後臣飲。❷《燕禮》「公卒爵而後飲」是也。此經云再拜稽首而後受，《燕禮》則先受而後再拜。又下云至三爵而退，明非大饗之飲。若《燕禮》，非唯三爵而已。洒如者，謂顏色肅敬如似洒然也。二爵顏色稍和，故「言言斯」。油油者，言侍君小燕，唯止三爵，顏色油油然敬。故《左氏傳》云：「臣侍君宴，過三爵，非禮也。」坐，跪也。初跪說屨堂下爲敬，故退而跪取屨，起而逡巡隱辟而著之。納，猶著也。若坐左膝，則著右足之屨，坐右膝，則著左足之屨。 皇氏曰：讀「言」爲「誾」，義亦通。

慶源輔氏曰：特言「君若賜之爵」，則非

❶ 「水」字，通志堂本、四庫本無。

❷ 「後臣」，通志堂本、四庫本作「臣後」，是。

禮食可知。「越席再拜稽首受」者，超越過衆席，而拜受於尊所也。反，登席而祭之。

嚴陵方氏曰：「色洒如」謂色如洒而悦澤也。三爵，特常飲爾。若大饗之爵，則不止於三。「退則坐取屨」者，以進既解屨登席，故退則取屨納之也。隱則不顯，辟則不正。隱辟而後屨，與「就屨跪而屏之於其側」同義。「坐左納右，坐右納左」，凡以順手足之便也。

馬氏曰：《考工記》：「一升曰爵，三升曰觚。」自觚至散，其量有差，而此特言爵者，蓋爵者觚觶角散之總名故也。君之賜爵，所以致恩，臣之受爵，貴於至敬，此所以「三爵而油油以退」也。若夫《湛露》之燕諸侯，至于「不醉無歸」，《燕禮》之燕臣，至于「無筭爵」，是又禮之大者，與此異也。《士相見禮》言君賜之爵，退則「隱辟而後屨」。君爲之興，則曰「君無爲興」，而其出至於三辭。此不言者，記其略也。

山陰陸氏曰：「斯禮已」句，言過此禮或少弛矣。故曰「觀盥而不薦」。❶《詩》曰：「崇墉言言。」言言，大也。有閑衛而大也。《孟子》曰：「天油然作雲，沛然下雨。」沛然，猶此「洒如」也。今言「油油」在後，言禮雖弛也，能自收也。

金華應氏曰：自侍坐、退席、登席之初，以至取屨、納屨之後，則燕見於君，一席之禮，始終略具矣。蓋古之君臣以情相與，不若後世堂陛之森嚴也。於其間燕，命之侍坐，從容無事，可以用其情矣。故

❶「故」字下，通志堂本、四庫本有「易」字，是。

其賜食、賜爵之禮，若今之燕見而留之飲食也。燕見侍食，則非朝聘宴饗之正，疑若不必過於嚴其分矣。然亦未嘗忘恭敬之心，廉耻之節焉。其有不同者，食則命之祭然後祭，爵則越席而飲者，不敢留君惠也。飲至于三而亟退者，酒易及亂，而遂其驩則無已也。飯至于三，而猶勸者，食以養人，而相愛之意爲無窮也。《詩》曰「三爵不識，矧敢多又」，故聘射之禮，賓主百拜而酒三行，則爵不過三，古之定禮也。若夫《傳》有四飯之文，《禮》有勸飡之義，其亦不厭於詳矣。又曰：❶自「侍坐則必退席」止「坐右納左」，席間侍飲食之節。自侍坐而禮行之初，至以退而禮成之後，燕見於君席之終始略具矣。君致其恩，地天所以交泰也。臣致其敬，夫澤所以制禮也。前言朝祭之嚴，後言燕見之節。古有道盛時，君臣以情相與，非若後世堂陛森嚴，尊卑闊絶。間燕從容，命之坐，賜之食，賜之酒，恩意洽矣。然一坐席之頃，進退前後必中其節；一飲食之微，疾徐進退必適其度。食君未覆手不敢飡，飲君未卒爵不敢飲，明是席之上非專爲飲食也，亦非止爲行禮也。食，順近而及遠，非貪味也；飲，越席而拜受，不敢留君惠也。飯至三而猶勸，愛上無已也。飲至三而亟退，和樂而不流也。《詩》曰「三爵不識，矧敢多又」，提彌明、管敬仲猶知此先王之澤也歟！自「侍坐」至「以退」，辭嚴義密，無終食之間違仁。言「凡」者，概而推之，見君臣之義

❶「又曰」至段末「況朝祭之嚴乎」，原在卷末，今據内容移至此。

焉，見賓主之交焉，見長幼之序焉。燕閒猶爾，況朝祭之嚴乎！

凡尊必上玄酒，唯君面尊。唯饗野人皆酒，大夫側尊，用棜；士側尊，用禁。

鄭氏曰：玄酒，不忘古也。面，猶鄉也。《燕禮》曰：「司宮尊于東楹之西，兩方壺，左玄酒，南上。公尊瓦大兩，有豐在尊南，南上。」饗野人，飲賤者，不備禮也。棜，斯禁也。無足，有似於棜，是以言「棜」。

孔氏曰：人君燕臣子，專其恩惠，故尊鼻向君，故鄭引《燕禮》燕臣子之法以解之。若兩君相見，則尊鼻於兩楹間，在賓主之間夾之，不得面鄉尊也。饗野人，謂蜡祭時也。野人賤，不得本古，又無德，故唯酒而無水也。側謂旁側，在賓主兩楹間，旁側夾之，又東西橫行，異於君也。若側尊近於君，❶南北列之，則《燕禮》所云是也。大夫、士側尊，《鄉飲酒義》云：尊於房户之間，賓主共之也。案《鄉飲酒禮》設兩壺于房户間，有斯禁。彼是大夫禮，此云大夫用棜，故知棜是斯禁也。案《特牲禮》註云：「棜，今木轝，上有四周，下無足。」今斯禁亦無足，故云「有似於棜」。

延平周氏曰：玄酒，所以貴其道也。面尊，所以專其恩也。饗野人皆酒者，蓋野人之所知者，恩而已。

嚴陵方氏曰：設玄酒之尊，必在衆尊之上。《禮運》言「玄酒在室」是矣。「面尊」者，尊鼻向君也。面尊則不面君，面尊者，專惠之道也。臣「側尊」者，辟君之嫌也。臣之側尊用棜禁，則君之面尊用罍可知矣。

❶「若」，原作「君」，今據通志堂本、四庫本改。

馬氏曰：《周官·行人》王醴諸侯，饗而有祼，孤卿無祼，則以酒禮之而已。觀此則君子之於野人，又可知也。然禮之不用玄酒，非特此也。《士冠禮》醴子，《昏禮》醴婦，《聘禮》醴賓，皆無玄酒，醴質故也。❶《特牲》、《少牢》陽厭，酌一尊，無玄酒，禮殺故也。《昏禮》「尊于房户之間」，無玄酒，外略于内故也。《士喪》、《既夕》、《士虞》皆有酒醴，無玄酒，凶變於吉故也。然則玄酒雖薄而其禮重，酒醴雖厚而其禮輕，《記》所謂「近於人情，非其至」者，於此見矣。

山陰陸氏曰：水曰明水，故此謂之玄酒。《少牢禮》司宫尊兩壺于房户之間，甒有玄酒，則其兩甒各有玄酒，大夫之禮也。《士虞禮》尊兩甒于廟門外之右，少南，水尊在酒東，則其一甒玄酒也。尊各有面，唯君對之，據「尊壺者，面其鼻」。不上玄酒，質朴素。足禁，即棜也，變棜言禁，棜之詞仁，禁無所不禁。

賈氏曰：無偶曰側，置酒曰尊。凡禮之通例，稱側有二。一者無偶，特一爲側。又《昏禮》云「側尊甒醴于房中」，亦是無玄酒曰側。《儀禮疏》。

金華應氏曰：❷自「凡尊必上玄酒」止「側尊用禁」論酒。玄酒之尊，必在衆尊之上，味雖薄而禮重，醴味厚而禮輕，所謂「近人情，非其至」，於此見矣。面尊則不側，側尊則不面。《鄉飲》謂尊於房户之間，賓主共之也。大夫棜，則欲其不流；士禁，則欲其不放。先王制禮，尊有罍，

❶「醴」，通志堂本、四庫本作「禮」。

❷「金華應氏」一段，原在卷末，今據内容移至此。

示警懼也；彝有舟，戒沈溺也。此以禁，言其禁於未發之豫，所以遷善遠罪，恐酒之流生禍也。制器命名，其旨微矣。

始冠緇布冠，自諸侯下達，冠而敝之可也。

鄭氏曰：緇布冠，本大古耳，非時王之法服也。

孔氏曰：自此至「桓公始也」一節，廣論上下及吉凶冠之所用。唯「五十不散送」，及「親没不髦」，記者雜録，厠在其間。始冠，大夫、士皆三加，諸侯則四加。從諸侯下達於士，其初加者是緇布冠。不復常著，冠而敝去之可也。餘見《郊特牲》。

延平周氏曰：用緇布者，所以立本也。然非以趨時，故既冠而弃之可也。❶

玄冠朱組纓，天子之冠也。緇布冠繢緌，諸侯之冠也。玄冠丹組纓，諸侯之齊冠也。玄冠綦組纓，士之齊冠也。

鄭氏曰：「玄冠朱組纓」，「緇布冠繢緌」，皆始冠之冠也。玄冠，委貌也。諸侯緇布冠有緌，尊者飾也。繢，或作「繪」。緌，或作「蕤」。「丹組纓」、「綦組纓」，言齊時所服也。四命已上，齊、祭異冠。

孔氏曰：案《郊特牲》及《士冠·記》皆云「其緌也，吾未之聞」，謂大夫、士也。此云「繢緌，諸侯之冠」，故知尊者飾也。上云「緇布冠自諸侯下達」，此更云「緇布冠繢緌」，爲「緌」起文也。諸侯唯繢緌爲異，其頍項青組纓等，皆與士同。言齊者，兼祭祀之時，其祭則諸侯以玄冕也。諸侯玄冕祭，玄冠齊。孤則爵弁祭，亦玄冠齊。是齊、祭異冠也。其三命以下，大夫則朝服以祭，士則玄端以祭，皆玄冠

❶「弃」，通志堂本、四庫本作「即敝」。

也。此云「玄冠綦組纓，士之齊冠」，是齊、祭同冠也。

長樂陳氏曰：考之於禮，始冠緇布冠。自諸侯下達，則諸侯所以異於大夫、士者，繢緌耳。天子始冠，不以緇布，而以玄冠，然其子則猶士而已，以天下無生而貴也。「玄冠朱組纓」，則緌可知也。「緇布冠繢緌」，則纓可知也。朱以著正陽之色，繢以備五采之文。五采雖美，不若正陽之純。其飾，❶所以異也。《國語》委貌有笄，《士冠禮》緇布冠無笄，則天子始冠之冠有笄，諸侯始冠之冠無笄，明矣。諸侯與士之齊則同，而尊卑之分則異。同，故皆玄冠，以一其誠。異，故組纓殊色，以辨其等。諸侯丹組纓，則陽而已，以其純於德故也。士綦組纓，則陰陽雜矣，以其不純於德故也。綦，蒼艾色也。《詩》以綦巾爲女巾，《書》與《詩》以騏弁爲士弁，《禮》以綦組爲世子之佩綬，皆德未成者之禮也。孔子佩象環而綦組綬，則其義異此矣。天子、諸侯、大夫齊、祭異服，特天子玄冕以祭羣小祀，其冕蓋與齊同，而其異者玄服玄端而已。士之齊、祭一於冠端。玄其冠，蓋與朝服之冠同。其異者，組纓之色而已。《禮書》。

延平周氏曰：六入爲玄，七入爲緇。玄者，天道，在北方之色；緇者，純陽之色也；朱者，含陽之色。繢者，陽事也。以冠爲體，則組纓與緌皆用也。含陽者，天子之用，而無爲者，乃其體也。純陰者，諸侯之體，而陽者，乃其用也。

嚴陵方氏曰：天子言纓，諸侯言緌，互相

❶「其」字上，通志堂本、四庫本有「純」字。

備爾。組，蓋綬屬，以其縱横相阻故也。然繢不可徒設，設之於組，又不可，則設之於帛。可知夫始冠之冠，或以玄，或以緇者，反本復古也。然玄則存乎天之色，錙則雜以地之色，故以爲天子、諸侯隆殺之辨。齊之冠，一以玄者，以陰幽思也。

馬氏曰：委貌之制不可考。觀《周禮》言冠弁，而康成以「委貌」言之，則委貌類弁矣。范文子以杖擊其子，而折委笄，則委貌有笄矣。《士冠禮》緇布有纓無笄，而皮爵弁有笄，則委貌殊於緇布，類於弁可知也。《周官·司服》其祭服有玄端、素端。《記》曰「大古冠布，齊則緇之」，又曰「齊之玄也，以幽陰思也」，❶又曰「齊玄而養」，又曰「玄冕齊戒鬼神陰陽也」。《荀子》曰：「玄端玄裳，❷輓而乘路，志不在於食葷。」蓋大古之祭冠以緇，周之祭冠以玄。天子齊則玄冕，而玄端所以輓而乘路者也。諸侯而下則玄冠、玄端而已，所謂「丹綦組纓」是也。

山陰陸氏曰：齊冠，言諸侯不言天子，則齊冠丹組纓，亦天子之齊冠。以朱組纓冠，故以丹組纓齊。據《士冠禮》緇布冠，闕項，青組纓，亦齊冠。雖非冠，猶如此。蓋以冠行禮，以冠齊，以冕行禮，以冕齊。知然者，以冕而親迎袞也，而玄冕齊戒知之。

縞冠玄武，子姓之冠也。縞冠素紕，既祥之冠也。垂緌五寸，惰游之士也。玄冠縞武，不齒之服也。

鄭氏曰：縞冠玄武，謂父有喪服，子爲之

❶「幽陰」，《禮記·郊特牲》作「陰幽」。
❷「玄端」，通志堂本、四庫本作「端衣」。

不純吉也。武，冠卷也。古者冠卷殊。紕，讀如「埤益」之「埤」。紕，緣邊也。既祥之冠，已祥祭而服之也。《間傳》曰：「大祥，素縞麻衣也。」惰游，罷民也。亦縞冠素紕，凶服之象也。垂長緌，明非既祥也。不齒之服，所放不帥教者。

孔氏曰：姓，生也。孫是子之所生，故曰「子姓」。武用玄，玄是吉。冠用縞，縞是凶。吉而雜凶，不純吉也。卷用玄而冠用縞，古者冠、卷異色也。縞冠素紕者，謂緣冠兩邊及冠卷之下畔，其冠與卷身皆用縞，但以素緣耳。縞是生絹而近吉，當祥祭之時，身著朝服，首著縞冠，以其漸吉故也。不言以素爲紕，故《雜記》云：❶「除成喪者，朝服縞冠。」《雜記》：「既祥，主人之除也，於夕爲期，朝服。」鄭云：「祭猶縞冠。」《雜記》又云：「既祥，雖不當縞者，必縞。」據此兩經并註，❷皆云祥祭縞冠。若既祥之後，微申孝子哀情，故加以素紕，以素重於縞也。「垂緌五寸」，祥冠而加垂緌五寸也。以文承上，故知亦縞冠素紕。「惰游」與下「不齒」相連，故知《周禮》坐嘉石之罷民也。❸

延平周氏曰：冠之有卷，猶足之有跡，故迹謂之武，而卷亦謂之武也。冠用縞則凶，武用玄則吉。凶在上，吉在下者，子姓之冠也。冠用縞則有吉之禎，❹緣用布則有凶之道，故縞冠素紕，既祥則服之。垂緌五寸以別之者，抑末也。玄爲冠，白

❶「雜記」，通志堂本、四庫本及《禮記正義》作「喪服小記」。

❷「并」，通志堂本、四庫本及《禮記正義》作「二」。

❸「知」字下，通志堂本、四庫本有「是」字。

❹「禎」，通志堂本、四庫本作「徵」。

爲武，以恥之者，有加明刑之意。嚴陵方氏曰：子姓者，子之所生，得其正統者也。正統爲姓，旁出爲氏，故謂之子姓。《特牲饋食禮》所謂「子姓兄弟」是矣。爲祖之亡也，故冠用縞以示凶；爲父之存也，故武用玄以示吉。且冠在上，武在下，冠爲外，武爲内。爲祖而縞，尊尊於上也；爲父而玄，親親於下也。爲祖而凶，制義於外也；爲父而吉，本仁於内也。夫上下，尊親之義；内外，仁義之别。人道所以相齒者，順此而已。苟反而逆之，豈所以爲人道哉？故冠宜縞而反以玄，武宜玄而反以縞，是逆之也，宜爲不齒之服矣。既祥之冠不以布，而以縞者，以吉事之先見也。紕不以采而以素者，有禫餘哀故也。於冠言縞，則知素之爲布。於紕言素，則知縞之非采。惰游，則不服田畝之士，事必致勤而惰之，《書》所謂「惰農」是也；業必有常而游焉，經所謂「游民」是也。

馬氏曰：《國語》言「率其子姓及國子姓」，《詩》言「振振公姓」，《喪大記》「子姓立于西方」，《玉藻》言「子姓之冠」，蓋孫之傳姓謂之子姓。大祥之祭，縞冠，朝服而嚮於吉。既祥，則素縞麻衣而未忘乎哀，則祥與既祥之冠同，而其服異矣。

山陰陸氏曰：縞冠玄武，孫爲祖既祥之冠；縞冠素紕，子爲父既祥之冠。上言子姓，下言既祥，相備也。相備而言「縞冠玄武」在上，謂其父親而先祖也。子姓，適孫也。期而小祥，孫爲祖服除矣，而父之服未除，不敢純吉，以有承重之端焉。縞冠素紕，練冠言緣，祥冠言紕，紕，飾也。祥而言飾，亦言之法，即吉服皆言純。惰游，言士，非罷民著矣。亦言士，猶以士望之。

黄氏曰：古者士農工商各有衣冠佩服以辨其升降。民有不執四人之業者，乃縞冠素紕，垂緌五寸，以標表之，則不得與四人之列矣。其不帥教者，則黜冠縞武以罰之，爲不齒之人矣。居則鄰里閭比督轄之，行則關譏詳察之，故民知恥，則惰業游手者革心，而違教背訓者服義。俾天下之人見其衣冠，則知其善惡，而國無幸民矣。斯豈非三代聖王治天下之大法哉？《周禮・大司寇》以嘉石平罷民之罪者，非此義也。斯蓋以衣冠之禮化竊幸游手無業之人，非疲困之義也。

長樂陳氏曰：蓋士之失位曰喪人，其服飾則素衣，其相見則弔。惰游失業之士也，縞冠素紕，垂緌五寸宜矣。先王之於民，縣正趨其稼事而賞罰之，載師凡宅不毛者、田不耕者、無職事者，閭師不畜不耕者、不樹不蠶不績者，困之以罰，阨之以禁，亦已至矣。又垂緌五寸，所以深激而勸之。《周官・司寇》以「野刑，上功糾力」，《士師》有野禁，漢世有田律。然則縞冠素紕，垂緌五寸，蓋野刑之類也。惰游之責輕於不齒，縞冠素紕，垂緌五寸，重於玄冠縞武。惰游之辱則重，而不齒之辱則輕，何也？蓋惰游者一時之過，不齒之辱，不特一時而已。苟變惰游以趨職事，則縞冠垂緌弃之可也。若夫玄冠縞武，或服之終身，或服之三年，先王豈忍重其辱於悠久哉？然則以重馭暫，義也；以輕馭久，仁也。義，故民畏其威；仁，故民懷其德。夫如是，孰不勵業而遷善乎？子姓之縞冠玄武，則凶其上，不齒之玄冠縞武，則凶其下。凶其上，以父之有服故也。凶其下，以下之自貽故也。《禮書》。

慶源輔氏曰：垂緌五寸，惰游之象也。玄冠縞武，既非凶服，又非吉服，故爲不齒。

金華應氏曰：垂緌五寸，游曳而長，非法服也，特惰游之士耳。蓋勤飭者敏於趨事，謹於守禮，故緌必短；惰游者怠於事，而侈於飾，故緌特長。今之游浪者，峩其巾，長其帶，亦若此耳。玄冠縞武，未見其爲辱，所謂不齒者，其爵高道尊，而不與衆齒。亦如謂「三命而不齒」者歟？蓋縞冠玄武則卑而有所厭，玄冠縞武則尊而有所伸者。

居冠屬武，自天子下達，有事然後緌。

鄭氏曰：居冠，燕居冠也。著冠於武，少威儀。有事然後緌，燕無事者去飾也。

孔氏曰：屬武於冠，冠武相連屬。燕居率略少威儀故也。又不加緌。若非燕居，則冠與武別，臨著乃合之，有儀飾故也。

長樂陳氏曰：古者居冠屬武，則非燕居，武不屬於冠也。喪冠條屬，則非有喪者，纓武異材也。子姓之冠，縞冠玄武，不齒之冠，玄冠縞武，則非子姓與不齒者，冠武同色也。《雜記》曰：「委武玄縞而后蕤。」則武亦謂之委。以其若冠之足，故曰武。以其委於下，故曰委。蓋古者施冠於首，然後加武以約之。觀《喪大記》弔者襲裘加武，則武之所設，所以約冠也。❶

嚴陵方氏曰：君子動而有爲，則詳而文。靜而無事，則略而質。居冠屬武，以靜而

❶「也」字下，通志堂本、四庫本有「禮書」二小字，是。

無事，故略而質也。有事然後緌者，蓋緌所以爲冠之飾，無事則去飾故也。其言與上文互相明爾。

延平周氏曰：居冠屬卷去緌，有燕居申申之意。若諸侯齊與燕，雖皆用玄冠，然齊冠不屬卷而加緌，則齊與燕其服不能無小異也。

馬氏曰：屬武則不緌，緌則不屬武。宜屬武而緌，則張而不弛，文武不能也。宜緌而屬武，則弛而不張，文武不爲也。觀先王之於旗也，無事則結，有事則旆；其於絺綌也，居則袗，出則表，皆動靜文質之意存焉。則冠緌不同，亦若此也。

山陰陸氏曰：冠武異材。冠已則委之，所謂「委武」是也。燕居著冠於武，安不忘危也。平居如此，有事而委之，斯可矣。

五十不散送，親沒不髦，大帛不緌。玄冠紫緌，自魯桓公始也。

鄭氏曰：五十送喪不散麻，始衰不備禮也。不髦，去爲子之飾。大帛，謂白布冠。帛，當爲「白」。不緌，凶服去飾也。玄冠紫緌，僭宋王者之後服也。緌當用「繢」。

孔氏曰：始死三日之前，要絰散垂。三日之後，乃絞之。至葬，啓殯已後，亦散垂。既葬乃絞。五十既衰，不能備禮，故不散垂。《雜記》云：大白冠，緇布冠，皆不緌。大白、緇布連文，故知此謂白布冠。《左傳》云：「衛文公大白之冠。」白繒冠也，與此異。鄭疑紫緌僭宋者，以祭周公用白牡，乘大路，是魯用殷禮，故疑紫緌僭宋後也。上文有「繢緌」，故知緌當用「繢」。

延平周氏曰：「五十不散送」，所以養筋

力於始衰之年也。「親没不髦」，所以責成人於親没之後也。「大帛不緌」，所以異於吉也。

馬氏曰：《曲禮》曰「五十不致毁」，《喪大記》曰「五十不成喪」。不致毁，情也；不成喪，禮也。子生三月，剪髪爲髦，男角女羈，否則男左女右。及事父母，總拂髦。故《詩》曰「兩髦」，《傳》言「弁髦」。《大記》「諸侯小斂脱髦」，《既夕禮》「士既殯脱髦」，蓋子之幼也，父母剪髮爲之鬌；及長也，因以爲飾，謂之髦。存而不忍弃，所以順父母之心。長而不忘幼，所以示人子之禮。及親始死，而猶幸其生焉，故不脱之。三日之後，則幸生之心已矣，脱之可也。蓋親存而髦，與「常言不稱老」同意。親没不髦，與「衣純不以青」同意。青赤黄白黑之五色，直於甲丙戊庚壬之五方正色也。甲己合而爲緑，丙辛合而爲紅，乙庚合而爲碧，丁壬合而爲紫，戊癸合而爲緇，間色也。先王之於間色，貴緇而已，以其出而復於道故也。至于紅紫碧緑，則在所不爲，而紫尤君子所惡。魯桓公以爲冠緌，豈禮也哉？鄭氏以爲僭宋王之後，其説無據，不可用也。

山陰陸氏曰：帛，讀如字。白言色，大帛言質。故衛文公大布之衣，大帛之冠。大帛，疏帛也。大布，疏布也。《春秋傳》曰「分康叔以大路少帛」，少帛，旗少大白者也。

金華應氏曰：❶自「始冠緇布冠」止「自魯桓公始也」論冠。冠者禮之始。古者冠禮，筮日筮賓以敬，冠事三加彌尊，尤莫

❶「金華應氏」一段，原在卷末，今據内容移至此。

重於冠之始。蓋棄而幼志，將責以成人之行，其禮可不重歟？始冠尚質立本，而非以趨時。從諸侯下達於士，初加緇布，敝而棄之。天子、諸侯略爲區别於始冠之飾，而重元服之意一也。齊冠將致敬乎鬼神，丹以純，綦以雜，不言而高卑判矣，其致美黻冕之意乎？子姓之以縞也，尊祖也。武之玄也，吉也，親父也。尊尊，義也；親親，仁也。等衰著矣。紕之以素，用於既祥，期日之遠近不言而喻矣。若夫冠之縞也而以玄，武玄也而以縞，逆之甚也。不帥教者服之，以示不齒。盡衣冠而民不犯禁，教化之意微矣。燕居不尚乎飾，而冠屬乎武，安不忘危之義，密寓於上下之間，自天子達，何莫由斯道者？吁！冠一也，天子、諸侯，而上下之分形焉。齊與燕居，而在宮、在廟之義著焉。子姓既祥，而服紀之等差係焉。惰游不齒，而人物之臧否判焉。聖人制禮，百王由之，而於秉禮之魯著其始失，其諸《春秋》筆削之嚴乎！

朝玄端，夕深衣。深衣三袪，縫齊倍要，衽當旁，袂可以回肘。

鄭氏曰：謂大夫、士也。三袪者，謂要中之數也。袪尺二寸，圍之爲二尺四寸，三之七尺二寸也。縫，紩也。紩下齊倍要中。齊，丈四尺四寸。縫，或爲「逢」，或爲「豐」。衽，謂裳幅所交裂也。凡衽者，或殺而下，或殺而上，是以小要取名焉。衽屬衣則垂而放之，屬裳則縫之，以合前後。上下相變也。袂可以回肘，二尺二寸之節也。

孔氏曰：自此至「弗敢充也」一節，廣論衣服及裘裼襲之事。大夫、士早朝在私朝，服玄端，夕服深衣，在私朝及家也。以視私朝，故服玄端。若朝君，則朝服也。朝服，其衣與玄端無異，但其裳以素耳。若大夫莫夕，蓋亦朝服。其士，則用玄端。其私朝及在家，大夫、士夕深衣也。袪，謂袂末，言深衣之廣三倍於袂末。案《深衣》云「幅十有二以計之，幅廣二尺二寸，一幅破爲二，四邊各去一寸，餘有一尺八寸，每幅交解之，闊頭廣尺二寸，狹頭廣六寸，此寬頭嚮下，狹頭嚮上，要中十二幅，廣各六寸，故爲七尺二寸。此爲裳之上畔。下齊十二幅，各廣尺二寸，故爲一丈四尺四寸。此謂裳之下畔。「縫齊倍要」者，縫下畔之廣倍於要中之廣也。衽，謂裳之交接之處，當身之畔。裳幅下廣尺二寸，上闊六寸。狹頭嚮上，交裂一幅而爲之。鄭註：「凡衽，非一之辭，非獨深衣也。或殺而下，謂喪服之衽，廣頭在上，狹頭在下。或殺而上，謂深衣之衽，寬頭在下，狹頭在上。」深衣與喪服，相對爲小要，兩旁皆有此衽。故云小要取名也。❶衽屬衣，謂喪服或朝祭之衽。屬裳，謂深衣之衽。上下相交，謂上體是陽，陽體舒散，故垂而下。下體是陰，陰主收斂，故縫而合之。今删定，深衣之上獨得衽名，不應假他餘服相對爲衽。何以知之？深衣衣下屬幅而下，裳上屬幅而上，相對爲衽。鄭註《深衣》「鉤邊，今之曲裾」，則宜一邊而有也。❷但此等無文言之，且從先儒之義。袂上下廣二尺二寸，肘長尺二寸，故可以回肘也。

❶「云」，通志堂本、四庫本作「以」。
❷「一」，通志堂本、四庫本作「兩」。

長樂陳氏曰：深衣與長、中同制異飾。連裳、方袷、直繩、旁衽，以至裳十二幅，要三袪，縫齊倍要之類，此其所同也。深衣之純以采，若素長衣之純素而已。中衣之飾繡黼丹朱，而與長衣又繼揜尺焉。蓋以其衣裳邃焉，故謂之深衣；以其袪褎長焉，故謂之長衣；以其有表而在中焉，故謂之中衣。又曰：長衣與深衣同以布，中衣與長衣同揜袂。深衣、中衣用於吉凶，長衣用於凶而已。衽，所以揜裳際也。深衣連裳，故衽屬衣。餘衣不連裳，故衽屬裳。衣裳雖殊，垂而放之，一也。故有事，則或扱，或執，是衽未嘗縫之以合也。棺之小要謂之衽，以其揜縫若衣衽然，非爲小要而名之。是衣衽皆狹上廣下，未嘗有殺上殺下之異也。《詩》言婦人之采芣苢，或袺衽，或襭衽，是婦人之服未嘗無衽也。衽之辨有上下，其用有左右。生者上右，《記》曰「親始死，扱上衽」是也。死者與夷狄上左，《記》曰「小斂、大斂，祭服不倒，皆左衽」，《語》曰「被髮左衽」是也。《禮書》。

嚴陵方氏曰：朝非玄衣也，夕非玄端也。端兼在首，故主朝言之，衣止在身，故主夕言之。朝玄端，則大夫、士所獨，夕深衣，則天子、諸侯之所同。玄端祭服，從公亦服之者，敬君也。夫齊爲下體之極，下體則地道也，陰道也。天一而地二，陽奇而陰偶，倍要則二而偶之故也。衽，衣襟也。

山陰陸氏曰：玄端與緇衣異，緇衣不端製。鄭氏謂玄端則朝服之衣易其裳爾。❶

❶「則」，通志堂本、四庫本作「即」。

言亦不盡。先儒謂要廣七尺二寸，齊廣一丈四尺四寸，上狹下廣，相縣如此，非制作之情也。縫，或爲「豐」，爲其倍也，是故謂之豐。若續衽，續，或爲「裕」。「要縫半下」，「『要』或爲『優』」。其義一也。優，則不迫矣。裕，愈益寬有餘裕也。豐，又非裕而已。袂可以回肘而已，即格可以運肘。❶

延平周氏曰：朝玄端，所以體道。夕深衣，所以自潔。無私平直者，自潔之事也。以《司服》考之，卿、大夫、士之於王朝與其助祭，則服玄冕皮弁。而玄端深衣者，私家之朝夕也。然君之夕深衣，而臣之夕亦深衣，可乎？夫深衣者，不特自潔，蓋又足以責其成德，而表其有所受也。君之與大夫、士則莫不欲其有成德。而大夫、士亦有家臣納誨，則亦欲其有所受。此君之與臣所以同用深衣，又況臣之於私家，其禮有所伸乎？天之大數不過十二，故爲袪止於一尺二寸。天位乎上，地位乎下，人位乎中，以人配天地，則爲三才，故中齊必用三袪之數。中齊，人之象也。地配天，則爲兩儀，故下齊倍要者，兩中齊之數，下齊地之象也。衽當旁，欲其直也。袂可以回肘，欲其文武皆可施也。

禮記集説卷第七十四

❶「格」，通志堂本、四庫本作「裕」，是。

禮記集說卷第七十五

長、中，繼揜尺，袷二寸，袪尺二寸，緣廣寸半。以帛裏布，非禮也。

鄭氏曰：其爲長衣、中衣，則繼袂揜一尺，若今褎矣。深衣則緣而已。袷，曲領也。袪，袂口也。緣，飾邊也。中外宜相稱，故以帛裏布，非禮也。冕服，絲衣也，中衣用素。皮弁服、朝服、玄端，麻衣也，中衣用布。

孔氏曰：長衣、中衣，繼袂之末，揜餘一尺。幅廣二尺二寸，以半幅繼續袂口，故揜餘一尺也。長衣揜必用素，中衣揜或布，或素，隨其衣而然。長、中制同而名異者，所施異故也。裏中著之，則曰中衣，若露著之，則曰長衣。故鄭註《深衣》目録「素紕曰長衣，有表謂之中衣」也。袷，謂深衣曲領，廣二寸。袪，謂深衣袂口，謂口之外畔上下尺二寸也。深衣邊以緣飾之，廣寸半也。朝服用布，則中衣不得用帛，故「以帛裏布，非禮也」。「皮弁服、朝服、玄端服」，三衣用麻，麻即十五升布，故中衣並用布也。云「朝服」，又云「玄端」者，朝服指玄衣素裳，而玄端裳色多種，或朱裳、玄黄雜裳之屬，廣言之也。

長樂陳氏曰：禮，遭君夫人世子之喪，將命于大夫。主人長衣練冠以受。《喪服小記》大夫、士筮宅，史練冠長衣以筮，則《聘禮》不以凶服接吉，而筮不以吉服卜凶，是長衣所施，趨於凶而非純凶也。詳見前。《禮書》。

嚴陵方氏曰：長、中與深衣大同而小異。繼揜尺者，繼袂而揜覆一尺也，此所以異於深衣也。袷，領也，以交而合，故謂之袷。辨則奇，合則耦，故二寸。緣寸半者，三五之分也。且深衣之制十有二幅，以應十有二月，故其緣取三五盈虚之義。山陰陸氏曰：長衣，「練冠長衣」是也。中衣，「繡黼丹朱中衣」是也。繼，接袖也。其衡長蓋揜尺。《雜記》曰「豚肩不揜豆」，是之謂侈，袂「以帛裏布」，若今裌衣矣。固未有以細裏麤也。據「練衣黄裏縓緣」，即其衣之裏也。

延平周氏曰：袷二寸，地數也。以袷而對袪與袂，則袷爲上，袪與袂爲下，而反用地數，其方又應矩，亦象地道；袪與袂爲下，而反用天數，其圜又應規，亦象天道，何也？言以位則天上而地下，言以道則不嫌地上而天下。蓋不如是，不足以爲交泰之道。猶之五臟，陰也；六腑，陽也。五臟反在上而六腑反在下者，蓋以此也。緣廣寸半，言其面也。面廣寸半則爲廣三寸，廣三寸所以象三極。蓋緣有旁行之象，言雖旁行，亦不離三極之道也。又曰：玄冕而上衣用帛，❶則裏亦用帛，皮弁而下衣用布者，則裏亦用布，欲其有純一之德也。

士不衣織。無君者不貳采。衣正色，裳間色。

鄭氏曰：織，染絲織之。士衣染繒也。不貳采，大夫去位，宜服玄端、玄裳也。「衣正色，裳間色」，謂冕服玄上纁下。

孔氏曰：織者，前染絲後織。此服功多

❶「帛」字下，通志堂本、四庫本有「者」字，是。

色重，士賤，不得衣之也。士衣染繒。《詩》庶人得衣錦者，禮不下庶人也。下「居士錦帶」非爲衣也。❶大夫得衣織，而《禮運》云「衣其澣帛」，先代禮質故也。不貳采是有采色，但不貳爾。大夫、士去國，三月之内服素服素裳，❷三月之後則服玄端。❸采色之中，玄最貴也。玄是天色，故爲正；纁是地色，赤黄之雜，爲間色。皇氏曰：正謂青、赤、黄、白、黑，五方正色也。不正，謂五方間色也。緑、紅、碧、紫、騮黄是也。青是東方正，緑是東方間。東爲木，❹木色青，木剋土，土黄，並以所剋爲間。故緑，色青黄也。朱是南方正，❺紅是南方間。南爲火，火赤剋金，金白。故紅，色赤白也。白是西方正，碧是西方間。西爲金，金白剋木。故碧，色青白也。黑是北方正，紫是北方間。北方水，水色黑，水刻火，火赤。故紫，色赤黑也。黄是中央正，騮黄是中央間。中爲土，❻土刻水，水黑。故騮黄，黄黑色也。❼

嚴陵方氏曰：織，謂錦。繡之爲文，以刺而成；錦之爲文，以織而成，故謂之織。士學乎文而已，故不衣織錦。緣者，以其未仕，未可以常禮拘之也。居士錦帶者，以其不仕，不可以常禮責之也。抑所謂

❶「下」字下，通志堂本、四庫本有「文」字。
❷下「服」字，通志堂本、四庫本及《禮記正義》作「衣」，是。
❸「端」字下，通志堂本、四庫本及《禮記正義》有「玄裳」二字，是。
❹「東」字下，通志堂本、四庫本及《禮記正義》有「方」字。
❺「朱」，通志堂本、四庫本作「赤」。
❻「中」字下，通志堂本、四庫本及《禮記正義》有「央」字。
❼「黄黑色」，通志堂本及《禮記正義》作「色黄黑」。

衣者，不止於緣帶而已。古人三月無君則弔。《曲禮》言「大夫、士去國，素衣、素裳、素冠，徹緣」，則不貳采可知。所謂貳采，非重采也，謂服素而不以采貳之爾。若列采，則重之矣。纁者，火之色而土間之，故爲間。六冕之外，衣裳有純用玄者，有純用素者，其類非一。經所言亦舉其大者爾。

延平周氏曰：士不衣織，德不足以稱也。無君者，不貳采，有可弔之道也。先儒謂玄端、玄裳，理或然也。蓋無君，則無爲。衣正色，所以尊道，故用玄；❶裳間色，所以下功，故用之。蓋天地五方之色爲正，而五方相勝之色爲間。若木勝土爲緑，故《詩》以「緑衣黄裳」而刺妾之上僭者也。

山陰陸氏曰：貳采，謂以一色又爲一等也。據「繅三采六等」，其一等貳也。衣正色，裳間色，此言衣裳之分宜如此，非舉弁冕而言之也。《詩》曰「緑衣黄裳」，傳以謂「上曰衣，下曰裳」，「緑間色，黄正色」，蓋知是矣。❷

非列采不入公門，振絺綌不入公門，表裘不入公門，襲裘不入公門。

鄭氏曰：列采，正服。振，讀爲「袗」，禪也。表裘，外衣也。二者形且褻，皆當表之乃出。襲裘不入者，衣裘必當裼也。

孔氏曰：鄭註「形」解「袗絺綌」，其形露見；「褻」解表裘在衣外，可鄙褻。二者上加表衣乃出也。《檀弓》云「子游裼裘而弔」，「曾子襲裘而弔」，皆謂裘上有裼衣，裼衣之上有襲衣，襲衣之上有正服，

❶「玄」，通志堂本、四庫本作「之」。
❷「知是矣」，通志堂本、四庫本作「如是也」。

但據露裼衣、不露裼衣爲異爾。若襲裘，不得入公門也。

嚴陵方氏曰：正服，則文采備焉，故謂之「列」。絺綌據暑時言之，表裘據寒時言之。絺綌固爲凉矣，必有表衣以蔽之，所以惡其褻也；表裘固爲温矣，必有正服以被之，所以惡其簡也。然則絺綌非不可入公門也，以之振則不可。裘非不可入公門也，爲之表則不可。夫大裘可以祀天，非不重也，猶不可以徒服，必被之衮焉。則表裘不入公門，固所宜矣。襲裘，與曾子「襲裘而弔」所言同。不入公門則惡其似凶故也。振，《曲禮》、《論語》皆作「袗」。

山陰陸氏曰：五等采謂之「列采」，猶五等爵謂之「列爵」，能成列者也。振，舉也，舉絺綌不入公門，謂無上衣，純體絺綌。

纊爲繭，緼爲袍，襌爲絅，帛爲褶。

鄭氏曰：衣有著之異名也。纊，謂今之新綿。緼，謂今纊及舊絮也。襌爲絅，謂有衣裳而無裏。帛爲褶，謂有表裏而無著。

孔氏曰：據鄭註，時以好者爲綿，惡者爲絮。

《講義》曰：緼，謂舊絮，❶「子路衣敝緼袍」是也。《詩》曰：「衣錦尚絅。」❷絅，爲襌衣也。褶，即今之袷衣。

朝服之以縞也，自季康子始也。孔子曰：「朝服而朝，卒朔然後服之。」曰：「國家未道，則不充其服焉。」

鄭氏曰：朝服以縞，亦僭。宋，王者之

❶「舊」，原作「做」，今據通志堂本、四庫本改。

❷「錦」，原作「綿」，今據通志堂本、四庫本改。

後。「朝服而朝，卒朔然後服之」，謂諸侯與羣臣也。諸侯視朔皮弁服。未道，未合於道，謂若衛文公者。

孔氏曰：上「玄冠紫緌」，鄭云「僭宋」，故此云「亦」也。《王制》「殷人縞衣而養老」，燕服則爲朝服。宋是殷後，故知「朝服以縞」也。「朝服而朝」者，朝服緇衣素裳而朝，謂每日朝君。卒朔，謂卒告朔之時服皮弁，告朔禮終，脱去皮弁而後服朝服也。鄭知非天子之朝服，而云「諸侯與羣臣」者，以上文皆云「不入公門」，下云「唯君有黼裘」，又云「君衣狐白裘」，皆據諸侯之禮，故知此亦據諸侯也。

嚴陵方氏曰：朝服以布不以純，以緇不以縞。然而後世則反之者，始乎季康子之失禮也。天子皮弁視朝，玄端聽朔。卒朔事然後視朝事，故卒朔然後服朝服也。禮，不盛服，不充禮，所以行道也。故「國家未道，則不充其服焉」，此亦孔子所言也。以承上文，故止言「曰」。

山陰陸氏曰：公僭宋王者之後服，然後大夫亦僭王者之後服。公猶可也，大夫則不可，故經紀魯桓公事在前，季康子在後。於公言「冠」，於康子言「服」，亦言之法。卒朔，卒告朔也。告朔已，然後退而聽朔。曰「國家未道，則不充其服焉」，此爲上季康子發之。朝服，皮弁服，言諸侯非視朔不服，非有道者不能充焉。其難稱如此，而況王者之後服乎？再言「曰」者，蓋曰如此已云不稱，又況審如此者乎？據曰：❶「予攸好德，汝則錫之福。」《詩》曰「不稱其服」，不充乎服之謂也。

❶「據」字下，通志堂本、四庫本有「書」字，是。

此篇言始冠緇布冠等冠，盡「玄冠紫緌，自魯桓公始」；言朝玄端，夕深衣等服，盡「朝服之以縞也，自季康子始」：言先王冠服自兹二人亂之。《詩》曰：「誰生厲階，至今爲梗。」以大裘非古也，於是言裘。以入大廟説笏非古也，於是言笏。然言大裘非古在前，言裘在後，言大廟説笏在後，言笏在前，非相戾也。大裘在裘之前，説笏在笏之後，固其所也。至於言帶、言韠等物亦皆有序。

唯君有黼裘以誓省，大裘非古也。

鄭氏曰：僭天子也。天子祭上帝，則大裘而冕。大裘，羔裘也。黼裘，以羔與狐白雜爲黼文。省當爲「獮」，秋田也。國君有黼裘誓獮田之禮。時大夫又有大裘也。

孔氏曰：君，諸侯也。黼裘，以黑羊皮雜狐白爲黼文以作裘也。誓者，告勑也。大裘，天子郊服。禮唯許諸侯服黼裘，以誓軍衆田獵爾，不得用大裘。當時非但諸侯用大裘，又有大夫僭用大裘者。以經云「唯君」，則知時臣亦爲之，故言「唯君」及「非古」以譏之。

長樂陳氏曰：《周禮》獻皮以掌皮，攻皮以裘氏，獻裘以司裘。「司裘爲大裘，以共王祀天之服。中秋獻良裘，季秋獻功裘」，鄭氏曰：「良裘，因其良時而用之，所謂黼裘與？功裘，人功微麤，謂狐青麛裘之屬。黼裘以羔與狐白雜爲黼文。」然則良裘其質美，功裘其功多，良裘非特黼裘，而功裘非特狐青麛裘。古者行禮之裘必以羔與麛，燕居之裘必以狐與貉。故《詩》以「羔裘逍遥，狐裘以朝」刺不自强於政治，則黼裘不雜以狐白矣。「惟君黼裘以誓省」，後世有用大裘，故記者譏之曰「非古也」，何則？祀天尚道，故以大裘；誓省尚義，故以黼裘。誓則「前期十日，大宰帥執事卜日，遂戒」是也。省則「前祭一日，大宰及執事眡滌濯」，《宗伯》「大祭祀省牲眡滌濯」是也。《司寇》：「大祭祀，納亨前王。」《郊特牲》：「卜之日，王立于澤，親聽誓命。」則王於誓、省皆與之也。先王制禮，盥重於既薦，幣貴於未將，則禮常嚴於未然之前。祭祀治官以治之，刑官以涖之，則義常肅於行禮之際，則「黼裘以誓省」，宜矣。《家語》合大裘、黼裘爲一，則曰「大裘黼之以象天」。鄭氏改「省」爲「獮」，則曰「黼裘以誓獮田」。然大裘純色，無白黑之文。獮田在秋，非用裘之日。二者之説誤矣。《禮書》。

嚴陵方氏曰：誓，若誓軍旅之屬。省，若省耕斂之屬。蓋黼之爲物，其色爲白黑，其方居西北，故必用之以誓省也。

山陰陸氏曰：誓，誓百官；省，省牲鑊。黼，其裘領也。《昏禮》曰「被纇黼」，蓋纇黼於纇上緣以黼，黼裘於裘上緣以黼。然則男子之服寒則黼裘，煖則繡黼，丹朱中衣，所謂各以其宜服之。後世失是矣。雖服大裘，或黼其領，故曰「大裘非古也」。據《家語》「大裘以黼之」。言「唯」者，著大夫不得服此，故曰「丹朱中衣，大夫之僭禮也」。

延平周氏曰：誓與省貴乎斷，故用黼裘，有裘必有衣。

君衣狐白裘，錦衣以裼之。君之右虎裘，厥左狼裘。士不衣狐白。

鄭氏曰：君衣狐白毛之裘，則以素錦爲

衣覆之，使可裼也。袒而有衣曰「裼」。必覆之者，裘褻也。《詩》曰：「衣錦絅衣，裳錦絅裳。」然則錦衣復有上衣明矣。天子狐白之上，衣皮弁服與？凡裼衣象裘色也。右虎裘，左狼裘，衛尊者宜武猛也。士不衣狐白，辟君也。狐之白者少，以少爲尊也。❶

孔氏曰：錦衣之上更有衣覆之，以無正文，故鄭以《詩》證之。天子狐白之上，衣皮弁服，亦無正文，故鄭言「與」，爲疑辭也。狐白既白，皮弁服亦白，錦衣亦白，三者相稱，皆爲白也。天子視朝服皮弁服，則天子皮弁之下有狐白錦衣也。諸侯於天子之朝亦然，故《秦詩》云：「君子至止，錦衣狐裘。」此經云「君」，則天子兼諸侯也。下云「士不衣狐白」，則卿大夫亦得衣狐白也。其裼則不用錦衣，故下註云「非諸侯則不用錦衣爲裼」。

長樂陳氏曰：狐白所以象德之成，狐青所以象仁之發。故狐白、錦衣爲人君之服，狐青而下爲君子之服。言君子之服，則大夫、士同之也。夫天下無粹白之狐，而有粹白之裘，則狐白裘，天下之尤難得者也。觀紂以狐白免西伯，田子方以狐白禮子思，田文以狐白脱秦患，則狐白之貴可知矣。士不衣狐白裘，不特以其德之未成也，蓋亦不敢以賤服貴歟？古者所貴不過狐白裘而已。後世有黑貂、青鳳、鷫鸘、雉頭、鶴氅之侈，此不可與言禮也。人之手足右强於左，獸之勇摯虎過於狼，右虎裘，❷，則武士之衛君，如手足

❶「尊」，通志堂本、四庫本作「貴」。
❷「裘」字下，通志堂本、四庫本有「左狼裘」三字，是。

之衛身也。蓋君之所以制服人者，不特恃夫道德之威而已。故士謂之虎士，門謂之虎門，旗有熊虎之文，車有虎幦之飾，則左右狼虎之裘宜矣。《周官·虎賁氏》「掌先後王而趨以卒伍」，《旅賁氏》「掌執戈盾，夾王車而趨，左右皆八人」，然則君之左右蓋旅賁之類也。《禮書》。

延平周氏曰：疑其所可疑，卒乎無疑，故用狐；有成德，故用白；文之極，故用錦。二者天子、諸侯之所同。以裘對衣，則裘爲自然，衣爲使然。凡内裘而外衣者，有内帝外王之意。《詩》曰「錦衣狐裘」，又曰「黻衣繡裳」，狐裘錦文之上加以黻衣繡裳，諸侯之顯服，唯見天子與助祭則服之也。《詩》曰：「羔裘逍遥，狐裘以朝。」羔裘，朝服也。狐裘，祭服也。蓋刺其燕以朝服，而朝以燕服者也。狐青裘者，玄冕而祭於己者也。狐裘亦息民之祭者也。羔裘豹飾，朝服也。麛裘青豻褎，燕服也。《詩》曰「裳錦褧裳」，狐白裘，錦衣以裼之，則錦衣之上復有衣也。是玄綃衣之類，其上皆有衣也。衣裘之色雖以相稱爲貴，然不必一色，故狐青裘加以玄綃衣，白麛裘加以蒼黄之絞衣，所謂「玄綃衣」之類者尚不必一色，則玄綃衣之外者又可知也。❶ 故冕服雖玄衣，不害其加於狐白裘與狐青裘之上；皮弁雖曰布衣，亦不害其加於黑羔裘之上。詩人以《羔裘》爲刺朝者，言朝所以兼君臣，是君臣皆服羔裘與皮弁也。右者，所有事者也，故右則服虎裘，左則狼裘而已。士不衣狐白，非成德者也。

❶「又」，通志堂本、四庫本作「必」。

嚴陵方氏曰：有裘爲裹者，必以衣爲表焉。裼之，則所謂表也。夫狐之爲物，善疑而可戒，以之爲裘則有戒心存焉，所用雖不同，其爲戒則一也。若錦衣以裼之，則燕居之狐裘也。玄綃衣以裼之，則祭祀之狐裘也。黄衣以裼之，則息民之狐裘也。燕居必戒者，安不忘危也。祭祀必戒者，神明其德也。息民必戒者，慎終如始也。虎屬西方爲右，故右以虎裘，且右爲有力。狼雖善搏，不若虎之猛，故在左而已。狐白以狐腋爲之，非狐白則士亦得服。

山陰陸氏曰：卒食，玄端而居，燕服也，則錦衣狐裘，天子、諸侯朔月燕居之服。蓋平日燕居，不應如是之盛，故曰「居不容」，又曰「不文飾」也，不裼。且禮，天子視朝，玄端而冕，則其日燕居，服皮弁服可知。據「皮弁以日視朝於内朝，卒食玄端而居」，然則皮弁蓋一冠而兩服，素衣麑裘、錦衣狐裘是也。《詩》曰「錦衣狐裘」，專以謂狐裘朝廷之服，非謂以朝著非在野之服云爾。若「狐裘黄黄」，則在野者也。不言諸侯著子男服，此猶愧不言，唯容大夫亦或服之，故曰「士不衣狐白」。君子狐青裘豹褎，玄綃衣以裼之。麛裘青豻褎，絞衣以裼之。羔裘豹飾，緇衣以裼之。狐裘，黄衣以裼之。錦衣狐裘，諸侯之服也。

鄭氏曰：君子，大夫、士也。綃，綺屬也，染之以玄，於狐青裘相宜。狐青裘，蓋玄衣之裘也。豻，胡犬也。絞，蒼黄之色也。孔子曰「素衣麛裘」是也。豹飾，飾，猶褎也。孔子曰「緇衣羔裘」是也。黄衣，大蜡時臘先祖之服也。孔子曰「黄衣狐裘」是也。非諸侯，則不用錦衣爲裼。孔氏曰：以狐青爲裘，豹衣爲褎，❶用玄綃之衣以覆裼之也。案《郊特牲》：「黄衣黄冠而祭，所以息田夫。」又《月令》：「孟冬臘先祖五祀。」是黄衣爲臘先祖之服。　熊氏曰：六冕皆有裘。此云玄，謂六冕及爵弁也，則天子、諸侯皆然，而云「大夫、士」者，君用純狐青，大夫雜以豹褎。　鄭註胡犬，謂胡地野犬。長樂陳氏曰：「羔裘豹飾」，「狐青裘豹褎」，「麛裘青豻褎」，何也？　豹取其武而有文，青豻取其仁而能守。　武而有文，諸侯視朝之事也；仁而能守，天子視朝之事也。狐青以燕居，褎亦以豹，則武而有文，亦非燕居之所可忘也。《詩》曰：「羔裘豹飾，孔武有力。」又曰：「羔裘豹祛，自我人居居。」其託物同而意異者，義則一也。善用之則爲武，不善用之則爲暴。夫言豈一端而已哉？　先儒謂凡裘，天子、諸侯用全，其臣則褎飾異焉。然天子、諸侯之用全，特狐白裘而已，欲其純白之備也。至於麛裘、羔裘，則上下之所同，非無飾也。若曰裘以用全爲貴，則狐黄之裘無異褎，犬羊之裘無異飾，而賤者或服之，何也？❷《禮書》。　延平周氏曰：裘用狐青，所以象其仁。褎用豹，所以象其義。玄綃衣，所以象其道。内衣狐青裘，而外加玄綃衣，有顯道神德行之意，麛裘、青豻，與此同。麛能愛而其色白，豻善守而其色青，麛裘所以象其義而能愛，豻褎所以象其仁而善守。

❶「衣」，通志堂本、四庫本作「皮」，是。
❷「也」，通志堂本、四庫本作「邪」。

絞，蒼黄之色。蒼所以象天道，黄所以象地道。羔裘所以象其禮，豹飾所以象其義，緇衣所以象其道之幽。黄衣者坤道，在上六之時，息民之祭，一歲之終也。羔之色黑而衣用緇，狐之色黄而衣用黄者，欲其有純一之德也。

嚴陵方氏曰：言綃則錦衣以降，裼皆用綃可知。緇衣、黄衣，衣言色而裘不言者，蓋狐有青，有白，有黄。前言青，言白者，以其與衣異故也。此特不言，則從其衣之黄可知。麛裘所以爲聽朔之服，羔裘所以爲視朝之服。麛鹿，子也；羔羊，子也。於豻言褎，則知豹之爲飾亦褎矣。褎言其體，飾言其用也。凡此言君則指天子、諸侯而已，君子則兼大夫以上言之也。

犬羊之裘不裼。不文飾也，不裼。裘之裼也，見美也。弔則襲，不盡飾也。君在則裼，盡飾也。服之襲也，充美也。是故尸襲，執玉、龜，襲。無事則裼，弗敢充也。

鄭氏曰：犬羊之裘質略，亦庶人無文飾，故不裼。裼主於有文飾之事。「裘之裼，見美也」者，君子於事，以見美爲敬也。喪非所以見美，故襲。「君在則裼」，謂臣於君所也。充美，充猶覆也。所敬不主於君則襲。尸尊，則襲。「執玉、龜，襲」，重寶瑞也。「無事則裼」，謂已致龜玉也。

孔氏曰：案《聘禮》使臣行聘之時主於敬，不主於文，故襲裘。是不文飾之事，不裼裘也。至行享之時主於文，故裼裘。裘之裼者，謂裘上加裼衣。裼衣上雖加他服，猶開露裼衣，見裼衣之美以爲敬也。弔襲，謂主人既小斂之後。若未斂，則裼裘，《檀弓》「子游裼裘而弔」是也。

君在之時，則露此裼衣，盡其文飾之道，以敬於君也。「服之襲，充美也」者，此謂君之不在，臣所加上服揜襲裼衣，覆蓋裼衣之美，以君不在，敬心殺故也。凡敬有二體：一則父也，二則君也。子於父以質爲敬，故於父母之所不敢袒裼；臣於君以文爲敬，故於君所則裼。若平敵以下亦襲，以其質略故也。所襲同，其意異也。尸處尊位，無敬於下，故襲也。凡執玉得襲，故《聘禮》「執圭璋致聘，則襲」也。若執璧琮行享，雖玉裼。此執玉或容非聘享，尋常執玉則亦襲也。龜是享禮庭實之物，執之亦裼。若尋常所執及卜則襲，敬其神靈也。無事，謂行禮之後則裼，不敢充覆其美也，亦謂在君之前。若不在君所，無事則襲，前文云者是也。

長樂陳氏曰：裘之裼也見美也，服之襲也充美也，則袒而見裘曰裼，揜而充裘曰襲。孔子素衣霓裘，❶則麑裘之上素衣，其正服也。緇衣羔裘，則羔裘之上緇衣，其正服也。黄衣狐裘，錦衣狐裘，蓋亦若此。鄭氏前註以爲袒而有衣曰裼。若然，裘之上有裼衣，裼衣之上又有正服，則是裼襲在衣不在裘，而經言裼裘、襲裘何耶？《禮書》。

嚴陵方氏曰：夫裘之上有裼衣，裼衣之上有襲衣，襲衣之上有正服，則所謂裼者未嘗無襲，由露其裼衣，故謂之裼爾。所謂襲者，未嘗無裼，由掩以襲衣，故謂之襲爾。由内達外，則有裘而後有裼，故於裼言裘。自外至内，則有服而後有襲，故於服言襲。由内達外則出乎顯，故曰「見

❶「霓」，通志堂本、四庫本作「麑」，是。

美」，以示其文。自外至内則入乎隱，故曰「充美」，以示其質。充言充於内也，見言見於外也。犬羊之裘，則庶人之服。庶人之容焦焦而無文，故不裼。故繼言「不文飾也，不裼」。

延平周氏曰：裼者盡飾，故其美見於外。襲者不盡飾，故其美充於内。臣之於君，則不敢充其美，故以文爲貴。以文爲貴，故君在則裼，無事則襲。弔喪爲尸，執國寶，則不敢見其美。不敢見其美，故以質爲貴。以質爲貴，故襲。所謂玉，非執贄與庭實也。蓋執贄者，有藉則裼，而爲庭實者，執璧琮則裼。

金華應氏曰：交錯而相易曰裼，層疊累沓而揜覆曰襲。裼之義雖近於袒，亦惟袒露其表以見其美，非盡袒其衣而露見也。

笏，天子以球玉，諸侯以象，大夫以魚須文竹，士竹本象可也。

鄭氏曰：球，美玉也。文，猶飾也。大夫、士飾竹以爲笏，不敢與君並用純物也。

孔氏曰：自此至「去一」一節，明天子以下笏所用之物，并明用笏之事，及闊狹長短。案《釋地》云：「西北之美者，有崐崘虚之璆、琳、琅玕焉。」璆、琳，美玉。球與璆同。「魚須文竹」，謂以鮫魚須文飾其竹也。士以竹爲本質，以象牙飾其邊緣。言「可」者，通許之辭。

長樂陳氏曰：天下之事，常脩治於人之所慎，而廢弛於人之所忽，先王於是制爲之笏，或執或搢，而畢用之，使人稽其名以見其義，觀其制以思其德，庸有臨事而失者乎？天子之笏以玉，諸侯以象，大夫以魚須文竹，士竹本象可也。蓋玉，德之美；象，義之辨；竹，禮之節。天子尚德，諸侯貴義，大夫、士則循禮而已，此笏所以異也。魚須文竹，竹而以魚須文之也。竹本象可也，竹本而象飾之也。大夫近尊而其勢屈，士遠尊而其禮伸，其飾之各異也。❶禮，大夫沐稷，而君與士皆沐粱。大夫之臣曰私人，而君與士之臣皆曰私臣。大夫祭則堂之上下共尊，而君與士則堂下異尊。大夫內子拜尸西，而君與士之妻則北面。大夫之於主婦不致爵，而君與士則致爵。大夫嗣子不舉奠，而君與士之嗣則舉奠。大夫賓尸，尸酢主人，乃設席，而君與士，則先酢而設席。大夫前祭一日筮尸，而君與士則前祭一日視濯。❷凡此皆順而摭之之禮，則其飾笏以象，不亦可乎？

又曰：天子之笏，其玉以球；其不瑑也，謂之大圭；其方正也，謂之珽；其實一也。竹取其堅貞有節，以魚須飾之，卑者不敢用純也。竹本尤堅貞而有節者也。士以節義爲尚，故笏用焉。象，諸侯所以爲笏者也。士卑而伸，故飾笏用焉。先儒謂「士竹本象」者，以象飾其本，誤矣。《禮書》。

馬氏曰：象也者，馴物也。諸侯之在外以順爲行，故其笏用象。而竹以文爲美，大夫、士皆事人者也，事人者以正固爲節，❸故其笏用竹。

嚴陵方氏曰：魚之爲物，得其道則易取，

❶「其飾之各異」，通志堂本、四庫本作「此飾所以異」。

❷「祭」下，通志堂本、四庫本有「三日筮尸。大夫祭之日視濯，而君與士則前祭」十八字。

❸「正」，通志堂本、四庫本作「貞」。

失其道則難制。而有道則從之，無道則去之者，大夫之節也。故以魚須文竹。執鴈者亦以此。魚勞在須，故必文之以須焉。貫四時而不改其操者，竹也。歷夷險而不易其節者，士也。故以竹本。執雉者亦以此。大夫貴於士，而不得用象，士乃得之者，以賤故也。且謂之「可」，非正宜用之也。

金華應氏曰：後世人臣之佩用魚，亦「大夫魚須文竹」之意也。《爾雅》「魚曰須」，蓋魚之所以鼓息者在須故也。

《講義》曰：魚目雖夜不瞑，大夫夙夜在公似之。

山陰陸氏曰：竹有節而已，死制之事也。大夫則又有文焉。言笏，大夫以魚須文竹，士以竹本爲正，若或用象亦許，故曰「象可也」，「可」者，通許之詞。

見於天子與射，無説笏。入大廟説笏，非古也。小功不説笏，當事免則説之。既搢必盥，雖有執於朝，弗有盥矣。凡有指畫於君前，用笏；造受命於君前，則書於笏。笏，畢用也，因飾焉。

鄭氏曰：言凡吉事無所説笏。大廟之中，唯君當事説笏也。小功輕，不當事，可以搢笏。免，悲哀哭踊之時，不在於記事，故説之。搢笏輒盥，爲必執事也。畢，盡也。

孔氏曰：以臣見君，無不執笏。笏所以記事，射所以正威儀。大廟之中，雖當事之時，亦執笏也。君則大廟之中，當事則説笏。時臣僭於君，當事之時亦説笏，故記者云「非古禮也」。鄭註「凡」者，非一人之辭。下文云「小功不説」，則大功以上皆説之，故云唯「吉事，無所説笏」也。

既搢笏於帶，必盥洗其手，謂須預潔浄。雖有執事於朝，不須盥矣。造詣君前而受命，則書記於笏。「笏，畢用」，謂事事盡用笏記之，故因而飾以爲上下等級焉。

長樂陳氏曰：見天子也，入大廟也，射也，皆禮之不可忽者，故不説笏。小功則禮可以勝情，故亦不説笏。當事而免，則事可以勝禮，故説之。《禮書》。

嚴陵方氏曰：重莫重於見天子，難莫難於射，二者猶不説笏，則餘可知矣。説，與「武王不説冠帶」之「説」同。君當事則説笏，所以逸尊者。後世臣或説之，則失之簡矣。小功之喪，悲哀殺矣。事不可不記矣，故不説笏。免冠之時，❶則悲哀極矣，不暇記事，故説之。搢笏必盥手，及有執事於朝，亦弗再盥。於朝之嚴，猶不再盥，餘可知矣，故以「雖」言之。指言指其事之意而定之，畫言畫其事之分而籌之，不敢徒手而爲之者，嫌其大慤也。書己之思，則記之將以獻乎上，書君之命，則記之將以行乎下也。此笏所以爲畢用歟？

金華應氏曰：酒以涚爲新，器以滌爲敬，手以盥爲潔。故祭尊爵者，盥不止於一。笏之爲用尤重，而執於朝，亦弗再盥者，以其端潔之有素也。始而進見，則史進象笏，書思對命，及其造見受命，則又退而書之。心思恍惚之間，對揚造次之頃，謹敬君命，慮有廢忘，而進退終始，皆假笏以書之，是不謂之畢用乎？

山陰陸氏曰：見於天子執贄，《大宗伯》「公執桓圭，侯執信圭」是也。射亦執贄，

❶「免冠」，通志堂本、四庫本作「及當事而免」。

《射人》「三公執璧，孤執皮帛」是也。雖有所執，猶有所搢，故曰「見於天子與射，無說笏」。當事雖免，猶說笏。然則小功不說笏，非當事者也。

笏度二尺有六寸，其中博三寸，其殺六分而去一。

鄭氏曰：殺，猶杼也。天子杼上終葵首，諸侯不終葵首，大夫、士又杼其下首，廣二寸半。

孔氏曰：天子、諸侯上首廣二寸半。其天子椎頭不殺也，大夫、士下首又廣二寸半，唯笏之中央，同博三寸，故云「其中博三寸」也。「其殺六分去一」者，天子、諸侯從中以上，稍稍漸殺，至上首六分三寸，而去其一分，餘有二寸半。在大夫、士又從中以下，漸漸殺至下首，亦六分而去一。案《玉人》云：「天子杼上。」此云「殺」，故鄭知殺猶杼也。《玉人》云：「天子終葵首。」則諸侯不終葵首可知。經特云「其中博三寸」，明笏上下二首不博三寸。諸侯既南面之君，同殺其上，大夫、士北面之臣，宜俱殺其下，故鄭云「又杼其下」也。

長樂陳氏曰：笏度二尺有六寸，其中博三寸，其殺六分而去一。然天子之笏長三尺，以六寸爲椎首而計之，則於二尺六寸爲有餘；去椎首而計之，則於二尺六寸爲不足。蓋《玉藻》所言非天子之笏。《禮書》。

山陰陸氏曰：此言諸侯之笏，諸侯素帶，終辟，諸侯笏度二尺六寸，降殺以兩，則大夫二尺四寸，士二尺二寸歟？

延平周氏曰：《考工記》曰：「大圭長三尺，杼上終葵首，天子服之。」《相玉書》

曰：「珽玉六寸，明自炤。」此言笏度二尺有六寸，蓋《考工記》兼其杼上終葵首言之，故有三尺，《相玉書》指其終葵首言之，此去其杼上而言之。若天子無所屈，則杼上四寸而終葵首。諸侯前屈，則杼上四寸而圜其首，大夫前屈後屈，則不特杼其上圜其首，而又杼其下圜其末。三等之制雖殊，而其中皆博三寸，其殺皆六分去一，而止於二寸有五分。

新安王氏曰：大圭其長三尺，此言笏其度二尺有六寸，則不得以爲大圭。况大圭天子服之，非臣下所得用。笏則自天子、諸侯至大夫、士皆有之，其非大圭明矣。鄭乃曰「殺，猶杼也」。天子杼上終葵首，是以《考工記》大圭之制以爲笏，未見其可也。且《記》但言「其殺六分去一」，又安知天子、諸侯殺其上首，而大夫、士殺其下首乎？且笏之度二尺有六寸，而其中博三寸。其中博不殺，則是上下皆殺也。其殺六分去一，則上下皆二寸有半也。其下六分去一，則便於搢插。其上六分去一，則便於操執而搢之也。何謂天子杼上終葵首，諸侯不終葵首，大夫、士杼其下首乎？

而素帶，終辟，大夫素帶，辟垂，士練帶，率，下辟。居士錦帶，弟子縞帶，并紐約用組。

鄭氏曰：而素帶，終辟，謂諸侯也。諸侯不朱裏，合素爲之，如今衣帶爲之，下天子也。大夫亦如之。率，繂也。士以下皆禪，不合而繂積，如今作幓頭爲之也。辟，讀如「裨冕」之「裨」。裨，謂以繒采飾其側。人君充之，大夫裨其紐及末，士裨其末而已。居士，道藝處士也。此自「而素帶」，亂脱在是耳，宜承「朱裏，終辟」。

孔氏曰：自此以下至「皆從男子」，明帶及韠韍，及王后以下衣服等差，其文雜陳，又上下爛脱，今一依鄭註以爲先後：「天子素帶，朱裏，終辟。而素帶，終辟，大夫素帶，辟垂，士練帶，率，下辟，居士錦帶，弟子縞帶，并紐約用組，三寸，長齊于帶。紳長制：士三尺，有司二尺有五寸。子游曰：『參分帶下，紳居二焉。』紳、韠、結三齊。大夫大帶四寸。雜帶，君朱緑，大夫玄華，士緇辟二寸，再繚四寸。凡帶有率，無箴功。」此等總論帶之義也，今依而解之。天子以素爲帶，用朱爲裏，終竟帶身在要及垂，皆裨，故曰「終辟」。諸侯唯不以朱爲裏，亦用朱緑終裨。大夫不終裨，但以玄華裨其身之兩旁及屈垂者。士用孰帛練爲帶，用單帛，兩邊繂而已。繂，謂緶緝也。下裨者，但士帶垂者，必反屈嚮上，又垂而下。大夫則揔皆裨之，士則用緇，唯裨嚮下一垂者也。居士用錦爲帶，尚文也。弟子用生縞爲帶，尚質也。并，並也。紐，謂帶之交結處。以屬其紐約者，謂以物穿紐約結其帶。天子以下，其所紐約之物並用組爲之，故云「并紐約用組」。「三寸」者，紐約之組闊三寸也。❶約紐組餘長三尺，❷與帶垂者齊，故云「長齊于帶」。紳，謂帶之垂者。紳，重也，謂重屈而舒申。其制：士長三尺，有司長二尺五寸。引子游之言以證紳之長短。人長八尺，大帶之下四尺四寸，❸分爲三分，紳居二分，

❶「紐」字上，通志堂本、四庫本有「謂」字。
❷「約」字上，通志堂本、四庫本有「言」字。
❸「四寸」之「四」，通志堂本、四庫本作「五」，是。

長三尺也。「紳、韠、結三齊」者，紳謂紳帶，韠謂蔽膝，結謂約紐餘組。三者俱長三尺，故云「三齊」也。「大夫大帶四寸」，謂合素爲之，廣四寸。「雜帶」，雜，猶飾也。飾帶君用朱緑，大夫用玄華，士用緇也。「士緇辟二寸，再繚四寸」，謂用單練廣二寸。繚，繞也。再度繞要，亦四寸。「凡帶」，謂有司之帶。有繂，謂其帶既禪，亦以箴縷緝其側，但繂襵之而已，無別禪飾之箴功，故云「無箴功」。鄭註「人君充之」者，充，滿也。天子、諸侯飾帶從首及末，徧滿皆飾，故云「充之」。大夫飾其帶紐以下至於末。❶

山陰陸氏曰：搢笏於此，故連言之，非脱爛在是也。即承「天子朱裏終辟」，則不詞。士言練，大夫言素，相備也。相備而於士言練，則大夫以上宜有素者也。士練而後能率，下辟，帶以束縛辟之事也，而辟有降殺。紐，若今繫絛，用環。并紐，謂以二色爲之。然則并紐與約用組，蓋弟子之飾。

長樂陳氏曰：天子至士帶皆合帛爲之，或以素，或以練，或終辟，或辟垂，或辟下。其飾或朱緑，或玄華。蓋素得於自然，練成於人功，終辟則所積者備，辟垂、下辟則所積者少。朱者正陽之色，緑者少陽之雜，玄與緇者陰之體，華者文之成。天子體陽而兼乎下，故朱裏而禪以朱緑。諸侯雖體陽，而不兼乎上，故飾以朱緑，而不朱裏。大夫體陰而有文，故飾以玄華。士則體陰而已，故飾以緇。然

❶ 「夫」字下，通志堂本、四庫本有「但」字，是。

於大夫言帶廣四寸，❶則其上可知，而士不必四寸也。於士言紳三尺，則其上可知，而有司止於二尺五寸也。凡帶有率，無箴功，則帶縪而已，無刺繡之功也。以至并紐約組三寸，再繚四寸，紳、韠、結三齊，皆天子至士所同也。夫所束長於所飾，則失之大拘，所飾長於所束，則失之大文。紳、韠、結三齊，然後爲稱，則有司之約韠，蓋亦二尺五寸歟？古者於物言「華」，則五色備矣。於文稱「凡」，則衆禮該矣。鄭氏以華爲黄，以凡帶爲有司之帶，以率爲士與有司之帶，以辟爲裨，以二寸爲士帶廣，以至大夫以上用合帛，士以下禪而不合，皆非經據之論也。居士錦帶，然則所謂居士即命民，錦以其有備成之文也。居士，即處士也，有守節而不仕者，有成材而未仕者。《鄉飲酒禮》「主人就先生而謀賓介」。鄭氏謂「賓介，處士也」。《鄉射禮》：「徵唯所欲以告於先生君子可也。」鄭氏云：「君子，處士也。」此蓋處士之未仕者歟？《禮書》。

金華應氏曰：《管子》曰「處士就閒燕」，則士之未仕者也。然《書》曰「越百姓里居」，則居士非特窮而在下者也，抑士有學成德尊，不屑仕而君就命之，後世命隱逸之禮，即所謂飾車衣錦之命民歟？然士賤，縞布帶乃其常耳。退居而有錦帶，亦衆尊而奉之歟？

嚴陵方氏曰：辟，讀如開辟之「辟」。天子、諸侯始終皆辟者，象其德廣，所及始終如一也。蓋爲帶必有以裨其旁，固有開而廣之之意矣。上有「而」字，蓋衍文。

❶「然」，通志堂本、四庫本作「下文」。

無「諸侯」字，疑脱之也。帶之體用素者，示其有潔白之德，以約其身。帶之裏用朱者，示其有含陽之德藏於密。下言雜帶，君朱緑，則兼大夫、諸侯言之。其所異者，諸侯得以朱爲表，而不以之爲裏耳。凡帶繚於要者爲鞶，垂於前者爲紳。天子、諸侯終辟，則自鞶至紳皆辟也。大夫垂，則辟其紳而已，於鞶則否也。士下辟，則紳之下而已，於上則否也。自天子至於士，則隆殺可見矣。至於以潔白約其身，無貴賤一也，故悉以素爲體焉。率者，循其經緯之理而攝之也。言士如此，則舉卑以見尊。下言「凡帶有率，無箴功」，則知率固不止於士矣。居士有由中之良貴，則服錦帶以象之；弟子有受道之素質，則服縞帶以象之：亦唯其稱而已。或曰「縞」，或曰「素」，何也？所謂縞則素練而已，所謂素則凡未受采者皆是也。縞則生者而已，素則生孰是也。前言縞冠素紕，此其辨歟？然合而言之，皆白而已。紐則帶之交結也。合并其紐，用組以約之，則不可解矣。紳長制士三尺者，則自要而下三尺爲稱故也。言士如此則亦舉卑以見尊而已。有司謂府史之屬，欲其便於奔走之役，故特去其五寸焉。言大夫帶四寸，則亦舉卑以見尊也。不言士，則以獨二寸故也。言雜帶則知素帶之爲純，言素帶則知雜帶之爲采矣。大夫以玄，則失之大質，故又爲之華藻焉。士緇辟三寸，則半大夫之制故也。再繚四寸者，再繞於要，則合爲四寸矣。此所以爲半大夫之制歟？凡帶率之而已，故無用箴之功以縫之也。然帶之有辟，亦用箴矣。此所言謂率處無之耳。「肆束及帶，勤者有事則收之，走則擁之」者，束謂組也，以束約故謂之束，帶則紳。肆，故也，今也。以束帶之制其重如此，故令有事者收之，走則擁之，以示不敢瀆焉。有事收之於身，以服其勞也。走則不暇收之矣，姑擁之以手而已。

韠，君朱，大夫素，士爵韋。圜，殺，直：天子直，公侯前後方，大夫前方後挫角，士前後正。

鄭氏曰：韠之言蔽也。凡韠，以韋爲之，必象裳色。此玄端服之韠也。天子、諸侯玄端朱裳，大夫素裳，唯士玄裳、黄裳、雜裳也。皮弁服皆素韠。「圜，殺，直」，目韠制也。天子四角直，無圜、殺。公侯殺四角，使之方，變於天子也。所殺者，去上下各五寸。大夫圜其上角，變於君也。韠以下爲前，以上爲後。士賤，與君同，不嫌也。正，直、方之間語也。天子之士則直，諸侯之士則方。

孔氏曰：此一經總明韠韍上下尊卑之制。唯有「大夫大帶」一經厠在其中。案《士冠禮》玄端玄裳、黄裳、雜裳，爵韠，謂士玄端之韠。此云「士爵韋」，故知是玄端之韠也。「圜，殺，直」者，前方後挫角則圜也。「前後方」，則殺也。❶又「天子直」，故鄭云「目韠制也」。公侯「前後方」，是「殺四角」。上下各去五寸，所去之處以物補飾之，使方，變於天子也。鄭註「所殺者，去上下各五寸」者，案《雜記》云韠「會去上五寸」，是上去五寸。又云「紕以爵韋六寸，不至下五寸」，是去下五寸。鄭註《雜記》云：「會，謂上領縫也。

❶「則」字上，通志堂本、四庫本有「方」字，是。

領之所用，蓋與紕同。」如鄭此言，即上去五寸是領也。以爵韋爲領，故云「領之所用」「與紕同」。下云：「所去五寸，純以素。」故鄭註《雜記》云：「純紕所不至者五寸。」然則上去五寸是領也，下去五寸是純也。若然，唯去上畔下畔，而云「殺四角」者，蓋四角之處別異之，使殊於餘邊也。其會之下，純之上，兩邊皆紕以爵韋，表裏各三寸。故《雜記》云：「韠長三尺，下廣二尺，上廣一尺，會去上五寸。紕以爵韋六寸，不至下五寸，純以素，紃以五采。」韠制大略如此。但古制難知，不可悉識。「後挫角」，謂殺上角使圜，不令方也。註云「正，直、方之間語」者，正謂不衺也。直而不衺謂之正，方而不衺亦謂之正，故云「間語」。

長樂陳氏曰：韠之作也在衣之先，其服也在衣之後，其色則視裳而已。以其蔽前則曰韍，以其一巾足矣故曰韠，以色則曰緼，以緼質則曰韎韐。考之《士冠禮》，於皮弁、玄端皆言「韠」，特於爵弁言韎韐。《詩》於「素韠」言韠，於朱芾、赤芾乃言「芾」，是韠者芾之通稱，而芾與韎韐異其名，所以尊祭服也。君韠雖以朱，而諸侯朝王亦赤芾。《詩》曰「赤芾在股」、「赤芾金舄」是也。士雖以爵，凡君子之齊服皆爵韠，《記》曰「齊則綪結佩而爵韠」是也。《采芑》言方叔之將兵，韍亦以朱。《瞻彼洛矣》言作六師而韍以韎韐者，蓋兵事韋弁服，韋弁服纁裳，故貴者以朱芾，卑者以韎韐，韎韐即所謂緼韍。天子之韠直，❶其會龍、火與山；諸侯前後方，

❶「韠」，原作「韍」，今據通志堂本、四庫本改。

其會火以下；大夫前方後挫角，其會山而已。鄭氏謂山取其仁，火取其明，龍取其變，天子備焉。諸侯火而下，卿大夫山，士韎韋。以禮推之，周人多以近世之禮待貴者，遠世之禮待卑者，則鄭氏之説是也。《禮書》。

嚴陵方氏曰：韠，即芾也。古者蔽前，一巾而已，芾存此象焉。以其服在衣之後，故有畢之義焉。芾，又作「韍」，經所謂「緼韍」是也。又謂之韐，《冠禮》所謂「韎韐」是矣。若《詩》所謂「韎韐有奭」，則韋弁服以之代韠而已。説者以祭服曰韍，朝服曰韠，兵服曰韐，蓋無所據。至於以韋爲之，則一而已。士言爵韋者，舉卑以見尊也。曰君，則兼天子、諸侯言之矣。然《詩》以赤芾爲諸侯之服者，蓋諸侯之在國則朱韍，以存臨下之仁，在朝則赤韍，以示事上之禮故也。天子體天以臨下，故直；公侯法地以事上，故方。於方言前後，則直亦前後可知，所謂「直則必方」矣，所謂「方則未必直」也。此其所以爲殺歟？

山陰陸氏曰：朱，爵弁之韠；素，皮弁之韠；爵，玄端之韠。君主爵弁，大夫主皮弁，士主玄端，如是而後可知亦士言爵韋。容君朱，大夫素，或絲也。「圜，殺，直」，圜，前後正；殺，前後方；直，前方後挫角。天子直方，正於天下也；公侯前後方，殺於天子也；大夫前方後挫角，下於諸侯也；士前後正，無所不正也。❶天子直，不言前後，務廣天子也。士前後正，前亦挫角，於是爲正。

❶「正」，原作「下」，今據通志堂本、四庫本改。

延平周氏曰：士賤而無嫌，故正。雖正矣，未必直且方也。

某氏曰：事乎追琢之功，❶象取其回環屏翰之文。此笏之飾所以異。大夫、士取其堅直之勁節，而曰「裨冕搢笏」。《樂記》言武王之事，而曰行朝覲、郊射之禮，則見天子與射，固無説笏矣。牧野既事而搢笏、説劒以明端絜之有素也。弗再盥者，以明端絜之有素也。君前指畫，開陳事理，條析利害，不容不盡其情也。史進象笏於入見之先，書思對命於造見之頃，又退而書對揚之所命，毋敢廢忘終始，假笏亦可以言畢用矣。此言用笏之大凡也。若笏之度毫釐不爽，二尺象道之體，六寸象道之用，聖人貫三才而成位乎中，故其中博三寸。六分去一，適得五分，參天兩地之數也。去一爲言，猶大衍之數五十，其用四十有九歟？此制笏之大凡也。尊卑隆殺，厥有深意，孰敢以慢易之心臨之哉！

禮記集説卷第七十五

❶「事乎追琢」以下一段，原附於卷末，而不見所引何書。明本、通志堂本、四庫本均無。兹録以待考。今補「某氏曰」三字，置於此。

禮記集說卷第七十六

韠下廣二尺，上廣一尺，長三尺，其頸五寸，肩、革帶博二寸。

鄭氏曰：頸五寸，亦謂廣也。頸中央，肩兩角，皆上接革帶以繫之，肩與革帶廣同。凡佩，繫於革帶。

孔氏曰：其上下及肩與革帶俱二寸，韠繫於革帶。鄭恐繫於大帶，故云「凡佩，繫於革帶」。以大帶用組約，其物細小，不堪縣韠佩故也。

嚴陵方氏曰：下廣二尺以象地，上廣一尺以象天，長三尺以象三才，其頸五寸以象五行，「肩、革帶博二寸」以象陰陽。故其制如此。頸，中央也，以上下皆大，而中特小，如人之頸故也。肩，兩角也，以在兩旁，如人之肩故也。以繫於革，故并言革帶之博焉。

山陰陸氏曰：肩，齊也。韠自有帶，其繫處與革帶齊，後博二寸，容革帶博亦如之。

大夫大帶四寸。雜帶，君朱緑，大夫玄華，士緇辟，二寸，再繚四寸。凡帶有率，無箴功。

鄭氏曰：雜，猶飾也，即上之裨也。君裨帶，上以朱，下以緑終之。大夫裨垂，外以玄，內以華。華，黄色也。士裨垂之下，外內皆以緇，是謂緇帶。大夫以上以素，皆廣四寸。士以練，廣二寸，再繚之。凡帶，有司之帶也，亦綼之如士帶矣。無箴功，則不裨之。士雖綼帶裨，亦用箴功。凡帶不裨，下士也。此又亂脱在是，宜承「紳、韠、結三齊」。

孔氏曰：君謂天子、諸侯，飾帶外邊上畔以朱，朱是正色，故在上也。下畔以緑，緑是間色，故在下也。鄭註「外以玄，内以華」，近人爲内，遠人爲外。玄是天色，故在外。以華對玄，故以爲黄也。黄是地色，故在内也。士既練帶，而《士冠禮》謂之緇帶。據裨色言之，❶故謂之緇帶，以裨之外内皆用緇也。餘説見前經「而素帶，終辟」下。

延平周氏曰：於士帶言三尺，則士而上皆三尺也。於大夫言四寸，則大夫而上皆四寸也。士雖二寸，再繚之，亦四寸也。大以形言，雜以色言。凡帶即所謂「有司二尺有五寸」者。率者，欲其自直而已。有率，則有箴功，而言「無箴功」者，指其無所裨而言之。

山陰陸氏曰：天子雜帶蓋亦朱緑，而不言，則用全天子之事，雜非所言也，以君見之而已。雜帶猶言雜佩、雜裳。《冠禮》曰「玄裳、黄裳、雜裳可也」。雜裳，先儒謂前玄後黄。素帶，即大帶也。言素，以於雜帶爲素；言大，以於雜帶爲大。然則素帶，冕服之帶；雜帶，爵弁、皮弁玄端之帶。知然者，以爵弁服緇帶，皮弁服緇帶，玄端緇帶知之也。緑，木之間；華，土之間。先儒謂五間，緑、紅、碧、紫、騮黄。蓋所謂騮黄，驊騮也。據此大帶四寸，雜帶二寸，再繚四寸。雜帶之二，當大帶之一也。士緇，句。辟，句。二寸。句。

❶「裨」，通志堂本、四庫本作「韠」。下文「以裨」之「裨」同。

一命緼韍幽衡，再命赤韍幽衡，三命赤韍葱衡。天子素帶，朱裏，終辟。

鄭氏曰：此玄冕、爵弁服之韠，尊祭服，異其名耳。韍之言亦蔽也。緼，赤黄之間色，所謂韎也。衡，佩玉之衡也。幽，讀爲「黝」，黑謂之黝，青謂之葱。《周禮》：「公侯伯之卿三命，其大夫再命，其士一命，子男之卿再命，其大夫一命，其士不命。」

孔氏曰：鄭以上經是玄端服之韠，知此韠異於上也。此據有孤之國，以卿大夫雖三命、再命，皆著玄冕。若無孤之國，則三命、再命之卿大夫皆絺冕，不得唯玄冕也。爵弁，則士所服。他服稱韠，祭服稱韍，是異其名也。案《易·困卦》九二「朱韍方來，利用享祀」，是祭祀稱韍也。韍、韠皆言爲蔽，取蔽障之義也。案《毛詩傳》：「天子純朱，諸侯黄朱。」黄朱色淺，則亦名赤韍也。大夫赤韍，色又淺耳。有虞氏之前，直用皮爲之，後王漸加飾焉。《明堂位》云「有虞氏服韍，夏后氏山，殷火，周龍章」是也。此一命謂公、侯、伯之士。《士冠禮》「爵弁韎韐」，此「緼韍」則當彼「韎韐」，故云「所謂韎也」。《毛詩》云：韎韐，茅蒐染。齊人謂茅蒐爲韎韐聲也。茅蒐，則蒨草。以蒨染之，其色淺赤，則緼爲赤黄之間色。若子男大夫，俱名「緼韍」，不得爲韎韐也，以其非士故耳。《周禮·牧人》云：「陰祀用黝牲。」又孫炎註《爾雅》云：「黝青黑，葱則青之異色。」三命則公之卿玄冕，侯伯之卿絺冕，皆赤韍葱衡。

長樂陳氏曰：此一命於公侯則爲士，而子男則大夫也。再命於侯伯則爲大夫，而子男則爲卿者也。三命則侯伯之卿是已。《典命》所載可考，已見鄭註。蓋赤黄間而爲緼，則其色雜矣。雜則賤，故於士言之。赤則其色純矣，純則貴，故於卿大夫言之。以其如畢羅之可蔽，則爲韠。以其文飾之與裳辨，則謂之韍。可以爲祭服，亦可以爲朝服。鄭氏謂「尊祭服，異其名」，則以韍爲祭，韠爲朝，誤矣。

又曰：韍不獨祭服也。「服其命服，朱芾斯皇」，見於方叔；「赤芾朱舄」，又歌於會東都之諸侯。《禮》曰：「君朱，大夫素，士爵韋。」又曰「赤韍幽衡」、「赤韍葱衡」，若朝服也。然主人玄端素韠于廟門之内以筮日，則見於《士冠禮》之初，而緇衣則爵韠，皮弁則素韠，又序於《士冠禮》三加之際，則韠不得爲朝服也。

嚴陵方氏曰：韍，即韠矣。以前言天子、諸侯與在朝之臣，而此止言諸侯之臣，故變言之爾。韞，赤黄之色也。土出於火，土出則火藏矣。故其色謂之緼，緼者，藏也。衡，佩上璜也，以言其寓之以爲覆，則謂之璜；以言其横之以爲平，則謂之衡。一命其韍用緼，以見雖有所緼，未足以發見而著明也。再命、三命，爵位漸隆，足以發見而著明矣，故其韍用赤焉。

山陰陸氏曰：韎日在昧谷，緼日在暘谷之色。赤則既進矣，故韎韐昧也，進而爲緼，緼進而爲赤，赤進而爲朱。《詩》曰「朱芾斯皇，有瑲葱衡」，則三命赤芾。蓋朝會之服，士一命，皮弁素韠，三命爲爵弁韎韐。若加一命，是爲三命，服玄冕矣。玄冕以上服韍，所謂「一命緼韍幽衡」是也。又加一命，則服「赤芾幽衡」，又加一命，則服「赤韍葱衡」，是爲五命。

先儒謂三命以上皆服葱衡，此讀「三命赤韍葱衡」之誤。《詩》曰：「有瑲葱珩。」蒼，青之發也；葱，青之達也。辟，讀如字。《既夕禮》曰：「有前後裳不辟。」辟，辟之而已，若積無數。

延平周氏曰：「君朱，大夫素，士爵韋」者，言天子、諸侯與其在朝之臣也。「一命緼韍幽衡」而下，言諸侯之臣也。再命者，在大國則大夫而已，故衡與一命者同，所以示其卑也。在小國則卿也，故韍與三命同色，所以示其尊也。

某氏曰：❶自「韠，君朱」止「赤韍葱衡」，論韠。韠即芾也。朱素爵韋以辨其色，圜殺方直以辨其等，此其不同者，分也。下廣二尺以象地，上廣一尺以象天，長三尺以象三才，其頸五寸以象五行，其肩、革博二寸以象陰陽，此其不異者，制也。一命於公侯爲士而子男之大夫也，再命於侯伯爲大夫而子男之卿也，三命侯伯之卿是已。赤黄爲緼，其色雜，故於士言之。赤其色純，故於卿大夫言之。衡，佩上之瑀也。幽，其色黑而深晦；葱，其色蔚然可觀，朝祭用之。韍，即韠也，皆言其蔽。虞以皮，後王漸加飾焉。在士曰韎韐，進爲緼，緼進而赤，赤進而朱。位高而愈顯，此其別也。禹致力乎韍冕，《詩》「朱芾斯皇」，皆韠也。

王后褘衣，夫人揄狄。

鄭氏曰：褘，讀如「翬」；揄，讀如「摇」。翬、摇皆翟雉名也。刻繒而畫之，著於衣

---

❶「某氏曰」爲校點者所加。該段原附在卷七十五之後，且不知出自何書，今據内容移至此。明本、通志堂本、四庫本均無。

以爲飾，因以爲名也。後世作字異爾。夫人，三夫人，亦侯伯之夫人也。王者之後，夫人亦禕衣。

孔氏曰：自此至「男子」一節，論王后以下命婦之服，惟有「三寸，長齊于帶」一經厠在其間。禕衣，六服之最尊也。狄，讀如「翟」。鄭註《内司服》引《爾雅·釋鳥》：「伊雒而南，素質五色皆備成章曰翬。江淮而南，青質五色皆備成章曰摇。」鄭又云：「王后之服，刻繒爲之形而采畫之，❶綴於衣以爲文章。禕衣，畫翬者。揄翟，畫摇者。闕翟，刻而不畫。從王祭先王則服禕衣，祭先公則服揄翟，祭群小祀則服闕翟。鞠衣，黄桑服也。色如鞠塵，服之以告桑。展衣，以禮見王及賓客。褖衣，御于王之服。闕翟赤，摇翟青，禕衣玄，鞠衣黄，展衣白，褖衣黑。」其六服皆以素沙爲裏。❷鄭註以經王后、夫人其文相次，故以夫人爲三夫人，但三夫人與三公同對王爲屈，三公執璧與子、男同，則三夫人亦當與子、男夫人同。故鄭註《司服》疑而不定，云「三夫人，其闕狄以下乎」，爲兩解之也。王者之後自行正朔，與天子同，故祭其先王亦禕衣也。若祭先公，則降焉。魯祭文王、周公，其夫人亦禕衣。故《明堂位》云「夫人副禕，立于房中」是也。

長樂陳氏曰：九者，陽之窮，故王之吉服九。六者，陰之中，❸故后之吉服六。王之服九而祭服六，后之服六而祭服三，以

❶「而」，原重，據通志堂本、四庫本删。
❷「沙」，通志堂本、四庫本作「紗」，是。
❸「中」，通志堂本、四庫本作「終」，是。

婦人不預天地、山川、社稷之祭故也。王之服衣裳之色異，后之服連衣裳而其色同，以婦人之德本末純一故也。王之服襌而無裏，后之服裏而不襌，以陽成於奇，陰成於耦故也。素質，義也；青質，仁也；五色皆備成章，禮也。有仁義以爲質，有禮以爲文，后之德如此而已。然地道尚義，故褘衣爲上，揄狄次之。言衣，則知揄之爲翟。闕狄，❶《周禮》謂之「闕」，《禮記》謂之「屈」，則其制屈於揄、褘而已。三翟，蓋皆畫之於衣，如王冕服。鄭、賈之徒謂：褖衣黑而象水，水生於金，故展衣白。金生於土，故鞠衣黄。土生於火，故闕狄赤。火生於木，故揄狄青。五色之上，則玄而已，故褘衣玄。祭先王服褘衣，祭先公服揄狄，羣小祀服闕狄，蠶則服鞠衣，以禮見王及賓客服展衣，燕居及御于王則服褖衣。崔靈恩謂王后三翟，數皆十二。王者之後、諸侯夫人、三公而下夫人，雉數如命數，於理或然。《詩》曰「其之翟也」，而繼之以「胡然而天，胡然而帝」，則德當神明可知矣。曰「其之展也」，而繼之以「展如之人，邦之媛也」，則行配君子可知矣。然謂「二翟刻繒畫之綴於衣，闕翟刻之而不畫」，其說無據。夫黄者陰之盛色，蠶而服之，以其帥外内命婦而蠶，使天下之嬪婦取中焉，后事之盛也。白者陰之純色，見王及賓客服之，以其見王及賓客無事乎飾，一於誠焉，后禮之懿也。黑者陰之正色，纁者陰之上達，褖則循緣之也。燕居及御于王服之，以其體貴至正，以上達爲循

❶「狄」，通志堂本、四庫本作「翟」。

褖而已，后行之盛也。《玉藻》所謂「夫人揄翟，君命屈狄，再命鞠衣，士褖衣」者，《周官·内司服》「辨外内命婦之服，鞠衣、展衣、褖衣」。鄭氏以爲：「内命婦之服，鞠衣九嬪也，展衣世婦也，褖衣女御也。外命婦者，其夫孤也，則鞠衣；卿大夫也，則展衣；士也，則褖衣；三夫人及公之妻，其闕狄以下乎？侯伯之夫人揄狄，子男之夫人亦闕狄，唯二王後褘衣。」然《記》言「士褖衣」，則明婦命眂夫也。言君命則明再命、一命，非女君也。蓋子男之夫人闕狄，侯伯之夫人揄狄，公之夫人褘衣。公之夫人褘衣，《記》稱「夫人副褘」是也。再命鞠衣，則上至於四命可知也。鄭氏謂侯伯之夫人揄狄，子男之夫人屈狄，孤鞠衣，卿大夫展衣，士褖衣，而改「褘」爲「鞠」，其説是也。謂「三夫人及公之妻闕狄」，誤矣。《王制》言「三公一命衮」，則三公在朝鷩冕，其妻揄狄可知也。《玉藻》言「夫人揄狄」，則三夫人揄狄可知也。公之夫人褘衣，而《明堂位》言「魯夫人副褘」者，魯侯得用衮冕，則夫人副褘可知也。《少牢》大夫之妻衣侈袂，則其上至后夫人之袂皆侈，特士妻褖衣之袂不侈。《禮書》。

嚴陵方氏曰：言褘衣，則以知揄之爲衣；言揄狄，則以知褘之爲狄。自鞠衣而下不言「狄」，則以不畫狄故也。褘衣畫狄而不言，則以尊而無嫌故也。六服之制，上得以兼下，下不得而僭上焉。后之褘衣猶王之大裘，乃至尊之所獨也，故曰「王后褘衣」。揄狄則諸侯、公夫人之所同，猶上公與王同服衮冕也，故曰「夫人揄狄」。言諸侯夫人服此，則自侯、伯而下服屈狄可知。屈狄亦三夫人與三公之夫人所服。三夫人，君之内命婦也，三公之夫人，君之外命婦也，故曰「君命屈狄」。然降於諸公之夫人一等者，猶三公在朝，則服鷩冕也。屈狄爲君之命婦，則鞠衣而下皆臣之命婦服而已。若子、男之卿再命，其婦則從夫之爵，故曰「再命鞠衣」。其大夫一命，故曰「一命展衣」。其士不命，故曰「褖衣」而已。臣之命婦不比於子、男，而是爲言者，舉卑以見尊也。經之所言，皆以互相明爾。王后必以狄爲尚，何也？蓋狄之爲性，則交有時，别有倫，守死而不犯分焉，婦人之德所宜，以至后之五路皆重翟者，其義亦若是而已。内之二十七世婦，以應外之二十七大夫，言世婦如此，則大夫而下，其妻可知。

延平周氏曰：翬、翟皆雉也。蓋以其飛有時，别有倫，與夫文明可以爲飾。夫人，兼王與大國也。揄狄爲大國，則屈狄者小國而已。禕衣之色玄，北方之色也。揄狄之色青，東方之色也。北方陰，陰主静，東方陽，陽主動。婦道以静爲貴，故王后禕衣，夫人揄狄。屈狄之色赤，南方之色也。以其刻而不畫，則於文爲闕，於禮爲屈。故小國之夫人服之。「再命禕衣」，先儒以爲鞠衣，是矣。蓋鞠衣服之以桑，故其色黄，象桑之始生，示其及時事也。此再命者所以服之。《内司服》辨外内命婦之服自鞠衣始，蓋自再命已下言之也。襢衣命以實，所以象婦德；褖衣命以褖，象其婦道而已，婦道，陰也，故其色黑。

山陰陸氏曰：禕衣當衮冕，揄狄當鷩冕，

闕狄當毳冕，鞠衣當希冕，襢衣當玄冕爵弁，褖衣當皮弁，宵衣當朝服玄端。知然者，以主人爵弁纁裳，女次純衣纁袡，大夫以玄頍，世婦以襢衣，從者畢玄端，姆纚笄宵衣在其右。諸侯以朝服視朝於内朝，夫人纚笄而朝，則有君臣之嚴知之也。男子褖衣白，婦人褖衣亦白。褖衣白，襢衣赤，鞠衣黄，揄狄青，褘衣玄。闕狄視揄狄少闕而已，則亦青可知。玄，北方也，青次之，赤次之，白又次之，鞠衣以黄在中。

三寸，長齊于帶。紳長制：士三尺，有司二尺有五寸。子游曰：「參分帶下，紳居二焉。」紳、韠、結三齊。

鄭氏曰：三寸，謂約帶紐組之廣也，長齊于帶，與紳齊也。紳，帶之垂者也，言其屈而重也。《論語》曰：「子張書諸紳。」有司，府史之屬也。三分帶下，而三尺，則帶高於中也。結，約餘也。此又亂脱在是，宜承「約用組」。結，或爲「衿」。

孔氏曰：鄭註言「其屈而重」者，解垂帶名紳之意。申，重也。餘見前。

延平周氏曰：大帶之下四尺五寸，故叄分帶下，紳居二焉，則紳有三尺，韠與結亦三尺也，故「紳、韠、結三齊」。韠，蔽之也。蓋君子之道，長於檢束于内而不知蔽護于外者，不足以接人；長於蔽護于外而不知檢束于内者，不足以成己。此紳、韠、結所以三齊者也。

君命屈狄，再命褘衣，一命襢衣，士褖衣。

鄭氏曰：君，女君也。屈，《周禮》作「闕」，謂刻繒爲翟，不畫也，此子、男之夫人及其卿、大夫、士之妻命服也。褘，當爲「鞠」，字之誤也。禮，天子、諸侯命其臣，后夫人亦命其妻以衣服，所謂「夫尊於朝，妻榮於室」也。子、男之卿再命，而妻鞠衣，則鞠衣、襢衣、褖衣者，諸侯之臣皆分爲三等，其妻以次受此服也。公之臣，孤爲上，卿、大夫次之，士次之。侯、伯、子、男之臣，卿爲上，大夫次之，士次之。褖，或作「稅」。

孔氏曰：女君，謂后也。以禮，君命其夫，后命其婦，則子、男之妻不得受天子之命，被后之命，❶故云「君命屈闕」也。❷直刻雉形，闕其采畫，故云「闕狄」也。褘衣是王后之服，故鄭知當爲「鞠」，謂子、男卿妻服鞠衣也。襢，展也。子、男大夫一命，其妻服展衣，子、男之士不命，其妻服褖衣也。《典命》云「子、男之卿再命，其大夫一命，其士不命」，此云「再命褘衣，一命襢衣，士褖衣」，又承「闕狄」下，正與子、男同。故知據「子、男大夫及卿、大夫、士之妻」也。❸

長樂陳氏、延平周氏說見前。

山陰陸氏曰：屈狄，其夫五命之服也。蒙上又兩加命，是爲九命。所謂「再命褘衣」者此歟？不言五命屈狄，而言君命，著君命以奇，自五而加焉，一加爲七命，又一加爲九命矣。士一命，其妻褖衣，若加一命，是爲大夫，則其妻服襢衣，所謂「一命襢衣」者此歟？據侯、伯之卿三命，其大夫再命，其士一命，不言士褖衣，一命襢衣，而言「一命襢衣，士褖衣」，使士在下也。

❶「被」，通志堂本、四庫本作「受」。
❷「闕」，通志堂本、四庫本作「狄」，是。經文作「狄」。
❸上「大夫」，通志堂本、四庫本作「夫人」，是。經文作「之夫人」。

金華范氏曰：自「王后褘衣」止「士褖衣」。自王至士其配各有服，其服各有等。王之服衣裳之色異，后之服連衣裳而其色同，以婦德本末之純一也。王后而下服分六等，各視其夫爵，以位爲之隆殺也。世婦而上各分六等，由君而命以德爲之隆殺也。唯世婦命於奠繭，昭婦功也。其他皆從男子，昭婦順也。六宫之内，后親蠶，世婦以下皆分繭，稱絲效功以共冕服。百官之衆，夫尊於朝，婦榮於室，位高而後身顯，無敢覬覦。一衣服之間，區別如此，安有不稱其服者乎？如是然後家齊而國治。

唯世婦命於奠繭，其他則皆從男子。

鄭氏曰：奠，猶獻也。凡世婦已下，蠶事畢，獻繭，乃命之以其服。天子之后、夫人、九嬪及諸侯之夫人，夫在其位，則妻得服其服矣。自「君命屈狄」至此，亦亂脱在是，宜承「夫人揄狄」。

孔氏曰：世婦謂天子二十七世婦以下也。獻繭，謂世婦及命婦入助蠶畢獻繭也。凡獻物必先奠於地，故云「奠」。凡夫尊於朝，妻榮於室，❶皆得各服其命服。今唯世婦及卿大夫之妻並卑，雖已被命，猶不得即服命服，必又須經入助蠶，蠶畢獻繭，繭多功大，更須君親命之著服，乃得服爾。故云「命於奠繭」。鄭註云「已下」，則女御亦然。其他謂后夫人九嬪及五等諸侯之妻也。其夫得命，則其妻得著命服，不須奠繭之命，故云「皆從男子」。

延平周氏曰：二十七世婦，即外之二十

❶「榮」，通志堂本、四庫本及《禮記正義》作「貴」。

七大夫也。世婦已下必待奠繭然後命之，則大夫已下，其妻亦若是矣。必命於奠繭，其意以爲有功於祭服，然後可以受此命也。

山陰陸氏曰：凡奠繭獻而後奠，正言奠繭，著命世婦在既奠之後。其他皆從男子，以無奠繭之事也，亦著世婦以功受服，不專爲夫。

凡侍於君，紳垂，足如履齊，頤霤垂拱，視下而聽上，視帶以及袷，聽鄉任左。

鄭氏曰：紳垂則磬折也。齊，裳下緝也。袷，交領也。

孔氏曰：自此至「不俟車」一節，論人臣侍君，及被君召之儀。凡者，臣無貴賤，皆然。紳，大帶也。身直則帶倚，磬折則帶垂。身折則裳前下緝委地，故行則足恒如踐履裳下也。霤，屋簷。身俯，故頸臨前，❶垂頤如屋霤。垂拱者，拱，沓手也。身俯則宜手沓而下垂也。視下者，視高則傲，故下矚也。聽上，謂聽尊者語宜諦聽，故仰頭而面鄉上以聽之也。視帶以及袷者，視尊者之處也。視君之法，下不過帶，高不過袷。故《曲禮》云「凡視，上於面則敖，下於帶則憂」是也。「聽上」及「聽鄉任左」，皆備君教使也。侍君之時，君坐，故侍者在右。是以聽鄉皆以左爲任，謂以左耳近君也。

嚴陵方氏曰：頤霤，則首俯而頤傾如簷霤也。身屈，故手垂。高目下耳，以尊臨卑之道；視下聽上，以卑事尊之道。

慶源輔氏曰：垂而拱，則不盡垂也。

山陰陸氏曰：鄉，目所向，右耳目不如左

❶「頸」，通志堂本、四庫本及《禮記正義》作「頭」，是。

明，亦左無爲之地。

凡君召以三節，二節以走，一節以趨。在官不俟屨，在外不俟車。

鄭氏曰：節，所以明信，輔君命也。使使召臣，急則持二，緩則持一。《周禮》曰：「鎮圭以徵守。」其餘未聞也。今漢使者擁節。不俟，趨君命也。必有執隨授之者。官謂朝廷治事處。

孔氏曰：節以玉爲之。君使使召臣有二節時，有一節時，故合云三節。急則二節，臣故「走」也。緩則一節，臣故「趨」也。在外，謂其室及官府也。在官，近，不須車，故言「屨」。在外，遠，故云「車」。《周禮·典瑞》徵召守國諸侯，以鎮圭召之。漢時使人持節召臣。　庾氏曰：召以節者，謂急則以二節，緩則以一節。急緩不出於三耳，不謂節盡於三也。

嚴陵方氏曰：《孟子》言「旌以招大夫，旂以招士，皮冠以招虞人」，皆召以節之義也。凡趨疾於行，走又疾於趨。趨則自束攝散亂焉，走則趨前之速矣。言官以知外之爲私，言外以知官之爲内。孔子之不俟駕，皆爲是也。孟子聞王命，而遂不果，何哉？孔子臣道，孟子師道也。且爲師矣，雖天子不召師，而況諸侯乎？

山陰陸氏曰：節有疏數，一節，而二則數矣。故君召，二節以走，一節以趨。

慶源輔氏曰：先云「二節以走」，趨君命，主疾。

金華應氏曰：器以藏禮，禮以出信也，故進人以環，聘賢以幣，招大夫以旌，皆以出信也。節之以一、以二，以意而示緩急，亦若此歟？制命爲義，承命爲信也，故在廟則駿奔走，見君則趨進，没階翼如，皆以承命也。召而或走或趨，亦隨事而爲緩急歟？「自公召之，顛倒裳衣」，何暇於俟屨？「君命召，不俟駕，行矣」，何暇於俟車？蓋古者官府皆近列於朝廷之側，所謂在官猶在公也。席地而坐，登席則解屨，慮其汙也。造次聞召，未容遽納，故或不容於俟屨。及退食於家，出行於外，則徒馭皆散，倉卒未易遽集，故或不容於俟車，然亦豈終於跣足而徒步哉？倉卒承命，而屨與車隨之而後耳。

金華范氏曰：❶自「凡侍於君」止「聽鄉任左」，侍君之儀。「凡君召」止「不俟車」，被召之儀。立凡以言例，所謂凡無貴賤皆然。事有常儀，宜有常心矣。禮達分定，所以一人心定衆志，而緩急疾徐如手足之應腹心，又見分嚴而情通也。

士於大夫，不敢拜迎而拜送。士於尊者先拜，進面，答之拜則走。

鄭氏曰：不敢拜迎，禮不敵，始來拜，則士辟也。士往見卿大夫，卿大夫出迎答拜，亦辟也。

孔氏曰：此一節明士於尊者之法。大夫詣士，禮既不敵，故士不敢迎而先拜，大夫雖拜，士則辟之也。「而拜送」者，案《儀禮》但是主人送賓皆再拜，賓不答拜，鄭註云「禮有終故也」。士於尊者，謂往詣卿大夫，❷即先於門外拜之，拜竟，乃進面，親相見也。若大夫出迎而答拜，則士走辟之。

慶源輔氏曰：拜迎，則勞尊者之答己；拜

---

❶「金華范氏曰」一段，原在卷末，今據通志堂本、四庫本移至此。

❷「謂」字下，通志堂本、四庫本有「士」字，是。

送，則盡己之敬。

嚴陵方氏曰：尊者則不必大夫，凡在己上者皆是也。「先拜，進面」者，先拜於門，然後進相見也。

士於君所，言大夫没矣則稱謚若字，名士。與大夫言，名士，字大夫。

鄭氏曰：君所，大夫存亦名。

孔氏曰：此一節論士於君及大夫之所言羣臣之法。君前臣名，若大夫生則士呼其名，大夫已没而士於君前言則稱謚，無謚則稱字。士賤，雖已死，猶呼其名。若士與大夫言及他大夫、士，則士呼名，大夫呼字。若大夫、士卒，則字士，謚大夫。

嚴陵方氏曰：没，死也。以生若浮，則死爲没矣。

山陰陸氏曰：《春秋》書孔父、夷伯，此没矣則稱字之證也。

金華應氏曰：隱其名，而舉其謚與字，非獨自謹分守、存謙退，亦所以體君上尊賢貴貴、隱卒崇終之心也。

於大夫所，有公諱，無私諱。凡祭不諱，廟中不諱，教學、臨文不諱。

鄭氏曰：公諱，若言語所辟先君之名也。凡祭，祭羣神。不諱，謂祝嘏之辭中有先君之名者。廟中上不諱下。教學、臨文不諱，爲或未知者。❶

孔氏曰：此論諱與不諱之法。士及大夫言，但諱君家，不自私諱父母。敬大夫，故不重敬也。祭社稷山川百神，祝嘏辭中有先君之名，不諱之。廟中有事於祖則不諱父，有事於父則諱祖。教學，謂師長也。若諱，則疑誤後生。臨文，謂簡牒

❶ 「或」，通志堂本、四庫本作「惑」。

及讀法律之事，諱則失於事正。

嚴陵方氏曰：此一節與《曲禮》所言文雖小異，而義則一也。彼言君所，此止言大夫者，舉卑以見尊也。此言教學，彼則不言者，以《詩》《書》見之也。凡祭則廟中在其間矣，而重言之者，廟中上不諱下，與凡祭異，故重言之。《曲禮》不言凡祭者，舉親以見疏也。

金華范氏曰：自「士於大夫」止「臨文不諱」，論士大夫交際與名諱之法。先之以事君之禮，繼之以卿大夫、士交際之禮，蓋次第等級，士知有大夫，大夫知有君，其義然也。貴貴尊賢之義並行不悖於其下，然後同心協志一德以尊于天子，制禮之意深矣，不特其生爲然也。周人以諱事神，名終將諱之。然君所無私諱，廟中不諱，而義達于上下，貫于幽明矣。教學臨文，豈可以一日之避就，而失萬世之經哉？

古之君子必佩玉，右徵、角，左宮、羽，趨以《采齊》，行以《肆夏》，周還中規，折旋中矩，❶進則揖之，退則揚之，然後玉鏘鳴也。故君子在車，則聞鸞和之聲，行則鳴佩玉，是以非辟之心無自入也。

鄭氏曰：玉比德焉。君子，士已上也。徵、角在右，事也，民也，可以勞。宮、羽在左，君也，物也，宜逸。此謂玉聲所中也。門外謂之趨。齊，當爲「楚薺」之「薺」。《采齊》，路門外之樂節也。《肆夏》，登堂之樂節。周還，反行也，宜圜。折還，曲行也，宜方。揖之，謂小俛，見於前也。揚之，謂小仰，見於後也。鏘，聲貌。鸞在衡，和在式。自，由也。

❶「旋」，通志堂本、四庫本及《禮記》作「還」。

孔氏曰：自此至「綦組綬」一節，廣明佩玉之事。案《詩·秦風》云：「言念君子，温其如玉。」《聘義》云「温潤而澤，仁也」至「浮筠旁達，❶信也」，是玉以比德。下文「天子佩白玉」，下至士，是君子含士以上也。所佩之玉中徵、角、宫、羽之聲。案《樂記》：「角爲民，徵爲事。」右是動作之方，而佩徵、角。事則須作而成，民則供上役使，故可勞而在右。又《樂記》：「宫爲君，羽爲物。」左是無事之方，君宜静而無爲，物宜積聚，故在於左，所以逸也。路寢門外至應門謂之「趨」，於此趨時，歌《采齊》爲節。路寢門内至堂謂之「行」，於行之時，則歌《肆夏》之樂。《爾雅·釋宫》云：「室中謂之時，堂上謂之行，堂下謂之步，門外謂之趨，中庭謂之走，大路謂之奔。」此對文爾。總而言之，門内謂之行，門外謂之趨。鄭註反行謂倒行，反而行，假令從北嚮南，或從南嚮北。曲行，謂屈曲而行，假令從北嚮南，行曲折而東嚮西嚮也。揖，俯也。若行前進，則身恒小俯俛也。揚，仰也。卻退還行，則身微仰也。進俯，則佩嚮前垂而見之；退仰，則佩嚮後垂而見之，然後佩離身而直行摇動，佩自擊，所以玉聲得鏘鏘而鳴也。君子恒聞鸞和佩玉之正聲，是以非類邪僻之心無由入於身也。此謂平常所乘之車，若田獵之車，則鸞在馬鑣。故注《秦詩》云「置鸞於鑣，異於乘車」。

長樂陳氏曰：古之君子必佩玉。其制上

❶「浮筠」，通志堂本、四庫本作「孚尹」，《禮記正義》作「孚筠」，表意同。

有折衡，下有雙璜，中有琚瑀，下有衝牙，貫之以組，❶納之以蠙珠，而其色有白、蒼、赤之辨，其聲有角、徵、宫、羽之應，其象有仁、智、禮、樂、忠、信、道、德之備。或結或垂，所以著屈伸之理；或設或否，所以適文質之儀。此所以純固之德不内遷，非僻之心無自入也。蓋衡以平其心，璜以中其德，琚欲其有所安，牙欲其有所制。右徵、角，所以象事與民，左宫、羽，所以象君與物。趨以《采齊》，行以《肆夏》，所以比於樂。周還中規，折還中矩，所以比於禮。進則揖之於前，退則揚之於後，則佩之爲物奚適而非道耶？蓋民爲貴，君爲輕，事爲先，物爲後。能治民然後能安君，能應事然後能生物。此所以事與民在所右，而物與君在所左也。

又曰：《書傳》曰：「天子左五鐘，右五鐘。出撞黄鐘，右五鐘皆應，然後大師奏登車，告出也。入撞蕤賓，左五鐘皆應，然後少師奏登堂就席，告入也。」《周禮·樂師》「行以《肆夏》，趨以《采齊》」，自其出言之也，則黄鐘之鐘所以奏《肆夏》也。《禮記》「趨以《采齊》，行以《肆夏》」，自其入言之也，則蕤賓之鐘所以奏《采齊》也。出撞陽鐘，而陰鐘應之，則動而節之以止也。入撞陰鐘，而陽鐘應之，則止而濟之以動也。動而節之以止，則無過舉；止而濟之以動，則無廢功。《肆夏》非特施於王行也，享牧伯亦用焉。《春秋傳》稱「三夏，天子所以享元侯」是也。非特享牧伯也，而送助祭者亦用焉。《禮記》稱「大饗，其王事與？其出也，《肆夏》送

---

❶「組」字下，通志堂本、四庫本及《禮書》有「綬」字，是。

之」是也。諸侯之禮有《肆夏》無《王夏》，大夫之禮有《陔夏》無《肆夏》，故《燕禮》「奏《肆夏》」，則諸侯有《肆夏》無《王夏》可知。《鄉飲酒》奏《陔夏》以送賓，而《禮》譏大夫之奏《肆夏》自趙文子始，則大夫有《陔夏》無《肆夏》可知。夫王食則以樂侑之，言則以樂歌之，行則以《肆夏》、《采齊》以節之，❶登車則有鸞和以和之。然則王之所以言語、飲食、行趨、登車之際，無非樂音，樂以樂之，❷禮以節之，則純和之志不內散，而非僻之心無自入焉，所謂「禮樂不可斯須去身」者此也。《禮書》。❸

嚴陵方氏曰：曰「古之君子」，以見佩之所設其所由來尚矣。佩上有一瑀，下有二璜。瑀奇，天道也；璜耦，地道也。上有二珩，中有一琚。瑀又謂之衡，衡之以爲平也。珩又謂之衡，衡行也。人行亦行耳，則佩之設也，豈苟然哉？徵、角爲陽，宮、羽爲陰，陽主動，陰主静。右佩陰也，而聲中徵、角之動；左佩陽也，而聲中宮、羽之静，何哉？蓋佩所以爲行止之節，時止則止，時行則行，此設佩之意也。知行而不知止，則動或生悔，知止而不知行，則静或失時。以處静必知動，故右之聲而中徵、角之陽；以即動必知静，故左之聲而中宮、羽之陰焉。先右而後左者，體以右爲尊故也。❹至於言「結佩」、「設佩」，則先左而後右者，德尊而事

❶「則以」之「以」，通志堂本、四庫本作「有」。
❷「樂以樂之」，原作「以樂之樂」，據通志堂本、四庫本及《禮書》改。
❸「禮」字上，通志堂本、四庫本有「並」字。
❹「體」，通志堂本、四庫本作「禮」，是。

卑故也。此所以爲德佩、事佩之辨。而五聲之中獨無商者，則與《周官》言宫之樂無商義同。蓋佩之象德也，而基德者必以温；樂之享神也，而懷神者必以柔。商於四時爲秋，秋之氣肅，非所以爲温故也。於五行爲金，金之性剛，非所以爲柔故也。孔子不云乎，「君子之音，温柔居中，以養生育之氣」，蓋謂是矣。唯射樂則偃旌以商者，以習武故尚義也。齊，《周官》作「薺」，當以《周官》爲正。《采薺》，蓋逸《詩》。《肆夏》即《九夏》之一也。周旋則其步緩而曲，曲則圜前，故中規。折還則其步疾而直，直則方後，故中矩。中規，仁也；中矩，義也。君子雖行步，而不忘仁義焉。玉鏘然而鳴，則右中徵、角，左中宫、羽。在車則聞鸞和之聲，行則鳴佩玉。《經解》所謂「行步則有環佩之聲，升車則有鸞和之音」者是矣。夫環佩以玉爲之，則陽精之所生；鸞和以金爲之，則陰精之所成。陽主仁，陰主義。環佩入而在内之節也，鸞和出而在外之節也。君子存心以仁爲本，故行則鳴玉佩；制事以義爲先，故在車則聞鸞和之聲焉。有仁義，則所習者是，所從者正，是以非辟之心無自入也。曰鸞以見和之爲和，曰和以見鸞之爲唱。鸞以體言也，和以用言也。以鸞和之聲美，故因取象焉。

延平周氏曰：五音惟宫、徵有變，變者臨人之道，常者事人之道。故右則徵在上，而左則宫在上也。不用商，何也？所謂右徵、角者，非不具五聲也，特以角、徵爲均。所謂左宫、羽者，亦非不具五聲也，特以宫、羽爲均。蓋樂之有均，猶人之有主。商，臣也，其可以爲主乎？《爾雅》曰：「堂上謂之行，堂下謂之趨。」《樂師》曰：「行以《肆夏》，趨以《采薺》，車亦如之。」是行之與車，出之與入，於堂上，則皆以《采薺》爲節，在門外，則皆以《肆夏》爲節。還有止意，言「周還」以對於「折還」，則周還爲行，折還爲止。於進言揖，則知退爲讓，於退言揚，則知進爲抑。在軾曰和，在鑣曰鸞。蓋和者象其皇之和，鸞者象其鸞之鳴。故《韓詩内傳》曰：「馬動則鸞鳴，鸞鳴則和應。」

新安朱氏曰：「周旋中規，折旋中矩」，周旋是直去却回來，其回轉處，欲其圜如規也。折旋是直去了復横去，如曲尺相似，其横轉處，欲其方如矩也。

建安真氏曰：古之君子於所以養其心者，無不至也。佩玉中宮、徵之音，❶步趨有《詩》、樂之節，行必中規矩。在車則聞鸞和，進退俯仰之間，出入動静之際，莫不節之以禮，和之以樂。故於是時，防邪僻而導中正，其爲功也易。近世一切無之，而所以營惑斲喪者，❷則不可勝數。故於是時防邪僻而導中正，其爲力也難。夫惟知其難而益勉持敬之功，庶乎非僻無自而入矣。

君在不佩玉，左結佩，右設佩。居則設佩，朝則結佩，齊則綪結佩而爵韠。

鄭氏曰：出所處而君在焉，則去德佩而設事佩，辟德示即事也。❸結其左者，若

❶「徵」，原作「祉」，今據通志堂本、四庫本及真德秀《大學衍義》卷三十改。

❷「營」，通志堂本、四庫本及真德秀《大學衍義》卷三十作「熒」。

❸「德」字下，通志堂本、四庫本有「而」字。

於事有未能也。結者，結其綬，不使鳴也。此謂世子也。居則設佩，謂所處而君不在焉。朝於君，則結佩，亦結左也。齊則綪結佩，綪，屈也。結又屈之，思神靈，不在事也。爵韠者，齊服玄端。

孔氏曰：世子出所處而與君同在一處，則不敢佩玉。玉以表德，去之示己無德也。下云「朝則結佩」，謂朝時，則此「君在」非朝處也。❶知爲世子者，以臣之對君，則恒佩玉。故下「君子無故，玉不去身」。前文云「然後玉鏘鳴也」，是臣之法朝君備儀盡飾，❷當佩玉。今云「君在不佩玉」，故知非臣。下云「世子佩瑜玉」，是以知世子也。左結佩者，謂結玉佩，不使鳴，非謂全去也。右設佩者，謂設事佩，木燧大觿之屬也。居則設佩，朝則結佩，亦皆謂世子。齊則綪結佩，則謂凡應佩玉之人，非唯世子也。綪結佩，謂結其綬而又屈上之也。而爵韠者，謂士玄端齊，故爵韋爲韠也。 熊氏曰：爵韠，謂諸侯而下皆以玄端齊而以爵韋爲韠，同士禮，以其齊，故不用朱韠、素韠也。

長樂陳氏曰：古者有德佩，有事佩。德佩則左右皆玉，事佩則左紛帨、右玦捍之類。左佩皆有五，右佩皆六，以左陽而奇，右陰而耦故也。左佩者小，右佩者大，以左手足不如右强故也。先設事佩，次加德佩，以事成而下，德成而上故也。《詩》言「佩觿」、「佩韘」，乃言「容兮」、「遂兮」，是先設事佩，後設德佩也。此經鄭氏以爲世子之禮，是也。臣於君所佩必

❶ 「則」，通志堂本、四庫本及《禮記正義》作「明」，是。

❷ 「法」，通志堂本、四庫本作「去」。

垂委，而朝必鳴玉，是與世子之禮異也。考之《内則》，男女未冠笄，衿纓佩容臭而已，則佩者成人之服也。《衛詩》以惠公驕而無禮，故譏以「童子佩觿」、「童子佩韘」，以言無成人之德而服成人之服也。《子衿》詩曰「青青子佩」，蓋亦指成人者言之。齊所以致精明之德，佩既結矣，又從而屈之，不以徵、角、宫、羽之聲散其志也，况敢聽樂乎？《儀禮》之陳服器，有順有綪，順則直，綪則屈。故《士喪禮》「陳襲事于房中，西領南上，不綪」，「陳衣于房南領西上綪」。《士虞禮》曰「器西南上綪」，《既夕禮》「乃奠豆南上綪，俎二南上綪」。❶鄭氏曰：「綪讀爲綪，屈也。」❷

嚴陵方氏曰：自「君在不佩玉」至「朝則結佩」，先儒謂世子，是矣。蓋人臣之於君所，未始不佩玉故也。言君在不佩玉，而又言左結佩，右設佩，則知前所結、所設者，非德佩也，事佩而已，示其可以即事，而未足乎德也。「居則設佩」者，此則言德佩也。居謂燕居，朝謂朝于公朝之時。居則設以示德音孔昭，雖燕而有所不忘；朝則結以示貊其德音，自謙而有所未發也。既曰「君在不佩玉」，又曰「朝則結佩」者，所謂朝，則在朝之時，所謂在，則退朝之所也。退朝之所則父子之道也。在朝之時，則君臣之義也。子有代父之嫌，而臣無代君之禮。故退朝不佩玉者，子避嫌於父也；在朝必佩玉者，臣盡禮於君也。蓋其意各有所主而已。

❶ 「上」字下，通志堂本、四庫本及《禮書》有「不」字，當是。

❷ 「也」字下，通志堂本、四庫本有「禮書」二小字，是。

朝雖佩玉，然猶結之，則又有别於羣臣焉。齊則綪結佩而爵韠。凡致齊者，皆如是，所以謂之玄也。當是時，君不得以朱，大夫不得以素。佩之聲則静而不譁，服之色則幽而不著。凡以陰幽思而已。

馬氏曰：古之君子必佩玉，左徵、角，右宫、羽者，君佩也。君在不佩玉。左結佩，右設佩者，臣佩也。君佩尊，是故左右皆以玉。臣佩卑，是故左以德，右以事。

慶源輔氏曰：左結佩，不敢比德也；右設佩，不敢忘事也。居恐其略，故言設佩；朝戒其敖，故言結佩。無非教也。

金華應氏曰：佩玉自天子至士所同，而禮有所敬，則屈而不伸。故君在則不佩玉，所謂不佩，非盡去之，特結其左耳。蓋左爲尊，而主必在左。故侍於君，則聽鄉任左，是以設之而不結也。蓋人臣將朝，習容觀玉聲，則佩未嘗不設乎身。及其見君起敬，則微結束而收斂之，不若齊之纏綿固結也。先儒疑臣之朝君，未嘗去佩，遂以此爲世子之事。然尋繹上下文意，皆無世子之文。又左右之所結、所設則以爲德佩、事佩，居朝之所設、所結則專以爲德佩，亦不相貫通矣。君在若《鄉黨》所謂「君在，踧踖如也」。居則設佩者，姑以平居對朝而言之。平居非必燕居之時也。《語》曰：「去喪，無所不佩。」蓋德佩、事佩皆欲其備也。《詩》所謂「雜佩以贈之」是也。然凡帶必有佩玉，是事佩可略而德佩不可去也。

凡帶必有佩玉，唯喪否。佩玉有衝牙。君子無故，玉不去身，君子於玉比德焉。

鄭氏曰：凡，謂天子以至士。喪主於哀，

故去飾。衝牙，居中央，以前後觸也。故，謂喪與災眚。

孔氏曰：凡佩玉必上繫於衡，下垂三道，穿以蠙珠，下端前後以縣於璜，中央下端縣以衝牙，動則衝牙前後觸璜而爲聲，所觸之玉，其形似牙，故曰「衝牙」。

嚴陵方氏曰：帶以約身，玉以比德。約身必以德，故帶必有佩玉。唯喪則否，以自貶故也。下言「無故，玉不去身」以此。

佩玉有衝牙者，以往來乎兩璜之間相衝焉，故謂之「衝牙」。牙，言其體也，衝，言其用也。且佩之設有珩璜焉，有琚瑀焉，而此止言「有衝牙」者，吉凶悔吝皆生乎動，動則不能無害。且牙居兩璜之間，動則相觸於璜，固不能無傷焉。夫佩所以節行也，故其名如此，而經所以止言是歟？亦見《明堂位》「崇牙」解。「無故，玉不去身」，已見《曲禮》解。繼言「君子於玉比德」者，以見身不可離於德也。

山陰陸氏曰：凡帶必有佩玉，據此，佩有不設，無不佩也。佩玉有衝牙著玉，非觸不鳴。君子比德，於是爲至。故曰「感而後應，迫而後動，不得已而後鳴」。《聘義》玉在下以德比玉，此先王以玉比德。❶以德比玉，尊矣；以玉比德，隨其玉而比之。

慶源輔氏曰：帶必有佩，言飾之不可已也。據此，則不佩非去之也，結之耳。有衝牙，然後有聲，佩所以設聲也。玉不去身，必有以也。故又言其所以曰「君子於玉比德焉」，如是則不去身也宜矣。

天子佩白玉而玄組綬，公侯佩山玄玉而朱

❶「王」字，通志堂本、四庫本無。

組綬，大夫佩水蒼玉而純組綬，世子佩瑜玉而綦組綬，士佩瓀玟而縕組綬。孔子佩象環五寸而綦組綬。

鄭氏曰：玉有山玄、水蒼者，視其文色所似也。綬者，所以貫佩玉，相承受者也。純，當爲「淄」，❶古文「淄」字或作「絲」旁「才」。綦，文雜色也。縕，赤黄。孔子佩象環，謙不比德，亦不事也。象，有文理者也。環，取可循而無窮。

孔氏曰：玉色似山之玄而雜有文，似水之蒼而雜有文，故鄭云「文色所似」。但尊者玉色純，公侯以下玉色漸雜，世子及士唯論玉質，不明玉色，則玉色不定也。瑜是玉之美者，故世子佩之，承上天子、諸侯，則世子，天子、諸侯之子也。然諸侯世子雖佩瑜玉，亦應降殺天子世子也。瓀玟，石次玉者，賤，故士佩之。《顧命》「綦弁」，註云「綦，青黑色」；《鄭風》「縞衣綦巾」，註云「綦，蒼艾色」：故鄭知綦爲雜色也。「象環五寸」，法五行也。

長樂陳氏曰：玉之貴者莫如白，賤者莫如瓀玟。山玄以象君德之静，水蒼以象臣職之動。山玄、水蒼，其文也；瑜與瓀，其質也。世子佩瑜，則士佩瓀矣。士佩瓀，則世子而上佩堅矣。瓀，或作「碝」，以其多石故也。玟，或作「珉」，以其賤故也。組綬之佩謂之綬，以其貫玉相承受也。其飾，天子玄，❷玄者，道也。諸侯朱者，事也。大夫蒼白者，德之雜。世子赤黄者，事之雜。士純則素而已。

❶「淄」，通志堂本、四庫本作「緇」。下「淄」字同，是也。

❷「天子玄」下，通志堂本、四庫本及《禮書》有「諸侯朱，大夫純，世子綦，士縕」十一字。

此天子至士佩綬之辨也。❶

嚴陵方氏曰：組，與前所謂「組纓」之「組」同。組以言其質，玄以言其色，綬以言其用也。下皆放此。緼，與「緼韍」之「緼」同。君以無爲而體道，道則純，故色以純者君也。臣以有爲而用事，事則雜，故色以雜者臣也。諸侯雖有君道，以對天子則爲臣，故綬雖以朱之純，而山玄則雜之矣。世子亦有君道，以有父在則爲臣，故玉雖以瑜之純，而綬以綦則雜之矣。是皆不純乎君道故也。若天子玉純以白，異乎公侯雜之以山玄也。綬純以玄，異乎世子雜之以綦也。此非隆殺之辨歟？孔子有自然之文，故佩象其文。應變而無窮，故以環。能參天兩地，故五寸。有素王之德，而居人臣之位，故綬以綦，與世子同，所謂以義起禮也。

山陰陸氏曰：山水，斲飾也。山，仁也；水，智也。爲人君止於仁。夫也者，以智帥人者也。瑜有美而無瑕，世子之法，周公所以教成王，求爲是故也。士佩瓀玟，玟質不美故也。彼所謂碔砆，猶愧於此。純，讀如字。緼，讀如字。純組綬以絲爲之，緼組綬以纊爲之。言純組綬，則朱組綬亦純也；言朱組綬，則純組綬亦朱也。綦組綬、緼組綬放此。知然者，以《毛詩傳》曰「士佩瓀玟而青組綬」知之也。環佩，上玉也，亦或以玦。環，理也；玦，事也。《莊子》曰「緩佩玦者，事至而斷」。綬，衿也，佩衿謂之綬。漢制「縌綬之間得施玉環鐍」，蓋有所本之也。綦組綬，此士服歟？卒言孔子如此，以遺前佩有

❶「也」字下，通志堂本、四庫本有「禮書」二小字，是。

在此不在彼也。《莊子》曰：「君子有其道者，未必爲其服也。魯國儒者一人而已。」此孔子也。寸用五，五，數之變不可勝窮也。故曰「五寸之矩，盡天下之方」。

慈湖楊氏曰：至矣哉，象環之無聲乎！佩無聲之象環，後學莫之曉也。嗚呼，至矣！舉天下之所共視而莫之見也，舉天下之所共聽而莫之聞也。

金華范氏曰：自「古之君子必佩玉」止「綦組綬」佩玉之節。君子比德於玉，言古，見其所自來非一日。先聖王所以成德，確乎其不可拔也。人之常情，警省於内者或肆於外，矯揉於外者或踰於内。今行鳴佩玉，其在内如此。車聞鸞和，其在外如此。蓋禮樂未嘗斯須去身也。此一段論佩玉，忽參以「在車」一語，有旨哉！蓋比德工夫與成德節奏表裏純固，内外洞徹，宜非辟之心無自而入也。不然，針芒寫氣，隙豈在大？毫釐不謹，斯須間斷，得以汩其聰明，亂其純一，殆恐逘間而入者，日引月長，不勝其可慮矣。此非有法家拂士之啓告也。其容體比於禮，其節比於樂乃爾。古之君子動容周旋，不勉而中，豈自外來耶？德佩之結，不敢與君比德也。齊之結也，不敢散其純一之志，精明之德也，況敢聽樂乎？古之君子必佩玉，何也？爲其於玉比德也。有天子之禮，有世子之禮，有公、侯、大夫、士之禮，非可一概言也。「君子無故，玉不去身」，而「君在不佩玉」者，不敢以德自居也。不敢示德，亦德之至也。齊之結，喪之去，以故而不佩也。「去喪，無所不佩」，德不可須臾離也。德有不同，用亦隨異，此公侯至士所以有別也。此篇以《玉藻》

名，藻之玉在冕，頭之容也；佩之玉在帶，身之容也：無往而非比德也。言「古」，明先王之制禮；言「必」，見百王之不可違也。

童子之節也，緇布衣，錦緣，錦紳并紐，錦束髮，皆朱錦也。

鄭氏曰：童子，未冠之稱也。《冠禮》曰「將冠者采衣紒」也。

孔氏曰：自此至「而入」一節，論童子之儀，唯有「肆束及帶」一經爛脱在其間。❶童子之節，謂童稚之子未成人之禮節也。用緇布爲衣，尚質故也。用錦爲緇布衣之緣，又紳帶及約帶之紐，皆用錦，并以錦爲總而束髮。其錦皆用朱色之錦。童子尚華，示將成人，有文德。一文一質之義也。

長樂陳氏曰：童子之帶，非必全錦也，錦紳而已。錦紳非以其有備成之文也，親在致飾而已。

嚴陵方氏曰：始生而蒙，故布以緇；含德未發，故錦以朱。

禮記集說卷第七十六

❶「在」字上，通志堂本、四庫本及《禮記正義》有「厠」字，是。

禮記集説卷第七十七

肆束及帶，勤者有事則收之，走則擁之。

鄭氏曰：肆，讀爲「肄」，肄，餘也。餘束，約紐之餘組也。勤，謂執勞辱之事。此亦亂脱在是，宜承「無箴功」。

孔氏曰：約束帶之餘組及帶之垂者，若身充勤勞之事，則斂持在手，身須趨走，則擁抱之於懷也。

長樂陳氏曰：肆，伸之也。束，組紐也。伸束及帶，所以爲容。有事則收之，走則擁之，所以便事。

山陰陸氏曰：此宜在此，非脱亂也。肆，讀如字，言以朱錦束髮，肆之使至帶。其有事則收之，走則擁之如帶。

某氏曰：❶自「天子素帶」止「走則擁之」，論帶。禮所以固人肌膚之會，筋骸之束。約之以帶，示禮之嚴重而使人不敢縱者也。自天子至士，隆殺殊矣。至以綦白約其身，無貴賤一也。故悉以素爲體焉。居士以錦美在中，而英華之自發也。弟子以縞白受采，而有入道之質也。紳之垂，韠之蔽，結之紐，三者適齊，惟其稱也。位有崇卑，德有隱顯，而飾之隆殺隨之，此朱綠緇華所以異也。凡帶有緌緝之飾，無刺繡之功，或肆或束，或收或擁，走趨疾徐，雖童子莫不中節，所謂肌膚之會，筋骸之束歟？措笏於此，故文相因。間有

❶「某氏曰」爲校點者所加。該段原附在卷七十五之後，且不知出自何書，今移至此。明本、通志堂本、四庫本均無。

錯亂，先儒正之以序，今從之。

童子不裘不帛，不屨絇，無緦服，聽事不麻。無事則立主人之北，南面。見先生，從人而入。

鄭氏曰：皆爲幼少，不備禮也。雖不服緦，猶免，深衣無麻，往給事也。裘帛温，傷壯氣也。絇，屨頭飾也。

孔氏曰：童子唯當室，與族人爲禮，有恩相接之義，故遂服本服之緦爾。不當室，則情不能至緦，故不服也。雖不緦，猶著免。深衣無絰，以往給事。緦，喪使役也。不當室，鄭註「猶免」者，謂未成服而來也。《問喪》云「不當室，不免」者，謂成服之後也。主人，喪主也。此童子來聽使，若有事則使之，若無事時在旁，謂在主人之北，南面而立。先生，師也。童子不能獨爲禮，若往見師，則隨成人而入也。

長樂陳氏曰：不裘，爲其消陰氣也。無緦服、聽事不麻絰，未責之以盡恩也。夫童者未有知，未有與也。先王制禮常寬之而不嚴，略之而不詳，故名而不字，紒而不冠。見先生，則從人而入，遭先生於道，則拱手而立，摯則委而不授，坐則隅而不正，喪則不哀、不踊、不杖、不菲、不廬。豈特無緦服、聽事不麻而已哉？凡皆以爲不可以預成人之禮也。彼闕黨之童見譏於《論語》，仍叔之子取譏於《春秋》，蓋不知此。《禮書》。

嚴陵方氏曰：不裘，即不衣裘裳是也。不帛，即不帛襦袴是也。不屨絇，未拘之以行戒也。不服麻，則以幼未能勝絰故也。

山陰陸氏曰：屨之重在絇，即言不絇屨，

則屨重矣。亦著絇雖重，不以責童子也。童子於有喪者之家，當事則不麻，爲其幼也，故謂之「聽事」而已。《少儀》曰：「童子曰聽事。」

《講義》曰：從人而入，不敢獨勞長者與爲禮也。

金華范氏曰：自「童子之節也」止「從人而入」，童子之節。先王制禮，以其幼也，望之略，待之寬，未以成人責之也。然爲童子之自處者，極其卑下，以未可與以成人之禮也。❶辭孫，禮之端，少成習慣，無幼而不孫弟之悔矣。《易》之「蒙以養正」，三王之早教諭，《大學》「不能爲下，何以事上」，皆此意也。

侍食於先生、異爵者，後祭先飯。客祭，主人辭曰：「不足祭也。」客飧，主人辭以疏。主人自置其醬，則客自徹之。一室之人，非賓客，一人徹。壹食之人，一人徹。凡燕食，婦人不徹。

鄭氏曰：後祭先飯，謙也。客祭，盛主人之饌也。客飧者，美主人之食也。疏之言麤也。客自徹，敬主人也。徹，奠于序端。一室之人，非賓客，同事合居者也。賓客，則各徹其饌。壹食之人，壹猶聚也，爲赴事聚食也。婦人不徹，質不備禮。

孔氏曰：此一節論侍食及徹饌之節。「侍食於先生」及「異爵」者，此謂凡成人禮。異爵，謂尊於己者。饌不爲己，故後祭先飯，示爲尊者嘗食也。客盛主人之饌具，故祭之。主人致辭云「不足祭」，謂疏食不足備禮也。「客飧」者，若食竟作

❶ 下「以」字，通志堂本、四庫本作「已」。

三飯殯也。主人見客殯而致辭云：麤食傷客，不足致飽。若欲使更食然也。主人敬客，自置其醬，則客宜報敬，故自徹之。《曲禮》「主人親饋」是也。同事而合居一室，既無的賓主，故必少者一人徹饌。壹食，謂赴事，一聚共食，則亦不人人徹，亦推一人徹也。

嚴陵方氏曰：先生則生在己先，謂尊者也。異爵，則爵與己異，謂貴者也。婦人弱不勝事，故不徹。

山陰陸氏曰：異爵，若「尊者舉觶，卑者舉角」之類，即應舉角。後人而祭，先人而飯，先飯，爲人嘗食，卑者之事。一食，若今言同盤矣。一，一而已；壹，合而爲一也。

金華應氏曰：絮羹而辭，歠醢而辭，則客詳於食，察於味，而主人謝其自致之不腆也。祭而辭，殯而辭，則客重其食，旨其味，而主人謝其相與之過腆也。少施氏之待孔子，嘗用其禮矣。夫君子之爲禮，非無左右給使之可役，而賓主必以身爲禮者，貴其誠而不敢趨其便且安也。

慶源輔氏曰：徹，亦徹醬也。《曲禮》「卒食，客自前跪，徹飯齊以受相者」，鄭云「齊，醬屬也」。《公食大夫禮》：「賓卒食，北面，取果與醬以降。」然則主人不自置醬，則客猶徹飯歟？又此篇前云「君既徹，執飯與醬，乃出授相者」。「壹食之人，一人徹」，不以無賓主而廢禮也。婦人不徹，婦人固難盡責以男子之禮，且不憂其弱而不徹也。

食棗、桃、李，弗致于核。瓜祭上環，食中，弃所操。凡食果實者，後君子；火孰者，先君子。有慶，非君賜不賀。有憂者。勤者有事則收之，走則擁之。

鄭氏曰：弗致于核，恭也。上環，頭忖也。果實，陰陽所成，非人事，故後君子。火孰，備火齊不得，故先君子。「非君賜不賀」者，唯君賜爲榮也。「有憂者」，此下絶亡，非其句。「勤者有事則收之，走則擁之」，此補脱重。

孔氏曰：此一節明食果實及非君賜不賀之事。弗致于核，謂懷核不置於地也。食瓜，亦祭先也。環者，横斷，形如環也。斷，則有上下環也，上環是疐間，下環是脱華處，祭時取上環祭之，而食中。操，謂手所持者，弃之不食。後君子，不得先嘗也。火孰，和調，是人之所爲，故先於君子而嘗之。有慶，謂或宗族親戚燕飲聚會。雖吉，不相賀。唯受君賜爲榮，故相拜賀。

嚴陵方氏曰：弗致于核，《曲禮》所謂「賜果於君前，其有核者，懷其核」是也。有核者不止於棗、桃、李，亦舉所常食者以該之爾。瓜中虚而外實，横斷之，則若環然，故以環言之。上環以祭，中以食，言上中則知所操者下也。《曲禮》言「削瓜於士曰疐之」，即弃所操也，則此言主於士而已。自然之味，以先食爲新，故後君子而餕焉。使然之味，以後食爲慎，故先君子而嘗焉。《周官·膳夫》「品嘗食，王乃食」，而不及果實者，亦此之意。

山陰陸氏曰：弗致于核，弗致餘於核，即懷其核，應曰「弗致其核」。「有慶，非君賜不賀」，言有憂者有慶，唯君賜然後賀。「勤者有事則收之，走則擁之」，宜承「無箴功」，鄭氏謂「此補脱重」，誤矣。

新安朱氏曰：註云「頭忖」，謂疐頭所切

一環也。以其所生之本味最甘美，又先斷而不污，故以爲祭。中者，中環也，亦甘且潔，故以奉尊者。所操下環，爲手所持處，以其味薄而不絜，故弃之而不食也。

孔子食於季氏，不辭，不食肉而飧。

鄭氏曰：以其待己及饌非禮也。

孔氏曰：凡客將食興辭，而孔子「不辭」者，必是季氏進食不合禮也。凡禮食先食胾，次食殽，乃至肩。至肩則飽，乃飧。孔子不食肉，仍爲飧者，是季氏饌失禮故也。

慶源輔氏曰：此所謂「不屑教誨，是亦教誨之」也。

金華應氏曰：聖人處亂世，交際之間，極其謹密。然觀待陽貨之禮，婉而深，待季氏之禮，直而簡。意者季氏猶可以微意警，而陽貨不可與語歟？抑其時或有不同者，蓋陽貨時已爲大夫，孔子僅爲士，其食於季氏，或者攝司寇之後，孔子時蓋年高矣。

金華范氏曰：自「侍食於先生」止「不食肉而飧」，食之節。絜羹而辭，歠醢而辭，客詳於食，察於味，故主人謝其自致之不腆也。祭而辭，飧而辭，客重其食，旨其味，故主人謝其相與之過腆也。少施之待孔子，嘗用其禮矣。俎豆庶羞，非不備禮也，而置與徹惟以醬，貴食味之主也。故獻肉食者操醬齊。左右給使，非無以供役也，而賓主必自置與徹，蓋取親於其身之爲敬且重也。尊者逸，卑者勞，少長有禮矣。男子徹，婦人不徹，男女有別矣。一食之間曲致其盡如此，古人非爲飲食也，爲行禮也。賜果懷核，敬君也。瓜祭上環，敬先也。薦新與火孰異，尊賢也，與先薦寢廟之意同。一果之微皆有法，安敢肆情於禮節之外乎？

君賜車馬，乘以拜。賜衣服，服以拜。賜，君未有命，弗敢即乘、服也。君賜，稽首，據掌，致諸地。酒肉之賜弗再拜。凡賜，君子與小人不同日。

鄭氏曰：乘、服以拜，敬君惠也。「賜，君未有命」，謂卿大夫受賜於天子者，歸必致於其君，君有命乃服之也。據掌，以左手覆按右手也。致諸地，致首於地。酒肉之賜弗再拜，輕也。受重賜者，拜受，又拜於其室。「君子、小人不同日」，慎於尊卑也。

孔氏曰：此一節論受君賜之法。凡受君賜，賜至則拜，至明日更乘、服所賜，往至君所，又拜，重君恩也。稽首者，頭至地。「據掌，致諸地」，據，按也，謂頭及首俱至地，❶左手按於右手之上至地也。酒肉但初賜至時則拜，明日不重往拜也。

嚴陵方氏曰：車馬，即日拜其賜於家，明日乘之以拜於朝，是之謂再拜。衣服亦若是而已。稽首、據掌，皆致諸地，恭之至也。王者之於賜與，❷其賢足以爵，則賜之爵，以馭其賢；庸足以禄，則賜之禄，以馭其庸。至於其賢不足爵，其庸不足禄，而恩私施焉，則與之以馭其幸而已。謂之君子，則於賢庸爲有餘，故在君子則賜之。小人則於賢庸爲不足，故與之而已。此君子、小人賜與之別也。《曲

❶「首」，通志堂本、四庫本及《禮記正義》作「手」，是。
❷「於賜與」，通志堂本、四庫本作「賜與於」，則「於」當屬下句。

禮》言賜人者不曰「來取」，與人者不問其所欲，則賜與固不得不異。又名位不同，❶禮亦異數，則其賜與固可同日哉！

山陰陸氏曰：「拜賜」句，君賜若車馬，乘以拜賜；若衣服，服以拜賜。君未有命，弗敢即乘、服，謂非經賜，雖有車馬、衣服，不敢輒乘、服也。若後世三品雖應服紫，五品應服緋，必君賜而後服。

延平周氏曰：賜君子以德，賜小人以力。❷均賜之者，❸恩也，不同日者，義也。

慶源輔氏曰：乘、服以拜賜，所以榮君之賜也。然君雖賜之而未有命使之乘、服，則亦不敢即乘、服也。意者古之人君賜臣下以車馬，亦必就命其乘、服之歟？以「稽首，據掌，致諸地」推之，今之拜慢矣。拜以左手覆案右手爲敬，今之拜手散矣。❹酒肉之賜弗再拜。孔子往陽貨之門，爲其來賜而已不在也。下文云「敵者不在，拜於其室」。君子、小人賜予之猶不同日，况其他乎？

馬氏曰：衣服之賜，庸賜也，是故乘、服而再拜。酒肉之賜，斯須之賜也，是故有拜而不再。

長樂陳氏曰：事不同，不可同日語；人不同，不可同日賜。故《詩》勞還率，則歌《出車》；勞還役，則歌《杕杜》：凡以明貴賤，辨等列也。昔虢公、晉侯之朝于周也，同賜以五瑴之玉，君子猶以位之不同爲譏。秦后子、楚子干之寓晉也，同食以

❶「又」字下，通志堂本、四庫本有「有」字。
❷「賜」，通志堂本、四庫本作「與」。
❸「均賜」，通志堂本、四庫本作「賜與均」。
❹「散」，通志堂本、四庫本作「敬」。

百人之饌，君子猶以富之不同爲譏。鄭忽猶以周班爲怒，韓信猶以噲等爲恥。又况君子之與小人乎？苟同日而賜之，是冠履碈玉混淆之也。

金華應氏曰：凡君之賜物有命矣，而曰君未有命者，蓋車馬、衣服皆視爵命以爲賜。臣聞君命，則必謙遜而致辭。《詩》所謂「受爵不讓，至于己斯亡」者，政以受而不辭也。辭焉而又再命之，然後乘、服以拜。况車馬重賜，爲人子者三賜不及焉，則其必辭以待命可知也。先儒求之而不得其說，遂以爲天子所賜，非得國君之命，則不敢乘、服。然其文意皆不協也。

凡獻於君，大夫使宰，士親，皆再拜稽首送之。膳於君，有葷、桃、茢，於大夫去茢，於士去葷，皆造於膳宰。大夫不親拜，爲君之答己也。

鄭氏曰：再拜稽首送之，敬也。膳，美食也。葷、桃、茢，辟凶邪也。大夫用葷、桃，士桃而已。葷，薑及辛菜也。茢，菼帚也。造於膳宰，既致命而授之。葷，或作「焄」。大夫不親拜，不敢變動至尊也。

孔氏曰：此一節論臣獻君之物，及致膳於尊者之義。凡獻，謂大夫、士有食，獻君法。大夫尊，恐君拜己之獻，故不自往，而使己膳宰往獻。士賤，不嫌君拜，故身自親送。皆再拜稽首者，大夫雖使人，初於家亦自拜送，而宰將命。及士自送至君門，付小臣之時，宰及士皆再拜而送之也。天子、諸侯之臣獻孰食於君，恐邪氣干犯，故用辟凶邪之物覆之。大夫之臣以食獻大夫，則除去茢。士之臣吏以食獻士，又去葷。桃，桃枝也。皆，皆於君、大夫、士也。造，至也。膳宰，主飲食官也。獻孰食者，操醬齊以致命。致命竟，而以所獻之食悉付主人之食官也。大夫自獻，則屈君答己，故不親也。

長樂陳氏曰：膳於君、大夫、士者，致福之膳也。非致福之膳，則無事於桃、茢。鄭氏以膳爲凡美食，誤也。《禮書》。

嚴陵方氏曰：此所謂再拜，則與酒食之賜弗再拜異矣。此謂以一拜爲不足，又申之以重拜爾。桃以其性，葷以其氣，茢以其形。形不如氣，氣不如性，故貴賤多少之數，去其一者去茢，去其二者又去葷，唯桃爲不可去，無貴賤一也。皆造於膳宰者，則以不敢專達，必待主膳之人達之也。

金華應氏曰：子視膳於親，臣致膳於君，其敬養之誠一也。致膳者非一端，祭祀歸胙，則其致膳之大者也。鬼神所饗，陰幽之氣，慮或襲之。葷可調和，而味酷然而足以逼物。桃，南方陽明之木，可以除北方幽暗之祟。蓋致膳者，臣子之愛心也；熏祓不祥者，敬心也。

慶源輔氏曰：孔子問人於他邦，猶再拜而送之，况於君乎？物所以將意，不誠無物。

大夫拜賜而退，士待諾而退，又拜，弗答拜。大夫親賜士，士拜受，又拜於其室，衣服弗服以拜。敵者不在，拜於其室。

鄭氏曰：士拜受，又就拜於其家，是所謂再拜也。弗服以拜，異於君惠。拜於其室，謂來賜時不見也，見則不復往。

孔氏曰：自此至「父拜之」一節，明尊卑受賜拜謝之禮。大夫拜賜而退者，大夫往拜，至於門外，告君之小臣，小臣受其辭，入白於君，小臣入，則大夫乃拜之。士拜竟即退，不待報，恐君召進答己也。士待諾而退者，君不拜士，士故於外拜，拜竟，又待小臣傳君之報諾出以退。又拜者，小臣傳君諾出，又拜君之諾報也。弗答者，君不答士拜也。大夫親賜士，士初亦拜受，又往彼家拜，此非酒肉賜，故再拜也。君賜服，服以拜。大夫輕，故不服其所賜而往拜之也。敵者相獻，既已拜受賜，則不復往彼家拜也。若獻時主人不在，留物置家，主人還，必往彼家拜謝也。其室，獻者之家也。若朋友，則《論語》云：「朋友之饋，非祭肉，雖車馬，不拜。」

嚴陵方氏曰：又拜，弗答拜，言亟拜如此，而君弗答焉，士卑故也。大夫親賜士，士拜受，則知非親賜者，容或不然矣。言衣服而不及車馬，以大夫方受車馬於君，不宜以之賜人也。敵者不在，拜於其室，則在容或不然矣。此所以異於士之與大夫也。敵者，亦不必朋友。

馬氏曰：又拜於其室者，拜親賜而已。

凡於尊者有獻，而弗敢以聞。士於大夫不承賀。下大夫於上大夫承賀。親在，行禮於人則稱父，❶人或賜之，則稱父拜之。

鄭氏曰：有獻，而弗敢以聞，謂獻辭也。《少儀》曰「君將適他，臣若致金玉貨貝於君，則曰『致馬資於有司』」，是其類也。承，受也。士有慶事，不聽大夫親來賀己，不敢變動尊也。稱父，事統於尊。

孔氏曰：凡，謂賤者也，謂臣有獻於君，士有獻於大夫，其辭不敢云獻聞於尊者，

❶ 「則」字，通志堂本、四庫本及《禮記》無，當是。

但當云「致馬資於有司」及「贈從者」之屬也。不承賀，不受賀也。下大夫於上大夫尊相近，❶故受也。

嚴陵方氏曰：「承賀」者，有慶事而受人之賀也。爲人子者，一出言，不敢忘父母，一舉足，不敢忘父母，故「行禮於人稱父」焉，則不敢私交故也。「或人賜之，❷則稱父拜之」，則不敢私受故也。

慶源輔氏曰：有獻，致其誠也。弗聞，恐其瀆也。「不承賀」者，在彼者可賀而在此者不敢受賀也。

金華范氏曰：自「君賜車馬」止「稱父拜之」，賜予獻酬之節。君，制命者也；臣，承命者也。制命致賜，君子小人異其日。承命受賜車服酒肉，異其拜。先王之制禮也節矣。

禮不盛，服不充，故大裘不裼，乘路車不式。

鄭氏曰：禮盛者服充，大事不崇曲敬。大裘、路車，謂祭天也。《周禮》「王祀昊天上帝，則服大裘而冕，乘玉輅」。或曰「乘兵車不式」。

孔氏曰：此一節明禮盛者不崇小敬。充，猶襲也。服襲是充美於內，唯盛禮乃然。聘及執玉龜皆襲，爲盛禮故也。故郊禮服大裘，則無別衣裼之，是禮盛服充不見美也。路車，謂玉輅，郊天車。過門閭不式，亦禮盛不爲曲敬也。

嚴陵方氏曰：經言「裘之裼也，見美也；服之襲也，充美也」。孔子曰：「禮未盛，則不充其服焉。」蓋謂是矣。且執玉有藉者裼，無藉者襲。圭璋則無藉以之聘，璧琮則有藉以之享。聘禮在先，享禮在後，

❶「尊」字下，通志堂本、四庫本有「卑」字。

❷「或人」，通志堂本、四庫本及經文作「人或」，是。

因聘而後有享故也，則聘禮固盛矣。

延平周氏曰：以文爲敬，則不敢充其美；以質爲敬，則不敢見其美。大裘不裼，以質爲敬也。乘路車不式，所敬不二也。

馬氏曰：衣服者，所以飾身也。禮盛者，則其飾不足以言之，故充其服。充其服者，內心也，以德將者也，故曰「大裘不裼，乘路車不式」。然則致其曲者，❶非禮之盛者也。禮不足，然後致其飾。

山陰陸氏曰：大裘不裼，則襲可知。

金華范氏曰：自「禮不盛」止「車不式」。❷至敬無文，大禮必簡固也。不曰充盛，而曰「不盛不充」，此意在言外，當反而求之。故孔子曰：「禮未盛，則不充其服焉。」

父命呼，唯而不諾，手執業則投之，食在口則吐之，走而不趨。親老，出不易方，復不過時。

鄭氏曰：「易方」，爲其不信己所處也。復，反也。不易方，不過時，不可以憂父母也。

孔氏曰：自此至「焉耳」一節，明子事親之禮。父命呼，父召子也。命，謂遣人呼，非謂自喚，亦云爲父命所呼也。應之以唯，而不稱諾，「唯」恭於「諾」也。急趨父命，故投業、吐食也。趨，疾趨也。但急走往而不暇疾趨也。方，常也。若啓往甲，則不得往乙，若覓不見，則老人易憂愁也。復，還也。且啓云日中還，不得過中。

嚴陵方氏曰：「唯而不諾」，即《曲禮》所謂「父召無諾也」。既曰「命」，又曰「呼」

❶「曲」，通志堂本、四庫本作「飾」，疑是。

❷「式」，原作「成」，今據經文改。

者，命之以事，而呼之使來也。唯、諾皆應也，而唯之應速於諾。走、趨皆步也，而走之步速於趨。國莫尊於君，家莫尊於父，故君之召也，在官不俟屨，在外不俟車。父之呼也，「手執業則投之，食在口則吐之」。然主於國，故言在官、在外焉。主於家，故止手執業、食在口而已。其言亦互相備也。「出不易方」，有定所也。「復不過時」，無愆期也。凡此所以慮貽親之憂疑而已。然而孝子之事親，豈必老而後如是耶？蓋以親老者，尤不可不知此故也。

慶源輔氏曰：唯、諾相去幾何？而禮之辨如此。能於此而察之，則其義精矣。走、趨亦然。

山陰陸氏曰：或言親，或言父，敬言之則稱父，愛言之則稱親。

親癠，色容不盛，此孝子之疏節也。父没而不能讀父之書，手澤存焉爾。母没而杯圈不能飲焉，口澤之氣存焉爾。

鄭氏曰：疏節，言非至孝也。癠，病也。王季有疾，文王色憂，行不能正履是也。圈，屈木所爲，謂卮、匜之屬。見親之器物，哀惻不忍用也。

孔氏曰：親病，孝子當憂愁危懼，行不能正履。今唯色容不充盛而已。此乃孝子疏簡之節，言孝心不篤也。手澤，謂父平生所持手之潤澤在焉。口澤，謂母平生口飲潤澤之氣在焉。不能，謂不能忍爲此事也。

嚴陵方氏曰：孝子之事親也，養則致其樂，病則致其憂。故「親癠，色容不盛」。人之氣體和則齊，不和則反之，以害於齊，故謂之癠。《文王世子》所謂「色憂不滿容」是也。然而事親又有要道存焉，此疏節也。書，謂書册也，君子所執以誦習，故於父言之。杯圈，飲食器也，婦人唯酒食是議，故於母言之。杯，正作「桮」。手澤，汗之所漬也。口澤，津之所漬也。口有氣焉，故又以氣言之。凡以人既亡，而澤猶存焉，故有所不忍也。

山陰陸氏曰：稱瘠與瘥異矣。調爕雖至，猶病。《公羊》曰：「樂正子春之視疾也，復加一飯則脱然愈，復損一飯則脱然愈。」若「唯而不諾」、「出不易方」，亦疏節也。

慶源輔氏曰：於其疏者，苟不及焉，則其餘不足觀矣。親亡而澤猶存，唯篤於孝者覺之。上爲疏節，而此爲至性也。

《講義》曰：以爲孝子之疏節者，蓋孝子之事親，必有篤於此者。彼其未病之前，既病之後，亦何所不用其至哉？

金華范氏曰：自「父命呼」止「口澤之氣存焉爾」，事親愛敬之情。孝子之事親也，聽於無聲，視於無形，況父之所命呼乎？父在不遠游，游必有方，一舉足，不敢忘，況敢易方過時，以累慈懷之惓惓乎？此生而盡其情也。朝夕視膳問安，非禮文而已。及其疾病，色憂不滿容，中心達於面目，不自知也，此病而致其憂也。然皆疏節爾。致愛則存，致慤則著。思其居處，思其所嗜，覩物動心，有不忍焉，此終身不能忘，没而致其思也。古之知禮者莫不然。

君入門，介拂闑，大夫中棖與闑之間，士介拂棖。賓入不中門，不履閾，公事自闑西，私事自闑東。

鄭氏曰：君入門，謂兩君相見也。棖，門

楔也。君入必中門，上介夾闑，大夫、士介鴈行於後，❶示不相沿也。君若迎聘客，擯者亦然。不中門，不履閾，辟尊者所從也。閾，門限。此謂聘客也。公事，聘享也；私事，覿面也。

孔氏曰：此一節論兩君朝聘，❷卿大夫入門之儀。入門，謂入大門。介，謂上介。稍近君，故拂闑。大夫之介微遠於闑，故當棖與闑之間。士介卑，去闑遠，故拂棖。闑，謂門之中央所豎短木也。棖，謂門之兩旁長木，所謂門楔也。介者，副也。此明朝，又明聘。賓入者，謂聘賓也。不中門，謂不當闑西棖闑之中央。不履閾，謂足不履踐門限之上也。聘饗是奉君命而行，故謂之「公事」。自闑西，用賓禮也。私覿、私面，非行君命，故謂之「私事」。自闑東者，從臣禮，示將爲主君之臣也。

嚴陵方氏曰：礙于門之中者，闑也。拂，謂衣拂之也。介拂闑，則近中故也。士介拂棖，❸則近旁故也。於下言士介，則上言介爲君介，中言大夫，亦其介而已。蓋門以中爲貴，故下言「賓入不中門」焉。中門，則嫌於自尊。履閾，則嫌於自高。《論語》言「立不中門，行不履閾」，正謂此。蓋以臣爲賓，故不得不然爾。公事，謂聘享也。入門左而自闑西，則以就西階故也。入門右而自闑東，則以就東階故也。公事爲國，而與主君敵，故自西焉。私事爲己，則從主君而已，故自東

❶「夫」字下，通志堂本、四庫本及《禮記》鄭注有「介」字。
❷「論」，通志堂本、四庫本作「明」。
❸「拂」，原作「弗」，今據通志堂本、四庫本改。

焉。與《曲禮》「客若降等，則就主人之階」同義。《曲禮》又言「大夫入君門，由闑右」，則一自東而已。與此異者，彼言爲臣，此言爲賓故也。亦見被解。

延平周氏曰：君入門，言朝也。賓入不中門，言聘也。中門，棖闑之中，不中門，有所辟也。闑西之中，則君所由，闑西之東，則臣由之可也。故「公事自闑西」，敬之也。「私事自闑東」，親之也。

山陰陸氏曰：大夫不言介，言大夫而已，相備也。大夫入門中棖與闑之間，則君入門拂闑、士拂棖可知。君介、士介如此，則大夫之介亦可知。公事義揜恩，故自闑西，私事恩揜義，故自闑東。

新安朱氏曰：按此云門，只有一闑。賈氏《儀禮疏》獨云「門有二闑」，故中門之處及君與賓介行之次第，皆有不同，未知孰是，當更考之。

金華范氏曰：自「君入門」止「自闑東」，賓主介相之節。君入而有大夫、士介之别，賓入而有公事、私事之别。拂闑、拂棖，闑東、闑西，不言而意已喻，何爲屑屑於此？蓋禮，禁亂之所由生，恐聘覲之禮廢，君臣之位失，諸侯之行惡，而倍畔侵陵之患起。是以先王謹之。

君與尸行接武，大夫繼武，士中武。徐趨皆用是，疾趨則欲發，而手足毋移。圈豚行，不舉足，齊如流。席上亦然。端行，頤霤如矢。弁行，剡剡起屨。執龜玉，舉前曳踵，蹜蹜如也。

鄭氏曰：接武，尊者尚徐，蹈半迹。繼武，迹相及也。中武，迹間容迹也。徐趨，謂君、大夫、士之徐行，皆如與尸行之節也。疾趨，謂直行也，疏數自若。發，謂起屨也。移之言靡迤也。毋移，欲其直且正。欲，或爲「數」。圈，轉也。豚之言若有所循。不舉足，曳踵，則衣之齊如水之流矣。孔子執圭則然。此徐趨也。席上亦然，尊處亦尚徐也。端行，端，直也。頤，或爲「霤」。此疾趨也。執龜玉，舉前曳踵，著徐趨之事。

孔氏曰：自此至「如也」一節明行步疾徐之儀。貴賤與尸行步廣狹不同。君，天子、諸侯也。武，迹也。二足相躡，每蹈於半，未得各自成迹，故云「接武」。尊者舒遲，故君及尸步遲狹。大夫漸卑，故與尸行步稍廣速也。士卑，故與尸行步極廣。每徙足，間容一足地乃躡之也。徐趨，遲行也。「疾趨則欲發」者，發，起也。欲屨頭恒起，無復繼接之異，其迹或疏或數自若，貴賤同然也。屨恒欲起，手足猶宜直正，不得邪低靡迤摇動，故云「手足毋移」也。圈豚行者，釋上徐趨之形也。豚，循也。轉足循地而行。不舉足，謂足不離地。齊，裳下緝也。足既不舉，身又俯仰，❶則裳下委地曳足，如水流狀也。在席上，未坐，其行亦如是「圈豚行」、「齊如流」也。「端行，頤霤」一經，覆上「疾趨」之節。端行，謂直身而行。行既疾，身乃小折，而頭直俯臨前，頤如屋霤之垂也。矢，箭也。身趨前進，不邪如箭也。弁，急也。剡剡，身起貌也。急行欲速，而身屨恒起也。踵，謂足後跟也。執龜玉，徐趨之時，初舉足前，後曳足跟，行不離地。蹜蹜，言舉足狹數，「蹜蹜如也」。

❶「仰」，通志堂本、四庫本及《禮記正義》作「折」。

嚴陵方氏曰：凡行步，廣則疾而勞，狹則緩而逸。尊者逸而卑者勞，故君至于士尸行之節，其別如此。起屨雖疾，手足之容亦不可妄有所改移也。圈豚行，不舉足者，謂回旋而行也。羔性聚，豚性散。豚雖性散，圈之則聚而回旋於中矣，故取况如此。席雖以坐，其行而就坐之時，亦以是爲節焉。剡剡則如火之趨上，固異乎流之趨下矣。舉前曳踵，與《曲禮》言行不舉足，車輪曳踵同義。蹜蹜有難進之意。《論語》所謂「足蹜蹜如有循」是也。

山陰陸氏曰：所謂布武，在繼武、中武之間，徐趨皆用是，言雖君、大夫徐趨，亦中武也。「疾趨則欲發，而手足毋移圈」，句。圈，讀如「杯圈」之「圈」，言雖舉趾稍高，尚循徐趨圈域之内。豚腑其首，❶豚行，蓋言冕行。知然者，以端行、弁行知之也。端行，謂服玄端而行。弁行，謂服爵弁、皮弁而行。前言「執玉、龜襲」，今此上龜執玉而慎非其至也。

慶源輔氏曰：必言與尸行者，著行之徐，非止逸也，敬而已矣。愈尊愈敬。趨，謂行有所向也。疾趨，趨雖疾，而布武未改也，故曰「足毋移」。併言手者，亦不改其拱也，故曰「張拱而趨」。至於走，則手不能拱，而步闊遠矣。行不舉足，足既舉則衣無撥矣，故其裳下緝，如水之自動焉。席上亦然。《曲禮》「將即席，衣毋撥，足毋蹶」是也。剡剡，鋭利也。屨頭發起之貌。舉前曳踵，若所謂不舉足，則前亦不舉矣。「蹜蹜如也」，則有緩而已。

❶「腑」，通志堂本、四庫本作「俯」。

金華范氏曰：❶自「君與尸行」止「蹜蹜如也」，行步疾徐之節。堯舜之道，孝悌而已，亦在徐行、疾行之間。茲步武之廣狹，趨履之遲速，先王制禮，必在所謹，豈可以細故視之！蓋自是充之，孝悌發乎朝廷，放乎道路，所係豈不重歟？

凡行，容愓愓，廟中齊齊，朝廷濟濟翔翔。

鄭氏曰：愓愓，直疾貌。凡行，謂道路也。齊齊，恭愨貌。濟濟翔翔，莊敬貌。

孔氏曰：此一節明道路、廟中、朝廷行步之法。道路雖速疾，不忘於直。廟中對神，不敢舒散。齊齊，自收持嚴正之貌。濟濟，有威儀矜莊也。翔翔，行而張拱。

慶源輔氏曰：凶悔吝生於動，故凡有所行，其容愓愓。《易》曰：「夕愓若厲，無咎。」廟中心一於敬，則步自齊矣。濟濟翔翔，行容之盛也。在朝廷，則宜盛故也。

山陰陸氏曰：濟濟，相讓。「色斯舉矣，翔而後集」，如是而後爲朝廷。

君子之容舒遲，見所尊者齊遬。足容重，手容恭，目容端，口容止，聲容静，頭容直，氣容肅，立容德，色容莊，坐如尸。燕居告温温。

鄭氏曰：齊遬，謙愨貌也。遬，猶蹙蹙也。❷足容重，舉欲遲也。手容恭，高且正也。目容端，不睇視也。口容止，不妄動也。聲容静，不噦欬也。頭容直，不傾顧也。氣容肅，似不息也。立容德，如有予也。色容莊，勃如戰色。坐如尸，尸居神位，

❶「金華范氏曰」一段，原在卷末，今據通志堂本、四庫本移至此。

❷「蹙」，通志堂本、四庫本及《禮記》鄭注作「蹙蹙」。

敬慎也。告，謂教使也。《詩》云「温温恭人」。

孔氏曰：此一節明君子動止之儀，手足口耳之節。❶舒遲，閑雅也。雖尋常舒遲，若見所尊之人，則齊遬。齊，謂齊齊。遬，謂蹙蹙。言自歛持迫促，不敢自寬奢也。德，得也。立則磬折，如人受物與己，❷己受得之形也。色欲常矜莊。勃如戰色，不乍變動。燕居，謂私燕所居。色尚和善，教人使人之時，唯須温温，不欲嚴悚。❸　皇氏曰：齊，謂裳下緝。遬，謂蹙歛。君子見所尊之人，自俯下身，裳下蹙歛也。　賀氏曰：德，有所施與之名也。立時身形小俯嚮前，如授物與人時，故註云「如有予也」。

嚴陵方氏曰：《禮器》曰「七介以相見，不然則已愨。三辭三讓而至，不然則已蹙」，蓋舒遲之謂也。且舒遲，則所以脩容也。若夫父黨無容，則無事舒遲矣，故曰「見所尊者齊遬」。齊則不舒，遬則不遲。目容端，則無淫視；口容止，則無儳言矣。聲容則不欲其譁。《周官》置銜枚者以此。頭容直，恐其顛故也。《周禮》制側弁者以此。告温，温則所謂「載色載笑，匪怒伊教」是也。孔子在宗廟、朝廷，便便言唯謹爾，則燕居之告温温，亦各有所施而已。《語》不云乎？「子之燕居，申申如也，夭夭如也」，正謂是也。

慶源輔氏曰：舒遲，德性自然也。齊遬，則又警而變。於此可以體心。口容止，

❶「耳」，通志堂本、四庫本及《禮記正義》作「目」，當是。
❷「受」，通志堂本、四庫本及《禮記正義》作「授」，是。
❸「悚」，通志堂本、四庫本作「慄」，《禮記正義》作「栗」。

當言即言，不作囁嚅之態。頭容直，一身之元不容有所偏也。立容德，常若有所不足者，無德則傲矣。莊有不動之意，謂不輕喜易愠。心不失其正，則容貌自得其宜。然又不可不學，故詳言之。

山陰陸氏曰：口容止，足容重，則言行可知也。後言「燕居」，則以上非燕處之容也。孔子曰：「居不容。」

黄氏曰：立容德者，德謂安於仁義，得於禮法之謂也。君子立時之容，其志常抱仁義，合禮儀。造次不離，則容貌自安於仁義禮法之德。小人俾端立正貌，則宜有慙怍，傾欹而不安矣。故德者安於仁義禮法之容，非受授之義明矣。

金華應氏曰：立容德，蓋中立不倚，儼然有德之氣象也。

凡祭，容貌顏色如見所祭者。

鄭氏曰：如覿其人在此。

孔氏曰：此一節明祭之時。凡祭，謂諸祭也。容貌恭敬，顏色温和，如似見所祭之人也，❶謂「祭如在」也。

嚴陵方氏曰：孝子之祭也，退而立，如將受命，蓋容貌如見所祭者也。已徹而退，敬齊之色不絕於面，蓋顏色如見所祭者也。

慶源輔氏曰：容貌顏色不可以僞爲也。

喪容纍纍，色容顛顛，視容瞿瞿梅梅，言容繭繭。

鄭氏曰：纍纍，羸憊貌。顛顛，憂思貌。瞿瞿梅梅，不審貌。繭繭，聲氣微也。

孔氏曰：此一節論居喪容貌、言語、瞻視之儀。喪容瘦瘠，纍纍然。顏色憂思，顛

❶「也」字，通志堂本、四庫本及《禮記正義》無。

顛然不舒暢也。瞿瞿，驚遽貌。梅梅，微昧也。❶繭繭猶綿綿，聲氣微細。

《講義》曰：「喪容纍纍」，總言之也。色、視及言，悉言之也。顛顛，憂思之貌也。梅梅，於義無取，意當爲「晦晦」，亦以哀，故視不明也。

嚴陵方氏曰：纍，如「纍紲」之「纍」，言憂心有所拘繫。《家語》言「喪家之狗」亦曰「纍然」者以此。色容顛顛，言其色之顛毁而不能立也。《問喪》所謂「如壞牆然」者以此。言容繭繭者，謂憂營於内而言不能繹也。

慶源輔氏曰：纍纍，欲落之意，憂悴而不能自營也。顛顛，如字。纍纍、顛顛，皆隕落崩壞之貌。繭繭，鬱結而未有緒也。

山陰陸氏曰：顛顛，摧殞貌。梅梅，悲酸貌。繭繭，未有緒之貌。張則瞿瞿，收則梅梅。經曰「見似目瞿」。

戎容暨暨，言容詻詻，色容厲肅，視容清明。立容辨卑，毋讇。頭頸必中，山立，時行。盛氣顛實揚休，玉色。

鄭氏曰：暨暨，果毅貌也。詻詻，教令嚴也。厲肅，儀形貌也。清明，察於事也。「立容辨卑」，辨，讀爲「貶」。自貶卑，謂磬折也。讇，爲傾身以有下也。頭頸必中，頭容直也。山立，不動摇也。時行，時而後行也。《詩》云：「威儀孔時。」「顛實揚休」，顛讀爲「闐」，揚讀爲「陽」。盛身中之氣，使之闐滿。其息若陽氣之休物。玉色，色正不變也。

孔氏曰：此一節明戎容之體。色容厲肅，厲，嚴也；肅，威也。視容清明，瞻視

❶「微」字上，通志堂本、四庫本及《禮記正義》有「謂」字。

之容須清察明審也。立容，謂軍中立之形容，當貶損卑退，磬折恭敬，不得驕敖忽略士卒。又當有威可畏，無得過爲謟曲以屈下於人也。山立者，立則嶷如山之固。《樂記》云「總干而山立」，不動摇也。顛，塞也。休，養也。軍士宜怒其氣，塞滿身中，如盛陽之氣，生養萬物也。玉色，謂不變動，常使如玉。

《講義》曰：戎容暨暨，總言之也。「言容」而下，悉言之也。

嚴陵方氏曰：暨暨，以陽暨陰，非欲之也，不得已爾。視容清明者，目以下爲體，其視正，則其容清；以火爲用，其視正，則其容明。《郊特牲》言「目者，氣之清明」，蓋謂是矣。❶且水所舍而爲精，火所藏而爲神，則用戎之道，亦在乎精神之運而已。「頭頸必中」者，中立而不倚也。故「山立」以言其重如山而不可移。山立，則守之事也。時行，則攻之事也。既曰「立容」，又曰「山立」，既曰「色容」，又曰「玉色」者，蓋山立、玉色，則言其形狀之如山、玉焉，又非止於容而已。

山陰陸氏曰：詻詻，各言其意，勝敗繫之，非雷同之時也。厲肅，所謂介冑則有不可犯之色。視容清明，臨危事，其容如此，神閑而意定也。盛氣顛實，戰勇氣也，振振闐闐，可謂實矣。揚休，「對揚王休」是也；玉色，「時靡有争」是也。自「盛氣」至是，皆言戎事之成。

慶源輔氏曰：心無所隕穫，則視自清明，故曰「存乎人者，莫良乎眸子」。「辨」絶句。卑，固未可知。謟，則氣索矣。山

❶「謂」，通志堂本、四庫本作「以」。

立，重也。時行，敏也。《兵法》曰：「來如處女，敵人開户；去如脱兔，敵不及拒。」顛實則無是餒也。《詩》言太公曰「時惟鷹揚，凉彼武王，肆伐大商」，所謂揚休也。

黄氏曰：「立容辨，卑毋讇」，本三字爲句。上云「立容辨」，謂所立之容，明辨尊卑左右之分。下云「卑毋讇」。既上云立容辨别合禮，是無僭上之義也。又慮其卑退失分，則近乎諂媚，故云「卑毋讇」，謂卑不至讇也。此一節上有「立容辨」，下有「山立」，上云「立容辨」爲受命之時之禮也，下云「山立」，執干戈、列行陣之時之禮也。觀上文云「戎容暨暨，言容詻詻，色容厲肅」，皆嚴毅威猛之容，則被甲兵之際，無磬折之容明矣。

四明沈氏曰：容貌皆由於心。若執心不定，容貌何能爾耶？處干戈戰争之中如此，可見神閑意定，泰山覆於前而不變，麋鹿興於左而不瞬，非氣雄心壯不能也。

金華范氏曰：自「凡行容愓愓」止「揚休玉色」，視聽言動之容。曰足矣而曰行與言，曰目矣而曰視與色，曰口矣而曰言與聲。舒遲，雍雍也。齊遬，肅肅也。夫敬以和，君子之容歟？子温而厲，恭而安，人見其温良恭孫。觀《鄉黨》所記，《燕居》所教，概可識矣。手足頭目，坐立聲色容體如此，而燕居告温温，豈勉彊然哉，亦肅雍之驗也。如臨喪有哀色，甲胄有不可辱之色，無物不在禮矣。曾子所貴乎道者三，由此得之。不然喪紀失其哀，戎事失其制，凡衆之動失其宜，耳目無所加，手足無所措矣。禮之於人如是。夫喪紀、戎事易變動，失其節，故以二端發之。

凡自稱，天子曰「予一人」，伯曰「天子之力臣」。諸侯之於天子，曰「某土之守臣某」。其在邊邑，曰「某屏之臣某」。其於敵以下，曰「寡人」。小國之君曰「孤」，擯者亦曰「孤」。

鄭氏曰：「予一人」，謙自别於人而已。伯，上公九命分陝者。邊邑，謂九州之外。大國之君自稱曰「寡人」，擯者曰「寡君」。

孔氏曰：自此至「爲賓也」一節，明天子以下至士自稱，及擯者傳辭之法。案《曲禮》曰「余一人」，予、余不同者，鄭註云「古今字爾」，其義同也。此云「自稱」，《曲禮》註云「擯者辭」，則天子與臣下言，及遣擯者接諸侯，皆稱「予一人」，言我於天下之内，但秪是一人而已。若臣下稱一人，則謂率土之内，唯有此一人尊之也。「伯曰天子之力臣」，《曲禮》云「天子之吏」，不同者，此謂身自稱於諸侯，言己是天子運力之臣，《曲禮》謂二伯擯於天子，以此不同也。諸侯身對天子，自稱曰「某土之守臣某」，若諸侯上介致辭於天子之擯者，亦當然也。其天子之擯告天子，則曰「臣某侯某」，故《曲禮》云「諸侯之於天子曰臣某侯某」，鄭註「嗇夫承命」，「告天子辭」也。其在九州之外，邊鄙之邑，自稱於天子，曰「某屏之臣某」。若使上介告天子之擯，亦當然。其天子之擯告天子，則曰「臣某子某，某男某」。《曲禮》云「其在東夷、北狄、西戎、南蠻，雖大曰子」，註云「入天子之國曰子，男者亦曰男」是也。諸侯於敵以下，自稱曰「寡人」，言以下通及民也。《曲禮》云「其與民言，自稱曰『寡人』」是也。小國，謂夷狄子、男之君自稱及介傳命云「某土之孤某」，故云「小國之君曰孤」。擯者告天子，亦應云「某孤也」。其在國，自稱亦曰「孤」。故《曲禮》云「庶方小侯，於外曰子，自稱曰孤」是也。

山陰陸氏曰：予一人，求助之辭。伯言力而已，亦謙也。孔子曰：「驥不稱其力也。」不言之於天子，著其於敵以下自稱如此。據諸侯之於天子，曰「某土之守臣某」，且言天子、言伯，以臨下之詞稱之，亦言之法。諸侯言之於天子，則非見也，若後世上表歟？據諸侯見天子曰「臣某侯某」，且曰「某土之守臣某」，則在國可知。其在邊邑，自茲以往，非王土，且非守也，爲屏而已，故曰「某屏之臣某」。其於敵以下，同姓、異姓小邦諸侯自稱如此。知然者，以天子同姓、異姓大國自稱於諸侯曰「天子之老」知之也。然則小國之君，即前所謂「庶邦小侯」是也。

慶源輔氏曰：稱予一人，雖曰謙，然以予一人而臨天下，則其職重矣。伯謙於「力臣」，則所當勉者在德矣。諸侯曰「某土之守臣」，言王土也，已爲王守之而已，且知其職矣。故曰巡守者，巡所守也。某屏之臣，言所以屏衛中國也。寡人，則謙而已矣。小國爵卑，故擯告於天子無異辭。

嚴陵方氏曰：力臣，言雖爲人臣之長，非有論道之才，徒有治功之多而已。某土之守臣某者，言雖有君人之號，不足以治人也，❶可以守土而已。於後言「小國」，則前所言皆大國也。擯者亦曰孤者，謂

❶「治」，通志堂本、四庫本作「致」。

爲賓於外而執事者，亦以是稱之也。擯者稱小國如此，則大國稱寡君可知。

金華應氏曰：❶上公九命作伯。蓋天子之股肱，而宣力四方者也。自謂「力臣」，亦不敢以德自居，而以力自竭也。

上大夫曰「下臣」，擯者曰「寡君之老」。下大夫自名，擯者曰「寡大夫」。世子自名，擯者曰「寡君之適」。

鄭氏曰：擯者之辭主，謂見於他國君。下大夫自名於他國君曰「外臣某」。

孔氏曰：此明上下大夫、世子在己國，及出使往他國稱謂之異。上大夫，卿也。自於己君之前稱曰「下臣」，若出使他國，在於賓館，主國致禮上大夫，設擯禮待之，此擯者稱大夫爲「寡君之老」。雖以「擯」爲文，其實謂介，接主君之辭亦當然。擯、介通也。下大夫對己君稱名而已，不敢稱下臣，卑遠於卿也。出使設擯者，以待主國，此擯者稱下大夫云「寡大夫」，不敢稱「寡君之老」。「擯者曰寡君之適」，謂對他國君稱名。世子對己國之君稱名。

嚴陵方氏曰：上大夫居上位，而不敢以上自居，故曰「下臣」而已。世子亦公子爾，以爲適而傳世，故曰「世子」。而擯者亦曰「寡君之適」。

慶源輔氏曰：上大夫既曰「下臣」矣，下大夫非名則無稱矣。

公子曰「臣孽」。士曰「傳遽之臣」，於大夫曰「外私」。大夫私事使，私人擯則稱名。

鄭氏曰：孽，當爲「枿」。傳遽，以車馬給使者也。士臣於大夫者，曰「私人」。私

---

❶「金華應氏曰」一段，原無，今據通志堂本、四庫本補。

事使，謂以君命私行，非聘也。昔魯成公時，❶晉侯使韓穿來言汶陽之田歸之于齊之類。

孔氏曰：枿是樹生之餘，故《盤庚》云「若顛木之有由櫱」，謂對己君也。若對他國，當云「外臣」。士位卑，給車馬役使，故稱「傳遽」，亦謂對己君也。大夫家臣稱「私」。此士既不與大夫爲臣，故對大夫稱曰「外私」。下文云「大夫使私人擯」，故知大夫之臣曰「私人」。「私人擯則稱名」者，謂以己之屬臣爲擯相，雖是上大夫及下大夫，擯者則皆稱名。蓋以非公事正聘，故降而稱名也。

清江劉氏曰：鄭云「若晉侯使韓穿來言汶陽之田歸之于齊之類」，非也。此乃謂趙襄子使楚隆弔吴夫差之類爾。凡大夫聘而傳命，則當稱寡君，至於私臣，❷擯於君命，不得言主，故名之也。楚隆之詞曰「寡君之老無卹使陪臣隆敢展謝之」，此則名者也。

嚴陵方氏曰：世子爲適，則知公子爲庶。庶子，孽也；適子，本也。故「公子曰『臣孽』」，謂之「孽」者，以其自本旁出，若木之有櫱故也。《周官》行人掌傳遽之小事，謂傳遞遽令也。以其急而不遑，故以「遽」言之。士以事事爲事，❸故自言服傳遽之賤役也。且行人以下士爲之，則士以是自稱又宜矣。「於大夫曰『外私』」者，士有仕於朝者，有仕於家者。朝爲公，而家爲私。故仕於家則稱「私人」。

❶「昔」，通志堂本、四庫本及《禮記》鄭注作「若」，是。
❷「至」，通志堂本、四庫本作「士」。
❸「事事」，通志堂本、四庫本作「事人」，是。

下言「私事使，私人擯」是也。仕於朝，則稱外私，以其外於私而從公故也。公子與士皆不言「擯」，則以卑而略之也。

慶源輔氏曰：公子自稱曰「臣孽」，常使其自別於適焉，是乃所以愛之也。故曰「君子愛人以德」。行人以下士爲之，所掌者傳遽之事，則傳遽之事，士職之最卑且勞者。以此自稱，則其餘者固不敢辭難矣。大夫得以臣士，而此士非大夫之臣也，故曰「外私」。

公士擯，則曰「寡大夫」、「寡君之老」。大夫有所往，必與公士爲賓也。

鄭氏曰：謂聘也。大聘使上大夫，下聘使下大夫。❶公士爲賓，謂作介也。往，之也。

孔氏曰：此明大夫以國之公事出聘及私問也。正聘之時，則用公家之士爲擯，不用私人。稱下大夫曰「寡大夫」，上大夫「寡君之老」。❷往，謂之適也。大夫正聘者，有所往適之時，必與公士爲賓。賓，介也。言使公士作介也。

山陰陸氏曰：「公士擯」，嫌上擯者曰「寡君之老」，擯者曰「寡大夫」。或斥大夫私行，大夫有所往，必與公士爲賓，所以著「私事使」，或非禮。

慶源輔氏曰：「寡大夫」，官也。「寡君之老」，君之所尊也。「私事使」，固不可稱矣。

金華范氏曰：自「凡自稱」止「士爲賓也」，名稱之節。孔子爲政，必先正名。蓋以禮莫大於

❶ 上「下」字，通志堂本、四庫本及《禮記》鄭注作「小」，是。

❷ 「夫」字下，通志堂本、四庫本及《禮記正義》有「曰」字。

分，分莫大於名也。有自稱之辭，有稱人之辭，有擯贊之辭。若孤、寡、不穀，純乎謙也。稱人與擯贊，雖謙而有體，如「寡君之老」、「之適」，曰「寡」，謙也；曰「老」、曰「適」，未嘗不明德與序矣。有對尊者之辭，有對敵者之辭，有對卑者之辭。對尊者極其謙，如「某守臣」、「屏臣」，曰「孽」、曰「傳遽」是也。對敵之辭，謙不失己。有於外之辭，有於其國之辭。稱謂各有深意，此制名之不苟者也。

禮記集說卷第七十七

禮記集説卷第七十八

明堂位第十四

孔氏曰：案鄭《目録》云：「名曰《明堂位》者，以其記諸侯朝周公於明堂之時，所陳列之位也。在國之陽，其制東西九筵，南北七筵，堂崇一筵，五室，凡室二筵。此於《别録》屬《明堂陰陽》。」案《異義》：❶「今《戴禮説·盛德記》曰：明堂者，自古有之。凡九室，室四户八牖，共三十六户，七十二牖，以茅蓋屋，上圓下方，所以朝諸侯。其外有水，名曰辟廱。《明堂月令説》：明堂高三丈，東西九仞，南北七筵，上圓下方，四堂十二室，室四户八牖，其宫方三百步，在近郊三十里。淳于登説云：明堂在國之陽，三里之外，七里之内，丙巳之地，就陽位，上圓下方，八窗四闥，布政之宫，故稱明堂。周公祀文王於明堂以配上帝，五精之神。大微之庭中有五帝坐位。《周禮》、《孝經》説：明堂，文王之廟，夏后氏曰世室，殷人曰重屋，周人曰明堂。東西九筵，南北七筵，堂崇一筵，五室，凡室二筵，蓋之以茅。周公所以祀文王於此，以昭事上帝。許君謹案：今禮、古禮，各以義説，無明文以知之。」鄭駁之云：「《戴禮》所云，似秦吕不韋作《春秋》時説，非古制也。淳于登之言，取義於《孝經援神契》。今漢立明堂

❶「異」字，原脱，今據通志堂本、四庫本及《禮記正義》補。

於丙巳，由此爲之。」如鄭此説，則用淳于登之説。此《别録》所云，則依《考工記》之文。然先代諸儒説各不同，故蔡邕《明堂月令章句》云：「明堂者，天子大廟，所以祭祀。夏曰世室，殷曰重屋，周曰明堂。饗功養老，教學選士，皆在其中。故取正室之貌，則曰大廟；取其正室，則曰大室；取其堂，則曰明堂；取其四時之學，則曰大學；取其圓水，則曰辟廱。名别而實同。」鄭必以爲各異者，袁準《正論》：「明堂、宗廟、大學，禮之本物也，事異不同，❶各有所爲。而世之論者，合以爲一，取《詩》、《書》放逸之文，經典相似之語，推而致之，考之人情，失之遠矣。宗廟之中，幽隱清浄，而使衆學處焉，饗射其中，人鬼瀆慢，囚俘截耳，非其理也。茅茨采椽，至質之物，建日月，乘玉路，以處其中，非其類也。夫宗廟，鬼神所居，祭天而於人鬼之室，非其處也。王者五門，宗廟在一門之内，若射在於廟而張三侯。又辟廱在内，人物衆多，殆非宗廟之中所能容也。」如準之論，是鄭不同之意也。

新安朱氏曰：論明堂之制者非一。熹竊意當有九室，如井田之制。東之中爲青陽大廟，東之南爲青陽右个，東之北爲青陽左个，南之中爲明堂大廟，南之東即東之南。爲明堂左个，南之西即西之南。爲明堂右个，西之中爲總章大廟，西之南即南之西。爲總章左个，西之北即北之西。爲總章右个，北之中爲玄堂大廟，北之東即東之北。爲玄堂右个，北之西即西之北。爲玄堂

❶「異」，通志堂本、四庫本及《禮記正義》作「義」，是。

左个。中央爲大廟大室。凡四方之大廟異方所，其左个右个，則青陽之右个乃明堂之左个，明堂之右个乃總章之左个，總章之右个乃玄堂之左个，玄堂之右个乃青陽之左个也。但隨其時之方位開門耳。大廟大室則每季十八日，天子居焉。古人制事多用井田遺意，此恐亦然也。

又或問：郊祀后稷以配天，宗祀文王以配上帝，帝即是天，天即是帝，卻分祭，何也？朱子曰：爲壇而祭，故謂之天；祭於屋下而以神祇祭之，故謂之帝。又曰：明堂恐只是一箇三間九架屋子。

長樂劉氏曰：秦政狠暴，既焚先王典籍，又坑滅其能傳先王典籍之儒，是以六官百度蕩然一空。明堂之制，後世不可得而詳之矣。兩漢以來，諸儒各起臆見，希合先王之規，造制百出，罔有定極。世主弗得已而擇其順己者從之。歷代承平沿襲，紛然極意於制作，而未有及明堂之義者。夫失明堂之義，其制雖存，猶曰虚器，矧其制與義兼亡哉？謹案《孝經》，仲尼以教曾子者也。曰「昔者周公宗祀文王於明堂，以配上帝」，是故「孝莫大於嚴父，嚴父莫大於配天，❶則周公其人也。」孟子對齊宣王曰：「明堂者，王者之堂也。王欲行王政，則勿毁之矣。」此謂「東巡狩，肆覲東后於泰山」之明堂也。然則王天下者，必會天下之諸侯於明堂，以助天子報祭於上帝。因而朝宗覲遇之禮，或行於宗廟，或會於明堂，皆所以分職授政，任功考績，如周之會同焉，此明堂之義也。成王即位而十有三焉，血氣

❶ 「大」字，原脱，今據通志堂本、四庫本補。

幼弱，未可勞之以天下之政也。周公者，文王之子，武王之弟，成王之叔也。既具上聖之德，又爲上公，輔佐文王於岐周，夙夜勤勞，遂有天下。乃代成王攝行天子之政，固其家事也。是以「宗祀文王於明堂以配上帝」，因而明諸侯之尊卑，定衆志之貴賤，然後分六官之所職於天下，授六典之爲政於四方，任九職之爲功於兆民。於是考其禮樂政刑之失得，而賞罰廢置八柄之法行於諸侯矣。此經所載「周公朝諸侯於明堂之位」，其義如是也。

嚴陵方氏曰：孔子言「宗祀文王於明堂」，則祀事以之明故也。孟子言「行王政於明堂」，則政事以之明故也。此言「朝諸侯於明堂」，則朝事以之明故也。此謂之明則一，所以謂之明則有三焉。此主朝事之明，故以位言之。君臣、上下、尊卑、前後，各有所位焉，故曰「明堂位」也。

馬氏曰：《孝經》曰：「郊祀后稷以配天，宗祀文王於明堂以配上帝。」不曰「祀后稷於明堂以配文王」，則是郊者指其地而言之，明堂者指其在宗廟言之也。先王之祀天神人鬼，其酒曰「明水」，食曰「明粢」，服曰「明衣」，皆神之也。明堂之在宗廟，亦所以神之也。周公朝諸侯，而必就明堂者，何也？《曲禮》「天子當依而立，諸侯北面而見天子曰『覲』。天子當宁而立，諸公東面，諸侯西面，曰『朝』」。朝則位於内朝，覲則受贄、受享於廟而已。今周公朝諸侯於明堂之位，所謂覲禮也。成王之覲禮當在后稷之廟，故周公於文王之廟，以辟成王也。然則明堂者，固在廟中，而不言朝諸侯於文王之廟，何也？蓋明諸侯之尊卑，則其號不可以言廟，欲其辟成王之爲天子，則不可不於明堂故也。然既曰「周公」，又曰「天子」，則是成王固嘗受覲禮於文王之廟也。以其制禮作樂者，周公之事，而於后稷之廟以朝諸侯，則嫌於廢君臣之義，故唯在文王之明堂，而成王亦負扆而朝覲也。周公之朝諸侯，所以明功；成王之受覲，所以正名。正名者，禮也；明功者，義也。必受以文王廟而武王不預者，何也？蓋「孝莫大於嚴父」也。然方岳之下亦有明堂者，蓋先王無行而不奉天之命也。夫明堂者，天子朝諸侯、班政教之堂也。以其位在國之陽，天子居其中，行政教，神而明之，故曰「明堂」也。考之制度，則諸家之説皆不同，難於考信也。凡見於聖人之言者，若《孝經》、《孟子》是也。自此之外，無足信也。而《明堂位》亦不言明堂之制，但言周公爲明堂朝諸侯之事爾。蓋古者天子皆有明堂，而其制則因時改易，是以百家之説不同也。

山陰陸氏曰：《清廟》之詞約周也，明堂之詞侈魯也。

長樂陳氏曰：明堂之名見於《周頌》、《孝經》、《左傳》、《孟子》、《荀卿》、《考工記》、《禮記》、《家語》，其制不見於經，特《考工記》曰：「夏后氏世室，堂脩二七，廣四脩一。五室，三四步，四三尺，九階，四旁兩夾窗，白盛。門堂三之二，室三之一。殷人重屋，堂脩七尋，堂崇三尺，四阿重屋。周人明堂度九尺之筵，東西九筵，南北七筵，堂崇一筵，五室，凡室二筵。」此三代明堂之别也。夏世室，殷重屋，周明堂，則制漸文矣。夏度以步，殷度以尋，周度以筵則堂漸廣矣。❶ 夏言堂脩廣而不言崇，殷言堂脩而不言廣，言四阿而不言室，周言堂脩廣崇而不言四阿，其言蓋皆互備。鄭康成曰「夏堂崇一尺，殷堂廣九尋」，理或然也。《月令》：中央大室，東青陽，南明堂，西總章，北玄堂，皆分左右个，與大廟則五室十二堂矣。《明堂位》前中階、阼階、賓階，旁四門，而南門之外，又有應門，則南三階，東西北各三階，而爲九階矣。蓋木室於東北，火室於東南，金室於西南，水室於西北，土室於中央，其外別之以十二堂，通之以九階，環之以四門，而南門之外，加以應門。此明堂之大略也。《大戴禮》、《白虎通》、韓嬰、公玉帶、淳于登、桓譚、鄭康成、蔡邕之徒，其論明堂多矣，特淳于登以爲在國之陽，三里之外，七里之內，其説蓋有所傳然也。何則？聽朔必於明堂，而《玉藻》曰「聽朔於南門之外」，則國之南可知。❷ 成王之朝諸侯，四夷之君咸列四門之外，而朝寢之間有是制乎？則明堂在國之外可知。鄭康成謂明堂、大廟、路寢異實同制。蔡邕謂明堂、大廟、辟廱同實異名。❸ 豈其然哉？諸侯之廟見，於《公食大夫》有東西房、東西夾而已。天子路寢，見於《書》，亦東西房、東西夾，又東序、西序，東堂、西堂而已，則大廟、路寢無五室十二堂矣。謂之明堂、大廟、路寢異實同制，非也。宗廟居雉門之內，而教學飲射於其中，則莫之容。處學者於鬼

❶「筵」字，原脱，今據通志堂本、四庫本及《禮書》補。
❷「則」字下，通志堂本、四庫本及《禮書》有「明堂在」三字。
❸「堂」字，原脱，今據通志堂本、四庫本及《禮書》補。

神之宫，享天神於人鬼之室，則失之瀆。袁準嘗攻之矣，則謂之明堂、大廟、辟廱同實異名，非也。彼蓋以魯之大廟有天子明堂之飾，晉之明堂有功臣登饗之事，乃有同實異實之論。是不知諸侯有大廟，無明堂，特魯放其制，晉放其名也。四時之氣，春爲青陽，夏爲朱明，秋爲白藏，冬爲玄英，則青者春之色，春者陽之中，故春堂名之；總者物之聚，章者文之成，故秋堂名之；明者，萬物之相見，玄者，萬物之復本，故冬夏之堂名之。左右之堂曰「个」，以其介於四隅故也。中之堂曰大廟，以其大饗在焉故也。古者鬼神所在，皆謂之廟。《書》與《士虞》以殯宫爲廟，則大饗在焉，謂之大廟可也。明堂之作，不始於周公，而武王之時有之。《記》曰「祀乎明堂而民知孝」是也。不特建之於内，而外之四岳亦有之。孟子之時，齊有泰山之明堂是也。《禮書》。

盱江李氏曰：明堂者，古聖王之大務也。所以事上帝，嚴先祖，班時令，合諸侯。朝廷之儀，莫盛於此。然而年世久遠，規模靡見。經傳所出，參差不同，群儒譸張，各信其習，脩墜補闕，何所適從？案《周禮·考工記》曰：「周人明堂，度九尺之筵，東西九筵，南北七筵，堂崇一筵，五室凡室二筵。」《大戴禮·盛德記》曰：「明堂者，自古有之。凡九室，室四户八牖，共三十六户，七十二牖。」《禮記·月令》：「天子正月居青陽左个，二月居青陽大廟，三月居青陽右个，四月居明堂左个，五月居明堂大廟，六月居明堂右个。中央土，居大廟大室，七月居總章左个，八月居總章大廟，九月居總章右个，十月居玄堂左个，十一月居玄堂大廟，十二月居玄堂右个。」此三書者，皆聖賢之所述，❶學者之所傳習，而一事殊制，乖遠如此。註釋之家亦各未爲精當。《考工記》「五室」，鄭康成解云：「木室於東北，火室於東南，金室於西南，水室於西北，土室於中央。」故聶崇義《三禮圖》其爲明堂，接於大室，四角以爲四室，蓋用此也。且既以五室象五行矣，則木、火、金、水之王當在東南西北之正，何乃置之四角，而云「木室兼水，火室兼木」？若必如是，則中央之室復何所兼哉？此説誠未可用也。《盛德記》九室，蔡伯喈之徒傳之，接四室之角，又爲四室。聶崇義誤以爲秦人明堂圖者，是也。案秦實無明堂，後儒見《月令》吕不韋所作，有「居明堂」之文，疑爲秦之明堂爾。然其四室之角，復爲四室，未知何所使用。將以象五行，饗五帝乎？則五室足以備之矣，安用其餘？將以配十二辰乎？則四隅各兩室，重在一方之上。覈其意義，反覆不安，此説未可用也。《月令》一大室，四廟，八左右个，凡十三位。鄭註「青陽左个」，則曰「大寢東南北偏」。《正義》以爲云「東堂」者，則知聽朔皆在堂，不於五角之室中。且夫謂之廟與个者，當須各是一位，豈同在一堂，靡所隔限，❷而可爲廟與个也？❸蓋康成既執明堂爲五室，若

❶「所」字下，通志堂本、四庫本及《直講李先生文集》卷十五《明堂定制圖序》有「作」字。

❷「隔限」，通志堂本、四庫本及《直講李先生文集》卷十五《明堂定制圖序》作「限隔」。

❸「可」字下，通志堂本、四庫本及《直講李先生文集》卷十五《明堂定制圖序》有「稱」字，是。

於此十三位，又爲限隔，則是實數頗多，與己意相違，故曲飾其辭，以爲三位同在一堂，實不害於五室之文爾。此説固不可用也。至唐李林甫等註《月令》，但知十三室各在其辰之上，而不謀所以建立之處。且大室既居中央，若其餘室連大室而爲之，則四面各可置一室，四角闕處又各可置室，復不能令各在其辰之上，其餘四室更何所安？就欲巧而成之，愈乖於方位矣。或將遠大室而爲，則未見有明文言之者，此説亦未可用也。後魏時有李謐者，作《明堂制度論》，竊所未喻，且謂大室四面各爲一室，則四角闕處各方二筵，二筵之地乃爲兩便房，基址既狹，況地形斜角不知何以置之，復何以能令各在其辰之上。夫分十二辰之位，當須尺步平均，然後能正也。豈有四面之室既以二筵爲一辰，左右之个乃以二筵爲兩辰哉？舉兹一隅，又知其不足取法也。愚竊《考工記》、《盛德記》、《月令》三家所指制度誠大同，但立言質略，意義弗顯，訓傳之士，泥文大過，因而背馳。李謐之志稍欲搴而合之矣，奈不得其旨，尤而效之。臣以爲《月令》之最爲明著，❶輒亦取以爲本，而通之《周》、《戴》。夫以《白虎通》曰：「明堂上圓下方，八窗四闥。上圓法天，下方法地，八窗象八風，四闥法四時，九室法九州，十二坐法十二月，三十六户法三十六雨，七十二牖法七十二風。」斯言合於事理，因亦取之。詳《考工記》，是言堂基脩廣，非謂立室之

❶「之」字下，通志堂本、四庫本及《直講李先生文集》卷十五《明堂定制圖序》有「文」字，是。

數。「東西九筵，南北七筵」，是言堂上，非謂室中。東西之堂各深四筵半，南北之堂各深三筵半。「五室，凡室二筵」，是言四堂中央有方十筵之地，自東至西可營五室，自南至北可營五室，十筵中央方二筵之地既爲大室矣，欲連大室南作餘屋，❶則不能令十二位各直其辰，當須於東南西北四面各虛方二筵之地，四角闕處又各虛方二筵之地，周而通之，以爲大廟，而大室正居中，所謂「大廟大室」者，言此大廟之中有大室也。大廟之外，當子午卯酉四位上各畫方二筵地，以與大廟相通，所謂青陽、明堂、總章、玄堂等大廟者也。當寅、申、巳、亥、辰、戌、丑、未八位上，各畫方一筵地以爲室，所謂左个、右个者也。八个之堂并大室而九，所謂九室也。室四面各有户，户旁夾兩牖，所謂三十六户七十二牖也。青陽、明堂、總章、玄堂四大廟前面各爲一門，出於堂上。門旁夾兩窗，所謂八窗四闥也。左右之个，其實皆室，但以分處左右，形如夾房，故有个之名也。大廟之内，以其大室，其實祀文王，配上帝之位也。謂之廟者，義當然矣。土者分王四時負載萬物，於五行最尊，故天子當其時居大室，用祭天之位以尊嚴之也。四仲之月各得一時之中，與餘月有異，故復於子午卯酉之方取二筵地，假大廟之名以聽其朔也。若是，則三家之指曷有異者？但《周禮》言基而不及室，《大戴》言室而不及廟，稽之《月令》，則備矣。然非《白虎通》，亦無以

❶ 「南」，《直講李先生文集》卷十五《明堂定制圖序》作「而」。

知窗闥之制也。聶崇義所謂秦人明堂者，其制有十二階，似恐古之遺法也，當亦取之。《禮記外傳》曰「明堂四面各五門」。今案《明堂位》曰：九夷之國，東門之外；八蠻之國，南門之外；六戎之國，西門之外；五狄之國，北門之外；九采之國，應門之外。時天子負斧依，南面而立。南門之外者，北面東上，❶是南門之外有應門也。既有應門，則不得不有臯、庫、雉門矣。明堂者，四時所居，四面如一。南面既有五門，則餘三面皆有五門矣。鄭康成註《明堂位》則云「正門謂之應門」，《正義》曰：正門謂之應門者，以明堂更無重門，非路門外之應門。天子宮内有路寢，故應門之内有路門。明堂既無路寢，故無路門及以外諸門，但有應門爾。且既有東南西北門矣，而又有應門，非重門而何歟？觀其本意，當謂變南門之文以爲應門也。又但見王宮有路門，其次乃有應門。今明堂無路門之名，而但有應門，便謂更無重門，而南門即是應門矣。且路寢之前，則名路門，其次有應門。明堂非路寢，乃變其内門之名爲東門、西門，而次有應門，夫復何害於義？抑夷蠻戎狄之君既在四門之外，而外無重門，則是列於郊野道路之間矣，豈朝會之儀而草草若是乎？王宮常所居，猶設五門，以限中外。明堂者，郊天法地，尊祖配帝，而止以門表之，是豈協於事宜也？則四面各四門，斷在不疑矣。

❶「上」字下，通志堂本、四庫本及《直講李先生文集》卷十五《明堂定制圖序》有「應門之外者，亦北面東上」十字，是。

愚又詳鄭康成註《考工記》「夏后氏世室」則云「世室者，宗廟也」，「殷人重屋」則云「重屋者，王宮正堂若大寢也」，「周人明堂」則云「明堂者，明政教之堂也」。此三者或舉宗廟，或舉正寢，或舉明堂，互言之以明其同制。又注《玉藻》曰：❶「天子廟及路寢皆如明堂制。」仍與諸儒抗答，多方援引，固以爲三者同制。後學承之，莫有非者。愚竊謂之不然矣。苟路寢有四時之位，則天子自可坐而聽朔，奚用遠赴明堂？若以尊嚴國正，當假祭天之廟以聽之，則事畢而還，復於路寢，居其時之堂何所爲也？宗廟之祭，堂室是一面而足，四方之堂未聞所施設也。既曰明堂將以事上帝也，宗廟將以尊先祖也，而以己之正寢與之同制，蓋非尊祖事天之意也。矧鄭之此說並由胷臆，必謂明堂、宗廟、路寢同爲五室，三代皆然，但脩廣之度因時而變。周監二代，其爲宗廟，則法脩廣於夏；其爲路寢，則取尋尺於殷；其爲明堂，則自爲度筵之制，實皆不改於五室焉。此說皆非經見，安用迂闊而談？奚不直謂周家作宗廟則法於夏，路寢則法於殷，明堂則自爲之，各求其制以示於世乎？得非康成見世室有五室，既以五行推之，明堂之文復有五室，求其說而不獲，及重屋之下，都無室數，遂乃巧爲之辭，以謂其制皆同乎？今泛取諸書以定明堂制度。凡以九分當九尺之筵，東西之堂共九筵，南北之堂共七筵，中央之地，自東至西凡五室，自南至北凡五

❶「注」，原作「制」，今據通志堂本、四庫本及《直講李先生文集》卷十五《明堂定制圖序》改。

室。二筵則取於《周禮・考工記》也。一大室，八左右个，共九室，室有四户、八牖，共三十六户，七十二牖，則協於《大戴禮・盛德記》也。九室四廟共十三位，則本《禮記・月令》也。四廟之面各爲一門，門夾兩窗，是爲「八窗四闥」，則稽於《白虎通》也。十二階，則采於聶崇義《三禮圖》也。四面各五門，則酌於《明堂位》、《禮記外傳》也。

金華唐氏曰：明堂之制雖不詳見經傳，其制尚略可攷。諸儒各執所傳，聚訟而不通，起於《考工之記》。經文質略，大抵舉隅互見，亦考之未精爾。本朝李泰伯作《明堂定制圖》，删摭諸家異同，《考工記》、《月令》、《大戴記》、《白虎通》之説，挍諸鄭康成、蔡邕、李謐、聶崇義爲近矣，而猶有未盡者，亦考經未盡通也。謂南北七筵，東西九筵，各用其半，四堂之脩不等，一不可也。用其半，則三筵有半，僅三丈一尺而已。祭祀之時，登歌鍾磬，彝尊在堂，自簷之内爲地三丈一尺，何以容之？況王者於此聽朔祀帝，百官在列，四海來祭，而以脩三丈一尺之堂臨之，不亦陋乎？二不可也。營造之法，脩廣崇高，略須相稱，以脩三丈一尺之堂而崇九尺，不亦太高乎？三不可也。王者會朝諸侯正在明堂，獨徧其南北，此爲何意？四不可也。窗闥設於堂前之楹，則諸侯之位當於何所容？户牖設於堂之四面，二筵之中尚可酌獻跪起乎？五不可也。九階著於《考工》，必爲十二階；朝止於應門，而必虚設臯、庫，不亦衍乎？六不可也。臨諸侯以九尺之堂，而室堂無階級之間，是尊己而卑神。七不可也。《考工》三代之制雖異，其名皆明堂也。其制相沿，所異者夏度以步，殷度以尋，周度以筵。夏、殷崇三尺，周崇一筵，自狹而廣，自下而高而已，其制度未始改也。夏堂脩二七，則四面之堂皆脩七步矣。廣四脩一，則東西九步，南北七步矣。東西雖九步，其二則四堂之脩均矣。五室三四步，四三尺者，總之，而面十二步，一室而面十三尺也。九階者，四堂二而大室一也。四旁兩夾窗者，八窗而四闥，室中之制也。白盛，白綴牖也。白綴，則户赤綴矣。門堂三之二，居四堂三之二也。室三之一，一門而二室，三分之一也。夏后氏之制儉，五室合方四十步，堂脩止七步，可以無重屋也。殷人度以尋，則皆增四之一，故殷謂之重屋者，始重屋也。堂脩七尋，與堂脩二七，一也。夏舉其二面，殷言其一面也。堂崇三尺，記其沿於夏也。唐虞至儉，猶土階三尺。夏之堂不崇一尺，其爲康成臆説也明矣。禹卑宮室，然復致孝乎鬼神，其不能褊明堂之制決矣。殷崇三尺，言基也。周崇一筵，言陛也。九尺，則四尺有五寸矣。周堂之崇，其不三倍於殷人明矣。四阿所以爲上圓也，重屋所以爲四阿也。周人明堂之名舊矣，舉明堂以見世室、重屋之皆明堂也。度九尺之筵，則又增殷人廣脩九之一也。東西九筵，則廣四脩一也。南北七筵，即堂脩二七。堂崇一筵，則再倍於殷矣。五室猶夏之五也。凡室二筵則四三步三四尺也。總之而十二筵，分之而十有八尺也。諸儒不能通而妄分之，以爲宗廟、路寢、明堂，而紛紛之論出矣。堂各居十二辰之位，

《月令》明甚，而謂堂亦在兩隅，則先儒之失也。東西九筵，南北七筵，舉每堂之脩耳。而謂五室十二堂，總在九筵七筵之内，則又先儒之失也。今據《考工》爲本，參以《月令》、《白虎通》，於國之陽，畫地四面，方二百四十筵，於中取方二十四筵以爲五，每室方三筵，虚其十六筵。室之兩旁爲窗，合八窗，子、午、卯、酉所虚二筵，開四闥，總謂之大廟。以中央四隅爲五室，縱横數之爲九室。四阿重屋，上圓下方。崇於堂一筵，前爲一階，以通明堂大廟。室之外，東西虚各四筵，南北虚各二筵，占地脩十筵，廣十四筵。南北之堂廣十四筵，脩七筵，崇一筵。三在前，四在後，以設其户牖。上爲重屋，横六楹，以爲五閒，左右个，前直三楹，如「个」字之形。每楹閒二牖一户。大廟敞其前。凡一堂爲九十八牖，東西之堂亦如之，四堂八个，三十六户，七十二牖，一户。❶大廟面各二階，與大廟合爲九階，堂之四隅以爲四阿，堂皆有門，居堂三之一。門、堂各有室，居門堂三之一。外爲應門、雉門，設兩觀。參之《考工記》、《大戴記》、《白虎通》，制度無不合。計其室堂門庭之脩廣，不儉不侈，可以遵用。以是爲天子布政之宫，以聽朔視朝，而饗帝於上，亦庶乎其可也。若乃本五室而不合乎《月令》之堂，言九室而有乖乎《考工》之數，折東西南北之筵而褊陋不足以容朝祀之禮，宜其紛争而莫之决也。明堂之制定，而明堂之制行。故於是合五帝昊天於季秋，謂之大饗。月朔以牲告其方

❶「一户」，《悦齋文鈔》卷六無此二字。

之帝及其神座於明堂，以頒月令，謂之聽朔。天子負扆於明堂，自三公九采無不在列，謂之朝位。大饗在周配以文王。《我將》之詩與《樂記》、《孝經》之説是矣。謂明堂獨祀五帝，而不及昊天，不知《孝經》者也。《詩》言天，《孝經》言上帝，則祀昊天明矣。謂五室各設於堂，不知昊天上帝者也。五帝各居其方，則昊天祀於何室？昊天祭於大室，則五帝配位必非二筵之所兼容，况夏室度以步乎？故奠方而五，通數而九。室有户牖，而無三面之壁，所以容六帝之座，而便於周旋執事。祭天特牲，而《詩》曰「維羊維牛」，則配座五人帝有牢禮，《明堂》之禮文於郊丘矣，文王配上帝，周之子孫未之有改。《孝經》謂之「嚴父」，爲周公言之也。《樂記》謂「祀乎明堂，而民知孝」者，爲武王言之也。若成王以降，則亦祖而已。德如文王，而可以配上帝。文王既配帝，❶則武王雖無配可也。康成謂聽朔配以文武，鑿説也。其説謂《祭法》禘郊祖宗，皆配天之祭，亦攷之未詳爾。禘祖宗，宗廟之祭。郊，配天之祭也。鄭氏註《大傳》「祖之所自出」謂祭感生帝，不足信也。虞、夏禘黄帝，殷、周禘嚳，所以爲祖之所自出也。《長發》，大禘之詩，而叙契至于阿衡，其爲禘昭、穆之祭何疑？禘不爲郊，則祖宗不爲明堂審矣。况《祭法》七代之所更立者，禘郊祖宗，其餘不變也。豈有不變宗廟者乎？十二月各居其堂，聽朔而已。常居固在路寢爾。堂以居，室以祀，中央非月朔也。於是時告皇帝

❶「配」字下，通志堂本、四庫本有「上」字。

于大室，無可頒之令，不居祀神之室明矣。於此告神，雖謂之居，可也。朝諸侯於明堂之位，周公當之。位愈近者益尊。鄭氏以「九采」爲「九牧」，非也。門内六服也，門外蠻夷也，應門外鎮服也。四塞即蕃國告至而已。其或來也，則位於九采之次決矣。或曰古人謂明堂、大廟、辟雍同制而異名，信乎？曰：是起於《大戴禮》，❶言「外水爲辟雍」，又言「此天子之路寢也」，又言「或以爲文王之廟也」，蔡邕之徒祖其説，皆考之未詳爾。路寢之不在郊，明堂之不可爲學宫，大廟之不可爲明堂之制，不待論而明矣。《大戴》所記，雜有三代之禮，兩存或者之傳，則亦未可以決辭觀也。古之辟雍居中，而四學居其四旁。大室上圜，則水有辟雍之象。五室謂之大室，而於是祀文王。複廟重簷，茅屋示儉，則有清廟之制。外之四堂，與其户牖路門，則亦合於路寢。常居謂之路寢，猶宗廟謂之大廟，四堂及五室皆有大廟之名。古人簡質，不嫌同辭，非謂明堂即常居之寢、大祖之廟也。世室、重屋、明堂同制異名，而鄭氏離之。明堂、辟雍、清廟、路寢制有同者，❷其實異所，蔡邕合之。歷代之不爲明堂，與其議論之不決，蓋由此。

秦溪楊氏曰：明堂者，王者之堂也。謂王者所居，以出教令之堂也。夫王者所居，非謂王者之常居也。疏家云「明堂在國之南，丙巳之地，三里之外，七里之内」，

❶ 「禮」，通志堂本、四庫本作「記」。

❷ 「路」字，原無，今據《悦齋文鈔》卷六補。通志堂本、四庫本無「寢」字。

此言雖未可以爲據，然其制必凛然森嚴，肅然清浄。王者朝諸侯、出教令之時，而後居焉，而亦可以事天地、交神明於此地而無愧焉。周人祀上帝於明堂，而以文王配之者，此也。説者乃以明堂爲宗廟，又爲大寢，又爲大學，則不待辨説而知其謬矣。惟《考工記》謂「明堂五室」，《大戴》謂「明堂九室」，二説不同。前代欲建明堂者，或云五室，或云九室，往往惑於二説，莫知所決而遂止。愚謂：五室取五方之義也，九室則五方之外而必備四間也。九室之制，視五室爲尤備。然王者居明堂，必順月令。信如《月令》之説，則爲十二室可乎？此又不通之論也。惟朱子《明堂圖》謂青陽之右个乃明堂之左个，❶東之南即南之東。明堂之右个乃總章之左个，總章之右个乃玄堂之左个，❷西之北即北之西。❸玄堂之右个乃青陽之左个，❹北之西即西之北。但隨其時之方位開門耳。太廟、太室，則每時十八日居焉。古人制事多用井田遺意，此恐然也。朱子所謂「明堂想只是一箇三間九架屋子」者，指五方四隅凡有九室之大略而言之也。然則朱子之説，其亦有據乎？曰漢承秦後，《禮經》無全書，姑以《考工記》觀之，亦粗可見。❺《考工記》曰「周人明堂度九尺之筵」。「東西九筵」，爲八丈一尺，言明堂之廣也。「南北

❶「右」，原作「左」，今據上文改。
❷「左」，原作「右」，今據通志堂本、四庫本改。
❸「西之北即北之西」，通志堂本、四庫本作「北之東即東之北」。
❹「右」、「左」，原倒，今據通志堂本、四庫本正。
❺「亦」，通志堂本、四庫本作「意」。

七筵」，爲六丈三尺，言明堂之脩也。五室象五行之方位。有五方則有四隅，不言可知也。夫有五方四隅，則一堂之地，裂而爲九室矣，又安得通而爲一，復有九筵之廣、七筵之脩乎？蓋「明堂」云者，通明之堂也。所以朝諸侯、行王政者在是，所以享上帝、配祖考者在是，非七筵、九筵之脩者，不能行也。五方四隅，亦惟辨其方，正其位，隨王者所居之月，以詔王居，以順月令，以奉天道爾。亦如所謂「隨其時之方位開門」是也。此其大略也。○又按：齊宣王欲毁明堂，孟子曰：「王欲行王政，則勿毁之矣。」此又王者巡狩之地，明堂以朝諸侯，行政教，非在國之明堂也。

昔者周公朝諸侯於明堂之位，天子負斧依，南鄉而立。

鄭氏曰：周公攝王位，以明堂之禮朝諸侯也。不於宗廟，辟王也。天子，周公也。負之言背也。斧依，❶爲斧文屏風於户牖之間，周公於前立焉。

孔氏曰：自此至「之位也」一節，明周公朝諸侯於明堂之儀及諸侯夷狄所立之處。案《覲禮》，諸侯受次于廟門外，是覲在廟。今辟王，故在明堂，謂辟成王也。《釋宮》云：❷「牖户之間謂之扆。」在明堂中央大室户牖間。

横渠張氏曰：明堂者，必是周公攝政不言踐阼，故作此明堂於國南以朝諸侯。不然，何以《周官》並不見明堂，唯見之

❶「依」，原作「以」，今據通志堂本、四庫本及《禮記》鄭注改。

❷「宫」，原作「言」，今據通志堂本、四庫本及《禮記正義》改。

《考工記》？孟子言明堂必是齊緣周公有明堂以朝諸侯，以天子之禮自處，故作此堂於國中，非周嘗置之于泰山之下。案明堂之制自有十二月之政，巡守至此，亦暫處爾，焉用設是？秦有明堂，以其近古，得古意猶多。户牖之間謂之扆，三分其堂，東以爲户，西以爲牖，則中爲墉，即扆之所也。以是西北爲室之深奥，❶「宗祀文王於明堂以配上帝」，天謂昊天也；上帝，五方帝也。既言「宗祀」，是亦廟祭。然於明堂，恐但周公之意，❷非周禮也，亦是周公爲成王立法，使之至是月居是室，頒是政，諄諄提耳之義。如周公則坐以待旦，何待此以施政事，當爲後君立法。後人有言爲路寢者，天子之宫城，必有路之象，不害於城南設之。宗祀文王於明堂，此禮恐只是周公居攝時所行，非周制也。至如洛，亦止有文、武之廟。

長樂陳氏曰：成王宅憂，周公位冢宰，而百工總己以聽焉。及既成洛邑，輔成王以朝諸侯。《詩序》言「朝諸侯，乃率以祀文王」，則朝不在廟而在明堂可知也。若曰周公代之而受朝，則誤矣。且周公之東征也，稱王命，然後往；其居東也，俟王察己，然後復。則周公事成王如此，孰謂敢代之乎？代之之説始於荀卿，盛於漢儒，於是以「復子明辟」爲還政之事，以「誕保文武受命惟七年」爲還政之時。是皆不知《書》者也。《禮書》。

嚴陵方氏曰：下言「周公踐天子之位，以

❶「奥」字下，通志堂本、四庫本有「郊祀后稷以配天」七字，是。

❷「意」，通志堂本、四庫本作「義」。

治天下」，則「負斧依南鄉而立」者，亦周公矣。而曰「天子」者，以朝諸侯之事主於天子，非主於周公也。周公特攝之而已，故正言天子。斧，即黼也，其繡用斧，故謂之斧。依，即扆也，以人所以依，故謂之依。且黼於五色得白黑焉，其位則乾也，又以見聖人體乾元於内，而萬物由之以資始。南於十日得丙丁焉，其位則離也，又以見聖人用離明於外，而萬物由之以相見也。

馬氏曰：依者，狀如屏風，畫爲斧形，故曰「斧扆」。斧者，威武斷割之器也。天子欲其有獨斷之明，而申威于天下也。南鄉而立。南者陽之方，萬物長養之所。天子長養萬民如之。《特牲》曰：天子「南鄉，答陽之義」。周公朝諸侯之時如此。

新安王氏曰：武王末，受命克商。二年有疾，周公告于三王，於是有《金縢》之書。武王崩，成王幼，周公東征。後諸侯來朝，成王即政，於是受朝於明堂。周公相成王，朝諸侯，禮也。謂攝王位，非禮也。鄭注可削。天子，成王也。斧依在户牖間，其位王南鄉。古者受朝，立而不坐。

三公，中階之前，北面東上。諸侯之位，阼階之東，西面北上。諸伯之國，西階之西，東面北上。諸子之國，門東，北面東上。諸男之國，門西，北面東上。

鄭氏曰：朝位之上，上近主位，尊也。

孔氏曰：此以下明朝位之法。周公已居天子之位，餘有二公，而云「三公」者，舉國本數言之。中階者，南面三階，故稱「中」。侯對伯爲尊，故在阼階。阼階，近主位也。伯以下皆云國，此云位者，以三公既云「中階之前」，不云「位」，諸侯在諸國之上，特舉位言之，明以下皆朝位也。三公則東上，侯尊於伯，故在東。子尊於男，亦在東。是上近主位，尊也。

長樂陳氏曰：《周禮》治朝之位，孤東面，卿大夫西面。外朝之位，左孤卿，右公、侯、伯、子、男。《射人》孤東面，卿大夫西面，皆尚右。東西面者，皆尚北。路門之左右者，皆尚中。而《明堂位》諸侯西面，諸伯東面，則不尚右。在門東西者，東上則不尚中。在西門之外者，東面南上，則不尚北。何也？《儀禮》諸侯覲于天子，壇壝宮於國外，上介皆奉其君之旂，置于宮，尚左。公、侯、伯、子、男皆就其旂而立，位皆東上。是朝於國外與朝於國内之禮異也。《明堂位》與壇壝宮相類，蓋亦國外之禮。❶

嚴陵方氏曰：天子曰「鄉」，諸臣曰「面」，與《郊特牲》言「君南鄉，臣北面」同義。言阼階，以知西階之爲賓；言西階，以知阼階之爲東。公則尤尊，故位中階之前以答王焉。以子對男，則子尊而男卑，故諸子位於門東，諸男則位於門西。

馬氏曰：三公尊，故其位則立於中階之前。三公，人臣之尊，非位之所能拘，❷故不言「位」。諸侯言「位」，則諸伯之下言「位」可知。東方，陽也，尊者居之。西方，陰也，卑者居之。而侯之位立於阼階之東。阼階者，主人之階也。西面北上

❶ 「禮」字下，通志堂本、四庫本有「然也」二字，且「也」字下復有「禮書」二小字。

❷ 「拘」，通志堂本、四庫本作「居」。

者，取其近天子也。伯之國立于西階之西，而西階者，賓之階也。侯尊而伯卑，故侯立于東，而伯立于西。北面西上者，亦取其近天子也。諸子又卑於伯，故位于門東。北面東上，❶其禮與三公同也。❷諸男又次於子，故位于門西。北面東上，其上禮亦與三公同也。❸自此而上，中國五等之諸侯，朝位在門内。

山陰陸氏曰：三公不言「位」，進於位矣。

又《新説》曰：《孟子》言「周室之班爵禄也，天子一位，公一位，侯一位，伯一位，子、男同一位，凡五等」。以此經考之，蓋周公朝諸侯於明堂，而其書謂之《明堂位》，則其事正言乎其位者也。蓋「天子負斧依，南鄉而立」，即《孟子》所謂天子一位者也。「三公，中階之前，北面東上」，即《孟子》所謂「公一位」者也。「諸侯之位，阼階之東，西面北上。諸伯之位，西階之西，東面北上」，即《孟子》所謂「侯一位，伯一位」者也。「諸子之國，門東，北面東上。諸男之國，門西，北面東上」，即《孟子》所謂「子、男同一位」者也。蓋子、男之位同在國門，而鄉又北面東上，則其爲位不異矣。與諸伯等位在三階之前，而面各不同，則異也。

九夷之國，東門之外，西面北上。八蠻之國，南門之外，北面東上。六戎之國，西門之外，東面南上。五狄之國，北門之外，南面東上。

孔氏曰：案《職方》云「四夷、八蠻、七閩、

❶「上」字下，通志堂本、四庫本有「者」字。
❷「其」下，原有「上」字，今據通志堂本、四庫本删。
❸「其上」二字，通志堂本、四庫本無。

九貉、五戎、六狄」，《爾雅·釋地》云「九夷、八狄、七戎、六蠻，謂之四海」，與此不同者，《爾雅·釋地》謂殷代，此《明堂》及《職方》並謂周禮，但戎狄之數五、六不同，故鄭答趙商問云：「《職方》四夷，謂四方夷狄也；九貉，即九夷，在東方；八蠻，在南方，閩其別也。戎狄之數，或六或五，兩文異爾。」　皇氏曰：九夷在東門外之南，故北上；八蠻在南門外之西，故東上；六戎在西門外之北，故南上；五狄在北門外之西，故東上。下九采在應門外之西也。

長樂陳氏曰：先王之於夷狄，後之而弗先，賤之而弗貴，故疆以戎索，和以舌人。食之，則委之牲體而坐諸外，樂則不使亂雅，而陳於門則位夷蠻於東南之門外，位戎狄於西北之門外，宜矣。　漢蕭望之欲貴單于於諸侯之上，賈誼欲高堂邃宇以懷其腹，親酌而手食之以懷其心，蓋不知此。《禮書》。

嚴陵方氏曰：九夷，東夷也，故位於東門之外。八蠻，南夷也，故位於南門之外。六戎，西夷也，故位於西門之外。五狄，北夷也，故位於北門之外。夫君，天道也，故尚左。臣，地道也，故尚右。若三公之與子、男，八蠻之與九采，皆北面，而以東爲上。九夷西面，而以北爲上。六戎東面，而以南爲上。皆以右爲尊故也。諸侯西面，諸伯東面，皆以北爲上，蓋以近君爲尊故也。至於五狄之國，北門之外，宜以西爲上矣。乃以東爲上，何也？蓋南面者，君之正也；北面者，臣之正也。故五狄之國，臣而已。然所國之方在北，故位於北門之外，南面焉。南面疑於君矣，故與北面者，同其上，所以别其爲臣也。

馬氏曰：名曰夷者，言其易而無禮也。名曰蠻者，言其慢而無禮也。戎則言其好用兵，狄則言其遠而難化也。

山陰陸氏曰：廟門謂之閍，又其外爲應門，又其外爲庫門。南門即所謂庫門，變言南，善言庫門也。然則諸子之國門東，北面東上。諸男之國門西，北面東上。門，廟門也。凡立位，北面東上，南面西上，東面、西面，皆北上，其正也。今《明堂位》六戎東面南上，五狄南面東上，變於中國，從夷狄也。然則先王所以待戎狄，貶於蠻夷。五服有蠻夷，無戎狄以此。蠻夷取數多，戎狄取數少，亦以此。

新安王氏曰：此序諸侯之位也，然亦有差誤。《周官》侯服外有甸服，甸服外有男服，其外曰采服，又其外曰衛服，衛服外乃有蠻服，蠻服乃有夷服，❶夷服乃有鎮服、蕃服。《周官》所謂「六年五服一朝」，蓋言侯、甸、男、采、衛也。作洛之役稱侯、甸、男、邦、采、衛，見士于周，皆不及蠻夷，而采服諸侯與焉。今夷蠻戎狄之國在宫門外，九采之國反在應門外。鄭説曰「九采，九州之牧」，「正門，謂之應門，二伯率諸侯而入，九牧居外糾察之」，何所據而爲此説也？《周官·職方》有蠻服、夷服，❷而無戎狄之服。《大行人》之職衛服之外有要服，而無蠻服。鄭曰：「要服，即蠻服。要服之外謂之蕃

❶ 上「服」字下，通志堂本、四庫本有「外」字，是。下句「夷服」下亦有「外」字。

❷ 「有」字上，通志堂本、四庫本有「九服」二字，是。

國，世一見。」又曰：「蕃國，夷服、鎮服、蕃服也。」今《明堂位》蠻夷、戎狄並在門外，而夷服、鎮服、蕃服又在蠻夷、戎狄之外，謂之四塞。記之所言，已自可疑，鄭注其可信乎？

九采之國，應門之外，北面東上。四塞，世告至。此周公明堂之位也。

鄭氏曰：九采，九州之牧，典貢職者也。正門謂之應門，二伯帥諸侯而入，九牧居外而糾察之也。四塞謂夷服、鎮服、蕃服，在四方爲蔽塞者。新君即位，則乃朝。《周禮》「侯服，歲一見；甸服，二歲一見；男服，三歲一見；采服，四歲一見；衛服，五歲一見；要服，六歲一見。九州之外謂之蕃國，世一見」。此明堂之位，周公權用之。朝之禮不於此也。

孔氏曰：九州之牧謂之采者，以采取當州美物而貢天子。故《王制》云「千里之外曰采」，註云「采取美物以當穀税」。采亦是事，言各掌當州諸侯之事，鄭註「居外而糾察之」是也。❶明堂更無重門，此應門非路門外之應門也。《爾雅・釋宫》云：「正門謂之應門。」李巡云：「宫中南鄉大門，應門也。」應是當也，以當朝正門，故謂之應門。但天子宫内有路寢，故應門之内有路門。明堂既無路寢，故無路門及以外諸門，但有應門耳。《顧命》「畢公率東方諸侯入應門右，召公率西方諸侯入應門左」，故鄭知二伯帥諸侯而入也。伯既領之入應門，故牧居應門外，糾察諸侯後入不如儀者。九州之外，夷狄

❶「居」字上，通志堂本、四庫本及《禮記正義》有「牧」字，是。

爲四方蕃塞，每世一來朝告至。或新王即位，或己君初即位，皆來朝也。鄭引《周禮·大行人》文證夷狄世一見，即世告至也。

嚴陵方氏曰：應門，亦南門矣。不曰南門，示其有别於八蠻也。四塞言告至而已，則不責之以朝貢之禮故也。不言其位，則亦順其四方而位於四門之外。

山陰陸氏曰：《禹貢》「五百里甸服，五百里侯服」，而《周官》甸在侯服。《禹貢》侯服「百里采，二百里男邦」，而《周官》男采在綏服；綏服「二百里奮武衛」，而《周官》衛在要服；要服「三百里夷」，而《周官》夷在荒服。三代相承，至周風化所移浸廣故也。然則侯先甸服，男先采服，蠻先夷服，與《禹貢》文不同者，言風化所移，侯願服甸事，男願服采事，蠻願服夷事也。九采之國，所謂要服、荒服是歟？變言采者，亦以夸大周公之德。雖在要荒，願供王事也。四塞，即上九夷、八蠻、六戎、五狄。世告至，謂隨諸侯大朝會，一見於王，朝於門外是也，謂之告至以此。鄭氏謂新君即位乃朝，非是。蓋新君即位，與其新爲諸侯，自應一至，不在大朝會之數也。周公攝政，辟尊己焉，故明諸侯之尊卑。蓋先王未之有也，故曰此周公明堂之位。

金華應氏曰：朝會，大禮也。明堂，尤大朝會也。車輅前陳，旗物森列，金石在簴，琛贄充庭。繅旒衮舄，天臨乎其上；簪緌舄履，星拱於其下。萬官千品，孰不在列？而乃不言者，此方主於朝諸侯，外之萬國畢至，則内之諸臣可知。且王宫之顯職，皆外服之重臣，抑其班序素定，而不必特記也。三公亦在内之臣，而此獨先之者，中階而正王面，地莫近焉；在前而冠班首，位莫尊焉。非特以其總領王朝之衆政，亦有爲二伯而兼統天下之諸侯者矣。獨曰三公，而不以外職者，王朝體統之所繫也。諸侯之國凡千七百七十三，而環立乎一堂之下，肩摩袂屬，蓋不勝其壅矣。故自公而下，列爲四等，各以其序。近則序立於階，遠則序而立於門，而各分東西焉。夷蠻戎狄之君，隨方環列於四門之外。分列四門，則内爲五室，可以槩想。❶既有南門，而又有應門者，南門洞啓，不止於一，而應門則當中而相應。《爾雅》「正門謂之應門」，故當中。而北面東上者，亦同於中階之三公焉。前之三公，外之九采，内之諸侯，外之四夷，四面而立，雖各異其方隅，而環列相嚮，無一人不得以對揚。涉級而上，雖各殊其階戺，而趨進序升，無一人不與之拱揖。《周書》又有《王會篇》，所載稍殊。《明堂》之朝位詳於諸侯，而僅載四夷者，聖人每詳内而略外也。《王會篇》之朝位詳於四夷，而略於諸侯者，遠人自面内而嚮化也。

禮記集說卷第七十八

❶「槩」，原作「慨」，今據通志堂本、四庫本改。

禮記集說卷第七十九

明堂也者，明諸侯之尊卑也。

鄭氏曰：朝於此，所以正儀辨等也。

孔氏曰：欲顯明諸侯之尊卑，故就尊嚴之處以朝之。《大司馬》職云：「設儀辨位，以等邦國。」

山陰陸氏曰：諸侯阼階之東，西面北上；諸伯西階之西，東面北上：是之謂明諸侯之尊卑。若「諸侯北面而見天子曰覲，諸公東面、諸侯西面曰朝」，異是矣。

昔殷紂亂天下，脯鬼侯以饗諸侯，是以周公相武王以伐紂。武王崩，成王幼弱，周公踐天子之位，以治天下。六年，朝諸侯於明堂，制禮作樂，頒度量，而天下大服。

鄭氏曰：脯鬼侯，謂以人肉爲薦羞，惡之甚也。踐，猶履也。頒，讀爲「班」。度，謂丈尺高卑廣狹也。量，謂豆、區、斗、斛、筐、筥所容受也。

孔氏曰：此一節明周公有勳勞之事。《周本紀》鬼侯作「九侯」。《家語》云：「武王崩，成王年十三。」鄭康成以爲年十歲，周公攝政三年，天下大平。六年始制作者，《書傳》云「周公將制禮作樂，優游三年，然後營洛邑，以期天下之心。於是四方民大和會。周公曰：示之以力役且猶至，而况導之以禮樂乎？」其度量六年則頒，故鄭註《尚書·康王之誥》云：「攝政六年，頒度量，制禮樂。成王即位，乃始用之也。」

嚴陵方氏曰：紂之亂不止於脯鬼侯，蓋舉其甚者以明武王之所以伐也。《詩》言

「維師尚父，時維鷹揚。涼彼武王，肆伐大商」，則相武王者不止周公，經之所言，將以明周公之勳勞爾。幼言其年之未長，弱言其才之未强。人生十年曰幼，學；二十曰弱，冠。武王卒，成王年十三，則處于幼弱之間。不曰「居天子之位」而曰「踐」者，與《文王世子》言「踐阼」同義。所謂鬼侯，豈高宗所伐之鬼方與？攝政六年，始朝諸侯於明堂者，將以七年致政於成王故也。必待天下大服，然後致政，則周公之志概可見矣。禮寓於形容，制之然後其形成；樂寓於聲音，作之然後其聲出；度量寓於器用，頒之然後其用廣。器之所宜頒者，不止於度量，有規矩、權衡、準繩，止以二者爲言，何也？蓋度者分、寸、丈、尺、引也，以之度長短，故謂之五度。其形則起於璧羨，而禮寓之矣。量者龠、合、升、斗、斛也，以之量多少，故謂之五量。其聲則中於黃鍾，而樂寓之矣。先王以爲度量不存，則禮樂之文熄，故作此使天下後世有考。然則禮樂者出自度量，度量者寓諸禮樂。此主乎禮樂，故止言度量而已。

山陰陸氏曰：《泰誓》三篇，數紂之惡。初曰「焚炙忠良，刳剔孕婦」；次曰「剥喪元良，賊虐諫輔」；後曰「斮朝涉之脛，剖賢人之心，放黜師保，囚奴正士」。今曰「脯鬼侯」而已，則以明堂朝諸侯故也。明堂所含義衆，所謂明諸侯之尊卑亦以此。《孟子》言伊尹説湯以伐夏救民，故書以伊尹主伐事，伊尹相湯是也。《孟子》言周公相武王誅紂伐奄，故記以周公主伐事，周公相武王是也。若大公者，「涼彼武王」而已，所謂「涼於力爲薄」。

成王雖幼，不弱，公不復踐天子之位也。且成王弱，武王託孤在公，公於是焉辭攝以爲潔，則可也，以爲聖人，則不足矣。六年朝諸侯，蓋自成王除喪始，至是六年也。《周官》曰「六年五服一朝」，即此朝於明堂。蓋成王諒闇，百官總已以聽周公，自其常禮。及喪畢，成王尚幼，是以周公權宜踐天子之位，制禮作樂。作，陽也；制，陰也。陰制而陽作之，禮樂之事也。

石林葉氏曰：天子三朝，外朝以大詢，内朝以日視朝，燕朝退而聽政。諸侯來朝，則見於大廟。明堂以頒朔而已。周公攝政七年，成王既冠，將復辟而歸以天下。知周公攝政之久，未知成王之尊，於是因六年五服之朝，合九夷、八蠻、六戎、五狄之君而並見。然猶不敢正大廟之朝，是以即明堂而權制其位。蓋天子無事，四時之朝見於廟，歲以一服。有事而會，不巡狩而同，則爲宫於郊，設方明而祭之。司蕃服世一見，未有與諸侯併朝者也。司士所掌朝儀之位，與朝士所掌外朝之法，皆自有定著。❶《明堂位》，蓋周公之爲，故記禮者以爲周公朝諸侯之位。其曰「負斧扆，南鄉而立」，是雖仍攝政之稱，謂周公曰「天子」，然負扆而立，則成王自不失南面而坐，周公但從成王立於其側爾。中間言「武王崩，成王幼弱，周公踐天子之位」者，亦與成王同坐立於斧扆之間。周公曷嘗正天子之位而居之乎？禮所記甚明。陋儒初不悟，雖荀卿猶云「周公履天子之籍」，若固有之，以爲以枝代主，君臣易位。學者由是紛紛至于今

❶「著」，通志堂本、四庫本作「制」。

有異言，何周公之不幸也！

長樂陳氏曰：昔周公作禮樂，以爲將大作，恐天下莫我知也；將小作，是爲人子不能揚父之功德也：故優游三年而不能作，然後營洛，以期天下之心。而四方諸侯各率其黨以攻其廷，示之力役，且猶至此，况導之以禮樂乎？此六年朝諸侯於明堂，所以制禮作樂，頒度量於天下也。蓋律呂之器寓於陰陽，陰陽之數周於十二，陽六爲律，陰六爲呂，其本於黄鍾，一也。故度起於黄鍾之長，其方象矩，所以度長短也，禮之意寓焉。量起於黄鍾之龠，其員象規，所以量多寡也，樂之意寓焉。禮雖起於度，未有不資於量，故荀卿論禮，必齊以度量；樂雖起於量，未有不資於度，故《樂記》論樂，必稽之度數。《王制》謂用器「兵車不中度，布帛廣狹不中量」，皆禮之所禁。《典同》「以十有二律爲之度數，十有二聲爲之齊量」，皆樂之所本。是禮樂，道也；度量，器也。周公制禮作樂，而頒度量，則以道寓器，以器明道。夫然後天下得以因器會道，中心説而誠服矣。《語》所謂「謹權量，四方之政行焉」者此也。方其始頒也，出以内宰，掌以司市。及其既頒也，慮其或不一也，以合方氏一之。慮其或不同也，以行人同之。其同民心、出治道如此，天下惡有不大服者也？❶然此特禮樂與政而已，未及夫刑也。禮樂刑政，相爲表裏，而王道備，其極未始不一也，故又以「服大刑，而天下大服」終焉。《樂書》。

新安王氏曰：《書傳》稱「五年營成周，六

❶「也」，通志堂本、四庫本作「哉」，義勝。

年制禮作樂，七年致政於成王」，明年王乃即政。以《周書》、《洛誥》等篇攷之，不合。此稱「六年朝諸侯於明堂，七年致政於成王」，亦未可盡信。《洛誥》稱「在十有二月，周公誕保文武受命，惟七年」，則七年致政明矣。然七年春，召公營洛，周公乃命殷民丕作，則大誥，東征，殺武庚，命微子，於是唐叔得禾，王命唐叔，歸于周公。其事皆在六年。至七年春，方營洛邑，則朝諸侯於明堂，決不在六年也。《講義》曰：制禮樂以暢中和之化，頒度量以一天下之俗。

七年，致政於成王。成王以周公爲有勳勞於天下，是以封周公於曲阜，地方七百里，革車千乘。命魯公世世祀周公以天子之禮樂。

鄭氏曰：致政，以王事歸授之。王功曰勳，事功曰勞。曲阜，魯地。上公之封地方五百里，加魯以四等之附庸，方百里者二十四，并五五二十五，積四十九，開方之得七百里。革車，兵車也。兵車千乘，成國之賦也。《詩·魯頌》曰：「王謂叔父，建爾元子，俾侯于魯。大啓爾宇，爲周室輔。乃命魯公，俾侯于東，錫之山川，土田附庸。」又曰：「公車千乘，朱英緑縢。」世世祀周公以天子之禮樂，同之於周，尊之也。魯公，謂伯禽。

孔氏曰：《洛誥》云：「朕復子明辟。」是以王事歸授之也。自此以下，皆爲周公有勳勞之事，故成王特賜魯國用天子之禮，❶兼四代服器。案《費誓序》云：「魯侯伯禽宅曲阜。」又臣瓚註《漢書》云：「魯城内有曲阜，逶迤長八九里。」魯受上

❶「國」，通志堂本、四庫本及《禮記正義》作「家」。

公五百里之封，又加四等附庸。四等，謂侯、伯、子、男也。案《大司徒》註云：「公無附庸，侯附庸九同，伯附庸七同，子附庸五同，男附庸三同。」總爲二十四同。同，謂百里也。既受五百里之封，五五二十五，爲二十五同。又加二十四同，故云「積四十九，開方計之，得七百里」。案《左傳》云：「成國不過半天子之軍。」案《論語》千乘之賦居地方三百一十六里有畸。諸侯之地三百里而下，未成國也。公則五百里，侯四百里，計地餘有千乘，謂之成國。鄭引《詩·魯頌·閟宮》文，證魯廣開土宇、兵車千乘之事。同之於周者，謂同此周公於周之天子也。知魯公爲伯禽者，伯禽歸魯，周公不之魯。故《公羊》十三年傳：「封魯公，以爲周公也。周公拜乎前，魯公拜乎後，曰：『生以養周公，死以爲周公主。』然則周公之魯乎？曰：『不之魯也。』曷爲不之魯？欲天下之一乎周也。」

長樂劉氏曰：周公攝天子之政于外，抗世子之法於伯禽，習成王以君天下之道于内。成王有過，則撻伯禽，而教法行焉，道德立焉，成王由是以大成也。生其身者，武王也。成其德，存其位者，周公也。蓋二十有二，始聽天下之政，而周公復歸臣位，躬盡臣禮，北面以事成王，然未足以爲周公之芳烈也。攝政七年，緝文王之舊政，廣敷于四海，以盡其性，以順其命。❶三才由之各安其位，萬彙由之各遂其生。然後采唐虞夏殷之善法，緝熙有周之猷爲，以成一代之典，著于六

❶「其」，通志堂本、四庫本作「天」，當是。

官，以遺成王。俾踐于躬，以爲萬世仁民之矩度，措周之德，隆於唐虞，距今未有能迨之者。文、武、成、康之德遂配於天地，覆載萬物，無有窮已者，❶周公之芳烈也。故成王以周公有勳勞於天下者以此。

山陰陸氏曰：先儒謂武王十二月崩，成王年十歲，三年之喪，二十五月而畢，則成王喪除年十三矣。周公於是乃攝政，至此七年，王二十矣。故以王事歸授之王。王功曰勳，言勳則國功、民功從之矣。事功曰勞，言勞則治功、戰功從之矣。

嚴陵方氏曰：七年致政於成王，即《洛誥》言「惟周公誕保文武受命，惟七年」是矣。周公之功格于上下，宜成王有以報之。《詩》言「建爾元子，俾侯于魯」，若是則封周公之子而已。然封周公之子以承周公之祀，是乃所以封周公歟？故經之言如此。《孟子》言「齊魯之地爲方百里」，❷蓋伯禽以侯爵受封故也。《周官·大司徒》言「諸侯之地方四百里，其食者參之一」，則其食者百里矣。王氏謂并附庸言之，則爲方四百里。孔子以爲「顓臾，昔者先王以爲東蒙主，且在邦域之中」，「以爲東蒙主」，非魯有其地也，「且在邦域之中」，則附庸故也。并附庸止於方四百里，而此又言方七百里者，是亦兼附庸而已。以理推之，并附庸而方四百里者，侯之常封也，并附庸而方七百里者，非常之封也，以諸侯則常封而已。

❶「已」，通志堂本、四庫本作「也」。
❷「爲」字，通志堂本、四庫本無。

《詩》言「錫之山川，土田附庸」，以其出於非常，故特曰錫焉。《詩》言「俾侯于魯」，《書》言「魯侯伯禽」，則魯受侯爵也明矣。然魯既受爵，而此又或稱魯公者，蓋公、侯皆有國者之所通。以伯、子、男之稱侯，則侯之稱公，不爲過矣。國君之子稱公子，亦以是也。革車，兵車飾之以革也。千乘，謂出千乘之賦也。井田之法，方里爲井，十井爲乘，百里之國適千乘也，出車賦以給軍，故以革車言之。《詩》又言「公車千乘」者，以輸國言之則曰「公車」，以給軍言之則曰「革車」，其實一也。

慶源輔氏曰：始言周公相武王伐紂，未至於天下大服，則公之職未終也。然則周公之攝也，欲終已事而已。終已之事，所以終文武之事。成王以流言之故，始蓋有疑於周公矣。及其感金縢之事，視天變之速，然後悔其前日之非。既悔而褒崇周公，故不能無過當。命魯公世世祀周公以天子之禮樂，豈以周公嘗攝天子之位耶？非周公之意矣。

盱江李氏曰：或問魯用王禮，如何？曰：成王以周公勳勞，命魯世世祀周公以天子之禮樂。周公尊矣，故稱文王、郊后稷，❶皆倣王禮而不備焉。周公而上，王禮可也。❷《魯頌》曰：「皇皇后帝，皇祖后稷。饗以騂犧，是饗是宜，降福既多。」安有非禮而頌之云乎？周公而下，則僭矣。《隱五年》「九月，考仲子之宮，初獻六羽」。公問於衆仲，始用諸侯禮也。

❶「稱」，《直講李先生文集》卷三十四作「禰」，是。
❷「禮」，通志堂本、四庫本作「祀」。

新安王氏曰：此漢儒夸辭，不可信也。《周禮》雖曰「諸公之地五百里」，蓋兼附庸言之，然其制實未嘗行。故《孟子》曰：周公封於魯，大公封於齊，爲方百里。安得有七百里之地而封之？天子之畿方千里，其地百同，魯之地若方七百里，凡四十九同，蓋半天子之國矣。且周公身爲三公，又爲東伯，是謂上公。周公既没，伯禽乃是魯侯。列侯之國，方七百里，非特成王不以封，魯伯禽亦不敢受也。《魯頌》所謂「公車千乘，公徒三万」，其辭不無溢美。天子地方千里，謂之萬乘。若魯地方七百里，半天子之畿，何止有車千乘耶？

伊川程氏曰：成王之賜，伯禽之受，俱非也。以愚觀之，成王未必賜，伯禽未必受。蓋魯人僭用天子禮樂爾。

是以魯君孟春乘大路，載弧韣，旂十有二旒，日月之章，祀帝于郊，配以后稷，天子之禮也。

鄭氏曰：孟春，建子之月，魯之始郊日以至。大路，殷之祭天車也。弧，旌旗所以張幅也。其衣曰韣。天子之旌旂畫日月。帝，謂蒼帝靈威仰也。昊天上帝魯不祭。

孔氏曰：下云「季夏六月，禘禮」，若是夏之季夏，非禘祭之月，即是周之季夏。明此孟春，亦周之孟春。又《雜記》：「孟獻子曰：正月日至，可以有事於上帝。」故鄭知建子之月也。《郊特牲》云：「周之始郊日以至。」鄭既破周爲魯，故此云「魯郊日以至」。祭天上質，大路一就，知是祭天所用。尊敬周公，故用先代殷禮，牲用殷白牡，車乘殷大路也。弧以竹爲之，其形爲弓，以張縿之幅。故《考工記》：「弧旌枉矢，以象弧也。」此弓衣謂之爲韣。《周禮》「日月爲常」，又「王建大常」。此云「日月之章」，與天子同也。后稷唯配靈威仰，不配昊天上帝，故知魯不祭。嚴陵方氏曰：周制：郊以建子之月，所以迎其氣之生。禘於建巳之月，所以順其位之正。此魯所以於孟春祀帝于郊，季夏禘周公於大廟。魯人郊禘不用周之牲路，而用商之牲路，何也？蓋止用時王之禮者，諸侯之事，通用先王之禮者，天子之事。經言天子之禮，其以是歟？故《郊特牲》言諸侯「祭以白牡」、「乘大路」，而謂之僭也。凡旂建於車者，皆言載。此曰「載弧韣旂」，則以建之於大路故也。《覲禮》言「載龍旂弧韣」，則與此同義。十有二旒，則天之數也。日月之章，則天之明也。郊所以明天道，其謂是歟？《周官·司常》：「日月爲常，交龍爲旂。」此言日月之章，謂之載常可也，乃謂之「載旂」者，「常」謂之「旂」，猶公、侯、伯、子、男通謂之諸侯歟？且《大司馬》言「王載大常，諸侯載旂」，魯公以諸侯而用天子之禮，故雖有日月之章，而止謂之旂焉。此亦隆殺之微意也。山陰陸氏曰：孟春不言正月，著魯卜郊、卜日，其從之疾也。《穀梁》曰：我以「十二月下辛卜正月上辛；如不從，則以正月下辛卜二月上辛；如不從，則以二月下辛卜三月上辛；如不從，則不郊矣」。此。人臣用天子之禮樂，故其言婉而成章如此。據《郊特牲》「戴冕，璪十有二旒，則天數也。旂十有二旒，龍章，而設日月以象天也」。

慶源輔氏曰：變「公」爲「君」，以下所云非公之事也。後言「君卷冕立于阼」，亦以此。

新安王氏曰：鄭謂孟春建子之月，魯之始郊，日以至。大路，殷祭天車也。天子之旌旂，畫日月。帝，蒼帝靈威仰也。魯不祭昊天上帝，鄭説也。周天子有日至之郊以報本，有啓蟄之郊以祈穀。其祭天車用玉路，旗用日月之常。魯僭天子禮，亦不敢盡同，是以有祈穀之郊，無日至之郊。祈穀於孟春，郊而後耕，則孟春乃建寅之月，非建子也。不敢乘天子玉路，又不肯乘同姓金路，故乘殷之大路。常畫日月，天子建之，祈畫交龍，❶同姓諸侯建之，常十有二旒，旂則九旒而已。今不敢全用天子之旂，故於祈上畫日月之章，綴以十有二旒。此皆用天子禮，而不敢盡同也。

季夏六月，以禘禮祀周公於大廟，牲用白牡，尊用犧、象、山罍，鬱尊用黄目，灌用玉瓚大圭，薦用玉豆雕篹，爵用玉琖仍雕，加以璧散、璧角。俎用梡嶡。

鄭氏曰：季夏，建巳之月也。禘，大祭也。周公曰大廟，魯公曰世室，羣公稱宫。白牡，殷牲也。尊，酒器也。犧尊，以沙羽爲畫飾。象，骨飾之。鬱鬯之器也。黄彝也。灌，酌鬱尊以獻也。瓚，形如槃，容五升，以大圭爲柄，是謂「圭瓚」。篹，籩屬也，以竹爲之，雕，刻飾其直者也。爵，君所進於尸也。仍，因也，因爵之形爲之飾也。加，加爵也。散、角，皆以璧飾其口也。梡，始有四足也。嶡爲

❶「祈」，通志堂本、四庫本作「旂」，是。下「祈上」字同。

之距。

孔氏曰：自此至「下也」一節，明禘禮祀周公於大廟，文物具備之儀。牲用牡者，尊敬周公，不用己代之牲，故用殷牲。尊用犧、象、山罍者，用天子之尊也。犧，犧尊也。犧，讀如「沙」。沙，鳳凰也。刻畫鳳凰之象於尊，其形婆娑然。或作「獻」字，齊人之聲誤爾。此犧尊，《周禮》春夏之祭，朝踐堂上，薦血腥時用以盛醴齊，君及夫人所酌以獻尸也。象，象尊也，以象骨飾之。此象尊，《周禮》春夏之祭，堂上薦朝事竟，尸入室饋食而用以盛盎齊，❶君及夫人所酌以獻尸也。山罍，謂夏后氏之尊，天子於追饗朝饗之祭再獻所用。今褒崇周公，禘祭雜用山尊，不知何節所用也。鬱尊用黃目者，鬱，謂鬱鬯酒，黃目，嘗烝所用。尊崇周公，於夏禘用之。灌用玉瓚大圭者，灌，謂酌鬱鬯，獻尸求神也。酌之所用玉瓚，以玉飾瓚，故曰「玉瓚」。薦用玉豆者，謂所薦菹醢之屬也。以玉飾豆，故曰「玉豆」，下云「殷玉豆」是也。雕篹者，與豆連文，故知籩屬，形似筥，亦薦時所用。篹既用竹，不可刻飾，故知雕鏤其柄。鄭註「飾其直」，直，謂柄也。爵用玉琖仍雕者，爵，君酌酒獻尸杯也；琖，夏后氏爵名。以玉飾者，❷故曰「玉琖」。加以璧散、璧角者，加，謂尸入室饋食竟，夫人酌盎齊，亞獻，名爲「再獻」，又名爲「加」，以其非正獻，故謂之「加」，于時薦加籩豆也。此時夫人用璧角，《內宰》所謂「瑤爵」也。瑤

❶ 「而」，通志堂本、四庫本及《禮記正義》作「時」，是。

❷ 「者」，通志堂本、四庫本及《禮記正義》作「之」，是。

是玉名，爵是總號。璧是玉之形制，角是爵之所受，名異而實一也。其璧散者，夫人再獻訖，諸侯爲賓，用之以獻尸。雖非正加，是夫人加爵之後，故此總稱「加」。先「散」後「角」，便文也。俎用梡嶡者，兩代俎也。虞俎名梡。案《禮圖》云：「梡長二尺四寸，廣一尺二寸，高一尺。諸臣加雲氣，天子犧飾之。夏俎名嶡，亦如梡。」❶直有脚曰梡。虞氏尚質，未有餘飾也。加脚中央横木曰嶡，夏氏漸文故也。❷

長樂劉氏曰：以禘禮祀周公於大廟者，此謂后稷之廟在魯者也。魯有閟宫，則姜嫄之廟也。魯郊于天，以后稷配，非無廟也。周公薨于周，而廟祀於魯。三年之喪始畢，則以天子之禮樂禘祀周公之主于后稷之廟，所以審諦其昭穆之序也。然後周公之主始安於其廟之祀，禘祫由之行焉。

長樂陳氏曰：以天子之禮禘於廟，而牲則用白牡者，異乎《周官·牧人》所謂「陽祀用騂牲」，《書》言「文王騂牛一」者也。蓋以周公之勳勞，不必有於天下，故推而上之，以同乎王。然無以别之，則不足以辨君臣之分。《詩》曰「周公皇祖，白牡騂剛」，乃其意也。犧者，牛也，而用事於耕者也。象者，西方之獸，而致用以白者也。於尊必以牛，重本也；必以象，誠在内也。罍也者，貯酒而給於尊者也。《詩》曰「缾之罄矣，維罍之恥」，則罍之爲

❶「亦」字上，通志堂本、四庫本及《禮記正義》有「嶡」字，是。

❷「氏」，通志堂本、四庫本及《禮記正義》作「世」。

器大矣。謂之罍者，有雷之象。蓋雷出以時，則利於物，而反之則爲災。器之名罍，警之而已。經曰「終日飲酒，而不得醉，先王所以備禍」，乃其意也。山也者，止而安者也。而罍以山者，所以安於神。《司尊彝》有山尊，與此類也。玉者，陽精之純而通神明者也。故於瓚所以用玉圭者，鋭而有生物之利也。故瓚之柄，所以用圭，豆之飾，與瓚同意。籩則以竹而無事於雕。雕之者以其質而有取乎文也。璧者，圜而有天體之象。散者，散而非致飾者也。角者，剛而能制以爲酒戒也。玉爲陽，故君以玉琖獻尸。璧之體，有降於玉，故賓長以之。然散與角，亦非所以施於尊者，禮曰「賤者獻以散，卑者舉角」是也。言「加」，則知非正爵。

嚴陵方氏曰：《大傳》曰：「王者禘其祖之所自出，以其祖配之。」蓋帝嚳者，周祖之所自出也。故《祭法》曰：「周人禘嚳而郊稷。」此言禘周公，則非周之祭法也，特用夫禘禮而已。凡六畜皆謂之牲，蓋取夫能生之而後可殺故也。所謂「黄目」，即黄彝也。而又曰「鬱尊」者，以鬱鬯之所實也。瓚柄之形必以圭者，圭爲東方之器，東方純陽，君道也，故用圭。至於夫人，則用璋而已，以其陰雜之故也。與聘君以圭，聘夫人以璋同意。《郊特牲》曰：「灌以圭璋，用玉氣也。」名雖不同，至於用玉，則一而已。然此止及璋者，蓋舉大足以兼小，而婦人之從夫可知矣。天子飾豆以玉，諸侯以象，玉豆，則天子之豆也。以玉以象，則與笏之所用同義。且琖則爵而已。一升曰爵，四升曰角，五升曰散。唯其所容，有加於琖也，故又因以爲加焉。

馬氏曰：黄目者，以黄金爲目也。《郊特牲》曰：「黄目，鬱氣之上尊也。」黄者，中也；目者，氣之清明者也。言酌于中，而清明於外也。玉豆所薦，謂菹醢之屬，水草之和氣也。雕篹所薦，謂陸産之物也。凡器飾之以玉者，皆貴文之意也。

山陰陸氏曰：言「禘禮祀周公於大廟」，則以禘禮祀公而已，❶非以禘公也。用卜而後用之，用，重辭也；以，以之而已，❷據「加以璧散、璧角」。「玉琖仍雕」，言「雕」，則玉不純矣，下於周故也。灌用圭璋，故加用璧。《郊特牲》曰「束帛加璧」。先言璧散，蓋禮正獻以小爲貴者，加獻尚大；正獻以大爲貴者，加獻尚小。夏后氏以楬豆，殷玉豆，周獻豆。今曰「薦用玉豆」，玉豆外無他豆也。有虞氏以梡，夏后氏以嶡，殷以椇，周以房俎。今曰「俎用梡嶡」，梡嶡外無他俎也。

新安王氏曰：《周官》有鬯人、鬱人，不和鬱謂之秬鬯，鬯人供之；煑鬱金，和鬯酒謂之鬱鬯，鬱人掌之。天子賜諸侯以圭瓚，則諸侯可用鬱鬯。宣王嘗以圭瓚、秬鬯二卣賜文侯。周公在東都日，成王嘗以秬鬯二卣命周公，禋于文王、武王，則秬鬯圭瓚，魯公必受此賜無疑。按《周禮》，秋嘗冬烝，灌用黄彝。黄彝，即黄目。賜諸侯或一卣，或二卣，不言黄彝，何也？卣乃中尊，蓋黄彝别名。或謂尊有三：彝爲上，卣爲中，罍爲下。失其義矣。凡灌，天子、諸侯用圭瓚，后、夫人用

❶「禮」字，通志堂本、四庫本無。
❷「以以」，通志堂本、四庫本作「以二」。

璋瓚。瓚者其盤，圭其柄也。故鬱尊有黄目，灌有圭瓚。雖魯人得用，然瓚有大圭，未免僭天子禮。

升歌《清廟》，下管《象》，朱干玉戚，冕而舞《大武》。皮弁素積，裼而舞《大夏》。《昧》，東夷之樂也。《任》，南蠻之樂也。納夷蠻之樂於大廟，言廣魯於天下也。

鄭氏曰：《清廟》，《周頌》也。《象》謂《周頌·武》也，以管播之。朱干，赤大盾也。戚，斧也。冕，冠名也。諸公之服，自衮冕而下，如王之服也。《大武》，周舞也。《大夏》，夏舞也。《周禮·韎師》：「掌教韎樂。」《詩》曰：「以雅以南，以籥不僭。」廣，大也。

孔氏曰：升，升堂也。升樂工於廟堂，而歌《清廟》詩也。《清廟》，以文王有清明之德，祭之於廟而作頌也。下，堂下也。管，匏竹，在堂下，故云「下管」。堂下吹管，以播《象武》之詩，故云「下管《象》」也。案《詩·維清》「奏象舞」。襄二十九年見舞《象箾》、《南籥》，知非文王樂。必以爲《大武》，武王樂者，以經云「升歌《清廟》，下管《象》」，以父詩在上，子詩在下，故知爲武王樂也。朱干玉戚者，赤盾而玉飾斧也。「冕而舞《大武》」者，王著衮冕，執赤盾玉斧而舞武王伐紂之樂也。上云「下管《象》」，謂吹《大武》詩。此云「舞《大武》」，謂爲《大武》之舞也。皮弁，三王之服。裼，見美也。《大夏》，夏禹之樂也。王又服皮弁，裼而舞夏后氏之樂也。六冕是周制，故用冕而舞周樂。皮弁是三王服，故用皮弁舞夏樂也。周樂是《武》，《武》質，故不裼。夏家樂文，文，故裼也。若諸侯之祭，各服所祭之冕而舞。《祭統》「冕而揔干，以樂皇尸」是也。鄭引《周禮·昧師》以證經之《昧》樂。❶又引《小雅·鼓鍾》之詩以證南蠻之樂。《任》，即《南》也。周公德廣，非唯用四代之樂，亦爲蠻夷所歸，故賜奏蠻夷之樂於庭也。唯言夷蠻，則戎狄可知。或云正樂既不得六代，故蠻夷唯與二方也。《白虎通》云：《樂元語》曰：「東夷之樂曰《朝離》，萬物微，離地而生，樂持矛舞，助時生也。南夷樂曰《南》，南，任也，任養萬物，樂持羽舞，助時養也。西夷樂曰《味》，味，昧也，萬物衰老，取晦昧之義。樂持戟舞，助時殺也。北夷樂曰《禁》，言萬物禁藏，樂持干舞，助時藏也。」此東曰《昧》，西曰《株離》，與《白虎通》相反。納夷蠻之樂於大廟者，言皆於大廟奏之。廣魯，欲使如天子，示於天下也。

馬氏曰：歌者，人聲也。匏管者，竹聲也。堂上以人聲歌《清廟》者，所以貴文也。堂下以匏竹奏《象武》者，所以賤武也。周公之德妙而不可知，所可知者見於文德武功而已。文德成於制作之間，武功存於征伐之際。故彰其武功，則錫之以武樂；彰其文德，則錫之以夏樂。蓋武之盛莫盛於《大武》，而文之盛莫盛於《大夏》。冕者，文服也。服冕服而舞《大武》者，以文止武之意也。皮弁素積者，服之質也，舞《大夏》則服之，所以守其文也。裼者，服之見美也。皮弁素積，掩蔽其文而不顯，故裼衣所以顯之也。

山陰陸氏曰：言「下而管《象》」，則升歌之人下而又管《象》也。即言「下管

❶ 上「昧」字，通志堂本、四庫本及上注作「韎」。

《象》」，嫌歌、《象》同作。《祭統》言「而」，嫌《明堂位》「下管《象》」同作也。《仲尼燕居》言「而」，嫌前「下管《象》」同作也。然則《文王世子》何以不嫌，遠也。舞莫重於《武宿夜》，故冕而襲以舞《大武》，弁而裼以舞《大夏》。《内則》「十三舞《勺》，成童舞《象》，二十舞《大夏》」，不言《大武》，《大武》蓋深矣，又在其後。　又《新説》曰：積與弁，文服也，皮與素，則陰矣，故以舞《大夏》。干與戚，武器也，而朱與玉則陽矣，故以舞《大武》。此陰陽相成之義也。陽以陰成之，故裼武也，而以舞《大夏》；陰以陽成之，故冕文也，而以舞《大武》。　又曰：大饗之禮與宗廟同，故亦「升歌《清廟》，下管《象》」，而舞《大武》、《大夏》。《燕居》所謂「升歌《清廟》，下管《象》」，❶繼之「夏籥序興」是也。養老之禮則異於大饗，故升《清廟》，下管《象》，其舞則《大武》而已，無《夏》也。蓋《武》降《大夏》一等。《文王世子》「登歌《清廟》，下管《象》，舞《大武》」是也。燕禮則有《勺》而無《大武》，蓋《勺》降《大武》一等。《儀禮》所謂「升歌《鹿鳴》，下管《新宫》」，遂合舞樂，合樂則《勺》是也。

嚴陵方氏曰：武爲征伐之名，夏爲文武之地。❷武王以征伐之大功而戡亂於商，故其樂謂之《大武》。夏后以文明之大德而受禪於舜，故其樂謂之《大夏》。以武爲征伐之名，故武王之號因以同其樂。以夏爲文明之地，故夏后之樂因以同其

❶ 「象」字下，通志堂本、四庫本有「武」字。

❷ 「武」，通志堂本、四庫本作「明」。

國焉。然則《大武》者，武舞也。《大夏》者，文舞也。干必以朱，戚必以玉者，朱爲含陽之色，玉爲陽精之純。朱，玉德也，以見先王有德以立武焉。弁必以皮，積必以素者，皮無經緯之文，素無繪繡之功。皮、素，質也，以見先王不以文而滅質焉。於武言干戚，以見文之有羽籥。於夏言裼，則知武之爲襲，其言亦相備而已。然其樂，先文王之歌而後武王之《武》者，時之序也。其舞，先武王之《武》而後夏后氏之文者，事之序也。先王之時，祭祀必用夷樂，蓋中天下而立革四海之民而役之，❶得其歡心，使鼓舞焉，以承祭祀，君子之所樂也。故《周官》有靺師及旄人、鞮鞻氏之職者以此。東方曰夷，而與蠻、戎、狄通謂之四夷者，猶之公、伯、子、男通謂之諸侯也。且四夷之習俗雖各不同，至於與夏相反，皆易而無文，則一而已。然而夷樂有東南而無西北者，亦隆殺之微也。東爲四夷之長，對蠻之小爲大焉。《周官》專以靺師掌之者以此。周之化自北而南，南於豐、鎬爲尤遠焉。《詩》言「以《雅》以《南》」，經言「胥鼓南」者以此。昔成王欲報周公勳勞，故其命以樂也，以諸侯爲未足，又命之用天子之樂；以時王爲未足，又命之用先王之樂；以中國爲未足，又命之用四夷之樂，則所用廣矣。故曰「言廣魯於天下也」。

長樂陳氏曰：考之於經，舞干羽于兩階，則文舞於東階，武舞於西階。武舞常在先，文舞常在後，何則？《書》言「舞干羽」，則先干而後羽。《樂記》言「及干戚

❶「立革」，通志堂本、四庫本作「革立」。

羽旄謂之樂」，則先干戚而後羽旄。《郊特牲》、《明堂位》、《祭統》皆言「朱干玉戚，冕而舞《大武》，皮弁素積，裼而舞《大夏》」，則先《大武》而後《大夏》。《詩・簡兮》言「碩人俁俁，公庭萬舞」，乃言「左手執籥，右手秉翟」，則先萬舞而後籥翟。漢之樂亦先武德之舞，而後文始之舞。唐之樂亦先七德之舞，而後九功之舞。然則古人之舞皆先武而後文。蓋曰武以威衆而平難，文以附衆而守成。平難常在於先，守成常在於後。又曰：周之興也，功莫大於武功，樂莫重於武舞，故舞《大武》以祭服之冕，舞《大夏》則朝服之皮弁而已。干所以自蔽，戚所以待敵。朱干，白金以飾其背。《記》曰「朱干設錫」是也。玉戚，剥玉以飾其柄。楚工尹路曰「剥圭以爲鏚秘」是也。❶蓋朱所以象事，玉所以象德。武以自蔽者爲主，而待敵者非德也。故其宣布著見以爲事者，欲自蔽而已。至於持以待敵者，温純之德爾。此武舞之道也。籥所以爲聲，翟所以爲文。聲由陽來，故執籥於左，文由陰作，故秉翟於右，此文舞之道也。天子之樂如此，則魯有之，康周公故也。世衰禮廢，魯不特用於周公之廟，而羣廟亦用焉，故子家駒譏之；不特用於魯之羣廟，而諸侯之廟亦用焉，故《郊特牲》譏之。以至八佾作於季氏之庭，萬舞振於文夫人之側，則先王之樂掃地可知矣。《祭統》曰：「朱干玉戚，以舞《大武》，八佾以舞《大夏》。」《公羊》曰：「朱干玉戚，

❶「秘」，通志堂本、四庫本及《禮書》卷一百二十九作「柲」，是。

以舞《大夏》，八佾以舞《大武》。」蓋《公羊》所傳者誤也。然朱干玉戚之舞，國君躬與焉。《祭統》曰：「君執干戚，就舞位，冕而揔干。」又曰：王者舞先王之樂，明有法也；舞當代之樂，明有制也；舞四夷之樂，明有懷也。蓋四夷之樂，東曰《韎》，南曰《任》，西曰《侏離》，北曰《禁》。或以其服色名之，或以其聲音名之。服色則《韎》是也，聲音則《侏離》是也。其他不可以考。鞮鞻氏掌四夷之樂，旄人掌教四夷之樂，韎師則掌教東夷之樂而已。然韎師之樂施於祭祀大饗，而旄人、鞮鞻之樂施於祭祀與燕者，蓋東於四夷爲長，饗於燕爲重。觀韎師曰「師」，旄人、鞮屨曰「人」與「氏」，❶師則序於前，而人與氏序於後，則夷樂之别可知矣。先王之於夷樂，雖或用之，然夷不可以亂華，哇不可以雜雅，蓋亦後之而弗先，外之而弗内也。觀夾谷之會，侏儒之樂奏於前，而孔子譏之。東漢元日禪國之樂作於庭，❷而陳禪非之，則魯納夷蠻之樂於大廟，蓋陳之於門而已。唐之時皆奏於四門之外，豈古之遺制歟？「升歌《清廟》，下管《象》」説，見《文王世子》。

慶源輔氏曰：言廣大周公之德於天下也。

君卷冕立于阼，夫人副褘立于房中。君肉袒迎牲于門，夫人薦豆籩。卿大夫贊君，命婦贊夫人，各揚其職。百官廢職，服大刑。而天下大服。

❶「屨」，通志堂本、四庫本及《禮書》卷一百三十作「鞻」，是。

❷「磾」，通志堂本作「禪」，《後漢書・陳禪傳》、《禮書》卷一百三十作「撣」，是。

鄭氏曰：副，首飾也。《詩》云：「副笄六珈。」《周禮・追師》：「掌王后之首服，爲副。」褘，王后之上服，唯魯及王者之後夫人服之。諸侯夫人則自揄翟而下。❶ 贊，佐也。命婦，於内則世婦也，於外則大夫之妻也。祭祀，世婦以下佐夫人。揚，舉也。大刑，重罪也。天下大服，知周公之德宜饗此也。

孔氏曰：前經明祀周公所用器物，此經明祀周公之時，君與夫人、卿大夫、命婦行禮之儀。尸初入之時，君待於阼階，夫人立於東房中。魯之大廟，如天子明堂。得立房中者，房則東南之室也。總稱房爾。副是首飾，以其覆被頭首，鄭引《詩・鄘風》言宣姜首著副珈，而又以笄六玉加於副上。引《周禮・追師》，證副是王后首服。案《周禮》褘衣、揄翟、闕翟等皆是后之所服，褘衣則后服之上者，故鄭云「褘，王后之上服也」。迎牲于門，謂祼鬯之後，牲入之時，迎於門也。夫人薦豆籩者，朝踐之饋孰并酳尸之時也。卿大夫助君，謂初迎牲幣告及終祭也。命婦助夫人，謂薦豆籩及祭事之屬。當祭之時，令百官各揚舉其職。如有廢職不供，服之以大刑。以此祭周公，文物備具，禮儀整肅，百官供命，天下大服，明周公之德宜合如此。

長樂陳氏曰：阼者，明陽之地；房者，幽陰之地。君於阼，法陽之道；夫人於房，體陰之道。天子六冕，有衮冕。諸侯出而有君道，故其冕亦如之。而王后六衣，

❶「夫人」，原作「大夫」，今據通志堂本、四庫本及《禮記》鄭注改。

亦有褘衣，以從王祭祀。諸侯之夫人從夫之爵，則禮當服焉。鄭氏以爲二王之後，誤矣。

嚴陵方氏曰：卷冕，即衮冕也。三公一命衮，若有加，則賜。而王亦被衮以象天，以其九章之盛服，服之有章者窮於此故也。首飾以副爲名者，首以髮爲正，飾則副之故也。「君立阼，夫人立房中」，所以順陰陽之位而已。袒則肉體露，故曰肉袒。然人勞則如是，必肉袒迎牲，將以親射親割，而致其力故也。迎牲于門，則薦豆籩于室可知。牲則于外，男子之事，故君迎之。豆籩則膳羞，婦人之事，故夫人薦焉。與五官奉六牲，六官奉六齍同義。經有言籩豆，何也？凡籩則豆從之，用豆則籩不必從也。故《禮器》言天子、諸侯之豆數，《鄉飲酒》言五十、六十之豆數，未有特言籩者。若晉侯饗季孫宿，有加籩，而武子辭，則雖或特言籩，固亦有豆矣。《周官》籩人掌四籩之實，醢人掌四豆之實，其序則先籩人而後醢人焉，蓋以籩尊而豆卑故也。及其並陳，則籩居邊，而豆居裏。然則以尊卑言，故曰「籩豆」，以内外言，故曰「豆籩」，其實一也。君與夫人，祭主也，心專其事焉。卿大夫、命婦，臣妾也，則贊其事而已。各揚其職，若司徒奉牛，司馬奉羊，司空奉豕，司寇奉犬之類也。其職雖揚，又不可侵官，故言「各」焉。《莊子》曰：「庖人雖不治庖，尸祝不越樽俎而代之。」蓋謂是矣。廢職，則職不揚矣。服大刑，肆師於祭之日誅其怠慢者是矣。

山陰陸氏曰：君出迎牲，卿大夫從矣；而後夫人薦豆籩，命婦贊。夫人男女相辟，別嫌也。「君卷冕立于阼，夫人副褘立于房中」，亦以此。「命婦贊夫人」，言贊不言相，優魯也，據「卿大夫相君，命婦相夫人」。

慶源輔氏曰：周公人臣，而用天子禮樂之祭，宜人之心有所不服。今也執事之臣，各舉其職而無怠慢之意。至於一有廢職而不舉者，則亦自服於大刑。至此然後知天下大服，而不以周功爲不可用天子禮樂也。❶此皆魯人誇詞。

是故夏礿，秋嘗，冬烝，春社，秋省，而遂大蜡，天子之祭也。

鄭氏曰：不言春祠，魯在東方，王東巡守以春，或闕之。省，讀爲「獮」。獮，秋田名也。春田祭社，秋田祀祊。大蜡，歲十二月索鬼神而祭之。

孔氏曰：此一經明魯得祭之事。魯在東方，朝常以春。當朝之年，以朝闕祭。巡守在二月，不於正月祭者，諸侯預前待乎竟故也。祭社，祀祊，《大司馬》職文。祊，當爲「方」，四方勾芒之屬也。

長樂陳氏曰：夏以飲爲主，故於祭謂之「礿」，秋以薦新爲主，故於祭謂之「嘗」，冬則物之衆而可進也，故謂之「烝」，春言社，則知秋獮者，亦祀方也。《詩》曰「以社以方」是也。秋言獮，則春社亦蒐也。《傳》曰「春蒐，夏苗，秋獮，冬狩」是也。

嚴陵方氏曰：言「夏礿，秋嘗，冬烝」，而不及「春祠」，與《王制》言「烝則不礿」同義。其所異者，特彼以礿爲春祭爾。春祭闕祠而不闕社者，祠則君之所獨，社則

❶「功」，通志堂本、四庫本作「公」，是。

民之所同故也。社與省，春與祭皆有之。❶其所異者，春社以祈爲主，秋社以報爲主。春省以耕爲主，秋省以斂爲主爾。此於社言春以該秋，於省言秋以該春，其實一也。大蜡必言遂者，與《大司馬》言「遂以蒐田」之「遂」同。蓋秋省則百物成矣。蜡所以報百物於其成，而後百物可報故也。省非祭名，而與祭併言之者以此。凡此亦諸侯之所同。然特魯行之，蓋禮有所隆爾。

《講義》曰：此不言春祠，先儒謂魯在東方，王以春東巡狩，則魯闕春祭，朝常用春，當朝之年則亦闕祭。非也，特經有脱文耳。祭不可闕也。

馬氏曰：天子大蜡八，凡此者天子之祭也，而魯以周公之功，故得用之。

大廟，天子明堂。庫門，天子皋門。雉門，天子應門。振木鐸於朝，天子之政也。

鄭氏曰：廟及門如天子之制。天子五門：皋、庫、雉、應、路。魯有庫、雉、路，則諸侯三門與？皋之言高也。《詩》云：「乃立皋門，皋門有伉。乃立應門，應門將將。」天子將發號令，必以木鐸警衆。

孔氏曰：此一經明魯門及廟制。周公大廟制似天子明堂，魯之庫門制似天子皋門，魯之雉門制似天子應門。制度高大如天子，不必事事皆同也。引《大雅·文王·緜》之詩證諸侯有皋門、應門也。

盱江李氏曰：鄭以爲魯行天子之禮。魯之大廟既如明堂，則周之大廟亦如明堂矣。若周之大廟制如明堂，魯之大廟又

❶「祭」，通志堂本、四庫本作「秋」，是。

如明堂，則是魯之大廟如周之大廟也。何不曰「大廟，天子大廟」，而云明堂哉？斯蓋魯行天子禮樂，饗帝告朔，當放於周。然以人臣不敢立天子教之堂，❶故於周公之廟略擬明堂之制，以備其禮，非周之宗廟如明堂也。

山陰陸氏曰：此言作大廟以天子明堂之制，作庫門以天子臯門之制，作雉門以天子應門之制。鄭司農云：「天子五門，外曰臯門，二曰雉門，三曰庫門，四曰應門，五曰路門。」庫門，中門也。《周官》所謂中門之禁，蓋在是矣。禮，宰夫執木鐸以令于宮自寢門至于庫門，以此。君復于庫門，亦以此。莊公之喪，既葬而絰不入庫門，亦以此。君有憂，則素服哭于庫門之外，亦以此。然則左宗廟，右社稷，在庫門之外，雉門之内。故君出疆薨，入自闕。孔子與於蜡賓，出遊於觀之上，此大廟在雉門之内之證也。庫門應在内，今在外者，魯王禮也。使雉門之外又有門焉。據天子一曰臯門，二然後曰雉門。

長樂陳氏曰：臯者，始事之辭。《記》曰「臯某復」，《周官》有臯舞，皆始意也。五門始於此，故曰「臯」。王之庫藏在焉，故曰庫。有雉之象，故曰雉。對於路門，而爲布政教之所，故曰應。五門以路爲大，故曰「路」。此言庫、雉，而不言路者，以路爲門之大，天子、諸侯無嫌於不同故也。古人出一號，發一令，皆聲以警之，故振木鐸於朝。鐸有以金爲之，則取乎義，而於時爲秋。秋則其氣肅，而以殺爲主，故所

❶「子」字下，通志堂本、四庫本及《直講李先生文集》卷十五《明堂定制圖序》有「政」字，是。

用多在乎武事。《周官・鼓人》「以金鐸通鼓」，《司馬》「振鐸」是已。有以木爲之，則取乎仁，而於時爲春。春則其氣温，而以生爲主，故所用多在乎文。《周官・小宰》、《小司徒》皆云「正歲率其屬而振之，以狗於市」。而《語》稱孔子之德，亦曰「天將以夫子爲木鐸」是也。此皆天子之政也。

清江劉氏曰：此經有五門之名，而無五門之實。以《詩》、《書》、《禮》、《春秋》考之，天子有臯、應、畢，無庫、雉、路，諸侯有庫、雉、路，無臯、應、畢。天子三門，諸侯三門，門同而名不同。何以言之？《詩》曰「乃立臯門，乃立應門」，《書》曰「二人爵弁，執惠立于畢門之内」，又曰「王出在應門之内」，此皆言天子也。畢門或謂之虎門。蓋王在國，則虎賁氏守王之宫，蓋居此門。故「太保命仲桓、南宫毛，俾爰齊侯吕伋以二干戈，虎賁百人，逆子釗于南門之外」，指虎賁而言，故曰虎門。又或謂之路門。蓋建路鼓於北門之外，大僕司之，指路鼓而言，故曰路門。無道庫、雉者，非天子門故也。《明堂位》所言，蓋魯用王禮，故門制同王門，而名不同也。諸侯有路寢，路寢之門是謂路門，此諸侯三門也。《春秋》曰：「雉門及兩觀災。」譏兩觀，不譏雉門也。無道臯、應、畢者，非諸侯門故也。天子三朝，諸侯三朝，天子外朝在臯門外，治朝在應門内，内朝在畢門内。畢，蹕也。王出至此，則蹕也，師氏掌焉。應，應也。王居治朝，正天下之政，海内莫不敬應也。臯，告也，播告萬民，謀大事也。此亦《春秋》大言天子。諸侯外朝在庫門之外，治朝在雉門之內，內朝在路門之內。謂之庫、雉者，諸侯不敢戚天子，名門，以其所近也。庫者，府庫所在也。雉者，治朝所在也。雉，猶治也。路者，路寢所在也。此亦小言諸侯也。其建國之神位，左宗廟，右社稷，皆夾治朝。此《春秋》所云「閒于兩社，爲公室輔」者是也。

嚴陵方氏曰：天子五門，自內而出。一曰路門，路，大也，正寢之門。二曰應門，應，和也，路門倡之，應門和之。三曰雉門，觀闕築於此。四曰庫門，器械藏於此。夫觀闕所以垂象，爲民極，則築之於五門之中，亦宜矣。器械所以除戎器，戒不虞，則備之於外門之內，亦宜矣。五曰皋門，皋，緩也。近則迫，遠則緩。皋門爲五門之遠者故也。名以庫門，而比天子皋門之制，名以雉門，而比天子應門之制。自外而入，則皋門近庫門，故庫門比皋門之制。自內而出，則應門近雉門，故雉門比應門之制。皋、庫在外，故自外入言之。❶雉門在內，故自內出言之。且庫、雉者，天子之所獨，皋、應，諸侯之所同。必以天子所獨者爲名，取其別於諸侯也。止於諸侯所同者爲制，又以降於天子也。《周官·小宰》：「帥治官之屬，而觀治象之法。狥以木鐸，曰：『不用法者，國有常刑。』」以至鄉師、士師、宮正亦莫不用焉，此非天子之政乎？《書》曰「每歲孟春，遒人以木鐸狥于路」，亦此意也。

禮記集說卷第七十九

❶「之」字下，原竄入卷五十之「瞽宗書在上庠」及鄭注、孔疏一段，今據通志堂本、四庫本移正。